2026 최신판

직업상담사 2급 이론서

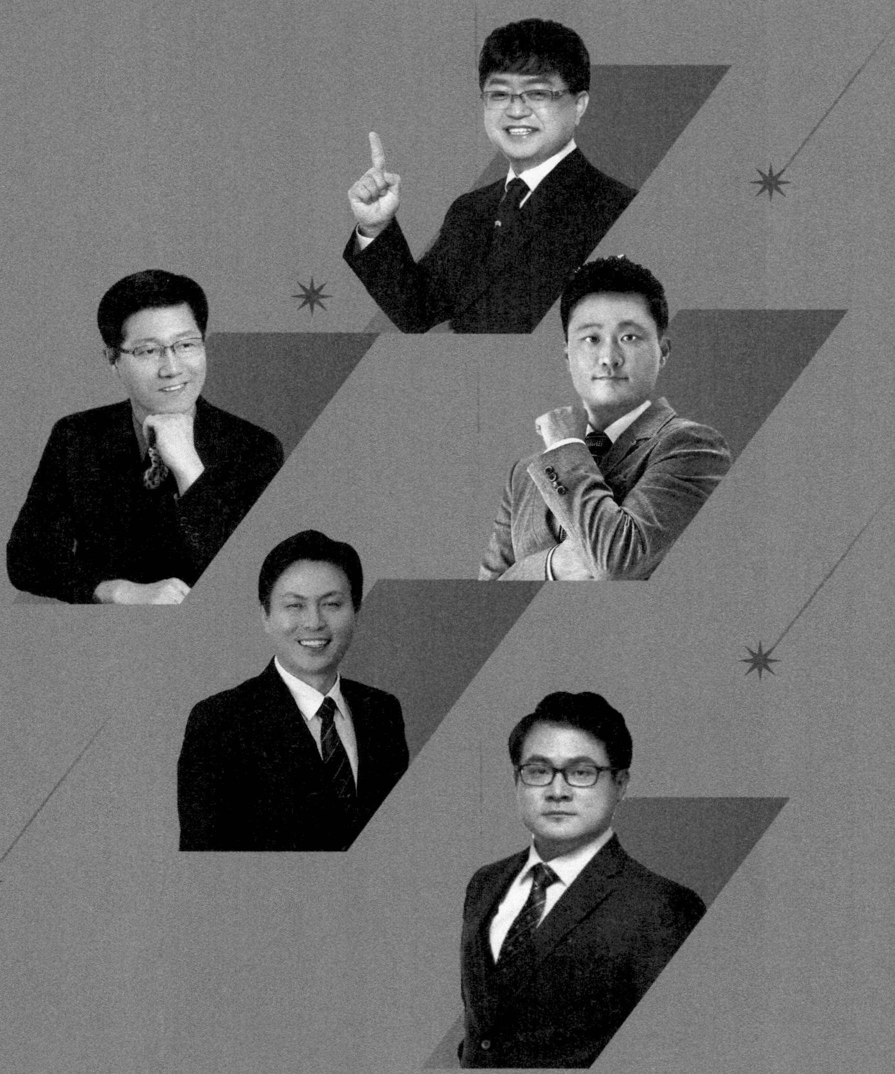

김형준·고병갑·박태천
이윤탁·유상현 공저

무료 유튜브 강의 (나눔복지교육원 → 재생목록)
▸ www.youtube.com/@나눔복지교육원

학습커뮤니티 NAVER 카페 Daum 카페
▸ 김형준 나눔복지교육원

나눔Book

Preface

직업상담사 2급 시험을 준비하는 수험생 여러분의 최종합격을 기원합니다.

직업상담사 2급 자격시험의 합격을 위한 학습전략은 기출문제를 반영한 문제은행식으로 출제되기 때문에 기존 기출문제를 중심으로 완벽하게 분석해야 합니다. 다만, 무조건 기출문제 위주로 학습을 하는 것은 바람직하지 않고, 핵심내용이 수록되어 있는 이론서를 정독하고 이해한 뒤, 필기기출문제와 실기기출문제를 풀어야 합니다. 부디 빠른 시일에 합격하시길 소망합니다.

[2026 직업상담사 2급 이론서]의 특징은 다음과 같습니다.

첫째, 다년간의 기출문제와 출제경향을 분석하여 수록하였으며, 최신 개정된 법률 및 직업정보론의 내용을 반영하였습니다.
기출문제의 출제경향을 반영하여 자주 출제되는 영역과 출제 포인트를 수록하였으며, 개정된 내용(노동관계 법률 및 직업정보론)도 반영하였습니다.

둘째, 한국산업인력공단(이하 공단)에서 발표한 출제기준을 잘 반영하였습니다.
공단에서 발표한 출제기준을 반영하여 중요한 핵심적인 이론으로 구성하였습니다.

셋째, 다양한 카테고리 구성으로 학습 효율성을 높였습니다.
[실력 다지기], [심화학습], [기출 - 1차, 2차] 등으로 이론을 잘 구성하였으며, 개조식의 구성으로 학습 효율성을 높였습니다.

넷째, 직업상담사 2급 동영상 학습[무료]이 가능하도록 최적화하였습니다.
유튜브(나눔복지교육원)를 통해 상담심리, 경제, 법률 등의 영역별 전문가이신 저자직강의 동영상 강의를 무료로 학습할 수 있으며, 강의학습 효과로 인해 단기간 합격이 가능할 것입니다.

감사 말씀을 드립니다.

[2026 직업상담사 2급 이론서] 교재작업을 함께 해 주신 고병갑 교수님, 박태천 교수님, 이윤탁 교수님, 유상현 교수님께 감사드립니다. 또한, 편집 및 제작에 도움을 주신 아람출판사 대표님과 본부장님, 그리고 모든 임직원 여러분께 감사드립니다.

2026년 수험생 여러분의 최종합격을 기원합니다.

편저자 대표 **김형준**

Information

직업상담사 2급 시험정보

❶ 자격 분류

국가기술자격증

❷ 시험 시행기관

한국산업인력공단(www.q-net.or.kr)

❸ 직업상담사 업무

1) **직업상담사가 수행하는 업무**

상담업무, 직업소개업무, 직업관련 검사 실시 및 해석업무, 직업지도 프로그램 개발과 운영업무, 직업상담 행정업무 등

2) **주요 상담업무**

근로기준법을 비롯한 노동관계법규 등 노동시장에서 발생되는 직업과 관련된 법적인 일반적인 사항에 대한 일반상담 실시와 구인 · 구직상담, 창업상담, 경력개발상담, 직업 적응상담, 직업전환상담, 은퇴 후 상담 등 각종 직업상담

3) **직업상담사의 기타 업무**

① 구직자들이 교육, 경력, 기술, 자격증, 구직직종, 원하는 임금 등의 구직표를 정확하게 작성하도록 도와주며 구직표를 제출하면 정확하게 되었는지 검토 및 수정

② 구직자들에게 가장 적합한 직업이 무엇인지를 찾는데 도와주며 적성, 흥미 검사 등을 실시하여 구직자의 적성과 흥미에 알맞은 직업정보를 제공하고 청소년, 여성, 중 · 고령자, 실업자 등을 위한 직업지도 프로그램 개발 및 운영

③ 취업이 곤란한 구직자(장애자, 고령자)에게 보다 많은 취업기회를 제공하고 구인난을 겪고 있는 기업에게 다양한 인력을 소개하기 위하여 구인처 및 구직자 개척

❹ 진로 및 전망

노동부 지방노동관서, 고용안정센터, 인력은행 등 전국 19개 국립직업 안정기관과 전국 281개 시 · 군 · 구 소재 공공직업안정기관 및 민간 유 · 무료직업소개소 및 24개 국외 유료직업소개소 등에 취업이 가능하다. 또한 노동부지방노동관서 등 직업소개기관· 직업상담원 채용 시 직업상담사 자격 소지자를 우대하고 있다.

❺ 취득방법

1) **응시자격, 시험과목, 검정방법, 시험시간**

응시자격	시험과목		검정방법	시험시간
제한 없음	필기	1. 직업심리 2. 직업상담 및 취업지원 3. 직업정보 4. 노동시장 5. 고용관계법규(Ⅰ)	각 과목별 20문항씩, 객관식 4지 택일형 (100문제)	150분
	실기	직업상담 실무	필답형	2시간 30분

2) **합격기준**

구분	합격기준
필기	매 과목 40점 이상, 전과목 평균 60점 이상
실기	60점 이상

3) **필기 시험 합격 후 실기 시험의 응시자격은 필기 시험 합격일로부터 2년간 유예**

한국산업인력관리공단(http://www.q-net.or.kr)에서 필기시험 면제기간을 개별적으로 확인 가능

4) **시험 수수료**

구분	시험 수수료
필기	19,400원
실기	20,800원

Information

필기 및 실기시험 학습전략

❶ 필기시험

① 필기시험 과목과 문제는 직업심리(20문제), 직업상담 및 취업지원(20문제), 직업정보(20문제), 노동시장(20문제), 고용관계법규(Ⅰ)(20문제)이다.

② 필기시험의 경우 100문제를 150분에 걸쳐 객관식 4지 택일형으로 출제가 된다.

③ 대개 기출문제를 중심으로 한 문제은행식의 출제인데, 2025년부터 출제기준이 대폭 변경됨에 따라 새롭게 출간된 이론서를 다독하는 것이 중요하다.

④ 중요한 것은 기출문제를 무조건적으로 외우는 것보다는 2차 실기시험 준비를 겸하여 그 문제를 풀어낼 수 있는 기본이론을 잘 학습하는 것이 바람직하다.

⑤ 문항난이도는 해를 거듭할수록 어려워지고 있으며 다양한 범위에서 출제가 되고 있다.

⑥ 특히, 직업심리, 노동시장의 과목을 집중적으로 학습을 해되, 많이 변경된 직업상담 및 취업지원도 관심을 가져야 한다.

⑦ 합격기준은 매 과목 40점 이상을 취득하되, 전 과목 평균 60점 이상이어야 하므로 과락의 위험을 벗어난 채 60점 이상을 취득하는 전략이 요구된다.

❷ 실기시험

① 실시시험 과목과 문제는 고용관계법규(Ⅰ)를 제외한 직업심리, 직업상담 및 취업지원, 직업정보를 묶은 직업상담실무(18문제)이며, 2025년 출제기준에 의하면 노동시장은 출제되지 않을 듯 하다.

② 실기시험의 경우 18문제를 2시간 30분에 걸쳐 주관식 필답형으로 출제된다.

③ 매회 시험마다 새로운 문제가 출제되기도 하지만 기존 기출문제에서 60% 이상 출제되는 경향이 많다.

④ 실기시험의 경우 필기시험을 합격한 뒤 바로 준비하여 응시하는 것이 바람직한데, 그 이유는 필기시험 학습 내용이 실기시험 문제로 출제될 확률이 높기 때문이다.

⑤ 실기시험은 주관식 필답형으로 단답형보다는 서술을 해야 하는 문제가 거의 대부분을 차지한다.

⑥ 따라서 실기시험은 기본이론에 대한 학습을 정확히 하고 자주 출제되는 영역이나 주제별로 정리한 후 주관식 답안 작성 연습을 충분히 하기 바란다.

⑦ 출제기준에 따르면, 주로 직업상담 및 취업지원 과목이 많이 나올 것으로 예상되며, 그 외에 직업심리와 직업정보에 대해 집중적으로 학습을 해야 한다.

❸ 연도별 응시자 및 합격률

직업상담사2급 합격률						
연도	필기			실기		
	응시	합격	합격률(%)	응시	합격	합격률(%)
2025	**15,497**	**8,819**	**56.91%**	**7,193(2회까지)**	**2,565(2회까지)**	**35.66%(2회까지)**
2024	15,513	9,099	58.7%	11,951	5,630	47.1%
2023	16,060	9,446	58.5%	11,479	5,187	45.2%
2022	18,059	8,780	48.6%	13,011	4,937	37.9%
2021	24,155	13,365	56%	10,145	4,956	48%
2020	19,098	11,824	61.96	15,701	7,241	46.12%
2019	24,799	15,807	52.0%	14,698	6,485	44.12%
2018	23,328	12,235	52.4%	14,504	6,955	48%
2017	19,484	9,517	48.8%	12,653	5,227	41.3%
2016	20,516	10,289	50.2%	13,762	5,313	38.6%
2015	19,595	10,221	52.2%	14,114	5,039	35.7%
2014	21,381	11,223	52.5%	15,152	4,011	26.5%
2013	21,202	9,991	47.1%	14,758	3,872	26.2%
2012	21,876	8,747	40%	14,047	2,403	17.1%
2011	24,676	11,653	47.2%	16,653	4,026	24.2%
2010	25,565	11,927	46.7%	16,083	4,442	27.6%
2009	12,540	6,247	49.8%	7,396	1,774	24%
2008	6,461	2,886	44.7%	3,731	782	21%
2007	5,383	2,174	40.4%	2,439	165	6.8%
2006	3,132	1,407	44.9%	1,583	725	45.8%
2005	1,395	3,86	27.7%	574	282	49.1%

Information

시험출제기준

❶ 필기시험 출제기준

직무 분야	사회복지 · 종교	중직무 분야	사회복지 · 종교	자격 종목	직업상담사 2급	적용 기간	2025. 1. 1 ~ 2027. 12. 31

• 직무내용 : 노동시장, 신직업, 직업상담정책 등의 관련 정보를 수집 및 분석하고, 집단상담프로그램을 개발하며, 내담자의 직업논점 진단, 역량분석, 직업상담, 집단상담프로그램 운영 등을 지원하고, 직업상담 행정을 수행하는 직무이다.

필기검정방법	객관식	문제수	100	시험시간	2시간 30분

필기 과목명	출제 문제수	주요항목	세부항목	세세항목
직업 심리	20	1. 진로발달 이론	1. 특성-요인 이론 제개념	1. 특성-요인이론의 특징 2. 특성-요인이론의 주요내용 3. 홀랜드의 직업선택이론
			2. 직업적응 이론 제개념	1. 롭퀴스트와 데이비스의 이론 2. 직업적응에 대한 제연구
			3. 발달적 이론	1. 긴즈버그의 발달이론 2. 수퍼의 발달이론 3. 고트프레드슨 이론
			4. 욕구이론	1. 욕구이론의 특성 2. 욕구이론의의 주요내용
		2. 직업상담 진단	1. 직업심리검사	1. 직업심리 검사의 이해 2. 규준과 점수해석 3. 신뢰도와 타당도
			2. 진단	1. 진단방법 2. 진단도구 선정 - 직업적성검사 - 직업흥미(선호도)검사 - 진로성숙검사 - 직업가치검사 - 직무역량검사 3. 진단실시
			3. 진단결과 해석	1. 진단결과 해석
		3. 직업과 스트레스	1. 스트레스의 의미	1. 스트레스의 특성 2. 스트레스의 작용원리

			2. 스트레스의 원인	1. 직업관련 스트레스 요인
			3. 스트레스의 결과 및 예방	1. 개인적 결과 2. 조직의 결과 3. 대처를 위한 조건 4. 예방 및 대처전략
		4. 직업상담 초기면담	1. 초기면담의 의미	1. 초기면담의 유형과 요소 2. 초기면담의 단계
			2. 친밀교감 형성	1. 수용적 상담분위기 조성 2. 관계 형성 기법
			3. 호소논점 파악	1. 내담자 정보수집과 초기면담기법 - 생애진로사정 기법 - 내담자 정보 및 행동 이해 기법 2. 내담자의 인지적 명확성 및 동기사정
			4. 구조화	1. 직업상담 구조화 2. 직업상담 윤리
			5. 전략 수립	1. 직업상담 개입 전략 2. 직업상담 평가
			6. 초기면담 종결	1. 초기면담 종결기법

필기 과목명	출제 문제수	주요항목	세부항목	세세항목
직업 상담 및 취업 지원	20	1. 직업상담의 이론	1. 기초상담 이론의 종류	1. 아들러의 개인주의 상담 2. 내담자중심상담 3. 합리적 · 정서적 행동치료 4. 인지치료 5. 주제분석
		2. 직업상담 접근방법	1. 특성-요인 직업 상담	1. 특성-요인 직업상담 모형, 기법, 평가
			2. 내담자 중심 직업 상담	1. 내담자 중심 직업상담 모형, 기법, 평가
			3. 발달적 직업 상담	1. 발달적 직업상담 모형, 기법, 평가
			4. 포괄적 직업상담	1. 포괄적 직업상담 모형, 기법, 평가
		3. 진로상담	1. 진로논점	1. 진로논점 분석 2. 내담자 특성파악
			2. 직업정보 탐색	1. 직업정보 탐색 지원
			3. 진로설계 지원	1. 진로목표 수립 2. 진로의사결정 기법

		4. 실행 지원	1. 진로 역량 확장 2. 동기 부여
	4. 취업상담	1. 구직역량 파악	1. 내담자 구직역량 분석 2. 취업효능감
		2. 취업목표 설정	1. 취업목표 설정
		3. 구인처 확보	1. 구인정보 수집 및 제공
		4. 구직활동 지원	1. 구직서류 작성 지원 2. 면접 지원
		5. 내담자 사후관리	1. 내담자 사후관리 기법
	5. 직업복귀상담	1. 직업복귀 동기 파악	1. 직업복귀 및 직무전환 동기 파악
		2. 직업복귀 목표 설정	1. 직무탐색 지원 2. 직업복귀 의사결정 지원
		3. 직업복귀 지원	1. 진로자본 확인 2. 진로장벽 파악 및 극복 지원 3. 진로자원 향상 지원 4. 구직역량 향상 지원
		4. 활동계획 평가 및 사후관리	1. 활동계획 평가 및 수정 지원 2. 직업적응 상담 지원
	6. 직업훈련 상담	1. 내담자 직무역량 파악	1. 직업능력개발 역량분석
		2. 직업훈련정보 수집	1. 훈련 및 자격정보 제공
		3. 훈련과정 선택지원	1. 훈련과정 선택지원
		4. 훈련목표관리	1. 훈련적응상담
	7. 집단상담프로그램 운영	1. 집단상담프로그램 개발	1. 집단상담의 원리 2. 대상자특성 파악 3. 집단상담 프로그램 개발
		2. 집단상담 프로그램 실시	1. 집단상담 프로그램 유형 및 특성 2. 집단상담 프로그램 실시 - 집단역동 관찰 - 집단의 발달 단계 - 관계망 구축
		3. 집단상담 프로그램 평가 및 사후관리	1. 집단상담 프로그램 평가 실시 2. 집단상담 프로그램 사후관리
	8. 직업상담 협업 및 행정	1. 협업체계 구축 및 운영	1. 협업범위와 기준 결정 2. 네트워크 구축 3. 협업 협의 및 확장 4. 협업체계 활용 및 관리

			2. 직업상담 행정	1. 직업상담 실적 관리 2. 직업상담 사무 관리 3. 직업상담 시설 관리 4. 전산망 관리
		9. 취업지원행사운영	1. 행사운영	1. 행사기획 및 관리 2. 행사관련홍보 및 업체섭외 3. 행사평가

필기 과목명	출제 문제수	주요항목	세부항목	세세항목
직업 정보	20	1. 직업 및 산업 분류의 활용	1. 직업분류의 이해	1. 직업분류의 개요 2. 직업분류의 기준과 원칙 3. 직업분류의 체계와 구조
			2. 산업분류의 이해	1. 산업분류의 개요 2. 산업분류의 기준과 원칙 3. 산업분류의 체계와 구조
		2. 직업정보 수집	1. 직업정보 수집 계획	1. 직업정보의 역할 및 생산체계 2. 직업정보 종류 3. 직업정보 원자료 4. 우리나라 표준직업정보 5. 직업정보 수집 계획
			2. 직업정보 수집 실행 및 점검	1. 직업정보제공원 2. 직업정보 수집 방법 3. 직업정보 수집 결과 점검
			3. 고용정보시스템	1. 워크넷 2. 기타 고용정보망
		3. 직업정보 제공	1. 직업정보 제공	1. 직업정보의 축적 2. 직업정보 생산과정의 공개
			2. 직업정보 평가 및 환류	1. 직업정보의 평가 2. 직업정보인지에 대한 오류 3. 직업정보 평가 결과 환류

Information

필기 과목명	출제 문제수	주요항목	세부항목	세세항목
노동시장	20	1. 노동시장의 이해	1. 노동의 수요	1. 노동수요의 의의와 특징 2. 노동수요의 결정요인 3. 노동의 수요곡선 4. 노동수요의 탄력성
			2. 노동의 공급	1. 노동공급의 의의와 특징 2. 노동공급의 결정요인 3. 노동의 공급곡선 4. 노동공급의 탄력성
			3. 노동시장의 균형	1. 노동시장의 균형분석 2. 노동시장의 구조와 특징
		2. 임금의 제개념	1. 임금의 의의와 결정이론	1. 임금의 의의와 법적 성격 2. 임금의 범위 3. 임금의 경제적 기능 4. 최저임금제도
			2. 임금체계	1. 임금체계의 결정 2. 임금체계의 유형
			3. 임금형태	1. 시간임금 2. 연공급 3. 직능급 4. 직무급 등
			4. 임금격차	1. 임금격차이론 2. 임금격차의 실태 및 특징
		3. 실업의 제개념	1. 실업의 이론과 형태	1. 실업의 제이론 2. 자발적 실업 3. 비자발적 실업 4. 마찰적 실업 5. 구조적 실업 6. 경기적 실업 7. 잠재적 실업
			2. 실업의 원인과 대책	1. 실업률 추이와 실업구조 2. 실업대책

필기 과목명	출제 문제수	주요항목	세부항목	세세항목
고용 노동 관계 법규(Ⅰ)	20	1. 노동기본권	1. 노동기본권의 이해	1. 헌법상의 노동기본권
		2. 근로기준법	1. 근로기준법시행령	1. 근로계약 2. 임금 3. 근로시간과 휴식 4. 취업규칙
		3. 최저임금법	1. 최저임금법 시행령	1. 최저임금 산정 2. 최저임금의 적용
		4. 직업안정법	1. 직업안정법시행령	1. 직업소개 2. 직업지도 3. 직업상담 4. 고용정보 제공
		5. 고용보험법	1. 고용보험법시행령	1. 실업급여 2. 취업촉진 수당 3. 직업능력개발사업 4. 육아휴직급여 5. 산전후휴가 급여
		6. 근로자직업능력개발법	1. 근로자직업능력개발법 시행령	1. 직업능력개발훈련의 구분 및 실시방법 2. 실업자 등을 위한 직업능력개발훈련의 구분 3. 청소년을 위한 직업능력개발훈련
		7. 남녀고용평등법	1. 남녀고용평등법 시행령	1. 직장내 성희롱 금지 및 예방 2. 여성의 직업능력개발 및 고용촉진
		8. 구직자 취업촉진 및 생활안정지원에 관한 법률(약칭: 구직자취업촉진법)	1. 구직자 취업촉진 및 생활안정 지원에 관한 법률(약칭: 구직자 취업촉진법) 시행령	1. 취업지원서비스 2. 구직촉진수당
		9. 채용절차의 공정화에 관한 법률	1. 채용절차의 공정화에 관한 법률	1. 거짓 채용광고 등의 금지 2. 채용서류의 반환
		10. 개인정보보호법	1. 개인정보보호법	1. 개인정보보호 원칙 2. 개인정보의 수집 · 이용 · 제공 3. 개인정보의 처리제한 4. 개인정보의 안전한 관리

❷ 실기시험 출제기준

직무 분야	사회복지 · 종교	중직무 분야	사회복지 · 종교	자격 종목	직업상담사 2급	적용 기간	2025. 1. 1 ~ 2027. 12. 31

• 직무내용 : 노동시장, 신직업, 직업상담정책 등의 관련 정보를 수집 및 분석하고, 집단상담프로그램을 개발하며, 내담자의 직업논점 진단, 역량분석, 직업상담, 집단상담프로그램 운영 등을 지원하고, 직업상담 행정을 수행하는 직무이다.

• 수행준거 : 1. 내담자의 직업 논점을 발견하고, 진단도구를 선택하도록 지원하며, 매뉴얼에 따라 진단을 실시하고, 진단결과를 판정하고 해석하며 보고서를 작성할 수 있다.
2. 내담자와 첫 대면으로서 내담자의 기초정보를 확인하고 특성분석, 진단결과 통합, 상담목표, 가설설정, 상담전략수립을 할 수 있다.
3. 진로논점을 파악하고, 내담자가 자기탐색을 하도록 지원하며, 직업정보를 제공하고, 진로에 대한 의사결정을 하도록 도우며 진로계획서를 작성하여 실행하도록 지원할 수 있다.
4. 신규 노동시장 진입자를 대상으로 취업효능감과 구직역량을 분석한 결과에 따라 취업 프로그램 운영, 이력서 · 면접 컨설팅, 상담 등을 진행하고 취업지원 할 수 있다.
5. 설정된 직업복귀 목표에 따라 필요한 정보를 제공하여 활동계획을 수립할 수 있도록 지원하고, 상담을 통해 실행에 옮기는 과정을 점검하며 직업복귀 후에도 적응을 도울 수 있다.
6. 내담자의 직업능력개발 관련 진단 및 역량분석을 통하여 생애진로주기에 적합한 훈련과정에 대한 정보를 제공하고, 훈련과정에 대한 의사결정을 지원하며, 훈련과정 이수와 자격취득에 대한 목표달성을 지지하여 취업에 연계될 수 있도록 상담을 수행할 수 있다.
7. 대상특성에 맞는 집단상담 프로그램을 개발하고, 집단상담프로그램 매뉴얼과 목표에 따라 운영계획을 수립하고 집단을 구성하며 집단상담기법을 통해 참여자 간의 상호작용을 촉진하여 직업적 논점 해결을 도울 수 있다.
8. 직업상담 운영에 필요한 인력 · 문서 및 사무 · 시설· 전산망 등의 일반 행정업무 및 관리를 수행할 수 있다.
9. 취업지원을 위하여 박람회, 동아리, 카페 등의 형식을 빌려 구인자와 내담자가 한 장소에서 만나 서류접수, 면접 등을 진행하며, 동시에 직업정보 게시, 취업관련 홍보 및 특강 등의 행사를 운영할 수 있다.
10. 직업정보망 구축, 인적자원 관리, 지역사회 기관망 구축 등 직업상담에 필요한 협조체계를 수립하고 관리할 수 있다.
11. 직업정보를 조사하고, 가장 최신의 정보를 제공하는 직업정보원을 확인하여 직업정보 수집을 실행하며 수집된 직업정보의 신뢰성, 시의성, 일관성, 중립성, 정확성 등에 의거하여 타당한 정보인가를 점검할 수 있다.
12. 가공된 직업정보를 이용자가 필요한 시기와 단계에 따라 제공하며 직업정보의 최신성, 신뢰성, 최신성, 정확성의 평가를 통해 축적된 직업정보를 수정 및 개선할 수 있다.

실기검정방법	필답형	시험시간	2시간 30분

실기 과목명	주요항목	세부항목	세세항목
직업 상담 실무	1. 직업상담 진단	1. 진단실시 결정하기	1. 내담자의 언어적, 비언어적 정보를 수집할 수 있다. 2. 내담자의 인지적 명확성을 사정할 수 있다. 3. 내담자의 요구에 따라 진단도구의 종류 및 측정 내용을 설명할 수 있다. 4. 내담자에게 진단에 소요되는 시간, 비용에 관한 제반사항을 안내할 수 있다. 5. 진단방법과 참여에 대한 내담자의 의사결정을 도울 수 있다.
		2. 진단하기	1. 내담자가 진단실시에 대한 편견이나 지나친 기대감을 갖고 있는지 확인할 수 있다. 2. 내담자의 진단을 위해 물리적, 심리적 환경을 조성할 수 있다. 3. 진단도구 매뉴얼에 따라 선택된 진단도구의 목적, 실시방법, 주의점 등을 설명할 수 있다. 4. 진단도구 매뉴얼에 따라 제시된 소요시간 내에 진단할 수 있다. 5. 진단해석 등 다음 상담을 위해 내담자에게 일정을 안내하고 진단을 종료할 수 있다. 6. 채점기준에 따라 진단결과를 평정할 수 있다.
		3. 진단결과 해석하기	1. 진단 항목별 평정에 따라 내담자에게 의미 있는 내용을 도출할 수 있다. 2. 내담자의 이해수준과 반응을 고려하여 진단결과의 의미를 설명할 수 있다. 3. 진단결과해석에 내담자 참여를 유도하기 위해 구조화된 질문을 사용할 수 있다. 4. 진단도구의 결과에 대한 한계점을 설명할 수 있다.
		4. 진단결과 보고서 작성하기	1. 내담자의 경험, 중요한 타인, 자신에 대한 지각과 진술, 관찰된 행동, 성별과 연령특성을 포함하여 진단결과를 통합할 수 있다. 2. 보고 양식에 따라 진단결과 보고서를 작성할 수 있다. 3. 대상에 따라 추후 직업상담 과정을 설명하고 안내할 수 있다.

Information

2. 직업상담 초기면담	1. 친밀교감 형성하기	1. 상담 동기를 촉진할 수 있는 편안한 상담환경을 조성할 수 있다. 2. 내담자의 언어적, 비언어적 정보에 따라 친밀감을 확장할 수 있다. 3. 공감과 무조건적인 존중, 진실성을 가지고 내담자를 대할 수 있다. 4. 내담자의 자발성과 언어표현 정도에 대응할 수 있다.
	2. 호소논점 파악하기	1. 내담자가 상담 신청서를 작성할 수 있도록 지원한다. 2. 상담 신청서의 내용을 근거로 내담자의 신상이나 호소문제를 질문하고 경청할 수 있다. 3. 내담자의 언어적, 비언어적 행동의 불일치를 식별하고 직면시킬 수 있다. 4. 내담자가 호소하는 1차적 문제와 2차적 문제를 구분하여 파악할 수 있다. 5. 내담자가 호소하는 문제와 수집한 정보를 종합하여 내담자의 문제를 요약할 수 있다.
	3. 구조화하기	1. 상담내용의 비밀보장과 상담자와 내담자의 역할에 대해 설명할 수 있다. 2. 상담 시간, 회기, 비용 등에 대하여 설명하고 합의할 수 있다. 3. 현실적 상황에 근거한 단기적 목표, 근본적 욕구에 근거한 장기적 목표를 구분하여 설정할 수 있다. 4. 상담 목표가 현실적이고 실현가능한지 검토하고 합의할 수 있다.
	4. 전략 수립하기	1. 상담목표에 적합한 이론과 모형을 선택할 수 있다. 2. 이론과 모형에 따라 상담개입방법을 결정할 수 있다. 3. 상담성과의 평가기준과 평가방법을 정할 수 있다.
	5. 초기면담 종결하기	1. 상담의 과정을 요약하고 내담자의 생각과 일치하는지 확인할 수 있다. 2. 다음 상담회기까지 실천해 볼 수 있는 간단한 과제를 줄 수 있다. 3. 다음 상담에 올 수 있도록 내담자의 자존심을 배려하고 격려할 수 있다.

3. 진로상담	1. 진로논점 파악하기	1. 초기면담 결과에 따라 내담자의 자각을 돕고 상담 동기를 파악할 수 있다. 2. 내담자 행동에 대하여 다른 관점에서의 해석하기를 할 수 있다. 3. 내담자의 경험과 상황을 바탕으로 진로논점의 중요도 순위를 정할 수 있다.
	2. 자기탐색 지원하기	1. 내담자 특성을 다양한 방법으로 파악할 수 있다. 2. 내담자의 가족의 영향, 자원을 확인할 수 있다. 3. 내담자의 가족직업가계도 등으로 정리할 수 있다. 4. 내적 외적 자원을 바탕으로 내담자의 개인자원목록을 만들 수 있다.
	3. 직업정보 탐색 지원하기	1. 가장 최신의 정확한 직업정보의 중요성을 설명할 수 있다. 2. 내담자 특성에 부합하는 다양한 직업정보 목록을 제시할 수 있다. 3. 내담자의 관심있는 진로에 대하여 정보를 탐색할 수 있도록 지원할 수 있다. 4. 선택한 진로에 대하여 강점, 약점, 가능성과 전망을 표로 정리하여 비교할 수 있다.
	4. 진로설계 지원하기	1. 내담자의 진로의사결정 수준에 따라 대안을 마련하고 제시할 수 있다. 2. 내담자가 합리적 의사결정을 할 수 있도록 지원할 수 있다. 3. 내담자의 장 · 단기 진로목표를 수립할 수 있다. 4. 내담자의 의미있는 타인과 진로설계에 대하여 공유할 수 있도록 지원할 수 있다. 5. 객관적이고 유의미한 준거에 의해 내담자의 진로계획을 평가할 수 있다.
	5. 실행 지원하기	1. 진로목표와 현재 역량의 차이를 알아보고 개발해야 할 역량을 확인할 수 있다. 2. 진로 역량 확장을 위한 지지체제와 교육 기회를 탐색할 수 있다. 3. 실행과정을 수시로 점검하고 지속할 수 있도록 동기를 부여할 수 있다. 4. 실행을 방해하는 것이 있는지 확인할 수 있다. 5. 실행에 장애가 되는 내적인 갈등과 상황적 변인을 파악하고 도움을 줄 수 있다.

4. 취업상담	1. 내담자역량 파악하기	1. 내담자의 강점과 약점, 취업욕구를 파악할 수 있다. 2. 사회적 경제적 취약성분석에 따라 취업장애요인을 파악할 수 있다. 3. 내담자가 희망하는 취업분야 및 근로조건을 파악할 수 있다. 4. 내담자의 전공, 경력, 일 경험, 교육내용, 자격정보를 파악하여 직무 수행 역량 여부를 확인할 수 있다. 5. 내담자의 입사지원횟수 및 구직활동 정도와 방법을 파악할 수 있다.
	2. 취업목표 설정하기	1. 내담자가 산업수요에 따른 채용동향을 분석하여 현재의 노동시장, 희망 직종의 채용 수요를 파악할 수 있도록 지원한다. 2. 직무분석사이트의 특징을 파악하고 희망 직무에 관해 다양한 사이트를 활용하여 정확한 직무를 분석할 수 있고 희망직무군을 좁힐 수 있도록 지원한다. 3. 희망기업의 기업정보를 적합한 기업정보 사이트를 활용하여 수집하고 분석, 가공 할 수 있도록 지원할 수 있다. 4. 채용동향, 직무분석, 기업분석을 통하여 취업목표를 설정하고 취업계획을 작성하도록 지원한다.
	3. 구인처 확보하기	1. 취업포털 사이트 등 직업정보원을 활용하여 구인업체 정보를 수집할 수 있다. 2. 지역기업체 현황파악 및 채용 가능업체 정보를 수집, 분류할 수 있다. 3. 내담자가 구인정보를 습득할 수 있도록 지원하고, 적합한 구인정보를 제공할 수 있다. 4. 구인업체와 구인조건을 확인할 수 있고, 적합한 내담자를 추천할 수 있다. 5. 구인업체에게 고용지원정책 등 기업활동에 유용한 정보를 제공할 수 있다.
	4. 구직활동 지원하기	1. 내담자의 이력서 및 자기소개서 작성을 지원할 수 있다. 2. 구인업체에 대한 기업분석과 직무분석을 지원할 수 있다. 3. 역량면접, PT면접, 토론면접, 인성면접, AI면접, 비대면면접 등 면접 준비를 지원할 수 있다. 4. 발굴한 구인업체와 준비된 내담자를 연계하기 위해 채용조건을 조율하고 설득할 수 있다. 5. 필요시 내담자의 채용 확률을 높이기 위해 동행면접이나 추천서 등을 활용하여 내담자를 적극적으로 추천할 수 있다. 6. 주기적으로 구인정보를 제공하여 지속적인 취업연계를 유지시킬 수 있다.

	5. 내담자 사후관리하기	1. 취업한 경우 직장예절 등 적응에 필요한 기본적인 내용을 내담자에게 제공하고 상담할 수 있다. 2. 내담자의 취업 성공 이후 직장에 안정적으로 적응할 수 있도록 확인하며, 직무만족도를 수시로 점검할 수 있다. 3. 내담자의 직업능력 향상을 위해 재직자 직업훈련 과정을 추천할 수 있다. 4. 취업이 지연되어도 내담자를 격려하고 지지하며 지속적으로 취업정보 및 구인정보를 제공할 수 있다. 5. 취업이 어렵거나 직장적응에 실패하면 다른 취업 지원 프로그램을 추천하고 안내할 수 있다.
5. 직업복귀상담	1. 직업복귀동기 파악하기	1. 초기상담 결과에 따라 직업복귀 동기를 파악할 수 있다. 2. 진로단절 이후 희망 직무로의 구직 욕구과 구직 의지를 파악할 수 있다. 3. 직무 전환의 동기를 파악할 수 있다.
	2. 진로자본 파악하기	1. 진로 단절 이후 내담자의 경제적 자본을 확인할 수 있다. 2. 진로 단절 이후 내담자의 사회적 자본을 확인할 수 있다. 3. 진로 단절 이후 내담자의 문화적 자본을 확인할 수 있다. 4. 진로 단절 이후 내담자의 내적 진로 자본을 확인할 수 있다. 5. 내담자의 이력서, 자기소개서, 경력기술서 등에 따라 직무수행 역량 및 취업역량을 파악할 수 있다. 6. 내담자의 진로단절 사유, 단절 기간, 진로 자본을 고려하여 종합적인 역량을 판단할 수 있다.
	3. 직업복귀 목표설정하기	1. 내담자의 진로자본을 바탕으로 희망 직무를 탐색하도록 지원할 수 있다. 2. 수집한 직무 정보 분석에 따라 생애설계 관점에서 내담자의 적합 직무를 설정하도록 지원할 수 있다. 3. 현실적인 구직 가능 직무의 장·단점을 고려하여 2~3개 대안으로 의사결정하도록 지원할 수 있다. 4. 설정된 2~3개의 대안에 대해 의사결정단계에 따라 취업목표를 구체화하도록 지원할 수 있다. 5. 구체화된 취업목표에 따라 준비해야 할 직무 역량 향상 목표를 설정하도록 지원할 수 있다.

	4. 직업복귀 지원하기	1. 내담자의 직업복귀 동기와 희망 직무에 따른 내외적 진로장벽을 파악할 수 있다. 2. 직업복귀 동기와 진로장벽에 따른 적합 프로그램 참여를 지원할 수 있다. 3. 직무전환시 생애설계 관점에서 변화를 능동적으로 관리할 수 있도록 지원할 수 있다. 4. 장기간 진로단절을 통해 낮아진 진로효능감을 향상시킬 수 있도록 지원할 수 있다. 5. 희망 구직 분야의 노동시장 분석을 통해 최종 재취업 분야를 확정할 수 있도록 도울 수 있다. 6. 직무 역량을 향상시킬 수 있도록 직업훈련, 자격증 취득 등 진로자원 확장을 지원할 수 있다. 7. 직업복귀를 위한 구직기술역량 향상을 지원할 수 있다. 8. 직업복귀를 위한 활동계획서를 작성하고 실행하도록 지원할 수 있다.
	5. 활동계획 평가하기	1. 직업복귀를 위한 활동계획서가 재취업 전략으로 적합하게 구성되어 있는지 평가할 수 있다. 2. 내담자의 구직의지, 진로자본, 구직기술역량에 따라 활동계획서의 실행가능성을 평가할 수 있다. 3. 활동계획서대로 진행되고 있는지 내담자를 수시로 점검하여 실행가능한 계획으로 수정할 수 있다. 4. 목표 달성 여부를 확인하고 내담자에게 취업가능성에 대한 신념을 갖도록 도와줄 수 있다.
	6. 직업복귀 사후관리하기	1. 취업 후 직장 내 직무만족도를 수시로 점검할 수 있다. 2. 취업 후 조직문화 적응을 위한 상담을 할 수 있다. 3. 취업 후 직장적응에 어려움을 겪고 있다면 다른 프로그램 참가 여부를 제시할 수 있다. 4. 취업 후 내담자의 직무만족도가 낮을 경우 이직 예방 지원 프로그램을 연계할 수 있다.
6. 직업훈련 상담	1. 내담자 직무역량 파악하기	1. 내담자의 직업능력개발 참여 이력을 확인할 수 있다. 2. 내담자를 진단하여 적합 훈련분야를 분석할 수 있다. 3. 내담자의 직무역량을 분석할 수 있다. 4. 내담자의 생애진로주기별 직업능력개발 계획을 확인할 수 있다.

	2. 직업훈련정보 수집하기	1. 내담자의 직업훈련분야에 적합한 훈련기관, 훈련지역 지역, 훈련기간 등의자료를 수집 할 수 있다. 2. 국가 및 민간 직업훈련의 정보를 수집 장 · 단점을 비교 설명할 수 있다. 3. 내담자가 훈련하고자 하는 훈련분야 전망, 난이도와 수준에 관한 자료를 수집, 제공할 수 있다. 4. 국가자격증(www.q-net.or.kr), 민간자격증(www.pqi.or.kr) 검색 사이트 활용하여 자격정보를 제공할 수 있다. 5. 훈련 성공사례를 수집하여 내담자에게 제공할 수 있다.
	3. 훈련과정 선택지원하기	1. 산업동향 분석, 훈련직종의 전망, 직업훈련정보 등을 바탕으로 직업훈련 가능성을진단할 수 있다. 2. 훈련 종료 후 진출할 수 있는 분야, 도움이 되는 분야 등을 설명할 수 있다. 3. 내담자의 직업훈련 대안 직종을 2~3개로 좁혀 훈련과정을 선택하도록 지원할 수 있다. 4. 내담자가 선택한 훈련과정에 대한 목표를 수립하도록 지원할 수 있다.
	4. 훈련목표달성 촉진하기	1. 훈련 참여자가 훈련과정에서 호소하는 제반문제를 진단하고 평가할 수 있다. 2. 훈련참여자와 협의를 통하여 훈련 목표를 단계별로 점검할 수 있다. 3. 훈련과 자격증 취득을 지속할 수 있도록 커뮤니티 모임을 구성하고 참여를 지원할 수 있다. 4. 훈련과정 수행을 통하여 스스로 변화유지계획을 수립하여 행동변화를 촉진할 수 있다. 5. 훈련종료 후 취업상담으로 연계할 수 있다.
7. 집단상담프로그램 운영	1. 대상자 특성 파악하기	1. 직업상담의 효과성 강화를 위해 집단상담프로그램의 필요성을 확인할 수 있다 2. 실태조사, 상담사례, 요구도 조사와 같은 기존자료를 수집할 수 있다. 3. 선정된 대상의 자료를 종합하여 대상자의 특성을 분석할 수 있다.

	2. 집단상담프로그램 개발하기	1. 대상의 특성에 따라 유사 프로그램을 수집, 비교, 분석할 수 있다. 2. 집단상담 목표의 효과적 달성을 위해 선행 프로그램을 평가할 수 있다. 3. 전문가의 자문을 참고하여 집단상담프로그램의 방향성을 설정할 수 있다. 4. 집단상담프로그램을 통해 대상자들의 변화 목표를 명료화할 수 있다. 5. 대상자의 특성에 따라 집단상담프로그램을 개발할 수 있다. 6. 시범운영한 후 그 결과에 따라 프로그램을 수정 · 보완할 수 있다. 7. 개발된 프로그램의 지침서를 작성할 수 있다.
	3. 집단상담프로그램 실시하기	1. 선정 프로그램에 따라 예산, 일정, 장소, 인원 등 구체적인 운영사항을 논의할 수 있다. 2. 선택한 집단상담프로그램 매뉴얼에 따라 진행에 필요한 준비를 할 수 있다. 3. 내담자의 참여 동기를 유발하기 위해 집단상담프로그램 시작 시 목표, 내용, 규칙 등을 안내할 수 있다. 4. 집단의 역동을 촉진하며 프로그램의 목표에 맞게 집단상담프로그램을 실시하고 진행일지를 작성할 수 있다. 5. 집단상담프로그램의 효과를 지속하기 위해 커뮤니티 구성 등 참여자의 관계망 구축을 조력할 수 있다.
	4. 집단상담프로그램 평가하기	1. 향후 효과적인 집단상담프로그램 운영을 위하여 참여자를 대상으로 하는 설문을 작성할 수 있다. 2. 집단상담프로그램 효과를 평가하기 위해 진행일지와 참여자의 설문지와 참여소감을 정리하고 분석할 수 있다. 3. 진행자와 보조진행자의 의견 취합을 통해 프로그램 전체 과정에 대한 평가와 보완점을 도출하고 보고서를 작성할 수 있다. 4. 향후 집단상담프로그램의 효과성 증진을 위해 진행자와 상급자의 논의를 거쳐 프로그램을 수정하고 보완할 수 있다.

	5. 사후관리하기	1. 참여자의 특성에 따라 적합한 사후지원 방법을 선택할 수 있다. 2. 집단상담프로그램의 효과가 지속될 수 있도록 커뮤니티와 같은 참여자 모임을 지원할 수 있다. 3. 집단상담프로그램을 통해 변화된 행동을 실제에 잘 적용할 수 있도록 지속적으로 관리할 수 있다. 4. 집단상담프로그램에 참여한 이후에도 행동에 변화가 없는 경우에는 심층직업상담과 같은 프로그램을 안내할 수 있다.
8. 직업상담행정	1. 직업상담인력 관리하기	1. 프로그램에 따른 직업상담원 인력구성을 파악하고 채용, 배치할 수 있다. 2. 채용, 배치된 직업상담원을 사업 프로세스에 맞는 직업상담을 하도록 교육 및 훈련을 할 수 있다. 3. 직업상담원의 근태를 관리하고 변동사항을 예측하여 직업상담원 수요에 항시 대비한다. 4. 직업상담원이 프로그램 특성에 맞는 상담을 하고 있는지 파악하고 상담 방법을 제시해 줄 수 있다. 5. 사업계획에 맞게 진행하고 있는지 파악하고 계획 및 목표에 맞게 진행하도록 제시할 수 있다.
	2. 직업상담실적 관리하기	1. 기관에 제시된 목표에 따른 개인별 연간 실적 목표를 제시해 줄 수 있다. 2. 분기별 월별 주간별 일별 목표를 수립하고 관리할 수 있다. 3. 목표달성을 위해 개인별 역량에 맞는 목표와 목표달성을 위한 활동방안을 제시해 줄 수 있다. 4. 현재 실적 분석을 통해서 목표달성을 위해 대처방안 및 전략을 수정할 수 있다. 5. 결과를 분석하여 차년도 실적 달성 방안을 제시할 수 있다.
	3. 직업상담사무 관리하기	1. 문서관리규정에 따라 내부문서, 수 · 발신문서와 같은 업무관련 문서를 기안할 수 있다. 2. 기안한 문서를 상급자에게 절차에 따라 보고하고 결재를 받을 수 있다. 3. 수리된 문서의 성격에 따라 분류하고 정리, 보관할 수 있다. 4. 양식에 맞는 보고서를 작성하고 기한 내에 제출할 수 있다. 5. 상담에 필요한 진단지 및 활동지를 관리 할 수 있다. 6. 문서관리규정에 따라 보관기간이 경과한 문서는 내용이 유출되지 않도록 주의하여 파기할 수 있다.

	4. 직업상담시설 관리하기	1. 비품관리 대장 양식에 따라 상담 집기목록을 작성할 수 있고 담당자를 지정할 수 있다. 2. 전기시설 및 컴퓨터를 비롯한 사무실 집기 비품을 유지하고 관리할 수 있다. 3. 복사기, 파쇄기, 프린터, 컴퓨터 등의 비품을 유지하고 관리할 수 있다. 4. 보안과 소방시설을 정기적으로 점검할 수 있다. 5. 잠금장치와 컴퓨터 암호, 공인인증서 비밀번호를 정기적으로 변경할 수 있다.
	5. 전산망 관리하기	1. 각 사업에 따른 전산망 사용매뉴얼을 숙지하고 활용할 수 있다. 2. 구인, 구직신청을 개인정보보호법과 사업 매뉴얼에 준수하여 전산망에서 등록할 수 있다. 3. 전산망을 활용하여 취업 통계 등을 작성할 수 있다. 4. 취업지원에 관련된 상담사의 모든 활동을 전산망에서 기록하고 확인할 수 있다. 5. 전산망 내에서의 취업알선 상세 분류를 정확히 입력할 수 있다.
9. 취업지원행사운영	1. 행사범위 결정하기	1. 행사주최의 취업지원 요구를 분석하여 행사의 목적을 명확히 할 수 있다 2. 취업지원 대상자의 특성, 행동방식, 요구에 따라 행사 내용을 결정할 수 있다. 3. 행사 참가 기업과 강사 등 섭외 범위를 결정할 수 있다. 4. 행사 기획 관련 법규, 규제, 정책을 조사하고 분석할 수 있다. 5. 정보수집과 분석한 결과를 통하여 행사계획을 위한 범위를 결정할 수 있다.
	2. 행사 계획하기	1. 분석 결과에 따라 구체적 행사의 계획 및 목표를 설정할 수 있다. 2. 목표에 따라 행사 내용을 구성할 수 있다. 3. 행사 기획에 따라 조직과 인력운영 계획을 편성할 수 있다. 4. 행사 기획에 따라 예산, 일정, 홍보 전략 등 계획할 수 있다.
	3. 행사 홍보하기	1. 홍보 매체 및 대행업체를 선정할 수 있다. 2. 매체별 특성에 따라 홍보 초안 및 문안을 작성할 수 있다. 3. 매체 특성과 참여자 대상별 선호 매체에 따라 홍보를 실행할 수 있다. 4. 참가 안내 발송 대상 데이터베이스를 취합하고 분류할 수 있다.

	4. 행사 운영하기	1. 행사 진행을 위한 물품/기자재의 체크리스트를 만들고 준비할 수 있다. 2. 사전 리허설을 통하여 진행상의 문제점을 파악하여 대처할 수 있다. 3. 각 프로그램의 운영시간을 조절하여 계획된 일정대로 운영할 수 있다. 4. 현장상황에 따라 발생하는 요구사항과 돌발상황에 대처할 수 있다.
	5. 행사 평가하기	1. 행사 운영 회의를 통한 행사 진행상의 결과를 분석할 수 있다. 2. 행사 참여자의 특성과 만족도를 측정하고 분석할 수 있다. 3. 분석된 내용을 중심으로 성공요인과 개선방안들을 도출할 수 있다. 4. 결과보고서를 작성하여 차기 행사를 위한 자료로 활용할 수 있다.
10. 직업상담서비스 협업체계 구축	1. 협업범위 정하기	1. 사업목표와 직업상담서비스 대상자 특성에 따라 제공되어야 하는 직업상담서비스 내용을 정할 수 있다. 2. 사업목표와 직업상담서비스 대상자 특성에 따라 지역사회 기관과 구인 기업, 인적자원 정보수집과 협업기준을 정할 수 있다. 3. 수집된 지역사회 기관과 구인 기업, 인적자원 목록을 작성할 수 있다. 4. 직업상담서비스 대상자의 지원 기준에 따른 지역사회 기관과 구인기업, 인적자원의 협업 범위를 정할 수 있다.
	2. 협업체계 구축하기	1. 목록으로 정리된 지역사회 기관, 구인 기업, 전문인적자원의 연락처, 이메일 주소, SNS를 활용하여 연락하여 사업내용을 설명할 수 있다. 2. 사업목표 관련 박람회, 세미나, 워크숍, 전문가 커뮤니티 모임에 참여하여 유관기관과 네트워크를 구축할 수 있다. 3. 구축된 네트워크를 바탕으로 사업목표와 직업상담서비스 지원내용을 협의할 수 있다. 4. 구축된 네트워크를 통해 새로운 관계망을 확장할 수 있다.

	3. 협업체계 운영하기	1. 사업목표에 따라 유관기관과 MOU 협약서를 작성할 수 있다. 2. 효과적인 네트워크 활용을 위해 긴밀한 협조체제를 구축하고 정기적인 소통의 장을 마련할 수 있다. 3. 지역사회 기관, 구인 기업, 인적자원 네트워크 평가 목록을 작성하고 관리할 수 있다. 4. 전문가그룹을 만들어 네트워크 평가와 자문활동을 할 수 있다. 5. 평가에 따른 네트워크 목록을 주기적으로 추가 · 보완 할 수 있다.
	4. 협업체계 운영 평가하기	1. 협업기관과의 회의를 통해 협업체계 구축결과를 분석할 수 있다. 2. 분석 된 내용을 중심으로 성공요인과 개선방안을 도출할 수 있다. 3. 협업체계구축 보고서를 작성하여 지속적인 협업체계 자료로 활용할 수 있다.
11. 직업정보 수집	1. 직업정보수집 계획하기	1. 대상자의 특성에 따라 직업정보수집의 필요성과 목표를 확인할 수 있다. 2. 직업정보수집의 목표에 따라 수집의 범위와 방법을 결정할 수 있다. 3. 직업정보수집 계획을 수립할 수 있다.
	2. 직업정보수집 실행하기	1. 직업정보 수집 계획에 따라 직업정보를 체계적으로 수집할 수 있다. 2. 수집과정에 문제가 있을 경우 계획을 변경하여 재수집할 수 있다. 3. 직업정보원을 확인할 수 있다.
	3. 수집정보 점검하기	1. 목적에 따라 수집된 직업정보인지 점검할 수 있다. 2. 수집된 정보가 최신성과 신뢰성에 문제가 없는지 점검할 수 있다. 3. 수집된 정보를 관련 전문가의 자문을 통해 점검할 수 있다.
12. 직업정보 제공	1. 직업정보제공하기	1. 이용자의 직업정보 요구 시기와 필요 단계에 맞게 직업정보를 제공할 수 있다. 2. 이용자에게 맞는 전달방식을 선택하여 직업정보를 제공할 수 있다. 3. 직업정보 제공체계에 문제가 없는지 점검할 수 있다.

		2. 직업정보 평가하기	1. 직업정보에 따른 평가기준과 항목을 설정할 수 있다. 2. 제공된 직업정보에 대한 이용자 만족도 조사를 할 수 있다. 3. 직업정보의 내용과 형식에 대한 전문가 평가를 실시할 수 있다. 4. 평가결과를 종합하여 개선사항과 대안을 도출할 수 있다.
		3. 직업정보 환류하기	1. 개선사항의 반영정도와 우선순위를 결정할 수 있다. 2. 제시된 대안을 적용하여 직업정보의 형식과 내용을 보완할 수 있다. 3. 직업시장 환경변화에 따른 내용을 추가할 수 있다.

Contents

1과목 직업심리

2과목 직업상담 및 취업지원

Contents

3과목 직업정보

4과목 노동시장

5과목 고용노동관계법규(Ⅰ)

1 과목

직 업 상 담 사 2 급 이 론 서

직업심리

01 진로발달이론

제1절 특성 - 요인이론

❶ 특성 – 요인이론의 등장배경

(1) 직업지도 운동의 선두주자인 파슨스의 영향으로 인해 3단계 과학적 접근법[1]을 주장하였다.

(2) 파슨스의 특성 – 요인이론의 주춧돌이 된 3요소 직업지도모델, 즉「개인분석」·「직업분석」·「과학적 조언」의 조화를 주장하였다.

(3) 즉, 파슨스는 자신의 강점과 약점을 포함한 개인적 성향을 충분히 이해하고, 주어진 직업에서의 성공조건과 보상과 승진에 관한 정보를 알아야하며, 입수한 정보를 바탕으로 선택과정에서 '진실한 추론'을 해 나가야 한다고 주장하였다.

❷ 주요내용

(1) 개인적 흥미, 능력이 직업 특성과 일치로 이를 매칭 하여 직업을 선택한다는 이론이다.

(2) 특성이란 숨어있는 특질, 원인이 아니라 기술적인 범주를 의미한다.

(3) 특성 – 요인이론의 기본 전제[크릿츠, 클라인과 바이너, 1977]

① 개개인은 신뢰할 만하고 타당하게 측정될 수 있는 고유한 특성의 집합이다.

② 직업은 성공을 위해서 특정한 특성을 소유하고 있는 작업자를 필요로 한다.

③ 직업의 선택은 직선적인 과정이며 연결이 가능하다.

④ 개인의 특성과 직업의 요구 간에 연결(매칭)이 잘 될수록 성공의 가능성은 커진다.

❸ 적용 절차(윌리엄슨) 암기법 분종 / 진예 / 상추

(1) 분석(자료수집)

자료수집 단계로 모든 가능한 자원으로부터 정보를 모으는 것이다.

(2) 종합

내담자의 강점과 약점을 확인할 수 있도록 자료를 요약하고 종합한다.

---

1) 개인분석, 직업분석, 매칭

(3) 진단

분석과 종합을 근거로 하여 추론을 하는 과정이며 문제를 확인하고 그 원인을 찾는 단계이다. 진단의 4가지 범주는 다음과 같다.

윌리암슨(특성 - 요인상담)의 변별진단 4가지 범주 암기법 [무 불 어 흥]

1) 무선택(= 무결정)
   내담자가 직접 직업을 결정한 경험이 없거나, 선호하는 몇 가지의 직업이 있음에도 불구하고 어느 것을 선택할지를 결정하지 못하는 경우
2) 불확실한 선택(= 직업선택의 확신 부족)
   직업을 선택하기는 했으나, 자신의 선택에 대해 자신감이 없고 타인으로부터 자기가 성공하리라는 위안을 받고자 추구하는 경우
3) 어리석은 선택(= 현명하지 못한 선택)
   자신의 능력보다 훨씬 낮은 능력〈불충분한 능력〉이 요구되는 직업을 선택하거나 안정된 직업만을 추구하는 경우
4) 흥미 - 적성 간 모순(= 불일치)
   흥미를 느끼는 직업에 대해서 수행능력이 부족하거나, 적성에 맞는 직업에 대해서 흥미를 느끼지 못하는 경우

(4) 처방(= 예후)

내담자의 미래 적응적 성과를 예언하는 과정을 말한다.

(5) 상담

신뢰관계(rapport)와 내담자에게 호감을 가지고 공감할 것을 강조하고 상담관계는 동등한 관계이며 상담자는 친근한 권위자이면서 직업선택의 문제해결을 위한 상담기법을 적용한다.

① 불확실한 선택의 경우 - 선택을 취소하고 대안을 제시하며 내담자의 지평을 넓힐 것을 제안한다.
② 무선택의 경우 - 직접적인 충고가 이루어지고 흥미검사와 직업정보의 사용을 권유한다.
③ 흥미와 적성의 불일치의 경우 - 선택한 직업의 이해득실을 협의하여 검토하도록 제안한다.
④ 어리석은 선택의 경우 - 직접 체험을 권장한다.

(6) 추수상담

상담결과로 수립된 행동경로가 올바른 것이었는지 내담자 입장에서 판단하는 과정이다.

제2절 홀랜드의 직업선택이론

❶ 홀랜드(Holland)는 개인의 성격유형이 진로선택 및 발달에 중요한 영향을 끼친다고 보고 개인의 직업적 흥미는 그 사람이 가진 성격의 표현이라고 주장하였다.

❷ 성격유형과 환경의 특성 간의 좋은 적합성이 이루어지면 개인은 그 직무환경에서 잘 적응하고 자신의 능력을 발휘하며 성장할 수 있고 개인의 성격과 직무환경 간의 불일치는 직무 불만족, 불안정한 진로통로, 낮은 직무수행을 이끈다고 주장하였다.

❸ 인성이론(홀랜드이론)의 가정

(1) 대부분의 사람들은 6가지 직업적 성격유형(진로유형), 즉 현실형(R), 탐구형(I), 예술형(A), 사회형(S), 진취형(E), 관습형(C)으로 분류된다.

(2) 우리의 직업이나 생활환경도 현실적(R), 탐구적(I), 예술적(A), 사회적(S), 진취적(E), 관습적(C) 6가지로 분류된다.

(3) 사람들은 자신의 기술과 능력을 발휘하고 자신의 태도와 가치를 표현하며 자기에게 맞는 역할을 수용할 수 있게 해 주는 환경을 찾는다.

(4) 개인의 행동은 그 사람의 성격적 특성과 환경적 특성 간 상호작용에 의해 결정된다.

❹ 6각형 모형(개인－환경 적합성 모형) : 홀랜드

성격 유형의 개인차를 개념화하여 6각형 모형을 제시하고 서로 인접한 것끼리는 심리적으로 유사하고 서로 대각선상에 있는 유형들끼리는 가장 유사하지 않은 것으로 해석한다.

정리

RIASEC 6각형 모형 암기법 **현탐예사진관**

1) 현실형 : 기계, 도구, 동물에 관한 체계적인 조작활동 선호, 사회적 기술 부족(**기술자**)
2) 탐구형 : 분석적이고 호기심 많고 조직적이며 정확, 리더십 부족(**생물학자**)
3) 예술형 : 표현이 풍부하고 독창적이며 비순응적이고 심미적인 사람, 규범적 기술 부족(**음악가**)
4) 사회형 : 다른 사람과 함께 일하거나 돕는 것을 즐기지만 질서정연하고 조직적인 활동 싫어함(**상담사**)
5) 진취형 : 조직 목표나 경제적 목표달성을 위해 타인을 조작하는 활동을 즐기고 상징적이고 체계적인 활동을 싫어하며 과학적 능력 부족(**세일즈맨**)
6) 관습형 : 체계적으로 자료를 처리하고 기록정리, 자료 재생산하는 것을 선호, 심미적 추구는 싫어함(**사무원**)

실력다지기

홀랜드의 이론

이 이론은 각 모형형태에서 사람의 속성을 비교할 수 있도록 기술되어 있으므로 개인의 가장 유사한 형태를 결정할 수 있는데 개인이 한 가지나 그 이상의 형태를 갖고 있기 때문에 유사한 다른 형태의 것에 확대하여 결정한다. 개인의 가장 유사한 세 가지 형태는 부호로 기술되는데 예컨대 SAE 부호는 가장 유사한 사회적 형태(S)와 조금 낮은 정도의 예술적 형태(A), 그리고 진취적 형태(E)를 의미한다.

각각의 부호는 다음의 6각형 모형을 사용하면 가장 쉽게 이해할 수 있다. **이 모형에서 6각형 각각에 인접한 다른 유형은 서로 상반된 직선에 있는 것보다 더 유사성을 가지고 있고, 또한 가까이 관련된 유형에 있는 부호는 가까이 있지 않은 부호보다 더 자주 나타나는데, 예컨대 ESC와 RIC의 부호는 CSI와 IES의 부호보다 더 빈번히 나타난다는 것이다**.

이처럼 성격형태와 환경을 서술하기 위하여 홀랜드가 사용한 언어는 개인의 심상을 주제논술로 전환하는데 매우 유용하다. 이 모형은 개인이 어떻게 생각하고 그들 자신에 대해 이야기하는지에 대해 쉽게 관련지을 수 있다. 홀랜드의 모형은 개인의 결과를 해석하는 수단으로서 많은 흥미검사에서 사용된다.

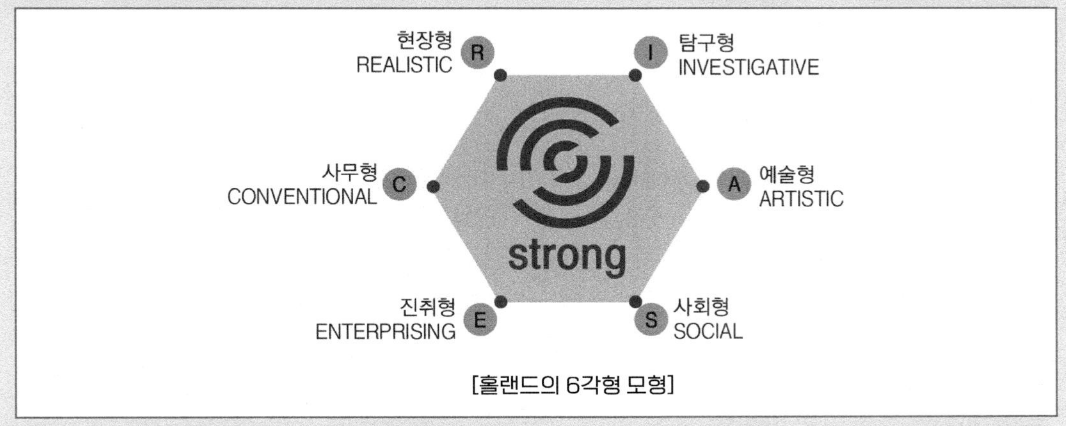

[홀랜드의 6각형 모형]

❺ 주요개념 암기법 일차 / 정치계

(1) 일관성

어떤 쌍들은 다른 유형의 쌍들보다 공통점을 더 많이 가지고 있으며 조작하는 방법은 홀랜드 코드 첫 두 문자를 사용한다. 6가지 유형에는 공통점이 많은 쌍이 있는데 예술 – 사회유형은 탐구 – 진취형보다 공통점이 더 많은 것과 같이, **코드의 두 개의 문자가 육각형에 인접(이웃)할 때 일관성이 높다는 개념이다**.

(2) 차별성(= 변별성)

하나의 유형에는 유사성이 많지만 다른 유형에는 별로 유사성이 없다는 개념으로 자기방향 탐색 또는 직업전환도 검사 프로필로 측정한다.

차별성(변별성)

1) '흥미가 얼마나 뚜렷한가?'의 내용으로, 다른 유형과의 차별성을 의미한다.
2) 특정 유형에는 높은 점수를 보이고, 다른 유형에는 낮은 점수를 보이는 경우 차별성(변별성)이 높다고 한다.

(3) 정체성

개인의 정체성은 목표, 흥미, 재능에 대한 명확하고 견고한 청사진이며 환경의 정체성은 조직의 투명성, 안정성, 목표 · 일 · 보상의 통합이라고 규정한다.

(4) 일치성

자신의 유형과 비슷하거나 정체성이 있는 환경 유형에서 일하거나 생활할 때 일치성이 높아지게 된다.

(5) 계측성

6각형 모형에서 유형 간의 거리는 그것들 사이의 이론적인 관계(상관성)에 반비례한다.

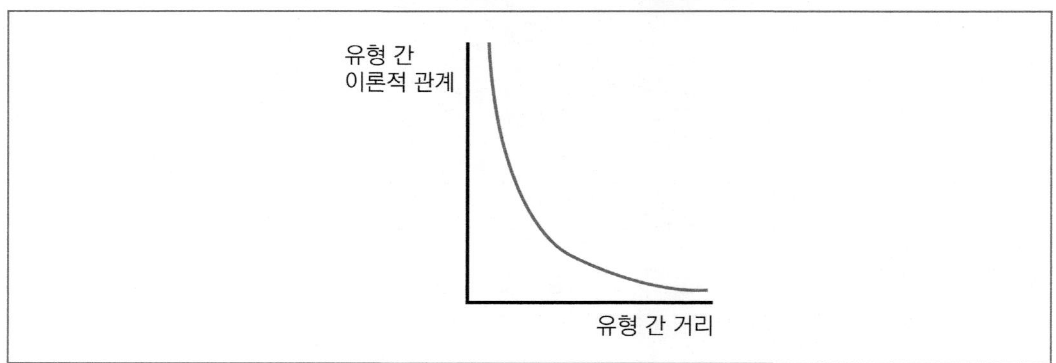

직상 기출

홀랜드(Holland)의 진로발달이론이 기초하고 있는 4가지 가정

1) 사람들의 성격은 6가지 유형 중의 하나로 분류될 수 있다.
2) 작업 환경은 6가지 유형의 하나로 분류될 수 있다.
3) 개인의 성격과 환경의 상호작용을 강조한다.
4) 사람들은 자신의 능력을 발휘하고 태도와 가치를 표현할 수 있는 환경을 찾는다.

제3절 직업적응이론

❶ 연구개요

(1) 미네소타 직업재활 연구의 일환으로 다위스와 롭퀴스트에 의해 발표되었다(1964).

(2) 보다 발전된 특성지향 이론으로 미네소타 직업분류체계 Ⅲ와 연결되어 사용하였다.

(3) 개인 - 환경 대응 상담이론, 즉 개인의 욕구와 직업 환경에서 제공되는 강화요인이 직무만족, 수행 및 이직에 영향을 준다고 가정하는 이론이다.

(4) 인간이 작업요구를 성취하도록 동기화되어 있고 일을 통해 개인적 요구를 성취하도록 동기화되어 있다고 보며 이러한 조화를 유지하는 노력을 직업적응이라 일컫는다.

❷ 평가도구

(1) 직업적응과 직업욕구의 평가도구가 잘 발달되어 있다.

(2) 직업욕구는 미네소타 중요성 질문지(MIQ)로 평가하며 질문지의 요인분석을 통해 6가지 차원(안전, 편안함, 지위, 이타주의, 성취, 자율성)을 발견하였다.

심화학습

다위스와 롭퀴스트의 직업적응이론에 근거해서 만들어진 직업적응과 관련된 심리검사도구

다위스와 롭퀴스트는 개인의 일에 대한 만족(Satisfaction)과 개인에 대한 일의 환경의 만족, 즉 개인이 자기 일을 수행하는 능력 정도에 강조를 두고 있다. 데이비스(다위스)와 롭퀴스트 이론에서는 만족도를 측정하기 위한 검사 도구들(MSQ, MIQ, MSS, JDQ)이 개발되었다. 진로 지도 시 구체적인 방법과 도구를 제공하는 큰 장점을 가지고 있다.

1) 미네소타 중요성 질문지(Minnesota Importance Questionaire ; MIQ)
 개인이 일의 환경에 대해 지니는 20가지 욕구와 6가지 가치관을 측정하는 도구

2) 직무기술 질문지(Job Description Questionaire ; JDQ)
 일의 환경이 MIQ에서 정의한 20개 욕구를 만족시켜주는 정도를 측정하는 도구

3) 미네소타 만족 질문지(Minnesota Satisfaction Questionaire ; MSQ)
 직무만족의 원인이 되는 일의 강화요인을 측정하는 도구로서, 성취, 승진 등의 척도로 구성

4) 미네소타 충족 척도(Minnesota Satisfactoriness Scales ; MSS)

직업적응이론(TWA)에서의 6가지 직업가치

직업적응이론은 개인이 능력과 환경에 얼마나 잘 맞는지를 알기 위해 직업가치 측정을 강조한다. 롭퀴스트와 다위스의 직업적응이론(TWA)에서 6가지 직업가치는 직장으로부터 받을 수 있는 자신의 가치로서 ① 성취 ② 편안함 ③ 지위 ④ 이타심 ⑤ 안정감 ⑥ 자율성이다. 이를 구체적으로 살펴보면 다음과 같다.

1) 성취 : 수행을 고무시키는 환경을 원한다(예 직업은 내게 성취감을 준다).
2) 편안함 : 긴장하지 않고 안전하고 보상적인 환경을 말한다(예 나의 봉급은 다른 사람과 비교된다).
3) 지위 : 명성과 승진 등이 중요하다(예 직업은 승진의 기회를 제공한다).
4) 이타심 : 타인과 조화를 이루며 봉사하는 환경을 말한다(예 나는 타인을 위해 무엇인가 할 수 있다).
5) 안정감 : 예측가능하고 안정적인 환경을 말한다(예 회사는 정책을 정당하게 실시한다).
6) 자율성 : 창조성과 책임감을 중시한다(예 나 자신이 스스로 결정한다).

암기법 **다위스(Dawis)와 롭퀴스트(Lofquist) 등이 개발한 MIQ(Minnesota Importance Questionnaire)에서 측정하는, 직업과 관련된 6가지 가치**
안성/이자/편지 (안정감, 성취, 이타심, 자율성, 편안함, 지위)

❸ 직업적응 과정

(1) 직업 성격적 측면

① **신속성(민첩성)** : 개인이 환경과 상호작용할 때의 반응속도를 의미한다.
② **역량(속도)** : 개인의 에너지 소비량이나 근로자의 평균 활동수준을 의미한다.
③ **리듬** : 개인이 환경과 상호작용하는 속도의 패턴이나 활동에 대한 다양성을 의미한다.
④ **지구력(지속성)** : 개인이 환경과 상호작용을 유지하는 것 또는 다양한 활동수준 기간을 의미한다.

직업 성격적 측면 **암기법** **성격 = 역리신지**
나머지는 직업적응방식 측면으로 이해하면 된다.

(2) 직업적응 방식 측면 **암기법** 적응방식 = 융끈적반(= 유인능수)

① **융통성(유연성)** : 개인이 작업환경과 개인적 환경 간의 부조화를 참아내는 정도를 의미한다.
② **끈기(인내)** : 자신과 맞지 않는 환경에 얼마나 오랫동안 견뎌낼 수 있는가를 의미한다.
③ **적극성(능동성)** : 작업환경과 개인적 방식을 조화롭게 만들려고 노력하는 정도를 의미한다.
④ **반응성(수동성)** : 작업성격의 변화로 인해 작업환경에 반응하는 정도를 의미한다.

- 적극성 : 환경을 변화시키려고 노력함
- 소극성(수동성) : 자신이 환경에 맞춤

직상 기출

Dawis와 Lofquist의 직업적응이론 - 직업적응의 과정

1) 개인은 자신과 환경과의 부조화의 정도가 받아들일 수 있는 범위이면, 즉 자신의 유연성 범위이면 별다른 대처행동 없이 환경에 적응하게 된다.
2) 개인과 환경 간의 부조화가 받아들일 수 없는 범위이면 적응행동을 통해 여기에 대처하게 된다.
3) 적극적 행동이나 반응적 행동을 통해 부조화를 줄이려는 노력을 하게 된다.
4) 노력의 결과, 부조화의 정도가 받아들일 수 있는 범위로 줄어들면 개인과 환경 간 적응이 이루어졌다고 볼 수 있다.
5) 부조화가 개인의 적응행동을 통해 변화시킬 수 있는 범위, 즉 적응범위를 넘어서면 개인은 이직을 고려하게 될 것이다.

직업적응의 측정 - 미네소타 만족 질문지(MSQ), 미네소타 충족 질문지(MSS) 활용
: 직업적응을 예측하는 두 가지 주된 구성요소

1) 다위스(R. Dawis)와 롭퀴스트(L. Lofquist)의 직업적응이론에서 직업적응을 예측하는 두 가지 주된 구성요소는 만족(Satisfaction)과 충족(Satisfactoriness)이다.
2) 만족(Satisfaction)은 수행하는 일을 통해 개인의 욕구와 요구 조건이 충족되는 정도이다.
   (1) 직업 환경이 개인의 욕구를 얼마나 채워 주고 있는지에 대한 개인의 평가
   (2) 개인이 수행하는 일에 대한 조화의 내적 지표
   (3) 개인의 욕구에 대한 작업 환경의 강화가 적절하면 상승
3) 충족(Satisfactoriness)은 개인이 자신에게 주어진 일을 완수하는 정도에 대한 다른 사람의 평가, 보통 관리자의 평가와 관련되어 있는 개념이다.
4) 즉, 개인의 환경에 대한 만족을 만족(Satisfaction)이라고 일컫고, 환경의 개인에 대한 만족은 충족(Satisfactoriness)이라고 일컫는다.
5) 다위스(R. Dawis)와 롭퀴스트(L. Lofquist)는 직업적응을 위한 주요한 지표는 만족과 충족이라고 주장하였다.

제4절 발달적 이론

❶ 긴즈버그의 발달이론

(1) 직업선택은 일생 즉, 장기간에 걸쳐서 이루어지며 직업선택 과정은 비가역적이고 개인의 욕망과 현실 사이에서 타협적으로 이루어진다.

(2) 직업발달 초기에는 개인의 흥미, 능력, 가치관 등 개인적인 요소에 의하여 좌우되지만, 후기에는 개인적인 요소와 함께 외부적인 조건과의 타협에서 직업선택이 이루어진다.

(3) 진로발달단계별 정리 암기법 **긴즈버그 = 환잠현 / 수퍼 = 성 - 탐 - 확 - 유 - 쇠**

진로발달단계(긴즈버그)

1) 환상기 = 유년기(11세 이전)
   (1) 현실적인 여건에 대해 고려하지 않고 주관적, 환상적이며 자신이 바라는 욕구와 행동을 직업선택과 동일시하는 단계이다.
   (2) 놀이중심 단계로서 다양한 직업적 역할이 놀이를 통해서 나타난다.

2) 잠정기(시험기) = 초기 청소년기(11~17세 미만) 암기법 **잠정기 = 흥능가전**
   (1) 흥미기
   좋아하는 것과 그렇지 않은 것에 대한 분명한 결정이 있고 자신의 흥미나 취미에 따라 직업을 선택하려고 한다.
   (2) 능력기
   자신의 능력을 깨닫게 되는 단계로서 자신의 능력을 시험해 보며 직업의 다양성과 직업에 따른 근로조건이 다르다는 것을 처음으로 인식하게 된다.
   (3) 가치기
   자신의 직업 스타일에 대한 명확한 이해와 직업선택 시 여러 가지 다양한 요인을 고려해야 함을 인식하게 된다.
   (4) 전환기
   직업선택에 대한 결정과 진로선택에 수반되는 책임의식이 생기며 현실적인 외부요인에 눈을 돌려 자신의 결정이 장래의 생활에 영향을 미칠 것이라는 현실인식을 하게 된다.
   → 현실적인 요인에 대해 적당하게 고려하여 희망하는 직업을 잠정적으로 선택하는 단계이다.

3) 현실기 = 청소년 중기(17세~성인 초기) 암기법 **현실기 = 탐구정**
   현실적인 요인과 개인적, 주관적 요소와 타협이 이루어지는 단계이다.
   (1) 탐색단계 : 진로선택을 2~3가지 정도로 좁혀가며 취업기회를 탐색하고 취업하려고 노력한다.
   (2) 구체화(결정화) 단계 : 자신의 직업목표를 구체화하고 직업선택의 문제에서 내적, 외적 요인들을 고려하게 되며 이 단계에서는 타협이 중요한 요인이 된다.
   (3) 특수화(정교화) 단계 : 자신의 결정을 구체화하고 보다 세밀한 계획을 세우고 고도로 세분화, 전문화된 의사결정을 하게 된다.

(4) 직업선택 과정이 개인의 아동기부터 초기 성인기까지의 사회문화적 환경에 따라 주관적으로 평가하고 발달되었다는 점이 독특한 특징이며 여성과 소수 인종의 직업발달 패턴은 고려되지 않았으며, 농촌지역이나 도시 빈민층 대상은 제외되었다는 문제점이 있다.

(5) 초기 선택이 얼마나 중요한지를 강조하고 있다.

(6) 직업적 선택은 일생동안의 의사결정 과정이고 사람들은 자신의 일로부터 상당한 만족을 추구하며 이를 통해서 자신의 변경된 진로목표와 직업세계라는 현실간의 조정을 어떻게 해 나갈 수 있는지를 반복적으로 재평가하게 되는 것이다.

(7) 의의

긴즈버그는 알셀라트, 헤르미와 함께 발달적 입장에서 직업선택이론에 접근한 최초의 인물로서 직업선택과정이 아동기부터 초기 성인기까지의 사회, 문화적 환경에 따라 주관적으로 평가, 발달된다고 주장하며 특히, 초기선택의 중요성을 강조하였다. 또한 직업선택은 일생 동안의 의사결정과정이며 진로목표와 현실의 직업 세계 간 조정의 과정이라고 주장하였다.

❷ 수퍼의 발달이론 – 생애공간 접근법

(1) 수퍼는 직업발달이 평생동안 이루어진다는 전 생애론적 발달론을 제시하였다.

(2) 개인차 심리학, 발달심리학, 직업사회학, 성격심리학의 연구들을 종합하려는 시도이다.

(3) 개인의 진로발달을 전 생애기간 안에서의 연속적인 과정으로 보고 각각의 역할수행에 필요한 책임과 의무를 정확히 인식하고 실천할 수 있는 능력을 학습할 수 있도록 지도하며 구체적인 진로발달 프로그램의 개발과 적용이 요구된다.

(4) 수퍼의 진로아치문 모형

① **기본양식** : 생물학적 · 지리학적인 면을 토대로 개인을 왼쪽 기둥으로, 사회를 오른쪽 기둥으로 세웠다.

② **구조적 특징** : 개인과 사회의 역동적인 상호작용을 강조하고 핵심은 자아이며 아치문의 돌들을 연결하는 시멘트가 필요한데 학습이론이 시멘트에 해당한다.

③ 진로 아치문은 인간발달의 생물학적 · 지리학적인 면을 토대로 구성된 세 개의 커다란 돌로 이루어진 문이다.

④ 왼쪽 기둥은 개인(욕구, 지능, 가치, 흥미, 적성, 성격)을, 오른쪽 기둥은 사회(경제자원, 경제구조, 사회제도 등)를 나타내고 있다.

⑤ 아치문 모형에서 사용되는 주요 개념은 성격과 자아개념이다.

⑥ 활 모양의 기둥은 발달단계에 따른 역할 자아개념을 말하며, 자존감 같은 역할에 대한 태도의 자아를 말한다.

⑦ 아치문의 중심은 자아, 즉 의사결정자이며 이것에 영향을 주는 것은 자아개념과 사회에서의 역할이며 이 영향은 진로결정을 하는 데 있어서 매우 중요한 요소이다.

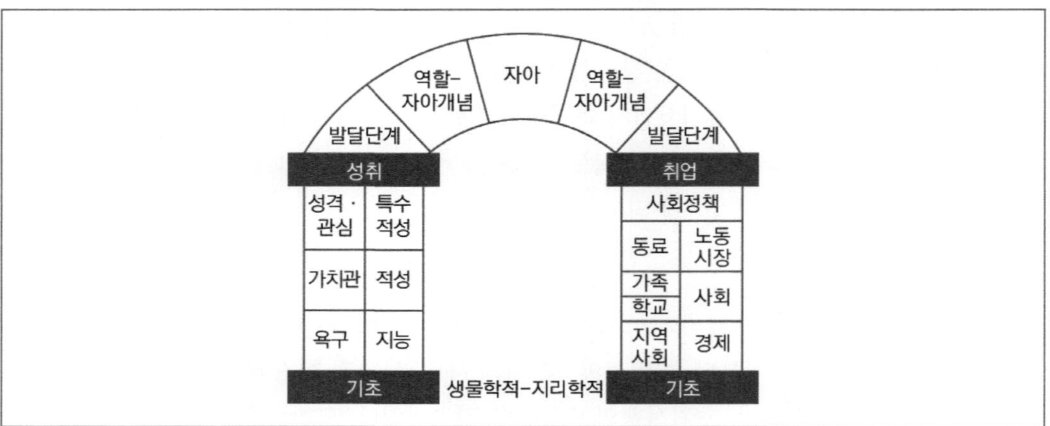

(5) 수퍼의 생애진로 무지개 이론

① 역할의 현저성에 따른 진로성숙을 강조하며, 생애진로 무지개모형은 한 개인의 생애주기에 따라 나타나는 주요 역할의 변화를 보여준다.

② **진로발달과정**

수퍼는 개인의 진로발달과정을 자기실현 및 생애발달의 과정으로 보고 여러 가지 생활영역에 있어서의 진로발달을 나타내는 생애진로무지개를 제시하며 진로성숙과 역할의 중요성을 강조하였다.

③ **진로성숙**

주요 삶의 단계와 대략적인 나이를 보여주며 미래 역할에 중심을 두어야 할 것을 파악하고 그것을 계획하는 데 도움이 된다.

④ **역할의 현저성**

사람들에 의해 수행되는 역할의 배열이다. 즉, 한 개인의 주요 역할로 자녀, 학생, 여가(활동)인, 시민, 직업인, 배우자(혹은 부모, 가사담당자)를 들고 있다.

⑤ 세부적으로는 9가지 역할을 구분하고 있는데, 일생동안 9가지 역할(아동(자녀), 학생, 여가인(활동인), 일반시민, 근로자(직업인), 배우자(가장), 주부, 부모, 퇴직연금생활자)을 수행한다고 보고, 이러한 역할들이 상호작용하며 이전의 수행이 이후의 수행에 영향을 미치게 된다고 하였다. **암기법** **수퍼의 생애역할 9가지 = 자 학/ 여 시/ 직 배/ 주 부 퇴**

(6) 진로발달단계별 정리 암기법 수퍼 = 성 - 탐 - 확 - 유 - 쇠

1) 성장기 : 출생에서 14세까지의 시기로서 욕구와 환상이 지배적이지만 점차 흥미와 능력을 중시한다(환상기, 흥미기, 능력기).
   (1) 환상기(4~10세) : 아동의 욕구가 지배적이며 역할 수행이 중시된다.
   (2) 흥미기(11~12세) : 진로의 목표와 내용을 결정하는데 있어서 아동의 흥미가 중시된다.
   (3) 능력기(13~14세) : 진로선택에 능력을 중시하며 직업에서의 훈련조건을 중시한다.
2) 탐색기 : 15~24세까지의 시기로서 자아를 검증하고 역할을 수행하며 직업탐색을 시도한다(잠정기, 전환기, 시행기).
   (1) 잠정기(15~17세) : 개인은 자신의 욕구, 흥미, 능력, 가치와 취업기회 등을 고려하기 시작하고 잠정적으로 진로를 선택해 본다.
   (2) 전환기(18~21세) : 개인은 장래의 직업세계에 필요한 교육이나 훈련을 받으며, 자신의 자아개념을 확립하려고 한다. 이 시기에는 현실적 요인을 중시한다.
   (3) 시행기(22~24세) : 개인은 자신에게 적합하다고 판단되는 직업을 선택해 종사하기 시작한다.
3) 확립기(정착기) : 25세~44세까지의 시기로서 자신에게 적합한 분야를 발견해서 종사하고 생활의 터전을 잡으려 노력한다(수정기와 안정기).
   (1) 수정기(= 시행 및 안정기 25~30세) : 개인은 자신이 선택한 일의 세계가 적합치 않은 경우에 적합한 일을 발견할 때까지 몇 차례 변화를 시도한다.
   (2) 안정기(= 승진기 31~44세) : 개인의 진로유형이 안정되는 시기로서 개인은 그의 직업 세계에서 안정, 만족감, 소속감, 지위 등을 갖게 된다.
4) 유지기 : 45~64세까지의 시기로서 개인은 안정된 속에서 비교적 만족스런 삶을 영위하며 직업세계에서 자신의 위치가 확고해지며 자신의 자리를 유지하기 위해 노력하며 안정된 삶을 살아가는 시기이다.
5) 쇠퇴기 : 65세 이후의 시기로서 모든 기능이 쇠퇴함에 따라 직업세계에서 은퇴하게 되기 때문에 자신이 해 오던 일의 활동이 변화되고 또 다른 자신의 일에 대한 활동을 찾게 되는 시기이다.

❸ 고트프레드슨(갓프레드슨) 이론 = 직업포부 발달이론

(1) 직업적 포부의 발달이 중요하고 사회계층, 지능수준 및 다양한 경험은 진로선택의 중요한 요인이며, 이미지에 맞는 직업을 희망하기 때문에 직업발달에서 자아개념이 진로선택의 중요요인이다. 따라서 자아성찰과 사회계층의 맥락에서 직업적 포부가 더욱 발달된다고 본다.

(2) 직업포부의 발달단계

① 직업과 관련된 개인발달 단계

힘과 크기 지향성(3~5세), 성역할 지향성(6~8세), 사회적 가치 지향성(9~13세), 내적 고유한 자아 지향성(14세 이후)의 단계로 구분한다.

② 직업적 선호와 발달단계

자아개념이 발달하면서 포부에 대한 단계를 설정하며 사회경제적 배경과 지능수준을 강조한다.

(3) 직업과 관련된 개인의 발달단계를 4단계로 나눈다. 암기법 힘 - 성 - 사 - 내

① **힘과 크기 지향성(3~5세)** : 사고과정이 구체화되며 어른이 된다는 것의 의미를 알게 된다. → 서열 획득 단계

② **성역할 지향성(6~8세)** : 자아개념이 성의 발달에 의해서 영향을 받게 된다.

③ **사회적 가치 지향성(9~13세)** : 사회계층에 대한 개념이 생기면서 자아를 인식하게 되며 직업에 대한 귀천의식이 생긴다.

④ **내적 및 고유한 자아 지향성(14세~)** : 자아성찰과 사회계층의 맥락에서 직업적 포부가 더욱 발달하게 된다.

정리

갓프레드슨의 직업포부 발달이론

1) 이미지에 맞는 직업을 희망하기 때문에 직업발달에서 자아개념이 진로선택의 중요 요인
2) 자아성찰과 사회계층의 맥락에서 직업적 포부가 더욱 발달된다고 봄
3) 직업과 관련된 개인의 발달단계를 4단계로 나눔
4) 힘과 크기 지향성/ 성역할 지향성/ 사회적 가치 지향성/ 내적 및 고유한 자아 지향성

(4) 갓프레드슨(Gottfredson)의 '제한과 절충의 원리' = 제한 – 타협이론

① Gottfredson은 직업포부의 발달단계(4단계)에 근거하여 직업포부의 형성 및 변화과정을 설명하기 위해 '제한과 절충의 원리'(= 제한 – 타협이론)를 제시하였다.

② Gottfredson에 의하면, 아동들은 초기에는 자신이 원하는 것은 무엇이든 될 수 있다는 환상적인 생각을 하지만, 성장하면서 특정한 기준, 즉 신체의 크기와 힘, 성 역할, 사회적 명성(가치), 내적 가치(자아)의 순으로 자신의 직업포부를 스스로 제한시켜 나간다고 한다. 즉, 자신이 할 수 있다고 생각하는 직업의 수를 줄여가는 과정이다.

③ 이렇게 한 개인이 가능한 진로 중에서 받아들일 수 없는 직업을 제거하는 과정은 직업포부 발달단계이론의 발달단계에 따라 제한하는 제한이론의 특징이 있다.

④ 아울러, 아동들은 자신의 실제 능력과 이상 간의 '절충'(타협)을 끊임없이 모색하면서 여러 가지 직업대안 중 자신에게 적합한 직업포부를 구체화시켜 나간다고 한다. 즉, '타협'은 직업의 성역할, 사회적 지위, 흥미를 고려하여 자신이 선택할 직업을 조정해 가는 것을 의미한다.

⑤ '타협'은 진로선택이론과 관련된 것으로, Gottfredson은 발달 단계에서 나타나는 성역할, 사회적 지위, 흥미를 타협의 중요한 측면으로 제시한다.

⑥ 사람들은 자신의 흥미를 포기하게 되고, 그 다음은 사회적 지위를 포기하게 되며, 성 역할은 가장 포기하기 어려워하는 부분이다. 즉, 사람들은 흥미 – 사회적 지위 – 성 역할 순으로 자신에게 적합한 진로대안을 포기해 나간다는 것이다.

⑦ 결론적으로 자신이 바라던 최고의 선택이 아니라, 현실적으로 가능한 최선의 선택에 만족한다는 것인데, 이러한 타협에 대한 심리적인 적응은 선택한 진로에서의 만족도와 깊이 관련된다.

갓프레드슨(L. Gottfredson)은 진로의사결정을 궁극적으로 자아개념과 일치하는 직업들을 선택하는 과정으로 보았다. 즉, 자신의 자아개념과 일치하지 않는 직업대안들을 제거하는 제한(circumscription)과 제한과정을 통해 선택된 선호하는 직업대안들 중 자신이 해결할 수 없는 문제들이 있는 직업을 어쩔 수 없이 조정하고 포기하는 타협(compromise)의 두 과정을 통해 이루어진다는 것이다. 즉, **제한은 개인이 수용하기 어려운 직업적 대안들을 제거하는 과정이며, 타협은 취업가능성과 같은 제한요인에 근거해 진로선택을 조정하는 과정으로, 자신의 수용 가능한 영역 내에서 흥미와 일치하는 직업을 선택한다고 하더라도 상황이 여의치 않으면 특정부분을 포기하는 것이다**.

1 과목 2 과목 3 과목 4 과목 5 과목

❹ 욕구이론(Roe)

(1) 로(Roe)는 성격이론과 직업분류라는 영역을 통합하는 데 관심을 가졌고 직업선택에 큰 영향을 미치는 것은 욕구라고 보았다.

(2) 매슬로우의 욕구 위계론을 바탕으로 하고 직업과 기본욕구 만족의 관련성에 대한 논의가 가장 효율적이며 매슬로우의 이론은 성격이론 중 가장 유용한 접근법이다.

(3) **로(Roe)는 미네소타 직업평가 척도에서 힌트를 얻어 인간관계의 특성과 강도, 그리고 흥미에 기초해서 직업을 8개의 군집으로 나누고 각각의 군집에 알맞은 직업들의 목록을 작성하였다**.

(4) 각 직업에서 곤란도와 책무성을 고려하여 8×6의 구조를 제시하였다.

(5) **로(Roe)는 초기의 경험은 직업선택에 관계되며 부모와의 관계 등 가정환경에 의해 주로 영향을 받는다고 보았고 부모행동에 대한 관심을 보였다**(부모 - 자녀 관계 질문지).

심화학습

Roe의 직업분류체계

1) 인간관계의 특성과 강도 및 흥미에 따라 8개군 - 8가지 장(field)

(1) 서비스직	(2) 비즈니스직	(3) 단체직(조직)	(4) 기술직
(5) 옥외활동직	(6) 과학직	(7) 일반문화직	(8) 예능직(예술과 연예)

Roe의 욕구이론 : 8×6의 구조

1) 8가지 직업군(흥미)

(1) 서비스직
다른 사람의 욕구와 복지에 관심을 가지고 봉사하는 것에 관련된다.

(2) 비즈니스직
1대1 만남을 통해 공산품, 투자 상품, 부동산 등을 판매, 상대방을 설득하는데 초점을 둔다.

(3) 단체직
사업, 제조업, 행정에 종사하는 관리직의 화이트 칼라가 해당되며, 기업의 조직과 효율적인 기능에 주로 관련된 직업군이다.

(4) 기술직
상품과 재화의 생산, 유지, 운송과 관련된 직업을 포함하는 군으로 운송과 정보통신에 대한 직업뿐만 아니라 공학, 기능, 기계 무역에 관련된 직업들도 이 영역이며, 사물을 다루는 데 관심을 둔다.

(5) 옥외활동직
농산물, 수산자원 등의 기타 천연 자원을 개발, 보존, 수확하는 것과 관련된 직업으로, 기계화의 발전으로 이 군집에 속하던 많은 직업들이 군집 4(기술직)로 옮겨졌다.

(6) 과학직
과학 이론과 이론을 특정한 환경에 적용하는 것과 관련되며, 심리학이나 인류학과 같은 분야에서 뿐만 아니라, 전혀 인간관계 지향이 아닌 물리학과 같은 과학적 연구와도 관련이 있다.

(7) 일반문화직
문화유산의 보존과 전수에 관련되고, 교육, 언론, 법률, 성직, 언어학과 인문학이라 불리는 과목들에 관련된 직업들이 포함된다.

(8) 예능직
창조적인 예술과 연예에 관련된 직업으로 개인과 대중 또는 조직화된 한 집단과 대중 사이의 관계에 초점을 둔다.

2) 부모 – 자녀 관계와 직업선택

(1) 따뜻한 부모 – 자녀의 관계에서 성장한 사람의 경우
어렸을 때부터 어떠한 필요나 욕구가 있을 때 사람들과의 접촉을 통해서 그것을 만족시키는 독특한 욕구 충족 방식을 배우게 되는데, 이것이 인간지향적인 성격을 형성하는데 도움이 되며, 나아가서는 직업선택에 반영된다. 그 결과 그들은 인간지향적인 직업(서비스직, 비즈니스직 등)을 선택하는 것이다.

(2) 차가운 부모 – 자녀의 관계에서 성장한 사람의 경우
어렸을 때부터 부모의 자상한 배려나 관심을 받지 못하고 자랐기 때문에 자신에게 어떤 문제가 있을 때 부모나 주위 사람의 도움을 청하지 않고 사람과의 접촉을 하지 않는 다른 수단을 통해서 해결하는 방법을 터득하게 된다. 그 결과 그들은 자연히 비(非)인간지향적인 작업(옥외활동직, 과학직 등)을 선택하게 되는 것이다.

2) '곤란도와 책무성'에 따라 6단계 – 6가지 수준(level)
각 군집은 '책임, 능력, 기술'의 정도를 기준으로 하여 각각 6단계로 구분된다. 그 중에서도 책무성의 정도가 단계의 구분에 가장 결정적인 영향을 미친다. 책무성에는 결정을 내리는 횟수와 곤란도, 그리고 다양한 문제들을 어떻게 처리해야 하는지가 포함된다.

(1) 전문적이고 관리적인 단계 1(고급, Professional and managerial 1)
이 단계는 중요한 사안에 대해 독립적인 책임을 지는 전문가들과 개혁자, 창조자, 최고 경영관리자들을 포함한다. – 박사나 이에 준하는 정도의 교육을 받는다.

(2) 전문적이고 관리적인 단계 2(중급, Professional and managerial 2)
단계 1 보다는 좁은 영역에 대한 덜 중요한 책임이 따른다. – 석사학위 이상, 박사와 그에 준하는 정도의 교육보다는 낮은 수준의 교육을 받는다.

(3) 준전문적이고 소규모의 사업(Semiprofessional and small business) – 3단계
고등학교나 기술학교 또는 그에 준하는 정도의 교육수준을 가진다.

(4) 숙련적(Skilled) 단계 – 4단계
이 단계와 5, 6단계의 구분은 고전적인 분류에 의한 것으로, 숙련직은 견습이나 다른 특수한 훈련과 경험을 필요로 한다.

(5) 반숙련적(Semiskilled) 단계 - 5단계
약간의 훈련과 경험은 필요하지만 4단계에서보다는 매우 낮은 수준으로, 훨씬 더 적은 자율과 주도권이 주어진다.

(6) 비숙련직(Unskilled) 단계 - 6단계
특수한 훈련이나 교육을 필요로 하지 않으며, 간단한 지시를 따르거나 단순한 반복활동에 종사하기 위해서 필요한 능력 이상을 요구하지는 않는다.

직상 기출

부모와 자녀 간의 상호작용 3가지(Roe)

로(Roe)에 의하면 가정의 정서적 분위기, 즉 부모와 자녀 간의 상호작용(육아법)은 모두 세 가지 유형으로 나눌 수 있으며 그것들 각각에 따라 자녀의 욕구충족도가 달라진다. 즉, 회피형, 정서 집중형, 수용형에 따라 자녀의 욕구 유형이 달라지게 되는데, 이를 구체적으로 설명하면 다음과 같다.

1) 회피형
  (1) 거부형 : 자녀에 대해 냉담하여 자녀가 선호하는 것이나 의견을 무시하며, 부족한 면이나 부적합한 면을 지적하며, 자녀의 욕구를 충족시켜 주려고 하지 않는다.
  (2) 방임형 : 자녀와 별로 접촉하려고 하지 않으며, 부모의 책임을 회피하려고 한다.

2) 정서 집중형
  (1) 과잉보호형 : 자녀를 지나치게 보호함으로써 자녀에게 의존심을 키운다.
  (2) 요구 과잉형 : 자녀가 남보다 뛰어나기를 바라므로 엄격하게 훈련시키고 무리한 요구를 한다.

3) 수용형
  (1) 무관심형 : 자녀를 수용적으로 대하지만, 자녀의 욕구나 필요에 대해 그리 민감하지 않고 또한 자녀에게 어떤 것을 잘하도록 강요하지 않는다.
  (2) 애정형 : 온정적이고 관심을 기울이며 자녀의 요구에 응하고 독립심을 길러주며, 벌을 주기보다는 이성과 애정으로 대한다.

암기법 **로(Roe)가 제시한 부모 - 자녀 상호작용 유형 3가지(통제형 ×)**
정서(과잉) / 회피(거 · 방) / 수용(애 · 무)

직업상담 진단

제1절 직업심리검사

❶ 심리검사의 주요개념

(1) 심리적 구성개념

인간행동을 설명해 주는 이론을 만들기 위해 연구자들이 상상으로 만들어낸 추상적이고 가설적인 개념으로 직접 측정이 불가능하며 추론할 수 있을 뿐이다.

(2) 표준화[2)]

검사실시와 채점절차의 동일성 유지에 필요한 세부사항들이 정리되어 있는 것으로서, 표준화 검사는 검사요강이 제시되어 있는 검사이며 측정 과정과 채점과정에서 생길 수 있는 편차를 줄일 수 있어서 정확한 측정이 가능하다.

(3) 측정

어떤 일정한 규칙에 따라 대상 · 사건의 속성에 대해 수치를 할당하는 과정이다.

❷ 심리검사의 용도

현재 내적인 심리적 속성이나 특성을 진단, 향후 행동 또는 성과를 예측하기 위함이다.

(1) 교육 장면

초기 지적장애아 감별로부터 시작되어 학습 결함자를 찾아내는 것이며 그 외의 능력에 따른 아동 분류 및 영재아 및 낙제아 진단, 교육 및 직업상담 등에 활용한다.

(2) 임상 상담 장면

심리적 질환자의 진단과 감별에 활용한다.

(3) 산업 장면

산업체 및 군대의 인사선발과 분류에 이용한다.

(4) 기초연구 장면

한 개인의 일생을 통한 다양한 문제들을 연구할 수 있는 표준화된 도구로 사용한다.

---

2) 표준화는 검사의 실시 및 해석상의 동일성을 유지하는 데 필요한 세부 사항들이 잘 정리되어 있는 것을 말한다. 표준화에는 검사자극의 표준화, 실시방식의 표준화, 채점방식의 표준화 등이 있다. 이 중에서 해석의 표준화에 꼭 필요한 것이 규준이다. 표준화를 하는 목적은 검사 실시 및 해석에 영향을 미치는 외적 변수들의 영향을 가능한 한 제거하는 것이다.

❸ 심리검사의 역사

초기 주로 지능(비네 - 시몬 검사)을 측정하기 위한 것으로 개발 → 적성검사(지능검사를 보완)나 성취도 검사 등의 능력검사 개발 → 성격 검사의 순으로 발전하였다.

실력다지기

검사, 측정, 평가의 개념 비교

1) 검사(test) : 대답될 일련의 질문과 과제를 제시해 놓은 것으로 적성 검사, 학업성취도 검사, 성격 검사, 흥미 검사 등이 있다.
2) 측정 (measurement) : 물체나 인간이 가지고 있는 어떤 속성을 수량화하는 과정으로 무게, 길이, 심리적 특성의 측정 과정을 들 수 있으며 측정은 검사보다 광의의 의미를 지닌다.
3) 평가(evaluation) : 인간, 프로그램, 사물의 속성과 특성을 측정한 결과를 가지고 가치를 판단하는 행위이며 평가는 필요한 정보를 결정하고 수집하여 가치를 판단하는 과정으로서 측정과 검사를 모두 포함하는 개념이다.

심리검사의 목적

1) 한 개인의 행동을 예측하는 것이다. 학업성취도의 예측이나 특정 활동에서 개인의 행동을 예측하는데 유용하며 심리검사의 결과는 개인 간의 상호비교에 그 근거를 두어 앞으로 한 개인이 수행할 행동을 상대적으로, 확률적으로 예측할 수 있도록 한다.
2) 한 개인의 행동 상의 원인적인 요인을 진단하는 것이다. 적절한 심리검사의 사용을 통해 행동에서 나타나는 결함이나 결점뿐만 아니라 그 원인을 찾을 수가 있다.
3) 검사를 통하여 집단의 일반적인 경향을 조사 또는 연구하여 기술하거나 규명하려는 목적으로 사용하기도 한다.
4) 개성과 적성의 발견을 통하여 자신의 발전을 도모하고 인력의 적재적소의 배치를 위해 검사를 사용하기도 하는 것이다.

❹ 심리검사의 분류

(1) 검사의 실시방식에 따른 분류

구분	검사 명	특징
실시 시간	속도검사	시간 내에 수행능력 측정, 문제해결력보다는 숙련도 측정
	역량검사	어려운 문제로 구성, 궁극적인 문제해결력 측정 (예 수학경시대회)
피검사자의 수	개인검사	한사람의 피검자에게 1대 1로 검사해서 심층적 연구
	집단검사	선다형 검사이며, 보통 컴퓨터로 한꺼번에 객관적으로 채점
검사의 도구	지필검사	종이에 인쇄된 문항에 연필로 응답하는 가장 일반적인 방식
	수행검사	피검사자가 대상이나 도구를 직접 다루어야 하는 검사 (예 운전면허시험 2차)

(2) 내용에 따른 분류

대분류	중분류	직업상담에 적합한 심리검사의 예	특징 비교
인지적 검사 (능력검사 =성능검사)	지능검사	한국판 웩슬러[3] 성인용 지능검사 기타 웩슬러 지능검사	• 극대수행검사 • 문항에 정답 있음 • 응답의 시간제한 있음 • 최대한의 능력발휘 요구
	적성검사	GATB(일반직업적성검사) 기타 다양한 특수적성검사	
	성취도 검사	TOEFL, TOEIC	
정서적 검사 (성격검사 =성향검사)	성격검사	미네소타 다면적 인성검사(MMPI) 캘리포니아 성격검사(CPI) 성격유형지표(MBTI)	• 습관적 수행검사 • 문항에 정답 없음 • 응답 시간제한 없음 • 최대한 정직한 응답요구
	흥미검사	직업선호도 검사 중 흥미검사	
	태도검사	직무만족도 검사	

(3) 사용목적에 따른 분류

규준 참조검사	준거 참조검사
다른 대표적인 집단의 사람들의 점수와 비교해서 해석하며 비교기준이 되는 점수들을 규준이라고 한다.	특정 기준을 토대로 해서 해석하며 기준 점수는 검사사용 기관이나 조직의 특성 및 시기에 따라 달라질 수 있다.

심화학습

극대적 수행검사와 습관적 수행검사

1) 극대적 수행검사

극대적 수행검사란 일반적으로 인지적 검사나 능력검사라고도 하는데, 일정한 시간이 주어지고 그 주어진 시간 내에 피검사자가 자신의 능력을 최대한 발휘해서 반응하도록 만들어진 검사이다. 이러한 유형의 검사는 각 문항마다 정답이 있어서 피검사자의 점수는 주어진 시간 내에 몇 문제나 맞혔는지에 따라서 결정된다. 대표적인 유형으로 지능검사, 적성검사 및 성취검사가 있다.

(1) 지능검사 : 비네 지능검사, 웩슬러 성인지능 검사 등
(2) 적성검사 : 일반직업적성검사, 기타 다양한 특수적성검사
(3) 성취도검사 : 토익, 토플 등

2) 습관적 수행검사

습관적 수행검사는 정서적 검사 또는 성격검사라고도 하며 사람들이 특정 분야에서 얼마나 잘 하는지 또는 얼마나 많이 알고 있는지의 여부를 측정하는 것이 아니라, 이들이 평소에 습관적으로 어떠한 행동을 보이는지를 측정하기 위한 검사이다. 일정한 시간제한이 없고 각 문항에서 정답 또는 오답이 없다, 최대한의 정직한 응답이 요구된다.

(1) 성격검사 : 미네소타 다면적 인성검사(MMPI), 캘리포니아 성격검사(CPI), 마이어-브리그스 성격유형검사(MBTI)
(2) 흥미검사 : 직업선호도검사 중 흥미검사
(3) 태도검사 : 직무만족도검사

3) 유아용(WPPSI), 아동용(WISC), 성인용(WAIS)

규준참조검사와 준거참조검사의 의미와 예

1) 규준참조검사
   (1) 개인의 점수를 다른 사람의 점수와 비교해서 상대적으로 어떤 수준인지 알아보는 것이 주된 목적이다.
   (2) 즉, 개인이 얻은 점수나 측정치를 비교집단의 규준에 비추어 상대적인 서열에 의하여 판단하는 평가이다.
   (3) 사례로는 심리검사 등을 들 수 있다.

2) 준거참조검사
   (1) 개인의 점수를 어떤 특정 기준과 비교해서 이보다 낮은지 높은지의 정보를 얻으려는 검사이다.
   (2) 즉, 준거에 비추어 학습자들이 무엇(과제의 영역, 분야)을 얼마만큼 알고 있느냐에 관심을 두는 평가로 자격증 부여에 쓰인다.
   (3) 사례로는 운전면허시험, 국가자격시험 등이다.

❺ 심리검사와 관련한 윤리적 문제와 관련한 주의사항

(1) 피검사자의 사생활은 보호되어야 하며 검사내용은 외부로 공개되어서는 안 된다.

(2) 검사는 자격이 있는 검사자만이 사용해야 한다.

(3) 검사목적과 절차를 상세하게 설명하고 내담자의 동의를 구하여야 한다.

(4) 검사를 개발하고 표준화할 때 기존의 과학적 방법을 따라야 한다.

(5) 심리검사 결과가 여러 분야의 의사결정에 중요한 증거로 활용되며 심리검사가 공정하고 정확하게 이용되지 않으면 피검사자가 피해를 입을 가능성이 존재한다. 따라서 피검사자가 피해를 입을 가능성이 존재하지 않도록 심리검사가 공정하고 정확하게 이용되어야 한다.

(6) 심리검사가 피검사자를 부당하게 차별하는 도구로 사용되어서는 안 되며, 심리학자들은 검사의 한계를 인식하고 끊임없이 검사의 질적 향상을 위해 노력해야 한다.

제2절 규준과 점수해석

❶ 규준의 개념 및 필요성

(1) 심리검사 점수는 상대적인 것이며 상대적 점수 해석을 위한 기준이 필요한데, 그것이 바로 규준이다.

(2) 규준은 대표집단의 사람들에게 실시한 검사점수를 일정한 분포도로 작성한다.

(3) 규준의 제작은 모집단에 대한 대표성을 확보할 수 있는 표본추출 방법을 이용하여 규준 집단을 구성하여 제작한다.

(4) 심리검사에서 규준을 마련하는 것은 검사점수 해석을 위해 꼭 필요한 작업이다.

(5) 원 점수를 어떤 상대적 측정치로 변환해서 사용함으로써 대표집단 내 수치가 차지하는 위치를 쉽게 파악할 수 있으며, 상호비교가 가능하게 된다.

❷ 규준의 종류

(1) 집단 내 규준

① 백분위 점수

개인이 표준화 집단에서 차지하는 상대적 위치로서 100의 집단에서 최저 점수부터 순위를 정하는 것이다. 장점은 계산이 용이하고 보편적으로 적용이 가능하다는 것이다.

> 예를 들어 김○○의 백분위(%)점수가 56%일 때 김○○의 점수는 그 검사를 본 사람들의 56%보다 높다는 의미와 함께, 김○○의 점수보다 낮은 사람들이 전체의 56%라는 의미이다. 또한, 백분위 95는 내담자의 점수보다 낮은 사람들이 전체의 95%가 된다는 의미로 상위 5%를 의미한다.

② 표준점수

분포의 표준편차를 이용하여 개인이 평균으로부터 벗어난 거리를 표시하는 것이다.

cf 예 미네소타 다면적 인성검사(MMPI)의 표준화 점수(T) = 50 + 10Z[4)]

실력다지기

Z점수와 T점수 계산방법

예 영수는 국어 점수가 75점(평균 : 70점, 표준편차 : 5점)이고 수학점수가 68점(평균 : 60점, 표준편차 : 4점)이다. 이 두 점수로 Z점수와 T점수를 구하라.

풀이 : Z점수 : 원 점수 − 평균/표준편차, T점수 : 50 + 10Z

따라서 (1) 영수의 국어 Z점수 : 75 − 70/5 = 1　그러므로 T점수 = 50 + (10 × 1) = 60

(2) 영수의 수학 Z점수 : 68 − 60/4 = 2　그러므로 T점수 = 50 + (10 × 2) = 70

---

4) 표준 점수(Standard score)는 통계학적으로 정규분포를 만들고 개개의 경우가 표준편차상에 어떤 위치를 차지하는지를 보여주는 차원 없는 수치이다. 표준값, Z값(Z − value), Z 점수(Z score)라고도 한다. Z점수는 분포 내에서 한 점수의 위치를 명확하게 지정해주는 단일 값으로, 일반적으로 평균은 0, 표준편차는 1이다.

③ **표준등급**

원 점수를 등급까지의 범주로 나누는 것으로 1~9 스테나인(stanine) 점수라 한다. 원 점수를 크기순서에 따라 배열한 후 제시된 백분율에 맞추어 표준등급을 부여한다. 매우 쉽고 이론적 토대도 타당하여 널리 이용하고 있다(예 내신 등급제).

스테나인 점수

9개의 범주를 가진 표준 점수로서 평균을 5, 표준편차를 2로 표준화한 점수이다. 스테나인 점수는 상대적 서열에 대한 자세한 정보를 얻을 수 없지만 유사집단을 하나로 묶어 한 자릿수의 지수를 제공하는 특징이 있고 점수보다는 구간으로 묶는 특징을 가지고 있다.

(2) 발달규준

피검사자가 정상적 발달경로에서 얼마나 이탈해있는지를 표현한다.

① **연령규준**

개인 점수를 규준집단에 있는 사람들 연령에 비교해서 몇 살에 해당되는지를 해석할 수 있게 하는 방법이다.

② **학년규준**

학년별 평균이나 중앙치를 이용해서 규준을 제작하는 방법이다.

❸ 규준 해석의 유의점

(1) 규준집단이 모집단을 잘 대표하는지를 확인하는 것이 중요하다.

(2) 규준집단이 다양한 변수들을 잘 고려해서 구성된 것인지를 확인하여야 한다.

(3) 규준 제작 시기를 고려하여야 한다.

(4) 규준은 절대적, 보편적, 영구적인 것이 아니다.

1 과목
2 과목
3 과목
4 과목
5 과목

제3절 신뢰도

❶ 의미

(1) 신뢰도는 자료를 믿을 수 있는 정도를 의미하는데 즉, 검사의 신뢰도란 검사점수 전체 변량 중 오차 변량을 제외한 실제변량이 차지하는 비율을 말한다.

(2) 검사목적과 관련 없는 조건은 어느 것이든 오차변량에 해당하며 신뢰도가 있는 검사점수는 표준화 과정을 통해 가능하다.

❷ 신뢰도 측정방법의 종류

(1) 검사 - 재검사 신뢰도(안정성 계수)

① 동일한 사람에게 동일한 설문지를 서로 다른 시기에 두 번 실시한 검사 점수들의 상관계수(안정성 계수)를 알아본다. 시간에 따른 안정성을 나타내기 때문에 안정성 계수라고 한다.

② 검사 실시 사이의 시간간격을 보고하는 것이 중요하다.

③ 대부분 심리검사에서 적용하기 어렵고, 반복 노출의 영향을 덜 받는 검사에 적합하다.

정리

재검사 신뢰도(검사 - 재검사 신뢰도)

1) 정의 및 특징
동일한 검사를 일정 시간 간격을 두고 두 번 실시하여 얻은 두 검사 점수 간 상관계수에 의한 신뢰도 검증

2) 추정방법
동일검사를 동일집단에게 두 번 실시하여 얻은 두 검사 점수 간의 상관계수로 추정

3) 장점
신뢰도 추정방법이 간단

4) 단점
(1) 시험간격 설정에 대한 논란이 있음, 기억효과 때문에 검사의 신뢰도에 영향(검사 문항 수, 검사도구의 문항특성, 검사의 난이도 등에 의해 시험 간격 달라짐), 시간의 경과에 의해 측정하고자 하는 구인의 실제 변화가 일어날 수 있음
(2) 검사 시 두 검사 간 동일한 환경, 검사태도, 동기 등을 만들기 어려움

심화학습

검사 – 재검사 신뢰도에 영향을 미치는 요인

1) 신뢰도 측정방법 중 검사 – 재검사법 의미
   (1) 동일한 사람에게 동일한 설문지를 서로 다른 시기에 두 번 실시한 검사 점수들의 상관계수를 알아보는데, 시간에 따른 안정성을 나타내기 때문에 안정성 계수라고 한다.
   (2) 검사 실시 사이의 시간간격을 보고하는 것이 중요하다.
   (3) 대부분 심리검사에서 적용하기 어렵고, 반복 노출의 영향을 덜 받는 검사에 적합하다.
2) 안정성 계수에 영향을 미치는 요인 3가지
   (1) 이월효과
   검사 시간 간격이 짧은 경우 선행검사에 대한 기억에 따라 높은 상관이 나타나는 현상이다.
   (2) 반응 민감성 효과
   검사 시간 간격이 긴 경우 망각이나 새로운 학습요인에 따른 낮은 신뢰도를 보이는 현상이다.
   (3) 측정 속성의 변화
   응답자의 연령, 측정하려는 특징의 본질 등이 시간 변화에 따른 영향을 보일 수 있다.

(2) 동형검사 신뢰도(동등성 계수)

① 이미 신뢰성이 입증된 유사한 검사점수와의 상관계수를 검토하는 것이며 두 검사의 동등성 정도를 나타낸다는 면에서 동등성 계수라고 한다.

② 시간과 반응의 안정성을 모두 포함하는 좋은 신뢰도 측정법이다.

③ 동형검사 개발 시 대등한 검사인지가 중요한 부분이다.

④ 검사 – 재검사 신뢰도보다는 널리 이용할 수 있지만 대부분 검사에 쉽게 이용하기 어려운데, 이는 동등한 검사를 구하거나 제작하기 어렵기 때문이다.

직상 기출

동형검사 신뢰도계수

1) 신뢰도 측정방법 중 동형검사법은 같은 피험자에게 같은 내용의 한 가지 검사의 두 동형 형태를 한 번에 시행하여 얻은 신뢰도 계수이다.
2) 동형검사 신뢰도계수는 오차변량의 원인을 특정 문항의 표집에 기인한 것으로 가정하는 신뢰도 계수인데, 특정 문항의 표집이라는 의미는 두 동형 형태의 문항, 즉 두 유사 형태의 문항 중 임의로 제작된 유사한 문항을 의미하며 이러한 문항의 유사정도에 따라 오차가 나타날 수 있는 것이다.
3) 같은 피험자에게 같은 내용의 한 가지 검사의 두 유사 형태를 한 번에 시행한 경우로 동형성계수라고 하며 실시방법은 피험자의 반을 무선 표집하여 한 가지 형태의 검사를 치르고 다음에 다른 형태의 검사를 치르며, 나머지 반의 피험자는 다른 형태의 검사를 치른 후에 첫 번째 형태의 검사를 치르는 것이 바람직하다.

(3) 반분신뢰도

① 해당 검사를 문항수와 내용이 같도록 두개의 검사로 나눠서 서로의 상관관계로 신뢰도를 추정하는 것이다.

② 예, 아니오 방식으로 구성된 검사에서는 쿠더 리차드슨 공식(KR20)을 사용한다.

실력다지기

반분신뢰도를 측정하기 위해 가장 많이 사용하는 3가지 방법

반분신뢰도는 검사를 양분하는 방법에 따라 신뢰도 계수의 값이 달라진다.

1) 전후 절반법(전후 반분법)
   한 검사의 문항을 배열된 순서에 따라 전반부와 후반부로 나누는 방법이다.
2) 기우 절반법(기우 반분법)
   검사 문항의 번호가 홀수인지 짝수인지에 따라서 검사를 두 부분검사로 나누는 방법이다.

   기우양분법으로 반분신뢰도 추정
   기우반분법(기우양분법, 홀수짝수법) : 기우법으로 나누는 방법, 즉 문항 중 기수번 문항(1, 3, 5, 7…)을 한 부분으로, 우수번 문항(2, 4, 6, 8…)을 또 한 부분으로 하는 방법이다.

3) 짝지은 임의배치법(method of matched random subests)
   각 문항의 난이도와 문항-총점 간의 상관계수를 산출하고, 이 두 통계치를 좌표축으로 산포도를 작성하여 산포도에서 비교적 가까이 있는 두 문항끼리 짝을 지은 다음에, 각 짝에서 한 문항씩을 임의로 선택하여 검사를 양분하는 방법이다.

속도검사의 신뢰도

일반적으로 시간제한이 있는 속도검사를 이용할 때에는 검사-재검사법을 사용하는 것이 반분신뢰도(전후반분법 등)를 사용하는 것보다 더 바람직하다.

1) 속도검사는 시간제한과 정답이 있는 검사이다. 반분신뢰도 방법은 문항을 둘로 나누어 모든 문항의 측정값을 활용하여야 정확히 신뢰도를 추정할 수 있는 방법이다.
2) 반분신뢰도 방법 중 하나인 전후 반분법은 문항의 전과 후를 나누는 방법이다. 속도검사의 경우, 시간제한이 있어, 피검자가 완성시키지 못한 문항이 후반부로 갈수록 많아, 후반부 문항의 측정값이 적어질 것이다. 이런 상태에서는 전반부와 후반부의 상관계수 비교를 통해 왜곡된 신뢰도가 나타나, 과소추정의 문제가 발생할 수 있다.
3) 또 다른 반분신뢰도 방법 중 하나인 기우반분법은 문항을 홀수와 짝수로 나누어 홀수 문항과 짝수 문항간의 상관계수를 계산하는 방법이다. 이는 어느 한쪽의 측정값이 부족한 상황은 생기지 않고 속도검사의 경우, 응답자가 응답한 범위까지만 측정하므로 홀수문항 점수들과 짝수문항 점수들은 서로 동일하게 나타나 신뢰도 계수가 과대 추정되는 문제가 발생할 수 있다.

(4) 문항 내적 합치도(내적 일관성 방법)

① 문항이 세 개 이상의 보기(다수의 문항)로 구성된 검사(5점, 7점 척도 등)에는 크론바 알파(Cronbach'α)계수를 활용한다.

② 크론바 알파(Cronbach'α)계수는 다양한 항목들에 내적일관성(internal consistency)이 있는지를 측정하는데, 일관성이 있다는 것은 다양한 항목들이 같은 개념을 측정한다는 의미이다.

③ 어떤 개념(concept)에 대한 측정을 할 때는 한 가지 변수만 사용하기보다는 같은 개념을 측정하는 다양한 항목(item)을 사용해 측정하는 것이 좋다는 것은 잘 알려진 사실인데, 구성된 항목들이 실제 일관성이 있는지를 체크하기 위한 한 가지 방법으로 크론바 알파(Cronbach'α)계수를 사용할 수 있다.

직상 기출

동질성 계수(coefficient of homogeneity)

동질성 계수는 반분신뢰도나 문항 내적 합치도에서 사용하는 계수이다. 검사문항을 분리하기 위한 다양한 방법이 사용되며, 하나의 검사로 한번만 검사를 실시하면 되므로 시간과 비용 면에서 적용하기 편리하다는 장점이 있는 반면에 검사의 신뢰도에 의심의 여지가 있는 계수이다.

(5) 채점자 간 신뢰도

① 검사 종류에 따라서 채점자에게 많은 재량권이 있는 검사(창조성 검사, 투사적 성격검사)는 채점자에 따른 오차변량이 나타날 수 있다.

② 채점자 간 신뢰도는 한 집단의 검사 용지를 두 명의 검사자가 각자 독립적으로 채점해서 찾아내는 것이며 채점자의 점수가 일치하면 신뢰도가 높다는 것을 의미한다.

❸ 신뢰도(결과의 유사성, 일관성을 보는 척도)에 영향을 주는 요인

(1) 특정한 신뢰도를 추정하는 방법에 따라서 신뢰도 계수는 영향을 받을 뿐만 아니라, 검사문항의 수, 집단의 동질성, 문항 곤란도, 개인차, 문항 반응 수(진위형이나 선다형의 경우 선다형이 더욱 신뢰도가 높다), 난이도, 검사시간, 검사시행 후 경과시간, 응답자 속성의 변화, 검사 후 재검사까지의 절차 등이 신뢰도 계수에 영향을 끼친다.

(2) 신뢰도 계수는 문항 수가 증가함에 따라 커질 수가 있으나, 정비례하여 커지는 것은 아니다.

심화학습

신뢰도 계수에 영향을 미치는 요인

1) 개인차

개인차는 신뢰도 계수에 영향을 미친다. 만약, 개인차가 없으면 신뢰도 계수는 0이 된다. 즉 개인차가 크다면 문항변별력도 높아지기 때문에 신뢰도는 높아진다.

2) 검사의 문항 수

문항 수가 많을수록 신뢰도가 높아지고, 반대로 문항수가 적을수록 신뢰도가 낮아진다. 즉, 문항 수가 많을수록 피험자 간 차별성이 분명해져서 신뢰도가 높아진다. 다만, 검사의 문항 수와 그 검사의 신뢰도가 정비례하는 것은 아니며, 비례관계로 보는 것이 타당하다.

3) 속도검사의 신뢰도

(1) 일반적으로 시간제한이 있는 속도검사를 이용할 때에는 검사-재검사법을 사용하는 것이 반분신뢰도(전후반분법 등)를 사용하는 것보다 신뢰도가 높다.

(2) 검사-재검사법은 검사점수가 시간의 변화에 따라 얼마나 일관성이 있는지를 나타내는 계수로서, 시간에 따른 안정성을 나타내는 안정성 계수라고 한다.

(3) 반분신뢰도(전후반분법 등)는 해당 검사를 문항 수가 같도록 절반씩 나눠서 실시한 두 개의 점수를 구하여 두 점수 간의 상관계수로 신뢰도를 추정한 것으로, 검사를 한번만 실시해서 구하기 때문에 시간적 안정성은 포함하지 않는다.

4) 신뢰도 측정방법
같은 검사라도 신뢰도 측정방법에 따라 신뢰도계수가 다르게 나타날 수 있다.

5) 정리
신뢰도 계수에 영향을 미치는 요인으로는 특정한 신뢰도를 추정하는 방법에 따라서 신뢰도 계수는 영향을 받을 뿐만 아니라, 검사문항의 수, 집단의 동질성, 문항 곤란도, 개인차, 문항 반응 수(진위형이나 선다형의 경우 선다형이 더욱 신뢰도가 높다), 난이도, 검사시간, 검사시행 후 경과시간, 응답자 속성의 변화, 검사 후 재검사까지의 절차 등이 있다.

❹ 신뢰도를 높이는 방법

(1) 문항수가 많을수록 신뢰도는 증가한다.

① 문항수가 많으면 많을수록 우연적 오차(추측)에 의한 영향을 적게 받으므로 신뢰도가 높아진다.
② 그러나 문항수를 지나치게 많이 할 경우 문항의 대표성이 떨어지기 때문에 타당도가 낮아져 타당도는 신뢰도에 비례하여 높아지지 않는다.

(2) 문항의 난이도가 적절할수록 신뢰도는 증가한다.

① 문항의 난이도가 적절해야 신뢰도가 높아진다.
② 검사가 너무 어렵거나 쉬우면 검사 불안과 부주의가 발생하여 진짜 능력을 발휘하지 못하게 되기 때문이다.

(3) 문항의 변별도가 높을수록 신뢰도는 증가한다.

변별도가 높은 문항을 많이 포함하고 있는 검사가 문항의 변별도가 낮은 문항을 많이 포함하고 있는 검사보다 신뢰도가 높다.

(4) 문항의 측정 범위가 좁을수록 신뢰도는 증가한다.

① 검사문항의 측정범위가 보다 좁을 때 신뢰도가 높아진다.
② 검사내용의 범위가 좁으면 문항간의 동질성을 유지할 수 있기 때문이다.

(5) 검사의 시간이 길수록 신뢰도는 증가한다.

검사의 속도를 강조하는 속도검사보다 누구나 능력껏 풀어 볼 수 있도록 되어 있는 역량검사가 신뢰도를 높일 수 있다.

(6) 문항표본이 적절할수록 신뢰도는 증가한다.

한 검사에 포함되어 있는 문항표본이 문항 모집단을 잘 대표하도록 표집될수록 신뢰도가 높아진다.

(7) 검사 환경이 동질적일수록 신뢰도는 증가한다.

검사 장소의 온도, 밝기, 소음, 시간 등이 일정할수록 신뢰도가 높아진다.

(8) 그 외에도 다음의 내용이 신뢰도를 높이는 방법이다.

① 신뢰도가 검증된 표준화된 측정도구를 이용한다.

② 측정자의 태도와 측정 방식의 일관성을 유지한다.

③ 검사 실시와 채점과정을 표준화한다.

④ 신뢰도에 나쁜 영향을 주는 문항을 제거한다.

⑤ 자료 수집을 할 경우 다각적인 자료수집 방법으로 여러 가지 방법을 활용하는 것이 좋다.

⑥ 편견이 담긴 언어라든지 응답자가 이해할 수 없는 언어는 사용하지 않는다.

⑦ 조사자를 사전에 철저히 훈련하여 응답자가 질문의 뜻을 잘 이해하도록 도와야 한다.

제4절 타당도

❶ 의미

(1) 검사가 측정하고자 의도하는 속성을 어느 정도나 정확하게 측정하고 있는가를 말한다.

(2) 타당도는 신뢰도와 밀접한 관계가 있다. 타당도가 높으면 반드시 신뢰도가 높다.

❷ 종류

(1) 내용타당도

검사의 문항들이 그 검사가 측정하고자 하는 내용영역을 잘 반영하고 있는지를 뜻하고 해당 영역 전문가들의 주관적 판단 토대로 결정한다.

cf 안면타당도는 피검사자(일반인)에게 그 검사가 타당한 것처럼 보이는가를 뜻하는 것이며 피검자의 수검동기 및 자세에 영향을 준다.

실력다지기

내용타당도와 안면타당도

1) 내용타당도

(1) **내용타당도는 해당 전문가가 검사내용의 타당성을 결정하므로 전문가의 주관적 판단이 개입된다.**

(2) 내용타당도는 심리측정에 소양을 가진 전문가의 철저하고 계획적인 판단에 의해서 규정되며 명료하게 눈에 띄는 내용뿐만 아니라 그 의도가 명료하지 않은 복잡한 내용에 관한 것도 고려하게 된다.

2) 안면타당도 : 수검자가 주관적으로 체감하는 타당도

(1) 안면타당도는 전문가가 아닌 수검자에게 검사내용의 타당도를 알아보는 것이다.

(2) 안면타당도는 그 검사에 관한 검사자의 어느 정도 피상적인 관찰에 의해서 결정되며, 그 문항이 재고자 하는 것이 무엇인지 명료하게 판단될 수 있는 내용에 국한된다.

(3) **안면타당도는 검사가 잰다고 말하는 것을 재는 것처럼 보이는가의 문제로서, 검사를 받는 사람들에게 그 검사가 타당한 것처럼 보이는가를 뜻한다.**

(2) 준거타당도

어떤 심리검사가 특정준거와 어느 정도 관련성이 있고 준거를 얼마나 잘 예측해 주는지의 정도이다. 인사관리에 관한 의사결정 설득력을 제공하기 때문에 직업상담 및 산업장면에서 중요하다.

① 예언타당도(= 예측적 타당도)

㉠ 검사의 점수를 가지고 다른 준거점수들을 얼마나 예측해 낼 수 있는가를 나타낸다.

㉡ 입사할 때 적성검사와 흥미검사를 실시하였고 이후 A씨는 영업부에 배치되어 최근에 A씨의 영업실적을 평가하였다면 예언(예측)타당도를 측정하는 것이다.

② **동시타당도(= 공존[공인] 타당도)**

㉠ 일정기간 기다려야 하는 예언타당도의 약점을 해결하는 것으로 해당검사의 점수와 기존의 준거점수를 동시에 얻어서 나온 상관계수를 비교한다.

㉡ 외적 준거 점수와 해당 검사점수의 관련성을 분석하여 타당도를 검증하는 것으로, 현재 타당성을 인정받는 검사와 해당 검사의 상관분석으로 타당도를 입증한다.

(3) 구인타당도(구성체타당도, 개념타당도)의 개념과 종류

① **개념**

연구의 구인타당도란 연구의 독립변인과 종속변인으로 수집된 자료가 당초에 연구자가 측정하고자 의도했던 바로 그 구인을 얼마나 잘 반영하는가를 의미한다. 즉, 측정되는 개념이 어떤 관련을 맺고 있는 개념들이나 가정들을 토대로 전반적인 이론적 틀 속에서 측정 도구의 타당성을 경험적으로 검증하는 방법이다.

② **종류**

㉠ 요인타당도

측정하고자 하는 개념에 대한 이해가 정확한가의 의미이다. 개념들을 요인분석에 의해 요인타당도를 알아볼 수 있다.

요인타당도 - 요인분석

여러 변인들 간의 상호관련성을 분석한 다음 분석된 상호관련성을 기초로 각 변인들이 공통적으로 측정하고 있는 잠재특성을 밝히기 위해 사용되는 것은 요인타당도(요인분석으로 측정)이다. 요인분석법은 많은 수의 문항이나 도구를 상호 상관관계를 분석해서 묶어줌으로써 요인이라 부르는 적은 수로 줄여 구성 개념을 검토한다.

㉡ 수렴적 타당도(= 집중적 타당도)

집중적 타당성이라고도 하며 같은 개념을 상이한 측정방법으로 측정했을 때 측정값 사이의 상관관계가 높으면 그 측정지표는 수렴적 타당성이 높다.

㉢ 차별적 타당도(= 판별적 타당도)

판별적 타당도라고도 하며 서로 다른 이론적 구성개념을 나타내는 측정지표들 간의 상관관계가 낮을 경우에 차별적 타당성이 높다.

제5절 진단 및 결과의 해석

❶ 심리검사의 개발 및 실시

(1) 심리검사의 개발

① **구성개념의 영역 규정**

문헌연구를 통해 개념을 정의하며 구성영역을 구체화한다.

② **문항표본 작성**

탐색적 조사(문헌조사, 전문가 및 경험자 의견조사, 특례조사)기법을 사용하여 문항목록을 작성하고 목록을 편집하여 제작한다.

③ **사전검사 자료수집과 측정의 세련화**

1차 확정 문항으로 사전검사를 실시하고 각 문항과 전체점수의 상관계수와 내적 합치도를 살펴 측정의 세련화를 도모한다.

④ **신뢰도와 타당도 평가**

다시 새로운 사람들을 대상으로 실시하여 신뢰도와 타당도를 평가한다.

⑤ **규준 개발**

최종 검사지를 제작한 후 검사규준을 마련하는 데 가장 중요한 것은 규준집단을 표집하는 것이다.

(2) 심리검사의 실시 및 결과 통보 과정

① **사전 준비**

검사의 정확한 구두 지시사항을 미리 충분히 암기하여야 하며 검사자료를 미리 준비하며 구체적인 검사절차를 철저하게 숙지하여야 한다.

② **검사조건**

검사 점수에 상당한 영향을 줄 수 있으므로 검사요강에 자세하고 명쾌한 검사조건을 수록해 두는 것이 필요하다.

③ **검사의 도입과 실시**

피검사자와 친밀교감(라포) 형성과 피검사자의 검사 불안을 감소시켜 주는 것이 중요하다.

④ **채점과 해석**

채점 시 검사요강이 정한 판단기준과 절차를 철저히 따르는 것이 중요하고 전문가의 감독을 통한 많은 수련이 요구된다.

⑤ **검사결과의 통보**

적절한 해석을 담은 설명과 함께 전달하여야 하며 통계적인 숫자나 용어보다 일상적 용어로 설명하는 것이 바람직하다. 질적인 해설을 덧붙이고 정보를 이용할 당사자 특성을 참작하며 통보는 상담의 한 부분이라는 생각으로 내담자가 제기한 문제의 설명이나 해결책으로 해석을 하여야 한다.

1 과목 2 과목 3 과목 4 과목 5 과목

참고

직업상담에서 검사선택 시 고려해야 할 사항

1) 심리검사의 목적을 분명히 하고 그 목적달성에 적절한 검사를 선정해야 한다.
2) 표준화된 검사를 사용하는 경우 검사의 신뢰도와 검사의 타당도를 검토해야 한다.
3) 상담자의 목적에 적합하고 내담자의 문제점을 정확히 파악할 수 있어야 한다.
4) 검사 시행과 채점의 간편성, 시행시간, 심리검사지의 경제성 등 심리검사의 실용성을 고려해야 한다.
5) 검사에 대한 규준이 잘 마련되어 있는지, 규준집단에서의 적합성을 고려해야 한다.

검사결과의 해석

심리 측정검사는 검사결과를 해석할 때에 통계적 추론(statistical inference)에 초점을 두고, 인상묘사검사는 임상판단(clinical judgement)에 초점을 둔다. 심리측정검사는 검사결과에 측정의 오차가 개입되어 있다는 것을 인정하고 통계학적으로 추정한 신뢰도와 타당도를 근거로 측정치를 추론한다.

(3) 검사결과의 검토

상담자는 내담자의 검사결과를 해석하기에 앞서 검사결과를 검토해야 한다. 틴슬리와 브래들리(Tinsley & Bradley, 1986)는 검사결과의 검토를 2단계로 설명하였다.

① **1단계** : 이해단계

상담자는 '이 점수가 의미하는 것은 무엇인가?'라는 질문에 대답을 할 수 있어야 하는데, 이는 주요주제가 되는 내용을 얻기 위해서, 상담자는 '이 점수가 내담자에게 어떤 의미가 있는가?'에 대해 물어볼 필요가 있다.

② **2단계** : 통합단계

검사해석을 준비하는 단계로서 면담을 통하여 얻은 정보가 어떻게 통합되는지를 검토하고 내담자가 검사결과 해석을 받아들일 수 있도록 피검사자에게 검사목적을 상기시키고 검사하는 동안 어떤 경험을 하였는가와 점수나 프로파일이 어떻게 나올지 생각해 보도록 한다.

(4) 심리검사 결과 해석의 4단계 : 틴슬리(Tinsley)와 브래들리(Beadley)가 제시한 심리검사 결과 해석의 4단계 중심으로

① **1단계** : 해석 준비하기

검사의 결과점수가 의미하는 바를 숙고하는 단계로, 면담을 통해 얻은 내담자의 정보와 어떻게 통합되는지를 검토한다.

② **2단계** : 내담자가 검사결과의 해석을 받아들일 수 있도록 준비시키기

내담자에게 검사의 목적을 상기시키고 검사를 하는 동안 어떤 경험을 했는지, 점수나 프로파일이 어떻게 나올지를 생각해 보도록 한다.

③ **3단계** : 결과 정보 전달

측정목적을 염두에 두고 해석에 임한다. 어려운 용어는 피하고 점수 자체보다는 점수가 의미하는 바를 강조하여 전달하도록 한다.

④ **4단계** : 추후활동

내담자와 상담결과에 대해 의견을 나누고 내담자가 어떻게 이해했는지 확인하며 내담자가 검사를 통해 알게 된 내용과 기타 내담자에 관한 관련 자료들을 잘 통합하도록 도와준다.

제6절 진단도구

❶ 한국판 웩슬러 성인 지능검사(K-WAIS, 오리지널 척도)-편차 지능지수

(1) 구성 : 11개 소 검사, 동작성 검사(5)와 언어성 검사(6) 지능의 구분

(2) 편차 IQ의 개념 사용 : 동일연령 대상으로 실시하여 평균 100, 표준편차 15를 적용 산출

(3) 언어성 검사(verbal) : 기본지식, 숫자 외우기, 어휘문제, 산수문제, 이해문제, 공통성 문제

(4) 동작성 검사(performance) : 빠진 곳 찾기, 차례 맞추기, 토막 짜기, 모양 맞추기, 바꿔쓰기

암기법 언어성 검사=어 이 공 산 지 수 / 동작성 검사의 순서=빠-차-토-모-바꿔쓰기

(5) 웩슬러 지능검사를 실시하면 언어성 IQ(Verbal IQ), 동작성 IQ(Performance IQ), 그리고 전체 IQ(Full-Scale IQ)를 얻게 된다.

(6) 언어성 검사는 고도로 조직화된 능력, 즉, 아동기부터 축적된 경험과 지식을 요구하는 반면, 동작성 검사는 비교적 덜 조직화된 즉각적인 문제해결능력, 과거 축적된 지식의 활용, 즉각적인 대처 능력을 요구한다.

(7) 웩슬러(Wechsler) 지능검사 요약

① 비네(Binet) 검사가 언어와 언어적 기술에 너무 많은 비중을 두었다 생각하여 비언어적 지능을 측정하기 위한 수행검사를 개발하여 추가한 것으로서, 언어성 IQ와 동작성 IQ를 산출해낸다(언어성 검사와 동작성 검사로 구성되어 있음).

② **편차 IQ 도입**

(편차 IQ = 100 + Z(표준점수) × 15) → 동일 연령집단 내에서의 상대적인 위치에 대한 정보를 제공해 준다. 편차 IQ란 한 사람의 지능을 그와 같은 연령집단 내에서의 상대적인 위치로 규정한 것으로서, 대개 평균이 100, 표준편차 15인 정상분포를 가정하고 산출한 IQ를 말한다.

참고

지능검사

1) 현대적 의미의 지능의 개념과 지능의 측정은 1908년 Binet가 학습 부진아를 선별하기 위해 만든 문항이 최초의 지능검사라 할 수 있다.
2) 표준화된 지능검사로 지금 사용하고 있는 것은 Binet의 검사를 바탕으로 Terman이 제작한 스탠포드-비네 지능검사(Stanford-Binet Inteligence Scale)이라고 할 수 있다.
3) 그는 학생의 지적 능력을 정신연령(MA)이라 하고 이것을 학생의 생활 연령(CA)과 대비시켜 그 비율을 지능지수(IQ)라고 명명했다.
4) 따라서 IQ=MA/CA×100 이라는 공식을 고안하여 계산할 수 있었다.
5) 그런데 이 비율 IQ는 아동의 정신적인 성숙 속도를 그 나이에 기대되는 성장 속도(평균)에 대한 비율로 나타낸 것이다.
6) 이는 다른 사람과 상호 비교할 때 어느 위치가 되는지를 알고 싶을 때는 문제가 생기는 것이다.
7) 이 문제를 해결하기 위해 Wechsler는 편차 IQ란 개념을 제안했다.
8) 편차 IQ란 한 사람의 지능을 그와 동 연령 집단 내에서의 그의 상대적 위치를 규정한 IQ이다.

심화학습

정신능력의 구성요소 또는 지능을 구성하고 있는 기본요인

1) 스피어만(C. E. Spearman)
지능을 일반요인(G요인)과 특수요인(S요인)으로 구분하고, 일반요인을 일반적인 능력 내지 지능을 지칭하는 개념으로 간주했으나 요인분석 이론과 기술의 발달로 이러한 일반요인론은 배격되고, 인간의 능력을 일반적인 것과 특수한 것의 연속선상에 놓여 있는 어떤 속성으로 생각하게 되었다.

2) 썰스톤(L. L. Thurstone)
군집요인설에서 지능은 언어요인 · 수요인 · 기억력 · 공간관계 · 지각속도 · 언어유창성 · 추리력의 7개 요인으로 구성된다고 보았으며, 이들 능력 요인을 기본 정신능력이라 불렀다.
암기법 **썰스톤의 PMA－7＝유추 / 공기 / 언수지**

3) 길포드(J. P. Guilford)
지능은 조작차원(5), 내용차원(4), 소산 또는 산출차원(6)의 3차원적 구조를 가진 120개(4×5×6)의 영역으로 구성되어 있다는 지능구조의 가설적 모형(SI 모델)을 제시했다.
암기법 **길포드의 3차원 지능구조＝내·조·산(4×5×6)＝120개**

4) 커텔(R. B. Cattell)
경험이나 교육과는 다소 무관한 개인의 잠재력을 나타내는 유동성 지능과, 문화적 경험이 내포된 지식, 기능을 포함하는 결정성 지능

5) 젠센(A. R. Jensen)
기계적 학습이나 연상능력 같은 획득가능한 제1 수준의 능력과, 개념형성 · 분석 · 종합 · 문제해결 같이 비교적 복잡한 정신과정의 제2 수준의 능력으로 각각 구분했다.

6) 스텐버그(Sternberg)의 삼원지능이론
(1) 성분적 요소
① 지능을 원초적으로 구성하는 성분으로서 상위 성분, 수행 성분, 지식습득 성분이 있다.
② 분석적 사고력이 높은 사람은 이 성분적 요소의 역할이 강하게 나타난 사람이다.
(2) 경험적 요소
경험을 통하여 생소한 과제를 통찰력 있게 다룰 줄 아는 것으로서 창의력이 높은 사람은 이 경험적 요소의 역할이 강하게 나타난 사람이다.
(3) 맥락적 요소
① 외부환경에 대응하는 능력, 즉 현실 상황에의 적응력을 강조하는 것으로서 전통적인 지능검사로 측정한 지능지수나 학업성적과는 무관한 능력이다.
② 어떤 상태에든 잘 적응하는 사람은 이 맥락적 요소의 역할이 강하게 나타난 사람이다.

7) 가드너(Gardner, 1983)의 다중지능이론
(1) 언어적 지능
이것은 우리가 흔히 일컫는 언어분석력, 복잡한 어문자료를 이해하는 능력, 은유를 이해하는 능력을 포함한다(대표자는 시인 엘리어트).
(2) 논리 수학적 지능
산수연산이나 상징적 논리력은 모두 이 지능을 요구한다(대표자는 과학자 아인슈타인).

(3) 공간적 지능
숨은 그림을 찾고 공간 속에서 사물을 머릿속으로 그 위치를 바꾸고 돌려서 그것을 진술할 수 있는 능력을 말한다(대표자는 화가 피카소).

(4) 신체 운동적 지능
자신의 신체를 완벽하게 인식하고 조절할 수 있는 능력을 말한다(대표자는 무용가 마르샤 그래함).

(5) 음악적 지능
음악과 관련된 모든 자질을 의미한다(대표자는 음악가 스트라빈스키).

(6) 대인 간 지능
타인의 동기, 기분, 의도를 파악하고 구분 짓는 능력을 말한다(대표자는 정치가 간디).

(7) 개인 내 지능
자신을 들여다보는 능력, 자기의 감정, 동기, 의식 등을 스스로 알고 분석하고 표현하는 능력을 말한다(대표자는 정신분석가 프로이트).

(8) 자연탐구 지능
생존을 위해 자연에 적응할 때 감각을 사용하는 능력으로서, 자신의 환경에서 생존하고 적용할 수 있는 지능이다(찰스 다윈).

(9) 실존 지능
처음에는 영적 지능(spiritual intelligence)으로 불렸던 것으로서, 인간의 존재 이유, 생(生)과 사(死)의 문제, 희로애락, 인간의 본성, 가치 등 철학적인, 어떤 의미에서는 상당히 종교적인 사고를 할 수 있는 능력이다. 다만, 가드너는 이를 완전한 지능으로 인정하지 않고 유보하였다.

암기법 가드너의 다중지능이론 9가지 = 음 대 / 공 언 / 운 수 / 개 자 실

❷ 직업적성검사(GATB)

GATB(General Aptitude Test Battery)는 미국에서 개발된 일반적성검사로서 이것을 토대로 국내에서 개발하였다. 이는 한 개인이 어떤 적성을 가지고 있으며 어떤 직업에서 일을 성공적으로 수행할 수 있는지 파악하기 위한 검사이다.

(1) 검사의 구성

11종의 지필검사와 4종의 동작검사로 구성되며, 15개의 하위검사를 통해 9가지 적성요인을 측정한다.

(2) 검출되는 적성

① 지능

일반적인 학습능력, 설명이나 지도능력과 원리를 이해하는 능력, 추리하고 판단하는 능력, 새로운 환경에 빨리 적응하는 능력을 말한다.

② **언어능력**

언어의 뜻과 그에 관련된 개념을 이해하고 사용하는 능력, 언어 상호 간의 관계와 문장의 뜻을 이해하는 능력, 보고 들은 것이나 자신의 생각을 발표하는 능력을 말한다.

③ **산수능력**

빠르고 정확히 계산하는 능력을 말한다.

④ **사무지각**

문자나 인쇄물, 전표 등의 세부를 식별하는 능력, 잘못된 문자나 숫자를 찾아 교정하고 대조하는 능력, 직관적인 인지능력의 정확도나 비교 판별하는 능력을 말한다.

⑤ **공간적성**

공간상의 형태를 이해하고 평면과 물체의 관계를 이해하는 능력, 기하학적 문제해결 능력, 2차원이나 3차원의 형체를 시각적으로 이해하는 능력을 말한다.

⑥ **형태지각**

실물이나 도해 또는 표에 나타나는 것을 세부까지 바르게 지각하는 능력, 시각으로 비교 판별하는 능력, 도형의 형태나 음영, 근소한 선의 길이나 넓이 차이를 지각하는 능력, 시각의 예민도 등을 말한다.

⑦ **눈과 손의 협응**

눈과 손 또는 손가락을 함께 사용해서 빠르고 정확한 운동을 할 수 있는 능력, 눈으로 겨누면서 정확하게 손이나 손가락의 운동을 조절하는 능력을 말한다.

⑧ **손가락 재치**

손가락을 정교하고 신속하게 움직이는 능력, 작은 물건을 정확하고 신속하게 다루는 운동을 말한다.

⑨ **손 재치**

손을 마음대로 정교하게 조절하는 능력, 물건을 집고 놓고 뒤집을 때 손과 손목을 정교하고 자유롭게 운동할 수 있는 능력을 말한다.

(3) 결과 해석

채점과 원 점수 산출 – 환산점수 산출 – 적성별 점수 산출 – 적성 직무군 선정

<table>
<tr><th>하위 검사명(15개)</th><th colspan="2">적성</th><th>측정방식</th></tr>
<tr><td>기구대조검사</td><td rowspan="2">형태지각(P)</td><td rowspan="7"></td><td rowspan="11">지필검사</td></tr>
<tr><td>형태대조검사</td></tr>
<tr><td>명칭비교검사</td><td>사무지각(Q)</td></tr>
<tr><td>타점속도검사</td><td rowspan="3">운동반응(K)</td></tr>
<tr><td>표식검사</td></tr>
<tr><td>종선기입검사</td></tr>
<tr><td>평면도 판단검사</td><td rowspan="2">공간적성(S)</td></tr>
<tr><td>입체 공간검사</td><td rowspan="3">지능(G)</td></tr>
<tr><td>어휘검사</td><td>언어능력(V)</td></tr>
<tr><td>산수추리검사</td><td rowspan="2">수리능력(N)</td></tr>
<tr><td>계수검사</td><td rowspan="5"></td></tr>
<tr><td>환치검사</td><td rowspan="2">손의 재치(M)</td><td rowspan="4">동작(수행)검사</td></tr>
<tr><td>회전검사</td></tr>
<tr><td>조립검사</td><td rowspan="2">손가락 재치(F)</td></tr>
<tr><td>분해검사</td></tr>
</table>

❸ 직업흥미(선호도)검사

(1) 스트롱 직업흥미검사

① 고등학생 이상 성인에게 적용 가능하도록 제작된 검사이다.

② 구체화 된 직업탐색 및 진학계획, 경력개발 등에 사용하는 목적이 있다.

③ **척도** : 일반직업 분류(GOT[5]), 기본흥미 척도(BIS[6]), 개인특성 척도(PSS[7])

5) 홀랜드의 직업선택이론 반영 및 흥미에 관한 포괄적인 전망 제공
6) GOT를 특정한 흥미들로 세분화, 특정한 흥미분야에 집중
7) 개인이 선호하고 편안하게 느끼는 것을 측정, 특정 환경과 자신과의 관계에 대해 평가할 수 있는 틀 제공(GOT, BIS 결과 보완, 설명해 줄 수 있는 기능)

읽을거리

STRONG 흥미검사

STRONG™ 검사의 공식명칭은 Strong Interest Inventory로 미국의 직업심리학자 에드워드 스트롱(E. K STRONG)에 의해 개발되었다.

그는 개인의 직업흥미에 따라 각자에게 적합한 진로가 무엇인가를 알려주기 위하여 검사를 개발하기 시작하였다. 특정 직업 활동에 종사하는 사람들은 공통적인 흥미패턴이 있으며 이 정보를 사람들의 능력 및 직업에 대한 가치정보와 함께 사용한다면 사람들의 교육 및 진로계획수립에 도움을 줄 수 있고, 또한 다양한 직업에 종사하는 사람들의 흥미패턴을 기술할 수 있다고 생각하였다.

1927년에 처음으로 개발된 이후 1994년 최근의 개정판이 나올 때까지 STRONG검사는 관련이론의 발달과 끊임없는 개정작업을 통해 항상 그 당시의 직업변화를 검사개발에 반영하였고, 현재 진로 및 직업상담, 컨설팅 분야에서 세계적으로 가장 많이 사용되는 심리검사 도구로 자리를 잡고 있다.

STRONG검사는 다양한 분야의 친숙한 문항으로 구성된 흥미목록(Interest Inventory)의 형태로 각 문항에 대한 개인의 흥미 정도 혹은 흥미 유무를 묻는다. 그 결과 개인이 어떤 활동에 가치를 두는지, 어떤 직업에 적합한지, 어떤 환경이 그 개인에게 적합한지, 어떤 사람들과 일하는 것을 좋아하는지 등에 관한 정보를 제시하는 척도별 점수(GOT, BIS, PSS)가 산출된다.

읽을거리

일반직업분류(GOT, General Occupational Themes) – 자신의 보편적인 흥미패턴

GOT점수는 직업심리학자 존 홀랜드(John L. Holland)의 직업선택이론이 반영된 6개 분류로 나뉘어 있으며, 내담자의 흥미영역에 대해서 포괄적인 정보를 제공한다. 그 유형의 사람들이 좋아하는 활동은 무엇인지, 그들에게 적합한 직업의 종류는 무엇인지, 어떠한 직업, 여가 혹은 생활환경이 그들에게 편안한지, 그리고 어떤 종류의 사람들이 그들의 마음을 끄는지 등에 대한 정보가 포함되어 있다.

읽을거리

기본흥미척도(BIS, Basic Interest Scale) – 특정활동, 주제에 대한 자신의 흥미

기본흥미척도(BIS)는 일반직업분류(GOT)의 하위척도로, 6가지 흥미유형을 총 25개 세부항목으로 나누어 개인의 흥미유형을 이해하는데 도움을 주기 위해 개발되었다. 총 25개의 BIS항목의 응답 점수를 비교해 봄으로써 6가지 흥미유형점수에 대한 보다 구체적인 정보를 얻을 수 있다. 따라서 전공과 직업 뿐 아니라 여가생활에 대한 흥미를 탐색하는데 도움이 된다. 한국에서는 8,865명의 자료에 대한 통계적인 검증을 거쳐 한국 규준을 체계화하였으며, 검사 결과를 보다 구체화된 직업 탐색 및 진학 계획, 경력 개발 등에 효과적으로 활용할 수 있도록 하였다.

→ **최신 버전은 총 30개의 세부항목으로 구성**

1) 현장형(Realistic) – 기계 및 건설 분야, 신체활동
   BIS → [농업 / 자연 / 군사 활동 / 운동경기 / 기계 관련 활동]
2) 탐구형(Investigative) – 분석 및 조사 분야, 연구 활동
   BIS → [과학 / 수학 / 의학]
3) 예술형(Artistic) – 문화 및 예술분야, 창작활동
   BIS → [음악, 드라마 / 응용미술 / 글쓰기 / 가정, 가사 / 미술]

4) 사회형(Social) - 교육 및 서비스분야, 봉사활동
BIS → [교육 / 사회봉사 / 의료봉사 / 종교 활동]

5) 진취형(Enterprising) - 사업 및 정치 분야, 설득활동
BIS → [대중연설 / 법, 정치 / 상품유통 / 판매 / 조직관리]

6) 사무형(Conventional) - 사무 및 정보처리 분야, 관리활동
BIS → [자료관리 / 컴퓨터 활동 / 사무활동]

직업흥미검사(개정판, Strong Interest Inventory®II)의 기본흥미척도 : 30가지 하위척도[8]

1) 현장형(6) : 기계/건설, 컴퓨터/전자기기, 군사활동, 안전서비스, 자연/농업, 운동경기
2) 탐구형(4) : 과학, 연구조사, 의학, 수학
3) 예술형(4) : 시각예술/디자인, 공연예술, 글쓰기/언론, 요리
4) 사회형(6) : 상담/봉사, 교육, 인적자원개발, 사회과학, 종교/영성, 보건의료서비스
5) 진취형(6) : 마케팅/광고, 판매, 관리, 기업운영, 정치/대중연설, 법
6) 사무형(4) : 사무관리, 세무/회계, 정보시스템, 금융/투자

읽을거리

개인특성척도(PSS, Personal Style Scales) - 업무형태, 학습, 리더십, 위험감수 등의 개인선호도

개인특성척도(PSS)는 일상생활 및 일의 세계와 관련된 광범위한 특성(업무유형, 학습유형, 리더십 유형, 모험심 유형)들에 대한 개인의 선호를 측정한다. 이는 일반적인 분류(GOT)나 기본흥미척도(BIS)의 결과를 뒷받침하거나 또는 강조할 수 있고, 그 결과와 통합하여 해석될 때 직업선택의 범위를 줄일 수도 있다. 따라서 개인이 직업을 선택할 때 고려해야 할 사항을 구체화하고, 개인이 가장 편안하게 할 수 있는 직업 활동유형을 이해하는 데에도 도움을 준다.

암기법 **개인특성척도(PSS) = 학 업 팀/ 리더의 모험**
(학습유형, 업무유형, 팀 지향 유형 / 리더십 유형/모험심(위험감수)유형) → 최신 버전

(2) 직업카드분류법[9] - 정질적 방법 중 하나

① 직업카드 분류란 직업카드를 개발하고 이를 분류하는 활동을 통해서 직업흥미를 탐색하는 방법 또는 도구를 말한다.

② 직업카드 분류는 진로평가의 영역 중 기존의 표준화검사로 대표되는 표준화 평가, 전통적 평가, 객관적 평가와 대비되는 개념인 질적 평가, 대안적 평가, 자기평가의 영역에 속하며, 특히 개인의 대표적인 특성의 하나인 흥미를 알아보는 평가도구로 분류된다.

③ **직업카드 분류의 장점(Hartung, 1999)**

㉠ **내담자와의 라포 형성 촉진뿐만 아니라, 내담자를 능동적으로 참여하도록 한다.**
기존의 표준화된 심리검사가 내담자를 검사결과를 통보 받는 수동적인 입장으로 참여하도록 하는데 반해, 직업카드 분류는 내담자가 직접 카드를 분류하는 신체활동을 통해 통제감을

8) 출처 : (주) 어세스타 홈페이지
9) 출처 : 커리어넷 진로정보

가지게 되고, 직업흥미를 정해진 범주의 문항에 따라 반응하는 대신 내담자가 각자 자신만의 독특한 직업흥미의 이유와 범주별로 카드를 묶어보게 하고, 그 이유를 자신의 언어로 표현하도록 함으로써 내담자가 능동적으로 진로탐색활동의 주체로서 참여하도록 한다.

㉡ 즉각적인 피드백을 제공한다.

상담자들은 전체평가 시간 중 2/3 정도의 시간을 검사를 완료하는데 사용하고, 또한 그 채점된 결과를 기다리는 지필검사에 비해 유리하다고 보았다.

㉢ 상담자가 내담자의 여러 특징에 대한 의미 있는 정보를 얻을 수 있다.

내담자가 카드분류를 하는 과정을 통해서 내담자의 자아개념, 직업세계관, 진로성숙의 정도, 의사결정 유형, 직업세계의 이해정도, 인지과정의 복잡성 등에 대해 파악할 수 있다고 보았다. 이러한 것들은 진로상담에 있어 매우 중요한 정보들로 내담자에게 어떤 정보를 제공하고 상담을 어떻게 진행하여야 할지에 대해 상담자가 결정하는데 도움이 된다.

㉣ 유연성이 있다.

표준화검사는 규준집단이 다를 경우 사용에 제한이 있고 내담자가 제한적으로 반응하도록 구성되어 있는데 반해, 직업카드 분류는 다양한 문화, 인종, 민족적 배경을 가진 사람들에게 적용할 수 있다는 점, 상담자나 연구자가 자신의 목적에 적합하도록 변형하여 활용할 수 있다는 점, 내담자의 선택과 표현이 자유롭다는 점 등 여러 측면에서 유연성을 가지고 있다.

④ 직업카드 분류활동의 단계별 과정[10]

㉠ 도입단계

도입단계는 카드분류 활동에 대한 학생들의 준비도를 높이고 효율적인 진행을 위해 설정한 단계이다. 도입단계에서는 학생들에게 직업카드의 구성내용과 카드분류 활동의 진행과정을 설명해 주고, 카드에 기입된 직업과 설명사항을 살펴보는 시간을 잠시 주며 궁금한 점이 있으면 질문을 받는 활동들을 한다.

㉡ 분류단계

분류단계는 직업카드를 좋아하는 직업과 싫어하는 직업 그리고 미결정 직업의 세 가지 범주로 나누어 보는 단계이다. 상담자들에게는 이 단계가 두 번째 단계이지만, 학생들이 사용하는 활동지에는 이 단계가 첫 단계로 소개되어 있으며, 학생들이 실제적으로 카드분류 활동에 참여하게 되는 단계이다.

10) 출처 : 허은영(2003). 직업흥미 탐색을 위한 직업카드 분류. 직업과 인력개발. 6권 4호. p.99－100.

㉢ 주제 찾기 단계

주제 찾기 단계는 카드분류 과정에서 가장 중요한 단계로 학생들이 특정 직업에 대해 막연히 좋다 또는 싫다고 생각하던 것에서 그 이유를 보다 구체적으로 명료화시킴으로써 자신의 직업흥미를 심층적으로 탐색해보게 하는 핵심적인 과정이다.

㉣ 순위결정 단계

순위결정 단계는 학생들이 선택한 좋아하는 직업 중 가장 좋아하는 3개의 직업을 골라내고 여기에 다시 순위를 정해보는 단계이다. 학생들에게 가장 마음에 드는 직업을 고르게 된 이유를 활동지에 쓰거나 설명해보게 함으로써 상담자는 학생들이 가장 선호하는 직업이 무엇인지에 대한 정보를 얻을 수 있고, 학생은 자신이 좋아하는 직업들 중에서 순서를 정해 선택해 보는 기회를 가지게 된다.

㉤ 직업목록/홀랜드 유형 탐색단계

직업목록/홀랜드 유형 탐색 단계는 학생들이 좋아한다고 선택한 직업의 경향을 파악하고, 직업목록을 이용하여 직업카드에 제시되어 있지 않은 다른 직업들에 대해서 살펴보는 단계이다.

㉥ 결과요약 및 정보제공 단계

결과요약 및 정보제공단계는 학생들이 카드 분류활동을 통해서 알게 된 여러 가지 진로정보들을 스스로 정리하고 요약하도록 돕고, 새로운 진로관련 정보를 어떻게 찾는지 알려주는 마지막 단계이다.

(3) 쿠더 – 흥미검사

① 스트롱식 흥미검사는 직업명, 학과목 등을 문항으로 해서 각 문항에 대한 호오도(好惡度)를 자유롭게 선택하게 하고 직업척도를 통해 다양한 직업집단을 구별할 수 있게 한다.

② 반면, 쿠더식 흥미검사는 각 활동을 명세화한 문항들을 3개씩 짝지어 제시하고 이 중에서 가장 좋아하는 것과 가장 싫어하는 것을 하나씩 강제로 선택하게 한 것이다.

❹ 진로성숙검사(CMI)

(1) 객관적으로 점수화되고 표준화된 진로발달 측정도구로서 크릿츠가 최초로 개발된 것이다.

(2) 성인지능 검사척도에서 사용한 연령에 따른 점수화 방법을 사용한다.

(3) 태도척도와 능력척도로 구성되어 있으며 문항들은 실제생활을 토대로 선정한다.

(4) 태도척도는 아래와 같다. **암기법** **태도 = 독타 / 결참 / 성향**

영역	측정내용	역문항의 예
결정성	선호하는 진로방향에 대한 확신정도	나는 선호하는 진로를 자주 바꾸고 있다.
참여도	진로선택 과정에서 능동적 참여정도	나는 졸업할 때까지는 진로선택 문제에 별로 신경을 쓰지 않겠다.
독립성	진로선택을 독립적으로 할 수 있는 정도	나는 부모님이 정해 주시는 직업을 선택하겠다.
성향	진로결정에 필요한 사전 이해와 준비의 정도	일하는 것이 무엇인지에 대해 생각한 바가 거의 없다.
타협성	진로선택 시 욕구와 현실을 타협하는 정도	나는 하고 싶기는 하나 할 수 없는 일을 생각하느라 시간을 보내곤 한다.

(5) 능력척도는 5개 영역(자기평가, 직업정보, 목표설정, 계획, 문제해결)의 측정문항으로 구성한다.

암기법 능력 = 자직 / 목계문

직상 기출

진로성숙도검사(CMI)의 능력척도

1) 진로성숙도 검사(CMI)는 태도척도, 능력척도로 구성되며 객관적으로 점수화되고 표준화된 진로발달 측정도구로서 최초로 개발된 것이다.
2) 능력척도는 진로의사결정에서 가장 중요한 것으로 간주되는 지식영역으로 자기평가(self－appraisal), 직업정보(occupational information), 목표선정(goal selection), 계획(planning), 문제해결(problem solving) 등 5개 영역을 측정하는 문항들로 구성되어 있다.
3) 각 영역은 20개의 문항으로 구성되어 있어 전체 100개의 문항이 능력척도를 구성하고 있다. 각 문항은 4개의 '선택' 답지와 1개의 '모른다' 답지로 구성되어 있다.
   (1) 자기평가(self－appraisal) : 상위인지를 사용한 피검자가 자신이 학습한 방법과 학습 과제를 처리할 때, 개인적인 장점과 단점을 파악하는 것이다.
   (2) 직업정보(occupational information) : 직업적 기회나 직업 자체에 관련된 사실의 서술이나 설명, 직업에 대한 분석, 자질과 훈련, 직업 전망과 같이 일의 세계에 관련된 체계적이고 조직된 자료이다.
   (3) 목표선정(goal selection) : 목표를 달성하려는 의도가 동기의 근원이 된다.
   (4) 계획(planning) : 앞으로 할 일의 절차나 방법, 규모 등에 대한 미래를 미리 세우는 것이다.
   (5) 문제해결(problem solving) : 논의, 연구 등의 대상이 되는 것을 해결하는 능력이다.

(6) 태도척도와 능력척도의 용도(활용)

① 내담자 개개인의 진로선택에 관한 태도(정의적 영역)과 능력(인지적 영역)이 동일한 연령집단에 비해서 어느 정도 발달해 있느냐를 진단하고 기술할 목적으로 개발된 검사이다. 따라서 이 검사의 결과를 가지고 학생들의 진로방향을 미리 결정하거나 예측해 주는 예언적 성격으로 활용해서는 곤란하다.

② 내담자들의 진로성숙도 진단결과에 따라서 상담자가 내담자 개인별로 어느 영역에 더 많은 지도와 조언이 필요한가를 판단할 수 있는 근거를 제시한다는 점에서는 진단적 성격을 지녔다고 할 수 있다.

③ 진로성숙도 검사는 내담자들의 진로선택에 관한 인지적 영역과 정의적 영역을 측정하는 진로종합검사의 성격을 지닌다.

❺ 직업가치검사 – 미네소타 직업가치검사(MIQ) 중심으로

(1) 의미와 목적

미네소타 직업가치 검사(MIQ)는 다위스와 롭퀴스트의 직업적응이론(TWA)을 기초로 개발되었으며, 개인이 일(직무)의 환경에 대해 지니는 20가지 욕구와 6가지 가치를 측정하는 도구이다.

(2) 척도

미네소타 직업가치 검사(MIQ)는 두 개의 차원으로 구분되어 있다. 첫째, 개인 내 비교로, 6가지 직업가치 척도(성취, 편안함, 지위, 이타심, 안정감, 자율성)와 그 하위척도인 20가지의 직업욕구로 구성되어 있으며, 둘째, 규준집단과의 비교로, 90개의 직업을 유사성에 따라 6개의 군집으로 구분되어 있다. 개인 내 비교 척도 6가지는 다음과 같다.

(3) 6가지 가치[11)]

① 성취 – (성취)

이런 작업 가치를 만족시키는 직업들은 결과 지향적이며 피고용인들이 자신의 가장 뛰어난 능력을 사용하게끔 허락하면서, 그들에게 성취감을 제공한다. 이에 상응하는 욕구들은 능력발휘와 성취이다.

② 독립 – (자율성)

이 작업 가치를 만족시키는 직업들은 피고용인들로 하여금 자신의 의지대로 일해내고 의사결정을 하도록 허락한다. 이에 상응하는 욕구들은 창의성, 재량권이다.

③ 인정 – (지위)

이 작업 가치를 만족시키는 직업들은 피고용인들로 하여금 발전(승진)과 리더십에 대한 가능성을 제공하며, 종종 명성이 있는 것으로 여겨진다. 이에 상응하는 욕구들은 발전성, 권한(지휘권), 인정, 사회적 지위이다.

④ 관계 – (이타성)

이 작업 가치를 만족시키는 직업들은 피고용인들로 하여금 타인에게 서비스를 제공하고 협력자들과 우호적이고 비경쟁적인 환경 내에서 일하도록 해준다. 이에 상응하는 욕구들은 협력자(동료), 도덕적 가치, 사회 서비스(사회봉사)이다.

11) 박종원 외(2018). 커리어 개발과 상담. 시그마프레스

⑤ 지지 – (편안함)

이 작업 가치를 만족시키는 직업들은 피고용인들을 후원하는 지지적인 운영을 제공한다. 이에 상응하는 욕구들은 활동성, 보상, 독립성, 안전, 다양성, 작업 조건(근무환경)들이다.

⑥ 작업 조건 – (안전성)

이 작업 가치를 만족시키는 직업들은 직무 안전성과 좋은 작업 조건을 제공한다. 이에 상응하는 욕구들은 기업 정책, 관리 지도 : 인간관계 및 기술이다.

(4) 6가지 가치에 대한 하위척도(20가지의 직업욕구)

① 이타심

타인을 도울 수 있는 일을 하고 싶은 욕구로서, 하위척도(3)는 사회봉사, 동료, 도덕성이 있다.
→ 암기법 이 / 사동도

② 지위

사회적인 명성을 얻을 수 있는 일을 하고 싶은 욕구로서, 하위척도(4)는 지휘권(권위), 지위(사회적 지위), 발전가능성, 인정이 있다. → 암기법 지 / 지지발인

③ 성취

성취감이 있는 일을 하고 싶은 욕구로서, 하위척도(2)는 성취감, 능력이 있다. → 암기법 성 / 성능

④ 안전

안전한 환경에서 일을 하고 싶은 욕구로서, 하위척도(3)는 공정성, 직무교육, 업무지원이 있다.
→ 암기법 안 / 공직업

⑤ 편안함

편안한 환경에서 일을 하고 싶은 욕구로서, 하위척도(6)는 안정성, 근무환경, 활동성, 독립성, 보상, 다양성이 있다. → 암기법 편 / 안근활독보다

⑥ 자율성

생각과 결정의 자유가 있는 일을 하고 싶은 욕구로서, 하위척도(2)는 재량권, 창의성이 있다.
→ 암기법 자 / 재창

❻ 성격검사

(1) NEO – PI – R(NEO – Personality Inventory – Revised)

① NEO - PI - R은 1992년 코스타와 맥크레이(Costa & Mccrae)에 의해 개발된 것으로서, CPI, MMPI, MBTI 등의 성격검사들을 '결합요인 분석'을 하여 공통적으로 추출되는 요인을 발견하고자 한 결과의 산물이다.

② 코스타와 맥크레이(Costa & Mccrae)는 처음에는 신경증(N : Neuroticism), 외향성(E : Extraversion), 개방성(O : Openness) 즉, 'NEO'에 초점을 맞추어서 '새 성격검사(NEO - PI)'라고 하였다가, 골드버그(Goldberg)의 Big Five 모델을 취하여 수용성(A : Agreeableness), 성실성(C : Conscientiousness)을 추가하여 NEO - PI - R(개정판)[12]을 만들었다.

③ 5대 요인은 각각 6개의 하위 척도로 구분되며, 각 척도 당 8문항씩 모두 240문항으로 구성되어 있다.

④ **5가지 요인(Big Five factor)별 6개 하위척도**

㉠ 신경증(Neuroticism, 정서적 불안정성) : 불안, 분노, 우울, 자의식, 충동성, 스트레스 취약성

㉡ 외향성(Extraversion) : 온정성, 사교성, 리더십, 적극성, 긍정성, 흥분성

㉢ 개방성(Openness, 경험 개방성) : 상상력, 문화, 정서, 경험 추구, 지적 호기심, 가치

㉣ 수용성(Agreeableness, 호감성) : 타인에 대한 믿음, 타인에 대한 배려, 도덕성, 수용성, 겸손, 휴머니즘

㉤ 성실성(Conscientiousness) : 유능함, 조직화 능력, 책임감, 목표지향성, 자기통제력, 완벽성

⑤ **5가지 요인(Big Five factor)의 의미**

㉠ 경험 개방성(O)

모험, 여행, 새로운 경험 등을 좋아하고 예술적인 감각이 뛰어나다. 이 요소는 창의성, 호기심, 높은 지능과도 관련이 된다.

㉡ 성실성(C)

꼼꼼하고 깔끔하고 철두철미한 특성이다. 이 특성이 지나치게 높은 사람들은 완벽주의적이거나 지나치게 스스로를 통제하는 경향이 있다.

㉢ 외향성(E)

사람들과 어울리고 활달하게 즐기는 것을 좋아하는 특성이다. 외향성은 지나칠 경우 자기 주장이 강한 면과 자극을 추구하는 성향(sensation seeking)도 함께 나타난다.

㉣ 우호성(수용성 = 호감성 = 친화성, A)

착하고 갈등을 싫어하고 남을 돕기 좋아하는 특성이다. 우호성이 높은 사람들은 어려운 사람을 보면 지나치지 못하고 타인에게 싫은 소리를 못하는 성격의 소유자이다.

㉤ 신경증(정서적 불안정성, N)

걱정이 많고 위험에 대한 지각이 빠르고 예민한 특성을 보인다. 이러한 특성이 높은 사람은 짜증을 잘 내고 신경질적이며 항상 걱정이 많다.

---

12) 일명 'OCEAN' 모형

(2) 미네소타 다면적 인성검사(MMPI)

① 가장 널리 쓰이는 객관적 성격검사로, 1938년 멕킨리와 헤사웨이(Mckinley & Hathaway)가 개발하였으며, 일차기능은 정신과적 진단과 분류에 활용하였다.

② 각 문항에 대해 '그렇다' 혹은 '아니다'의 진위형으로 응답하고, 응답결과는 정상행동의 종류를 측정하는 10개의 임상척도[13]와 피검사자의 태도를 측정하는 4개의 타당도 척도[14]에 따라 채점한다. → 오리지널 척도

암기법 MMPI－2 임상척도＝건우 / 테반 / 남편 / 강조 / 경내(순서대로 외워야 함)

③ **MMPI 검사 실시 시 일반적 유의사항**

㉠ MMPI는 검사내용, 실시방법 및 조건, 채점과정을 표준화한 검사이다.
검사를 실시 · 채점하는 데 있어서 표준화 과정에서 사용한 방법과 조금이라도 차이가 있으면 검사결과는 표준화 과정에서 나온 규준에 비추어 해석한다는 것은 무의미하게 된다. 검사자는 검사요강을 숙독하여 검사 실시방법 및 유의사항을 고려하여야만 피검사자의 인성요인을 정확히 측정할 수 있다.

㉡ MMPI를 실시하기 전에 우선 고려해야 할 사항은 피검사자의 상태이다.
검사문항이 다른 심리검사에 비해 월등히 많아 많은 시간을 요구하기 때문에 피검사자가 피로에 지쳐 있지 않고 권태를 느끼지 않을 시간대를 선택하여 검사를 실시하는 것이 바람직하다.

㉢ 피검사자의 독해력 여부를 확인하는 일이다.
MMPI를 제대로 응답할 수 있느냐의 가장 중요한 요인의 하나는 독해력이다. 원래 MMPI의 문항제작 시 초등학교 6학년 수준의 문장으로 구성했으므로 초등학교 이상의 정규교육을 받은 사람이면 별 어려움 없이 MMPI를 할 수 있다.

㉣ 피검사자의 연령과 지능수준을 고려해야 한다.
원래 검사를 실시할 수 있는 피검사자의 연령 하한선을 16세로 잡았으나, 현재는 독해력만 인정되면 12세까지도 가능하다고 본다. 재표준화된 한국판 MMPI에서도 중학생 이상의 규준치가 마련되어 있다. Wechsler 성인용 검사에서 언어성 검사 IQ가 80이하인 사람들은 MMPI를 응답하기에 불가능한 것으로 본다.

㉤ 검사 장소는 충분히 밝은 조명과 공간이 확보되어 있고 환기도 잘 되며 조용한 곳이어야 한다.

㉥ 검사는 개인별로 할 수도 있고 집단으로 할 수도 있으며, 소요시간은 보통 60분에서 90분이 보통이다.

---

13) 건강염려증, 우울증, 히스테리, 반사회성, 편집증, 남성－여성특성, 강박증, 조현병, 경조증, 사회적 내향성
14) 무응답 척도, L척도, F척도, K척도

(3) 마이어스 – 브리그스 유형지표(MBTI)

① 마이어스 – 브리그스 유형지표(MBTI)는 가지고 태어난 선천적인 성격 경향을 알아보고자 하는 것이다.

② 4개 차원(세상에 대해 어떤 태도를 갖는가, 무엇으로 인식하는가, 어떻게 결정하는가, 채택하는 생활양식은 무엇인가)으로 응답자를 분류(외향 / 내향, 감각 / 직관, 사고 / 감정, 판단 / 인식)한다.

③ 현재 직업 불만족의 이유를 탐색하며 직업대안 및 적합한 직업 환경 탐색 및 직업을 좋아하는 이유 제시 등에 활용한다.

실력다지기

마이어스 – 브리그스 유형지표(MBTI)의 4가지 양극차원

1) 세상에 대한 일반적인 태도(관심의 방향)
   (1) 외향형(E) : 사람과 사건들과 같은 외부 세계에 관심이 있는가?
   (2) 내향형(I) : 관념과 내적반응 같은 내부세계에 관심이 있는가?

2) 지각적 또는 정보 수집적 과정
   (1) 감각형(S) : 정보를 오감을 통해 수집하고 사실과 자료에 초점을 맞추는가?
   (2) 직관형(N) : 직관을 거친 개연성과 육감에 초점을 맞추는가?

3) 정보 사정 스타일
   (1) 사고형(T) : 논리와 이성에 의거해서 정보를 사정하는가?
   (2) 감정형(F) : 개인의 가치에 따라 다른 사람에 대한 영향을 고려하면서 정보를 사정하는가?

4) 의사결정 속도(생활양식)
   (1) 판단형(J) : 일을 종결하기 위해서 신속하고 확고한 의사결정을 하는가?
   (2) 지각형(P) : 정보를 더 수집하기 위하여 의사결정을 미루는가?

④ MBTI의 선호도별로 본 직업선택에 대한 기대

㉠ 외향성 : 사람들과 협력하여 밖에서 활동하는 일을 좋아한다.

㉡ 내향성 : 혼자서 조용히 집중할 수 있는 일을 원한다.

㉢ 감각형 : 세밀하게 주의와 관찰을 요하는 일을 잘한다.

㉣ 직관형 : 새로운 문제를 해결할 수 있는 일을 좋아한다.

㉤ 사고형 : 논리적 질서, 사상, 숫자, 물리적 대상과 관련된 일을 좋아한다.

㉥ 감정형 : 사람들에게 봉사하고 작업환경이 조화롭고 마음에 드는 일을 원한다.

㉦ 판단형 : 체계적이고 단계적인 일을 좋아한다.

㉧ 인식형 : 변화하는 상황에 적응하고, 상황을 이해하는 일을 좋아한다.

❼ 진로발달검사(CDI : Career Development Inventory, 수퍼)[15)]

(1) 진로발달의 개념을 최초로 이론적으로 정리한 Super(1953)는 진로성숙이 일어나는 5가지 차원, 즉, '진로계획', '직업탐색', '의사결정', '직업세계에 대한 지식', '선호하는 직업군에 대한 지식'에서의 상대적인 위치로 개인의 진로성숙 정도를 나타내었다.

(2) 수퍼(Super)의 이론적 모형의 5가지 차원은 이후 Super의 진로발달검사(Career Development Inventory : CDI)로 개발되었으며, CDI는 진로성숙 차원뿐만 아니라 선호하는 직업군에 대한 지식도 측정하여 총체적인 진로발달 점수를 제공한다.

(3) 검사의 목적

① 내담자의 진로발달과 직업 또는 진로성숙도를 측정하기 위하여

② 내담자의 교육 및 진로 계획수립에 도움을 주기 위하여

③ 진로결정을 위한 준비정도를 측정하기 위하여

→ 결론적으로 진로발달검사의 목적은 진로성숙도 및 진로미결정 측정을 통하여 진로준비가 어느 정도 되어 있는 지와 진로를 결정하지 못하는 이유가 무엇인지 파악하기 위함이다.

(4) 척도 – CDI의 8개 하위척도 : 총 120문항

① **진로계획**(Career Planning) – 20문항

② **진로탐색**(Career Exploration) – 20문항

③ **의사결정**(Decision Making) – 20문항

④ **일의 세계에 대한 정보**(world of work Information) – 20문항

⑤ **선호하는 직업군에 대한 지식**(Knowledge of preferred Occupational Group) – 40문항

⑥ 진로발달 – **진로태도(Attitude)** : 진로계획(CP) + 진로탐색(CE)

⑦ 진로발달 – **진로지식과 기술(Knowledge And Skills)** : 의사결정(DM) + 일의 세계에 대한 정보(WW)

⑧ **총체적인 진로성향**(Career Orientation Total) : 진로계획(CP) + 진로탐색(CE) + 의사결정(DM) + 일의 세계에 대한 정보(WW)

---

15) 출처 : 김봉환 외(2007). 청소년용 진로발달검사 개발 및 타당화 연구. 상담학연구. 8(2) : 583 – 602.

직업과 스트레스

제1절 스트레스의 의미

❶ 스트레스의 특성

(1) 어원과 개념

① '팽팽하게 죄다'라는 뜻의 라틴어의 stringer에서 유래되었다.

② 외부의 압력을 스트레스[16) 요인이라 하고 원 상태로 되돌아가기 위한 반작용의 힘을 스트레스라고 한다.

(2) 발달과정

① 최초의 학문적 관심은 한스 셀리에(1920년대)에 의해 이루어졌으며 스트레스를 생물학적으로 접근하기 시작하였다.

② 심리학 분야에서는 라자루스(1950년대)에 의해 본격적 연구가 시작되었고 개인의 지각과 평가를 강조하는 인지적 측면으로 조명하였다.

심화학습

Lazarus와 Folkman(1984)의 스트레스 이론

1) 인지적 정서이론에 기반하여 스트레스에 대한 인지적 평가(appraisal)와 대응과정에 초점을 두었다.
2) 대응이란 개인이 특수한 외적 및 내적 요구들을 자신이 지니고 있는 자원의 범위를 초과하는 것으로 평가하는 경우, 이러한 요구를 해결하기 위해 지속적으로 동원하는 인지적 및 행동적 노력으로 정의하였다.
3) 평가는 1차적 평가, 2차적 평가 그리고 재평가로 구분된다.
4) 1차적 평가는 상황의 유형에 대한 초기 평가를 말하는데, 여기서는 단지 어떤 사건이 자신에게 적절한지 아닌지를 판단할 뿐이다. 즉 "내게 문제가 생겼는가, 아닌가?"만을 평가한다.
5) 1차적 평가에서 상황이 스트레스로 평가되면, 곧 이어 2차적 평가가 시작된다.
6) 2차적 평가는 상황적 요구와 자신의 대처기술이 일치하는지 아닌지를 평가하는 과정을 말한다. 다시 말해서 "이 문제에 대해 내가 어떤 일을 할 수 있는가?", "내가 이 상황에 적절히 대처할 수 있겠는가?"를 판단해 보는 것이다.
7) 재평가는 2차적 평가가 이루어진 다음에 그것으로부터 피드백을 받아 자신의 1차적 평가를 바꾸는 것을 말한다. 즉, 2차적 평가에서 "내게 그 상황을 다루기 위한 대처기술이 부족하지 않다."고 판단되었다면, 이제 "그 상황은 스트레스가 아니다."라고 자신의 처음의 평가를 변화시키는 것이다.

③ 1960년대에 들어서면서 산업현장에서도 스트레스의 개념을 다루게 되며 스트레스의 해결은 조직의 생산성 향상은 물론, 근로자 생활의 질을 보장하는 방법의 하나로서 필요성이 절실해지고 있는 상황이다.

16) 진정한 의미의 스트레스란 스트레스 요인에 대항하기 위한 긴장, 흥분, 불안 등의 심신변화 과정을 뜻한다.

(3) 스트레스의 특성 – 증상 중심으로

만성적 스트레스는 신체 면역계통을 방해하여 질병에 대한 자연적 방어력을 떨어뜨린다. 높은 수준의 스트레스에 장기적으로 노출되면 잠복기를 거쳐 40대 후반부터는 이와 관련된 신체증상이 나타나기 시작하는데, 이를 성인병이라 하며 면역계통은 스트레스에 의해 결정적인 영향을 받는다는 사실이 입증되었다.

① **정신적 증상**

집중력 약화, 주의산만, 기억력 감소, 우유부단, 마음이 텅 빈 느낌, 혼란감, 불안, 우울, 신경과민, 분노, 근심 걱정 등

② **행동적 증상**

안절부절 못함, 손톱 깨물기, 발 떨기, 폭식, 폭음, 흡연, 욕설, 난폭한 행동, 시끄럽거나 어수선한 곳 피하기

③ **신체적 증상**

피로, 두통, 불면증, 근육통, 맥박이 빠르고 가슴이 두근거리는 증상, 혈압상승, 과호흡 증상, 식욕부진, 소화 장애, 위염, 위궤양, 설사, 변비, 사지 냉감, 얼굴이 화끈 달아오름, 복통, 감각이상 등

❷ 스트레스의 작용원리

(1) 일반적응증후군(general adaptation syndrome ; GAS)

① 자극의 종류에 관계없이 스트레스 반응은 비(非)특정적으로 발생한다고 주장하는데, 즉 매우 다양한 상황들이 스트레스 반응을 일으킬 수 있지만 그 반응은 항상 동일한 과정을 거친다고 믿는 것이 일반적응증후군이다.

② **일반** : 스트레스 반응이 신체 전반에 걸쳐 영향을 미치고 있음을 의미한다.

③ **적응** : 자신을 방어하고 생명을 유지시키는 역할을 한다는 의미한다.

④ **증후군** : 서로 연관된 하나의 반응들이 함께 나타난다.

⑤ 단계[17]는 경계 – 저항 – 탈진(소진)의 3단계이다.

---

17) ① 경고단계(alarm stage) : 정신적 혹은 육체적 위험 앞에 갑자기 노출되었을 때 나타나는 최초의 즉각적인 반응단계를 말한다.
② 저항단계(resistance stage) : 신체가 외부자극에 대해 완전히 적응하여 저항하고 있는 시기로, 스트레스에 완전히 적응하기 때문에 증상은 호전되거나 없어져 버린다.
③ 소진단계(exhaustion stage) : 이 단계에서는 스트레스에 대한 적응에너지가 제한되어 있기 때문에 스트레스에 계속 노출되면 증상은 다시 나타나고, 우리의 신체는 탈진상태에 빠지게 된다.

정리

스트레스의 단계

1) 경계 반응 단계(경고, alarm reaction stage) : 충격기와 역 충격기의 두 하위체계로 구분
   (1) 충격기는 위험에 처했을 때 즉각적으로 나타나는 반응(빠른 맥박, 체온과 혈압 감소)
   (2) 역충격기는 충격에 대응현상이 일어나는 단계로 방어력을 동원함
2) 저항 단계(resistance stage) : 신체가 외부자극에 완전히 적응하여 저항하는 시기로서, 스트레스의 증상은 호전되거나 없어지는 것처럼 보임
3) 탈진 단계(소진, exhaustion stage) : 적응에너지의 고갈, 즉 스트레스에 대한 적응에너지가 제한되어 있기 때문에 스트레스에 계속 노출되면 증상은 다시 나타나고 우리 신체는 탈진 상태가 됨
   결국 스트레스는 스트레스 요인에 대처하여 평온한 상태(항상성, 동질정체 ; Homeostasis)를 유지하기 위한 생리적인 반응이다.

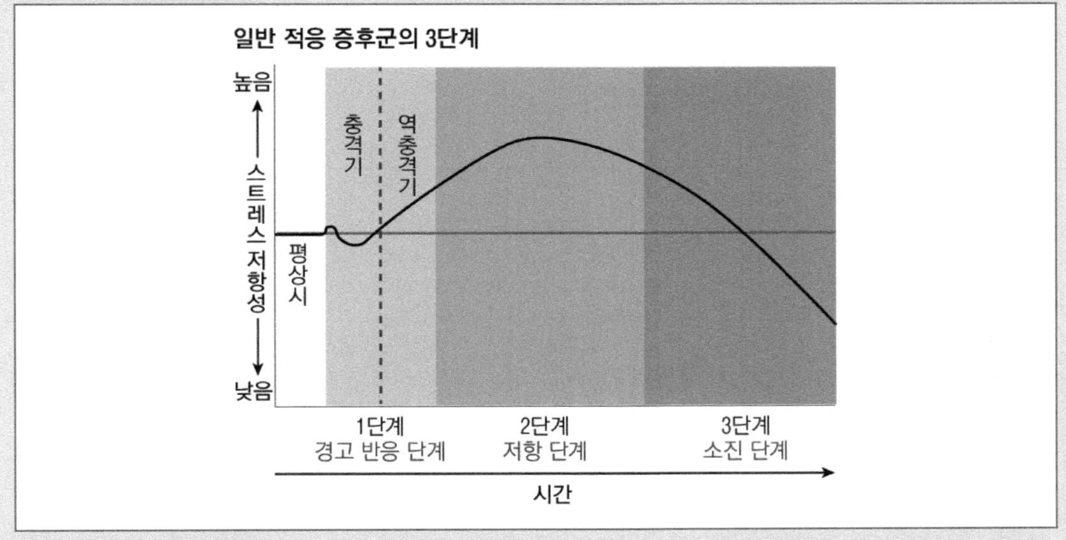

(2) 생리적 과정

① 우리 몸이 감각기관을 통해 스트레스 요인 감지 → 대뇌의 시상하부(모든 정보의 중앙 제어실 역할) → 망상 활성체계(RAS)에 전달된다.

② 스트레스를 받게 되면 신경계의 활동과 더불어 호르몬계의 활동도 왕성해지는데 이때 방출되어진 부신피질 호르몬은 신경계에 작용하여 신체기관을 활성화시키고 지나치게 신체기관이 활성화되면 면역체계에 무리가 일어난다.

(3) 역 U형 가설

① 스트레스의 수준이 적당하면 건강도 최적수준으로 유지되고 작업능률도 최대가 된다는 가설이다. 스트레스 통제에 문제가 되는 것은 수준과 강도이며 이는 에르케스 - 도드슨 법칙을 발전 · 적응시킨 개념의 역 U형 가설로 설명된다.

㉠ 너무 적은 양의 스트레스 : 동기수준의 저하, 지금 필요한 문제를 해결하려는 동기와 노력을 집중시키지 못한다.

㉡ 너무 많은 양의 스트레스 : 지나치게 높은 동기수준으로 주어진 문제해결의 제한된 단서에만 집착하게 되거나 심한 불안감으로 인해 생산 효율성을 감소시킨다.

② 스트레스 통제방법을 학습하는 초기단계는 상당한 노력이 동원되지만 학습 후에는 더 이상 스트레스가 되지 않고 오히려 성숙과 발전을 이끄는 원동력이 된다.

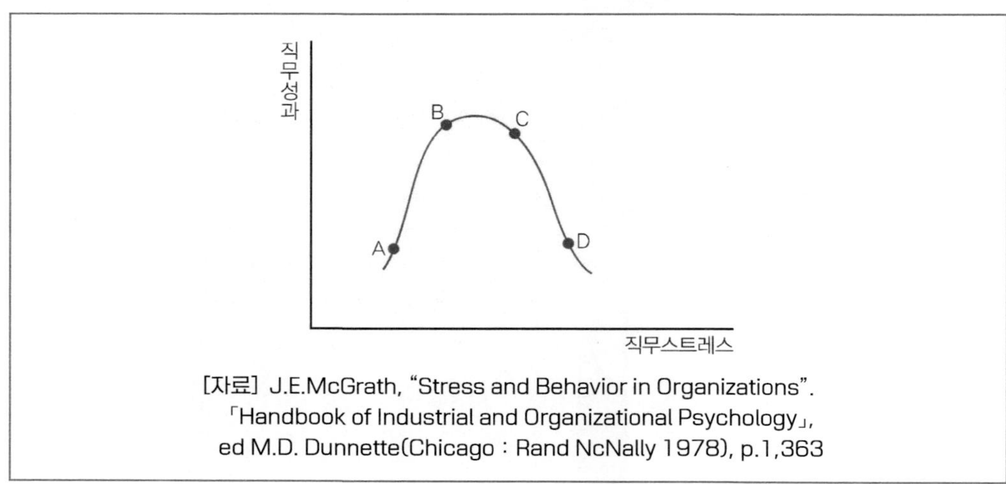

[자료] J.E.McGrath, "Stress and Behavior in Organizations". 「Handbook of Industrial and Organizational Psychology」, ed M.D. Dunnette(Chicago : Rand NcNally 1978), p.1,363

실력다지기

역 U형 가설

1) 스트레스는 양면성을 가지며 스트레스가 아주 없거나 너무 많을 경우엔 부정적 스트레스로, 적정수준으로 유익한 것은 긍정적 스트레스로 구분할 수 있다.
2) 스트레스는 있느냐 없느냐의 이분법적 개념이 아니라 어느 정도 있느냐의 정도의 문제이므로 차이를 설명하기 위해 자신이 어느 정도의 스트레스를 지니고 있는지를 측정하여야 한다.
3) 스트레스 수준이 미치는 영향(역 U형 가설)
   역 U형 가설은 스트레스의 수준이 너무 낮거나 너무 높으면 우리의 건강이나 작업능률(생산성)은 그만큼 낮아지며, 스트레스 수준이 적당하면 건강도 최적수준으로 유지되고 작업능률도 최대가 된다는 가설이다.

제2절 스트레스 원인

❶ 직무 및 조직관련 스트레스 요인

(1) 과제 특성[18)]: 복잡한 과제나 지루하게 반복되는 과업은 스트레스의 요인이 된다.

(2) 역할갈등[19)]**과 역할모호성** : 공식적인 조직은 구조적인 변수 때문에, 비공식적 조직은 인간관계 변수 때문에 역할갈등이 발생하며 역할모호성은 개인의 역할, 책임한계, 직무목표가 명료하지 않을 때, 정보를 전달받지 못할 때 발생하게 된다.

실력다지기

역할갈등 유형

1) 개인 내 역할갈등
개인이 수행하는 직무의 요구와 개인 가치관의 충돌
예 세금을 줄이기 위하여 경리 직원에게 2중 장부를 만들게 하는 경우

2) 개인 간 역할갈등
직업의 요구와 개인적 사유의 충돌(회사 긴급 일 - 가족 긴급 일)
예 결혼기념일에 배우자와 약속이 되어 있는데, 야근을 요구받은 경우

3) 송신자 내 갈등
업무지시자의 이율배반적 업무지시
예 영업소장이 영업사원에게 영업실적을 올리라고 요구하면서 동시에 영업을 위해 꼭 필요한 외근 비용을 줄이라고 요구할 경우

4) 송신자 간 갈등
2인 이상의 요구자의 상반된 요구
예 보험회사 상담사원의 경우, 영업소장은 상담 시간을 줄이라고 요구하고 고객은 보다 자세한 설명을 들으려고 할 경우

(3) 산업의 조직문화와 풍토 : 집합주의와 개인주의 변인의 충돌 및 산업문화의 충돌이 스트레스를 야기하게 된다.

---

18) 자동화에 대한 단조로움과 싫증을 표현하는 것으로 자동화가 진행되면서 끈기가 없다. 집중이 안 된다. 졸립다 등과 같은 스트레스를 호소하며 한 사람에게 나타나기 시작하면 순간적으로 다른 사람들에게도 나타나는 특성을 가지고 있다

19) 역할갈등은 개인의 역할 내용과 역할 구성요인들의 상대적 중요성에 대한 지각적 차이로부터 비롯된다. 이러한 차이는 작업집단 내의 타인들이 가지고 있는 역할 기대가 서로 다르기 때문에 일어난다. 역할갈등은 부적 정서, 긴장감, 신체적 증상을 일으킨다. 동일한 사람에게 서로 다른 역할을 요구할 때에도 갈등이 일어날 수 있다.

❷ 개인 관련 스트레스 요인

(1) A유형[20] 행동 : 짧은 시간 내에 더욱 더 많은 일을 성취하려는 만성적이고 지칠 줄 모르는 노력을 보이는 유형이며 극단적으로 공격적이고 쉽게 적대감을 표출하고 언제나 시간에 쫓기며, 늘 경쟁적 성취욕을 보이는 유형이다.

실력다지기

A유형 성격의 특성

1) 경쟁심
A유형 행동 특징을 지닌 근로자들은 더욱 더 짧은 시간 내에 더욱 더 많은 일을 성취하려고 하고 무조건 이기려고 든다. 친선게임조차 전쟁터가 되어버릴 만큼 경쟁적 속성을 놀이에 옮기는 것을 좋아하며 여가활동도 경쟁적인 경기가 되는 경향이 있다.

2) 언어적 공격
A유형 사람들은 말이 빠른 것은 물론, 대화 중에 핵심 단어를 지나치게 강조하거나 일순간 감정이 폭발하면 욕설을 퍼붓기도 한다.

3) 정력적
A유형 사람들은 자신을 극한 상황까지 몰아붙이는 경향이 있다. 이들은 보통 동시에 여러 가지의 과제를 수행하고 자신의 일정을 지나치게 빡빡하게 잡아 놓는다. 또한 휴식시간도 없이 한 과제를 수행하면 곧이어 다음 과제를 수행하는데 밤늦게까지 일을 하며, 심지어 토요일이나 일요일에도 일거리를 집으로 가져온다.

4) 이완의 어려움
A유형 사람들은 휴가 중인데도 무엇인가 생산적인 활동을 하지 못하고 있다는 사실에 자책감을 느낀다.

5) 시간개념
A유형 사람들은 시계 없이 하루를 보낸다는 것을 상상할 수가 없다. 이들은 융통성이 거의 없는 엄격한 일정을 유지하고 시간 낭비를 증오한다.

6) 분노감
A유형 사람들은 쉽게 화를 내고 발끈하는 경향이 있다.

7) 적대감
분노가 일반적인 특징이고 어떤 사건이나 대상에게 향해져 있다면, 적대감은 사람에게 초점을 맞춘 것이다.

8) A형 유형은 책임을 자신에게 돌리는 성향이 크다.

9) B형 유형은 환경에 대한 책임으로 돌리는 경우가 많으므로 스트레스를 덜 받게 되지만 A 유형은 자신이 자기자신을 통제하지 못해서 생기는 일이라 생각하기 때문에 스트레스의 출처에 대한 효과가 높다.

(2) 통제 소재(위치)[21]

① 내적 통제자는 스트레스 상황에 위험이나 적대적 반응을 보이지 않는다.

② 반면, 외적 통제자는 스트레스 상황에 대한 대처능력이 미약하다.

③ 다시 말하면, 내적 통제자에 비해 외적 통제자가 스트레스 상황에 대한 대처능력이 부족하다.

---

20) B유형보다 생리적 각성 수준 증가, 많은 무력감, 부정과 투사기제 사용, 높은 심리적 긴장

21) 통제위치란 원인의 결과를 내부, 즉 자기 자신에게 두느냐, 아니면 외부 상황이나 조건에 두느냐에 대한 것이다.

(3) 인구통계적 변인 : 여성은 역할 스트레스, 직업 상 동형, 성 관련 갈등 등을 더 많이 받기 때문에 남성보다 스트레스가 높고 연령이 증가할수록 심각하다.

심화학습

직무 스트레스를 조절하는 변인

1) 스트레스 조절변인(moderator)이란 스트레스 출처와 그로 인해 발생하는 스트레스 결과 간의 연관성과 방향에 영향을 끼치는 변인을 의미한다.
2) 이러한 스트레스를 조절할 수 있는 개인적 변인으로는 A유형 행동양식, 강인성, 통제 소재, 자존감 등이 있으며, 상황적 조절변인으로는 사회적 지원 등이 있다.

(1) A유형 행동양식
한 개인이 조직 내에서 스트레스를 받더라도 조급하고 공격적인 A유형의 성격보다는 느긋하고 여유로운 B유형의 성격이 직무 스트레스에 대한 저항력이 강하며, 이로 인해 스트레스를 어느 정도 스스로 조절할 수 있다.

(2) 강인성(hardiness)
스트레스에 저항할 수 있는 성격특성을 말하며, 강인성은 자기 삶에 대한 통제감, 자신의 일의 목적과 가치, 그 밖의 변화를 장애라고 여기기보다는 도전으로 보는 관점 등 세 가지 특성을 가지고 있다. 이러한 강인성은 스트레스 상황을 극복해야 할 도전으로 여기기 때문에 스트레스 출처와 스트레스로 인한 긴장 간의 관계를 조절하는 중요한 변인으로 볼 수 있다.

(3) 자존감(self esteem)
긍정적 자기가치 혹은 긍정적 자기개념을 가진 사람은 스트레스 상황에 직면하더라도 보다 효율적인 대처전략을 사용하기 때문에 스트레스로 인한 결과나 긴장을 덜 경험하게 된다.

(4) 통제 소재(locus of control)
통제 소재란 개인이 자신에게 일어난 일이 자신의 통제 하에 있었는지, 아니면 자신의 통제 밖에 있었는지에 대한 신념이라고 할 수 있다. 외적 통제자보다는 내적 통제자가 스트레스에 대한 내성이 강하며, 낮은 수준의 직무 긴장을 경험하게 된다.

(5) 사회적 지원(social support)
사회적 지원은 개인이 타인이나 집단, 조직과의 다양한 접촉을 통해 받는 도움, 위로, 정보, 편안함 등을 의미하며, 역시 스트레스로 인한 심리적 · 신체적 증상을 조절하는 역할을 한다.

제3절 스트레스의 결과 및 예방

❶ 스트레스 결과

(1) 개인적 결과

심장병 및 심장마비, 암, 근골격 질환, 궤양, 성적관심 감퇴 등

(2) 조직의 결과

① **직무수행 감소** : 역 U형 가설에서 설명될 수 있다.

② **결근 및 이직** : 지각이나 결근은 스트레스로 인한 명백한 손실이 된다.

③ **직무 불만족** : 긍정적 지각과 해석은 직무만족과 정적 관계, 부정적 지각과 해석은 직무만족과 부적 관계가 된다.

❷ 스트레스 예방 및 대처

(1) 대처를 위한 기본조건

① 적절한 스트레스는 우리에게 도움을 준다는 명제를 인식한다.

② 쾌(좋은) 스트레스는 적극적 노력에 의해서만 획득될 수 있음을 인식한다.

③ 자신의 스트레스 상황을 의식하고 확인한다.

④ 스트레스 상황은 내 자신의 내면에 있다는 점을 인식한다.

⑤ 긴장 방출률(TDR)을 최대한 높여야 한다.

(2) 예방 및 대처전략

① 가치관의 전환

② 목표지향적 초고속심리에서 과정중심적 사고방식으로 전환

③ 스트레스에 정면 도전하는 마음가짐

④ 가슴 속에 있는 한을 털어내기

⑤ 균형 있는 생활

⑥ 생활 장면을 전환하는 규칙적인 활동

⑦ 운동을 통한 스트레스 해소법

직상 기출

스트레스 대처를 위한 포괄적 노력

1) 인지적 기법을 활용한다(가치관을 전환시켜야 한다).
2) A유형 행동을 수정해야 한다(목표 지향적 초고속심리에서 과정 중심적 사고방식으로 전환하기).
3) 스트레스에 정면으로 도전하는 마음가짐이 있어야 한다.
4) 사회적 지지가 있어야 한다(가슴 속에 있는 한을 털어 내야 한다).
5) 균형 있는 생활을 해야 한다.
6) 취미 · 오락을 통해 생활 장면을 전환하는 활동을 규칙적으로 해야 한다.
7) 행동기법을 사용한 스트레스 관리를 활용한다.
8) 정신건강의 회복을 위해 노력한다.

❸ 스트레스 관리전략

(1) 출처 지향적 관리전략 : 1차적 스트레스 관리전략

① 스트레스 출처의 수와 강도를 줄이고 예방하는 것이다.

② 가장 효율적인 것은 스트레스의 출처를 제거하는 것이다.

③ 전략으로는 인지적 재구성, 직무 재설계 등이 있다.

④ 예 은행원들의 직무스트레스에 관한 내용으로 은행원들이 고객 대기표(번호표)시스템을 도입한 이후 스트레스를 많이 줄일 수 있게 된 것은 스트레스 출처의 수와 강도를 줄인 1차적 방법이다.

(2) 반응 지향적 관리전략 : 2차적 스트레스 관리전략

① 스트레스에 대한 개인의 반응을 수정하거나 예방하는 것이다.

② 스트레스 출처를 제거할 수 없을 때는 스트레스에 대한 개인의 반응을 수정하는 것이다.

③ 예 이완훈련, 바이오 피드백, 신체 단련, 영양 섭취 등

(3) 증후 지향적 관리전략 : 3차적 스트레스 관리전략

① 스트레스로 인해 생긴 부정적 결과에 보다 효율적으로 대처할 수 있는 사람의 도움을 받음으로써 최소화하는 것이다. 즉, 결과에 대한 치료를 중시한다.

② 예 의학적 치료, 심리치료, 종업원 지원 프로그램, 경력 상담 등

읽을거리

생활변화(변동)단위(LCU) - 나의 스트레스 지수 자가 체크

아래 표에서 6개월 내 자신에게 해당되는 사건을 모두 찾아 점수를 더하면 된다. 혹시 동일한 사건을 2번 이상 겪었을 경우 점수에 횟수만큼 곱해야 한다.

1) 0~150점이면 질병에 걸릴 가능성이 없이 건강함
2) 150~190점이면 질병에 걸릴 가능성이 35%
3) 200~299점이면 질병에 걸릴 가능성은 50%
4) 300점 이상이면 질병에 걸릴 가능성이 80%

이 수치는 개인의 성격과 처한 환경에 따라 영향을 받는 정도가 달라질 수 있으므로 절대적인 것은 아니다. 스트레스 없이 살아가는 사람은 없으며 이러한 스트레스를 어떻게 극복하느냐에 따라 건강한 삶을 살아갈 수도 있고 질병이나 사망에 이르게 할 수도 있다. 그러므로 평소 자신이 느끼고 있는 스트레스에 대해 잘 알고 관리하는 것이 중요하다.

생활사건과 생활변화 단위

순위	생활사건	점수	순위	생활사건	점수
1	배우자 사망	100	23	자녀의 출가	29
2	이혼	73	24	시댁 식구와의 문제	29
3	별거	65	25	우수한 개인적 성취	28
4	감옥살이	63	26	아내의 맞벌이 시작 또는 중지	26
6	본인의 부상 또는 질병	53	28	주택의 거주환경의 변화	25
7	결혼	50	29	개인적인 버릇의 교정	24
8	해고	47	30	상사와의 갈등	23
9	별거 후 재결합	45	31	근무시간 및 근무조건의 변화	20
10	은퇴	45	32	거주지의 변화	20
11	가족구성원의 건강문제	44	33	학교의 변화	20
12	임신	40	34	오락활동의 변화	19
13	성적인 장애	39	35	교회활동의 변화	19
14	새로운 가족 구성원의 증가	39	36	사회활동의 변화	18
15	사업의 재적응	39	37	천만 원 이하의 저당이나 채무	17
16	재정적인 변화	38	38	수면습관의 변화	16
17	친한 친구의 사망	37	39	동거인 수의 변화	15
18	다른 분야의 직업으로 전환	36	40	식습관의 변화	15
19	배우자와의 말다툼 횟수의 변화	35	41	휴가	13
20	천만 원 이상의 저당이나 채무	31	42	성탄절	12
21	저당물의 압수	30	43	가벼운 법률 위반	11
22	일의 책임상의 변화	29			

직업상담 초기면담

제1절 초기면담의 의미

❶ 초기면담의 유형

(1) 초기면담의 유형

초기면담은 목적에 따라 정보지향적 면담, 관계지향적 면담 등으로 구분할 수 있으며, 상담이 누구의 요구에 의해 어떻게 시작되었는가에 따라 면담 유형이 달라지기도 한다.

① **내담자 대 상담자의 솔선수범 면담**

초기면담은 내담자의 정보를 수집하고 받아들이는 면담이면서 관계의 시작을 알리는 면담이다. 내담자의 요청에 의해 면담이 시작될 때 상담자는 내담자의 면담목적에 대해 확신이 없을 수 있기 때문에 상담자는 내담자의 말에 경청을 해야 한다. 반면, 상담자에 의해 면담이 시작되면 상담자는 우선 왜 상담을 실시하는지를 내담자에게 설명하여 내담자의 긴장을 완화시켜야 한다.

② **정보 지향적 면담**

초기면담의 목적이 정보수집에 있다면 상담의 틀은 상담자에게 초점을 두어야 하며 상담자는 정보수집을 위해 탐색해 보기는 '누가, 무엇을, 어디서, 어떻게'로 시작되는 질문인 「탐색해보기」, '예, 아니요'와 같은 특정하고 제한된 응답을 요구하는 「폐쇄형 질문」, '무엇을, 어떻게' 등과 같은 단어로 시작되는 「개방형 질문」을 사용한다.

③ **관계 지향적 면담**

이 면담에서는 재진술(restatement)과 감정의 반향(echoing) 등이 주로 이용된다. 재진술은 내담자에 대한 단순한 반사적 반응으로서 내담자에게 상담자가 적극적으로 경청하고 있음을 알게 하며, 감정의 반향은 언어적 · 비언어적 표현임을 제외하고는 재진술과 유사하다. 반향은 여러 수준에서 이루어지며 다른 것 이상의 공감을 전달한다.

(2) 초기면담의 주요 요소[22)]

초기면담의 주요 목적은 내담자와 촉진적 관계를 형성하는 것과 상담의 틀을 형성하는 것이며, 이를 위한 주요 요소는 다음과 같다.

---

22) 출처 : NCS학습모듈_직업상담 초기면담_LM0702010152_20v3, 수정인용

① **친밀교감 형성**

친밀교감(rapport) 형성은 내담자가 가지고 있는 긴장감을 풀어 주도록 노력하고, 상담 관계에서 유지되는 윤리적 문제와 비밀 유지의 원칙을 설명함으로써 불안을 감소시키고 친밀감을 형성시키는 과정이다.

② **감정이입(empathy)**

감정이입이란 다른 사람의 감정과 경험에 동참할 수 있는 능력을 말한다. 즉, 내담자의 생각, 감정, 행동의 세계를 상상을 통해 이해한다는 것을 의미한다. 감정이입은 내담자와 동일한 감정, 관심을 가지는 것을 의미하는 동정과 다른 것으로서 상담자가 내담자와 동일시하고 내담자의 세계에 지나치게 몰입하는 것을 의미하는 것은 아니다.

③ **언어적 행동 및 비언어적 행동**

언어적 행동은 내담자에게 중요한 것이 무엇인가를 논의하거나 이해시키려는 열망을 보여주는 의사소통을 포함한다. 또한 미소, 몸짓, 기울임, 눈 맞춤, 끄덕임 등의 비언어적 행동도 도움이 되는 행동이 될 수 있다.

④ **자기노출**

자신의 사적인 정보를 드러냄으로서 상담자에 대해 다른 사람이 알 수 있도록 하는 것을 의미한다.

⑤ **즉시성**

즉시성에는 다음 두 가지가 있다. 첫째, 관계의 즉시성은 상담자와 내담자 관계의 질이 긴장되었는지, 지루한지, 생산적인지를 내담자와 이야기 나누는 능력이다. 둘째, 지금 - 여기에서의 즉시성이란 발생하고 있는 교류에 관하여 의논하는 것, 상담자의 바람이나 내담자의 느낌, 인상, 기대 등에 대해 깨닫고 대화를 나누는 것이다.

⑥ **유머**

유머가 효과적이려면 상담자의 입장에서 민감성과 타이밍(시의성)이 동시에 요구되는데, 내담자와의 관계형성이 잘 되어 있어야 유머가 긍정적 결과를 만들어 낸다. 바람직한 유머는 저항을 우회하고, 긴장을 없애며, 심리적 고통에서 벗어나게 할 수 있으며, 상황을 분명하게 지각할 수도 있어 치료적 시사를 갖는 임상도구이다.

⑦ **직면**

㉠ 직면은 내담자가 인정하고 싶지 않은 자신의 모순된 모습을 똑바로 바라볼 수 있도록 하기 위한 상담자의 지적이다. 직면을 통해 내담자는 자신에게 무엇이 일어나고 있는지 그 결과를 분명하게 직시할 수 있고, 타인과 더 나은 관계를 맺을 수 있도록 변화를 모색할 수 있으며, 자신의 행동에 대해서 어떻게 책임을 져야 하는가를 알 수 있다.

㉡ 직면은 내담자가 이를 잘 받아들인다면 매우 효과적인 방법이지만 내담자에게 위협적일 수 있으므로 신뢰 관계가 형성되기 전에 섣불리 시도하는 것은 바람직하지 않다.

⑧ **계약**

계약은 목표 달성에 포함된 과정과 최종 결과에 초점을 두고 이루어지는 상담자와 내담자의 약속이다.

⑨ **리허설**

상담자는 리허설(rehearsal)을 통하여 내담자에게 선정된 행동을 연습하거나 실천하도록 함으로써 내담자가 계약을 실행하는 기회를 최대화하도록 도울 수 있다.

실력다지기

상담자의 도움이 되는 행동과 도움이 되지 않는 행동

1) 도움이 되는 언어행동
언어행동은 내담자에게 중요한 것이 무엇인가를 논의하거나 이해시키는 열망을 보여주는 의사소통을 포함한다.

2) 도움이 되는 비언어적 행동
(1) 정면으로 내담자를 대하는 신호는 미소이다.
(2) 열려진 자세를 취하는 신호는 몸짓이다. 팔짱이나 다리 꼬는 행동은 금지된다.
(3) 상담자가 내담자에게 몸을 기울인다는 신호는 기울임이다. 중간의 거리가 필요하다.
(4) 눈맞춤은 눈 접촉을 의미한다. 좋은 눈맞춤은 이해한다는 표시이다.
(5) 고개 끄덕임은 상담자가 느긋하다는 신호로 만족하고 있음의 표현이다.

3) 도움이 되지 않는 면접행동
(1) 너무 지시적인 충고는 바람직하지 않다. 충고가 유용한 경우는 내담자가 상담을 거부하거나, 어려운 결정의 한계가 있을 때, 위급한 상황에서 내담자의 안전과 복리를 위하여 직접적인 행동으로 이끌 수도 있다.
(2) 힘겨루기, 타이름이란 상담자와 내담자의 힘의 투쟁이다. 내담자에게 기회를 주는 것이 유용하다.
(3) 과도한 질문은 상담자가 하는 흔한 실수이며 내담자는 캐묻는다고 느낀다.
(4) 하품을 하는 것은 상담 내용에 흥미가 없다는 표현이다.

❷ 초기면담의 7가지 지침

(1) 면담 준비

(2) 내담자와의 만남 및 관계 형성

(3) 구조화 – 초기 계약 설정과 비공식적 역할 수립

(4) 비밀 유지의 한계 설정

(5) 평가사항 및 평가방법 인식하기

(6) 상담 시 필요한 주의사항

(7) 초기면담의 종결

제2절 친밀교감 형성

친밀교감(rapport) 형성은 내담자가 가지고 있는 긴장감을 풀어 주도록 노력하고, 상담 관계에서 유지되는 윤리적 문제와 비밀 유지의 원칙을 설명함으로써 불안을 감소시키고 친밀감을 형성시키는 과정이다.

❶ 수용적 상담분위기 조성

(1) 상담자는 내담자에 대한 정보를 수집하고 정리하는 데 있어서 내담자에게 지나친 부담을 주지 않도록 하고, 정보 수집을 서두르지 않아야 한다.

(2) 내담자는 상담환경이 낯설고 긴장될 수 있기 때문에 상담자는 상담환경을 최대한 편안하고 수용적인 분위기로 조성하고, 내담자가 환경에 적응할 수 있도록 시간을 주는 것이 바람직하다.

(3) 상담자가 사전에 너무 많은 안내사항을 전달하려고 하면, 내담자가 상담 자체에 대한 압박감과 부담을 느낄 수 있기 때문에 주의하여야 한다.

(4) 상담자는 내담자의 정보가 과도하게 수집되는 일이 없도록 하고 수집된 내담자의 정보를 철저히 관리할 수 있도록 개인정보 보호에 주의하여야 한다.

(5) 상담자는 사전 자료를 세세하게 검토하되, 내담자의 동기와 성격 특성과 같은 요인에 대한 판단은 직접 만날 때까지 보류하는 것이 좋다.

❷ 관계 형성 기법 – 로저스의 인간중심상담이론에 의한 상담자의 3가지 태도를 중심으로

로저스는 촉진적 관계 형성을 위해 상담자가 갖추어야 할 기본적인 태도로서 공감적 이해, 무조건적인 수용과 존중, 일관적 성실성의 세 가지를 강조하였다.

(1) 공감적 이해

공감적 이해란, 상담자와 내담자가 상호작용하는 동안에 발생하는 내담자의 경험과 감정들을 이해하려고 노력하는 것을 말한다. 공감은 동정이나 동일시와는 다르며, 상담자가 내담자의 입장이 되어 내담자를 깊이 있게 주관적으로 이해하면서도 자기 본연의 자세는 버리지 않는 것이다.

(2) 수용적 존중(= 무조건적 긍정적 존중)

수용적 존중이란, 상담자가 내담자를 평가하거나 판단하지 않고, 내담자가 나타내는 어떤 감정이나 행동도 있는 그대로 수용하여 소중히 여기고 존중하는 상담자의 태도를 말한다.

(3) 솔직성(= 진실성 = 진솔성)

진실성이란, 상담자가 내담자와의 관계에서 순간순간 경험하는 자신의 감정이나 태도를 있는 그대로 솔직하게 인정하고, 경우에 따라서는 솔직하게 표현하는 태도를 말한다. 이러한 진실한 태도는 내담자와 순수한 인간 간의 만남을 가능하게 하고, 내담자의 개방적인 자기탐색을 촉진 · 격려하게 된다.

1 과목 2 과목 3 과목 4 과목 5 과목

실력다지기

관계형성을 위해 유의할 사항[23)]

1) 상담자의 자기 개방이 반드시 필요한 것은 아니며, 너무 과도하지 않은 수준과 범위에서 꼭 필요한 정도로만 활용될 수 있도록 한다.
2) 상담자의 전문성에 대한 신뢰는 내담자가 안심하고 상담에 참여할 수 있도록 하고, 상담결과에 대한 긍정적인 기대를 갖도록 한다.
3) 상담자의 전문성에 대한 설명이 지나치면 내담자에게 권위를 과시하는 것처럼 느껴질 수 있으며, 위화감을 조성할 수 있으므로 주의하여야 한다.
4) 초기면담에서 나타나는 내담자의 비언어적 태도는 문제 진단을 위한 중요한 실마리를 제공하기도 한다. 반복적으로 나타나는 태도와 습관, 언어적 · 비언어적 표현의 패턴 등을 민감하게 관찰하고 의문점이 발견되면 대화의 주제로 삼는다.
5) 공감적 이해, 수용적 존중, 일관된 성실성 등 상담자의 기본 태도는 일상적인 반복훈련을 통해 체화하는 것이 좋다.

❸ 내담자 관계형성의 원리(Biesteck)

(1) 개별화 원리

개별화는 내담자의 독특한 자질을 알고 이해하는 것이다. 따라서 상담에 있어서도 개별적인 특성에 맞춘 개입이 필요하다.

(2) 의도적 감정표현 원리

의도적 감정표현은 내담자가 자신의 감정을 자유롭게 표현하도록 하는 것이다. 특히 자신이 비판받게 될지도 모르는 감정들도 자유롭게 표현하는 것이다.

(3) 통제된 정서적 관여 원리

통제된 정서적 관여는 상담자가 내담자의 표현된 감정에 민감성과 이해, 그리고 적절한 반응으로 대하는 것이다. 내담자는 자신이 겉으로 표현한 감정에 대하여 상담자로부터 공감적인 이해와 반응을 얻으려는 욕구를 갖는다.

---

23) 출처 : NCS학습모듈_직업상담 초기면담_LM0702010152_20v3, 재인용

(4) 수용의 원리

수용은 상담자가 내담자의 장점과 단점, 잠재력과 한계, 바람직한 행동이나 바람직하지 않은 행동, 긍정적 감정과 부정적 감정 등을 실제로 있는 그대로의 모습으로 받아들이는 것을 말한다.

(5) 비심판적 태도 원리

비심판적 태도는 내담자의 문제나 욕구의 원인이 그들의 환경에 의한 것이든 혹은 성격의 문제이든지 간에 내담자에게 책임이 있다는 것을 언어적으로나 비언어적으로 비판하거나 판단하지 않는 것을 말한다.

(6) 내담자의 자기결정 원리

내담자의 자기 결정이란 상담 과정에서 내담자가 모든 의사결정과정에 참여하여 스스로 선택하고 결정하는 것이다. 내담자는 자신의 삶에 대해 스스로 선택하고 결정하고자 하는 욕구를 갖는다.

(7) 비밀보장

상담과정에서의 비밀보장이란 윤리강령의 한 항목으로서 그리고 관계형성의 한 요소로서 지켜져야 할 원칙이다. 비밀보장은 성공적인 상담 관계를 위하여 매우 중요한 기본원칙이며, 윤리적 의무이다.

제3절 호소논점 파악

❶ 내담자 정보수집과 초기면담기법

(1) 생애진로사정(LCA)

① 생애진로사정(LCA)의 의미

㉠ 상담자와 내담자가 처음 만났을 때 이용할 수 있는 구조화된 면접기법으로 30~45분 정도의 시간이 소요되며 비교적 짧은 시간 내에 체계적으로 정보를 수집하는 방법이다.

㉡ 상담자가 내담자를 이해할 때 도움이 될 뿐만 아니라 내담자가 자신의 생애주제를 보다 잘 이해할 수 있도록 돕는 협동적인 노력이다.

㉢ 생애진로사정은 상담자와 내담자에게 환경과의 관계를 이해하는데 도움을 주는 것으로 아들러의 개인심리학에 기초한다.

㉣ 생애진로사정은 상담자와 내담자가 처음 만났을 때 이용할 수 있는 구조화된 면접기법으로서 내담자가 비(非) 판단적, 비(非) 위협적인 대화 분위기를 중시하므로 평가과정을 통해 부정적인 선입관의 가능성이 있는 인쇄물, 소책자, 지필도구 등은 사용하지 않는 것이 바람직하다.

㉤ 정리 : 생애진로사정이란 작업자, 학습자, 개인역할이 포함된 다양한 생애역할에서의 내담자의 기능수준 뿐만 아니라 그들 환경을 어떻게 극복할 것인가에 대한 정보의 산출까지 구상하는 것이며 이는 아들러의 개인심리학에 기초하고 있다.

② 생애진로사정(LCA)의 구조[24] **암기법** 진사/전하/강장/요약

생애진로사정은 기본적 구조는 진로사정, 전형적인 하루, 강점과 장애, 요약으로 이루어진다. 이러한 구조를 통해 내담자의 정보유형을 파악할 수 있다.

㉠ 진로사정

ⓐ 일의 경험(시간제, 정시제 · 유급제, 무급제) – 내담자가 수행한 직무, 가장 좋았던 일과 싫었던 일을 기록한다.

ⓑ 교육 또는 훈련 과정 및 관심사 – 일반적인 경력 작성, 학교와 학습에서 가장 좋은 것과 싫은 것 등을 질문한다.

ⓒ 오락 – 여가시간의 활용, 사랑과 우정관계를 탐색한다.

㉡ 전형적인 하루

ⓐ 하루 동안 의존적 – 독립적 성격 차원, 자발적(비체계적) – 체계적 성격 차원을 검토한다.

---

24) 진로사정은 일의 경험, 교육 또는 훈련과정 및 관심사, 오락 등 3가지 부분으로 분류되고, 전형적인 하루는 의존적 – 독립적, 자발적 – 체계적 경향 등으로 구분되며 강점과 장애는 주요강점과 장애로 구분된다. 요약은 생애진로사정의 마지막 부분이다.

ⓑ 전형적인 하루탐색 목적은 개인이 자신의 생활을 어떻게 조직하는지를 발견하는 것이다.

㉢ 강점 및 장애

ⓐ 내담자가 믿고 있는 강점과 장애, 잘하는 일과 잘 못하는 일이 무엇인지를 질문한다. 이는 직접적인 정보를 제공하는 방법이다.

ⓑ 어떤 강점도 내세우지 않는 내담자를 만나면 내담자의 숨겨진 강점을 찾아내고 높은 자아 존중감을 갖도록 도와주어야 한다.

㉣ 요약

ⓐ 요약의 목적은 면담동안 수집된 정보를 강조하며 상담을 통해 목표를 성취하도록 자극하기 위함이다.

ⓑ 요약단계에서 상담자는 내담자의 주도적인 생애주제, 강점과 장애를 반복 검토한다.

ⓒ 이때 상담자는 내담자에게 내담자 자신이 깨달은 것을 요약하도록 요구함으로써 자기 인식을 증진시킬 수 있다.

ⓓ 상담자와 내담자가 내담자의 생애주제에 관하여 의견일치에 도달하는 것도 중요하다.

ⓔ 드러난 내담자의 생애주제를 바탕으로 상담자는 가능한 직업선택을 제시할 수 있다.

㉤ 생애진로사정의 4가지 구조를 통해 알 수 있는 내담자에 관한 정보

ⓐ 내담자의 교육과정과 경력 등 내담자에 관한 사실적이고 객관적인 정보

ⓑ 내담자의 기술과 유능(내담자의 평가자료)

ⓒ 내담자의 교외활동(내담자의 여가와 취미활동)

ⓓ 내담자의 신념과 태도, 가치관

(2) 내담자 정보 및 행동 이해 기법[25]

암기법 기즈버스와 무어의 상담기법 9가지 = 변반근 / 왜전분 / 질저가
(변명 / 반성 / 근거 / 왜곡 / 전이 / 분류 / 질문 / 저항 / 가정)

① 가정 사용하기

상담자가 내담자에게 어떤 행동이 이미 존재했다는 것을 가정하여 내담자의 행동을 추측하려 하는 것이다.

② 의미 있는 질문 및 지시 사용하기

의미 있는 질문 및 지시 사용은 내담자의 반응을 유도하는 것이다.

③ 전이된 오류 정정하기

전이된 오류 정정하기에는 정보의 오류, 한계의 오류, 논리적 오류가 있다.

25) 기즈버스와 무어(Gysbers & Moore)의 기법

전이된 오류 정정하기

1) 정보의 오류

(1) 내담자는 직업세계에 대해 충분한 정보를 알고 있다고 잘못 생각하는 경우가 있다. 이러한 경우 보충 질문을 하거나 되물음으로써 잘못을 인식시켜 주어야 한다.

(2) 내담자의 대화를 잘 이해하지 못했을 경우, 내담자의 마음을 읽거나 이해할 수 있다는 편견이나 아는 체하거나 상담자 자신의 경험에 비추어 미루어 짐작하지 말고 이해하지 못한 부분에 대해 구체적으로 질문하는 것이 현명하다.

정보의 오류 종류	상담자의 대응
• 삭제 : 내담자의 경험을 이야기함에 있어서 중요한 부분이 빠졌을 경우	• 무엇에 대한 책임감을 말하는 거죠? • 어디에 맞지 않는다는 것인지요?
• 불확실한 인물의 인용 : 명사나 대명사를 잘못 사용했을 경우	• 누가 당신을 이해하지 못한다구요? • 누가 특히 더 그렇지요?
• 불분명한 동사의 사용 : 모호한 동사를 사용하였을 경우	• 상관이 특히 어떤 점에서 무시한다는 생각이 드나요?
• 참고자료 : 어떤 사람이나 장소, 사건 등을 구체적으로 이야기하지 않을 경우	• 예를 들면? • 무엇이 혼란스럽다는 거죠?
• 제한된 어투의 사용 : 자신의 세계를 제한하려드는 어투를 사용하는 경우	• 만약 한다면 어떻게 되나요? • 만일 하지 않는다면?

2) 한계의 오류

경험을 통한 관점만을 보기 때문에 제한된 기회 및 선택에 견해를 갖고 있는 내담자는 예외를 인정하지 않거나, 불가능을 가정하거나, 어쩔 수 없음을 가정한다.

한계의 오류 종류	상담자의 대응
• 예외를 인정하지 않는 것 : 항상, 절대로, 모두, 아무도 등과 같은 언어를 자주 사용하는 경우	• 항상 그러하다는 말입니까? • 매번 한 가지 경우만 합니까?
• 불가능을 가정하는 것 : 할 수 없다, 안 된다, 해서는 안 된다 등과 같은 용어를 사용해 자신의 능력의 한계를 짓는 경우	• 사장님과 대화하는 방법을 찾지 못한 것이겠죠. • 사장님과 별로 얘기할 필요가 없군요.
• 어쩔 수 없음을 가정하는 것 : 해야만 한다, 필요하다, 된다, 선택의 여지가 없다, 강요되다, 하지 않으면 안 된다 등의 용어 사용하는 경우	• 당신은 아무런 선택도 하지 않는다는 것을 이미 선택했어요. 선택의 여지가 없다는 것은 선택의 폭이 많다는 것을 의미하지요.

3) 논리적 오류

내담자가 논리적으로 맞지 않은 진술을 함으로써 의사소통까지 방해하는 경우로서 「잘못된 인과관계의 오류」, 「마음의 해석」, 「제한된 일반화」 등이 있다.

논리적 오류의 종류	내용	상담자의 대응
잘못된 인과관계의 오류	자신이 선택이나 통제에 대해 전혀 상관치 않고 책임감이 없다는 식으로 생각하는 경우	• 사장님이 어떤 식으로 당신의 기분을 상하게 했죠? 구체적으로 말해 보세요.
마음의 해석	다른 사람의 경험에 대해 직접 의사소통을 해보지 않고도 그 사람의 마음을 읽을 수 있다고 자신하는 사람의 경우	• 그 사실을 어떻게 잘 알죠?
제한된 일반화	마치 한 사람의 견해가 모든 사람에게 공유된다는 개인 생각에서 비롯되는 경우	• 그 누구에게 좋은 생각이란 말입니까?

암기법 전이된 오류 정정하기 = 논리 / 한 / 정

1) 논리적 오류 = 잘못된 / 마음의 / 일반화

2) 한계의 오류 = 어 / 예 / 불가

3) 정보의 오류 = 삭 / 제 / 불 / 참

④ **분류 및 재구성**

내담자의 표현을 분류하고 재구성하여 내담자가 자신의 세계를 다른 각도에서 볼 수 있는 기회를 갖게 해 준다.

⑤ **저항감 재인식하기 및 다루기**

저항감 재인식하기에는 책임감에 대한 두려움, 방어기제, 고의로 방해하는 의사소통(직설, 불신, 상담자의 능력과 방법 헐뜯기 등), 저항감을 다루는 기법에는 변형된 오류 수정하기, 친숙해지기, 은유 사용하기, 대결하기 등이 있다.

저항적이고 동기화되지 않은 내담자들을 동기화시키기 위한 효과적인 전략 4가지

1) 변형된 오류 수정하기

내담자는 결부되어 있으나, 피하고 싶은 유형이나 부정적인 독백 등을 수정하는 방법으로 되돌아간다.

2) 친숙해지기

내담자는 생애역할에 대한 독특함과 과제에 대한 책임을 진다. 상담자는 내담자가 피할 수 없는 고통, 어려움, 긴장, 안정 등의 영역을 확인하고 이러한 영역에 대해 민감히 반응하여야 한다. 상담자는 내담자를 이해하고 있음을 알리고, 내담자와 함께 문제를 풀어나갈 긴장감을 갖고 있는 공동이라는 느낌이 있다면 친숙해진다.

3) 은유 사용하기

마음이 내키지 않고, 저항적이며 솔직한 내담자에게 은유기법을 사용하는 것은 단순하고 솔직한 측면에 초점을 두는 것이다. 가장 효과적인 은유는 모든 사람들에게 공통적으로 갖고 있는 광범위한 경험이 소재가 된다.

4) 대결하기

달래고 공격하기 전략으로서, 내담자의 구체적인 행위를 지적해야 하는데, 노련한 솜씨로 공격하고 유머와 과장 같은 기술을 사용하여 저항의 장면을 완화하기 위해 사용된다.

⑥ **근거 없는 믿음 확인하기**

어떤 일(결정하기, 정보수집, 헤쳐 나갈 위기 등)을 해보지도 않고 그렇게 될 것이라는 것을 확신하는 그런 유형의 생각들로서 모순을 낳게 된다.

⑦ **왜곡된 사고 확인하기**

결론 도출, 정보 및 지적의 부적절하거나 부분적인 일반화, 관념 등, 정보의 한 부분만 보는 것 등을 확인한다.

⑧ **반성의 장 마련하기**

내담자 자신, 타인 그리고 내담자가 살고 있는 세상 등에 대한 판단을 내리는 과정을 알 수 있게 상황을 만들어 주는 것이다.

⑨ **변명에 초점 맞추기**

자신의 행동에서 부정적인 면을 줄이려는 행동이나 설명을 함으로써 자신의 긍정적인 면을 계속 유지시키려는 것을 변명이라 하며, 이에 초점을 맞추는 기법이다.

1 과목 2 과목 3 과목 4 과목 5 과목

❷ 내담자의 인지적 명확성과 동기사정

인지적 명확성이란 자기 자신의 강점과 약점을 객관적으로 평가하고 그 평가를 환경 상황에 연관시킬 수 있는 능력으로 정의된다. 인지적 명확성이 뛰어난 사람은 자기 자신에 대한 자료를 잘 수집할 수 있고, 자기 지식을 바탕으로 환경에 적응할 수 있다. 인지적 명확성이 부족한 사람은 어떤 잘못된 논리체계에 사로잡혀 자기 자신을 잘 이해하지 못하고 환경에 제대로 적응하지 못하는 사람이며 인지적 명확성의 결여는 정신건강 문제에 기인한다.

(1) 인지적 명확성 사정의 가설

① 사정을 할 때 직업상담자는 내담자의 직업관련 문제와, 내담자가 최대한의 선택할 수 있을 가능성에 대한 가설을 설정해야 하고 가설에서 중요한 것은 내담자가 인지적 명확성과 동기를 가지고 있어야 한다.

② 사정 가설 두 가지는 ㉠ “내담자는 직업상담을 직접 찾을 수 있는 충분한 인지적 명확성과 동기를 가진다.” ㉡ “내담자는 인지적 명확성 내지는 동기가 부족하다.”로 설명된다.

참고

직업상담에서 이루어지는 일반적인 상담과정의 사정단계

1) 1단계 : 인지적 명확성 존재(내담자에게 인지적 명확성이 존재하는가?)
2) 2단계 : 내담자의 동기 존재(내담자에게 동기가 존재하는가?)
3) 3단계 : 내담자의 자기진단(내담자가 자기진단을 통해 자신을 노출하는가?)
4) 4단계 : 내담자의 자기진단 탐색(내담자가 자기진단을 확인했는가의 여부)

(2) 인지적 명확성의 범위[26)]

① **정보 결핍**

왜곡된 정보에 집착하거나 정보 분석 능력이 보통 이하인 경우, 변별력이 낮은 경우로 분류된다.

② **고정관념**

경험 부족에서 오는 관념, 편협된 가치관, 낮은 자기효능감, 의무감에 의한 집착성 등으로 분류된다. 이와 같은 정보 결핍과 고정관념은 바로 직업상담의 진행으로 이어진다.

③ **경미한 정신건강의 문제**

잘못된 결정 방법이 진지한 결정 방법을 방해하는 경우, 낮은 자기효능감, 비논리적 사고, 공포증이나 말더듬 등을 포함한다.

④ **심각한 정신건강의 문제**

심각한 정신건강의 문제는 심각하게 손상된 정신건강이나 약물 남용 등에 의한 것으로, 직업심리 치료 후 직업상담을 실시해야 한다.

⑤ **기타 외적 요인들**

일시적인 위기나 일시적이거나 장기적인 스트레스에서 오는데, 이때에는 개인상담을 한 후에 직업상담을 실시한다.

(3) 인지적 명확성을 위한 직업상담의 과정

인지적 명확성이 있는 내담자에게는 직업상담을 바로 실시하고 인지적 명확성이 부족하다고 판단되면 개인상담을 실시한 후에 직업상담을 실시한다.

① 내담자와의 관계 → 인지적 명확성/동기에 대한 사정 → 예 → 직업상담

② 내담자와의 관계 → 인지적 명확성/동기에 대한 사정 → 아니오 → 개인상담 후 직업상담

(4) 인지적 명확성 문제의 원인과 특성

인지적 명확성의 범위에 따라 심리치료의 여부가 결정되며 다음과 같이 분류한다.

① 정보결핍(정보의 변별능력의 불능 등) → 직업상담 실시

② 고정관념(경험 부족, 가치관 고착 등) → 직업상담 실시

③ 경미한 정신문제(잘못된 결정방식이 진지한 결정을 방해함, 낮은 효능감 등으로 의사결정 방해 등) → 심리치료 후 직업상담 실시

④ 심각한 정신문제(심각한 약물남용 장애, 심각한 뇌 손상 등) → 심리치료 후 직업상담 실시

⑤ 외적요인(일시적 위기, 스트레스로 인한 직업문제 집중의 곤란 등) → 개인상담 후 직업상담 실시

---

26) 출처 : NCS학습모듈_직업상담 초기면담_LM0702010152_20v3, 재인용

제4절 구조화

❶ 직업상담 구조화

(1) 상담의 구조화의 개념 및 방법

내담자가 상담경험이 있고 상담과정에 대해 잘 알고 있지 않을 경우 상담에 대한 올바른 이해를 위해 안내가 필요한데 이러한 안내를 상담 구조화라고 한다. 상담과정의 본질과 제한조건 및 방향, 내담자의 역할과 상담자의 역할, 상담시간 및 내담자의 행동규범, 상담과정 및 목표에 대한 언급, 비밀보장의 한계 설명, 면접의 주기와 빈도 등을 설정하는 것은 상담의 구조화라고 한다. 상담 구조화의 방법으로는 언어적으로 설명하고 협의하는 형태의 명시적 구조화와 언어적 설명을 하지 않는 암시적 구조화가 있다.

(2) 상담구조화의 기능 및 필요성

① **오리엔테이션의 기능** : 상담이 무엇인지, 상담에 대해 내담자가 기대하는 것이 무엇인지를 탐색한다.

② **면담 자체로서의 기능** : 상담시간에 무엇을 해야 하는지, 상담자는 무엇을 할 것인지에 대해 구체적인 대화가 필요하다.

③ **내담자의 불안감 감소** : 내담자가 상담에 대해 가질 수 있는 애매모호함과 불안감을 줄일 수 있다.

④ **상담의 안정적 수행** : 상담에 대한 내담자의 잘못된 기대를 교정해 주며, 협의를 통해 모호하고 상충하는 부분을 확인하여 조정하게 되므로 안정적인 상담이 가능해진다.

(3) 상담구조화의 내용[27)]

상담 구조화의 내용으로는 내담자와 상담자의 기대와 역할을 조정하는 상담관계의 구조화, 상담의 원활한 진행을 위한 시간 및 장소 등의 구조화, 상담윤리와 관련된 구조화 등이 있다.

① **상담관계의 구조화**

㉠ 상담자와 내담자의 기대 조정

서로의 기대와 오해를 확인하고, 이것이 확실해지면 상담과정 동안 일어날 일에 대해 차이점을 해결하고 일치점을 만드는 것이 구조화 과정의 핵심이다.

27) NCS학습모듈_직업상담 초기면담_LM0702010152_20v3, 재인용

㉡ 공식적 · 비공식적 역할의 구조화

상담자와 내담자의 역할과 규범 등을 설명하고 협의한다. 내담자는 스스로 문제해결능력을 키워야 하며, 상담자는 문제해결의 과정을 돕고 조력하는 역할임을 확인한다. 내담자는 자신의 변화가 문제해결의 실마리임을 알고 성실히 상담에 임하며, 상담자는 전문가로서 신뢰를 형성하는 데 노력하는 등 비공식적 역할에 대한 것도 구조화에 포함된다.

② **상담실제의 구조화**

상담실제에 대한 구조화는 상담시간, 상담장소, 상담비용, 상담빈도, 총 상담횟수, 연락방법, 상담시간 엄수 및 취소 등에 대한 정보를 설명하고 이해하도록 한다.

③ **상담윤리의 구조화**

상담 관련 윤리적 내용은 비밀보장, 이중관계 금지, 내담자의 알 권리 보장 등에 대한 전문가로서 지켜야 할 내용을 포함한다.

참고

상담 구조화의 유의사항(김춘경 외, 2016)

상담 구조화는 너무 경직되거나 너무 느슨하지 않도록 적절한 수준에 이루어져야 하는데, 상담 구조화의 유의사항은 다음과 같이 정리될 수 있다.

1) 구조화는 타협해야 하는 것이지 강요되어서는 안 된다.
2) 구조화는 내담자를 체벌하는 방식으로 이루어져서는 안 된다.
3) 구조화하는 이유를 내담자에게 설명해야 한다.
4) 내담자의 준비도와 상담관계의 흐름 등을 고려하여 구조화 시기를 정한다.
5) 지나치게 경직된 구조화는 내담자의 좌절과 저항을 유발할 수 있다.
6) 불필요하고 목적이 없는 규칙은 오히려 내담자의 활동을 억제한다.
7) 내담자의 인지, 정서, 행동적 특성을 고려해야 한다.
8) 상담관계를 원활하게 하는 것이 목적이며 치료적 효과가 있는 것은 아니다.
9) 상담의 초기단계에서 한 번으로 끝나는 것이 아니라 지속적으로 반복해서 상담 전 과정에서 상담을 재구조화해 나간다.

❷ 키치너(Kitchener)가 제시한 상담의 윤리 원칙

암기법 키치너(Kitchener) 5가지 = 충무공 / 자선

(1) 자율성 존중(respect for autonomy) : 내담자가 자신의 행동을 스스로 선택할 권리 보장

위법 행위를 하거나 타인에게 해를 끼치지 않은 한 내담자의 자율적 선택과 행동을 최대한 존중해 주어야 한다.

(2) 선의(자선, beneficence) : 타인을 위해 선한 일을 해야 함

상담자는 내담자의 정신건강과 복지(복리)를 위해 노력하고 진정으로 도움을 줄 수 있어야 한다.

(3) 무해성(무피해성, non-malevolence) : 내담자에게 해(害)가 되는 행동 금지

상담자가 내담자에게 피해를 주지 않아야 한다.

(4) 공정성(정의, justice) : 성별, 성 지향성, 인종, 지위에 상관없이 내담자를 동등하게 대함

인종, 성별, 종교, 장애 등을 이유로 내담자를 차별하지 말아야 한다.

(5) 충실성(성실성, fidelity) : 내담자와의 약속을 준행하며, 신뢰로운 행동을 해야 함

상담자가 내담자와의 신뢰성을 바탕으로 성실하게 상담관계를 유지해야 되며, 이때 상담자는 자신의 이익보다 내담자의 이익을 우선해야 하고, 내담자와의 약속을 충실히 이행하여야 한다.

직상 기출

레벤슨(Levenson)이 제시한 직업상담사의 반윤리적 행동

1) 반윤리적 행동은 여러 형태가 있는데 레벤슨(Levenson)과 스완슨(Swanson)은 가장 일반적인 반윤리적 행동을 제시하였다.
2) 즉, 비밀누설, 자신의 전문적 능력 초월, 태만함, 자신이 갖지 않은 전문성의 주장, 내담자에게 자신의 가치를 속이기, 내담자에게 의존성을 심기, 내담자와의 성적 행위, 이해갈등, 과중한 요금, 의심스러운 계약, 부당한 광고 등이다.

제5절 전략 수립

❶ 직업상담 개입 전략

직업적 문제에 대한 접근은 정확한 진단이 중요하며, 이를 위해 직업상담이론과 직업정보에 기초한 상담목표 설정과 상담전략의 수립이 필요하다.

(1) 직업상담 목표 달성의 주요 요소[28)]

① **상담자와 내담자의 촉진적 관계 형성**

내담자의 욕구와 상담자의 진정성을 바탕으로 긍정적이고 생산적인 관계를 형성하는 것이 상담목표를 달성하도록 하는 데 중요한 요소이다.

② **직업정보 및 직업상담 또는 직업발달이론에 기초한 내담자의 특성 및 문제 진단**

내담자의 다양한 정보를 수집 · 분석하고 심리검사 도구를 활용하는 등 객관적 자료를 근거로 하여 내담자의 특성 및 직업논점이 무엇인지 명확하게 밝히는 것은 상담목표 달성을 위한 기본적 전제이다.

③ **공식적 직업상담이론에 기초한 상담목표 설정 및 전략 수립**

내담자의 논점에 대해 공식적인 직업상담 이론과 모형에 따라 가설을 세우고, 상담목표와 전략을 설계하는 것은 상담이 전문적인 과정임을 공식화하고 그 과정을 통해 상담목표를 달성하도록 하는 데 중요하다.

상담목표 설정 시 고려해야 할 사항

1) 상담목표는 구체적이어야 한다.
2) 상담목표는 실현 가능해야 한다.
3) 상담목표는 내담자가 원하고 바라는 것이어야 한다.
4) 상담목표는 상담자의 기술과 양립 가능한 것이어야 한다.

직업상담 문제 진단에 따른 상담전략 사례 : 특성 - 요인 이론적 접근

1) 불확실한 선택

내담자가 직업을 선택했으나 자신의 결정에 의심을 나타냄, 섣부른 선택, 교육수준의 부족, 자기 이해의 부족, 직업세계에 대한 이해 부족, 실패에 대한 두려움 등

→ **상담전략 : 직접 체험을 권장**

2) 현명하지 못한 선택

내담자의 능력과 직업요구 간의 불일치, 목표와 맞지 않는 적성, 흥미와 관계없는 목표, 직업적응을 어렵게 하는 성격, 부모 · 타인의 압력에 따른 선택, 특권에 대한 갈망 등

→ **상담전략 : 선택을 취소, 다른 대안 제시, 흥미검사와 직업정보를 사용하여 내담자의 사고 확대**

28) 출처 : NCS학습모듈_직업상담 초기면담_LM0702010152_20v3, 재인용

3) 진로 무선택
진로를 선택하지 못하고, 자신이 무엇을 원하는지 모른다고 진술하는 경우 등
→ 상담전략 : 직접적인 충고, 흥미검사와 직업정보의 사용

4) 흥미와 적성의 불일치
흥미 있는 직업에 적성이 낮은 경우, 적성이 있는 직업에 흥미가 낮은 경우, 흥미가 있는 직업이 있으나 그 직업을 가질 능력이 부족한 경우 등
→ **상담전략 : 관련 분야 제안, 각 직업의 이해득실 검토**

④ **검증된 상담기법과 모형을 적용한 상담자의 개입**
상담목표를 달성하는 과정에서 내담자의 행동변화를 촉진하는 상담자의 개입방법으로 임상적으로 검증된 상담기법과 모형을 적용하는 것은 매우 중요하다.

(2) 공식적 이론에 기반 한 상담전략 수립

내담자의 문제 또는 문제해결을 방해하는 요인을 사정하고 내담자에 대한 가설을 설정하기 위해 상담자는 비공식적 직업상담 이론보다는 공식적인 직업상담이론에 근거해서 활동해야 한다. 공식적인 직업상담 이론은 이론가들에 의해 만들어진 것으로 공개적인 발표와 토론, 경험적 연구에 의해 지지된 이론이며 실증적 검토를 통해 발전을 이뤄온 것이다. 비공식적 직업상담이론은 인간이 기능하는 방식에 대한 상담자의 내재적 믿음에 근거하며 상담자의 임상적 경험에 의한 믿음, 주관적 판단과 지각, 직관 등의 요소와 관련된다. 여기에서는 수퍼(Super)의 생애진로발달 이론과 관련이 있으며, 상담전략 중 하나인 **진로발달의 상담과 평가모델(C-DAC : Career Development Assessment Counseling) 평가모형**에 대해 기술하고자 한다.

① 내담자가 탐색단계에서 제기되는 문제에 대처하는 것을 도와준다.
② 수퍼(Super)의 진로발달이론에 기초한 진로발달의 상담과 평가모델(C-DAC)에서는 심리검사를 활용하여 객관적 평가와 면담을 통한 주관적 평가를 실시한다.
③ 상담에서 지시적인 기법과 비지시적 기법을 모두 사용한다.
④ 생애역할, 진로발달수준, 직업적 정체성, 생애주제 등을 평가하도록 한다.
⑤ 수퍼(Super)의 진로발달이론에 기초한 진로발달의 상담과 평가모델(C-DAC)은 **① 내담자의 생애구조와 직업적 역할의 중요성 → ② 진로발달의 수준과 대처자원의 평가 → ③ 직업적 정체성에 대한 평가 → ④ 직업적 자아개념과 생애 주제에 대한 평가**의 순서로 진행한다.

암기법 C-DAC = 역대 / 정자 또는 역발 / 정주

제6절 초기면담 종결[29)]

초기면담을 마무리할 시점이 되면, 면담에서 상담자와 내담자가 주고받은 이야기를 정리하여 요약하게 된다. 요약은 그 자체로 하나의 유용한 상담기법이기도 하면서 면담을 자연스럽게 종결할 수 있도록 하는 일련의 절차이기도 하다.

❶ 초기면담의 종결

요약과 과제물 등은 본 면담과 후속 면담을 연결시키기 위한 것이다. 2회 면담에서의 요약은 1회 면담과 2회 면담 모두에 초점을 맞추어야 하며, 세 번째 회기와 연결되어야 한다. 요약은 이전 면담에서의 내용을 다시 생각해 보는 계기가 된다. 과제물 할당은 다음 면담에서 다룰 문제와 관련된 것이어야 한다.

초기면담 종결 시 유의점

1) 내담자와 상담자 간의 역할과 비밀유지에 관해 상호 약속한 동의 내용을 요약한다.
2) 이 요약은 상담자가 할 수도 있고, 내담자가 할 수도 있다.
3) 상담을 진행하면서 필요하다면 과제물을 부여할 수 있다.
4) 상담 시 반드시 지켜야 할 준수 사항을 모두 지킨다.

❷ 초기면담의 요약

초기면담의 요약은 상담자와 내담자가 함께 초기면담이 끝나는 단계에서 상담내용을 정리하는 과정에 따라 수행한다.

(1) 요약의 방법

요약은 이제까지 진행해 온 상담의 종결 부분으로 내담자의 동의가 있어야 한다. 요약은 상담자가 해도 되고 내담자로 하여금 요약해 보도록 권고할 수 있으며, 상담자와 내담자가 함께 수행할 수도 있다.

(2) 요약의 목적

① 상담과정 중 나누었던 대화의 내용에 대해 상담자와 내담자가 상호 간에 제대로 이해했는지 확인하기 위한 목적이 있다.

---

29) 출처 : NCS학습모듈_직업상담 초기면담_LM0702010152_20v3, 수정인용

② 상담을 통해 확인된 정보와 합의된 주요 사항들에 대해 한 번 더 강조하고, 필요한 경우 과제를 제시하기 위한 목적이 있다.

③ 상담이 어디까지 이루어졌는지 진행과정을 명확히 하고, 다음 회기에 대한 계획을 점검하는 데 목적이 있다.

❸ 초기면담의 종결 시 상담자가 스스로에게 던질 수 있는 질문들

상담자는 다음의 질문들을 스스로에게 던짐으로써 초기면담을 정리하고 자신을 점검해볼 수 있다.

(1) 사전 자료를 통해 내린 내담자에 대한 당신의 결론이 얼마나 정확한가? 더 중요한가? 얼마나 많이 잘못되었는가?

(2) 상담에 대한 내담자의 기대와 상담자의 기대는 얼마나 일치하는가? 이러한 차이점을 밝히지 못한다면, 상담에서 내담자들은 어떻게 문제를 일으킬 것인가?

(3) 내담자의 어떤 관심이 부가적 평가를 필요로 하는가? 상담자는 이러한 평가를 수행하기 위해 어떤 계획을 세우고 있는가?

(4) 다음 상담 회기를 어떻게 시작할 것인가?

참고문헌

- 교육부(2013). 심리평가(LM0601011301_13v1). 한국직업능력개발원.
- 국가직무능력표준. 직업상담 진단(LM0702010151_20v3)
- 국가직무능력표준. 직업상담 초기면담(LM0702010152_20v3)
- 김충기 · 김병숙(1997). 『진로상담 기술과 기법』. 현민시스템.
- 김병숙(2005). 『직업심리학 핸드북』. 시그마프레스.
- 김병숙(2009). 『직업상담심리학』. 시그마프레스.
- 김병숙(2007). 『직업심리학』. 시그마프레스.
- 김병숙(2007). 『직업정보론』. 시그마프레스.
- 김병숙(2007). 『직업심리학』. 박문각.
- 김병숙 외(2008). 『인간과 직업 Ⅰ』. 시그마프레스.
- 김병숙 · 이준일(2014). 「우유부단형 내담자의 홀랜드 6각형 모형 일관성 및 계측성 사례연구」. 『한국산학기술학회 논문집』. 15(2). 한국산학기술학회.
- 김병숙 · 김소영 · 박선주(2008). 「청년 장기 실업자의 증상 중심 대응전략 결과 분석」. 『진로교육연구』. 20(3). 한국진로교육학회. pp. 139-147.
- 김병숙 · 김수정 · 김보인(2009). 「직업카드 분류결과와 홀랜드 코드 간의 분석」. 진로교육연구. 22(2). 한국진로교육학회. pp. 63-78.
- 김병숙 · 김수정 · 김민정(2011). “직업카드 분류의 주제어에 나타난 대학생의 선호직업 특성분석”. 진로 교육 연구, 제24권 제1호, 한국진로교육학회.
- 김형준(2024). 2025 SEEPASS 직업상담심리학개론. 메가스터디교육.
- 김형준 외(2024). 2024 직업상담사2급 이론서. 나눔book.
- 김형준 외(2024). 2024 청소년상담사2급 이론서. 나눔book.
- 김형준 외(2024). 2024 청소년상담사3급 이론서. 나눔book.
- 이우경 · 이원혜(2012). 『심리평가의 최신 흐름』. 학지사.
- 한국직업상담협회(2019). 직업카드 심리검사 상담 및 프로그램 진행자 자격 교육.

직 업 상 담 사 2 급 이 론 서

2 과목

직 업 상 담 사 2 급 이 론 서

직업상담 및 취업지원

직업상담의 이론

제1절 기초 상담이론의 종류

(1) 아들러(A. Adler)의 개인주의 상담이론[1)]

① 아들러의 개인심리이론의 개념과 특성

㉠ 인간이 성적 만족보다 우월감을 추구하며 우월감은 타인에 대한 열등감에서 비롯되었다.

㉡ 잘못된 생활양식을 긍정적인 관점으로 변화시키고 사회적 관심을 발달시키면서 보다 나은 생활양식을 제시하고 연구 · 개발할 것을 강조하고 있다.

㉢ 가족 구성원의 생활양식과 가족구조, 출생서열 등에 관심을 쏟았다.

실력다지기

아들러가 제시한 3가지 평생과제 1차

아들러는 세계와 개인의 관계를 일, 사회(사회적 관계, 가족관계), 성(우정)을 세 가지 평생과제로 구분하고 이 세 가지는 뒤얽혀 있어 분리될 수 없는 것으로, 하나가 변하면 다른 것도 변한다고 하였다. 또한 아들러의 5가지 평생과제는 위의 3가지와 '자신에 대한 감정', '정신적인 영역(생의 목표 등)'이 있다.

② 주요개념

㉠ 생활양식(Life Style) : 인생목표 뿐 아니라 자아개념, 타인에 대한 감정, 세상에 대한 태도 등 스스로 설계한 한 개인의 독특한 특징으로 유형으로는 지배형, 기생형, 회피형, 사회적 유용형이 있다.

아들러의 생활양식 유형 2차

아들러는 사회적 관심과 활동수준에 따른 생활양식을 네 가지, 즉 지배형(the ruling type), 기생형(the getting type), 회피형(the avoiding type), 사회적 유용형(the socially useful type)으로 설명하였다. 지배형, 기생형, 회피형은 바람직하지 않은 유형으로, 사회적 관심이 부족하다는 공통점이 있으나 활동수준에는 차이가 있다. 사회적 유용형은 바람직한 유형으로 사회적 관심과 아울러 활동수준도 높다. 아들러는 이러한 생활유형은 가정에서 어린 시절에 부모의 영향 하에서 주로 형성된다고 보았다.

1) 지배형

부모가 지배하고 통제하는 독재형으로 자녀를 양육할 때 나타나는 생활양식이다. 우리 사회가 오랫동안 가부장적 가족문화, 유교문화로 권위를 중시한 문화였기 때문에 아직도 아버지가 가정에서 힘을

---

1) 아들러(Adler)의 개인주의적 상담에서 인간의 모든 행동은 사회적 맥락에서 일어난다고 보아 사회적 관계를 중시하였다. 인간의 전체성과 주관성을 인본주의적 측면에서 강조하였으며, 인간은 끊임없는 변화 · 발전 · 자기창조를 통하여 자기완성을 추구한다고 보았다. 열등감과 그릇된 생활양식의 발달 과정에 대한 이해를 통하여 잘못된 생활목표를 변화시켜 새로운 생활양식을 형성하고 사회적 관심을 가지게 하는 것을 상담의 목표로 삼았다.

행사하는 경우가 많다. 부모가 막무가내로 힘을 통해 자녀를 지배하고 통제할 때 자녀의 생활양식은 지배형으로 형성된다.

2) 기생형
기생형은 지나치게 과잉보호할 때 나타나는 태도이다. 부모가 자식사랑이란 미명 아래 자녀를 지나치게 보호하여 독립심을 길러주지 못할 때 생기는 생활태도이다.

3) 회피형
회피형의 생활양식을 가진 사람은 매사에 소극적이며 부정적인 특징을 가진다. 이러한 생활양식을 가진 사람은 자신감이 없기 때문에 적극적으로 직면하는 것을 피한다.

4) 사회적 유용형
사회적 유용형의 생활양식은 높은 사회적 관심과 활동수준을 가지고 있다. 이들은 사회적인 관심이 많아서 자신과 타인의 욕구를 동시에 충족시키는 한편, 인생과업을 완수하기 위해 기꺼이 다른 사람들과 협동한다. 이들은 또 사회문제를 해결하기 위해서는 협동, 개인적인 용기 그리고 타인의 안녕에 공헌하려는 의지가 필수적임을 인식하고 있다.

㉡ 열등감과 보상(Inferiority and Compensation)

ⓐ 열등감

㉮ 개인이 잘 적응하지 못하거나 해결할 수 없는 문제에 직면했을 때 생기는 것이다.

㉯ 모든 인간으로 하여금 무엇인가를 추구할 수 있게 하는 동기이다.

㉰ 열등감은 누구에게나 있고, 인간이 성숙해지고 자신의 잠재력을 실현하는 데 필요한 것이다.

㉱ 아들러는 열등감 콤플렉스, 즉 생활양식을 왜곡할 수 있는 세 가지 원인으로 신체적으로 병약하거나 허약한 아동, 응석받이, 거부당하는 아동을 제시하였다.

ⓑ 보상 : 잠재력을 발휘하도록 인간을 자극하는 건전한 반응, 즉 열등감에서 우월감을 갖도록 어떤 것을 유발하는 건전한 반응이 바로 보상이다.

㉢ 인간관 : 총체적 · 사회적 · 목표지향적인 인간관
인간관에서 과거의 어떤 경험에 너무 치우치지 않았다는 것과 인간이 가지고 있는 능력을 강조했다는 것, 또한 열등감을 어떤 보상활동을 통해서 우월감으로 바꾸는 것, 어떤 환경이나 유전에 의한 영향보다 인간이 가지고 있는 능력을 더욱 강조하였다.

㉣ 사회적 관심

ⓐ 각 개인이 이상적인 공동사회의 목표를 달성하고자 할 때 사회에 공헌하려는 성향을 의미한다.

ⓑ 가족관계와 경험에서 발달하고, 어머니가 가장 큰 영향을 미친다.

㉤ 자아의 창조적인 힘 : 자아의 창조적인 힘은 생의 의미를 제공하는 원리로 작용하면서 풍요롭게 만들며 자신의 인생목표와 이를 추구하는 방법을 결정하고 사회적 관심의 발달에 영향을 미친다.

ⓗ 우월성 추구 · 우월을 향한 노력(will to power)

ⓐ 열등감을 보상하려는 욕구에서 출발한다.

ⓑ 인간생활의 궁극적 목적은 우월하게 되는 것이다.

ⓒ 우월성 추구는 삶의 기초적인 사실로 모든 인간이 문제에 직면하였을 때 부족한 것은 보완하며 낮은 것은 향상시키고, 무능한 것은 유능한 것으로 만드는 경향성을 의미한다.

ⓢ 가족구조 · 출생순위에 따른 성격 형성 : 아들러는 가족구조와 출생순위가 생활양식 형성에 중요하다는 것을 강조하였다.

출생순위	성격의 특징
첫째 아이	부모의 사랑과 관심을 받는다. 둘째 아이가 태어나면 '폐위된 왕'이 된다. 첫째 아이는 권위의 중요성을 동생보다 더 잘 이해한다.
중간 아이	둘째 아이의 가장 큰 특성은 '경쟁'이다. 아들러는 이들이 공통적으로 달리는 꿈을 꾼다고 하였다. 둘째는 태어나면서 첫째와의 경쟁 그리고 막내가 태어나면 막내와의 경쟁적인 관계에 있는 것이 둘째아이 혹은 중간아이이다.
막내 아이	막내는 과잉보호될 가능성이 크며 과잉보호 때문에 막내는 과도하게 의존적이 된다.
독자	독자는 가족 내에서 경쟁할 사람이 없기 때문에, 경쟁자가 될 가능성은 적다. 독자로서 이들은 관심의 중심이 되고 자신의 중요성에 대해 과장된 견해를 갖고 있다.

③ 아들러의 개인주의 상담

㉠ 상담목표

ⓐ 일반적으로 잘못된 목표나 잘못된 가정을 규명하고 탐색하기 위한 계약을 체결하고, 다음에 건설적인 목표를 설정하기 위해 내담자를 재교육한다.

ⓑ 기본목표는 내담자의 사회적 관심, 즉 잘못된 사회적 가치를 바꾸는 것이다.

ⓒ 행동수정보다는 동기수정에 관심을 가지며 기본적인 삶의 전제들, 즉 생의 목표에 도전하려 한다.

참고

개인주의 상담의 목표 2차

1) 일반적으로 잘못된 목표나 잘못된 가정을 규명하고 탐색하기 위한 계약을 체결하고, 다음에 건설적인 목표를 설정하기 위해 내담자를 재교육한다. 즉, 개인으로 하여금 자신에 대한 왜곡된 개념을 바꾸도록 돕는 것이라고 할 수 있다.
2) 기본목표는 내담자의 사회적 관심, 즉 잘못된 사회적 가치를 바꾸는 것이다. 내담자로 하여금 사회적 상호작용을 통하여 자기 안에 존재하는 사회적 관심을 재개발해서 우월감을 추구하는, 창조적이고 긍정적이며 목표 지향적인 사람이 되도록 돕는 것이다.
3) 행동수정보다는 동기수정에 관심을 가지며 기본적인 삶의 전제들, 즉 생의 목표에 도전하려 한다. 행동 패턴을 바꾸고 증상을 제거하는 일보다는 인생목적, 자아 개념, 사고방식 등을 바꾸는 데 주된 관심이 있다.
4) 내담자가 자신의 열등감 콤플렉스와 생활양식의 발달과정을 이해하고 이것이 현재 그의 생활 과제들을 해결하는 데 어떻게 영향을 미치고 있는지를 이해하도록 하여 그의 생활목표와 생활양식을 재구성하도록 도와주는 것이다.
5) 내담자로 하여금 부정적인 자기평가, 즉 열등감을 감소하도록 돕는 것이다.
6) 내담자로 하여금 자기의 잘못된 지각을 교정하고 동시에 새로운 생의 목적을 갖도록 생활양식을 바꾸는 것을 조력한다.

㉡ 상담 과정 4단계 1차 2차

ⓐ 치료관계 형성(1단계)

㉮ 내담자의 삶에 책임감을 느끼도록 협동관계를 수립한다.

㉯ 격려와 지지를 통해 강점을 자각하도록 돕는다.

㉰ 내담자의 주관적 경험과 욕구를 중심으로 상담을 진행한다.

㉱ 초기국면의 기법들 : 능동적 참여 유도, 경청, 내담자의 변화능력에 대한 기대와 믿음 표현, 목표의 확인과 구체화, 공감 등

ⓑ 개인역동성 탐색(2단계)

내담자의 목표는 자신의 생활양식을 이해하고, 그것이 현재 생활의 모든 문제에서 어떻게 기능하는지를 이해하는 것이다.

㉮ 가족 내에서의 개인의 위치 탐색

㉯ 초기기억(어린 시절의 회상)은 내담자가 구체적으로 명확하게 기억할 수 있는 것들에 한하며 아들러 학파의 치료자들은 이러한 초기회상을 개인의 생애유형 발달과 개인 생활양식에 대한 중요한 단서로 본다.

초기 기억 1차

1) 아들러학파 심리상담/치료자는 내담자에게 초기기억을 말하게 하는데, 여기에서는 기억이 되는 사건이 일어났을 때의 나이와 사건에 대한 감정이나 생각이 들어있다.
2) 초기기억은 '내담자가 생생하게 기억하는 단일 사건'이다.
3) 아들러는 '우리는 수백만 개의 초기 기억들 중에서 중요 신념이나 기본적 오류들을 투사하는 특정 기억들을 선택한다.'고 했다.
4) 아들러 학파 심리상담/치료자는 이 초기 기억들을 상이한 많은 목적에 사용한다.
5) 여기에는 자기, 타인, 삶, 윤리 등에 대한 내담자의 신념 평가, 심리상담/치료회기와 치료관계에 대한 내담자의 입장 평가, 대처양식의 검증 등이 포함된다.

㉰ 꿈이 현재의 관심이나 기분을 투사한 것으로 보아, 꿈은 문제를 표면으로 가져오기 때문에 치료의 방향을 제시한다.

실력다지기

우선적 과제 1차

내담자의 우선적 욕구를 평가하는 것은 그들의 생활양식을 이해하는 중요한 방법이며 상담자가 내담자의 가장 우선적인 일을 알아내는 방법은 내담자에게 그들의 전형적인 하루 일과를 자세하게 기술하도록 하는 것이다.

우선적인 일을 나타내는 4가지 행동양식(Kefir)

1) 우월적 성격 : 지도성이나 성취를 통해, 자신을 우월하다고 느끼도록 하는 여타의 방법을 통해서 자기 중요감을 추구한다.
2) 통제적 성격 : 조소를 당하거나 무시당하는 상황을 완벽하게 통제하려고 한다.
3) 회피적 성격 : 안락함을 추구하고 문제를 처리하고 결정을 내리는 것을 지연시키는 경향이 있다.
4) 상냥한 성격 : 지속적 수용과 인정을 받으려고 하므로 거부당할 행동은 회피한다. 즉, 남에게 인정받기 위해 힘든 노력을 한다.

ⓒ 통합과 요약(3단계) - 해석

㉮ 개인의 가족 내에서의 위치와 초기회상, 꿈, 우선과제 등에 대한 자료수집 후 각 영역을 분리해서 요약한다.

㉯ 마지막으로 전반적인 생활양식 질문지에 근거해서 자료를 통합, 요약하고 해석한다.

㉰ 요약된 내용은 내담자에게 보여주고 내담자와 토의하며 내담자와 상담자가 같이 구체적으로 수정한다.

㉱ 상담자는 내담자가 자신의 생활양식, 현재의 심리적인 문제, 잘못된 신념 등 기본적 오류를 깨닫도록 해주고 그것이 어떻게 내담자에게 문제가 되는지 해석해 준다.

㉲ 상담자는 내담자의 언행의 불일치, 이상과 현실 간의 불일치 등에 대해 내담자가 직면하여 자신에 대한 통찰을 얻을 수 있도록 해야 하며 해석을 통하여 내담자의 장점을 지적하고 격려해야 한다.

실력다지기

Mosak의 5가지 기본적 오류와 해석의 일반적 지침[2)] 1차

1) Mosak의 5가지 기본적 오류
  (1) 과잉일반화 – "세상에 공정함이란 없다."
  (2) 잘못되었거나 불가능한 목표 – "사랑받으려면 모든 사람을 기쁘게 해야 한다."
  (3) 삶과 삶의 요구에 대한 잘못된 지각 – "나의 생활은 너무 힘들다."
  (4) 자신의 기본적 가치 부정 – "나는 근본적으로 멍청하다."
  (5) 잘못된 가치 – "누가 상처를 받든지 말든지 개의치 말고 일등이 돼라."

2) 해석의 일반적인 지침
  (1) 행동의 목표를 추구하되 단정적인 해석은 피하라.
  (2) 한번 내린 해석이라도 가다듬을 필요가 있다.
  (3) 상담자의 해석이 부정확할 수도 있고 내담자가 그것을 받아들이지 않을 수도 있는 권리가 있다는 것을 알아야 한다.
  (4) 내담자가 보이는 여기 – 지금(here and now)의 행동과 감정을 의식하고 있어야 한다.
  (5) 내담자의 장점을 말해주고 격려로 상담을 진행한다.
  (6) 상담자는 신비스러운 분석가의 분위기를 피해야 한다.

ⓓ 재교육(4단계)

㉮ 해석을 통해 획득된 내담자의 통찰이 실제 행동으로 전환되는 단계

㉯ 내담자는 과거의 잘못된 신념, 행동, 태도를 버리고 새로운 생활양식을 갖고 사회적 관심을 갖도록 원조된다.

㉰ 상담자는 내담자에게 사회적 접촉을 시범으로 보여주고 내담자가 이를 다른 사람에게도 실시해 보도록 격려한다.

---

2) 출처 : http://cyberedu.seonam.ac.kr

㉢ 상담의 기술

ⓐ 일반적 상담기술 : 관심 기울이기, 경청하기, 공감, 구체성, 진실성, 자기 노출, 바꾸어 말하기, 직면, 해석, 즉시성

ⓑ 격려하기 : 불행, 우울, 분노, 불안의 심리 상태에 있는 사람은 성장할 수 있고 보다 자기 충족적인 방향으로 모험을 감행할 수 있는 내적 자원(resource) 개발 촉진과 긍정적인 방향으로 나아갈 수 있는 용기를 북돋아 주는 것이다.

ⓒ 행동적 기술 : 역할 연기(role playing), 빈 의자 기법[3]

ⓓ 시범 보이기 : 상담자는 내담자가 모방하려고 하는 가치를 행동으로 보여주어야 한다.

ⓔ 가상행동 : 내담자가 바라는 행동을 실제 장면이 아닌 가상 장면에서 '마치 ~인 것처럼' 해 보게 하는 것이다.

ⓕ 역설적 의도 : 바라지 않거나 바꾸고 싶은 행동을 의도적으로 반복 실시하게 함으로써 역설적으로 그 행동을 제거하거나 벗어날 수 있게 하는 행동이다.

직상 기출

상담기술 중에서 역설적 의도 2차

1) 역설적 의도는 문제를 일으킬 수 있는 상황을 오히려 조장하는 것이다.
2) 즉, 강박증이나 공포증을 가지고 있는 사람들의 예기불안(anticipatory anxiety)을 다루기 위하여 자기가 두려워하는 그 일을 일부러 하도록 격려하는 상담 기법이다.
3) 개인주의 상담과 현실치료에서 사용하는 기법으로, 상담은 자신의 상황, 행동, 감정에 대한 책임은 전적으로 자신에게 있다는 가정 하에 다른 사람이나 환경을 탓하지 말고, 자신이 통제할 수 있는 일에 에너지를 쏟는 것에 중점을 둔다.
4) 내담자 스스로 통제가 가능하다는 것을 인식하지 못할 때 역설적 기법을 사용하여 자신의 행동과 문제를 새로운 시각에서 바라볼 수 있는 기회를 제공하여 행동변화를 촉진시킬 수 있다.
5) 예를 들어, 잠을 못 잔다는 내담자에게 잠을 자지 말라고 하는 경우, 내담자는 딜레마에 빠지게 되며 결국 '잠을 자지 않는 것도 나의 선택에 의한 것이구나!'라는 것을 깨닫게 해준다.

ⓖ 상상하기(creating images) : 바람직한 자신의 모습을 상상함으로써 실제로 그렇게 되도록 하는 방법이다.

심화학습

개인주의 상담의 상담기법 정리 1차 2차

개인심리학에서는 내담자에게 스스로 변화할 수 있는 능력이 있다고 믿기 때문에 그러한 믿음을 그에게 보여줄 수 있는 상담 기법을 사용한다.

1) 일반적 상담기술
관심 기울이기, 경청하기, 공감, 구체성, 진실성, 자기노출, 바꾸어 말하기, 맞닥뜨림, 해석, 즉시성(상담 중에 나타나는 것이 일상생활에서 생기는 것의 표본이라는 사실을 내담자가 깨닫도록 돕는 것)

3) 빈 의자에 자신이 생각하고 있는 사람이 앉아있다고 생각하고 이야기하는 기법이다.

2) 언어적 기술
   개인심리학에서는 충고를 사용하되, 내담자의 의존성을 부추기지 않도록 해야 하며 내담자의 자기 지도력과 자립 능력을 격려하도록 충고해야 한다.

3) 격려하기
   불행, 우울, 분노, 불안의 심리 상태에 있는 사람은, 성장할 수 있고 보다 자기 충족적인 방향으로 모험을 감행할 수 있는 스스로의 능력에 대한 신뢰가 없기 때문이라고 생각한다. 따라서 이런 사람들의 내적 자원(resource)의 개발을 촉진하고 긍정적인 방향으로 나아갈 수 있는 용기를 북돋아 주는 것이 필요하다.

4) 행동적 기술
   역할 연기(role playing), 빈 의자 기법

5) 시범 보이기
   (1) 상담자는 내담자가 모방하려고 하는 가치를 행동으로 나타내 보여야 한다.
   (2) 상담자는 내담자에 대해 사회적 관심의 대표자로서, 그리고 진실한 인간, 실수할 수 있는 보통의 인간으로서의 역할을 보여주어야 한다.
   (3) 상담자는 내담자가 모방하려 할 가치를 행동으로 나타내 보여야 한다.

6) 가상행동
   내담자가 바라는 행동을 실제 장면이 아닌 가상장면에서 '마치 ~인 것처럼(as if)' 해 보게 하는 것이다.

7) <u>역설적 의도</u>
   (1) 바라지 않거나 바꾸고 싶은 행동을 의도적으로 반복 실시하게 함으로써 역설적으로 그 행동을 제거하거나 벗어날 수 있게 하는 기술이다. – Victor Frankl
   (2) 내담자가 두려워하는 행동이나 사고를 의도적으로 과장하여 하도록 하는 기법이다.
   (3) 내담자로 하여금 이러한 행동이 얼마나 어리석은가를 명확하게 인식하도록 함으로써 만족스러운 생활양식으로 유도하게 되면 내담자는 그 행동을 변화시키거나 포기하게 될 것이다.

8) 상상하기(creating images)
   바람직한 자신의 모습을 상상함으로써 실제로 그렇게 되도록 하는 방법이다.

9) <u>초인종 누르기(단추 누르기, push button technique)</u>
   (1) 자신이 원하는 정서를 스스로 만들 수 있다는 사실을 알게 된다.
   (2) 단추 누르기 기법은 내담자가 유쾌한 경험과 유쾌하지 않은 경험을 번갈아 가면서 생각하도록 하고 각 경험과 관련된 감정에 관심을 가지도록 하는 것이다.
   (3) 이 기법의 목적은 내담자에게 그들이 무엇을 생각할지를 결정하여 자신이 원하는 감정은 무엇이든지 만들어 낼 수 있다는 사실을 가르치려는 것이다.
   (4) 단추 누르기 기법을 통해서 아들러 학파는 내담자가 자신의 우울을 선택했으며, 우울은 자기 생각의 산물임을 인식하도록 도와준다.
   (5) 따라서 상담자는 내담자가 겪는 사건에서 우울 단추와 행복 단추 중 선택하도록 자기가 통제할 수 있다고 인식시킨다.

10) <u>끓는 국에 찬물 끼얹기(=스프에 침 뱉기)</u>
   상담자가 내담자의 어떤 행동의 목적과 대가를 인식하게 되면 상담자는 바로 그 행동이 총체적으로 손해되는 행동이라는 사실을 내담자에게 분명하게 보여줌으로써 내담자가 더 이상 손해되는 게임을 하지 못하도록 한다.

11) 자기 간파(자기모습의 파악)
   (1) 내담자가 자기 비난을 하지 않으면서 자기 파괴적 행동 혹은 비합리적 사고를 인식하도록 한다.
   (2) 내담자가 자신의 목표를 이해하고 변화하려고 노력함에 따라, 자신들이 열망하는 변화된 행동을 하기 위해서는 '자기 모습을 있는 그대로 파악해 보는 것'이 필요하다.

12) 이러한 기법 외에도 마이더스 기법(Midas technique), 과제설정과 이행, 악동 피하기, 행동하기, 타인 즐겁게 하기, 스스로 억제하기 등 여러 기법들이 있다.

cf 반대행동하기(=반대로 하기)-게슈탈트 상담
내담자가 보이는 행동은 근저에 있는 억압된 충동의 반대적 표현에 불과하다. 따라서 평소행동과 반대되는 행동을 해 보도록 요구함으로써 내담자가 억압하고 통제해 온 자신의 다른 측면을 접촉하고 통합할 수 있도록 도와 줄 수 있다. 평소에는 억압하고 차단해 왔던 자신의 측면들을 다시 사용해 봄으로써, 그 부분들을 다시 활성화시킬 수 있다.

(2) 내담자 중심 상담(Carl Rogers) 1차 2차

① 개요

㉠ 미국의 심리학자인 Carl Rogers[4]에 의해 1940년대에 체계화된 것으로, 당시 개인 치료의 중심 기류였던 지시적이고 정신분석학적인 접근법에 대한 반동으로 생겨난 것이다.

㉡ 비지시적인 이 상담모델은 기존의 정신분석학적이고 지시적인 접근법에서 상담자와 내담자 간의 위계적 관계를 수평적인 관계로 전환시켰다.

㉢ 인간 본성에 대한 인본주의적인 낙관적 관점을 수용하여 상담자가 감정이입적이고 무조건적인 긍정적 관심을 가지고 내담자를 수용하고 진정한 관심을 보이면, 긍정적 변화가 일어난다고 본다.

㉣ 내담자 중심 상담에서는 상담의 기법보다 상담자와 내담자 사이의 관계의 본질이 치료에서 가장 핵심적인 부분으로 간주된다.

㉤ 모든 인간이 자아실현의 욕구를 지녔다고 가정하며 자아실현 욕구는 자신을 유지하거나 향상시키는 방향으로 자신의 모든 능력을 개발하려는 인간의 타고난 성향이다.

㉥ 자기개념과 개인의 경험 간의 불일치라는 것이 자아실현을 향한 유기체적인 힘과 그것들을 의식이나 활동으로 바꿀 수 있는 인간의 능력 사이에서 성장하는 것이라고 보고 개인에게 어떤 다른 조건이 주어지면 이를 극복해 나갈 수 있다고 본다.

㉦ 인간에 대한 긍정적인 시각을 가지고 내담자의 능력에 대한 신뢰를 기반으로 하고 있다.

---

4) 로저스(Rogers)에 의해 1940년대 초에 창시된 인간중심적 상담은 처음에는 종래의 모든 상담방법을 '지시적 상담 또는 비민주적 상담'이라 칭하고, 그에 반대되는 자신의 이론을 '비지시적 상담 혹은 민주적 상담'이라고 불렀다. 그 후 1970년대에 이르기까지 내담자 중심 상담으로 부르다가, 최근에 와서는 인간중심적 상담이라는 말을 더 많이 사용하게 되었다. 지시적 상담은 상담의 과정 중에 진단의 단계가 있을 정도로 심리검사, 기록, 사례사 같은 것들을 중요시한다. 반면에 인간중심적 상담은 내담자가 상담자보다 문제와 문제의 해결 방법을 더 잘 알 수 있다고 보며 진단은 문제 해결에 방해 요소로 작용한다고 보아 배제한다.

ⓞ 내담자에게 해석을 내리는 권위주의적 관계구조에 반대하며 내담자와 상담자와의 인간적인 관계를 중시한다.

ⓩ 이 상담은 내담자의 자기성장을 향한 잠재력이 발현될 수 있는 분위기를 조성하는 데 목적을 두고 있다.

ⓒ 개입방향에 대한 일차적인 책임이 내담자에게 있도록 내담자의 문제에 대해 과거사보다 '지금 – 여기(here and now)'를 강조한다.

ⓚ 내담자 중심 상담이론은 인본주의 이론에 바탕을 두며 기술이나 기법을 중시하지 않기 때문에, 실험에 기초한 귀납적인 접근방법과 실험적 방법을 상담과정에 적용하지 않았다.

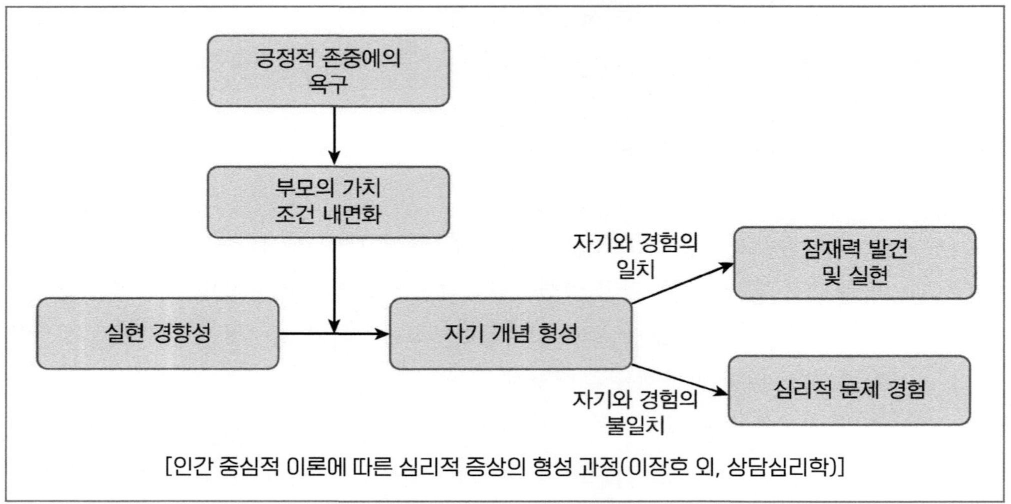

[인간 중심적 이론에 따른 심리적 증상의 형성 과정(이장호 외, 상담심리학)]

② 인간중심 상담에서 상담자의 태도 1차 2차

㉠ 진솔성(congruence) : 상담자가 자신의 내적 경험을 읽고, 그 내적 경험에 솔직하게 따른다. 상담자가 자신의 진실된 반응을 신뢰하고 그러한 감정 또는 반응을 전달하는 능력을 말하며 진실성은 관계 속에서 허위나 방어적인 태도가 없는 참된 존재가 되도록 해준다.

㉡ 공감적 이해(empathetic understanding) : 내담자의 입장에서 내담자가 생각하고 느끼는 것을 이해하고 이러한 이해를 전달하는 상담자의 능력이며 이 과정을 통해 상담자는 내담자가 외부로 표현한 느낌이나 사고뿐만 아니라 내담자가 표현하지 않은 내적 느낌이나 사고까지도 이해한다.

㉢ 무조건적 긍정적 존중(unconditional positive regard, 수용적 존중) : 상담자는 내담자가 표현하는 감정이나 사고의 유형에 관계없이 어떤 경우에서도, 즉 가치의 조건과 관계없이 내담자를 완전하게 인정하게 한다. 즉, 상담자가 내담자를 충분히 수용하며, 내담자에 대한 순수한 관심을 전달하는 것을 의미하며 내담자가 말하고 행동하는 것에 대해 '만약 ~하면'이라는 조건을 달지 않고 내담자에 대해 관심과 보살핌, 호의, 수용, 온정, 존중을 표현하는 것을 의미한다.

직상 기출

수용적 존중(Regard & Acceptance) 1차

상담자가 내담자를 대할 때에 그가 자신의 문제를 스스로 해결할 수 있는 능력을 가지고 있다고 믿지 못한다면 그를 도울 수가 없다. 따라서 내담자의 독특한 개성과 자질을 이해함에 따라 그를 존중하는 마음이 상담자에게 생기게 된다. 내담자가 삶의 여러 측면에서 노력하고 있는 모습을 발견하게 될 때 그를 존중하는 마음이 증가하게 되는 것이다. 효과적으로 관심을 기울이고 내담자의 능력에 대해 믿음을 표현함으로써 상담자는 내담자에 대한 존중을 나타낼 수 있다. 가장 깊은 수준의 수용적 존중은 내담자에게 한 인간으로서의 가치와 자유인으로서의 잠재력에 대해 매우 깊은 긍정적인 존중을 전달하는 수준의 대화이다.

실력다지기

Carl Rogers의 충분히(완전히) 기능하는 사람(fully functioning person)의 특성 1차

자신의 잠재력을 인식하고 능력과 자질을 발휘하여 자신에 대한 완벽한 이해와 경험을 풍부히 하는 방향으로 이동해 나가는 사람

경험에의 개방성	가치의 조건에 아무런 제재를 받지 않는 상태로 자신의 감정과 태도를 자유로이 경험할 수 있다. (↔ 방어적인 삶)
실존적인 삶	경직성, 경험에 대한 의도적인 구조가 없는 삶이다. (↔ 전에 부모로부터 습득한 방식대로 삶)
유기체에 대한 신뢰	가장 만족스런 행동에 도달하는 믿을만한 수단이 자신의 유기체임을 믿는 상태 (↔ 유기체의 불신)
선택에의 자유	삶에 대한 개인적 지배를 즐기며 그것은 일시적인 생각이나 환경, 과거의 사건들에 의해 결정되는 것이 아니라 자기 자신에게 달려있다고 믿는다. (↔ 조작되는 느낌, 자유롭게 선택할 수 없음)
창조성	타인들로부터의 인정에 별 관심이 없기 때문에 자기 자신이 존재하는 모든 영역에서 창의적인 자세와 삶으로 스스로를 표현한다. (↔ 일상적이고 틀에 박힌)

정리

로저스(Rogers)가 제시한 '완전히 기능하는 사람'의 특징

1) 충분히 기능하는 사람은 경험에 개방적이다.
2) 충분히 기능하는 사람은 실존적 삶, 즉 매 순간에 충실한 삶을 영위한다.
3) 충분히 기능하는 사람은 자신의 유기체를 신뢰한다.
4) 충분히 기능하는 사람은 창조적이다.
5) 충분히 기능하는 사람은 제약 혹은 억제 없이 선택의 자유를 가진다.

심화학습

비지시적 상담 규칙

1차

1) 상담자는 내담자와 논쟁(토론)해서는 안 된다.
2) 상담자는 조언이나 훈계를 해서는 안 된다.
3) 상담자는 내담자에게 어떤 종류의 권위도 과시해서는 안 된다.
4) 상담자는 인내심을 가지고, 우호적으로, 그러나 지적으로는 비판적인 태도로 내담자의 말을 경청해야 한다.
5) 상담자는 내담자에게 다음의 경우에만 질문 혹은 발언을 하여야 한다.
   (1) 내담자에게 발언을 시키고자 하는 경우
   (2) 상담자와의 관계에서 느끼는 내담자의 걱정을 풀어주기 위한 경우
   (3) 내담자의 감정이나 생각을 정확하게 이야기 한 것에 대해 내담자를 칭찬하고자 하는 경우
   (4) 무시되어 있는 화제를 다시 소생시키고자 하는 경우
   (5) 막연한 가정에 대해 논의를 할 필요가 있는 경우

직상 기출

내담자 중심 상담에서 기대하는 상담결과

2차

1) 내담자는 더욱 통합되고 경험에 개방적이며 덜 방어적으로 반응한다.
2) 내담자는 더욱 현실적이고 객관적으로 지각한다.
3) 내담자는 더욱 효과적으로 문제해결을 한다.
4) 내담자의 심리적 적응은 향상되어 간다.
5) 내담자의 자기와 경험이 더욱 일치되기 때문에 위협에 상처받을 확률이 감소된다.
6) 2)의 결과로 내담자는 자기의 이상적인 자아를 더욱 더 현실적으로 지각한다.
7) 4)와 5)의 결과로 내담자의 현실의 자기는 이상적인 자기와 더욱 더 일치가 이루어진다.
8) 4)와 7)의 결과로 모든 긴장이 감소된다.
9) 내담자는 평가의 소재와 선택의 소재가 자기 안에 있는 것으로 지각하는데, 내담자는 더욱 자신을 신뢰하게 되고 자기 지향적임을 느끼며 내담자의 가치는 유기체적 가치화과정을 통해서 결정된다.
10) 1)과 2)의 결과로 내담자는 타인을 더욱 더 현실적이고 정확하게 지각한다.
11) 타인들을 지각하는 과정에서 왜곡할 필요가 줄어듦에 따라 내담자는 타인들을 수용하는 것을 경험한다.
12) 내담자의 행동은 다음과 같이 여러 가지로 변한다.
    자기수용 및 소속감의 증가에 따라 자기 것으로 느끼는 행동 비율이 증가하며 자기 행동이 아니라고 느끼는 횟수가 감소하여 행동은 더욱 더 통제 가능 범위 내의 것으로 지각된다.
13) 타인들은 내담자의 행동이 더욱 사회화되고 성숙되었다고 느낀다.
14) 1), 2), 3)의 결과로 내담자의 행동은 더욱 더 창조적이 되고 독특하게 적응을 하며 더욱 충실하게 자기 자신의 목적과 가치를 표현한다.

실력다지기

철학적 가정(로저스 : Rogers)

1차

1) 개인은 가치를 지닌 유일한 존재이다.
2) 개인은 자기 확충을 향한 적극적인 성장력을 지니고 있다.
3) 개인은 근본적으로 선하며, 이성적이고 믿을 수 있는 존재이다.
4) 개인을 알기 위하여 개인의 주관적 생활에 초점을 두어야 한다.
5) 개인은 자신이 결정을 내릴 권리를 가지고 있을 뿐 아니라, 자신의 장래를 선택할 권리도 지니고 있으며 내담자를 가장 잘 돕는 방법은 자기지도를 하게 하는 것이다.
6) 개인은 결정하고, 계획하고, 훌륭한 사람이 되는 데 활용되는 내적자원을 지니고 있다. 굴곡된 지각, 갈등 그리고 문제와 같은 심리적 장애는 이러한 자원의 활용을 방해한다.
7) 상담의 목표는 개인으로 하여금 자기를 수용하고, 심리적 장애를 제거하려는 자기 통찰을 통하여 전인적인 기능을 발휘하도록 하는 것이다.

참고

내담자 중심 상담에서의 3가지 자아

1차

내담자 중심 상담(로저스)에서는 내담자를 3가지 자아 간의 불일치 때문에 불안을 경험하는 사람으로 간주한다. 이때 3가지 자아는 현실적 자아, 타인이 본 자아, 이상적 자아이다. 자아는 자기 자신의 특징이나 능력에 대한 지각으로 구성되며, 자아와 현실 간에 불일치가 이루어지거나 자아에 대한 지각이 이상적 자아와 일치되지 않을 때 심리적 부적응의 원인이 된다. 따라서 상담은 충분히 가능을 발휘할 수 있는 자아실현자가 되도록 하는 것을 목적으로 하게 된다.

실력다지기

상담 절차(로저스의 12단계)

1차

1) 내담자는 도움을 받고자 온 것이다.
   내담자가 자발적으로 온다는 것은 이미 문제해결에 책임 있는 제1보를 내디딘 것으로 간주된다. 이러한 자의가 심리치료에서는 매우 중요하다. 첫 단계에서는 스스로 상담을 받겠다는 결정이 필요하다.
2) 상담이라는 상황을 정의한다.
   상담은 내담자에게 스스로 문제를 해결하도록 도와주는 과정이지만, 문제를 대신 해결해 주는 과정이 아니라는 것을 인식시킨다. 상담 시간을 계획하고 약속하는 것도 내담자의 책임이라는 것을 명백하게 깨닫게 해야 한다.
3) 상담자는 내담자가 문제에 대한 정보를 자유롭게 표현하도록 북돋아 준다.
   내담자가 상담시간에 적개심, 불안, 죄책감 등의 감정을 쏟아놓는 것을 막지 말고 그대로 내버려둠으로써 그로 하여금 상담시간이야말로 진실로 자기의 시간이며 그것을 어떻게 활용하느냐에 따라 성과가 난다는 것을 알게 한다.
4) 상담자는 표출되는 부정적 감정을 받아들이고, 알아주고, 정리하여 준다.
   상담자는 내담자가 표출하는 적개심, 증오, 질투 등의 부정적 감정을 진정으로 받아들여서 내담자가 그것을 자신의 것으로 인정하고 보다 자유롭게 표출하도록 격려하여 준다. 즉, 상담자는 상담과정에서 내담자가 표출하는 감정을 인정, 수용, 명료화하여 주는 것이다.

5) 부정적 감정을 완전히 표현하게 되면 비록 미약하고 잠정적이지만, 인성 성장에 도움이 되는 긍정적 감정과 충동이 일어난다.
이 단계에서 내담자는 성장에의 디딤돌로서 긍정적 감정을 표출하게 되는 것이다.

6) 상담자는 내담자의 부정적 감정을 받아들인 것과 마찬가지로 긍정적 감정도 인정하고 받아들인다.
긍정적 감정을 받아들인다는 것은 진실로 내담자의 마음과 감정을 이해하고 공감하고 받아들여야 하는 것이다.

7) 부정적 감정과 긍정적 감정을 경험하면 자기이해, 자기수용, 자기통찰이 나타난다.
긍정, 부정 모두 자신의 감정세계의 부분이라는 것을 자각할 때 진정한 자기 이해의 토대가 마련되며, 자기통찰이 자연적으로 솟아나게 된다. 이 같은 통찰이 토대가 되어 내담자는 새로운 차원의 통합을 하게 된다.

8) 통찰과 더불어 여러 가지 의사결정을 할 수 있는 길을 선명하게 보게 된다.
상담자는 내담자로 하여금 여러 가지 길을 보다 선명하게 내다보도록 도와주어 앞으로의 진전에 대하여 느끼게 되는 공포나 주저함이 당연한 것으로 인정하여 주어야 한다.

9) 내담자는 점차로 긍정적, 적극적인 행동을 취하게 된다.
처음에는 부분적이나마 긍정적 행동을 하다가 시간이 흐름에 따라 보다 적극적인 행동을 하게 된다. 예컨대, 처음에는 비사교적이고 폐쇄적이던 내담자가 나중에는 사교적이 된다.

10) 더욱 성장을 하게 된다.
긍정적 행동을 취하게 되면 점차로 통찰이 확대, 심화되어 정확한 자기이해를 할 수 있게 된다.

11) 더욱 적극적이고 통합된 행동을 하게 된다.
의사결정을 하는 과정에서 두려움은 점점 적어지며 자기가 시작한 행동에 대해서는 자신을 가지게 된다. 상담자와 내담자 사이의 유대는 더욱 강화된다.

12) 조력의 필요를 덜 느끼게 되고 치료관계를 종결짓겠다는 생각을 하기에 이른다.
이 단계는 상담의 종결시기가 된 것을 알리는 것으로써 내담자는 보다 성숙되고 건강한 분위기 속에서 상담을 끝맺게 된다.

(3) 인지적 – 정서적 상담

인지적 - 정서적 상담은 자기 파괴적, 비합리적인 신념을 줄이고 현실적, 이성적, 생산적, 합리적 삶을 살아가게 도와주는 데 목적이 있으며 상담자와 내담자의 인간적 친밀함이 필수적인 것은 아니며 상담자는 교사와 같은 역할을 한다. 내담자는 자신의 문제에 대한 통찰력을 얻고, 자기패배적인 행동을 변화시키는데 능동적으로 행동해야 한다.

인지적 - 정서적 상담의 대표적인 학자는 알버트 엘리스와 아론 벡이 있다.

① 합리정서행동치료(A. Ellis)

합리적 정서행동치료는 엘리스(A. Ellis)의 의해 고안된 기법이다. 엘리스는 인간의 문제가 외부적인 사건에 의해 만들어지는 것이 아니라 인간의 비합리적인 신념에 의해 발생한다고 하였다.

㉠ 주요 개념 1차

자기 독백 (self-talk)	모든 정서적 문제의 주요 원인이 그 상황에 대해 스스로 말하는 자기독백(self-talk)에 달려 있다고 전제하고 자기독백이라는 자체가 비합리적인 신념에 의해서 이루어졌을 때 문제가 될 수 있다.
합리적 신념	합리적 신념은 행동을 합리적이고 효과적으로 통제하는 것으로 다른 사람과의 불필요한 갈등을 피하고, 편안한 감정을 느낄 수 있도록 하는 신념이다.
비합리적 신념 (절대적 사고, 당위적 사고)	안정된 삶을 방해하고 정서적 · 사회적 문제를 야기하는 비합리적 요소이다. 예 항상 남으로부터 사랑과 인정을 받아야 하고 자신은 언제나 성공적이어야 한다는 당위적 사고. 당위적 사고는 must의 개념으로 "~해야 한다." 또는 "반드시 당신은 무엇을 해야 해 너는 무엇을 해야 해"라는 개념이다. • 비합리적 신념의 뿌리인 당위성 3가지 2차 <u>비합리적 신념의 뿌리인 당위성 3가지는 자신, 타인, 세계(세상)에 대한 Must(당위성)을 들 수 있다</u>. 즉, 자신에 대한 당위성, 타인에 대한 당위성, 세계(상황, 조건)에 대한 당위성으로 말한다. 이를 사례로 제시하면 다음과 같다. 1) 자신에 대한 당위성 사례 나는 항상 성공의 길로만 걸어가야 한다. 2) 타인에 대한 당위성 사례 부모나 나에게 중요한 타인은 나의 성공에 대해 반드시 도움이 되어야만 한다. 3) 세계(상황, 조건)에 대한 당위성 사례 모든 상황은 나의 성공을 위해 항상 바람직하고 좋아야만 한다. • 립타크(Liptak)가 제시한 자발적 실직을 경험한 내담자들에게서 나타나는 5가지 비합리적 신념 2차 1) 직업을 구하기 위해 완전한 직업탐구가 이루어져야 한다는 신념 2) 직업탐구가 더 이상 필요로 하지 않을 것이기 때문에 직업 탐색 기법을 습득할 필요가 없다는 신념 3) 진로상담자는 전문가이기 때문에 내담자에게 직업을 찾아 줄 것이라는 신념 4) 면접 후 거절당하는 것은 재앙과도 같다는 신념 5) 직업탐색과정에 대하여 신경을 써야만 하고 몰두해야만 한다는 신념
성격형성	인간은 어떤 사건이 일어나면 자동적으로 익숙한 자기독백(self-talk)을 보이게 되고 이것이 반복되면서 태도, 가치, 신념을 형성하게 되어 자아개념에 영향을 주고 전반적인 감정과 행동을 결정하게 되는 것이다.

㉡ 상담의 방법 1차

치료는 내담자가 비합리적이고 부적절한 자기독백(self-talk)을 인식하게 하고 보다 합리적이고 긍정적인 자기독백(self-talk)으로 대체하도록 돕는 것이다. 즉, 비합리적인 신념을 합리적인 신념으로, 그리고 부정적인 self-talk를 긍정적인 self-talk로 바꾸어주는 것이다. <u>즉, 내담자의 부정적인 자기패배적 사고 대신에 긍정적인 자기 진보적 사고를 갖도록 교수하는 체계적인 기법인 인지적 재구조화를 목적으로 한다</u>.

㉢ 상담기법에는 교수, 독서, 과제 등의 다양한 방법이 있는데, 크게 인지적 기법, 정서적 기법, 행동적 기법이 있다.

ⓐ 인지적 기법은 내담자에게, 비합리적 신념에서 정서적 장애가 야기됨을 가르치고, 내담자의 비합리적 사고가 비합리적인 이유와 근거를 교육하고 비합리적 사고를 논의하여 합리적 사고로 대치시켜 정신건강을 유지할 수 있도록 철학적 교육을 하는 방법이다.

ⓑ 정서적 기법은 내담자가 스스로를 정직하게 표현하도록 하고 자신의 부정적 경험을 인정하며 정서적 모험을 경험하게 하여 정서적으로 개방되도록 조력한다.

ⓒ 행동적 기법은 다양한 행동기법을 활용하여 실제 생활 속에서 인지적, 행동적 과제를 이행하도록 하여 구체적이고 확고한 행동을 형성하도록 한다.

ⓓ Ellis의 ABCDE모형

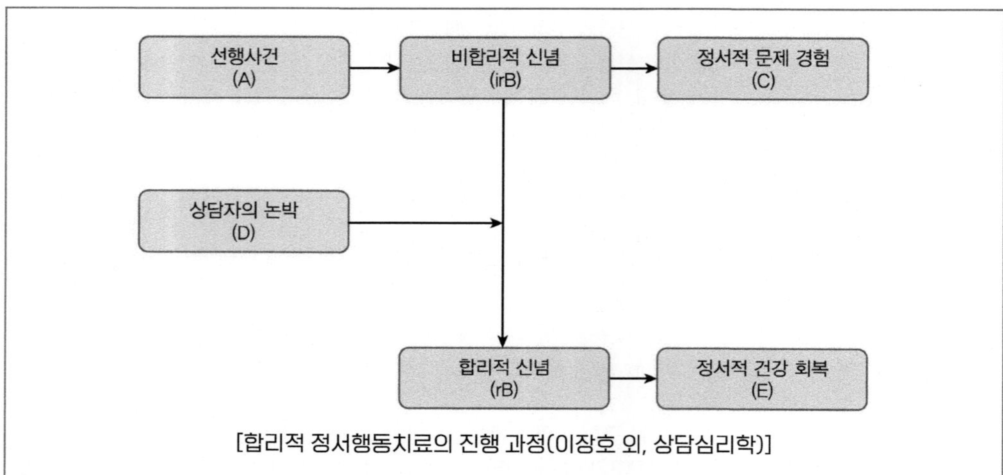

[합리적 정서행동치료의 진행 과정(이장호 외, 상담심리학)]

직상 기출

엘리스(Ellis)의 REBT기법에서 ABCDEF에 대한 설명

1) A(Activating event) : 내담자가 경험했던 선행사건
2) B(Beliefs) : 선행사건에 대한 내담자의 합리적 또는 비합리적 신념
3) C(Consequences) : A라는 선행사건에 대해 B라는 내담자의 신념이 작용하여 발생한 정서적인 결과
4) D(Dispute) : 비합리적 신념에 대한 상담자의 논박
5) E(Effect) : 논박에 대한 효과
6) F(Feeling) : 새로운 긍정적 감정

실력다지기

스트레스 접종기법

1) 인지행동상담에서의 상담기술은 사고 재구성 방법과 행동변화 기법을 결합해서 내담자들의 사고와 감정의 변화를 이끌어 내고자 하는 것으로 인지적 재구성, 인지행동 수정, 스트레스 접종 등이 있다.
2) 스트레스 접종 기법은 자기대화(self-talk), 이완훈련, 심호흡 연습, 재구조화 연습으로 이루어지는데, 예상되는 신체적, 정신적 긴장을 약화시켜 내담자가 충분히 자신의 문제를 다룰 수 있도록 준비시키는 기법이다.

② **인지치료(A. Beck)**

인지치료는 개인이 가지고 있는 자신과 세계에 대한 지각이 정서적 · 행동적 문제를 초래한다는 전제 하에 인지적 왜곡을 수정하여 정서, 행동상의 문제를 해결하고자 하는 매우 적극적이고, 직접적이며, 시간 제한적이고, 구조화된 접근방법이다. 사람들이 필요로 하는 바를 충족시키지 못하면 상호동의나 민주적 절차를 통해 변경시킬 수 있다고 본다.

㉠ 주요 개념

ⓐ 자동적 사고 : 인간이 어떤 상황에 대해 내리는 즉흥적이고 자발적인 평가이며, 자동적으로 그 상황에서 떠오르는 생각이다. – 부정적일 때 문제가 된다.

ⓑ 도식 : 자신의 인지구조에 따라 특정 자극에만 선택적으로 주의를 기울여 반응하게 되는 인지구조이다.

ⓒ 인지적 오류 · 왜곡 1차 2차 암기법 이극과 임개선

사람들에게 나타나는 다양한 인지적 왜곡의 유형에는 자의적 추론(arbitrary inference), 선택적 추상(selective abstraction), 과잉 일반화(over – generalitation), 극대화(magnification) 혹은 극소화(minimization), 개인화(personalization), 이분법적 사고(dichotomous thinking), 정서적 추론(emotional reasoning), 긍정 격하(disqualifying the positive), 파국화(catastrophizing), 명명(labelling) 혹은 잘못된 명명(mislabelling) 등이 있다.

㉮ 자의적(임의적) 추론(arbitrary inference)

어떤 결론을 내리기에는 증거가 없거나 그 증거가 결론에 위배되는데도 그러한 결론을 내리는 것을 의미한다. 편지에 대한 답장이 없다고 자신이 배척당하고 있다고 결론짓는 사람이 이에 해당된다.

㉯ 선택적 추상(selective abstraction)

정신적 여과(mental filtering)라고도 불리며, 어떠한 상황에서 부정적인 측면들에 초점을 맞추고 그들만을 강조하여 전체 상황을 부정적으로 몰고 가는 것을 의미한다. 즉, 사건의 일부 세부사항만을 기초로 결론을 내리고, 전체 맥락 중의 중요한 부분을 간과하는 것이다. 필기시험에서는 95점을 받고, 면접에서는 최하위점수를 받은 학생이 '임용시험을 망쳤다'고 하는 경우이다.

㉰ 과잉 일반화(over generalitation)

한두 개의 고립된 사건에 근거해서 일반적인 결론을 내리고 그것을 서로 관계없는 상황에 적용하는 것을 의미한다. 평소 자신을 배려하고 도와주던 배우자가 어느 때 한번 배려하지 않았다고 자신에게 무심하다는 결론을 내리는 경우이다. 성적(性的) 피해자가 '나는 한 남자에 의해 학대당했다. 이것은 모든 남자가 학대한 것이고, 그들을 믿을 수 없다'라고 하는 경우이다.

㉣ 극대화(과대평가) 혹은 극소화(과소평가)(magnification and minimization)

한 개인이나 경험이 가진 특성의 한 측면을 그것이 실제로 가진 중요성과 무관하게 과소평가하거나 과대평가하는 경우이다. 이처럼 불완전한 점들을 극대화하거나 좋은 점들을 극소화하기 때문에 환자는 자신이 부적절하며 타인들보다 열등하다고 생각하고 우울하다고 느끼게 된다.

㉤ 이분법적 사고(절대적 사고, dichotomous thinking, absolutistic)

모든 경험을 한두 개의 범주로만 이해하고, 흑백논리로 현실을 파악하는 것이나 완벽주의가 이에 해당된다. 완벽하지 않으면 모든 것이 잘못되었다고 생각하거나, 순수하지 않은 것은 곧 더러운 것이라고 생각하는 경우이다.

㉥ 긍정 격하(disqualifying the positive)

자신의 긍정적인 경험을 격하시켜 평가하는 것을 말한다. 내담자는 긍정적인 경험을 감소시키거나 그것을 부정적인 경험으로 전환함으로써 모순되는 증거에도 불구하고 왜곡된 신념을 유지할 수 있도록 한다. 선택적 추상은 개인이 부정적인 측면에 초점을 맞추고 긍정적인 측면을 무시하는 것에 반해, 긍정 격하는 개인이 긍정적인 측면을 능동적으로 무력화시킨다.

㉦ 개인화(personalization)

관련지을 만한 일이 아님에도 불구하고, 외적 사건들과 자신을 관련짓는 경향이다. 잘못된 귀인이라고 불리기도 한다.

㉧ 정서적 추론(emotional reasoning)

정서적 추론의 잘못된 양상은 정서적 감정이 왜곡으로 보여지지 않고, 현실과 진실의 반영으로 여겨지는 것이다. 정서적 경험에 근거해서 자신, 세계 혹은 미래에 관해 추리를 하는 경우를 말한다. '나는 부적절 하다고 느낀다. 고로 나는 쓸모없는 사람이다'고 추론하는 것이다.

㉨ 파국화(catastrophizing)

개인이 걱정하는 한 사건을 지나치게 과장하여 두려워하는 것을 말한다. 재난에 대한 과장은 세상에 곧 종말이 닥칠 것이라는 두려움 속에서 살아가도록 하는 원인이 된다.

㉩ 명명과 잘못된 명명(낙인찍기 ; labelling, mislabelling)

자신에 대한 부정적 견해는 어떤 잘못에 근거한 자기명명(self - labelling)에 의해 창조된다. 잘못된 명명은 과일반화의 극단적인 형태로서 내담자가 어느 하나의 단일 사건, 종종 매우 드문 일에 기초하여 완전히 부정적으로 상상하는 것이다. 이것은 특정한 행동이나 특성을 가진 어떤 사람을 동일화할 수 없다는 점에서 비현실적이다. 이는 개인이 자신의 오류나 불완전함에 근거해서 하나의 부정적 정체성을 창조하여 그것이 마치 진실한 자기인 것처럼 단정 짓는 것이다.

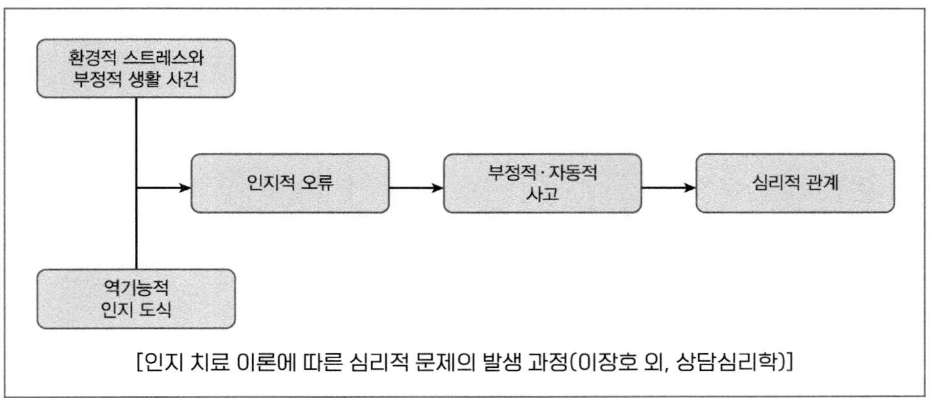

[인지 치료 이론에 따른 심리적 문제의 발생 과정(이장호 외, 상담심리학)]

ⓛ 상담의 방법

ⓐ 인지치료의 목표는 내담자가 보다 건설적이고 목표 지향적인 활동에 참여하면서, 자신의 능력에 대한 부정적이고 역기능적 사고를 변화시키는 것이다.

ⓑ 치료 초기에는 비교적 인식하기 쉬운 부정적 · 자동적 사고에 초점을 두어 스스로 이러한 자동적 사고를 식별하고 평가하여 수정할 수 있도록 돕는다.

ⓒ 역기능적 사고의 기초가 되고 있는 신념체계(핵심믿음체계)로 치료의 초점이 옮겨진다.

ⓒ 기법들 : 특별한 의미 이해하기, 절대성에 도전하기, 재귀인하기, 인지왜곡 명명하기, 흑백논리 도전하기, 파국에서 벗어나기, 장단점 열거하기, 인지적 예행연습 등

실력다지기

벡(Beck)의 인지적 오류에 대한 치료절차 1차

- 1단계 : 내담자가 호소하는 심리적 문제를 구체화하고 내담자와 협의를 통해 상담 목표를 설정한다.
- 2단계 : 내담자의 심리적 문제가 인지적 요인과 관련 있음을 내담자가 수용할 수 있도록 인지치료의 원리를 설명한다.
- 3단계 : 내담자의 현재 삶에서 심리적 문제를 일으키는 환경적 자극과 자동적 사고를 내담자와 함께 탐색하고 1~2개의 문장으로 요약한다.
- 4단계 : 내담자를 도와 내담자의 자동적 사고의 현실적 타당성을 평가하고 대안적 해석을 탐색하여 기존의 자동적 사고와 대치시키도록 한다.
- 5단계 : 왜곡된 사고를 만드는 근원적인 역기능적 인지도식을 탐색하도록 한다.
- 6단계 : 역기능적 인지도식의 내용을 현실성, 합리성, 유용성의 측면에서 적절성을 검증하도록 한다.
- 7단계 : 현실적이고 합리적인 대안적 사고를 탐색한다.
- 8단계 : 원하는 목표를 세우고 구체적인 실천계획을 세워 행동실천을 시행하도록 한다.

㉣ 인지적 - 정서적 상담의 평가

ⓐ 긍정적 측면

㉮ 인간의 인지 또는 신념이 부적응의 원인이라고 전제하고 실천과정에서 이에 대한 통찰의 중요성을 강조한다.

㉯ 다양한 문제에 적용할 수 있고 내담자 스스로의 삶에 대한 책임과 참여를 강조하며 교육을 통한 능동적인 변화방법을 제시하였다.

ⓑ 부정적 측면

㉮ 인지구조와 불합리한 신념을 분석하는 것은 지적 수준이 낮거나 현실감이 없는 내담자 혹은 사고가 지나치게 경직되어 있는 내담자에게는 효과를 기대할 수 없다.

㉯ 치료방법이 매우 지시적이고 교육적이므로 치료자의 가치와 철학을 내담자에게 강요할 수 있어 상담자는 가치중립적이어야 한다는 전문적 윤리원칙과 갈등을 초래할 수 있다.

㉰ 인지와 신념에 대한 강조는 자칫 사건 자체의 중요성을 간과할 수 있다. 즉, 빈곤, 박탈, 학대, 차별 등이 인간의 행동에 영향을 미칠 수 있다는 점을 간과할 수 있다.

실력다지기

와이너(Weiner)의 귀인이론 1차

1) 와이너의 귀인이론의 핵심은 사람들이 어떤 일에 성공하거나 실패했을 때 그 원인을 어디에 돌리느냐(귀속시키느냐) 하는 데 관련된 것이다.
2) 와이너는 사람들이 자신의 실패나 성공의 원인으로 가장 많이 귀인하는 요인으로 노력, 능력, 운, 과제 난이도의 네 가지를 설정하였다.
3) 이 4가지 귀인 요인 중에서 자신의 의지에 의해서 통제가 가능한 것은 노력뿐이다.
4) 자신의 성공이나 실패의 원인을 노력으로 귀인시키는 사람이 열심히 노력할 가능성이 크다.

(4) 교류분석적 상담(주제분석) - 상호교류분석이론(Transaction Analysis : TA, Eric Berne) - 에릭 번

① 개요

㉠ 심리교류 분석 또는 의사거래 분석이라고도 한다.

㉡ 교류분석이론은 초기의 인생결정 또는 과거의 전제에 근거하여 현재의 결정을 내린다는 가정에 근거를 둔 상호작용치료로서 인간관계를 나누는 것을 분석하는 이론이다.

㉢ 언어, 행동을 분석해서 자신의 자아 상태와 상대방의 자아 상태를 분석하는 것이다.

㉣ 상담의 목적은 내담자가 그의 현재행동과 삶의 방향에 대한 새로운 결정을 내리는 것을 원조하는 것이며 자율성[5]의 성취에 있다.

5) 개인의 과거 경험들이 그 개인의 성격발달에 어떻게 영향을 주었든지 상관없이 내담자가 현재 자신의 행동과 생활양식을 보다 적절한 것으로 선택 · 결정할 수 있는 행동 특성을 의미한다.

직상 기출

교류분석적 상담(TA, Transactional Analysis) – 커뮤니케이션을 원활하게 하는 상담이론 1차

1) 개인치료에 사용될 뿐만 아니라 집단치료에 적합한 상호역동적인 심리치료
2) 이 접근법은 대부분의 다른 치료와 달리 계약적이며 의사결정적
3) 치료과정의 목표와 내용을 뚜렷이 하는 내담자에 의해 발달된 계약을 포함
4) 개인의 초기결정을 중요시, 새로운 결정을 내릴 수 있는 개인의 능력 강조
5) 교류분석은 두 사람 혹은 그 이상의 사람들의 관계상황에서 일어나는 사회적 상호교섭의 유형

② 자아의 구성요소 1차

모든 사람은 부모 또는 어버이, 어른, 어린이 등 세 가지 자아 상태를 가지고 있음을 관찰 · 분석하고 이 세 가지 중 어느 하나가 상황에 따라 한 개인의 행동을 지배한다.

㉠ 부모 또는 어버이 자아(Parent : P)

ⓐ 출생부터 5년간의 외계의 경험이 주가 되며 주로 부모를 통하여 모방 또는 학습하게 되는 태도 및 기타 지각내용과 그 행동들로 구성된다.

ⓑ 어버이 자아의 특징은 비판에 의한 교정 없이 받아들여져서 내면화된다.

ⓒ 어버이 자아는 명령함으로써 영향을 미치는 기능을 할 수 있고 직접 부모의 행동을 해 보일 수 있는데, 이는 양육적이고 보호적일 수도 있고 통제적이고 억압적일 수도 있다.

㉡ 어린이 자아(아동자아, Child : C)

ⓐ 인간 개체 내에서 자연히 발생하는 모든 충동과 감정들, 생의 초기에 경험하는 일들에서 느끼게 된 감정들과 감정에 대한 반응양식으로 구성된다.

ⓑ 어린이 자아는 때로는 창조적 · 직관적 · 정서적이고 때로는 반항적이거나 순종적이기도 하다.

ⓒ 과거발달단계에서는 적합한 경험과 감정이었으나, 현재의 발달단계에서는 부적합한 감정이나 경험을 나타낼 수 있다.

㉢ 어른 자아(성인 자아, Adult : A)

ⓐ 어른 자아는 18개월부터 발달하기 시작하여 12세경이면 정상적으로 기능하게 된다.

ⓑ 어른 자아는 사고와 합리적 행동이 그 특성으로, 내적 욕구와 외적 욕구를 중재하는 중재자이다.

ⓒ 어른 자아는 객관적이며 자율적으로 자료와 정보를 처리하고 확률을 추정하는 것과 관련되어 있는 자아이다.

ⓓ 어른 자아는 현실적이고 논리적이며 자신과 환경에 관련된 정보를 분석하고 저장하고 인출하는 것처럼 전혀 정서적이 아닌 인지적 기능을 담당한다.

㉣ 이 세 자아 중에서 한 자아가 선택적으로 인간관계의 상황이나 의사소통 과정에서 주된 동력으로 작용하게 되며 어느 상태에서 어느 자아가 개인 동력으로 작용하느냐에 따라 의사소통 및 인간관계의 양상이 달라지고 동시에 문제를 낳을 수도 있다.

③ 상담의 단계

1차 2차

㉠ 구조분석 – 자아 상태에 관한 분석(1단계)

ⓐ 혼입성(오염) : 하나의 자아 상태 내용이 다른 자아 상태와 혼합되어 존재함으로써 각각의 자아상태가 독립된 총체로서의 가능을 하지 못하는 것을 의미한다.

ⓑ 배타성 : 3가지 자아상태 중에서 하나 또는 두 가지만 사용될 때 나타나는 문제로서 어버이 자아 배제 시 가치감을 상실하고 어른 자아 배제 시 외부세계 간의 중재를 할 수 없으며 어린이 자아 배제 시 상황에 대해 정서적으로 반응할 수 없게 된다.

ⓒ 손상 : 자아상태 중 어느 것이 완전히 성장하지 못하고 '상처를 입게 되는 것'으로 비합리적이고 통제할 수 없는 행동이 나타나게 되며, 특히 어린이 자아에서 더 많이 나타나는 경향이 있다.

ⓓ 해이한 경계선 : 자아상태 간의 에너지 흐름이 지나치게 자유로운 경우로 어른 자아의 통제라는 것이 거의 없고 행동은 수시로 바뀌고 혼란되어 있는 것이 특징이다.

㉡ 상호교류 분석(2단계)

구조분석을 기초로 하여 내담자가 다른 사람들과 맺고 있는 상호교류(두 사람의 자아상태에서 이루어지는 자극과 반응)를 이해하도록 하는 것이다. 이는 상호보완적, 교차적, 암시적 상호교류 등을 분석한다.

ⓐ 내면적 교류 : 자아상태 간의 대화를 말하는 것으로 어버이 자아의 금지령, 어른 자아의 사고능력, 어린이 자아의 욕구가 관련된다.

ⓑ 타인과의 교류

㉮ 상보적 교류 : 특정한 자아 상태에서 메시지를 보냈을 때, 예견되는 반응을 얻은 교류

㉯ 교차적 교류 : 개인이 보낸 메시지에 대해 타인이 기대하지 않았던 반응을 하는 교류

㉰ 이면적 교류 : 언어적 메시지와 비언어적 메시지가 일치되지 않으며 한 번에 3~4개의 자아상태가 관련되는 교류

㉢ 게임 분석(3단계)

ⓐ 게임이란 일련의 연속적 교류가 이루어진 결과로 두 사람이 모두 나쁜 감정으로 끝나는 심리적 교류이다.

ⓑ 게임은 초기결정을 지지할 목적에서 이루어지며 유쾌한 감정을 가장하고 인생각본을 추진시키기 위한 교류로 시간구성의 한 방법이다.

ⓒ 게임분석에서 중요한 것은 어루만짐 또는 애무(stroke)로서 이는 타인으로부터의 인정을 말하는 것이다.

㉣ 인생각본 분석(4단계) : 인생각본은 생의 초기에 있어서 개인이 경험하는 외적 상황들에 대한 자신의 해석을 바탕으로 하여 형성 · 결정된 환경에 대한 반응행동 양식이다.

실력다지기

중요 개념 정리

1차

1) 스트로크(stroke)

인정자극이라고도 하며 사람들 간에 인식이 이루어지게 되는 기본단위로서 긍정적 · 부정적 스트로크가 있으며 언어, 신체적 접촉, 표정, 감정, 몸짓 등 언어적 또는 비언어적인 방법으로 표현된다.

교류분석상담이론의 개념 중에서 스트로크(stroke, 쓰다듬기, 인정자극) – 에릭 번 2차

1) 모든 인간은 상호교류를 통해 자극을 받고자 하는 기본적인 욕구를 가지고 있으며, 이러한 자극의 욕구는 건강한 인성발달이나 생존을 위해 필수적인 것이다.
2) 출생 직후 영아의 성장에서 만지고 쓰다듬어 주는 것과 신체적 감각적 자극이 필수적이며, 이러한 자극의 욕구를 만족시켜주는 기본단위를 스트로크라 한다.
3) 한 개인으로 하여금 자신의 존재를 인식하게 해주는 '인간 인식의 기본단위'가 되며 이러한 욕구는 성장하면서 인정을 받고자 하는 욕구로 변하게 된다.
4) 인간은 평생을 스트로크를 추구하면서 살아가며 부모를 위시한 양육자로부터 어떠한 스트로크를 받았는가에 따라 기본적인 인생태도를 형성하게 된다.

2) 각본(script)

(1) 한 개인의 여러 가지 욕구 충족을 위한 게임, 살아오는 동안의 상호교류에서 배우게 된 내용, 좋아하는 상호교류 유형, 선택하게 된 삶의 자세 등이 총체적으로 나타난 결과로 살아가는 방식이나 삶의 유형을 발달시키게 된다.

(2) 생의 초기에 개인이 경험하는 외적 사태들에 대한 자신의 해석을 바탕으로 형성되고 결정된 환경에 대한 반응행동 양식이다.

(3) 인생각본은 자신의 욕구를 충족시키기 위하여 초기에 결정한 인생계획으로 부모의 교육, 아동 자신이 내린 초기결정, 초기결정을 지속시키기 위한 게임, 결정을 정당화시키기 위한 라켓, 각본이 어떻게 전개되고 끝나야하는지에 대한 자신의 기대 등이 포함된다.

3) 라켓감정

(1) 라켓(racket)은 초기 결정을 확증하기 위하여 다른 사람을 조작하는 과정을 말하며, 조작적이고 파괴적인 행동과 연관된 감정을 라켓감정(racket feeling)이라고 한다. 즉, 자신의 의사와 다르게 표현되는 감정이다.

(2) 사람은 주의를 끌기 위해 불쾌하고, 쓰라린 감정, 위장된 죄의식 또는 위장된 우울한 감정을 발달시킬 수 있다.

(3) 이러한 위장된 감정은 불쾌하고 쓰라린 감정을 지속시켜주는 상황(게임)을 개인이 스스로 선택하게 함으로써 계속하여 유지되며, 자신의 지속적인 감정유형이 되고, 이러한 감정유형이 전형적인 행동방식을 만들어내게 된다.

4) 게임

(1) 인간관계에서 일어나는 의사소통에는 감추어진 함정이 있는데 이것은 대개 이면적인 교류에서 나타나며 이러한 이면적인 교류를 게임이라고 한다.

(2) 의사교류에 관여하는 두 사람 모두 또는 한사람에게 부정적인 감정을 불러일으키는 의사교류의 한 유형으로 게임은 친밀성을 방해한다.

5) 인생태도

자기 자신과 타인 그리고 세계에 대해 해석하고 있는 개인의 태도를 통칭하는 것으로 초기경험과 초기결정에 의해 형성된다.

(1) "I'm OK - You're OK"

신뢰성, 개방성, 교환하려는 의지, 타인을 있는 그대로 수용하는 것이며 승자도 패자도 없다.

(2) "I'm OK - You're not OK"

자신의 문제를 타인에게 투사하고 타인을 비난하며 그들을 끌어내리고 비판하며 자신의 우월성을 나타내고, 타인의 열등성을 비난하는 것이다.

(3) "I'm not OK - You're OK"

자신을 무력한 사람으로 생각하고 자신보다 타인의 욕구를 위해 봉사하고 타인의 권력을 지지하고 자신의 권력은 부정한다.

(4) "I'm not OK - You're not OK"

인생의 모든 희망을 포기, 흥미 상실과 인생이 아무런 가망이 없다고 생각하는 관점으로 자기 파괴적이고 유아기적 행동과 타인이나 자신에게 상해를 입히는 공격적 행동을 보인다.

ⓜ 관계 분석(5단계) : 내담자의 배우자와 동료와의 관계를 분석하는 것이며 흔히 자아 상태와 상호교류를 밝히기 위한 과제로 활용한다.

④ 기타 치료적 기법

빈 의자 기법, 가족 모델링으로 인한 시연 등이 있다.

심화학습

의사교류분석상담의 제한점 2차

1) 의사교류분석상담이론의 주요 개념들이 인지적이기 때문에 지적 능력이 낮은 내담자에게는 부적절할 수도 있다.
2) 의사교류분석상담이론의 이론과 개념들의 타당성을 검증하거나 지지하기 위해 수행된 경험적 연구가 부족하다.
3) 의사교류분석상담이론의 주요 개념들이 추상적이고 그 의미가 모호하여 실제로 적용하는데 어려움이 많다.

직업상담 접근방법

제1절 특성 - 요인 직업 상담 : 특성 - 요인 직업상담 모형, 기법, 평가

(1) 특성 – 요인 직업상담의 유래와 개념

① 특성 – 요인 직업상담의 유래 1차

1930년대 미국 경제 대공황 때 실직 당한 사람들이 새로운 직업을 유지하는 것을 돕기 위하여 만들어졌으며 파슨즈가 개인, 직업 및 개인과 직업 사이의 관계성을 토대로 만든 직업이론의 원리를 반영한다.

> 특성 – 요인(지시적. 비민주적)상담이론은 파슨스, 윌리암슨, 홀랜드, 크라이티스(크릿츠) 등 미네소타 대학을 중심으로 전개된 이론으로 미네소타그룹이란 용어로 등장하기도 한다.

② 특성 – 요인 직업상담의 개념

㉠ 특성(trait) : 검사를 통해서 적성, 성취, 흥미, 가치, 성격 등이 측정될 수 있는 개인의 특징

㉡ 요인(factor) : 성공적인 직업수행을 위해 요구되는 특징(예 직업성취도, 책임성, 성실성 등)

㉢ 내담자에 대한 정서적 이해보다는 문제의 객관적 이해를 중시한다.

(2) 특성 – 요인이론의 기본 전제(크릿츠, 클라인과 바이너, 1977) 1차 2차

① 개개인은 신뢰할 만하고 타당하게 측정될 수 있는 고유한 특성의 집합이다.

② 직업은 성공을 위해서 특정한 특성을 소유하고 있는 작업자를 필요로 한다.

③ 직업의 선택은 직선적인 과정이며 연결이 가능하다.

④ 개인의 특성과 직업의 요구 간에 연결(매칭)이 잘 될수록 성공의 가능성은 커진다.

> 1) 필요성
> 자기 정보는 훌륭한 선택을 위한 전제조건이며 검사가 가장 좋은 방법이고 검사가치를 좌우하는 것은 상담자의 기술과 인간성이다(프레디져).
>
> 2) 해석
> 내담자가 정보를 수용할 수 있는 준비성이 중요하며 통계적 자료와 임상적 판단에 근거한 직접 충고를 권유한다.
>
> 3) 평가
> 내담자가 자신의 성격구성과 주관적 가능성을 탐색하고 수정하는 것을 도울 수 있다(자기통제)
>
> 4) 직업정보 사용
> 직업을 알려주고 현실검증의 경험을 제공하여 내담자에게 동기를 부여한다.

5) 직업정보 제공
인쇄물, 직무실험, 가상경험 등을 통해 직업정보를 제공한다.

6) 직업정보 선택과 활용
내담자의 요구나 제시된 문제의 유형 등 요인에 따라 어떤 자료를 언제, 어떻게 사용할지를 선택하고 활용한다.

참고

특성 – 요인 직업상담의 목표 1차

개인의 특성을 여러 가지 검사를 통해 밝혀내고 그것을 각 직업의 특성에 연결시키는 것이다. 즉, 내담자가 의사결정과 문제해결에서 합리적인 과정을 통하여 실천하고 그의 직업적 능력과 일치하는 직업을 선택하는 것이다.
1) 내담자가 이성적으로 생활하도록 한다.
2) 내담자가 자기통제를 가능하도록 한다.
3) 내담자 자신이 필요로 하는 정보를 수집, 분석, 종합할 수 있도록 한다.
4) 내담자가 자신의 문제를 해결하도록 한다.

(3) 특성 – 요인 직업상담 모형

① **변별 진단** : 특성 – 요인 직업상담의 기초적인 내용은 변별진단이다.
㉠ 관련이 있거나 관련이 없는 사실들로부터 일관된 형식의 의미를 논리적으로 사고하거나 해결하는 과정이다.
㉡ 내담자 미래의 방향을 설정해 주거나 직업에의 적응을 위하여 진단결과가 주는 의미를 판단하고 예측해 주며 내담자의 장점 등을 이해하는 것이다.
㉢ 윌리암슨의 변별진단의 4가지 범주 1차 2차
무결정, 확신이 없는 결정, 현명하지 못한 선택, 흥미와 적성 간의 모순

② **윌리암슨의 상담 과정** : 합리적, 문제해결의 과학적 방법을 따른다.
㉠ 자료수집 및 분석 · 종합단계 1차 2차
ⓐ 개인에 관한 자료수집, 표준화된 검사 실시, 적성, 흥미, 동기 등과 관련된 심리검사 실시
ⓑ 개인의 성격, 장단점, 욕구, 태도 등에 대한 이해를 위해 정보수집 후 종합
㉡ 진단단계 : 문제의 원인들을 탐색하고 문제를 해결할 수 있는 다양한 방법들을 검토한다.
㉢ 예측단계 : 상담으로 인한 조정가능성이나 문제해결 대안으로 가능한 여러 결과를 판단하고 대안적 조치와 중요한 점을 예측한다.
㉣ 상담단계 : 현재 또는 미래의 바람직한 적응을 위하여 무엇을 해야 하는지 함께 상담을 통해 협력적인 분위기를 유도한다.

㉤ 사후지도(추수지도) : 새로운 문제가 대두되면 위의 과정을 반복하고 바람직한 행동 계획을 실천할 수 있도록 계속적으로 원조한다.

위의 과정에서 자료수집 및 분석 · 종합단계에서 예측단계까지는 상담자가 주도적 역할을 하고 상담단계와 사후지도는 내담자가 능동적으로 참여한다.

특성 – 요인 직업 상담의 과정 1차 2차

1) 분석 – 상담자는 내담자를 정확하게 이해하기 위하여 광범위한 자료를 모으는데 초점을 둔다.
2) 종합 – 분석에 의하여 얻어진 자료를 내담자의 장 · 단점, 적성 등 여러 특성과 관계를 명백히 하고 정리, 체계를 세워서 진단 단계에서 사용할 수 있도록 종합한다.
3) 진단 – 내담자의 문제의 성질과 원인에 대한 진단을 내리고, 문제가 장차 어떻게 진전되어 나갈 것인지를 예측해 본다.
4) 상담 – 이 단계는 좁은 뜻으로 쓰인 것으로서 내담자 자신이 해결하려 하는 문제를 스스로 해결하도록 1대1의 관계에서 도와주는 과정이다. 즉, 자기를 보다 잘 이해하고 직업이나 교육 프로그램을 잘 선택하여 주어진 상황에 적응해 나가도록 도와주는 것이다. 또 이 단계에서 어떤 기능이나 태도를 학습시키고, 환경을 변화시키는 등의 기술이 사용된다.
5) 추수지도(추후지도) – 이 단계는 상담의 결과를 평가하고 새로운 문제가 발생하는 경우, 다시 그것을 돕는데 강조를 둔다.

(4) 특성 – 요인 직업상담 방법 : 합리적, 인지적인 모형 반영, 지시적 방법 선호

① 상담기법(윌리암슨의 5가지 기술) 2차

㉠ 촉진적 관계 형성 : 내담자와 신뢰관계의 형성이 중요하다.

㉡ 자기이해의 신장 : 내담자가 자신의 장점을 이해하도록 원조하여 장점이나 특징들이 자신의 문제해결에 어떻게 관련되는지에 대한 통찰력을 갖게 한다.

㉢ 행동계획의 설계 : 내담자가 이해하는 관점에서 상담을 진행하는데 내담자의 특성과 직업적 특성의 일치와 반대의 증거를 제시하며 실제적인 행동을 계획하고 설계하도록 돕는다.

㉣ 계획 수행 : 직업선택을 하는데 있어 도움이 되는 여러 가지 제안을 함으로써 내담자가 직업을 선택하는 것을 돕는다.

㉤ 위임 : 내담자에게 다른 상담자를 만나보도록 권유한다.

② 검사결과의 해석 1차 2차

검사의 결과를 해석하고 그에 따라 충고, 설득, 설명을 하는 과정이 중요하다

㉠ 직접충고

㉡ 설득 : 단순히 새로운 문제를 피할 수 있도록 설득하는 것이다.

㉢ 설명 : 검사자료뿐 아니라 비검사 자료들의 결과를 해석하여 내담자가 의미를 이해하고 가능한 선택을 하며 선택한 결과에 대한 이해를 도울 수 있게 하는 것이다.

③ 직업정보 – 브레이필드(Brayfield)의 직업정보 기능 분류 2차 암기법 브레이필드 : 정재동

㉠ 정보제공 기능 : 상담자가 내담자에게 직업정보를 제공해 주는 목적은 이미 선택한 바를 확인시키거나 두 가지 선택이 똑같이 매력적일 때 망설임을 해결해 주거나 또는 내담자가 진로선택에 관한 지식을 증가시키도록 조력하기 위한 것이다.

㉡ 재조정 기능 : 직업정보의 또 다른 기능은 내담자가 현실에 비추어 부적당한 선택을 했는지 재조명해 보는 기초를 제공해 주는 것이다.

㉢ 동기화 기능 : 상담자가 직업정보를 제공해 주는 또 다른 이유는 내담자가 의사 결정과정에 적극 참여하도록 동기화시키기 위해서이다. 상담자는 의존적인 내담자가 스스로 한 선택에 대해 책임감을 갖게 될 때까지 내담자를 조력하며 진로 선택을 위한 동기를 강화시키기 위해 정보를 제공해 준다.

실력다지기

파슨스의 직업선택 단계 1차 2차

1) 1단계 – 자기이해 하기(적성, 성취, 흥미, 가치, 성격 등)
2) 2단계 – 직업세계에 대한 지식 얻기(직업 정보의 유형, 분류 체계, 직업에서 요구하는 특성과 요인의 조건)
3) 3단계 – 개인과 직업세계에 대한 정보 통합하기(주요 목표이며 검사 실시의 오류 및 검사해석에 있어서 주의를 기울이고 같은 특성을 측정하는 검사들 간의 불일치를 예방하기 위해 정보 통합의 단계를 거친다.)

특성 – 요인 상담이론의 내용 1차

1) 각 개인은 신뢰할 만하고 타당하게 측정될 수 있는 고유한 특성의 집합체
2) 모든 직업은 그 직업에서 성공하는데 필요한 특성을 지닌 근로자 요구
3) 직업의 선택은 직선적인 과정
4) 개인의 특성과 직업의 요구 간에 매칭이 잘 될수록 성공(생산성, 만족)의 가능성은 커짐

파슨스의 특성 – 요인 상담에서 상담자가 해야 할 3가지의 일 1차 2차

1) 내담자 자신에 대한 이해 : 심리검사, 면접을 통한 내담자의 적성, 흥미, 능력을 파악한다.
2) 직업에 대한 이해 : 직업정보를 통한 승진, 제도, 보수 등에 대해 이해한다.
3) 내담자 자신과 직업의 합리적 연결 : 내담자 자신과 직업에 대한 정보를 통합함으로써 내담자 스스로가 직업을 선택하는데 지원해주는 것이다.

제2절 내담자 중심 직업 상담 : 내담자 중심 직업상담 모형, 기법, 평가

(1) 내담자 중심 직업상담의 특징 1차

① 비지시적 성격을 띠며 개인을 자아실현의 경향성을 지닌 존재로 보고 각 개인의 구체적이고 현상적인 경험의 세계를 중시한다.

② 각 개인이 현실을 지각하고 구성하는 방법에 있어서 현상학적 방법에 기초한다.

③ 각 개인을 특성과 요인의 집합체로 보고 개인을 법칙화하고 서로 비교하며 외적으로 규정하는 특성 - 요인 직업상담과는 대조를 이룬다.

내담자 중심 상담의 목적은 상담과정에서의 내담자의 성장이지만 궁극적인 목적은 자아실현이다. 자아실현의 궁극적인 목적은 로저스(Rogers)에 의하면 강한 일치성, 경험에 대한 적극적인 개방, 내담자 자신의 역할에 대한 방어의 감소 등으로 정의되고 있다.

(2) 내담자 중심 직업상담의 모형

① **진단** : 내담자 중심 직업상담자들은 내담자의 특수한 진단을 피하고 모든 내담자는 동일한 문제, 즉 자아와 경험의 일치성 부족이라는 문제로 고통 받고 있다고 본다.

② **과정(7단계)**

㉠ 1단계 : 내담자들은 자신을 드러내려 하지 않고 자신의 감정이나 내면적 의미를 인식하지 못하므로 상담자는 내담자를 무조건적으로 수용한다.

㉡ 2단계 : 1단계보다는 내담자가 약간 더 자신을 개방하지만, 책임감을 아직 느끼지 못하고 감정을 인식하거나 자신의 것으로 소화하지 못한다.

㉢ 3단계 : 현재경험이나 과거의 감정들을 자유롭게 이야기하지만, 현재의 감정은 부정한다. 이 단계에서부터 상담과정에 참여하게 된다.

㉣ 4단계 : 과거의 강렬한 감정들을 인식하고 받아들이게 되며 어느 정도 자신의 책임감을 받아들인다.

㉤ 5단계 : 현재의 감정들이 자유롭게 표현되고 자신의 감정들을 수용하며 자신의 경험을 인식하여 자신의 문제를 해결하려는 책임감을 받아들인다.

㉥ 6단계 : 내담자에게 금지된 감정들이 자유롭게 표현되어 자아와 경험의 일치성 부족이 일치에 가깝게 된다.

㉦ 7단계 : 내담자는 즉시성과 개방성을 가지고 새로운 감정들을 경험하게 되며 자신의 감정상에서의 변화를 인식하게 된다.

(3) 내담자 중심 직업상담의 방법

1차

① <u>내담자 중심 직업상담에서 상담자가 지녀야 할 세 가지 태도</u> : 일치성(진실성), 공감적 이해, 무조건적 긍정적 존중

② **상담기법**

㉠ 안내 반응 : 상담자는 지시적, 비지시적인 안내와 질문 통해 내담자에게 상담과정에 대해 이해시킨다.

㉡ 반영 반응 : 재진술, 명료화, 해석, 충고, 정보제공 등의 방법이 이에 포함된다.

㉢ 지지 반응 : 내담자의 정서와 감정을 지지하고 도움을 제공한다.

㉣ 주의 환기 반응 : 내담자의 주의를 환기시키고 내담자가 지닌 욕구에 대해 주의를 집중하게 한다.

③ **검사결과의 해석** : 검사결과를 가능한 한 객관적이고 비평가적인 방법으로 내담자에게 알려준다.

④ **직업정보의 원리(패터슨)**

㉠ 상담자는 직업정보를 내담자에게 스스로 제공하지는 않는다.

㉡ 직업정보는 내담자에게 영향을 주거나 조작하기 위해 평가적인 방법으로 사용되어서는 안 된다.

㉢ 결정적이고 내담자의 자발성과 책임감을 극대화시킬 수 있는 방법은 내담자가 원 자료, 즉 출판물이나 고용주 및 그 직업과 관련된 사람들로부터 정보를 얻도록 격려하는 것이다. 이는 상담자의 역할이 평가가 아닌 내담자에게 직업정보를 탐색하게 하고 명료화를 도와주는 것이기 때문이다.

제3절 발달적 직업 상담 : 발달적 직업상담 모형, 기법, 평가

(1) 발달적 직업상담(진로상담)의 특징

① 내담자의 생애단계를 통한 직업발달적 측면에 중점을 두는 상담이다.

② 내담자가 처한 직업발달 시점에서 상담이 시작되며 직접적인 목표는 내담자의 진로 및 직업 성숙도를 촉진하는 것이다.

③ 발달적 진로상담의 목적은 내담자의 통찰로 직업적 성숙을 이끌고 적응해야 할 중요영역에서 자신의 역량을 알게 함으로써 삶의 일반적인 적응력을 증진시키는 것이며 내담자의 단점보다 장점을 활용함으로써 개인이 생애의 의미를 설정하도록 도와주는 것이다.

(2) 모형 1차 2차

① **진단** : 내담자의 잠재능력에 중점을 둔 3가지의 평가(Super)

㉠ 직업적 문제의 평가

ⓐ 내담자가 경험한 문제와 직업 상담에 대한 기대를 평가한다.

ⓑ 내담자가 경험한 문제와 함께 그의 장점과 약점이 평가되는 것이다.

ⓒ 주로 직업선택의 문제가 초점이 된다.

㉡ 개인의 평가

ⓐ 인구통계학적 자료에 의해 수집되고 임상적인 사례연구에 의해 분석이 이루어진다.

ⓑ 내담자의 심리상태를 파악하는 것으로 직업적 장점과 단점이 일정한 규준에 의거하여 표현한다.

㉢ 예언적 평가

ⓐ 직업적 문제와 개인의 평가를 바탕으로 내담자가 직업에 만족할 수 있는 것에 대한 예언이 이루어진다.

ⓑ 주로 개인적 평가 자료에 의거해서 내담자의 성공가능성과 직장에의 만족여부를 예언하는 것이다.

정리

발달적 직업상담에 Super가 제시한 평가의 종류

1) 문제의 평가 : 내담자가 경험하고 있는 어려움과 직업상담에 대한 기대를 평가
2) 개인의 평가 : 심리검사, 임상적 방법, 사례연구 등을 통해 내담자의 흥미, 적성, 능력을 평가
3) 예언적 평가 : 문제평가와 개인평가를 바탕으로 내담자가 어떤 직종에서 성공할지 예언

② **과정(직업적 성숙과정을 이끌어내는 것이 목적)**

㉠ 상담자는 내담자의 생애발달단계에서의 직업성숙도를 측정한다.

㉡ 직업적 성숙을 위해 선택을 위한 준비과정을 발달시키는 상담이 요구된다.

㉢ 상담에서 내담자가 성숙되어 있는 경우에는 내담자가 자신의 상황에 관계되는 정보를 수집하고 분석하며 장래의 결정을 위해 직업성숙도에 따라 자신이 직접 결론을 이끌어 낼 수 있도록 상담자는 돕는다.

㉣ Super가 제시한 발달적 직업상담 단계는 문제탐색 및 자아개념 묘사 → 심층적 탐색 → 자아 수용 및 자아 통찰 → 현실검증 → 태도와 감정의 탐색과 처리 → 의사결정의 순서로 이루어진다.

정리

Super가 제시한 발달적 직업상담 단계 암기법 수퍼 – 문심/자현/태의

1) 1단계 : 문제탐색 – 비지시적 방법에 의해 문제 탐색과 자아개념을 표출한다.
2) 2단계 : 심층적 탐색 – 심층적 탐색을 위해 지시적인 방법으로 주제를 설정한다.
3) 3단계 : 자아수용 – 자아수용과 통찰을 얻기 위해 사고와 감정을 명료화한다.
4) 4단계 : 현실검증 – 현실검증을 위한 심리검사 및 직업정보를 분석한다.
5) 5단계 : 태도와 감정의 탐색과 처리 – 현실검증에서 얻은 태도와 감정을 통해 자신과 일의 세계를 탐색한다.
6) 6단계 : 의사결정 – 의사결정을 돕기 위한 대안과 행동을 고찰한다.

(3) 방법

① **상담기법**

㉠ 발달적 직업상담의 경우 지시적이거나 비지시적 상담기술을 주기적으로 사용한다.

㉡ 진로자서전 : 내담자의 자서전적인 성격이 있는 것으로서 내담자가 과거에 어떻게 직업이나 진로에 대한 의사결정을 했는가를 알아보는 재검토의 자료이면서, 상담하는 동안 상담자와의 토론에 있어서도 유용한 자료가 된다.

㉢ 결정 일기 : 내담자가 결정을 하는 것에 있어 하루하루 일기를 쓰는 듯한 입장에서 매일 어떻게 결정을 하는가 등의 현재 상황을 설명해 주는 것으로 진로자서전 기법의 보충역할을 한다.

② **검사의 해석 – 집중검사와 정밀검사(Super)**

㉠ 집중검사는 짧은 준비단계 시기의 면접 후에 내담자에게 종합검사를 실시하는 경우이며 정밀검사는 상담의 전 과정에 걸쳐 개별검사를 세밀하게 실시하는 것이다.

㉡ 검사결과를 내담자에게 상담자의 언어로 제시하는 것은 내담자가 자신의 직업선택을 위한 사고 또는 인지적 과정에 검사결과 정보를 더 잘 통합할 수 있게 해 준다.

③ 직업정보

내담자를 위한 직업정보나 고용의 기회에 대한 정보 등을 위한 '직업 전망 핸드북'과 같은 소책자나 팸플릿 등을 개발하고 인간발달이론에 기초한 직업상담에 적절한 정보는 다양한 직업적 욕구를 만족시켜 줄 다양한 직업 유형에 관한 것이다.

실력다지기

발달적 직업상담에서 직업정보가 갖추어야 할 조건

1) 사회경제적 측면에서 수준별 직업의 유형 및 그러한 직업들의 특성에 대한 정보
2) 높은 수준의 직업이 갖는 수준의 정도, 부모와 개인의 직업적 수준과 그 차이, 그리고 그들의 적성, 흥미, 가치들 간의 관계
3) 낮은 수준의 직업에서 높은 수준의 직업으로 이동 방법, 이를 위해 요구되는 지식과 기술에 대한 정보
4) 특정 직업분야의 접근가능성과 개인의 적성, 가치관, 성격특성 등의 요인들 간의 관계
5) 사람들이 주로 어떤 직업에서 어떤 직업으로 이동하고 있는지, 그 비율의 정도, 직업의 이동방향, 비율을 결정하는 요인에 대한 정보

진로상담의 주요원리 2차

1) 진학과 직업선택에 초점을 맞추어 전개되어야 한다.
2) 개인의 특성을 객관적으로 파악한 후 상담자와 내담자 사이의 라포(rapport)가 형성된 관계 속에서 이루어져야 한다.
3) 개인의 진로결정에 있어서 합리적인 진로 의사결정 과정과 기법을 체득하도록 상담한다.
4) 진로발달 이론에 근거하면 진로발달이 진로선택에 영향을 미친다.
5) 변화하는 직업세계에 대한 이해와 진로정보 활동을 중심으로 개인과 직업의 연계성을 효율적으로 연결시키는 과정을 중심으로 해야 한다.
6) 각종 심리검사의 결과를 기초로 합리적인 결과를 이끌어 낼 수 있도록 도와주는 역할을 해야 한다.
7) 상담윤리 강령에 따라 전개되어야 한다.

제4절 포괄적 직업상담 : 포괄적 직업상담 모형, 기법, 평가

(1) 포괄적 직업상담[크라이티스(크릿츠)]의 특징 1차

① 포괄적 직업상담은 앞에서 기술한 여러 진로상담의 장점을 선택하고 단점을 보완하여 설득력 있고 일관성 있는 체제로 통합시키려는 진로상담이다.

② 개인의 내적 · 외적 세계를 다루기 때문에 심리치료보다 더 광범위한 부분을 포괄하며 필요성이 높다.

③ 성공적인 직업결정을 한 내담자는 다른 문제를 극복할 확신과 기법을 갖게 된다.

④ 성공적인 직업결정을 한 내담자는 직업목표를 명확히 갖고 비직업적 문제를 해결하려는 노력을 한다.

⑤ 결론적으로, 포괄적 직업상담 프로그램은 여러 직업상담 이론들과 일반상담 이론들이 갖는 장점들을 서로 절충하고 단점들을 보완하여 일관성 있는 체계로 통합시키기 위하여 Crites가 제안한 프로그램이다. <u>다만, 포괄적 직업상담 프로그램의 문제점은 직업상담의 문제 중 진학상담과 취업상담에 적합할 뿐, 취업 후 직업적응 문제들을 깊이 있게 다루지 못하고 있다는 점이다.</u>

(2) 모형

① **진단**

㉠ 포괄적 진로상담에서의 진단은 변별적이고 역동적인 진단의 성격을 띤다.

㉡ 특성 – 요인의 입장에서 보면 "내담자의 진로결정 상의 문제는 무엇인가?"이며, 정신역동적인 입장에서 보면 "내담자에게 문제가 생기는가?", 행동주의적 입장에서 보면 "내담자의 문제를 어떻게 제거할 것인가?"의 관점에서 진단이 이루어진다.

② **과정**

㉠ 진단의 단계 : 내담자의 진로문제를 진단하기 위해 내담자의 태도, 의사결정 유형, 성격, 흥미 등 내담자에 대한 폭 넓은 검사자료와 상담을 통한 자료가 수집되는 단계이다.

1차 2차

㉡ 명료화 또는 해석의 단계 : 문제를 명료화하거나 해석하는 단계로서, 내담자와 상담자는 협력해서 의사결정의 과정을 방해하는 태도와 행동을 확인하며 함께 대안을 탐색하는 단계이다.

㉢ 문제해결 단계

ⓐ 내담자가 자신의 문제를 확인하고 적극적으로 참여하여 문제해결을 위해 어떤 행동을 실제로 취해야 하는가를 결정하는 단계로서, 도구적(조작적) 학습에 초점을 맞춘다.

ⓑ 내담자는 자기 자신과 일의 세계에 관한 정보가 어떻게 수집되며 직업목표를 설정할 때 어떤 제한을 가해야 하는지, 그리고 예상하지 못한 사건이 발생했을 때 어떻게 대처해야 하는지에 대해 책임감을 갖고 해결하도록 노력해야 한다.

ⓒ 만일 진로상담이 효율적으로 이루어진다면 내담자는 직업문제에서의 적응과 발달 뿐 아니라 일상적인 상황에서 야기되는 다양한 문제들을 현명하게 해결하고 의사결정을 하는 방법을 배우게 되며 자신에 대한 능력감과 신뢰감을 느낄 수 있게 된다.

1 과목
2 과목
3 과목
4 과목
5 과목

(3) 방법

① 상담기법

㉠ 포괄적 진로상담은 여러 가지 다양한 기법들을 절충한다.

㉡ 상담의 마지막 단계는 특성 – 요인 및 행동주의적 접근법에 따른 기법이나 강화기법이 주로 사용되며 이 때 상담자는 더욱 능동적이고 지시적인 태도로 내담자의 문제해결의 과정에 개입하게 된다.

② 검사의 해석

㉠ 포괄적 진로상담에서 검사의 역할은 중요시되며 상담의 진단, 과정, 결과의 모든 단계를 통합하는 전체단계에서의 검사를 효율적으로 활용한다.

㉡ 검사를 해석할 때 내담자의 의사소통을 극대화하여 문제해결을 위해 상담자와 내담자는 공동작업을 한다.

실력다지기

포괄적 직업상담에서의 진단 1차

1) 포괄적 진로상담에서는 검사의 역할을 중시하며 특성요인 접근법에서와 달리 상담의 진단, 과정, 결과의 통합이라는 전체 단계에서 검사를 효율적으로 활용한다.
2) 먼저 내담자가 가진 진로상의 문제를 가려내기 위해 변별적인 진단검사를 하며 이때 주로 사용하는 검사가 진로성숙검사, 직업적성검사, 직업흥미검사 등이다. 이런 자료들은 반드시 포괄적이고 역동적으로 해석되어야 하며 상담결과와 상호 보완되어야 한다.
3) 즉 심리측정 자료는 상담의 주관적 오류를 보완해야 하고 상담은 심리측정 자료가 갖는 통계적 오류를 보완해야 하는데, 이 같은 진단을 역동적 진단이라고 한다.
4) 마지막으로 결정적 진단을 진로선택이나 의사결정과정에서 나타나는 내담자의 문제에 초점을 둔다.
5) 이 같은 검사의 결과는 상담자와 내담자가 함께 해석해 나간다. 즉 상담자는 검사결과를 내담자와 함께 보면서 신뢰감을 주고 친절한 의사처럼 내담자의 진로문제에서 장애가 되는 요인을 해석하고 내담자와의 의사소통을 극대화하여 문제해결을 위해 공동 작업을 한다.
6) 검사의 해석 시에는 심리측정의 특수용어를 사용하지 않고 내담자의 개념적 · 언어적인 수준과 형태로 진술한다.

③ **직업정보**

㉠ 우유부단으로 인해 직업이나 진로를 결정하지 못하는 집단은 정밀하고 체계적인 직업정보를 제공함으로써 진로선택을 도울 수 있다.

㉡ 완전히 결단력이 없는 집단은 직업정보의 제공이 오히려 불안을 초래할 수도 있기 때문에 불안을 먼저 제거한다.

㉢ 현실과 동떨어진 집단은 자아와 현재의 주변 환경, 직업세계에 대한 현실적인 능력을 먼저 갖게 한 후 직업정보를 제공한다.

진로상담

제1절 진로논점

(1) 진로논점 분석

① 심리문제와 진로문제

㉠ 총체적인 접근
진로상담은 중요하고 의미 있는 역할들을 포함하여 전인적인 관점에서 볼 때, 개인의 삶을 돕는 총체적인 접근이다.

㉡ 삶과 진로
개인의 삶과 진로는 분리될 수 없는 것이기 때문에 진로상담에서 이 두 가지를 함께 고민해야 한다.

㉢ 진로상담과 심리상담의 과정
진로상담과 심리상담 과정은 유사한 부분이 많으며, 진로상담은 내담자와 상담자의 목표에 대한 합의, 과제에 대한 합의, 유대감으로 구성되는 상담 협력관계에 기초를 둔다.

㉣ 심리문제 해결과 진로상담
진로상담 과정에서 심리문제가 해결되지 않는 내담자들은 진로상담 종료 후에도 진로준비 행동으로 이어지지 못할 수 있어, 진로상담에서 이러한 문제들을 함께 개입해야 한다.

② 진로 미결정과 심리문제

㉠ 진로 미결정자들은 진로결정자들보다 높은 불안, 낮은 자존감, 비합리적 의사결정기술, 대인관계 문제 등 다양한 심리적 문제가 있다.

㉡ 신체화, 강박증, 우울, 불안, 적대감, 편집증, 정신증 등과 같은 심리적 · 성격적 특성들이 진로 미결정과 관련이 있다.

③ 구직자의 심리문제

㉠ 장기구직자의 심리적 특성 중 낮은 자아 존중감, 분노, 불안, 대인기피, 신체화, 우울 등의 증상은 실직 기간을 장기화시킨다.

㉡ 실업자의 분노, 불안, 우울은 실업 전부터 시작하여 실업 3개월 후까지 지속되는 실업자의 심리적 핵심 증상이다.

㉢ 진로상담은 직업과 개인의 연결이라는 단순한 논리를 넘어 개인의 삶을 통합적으로 접근할 필요가 있다.

④ **내담자의 진로 관심사** : 진로탐색에서 전형적으로 다루는 문제 영역

㉠ 진로탐색과 의사결정

이 영역에서 문제를 가진 내담자는 진로선택에 확신이 없고 결정을 내리는 것을 어려워한다. → 노동시장에 대한 정보가 부족하거나 기술, 가치, 흥미 및 개인적 스타일에 대한 자기 이해의 부족

㉡ 직업적 또는 일반적 기술 발달

이 영역에서 문제를 가진 내담자는 구직 기회를 활용하는 기술훈련이 부족하다.

→ 상담자는 교육을 받을 수 있는 기관에 대한 정보를 가지고 있어야 함

㉢ 직업탐색 기술

직업탐색 기술에 대하여 상담자는 내담자 스스로 기술에 대한 정보를 탐색할 수 있도록 지원하는 것이 중요하다.

㉣ 직업유지 기술

취업 후, 그것을 유지하고 성취하는 방법에 대해서 진로 관심을 가질 수 있음을 확인한다.

(2) 내담자 특성 파악 : 강점 중심의 내담자 특성 이해

① **강점**

㉠ 강점은 긍정적인 특질뿐만 아니라, 타고난 능력이나 지식과 기술로 길러진 재능이다.

㉡ 강점은 행동하고, 생각하고, 느끼는 특정한 방법을 위해 이미 존재하는 능력이며, 그것을 활용하는 이에게 진정성을 느끼게 하고, 열정을 느끼게 하며, 최적의 기능과 발달 및 수행을 이끌어준다.

㉢ 강점 분류체계 : 피터슨과 셀리그만은 시간과 문화를 초월하여 일관되고 가치 있게 여겨지는 6가지의 핵심 덕목과 24개의 성격 강점을 분류하여 강점 분류체계(VIC : value in action)을 구성하였다.

㉣ 강점 인식 : 강점 인식이란 자신의 강점을 자각하고 인지하는 것이며, 긍정적인 자기개념의 형성과 성숙한 진로발달에 중요한 영향을 미친다.

㉤ 강점 활용 : 강점 활용은 다양한 면에서 자신의 강점을 적용 또는 발휘하는 것이며, 강점을 활용함으로써 개인이 지니고 있는 강점을 통해 실제적인 이익을 얻을 수 있다.

② **심리검사를 활용한 내담자의 특성 파악**

㉠ 적성검사

적성은 인간의 능력을 특정 분야나 활동 영역에 관련시킨 개념으로 개인이 어떤 특정 분야, 직업, 활동 등에 필요한 능력을 얼마나 가지고 있는가를 알아내고자 하는 검사이다.

ⓛ 흥미검사

흥미는 어떤 현상이나 사물에 대한 관심 또는 어떤 활동에 적극적으로 참여하려는 성향을 측정하는 검사이다.

ⓒ 직업가치관검사

가치는 어떠한 방향으로 행동하는 것이 개인적 또는 사회적으로 좀 더 바람직한지에 대한 장기적으로 지속되는 신념이다. 직업가치관이란, 직업과 관련하여 자신이 바람직하게 여기는 행동기준으로, 개인이 어떤 선택이나 결정을 내려야 할 때 어떤 방향으로 행동하게 하는 원리나 신념이다.

③ **진로 가계도**

㉠ 진로 가계도는 진로상담 과정에서 활용될 수 있는 하나의 도구로서 진로상담의 '정보수집' 단계에서 유용한 일종의 질적평가 과정이다.

ⓛ 진로 가계도는 가족상담에서 많이 활용되는 보웬(M. Bowen)의 가계도를 진로상담 과정에 적용한 것이다.

ⓒ 내담자들이 자신의 사회화 과정에 대한 이야기를 하는 과정에서 진로에 관한 다양하면서도 유용한 탐색의 단서들을 제공해 준다.

㉣ 진로 가계도 해석

진로 가계도를 해석할 때는 가족의 구조, 반복 유형, 가족의 역할과 직업, 가족관계 유형 등을 고려하여 해석한다.

ⓐ 가족의 구조 : 가계도의 선과 기호가 어떻게 연결되어 있는지 탐색함으로써 가족의 구조를 확인한다.

ⓑ 세대 간 반복되는 유형 : 가계도상에서 반복되는 직업 유형을 탐색하며, 가족 유형은 세대를 거쳐 반복되는 경향이 있기 때문에 이러한 유형은 직업 유형에서도 나타날 가능성이 높다.

ⓒ 가족의 역할과 직업 : 가족 구성원의 역할과 이들 직업 사이의 관계를 알아보며, 가계도를 탐색하면서 가족의 역할과 관련하여 직업의 사회 · 경제적 지위와 직업적 특성을 알아본다.

ⓓ 가족의 관계 유형 : 가족 상호작용의 유형을 설명하는 선(line)을 탐색하여 밀착, 친밀, 소원, 갈등적인 관계를 이해한다.

1 과목
2 과목
3 과목
4 과목
5 과목

제2절 진로정보 탐색 : 진로정보 탐색 지원

(1) 진로정보의 의미

① 기존의 진로정보를 바라보는 관점에서 진로정보는 '개인이 진로에서 어떤 선택이나 결정을 할 때 또는 직업 적용이나 직업발달을 꾀할 때 필요로 하는 모든 자료'를 총칭한다.

② 동태적 개념으로 확장한다면, 진로정보는 '자료를 총칭하는 개념'에 더하여 그 자료를 정보 수요자들에게 전달하는 과정 및 활동까지 포함한 확장된 정의로, 진로정보란 '개인의 진로선택 및 결정 등 진로발달을 지원하는 메시지 또는 서비스 기능을 갖춘 구조화된 자료'로 정의할 수 있다.

(2) 내담자의 특성과 진로정보

① 진로정보에 대한 내담자의 필요 확인

㉠ 내담자가 상담자의 진로정보를 받아들일 준비가 되어 있지 않을 때는 다른 방법으로 진로정보를 제공하는 것이 효과적이다.

㉡ 진로정보를 받아들일 내담자의 준비 수준을 확인해보는 것이 중요하다.

㉢ 언제, 어떻게 그 정보를 제공할 것인지를 판단하는 것이 진로정보를 활용하는 상담자의 주요 역량이라고 할 수 있다.

② 내담자의 필요에 따른 진로정보를 제공하는 목적

㉠ 교육적인 목적

ⓐ 상담자가 내담자에게 진로정보를 제공할 때 교육적인 의도가 있을 수 있는데, 내담자에게 진로정보를 제공함으로써 내담자가 생각을 할 수 있도록 하고, 그 생각을 발전 및 확장시키거나 수정할 수 있도록 해준다.

ⓑ 예 : 적절한 때에 학위 과정을 마치지 않았기 때문에 학업을 계속할 수 없다고 생각해서 다른 진로 대안을 전혀 고려하지 못하는 내담자의 잘못된 신념을 수정하는 것이다.

㉡ 동기 부여를 위한 목적

ⓐ 내담자에게 적당한 시점에 정보를 제공하면 진로계획 과정에서 큰 효과를 줄 수 있는데, 사람들이 의사결정을 하기 이전 단계에서 동기를 부여할 수 있는 것도 있고, 의사결정을 한 후에 보다 중요해지는 정보도 있다.

ⓑ 예 : 의사결정을 하기 전에는 진로의 가능성에 대해서 일반적으로 포괄적인 정보만을 듣고자 하지만, 특정한 영역을 결정하고 난 다음이라면 선택한 영역에 대한 보다 특수한 정보들에 관심을 보인다.

(3) 진로정보 활용

① 정보 활용능력이란, 자신의 정보 요구를 파악하여 정보 과제를 명확히 설정하고, 문제해결에 필요한 정보를 탐색 · 분석 · 해석하고 종합적으로 표현하여 새로운 지식과 정보를 창출하여 전달하는 일련의 과정을 통해 문제를 해결하는 능력이다.

② **진로정보와 진로상담자의 역할**

㉠ 진로상담은 내담자가 직업을 갖게 되는 것을 궁극적인 목적으로 하기보다는 내담자가 직업을 가지고 건강한 직업인으로서 자신의 역할을 찾을 수 있도록 지원하는 역할을 한다.

㉡ 진로상담자는 진로정보를 일방적으로 제공하는 것이 아니라, 내담자가 진로정보를 효과적으로 활용할 수 있도록 지원해야 하기 때문에 진로상담자는 진로정보가 바르게 활용되고 있는지 검토할 필요가 있다.

실력다지기

직업상담자와 진로상담자의 역할 차이점

1) 상담
 (1) 직업상담자 : 내담자의 정보, 직업세계 정보, 미래사회 정보를 통합하여 직업선택에 도움을 주는 일련의 상담활동을 수행한다.
 (2) 진로상담자 : 진로선택 과정까지의 내담자의 건강한 성장을 지원한다.

2) 처치
 (1) 직업상담자 : 직업문제를 갖고 있는 내담자에게 문제를 인식하도록 문제를 진단하고 처치한다.
 (2) 진로상담자 : 내담자의 내적 갈등을 발견하고 이를 지원한다.

3) 조언
 (1) 직업상담자 : 직업정보를 가지고 내담자를 조언한다.
 (2) 진로상담자 : 내담자 스스로가 진로정보를 대하는 태도를 보고 격려한다.

4) 지원
 (1) 직업상담자 : 내담자가 스스로 직업문제를 해결하도록 도우며 직업지도 프로그램을 적용한다.
 (2) 진로상담자 : 진로문제가 발생하게 된 내담자의 내적 갈등을 지원한다.

5) 해석
 (1) 직업상담자 : 직업상담의 도구인 내담자의 성격, 흥미, 적성, 진로성숙도 등의 검사를 실시하고 결과를 분석 · 해석하여 내담자가 자신을 잘 이해하도록 돕는다.
 (2) 진로상담자 : 검사해석 과정에 내담자를 적극적으로 참여시켜 검사가 성장의 도구가 되도록 지원한다.

6) 분석
 (1) 직업상담자 : 직업정보를 수집하고 이를 분석 · 가공 · 관리하며, 피드백을 통하여 정보를 축적하는 임무를 수행하고 개인에게 적합한 정보를 제공한다.
 (2) 진로상담자 : 진로정보 분석 과정에서 내담자의 개입 정도를 점차 늘려서 자신감을 회복하도록 지원한다.

7) 관리
 (1) 직업상담자 : 상담 과정에서 일어나는 일련의 업무를 관리하고 통제한다.
 (2) 진로상담자 : 내담자의 상담 과정에서 일어나는 변화를 격려하고 지원한다.

(4) 직업선택 의사결정과정 6단계(Joann, 2002)

① **1단계** : 직업선택의 인식

직업선택을 왜 해야 하는지 인식하는 단로, 이직, 전직, 실직, 신규 취업 등으로 자신이 직업을 선택해야 하는 필요성을 인식하게 되는 단계이다.

② **2단계** : 개인의 직업특성 평가

자신에 대한 직업적 특성들을 객관적으로 평가한다는 것은 직업선택 과정에서 필수적인 선행단계로, 이 단계에서는 심리검사 등을 통하여 개인의 특성을 평가한다.

③ **3단계** : 적합한 직업의 목록화

2단계에서 기술된 내담자의 직업특성 평가를 통해 개인에게 적합한 직업목록을 생성하는데, 가능하면 다양한 심리검사를 하고 결과를 종합하여 직업목록을 작성하는 것이 좋다.

④ **4단계** : 직업목록에 관한 직업정보의 수집

㉠ 직업선택 의사결정을 한 경우에는 직업정보를 필요로 하게 되고, 다양한 경로를 통해 직업정보를 탐색하고 수집하게 된다.

㉡ 필요로 하는 주요 정보는 직업 내용, 근로조건, 전망 등과 같은 직업 자체에 대한 정보와 요구하는 학력 수준, 능력 등과 같은 직업에 종사하는 인적자원에 대한 정보이다.

⑤ **5단계** : 선택 직업의 결정

4단계에서 수집한 직업정보들을 활용하여 직업 간 비교를 통해 최종적으로 선택 직업을 결정하게 되며, 이 단계에서는 많은 정보 중에서 내담자가 자신의 특성에 맞게 정보를 정리하고 비교할 수 있도록 도와준다.

⑥ **6단계** : 선택 직업진입을 위한 실천 행동

6단계에서는 내담자들이 선택한 직업에 진입하기 위한 정보들을 요구하게 되는데, 내담자 자신이 선택한 직업에 곧바로 진입이 가능한지 또는 훈련, 자격취득, 진학 등과 같이 진입을 위한 준비과정을 거쳐야 하는지를 결정하게 된다.

제3절 진로설계 지원

(1) 진로목표 수립

진로목표와 행동계획을 수립할 때는 아래의 내용에 유의한다.

① 목표는 구체적이어야 한다.
상담 과정에서 내담자의 모호한 표현은 상담자가 주도적으로 바꾸어 구체적인 목표를 설정하도록 이끌어나간다.

② 목표는 관찰 가능, 측정 가능해야 한다.
목표를 세웠더라도 측정하거나 관찰할 수 없으면 추상적이 될 수밖에 없기 때문에 목표는 측정 또는 관찰 가능해야 한다.

③ 목표가 달성되는 시간이 정해져야 한다.
목표를 달성하는 데 필요한 시간을 언급하는 것이 중요하며, 관찰 가능한 목표가 적당한 마감 시간과 함께 언급된다면 더욱 효과적이다.

④ 목표는 달성 가능해야 한다.
상담자의 역할은 새로운 일을 시작하려는 내담자의 열정을 꺾지 않으면서 합리적이고 달성 가능한 목표를 세우도록 안내하는 것이다.

⑤ 목표는 기록될 필요가 있다.
목표를 글로 쓰는 것도 유용한데, 기록하기를 싫어하는 내담자들에게 적절한 양식을 제공하여 목표를 기록하고 정리해 나가는 연습을 하도록 한다.

⑥ 목표는 명확히 표현되어야 한다.
진로계획이나 목표를 명확하게 표현하는 것이 중요하다.

⑦ 목표는 내담자가 원하고 바라는 것이어야 한다.
목표는 내담자가 바라는 것을 반영해야 한다.

(2) 진로의사결정 기법

① 타협(compromise)

㉠ 내담자가 특정 진로를 선택할 때는 대안들을 상호 비교하고 검토하는 과정이 필수적으로 동반된다.

㉡ 이 과정에서 내담자 자신이 생각하는 이상적인 직업과 현실적으로 실현 가능한 직업 사이에서 조정을 할 수밖에 없는 상황이 발생하며, 이상적인 직업포부를 포기하고 그 대신에 실현 가능한 직업을 선택하게 되는데, 이와 같은 행동을 타협(compromise)이라고 한다.

② **계획된 우연이론**

㉠ 우연적 사건이란 계획되지 않고 예상치 못하게 발생하였거나 또는 상황적이면서 예측할 수 없으며 때로는 의도하지 않았던 사건들과 관련되며, 이들이 진로발달과 행동에 영향을 미치는 것을 말한다.

㉡ 우연 진로이론은 진로선택과 발달에서 우연의 영향이 크며, 우연 사건의 내용보다 개인의 능동적 대처가 더욱 중요하고 우연을 적극적으로 만들어 낼 수 있다는 인식의 전환이 필요하다고 본다.

㉢ 내담자가 우연한 만남으로 진로를 결정하는 과정에서도 개인의 내부에서 무엇인가 강렬한 것을 체험하고 이러한 강렬한 체험과 여러 요인들과의 복합적인 상호작용들을 통해 진로를 결정하게 된다.

㉣ 상담자가 제대로 된 질문을 던짐으로써 내담자들이 미처 기억해내지 못한 우연 또는 기회의 영향들을 떠올리도록 자극할 수 있으며, 좋은 질문을 통하여 내담자들이 기존에 갖고 있던 수동성에서 벗어나 능동적인 자세로 우연에 대응할 수 있도록 격려한다.

㉤ 상담자의 열린 마음이 중요한데, 상담자는 내담자가 변화와 모호성을 다룰 수 있도록 도와주어야 하며, 내담자의 불확실성과 비일관성을 수용하고 내담자 자신의 진로선택에 있어 비이성적이고 직관적인 측면을 이해할 수 있도록 도와야 한다.

제4절 실행 지원

(1) 진로 역량 확장 : GROW(goal, realty, option, will) 코칭 모델을 중심으로

코칭(coaching)은 질문과 경청, 피드백을 통한 과정에서 개인의 생각을 자극하고 사고의 지평을 넓혀 새로운 인식을 통해 스스로 현재 직면하고 있는 문제와 해결방법을 찾도록 돕는 과정이다. 코칭에 대한 다양한 모형 중에서 GROW(goal, realty, option, will) 모델은 문제 정의, 원인 파악, 해결안 모색, 실행 등 일반적인 문제해결 프로세스를 따르고 있어 단순하며 적용이 쉬워 가장 많이 사용되는 모델이다.

① 목표(goal)

㉠ GROW 모델은 초기에 대화 주제에 대한 초점을 목표(goal)에 둔다.

㉡ GROW는 해결 과제와 문제점을 보기 전에, 먼저 내담자가 원하는 이상적인 상태를 인식하게 함으로써 해결하려는 목적은 내담자 자신으로부터 출발한다는 철학이 반영되어 있다.

㉢ 문제를 해결하는 것은 어떤 의미이며, 그 주체가 누구이고, 그 과정을 통해 내담자가 진정 원하는 바가 무엇인지는 먼저 생각할 수 있게 바라보게 함으로써 긍정적인 에너지를 갖게 하고, 한 단계 사고를 진전시키는 것으로써 진로상담의 가치를 갖게 된다.

② 현실(realty)

㉠ 2단계인 현실(realty)에서는 현재의 문제 상황에 대해 살펴보는 단계로, 실제로 벌어지고 있는 이슈와 그것에 대한 내담자의 시각을 함께 관찰하면서 새로운 관점을 갖게 되는 단계이다.

㉡ 이 단계에서 상담자는 내담자의 고정관념이나 인식에 대한 비합리적 신념이나 가정들을 직면할 수 있도록 안내한다.

③ 대안(option)

㉠ 3단계인 대안(option)에서는 목표를 이루기 위해 그동안 시도했던 실패와 성공의 경험들을 탐색한다.

㉡ 실패와 성공의 경험들은 무엇이었으며, 거기에서 배울 것은 무엇이었는지, 시도하지 않았던 방법들과 새롭게 시도해 볼 만한 것들은 무엇인지 등에 대해 새로운 대안을 탐색하게 된다.

④ 실행 의지(will)

㉠ 3단계인 실행 의지(will) 단계에서는 구체적인 실행계획에 대해 합의하고 지속적으로 실행할 수 있는 후원 환경들을 점검하며 다짐하는 단계이다.

㉡ 실행 의지(will) 단계에서 상담자는 내담자와의 수평적 파트너십을 통해 지속적인 시스템을 구축할 수 있다.

(2) 동기 부여 : 진로동기 모델(career motivation theory)을 중심으로

① 진로동기 모델(career motivation theory)은 론돈(London)이 스트레스 대처 모형에 근거하여 제시한 이론으로서 진로탄력성(career resilience)을 최초로 개념화하여 제시한 모델이다.

② 론돈(1983)의 진로동기 모델은 진로정체성과 진로통찰력, 진로탄력성 등 세 가지 개념을 포함한다.

③ 론돈(1983)은 진로정체성은 진로동기의 방향성을 결정하는 요소이며, 진로통찰력은 진로동기를 촉발하는 요소이고, 진로탄력성은 진로동기를 유지하는 요소로 보았다.

④ 진로장벽을 극복하기 위하여 개인은 단지 자신의 작업 환경을 이해하고[→ 진로통찰력], 설정된 목표를 따르는 것이 아니라[→ 진로정체성], 불안정한 직업 상황의 어려움을 이겨내는 능력[→ 진로탄력성]을 길러야 한다.

⑤ **진로탄력성**

㉠ 회복탄력성(resilience)은 개인이 역경에 직면했을 때 이에 적응하고 오히려 성장을 가능하게 하는 개인의 사회적, 심리적 특성을 의미하며, 회복탄력성을 진로에 접목한 진로탄력성은 진로 좌절을 극복하는 능력으로서 진로탄력성이 높은 사람은 부정적인 일 상황에서 좀 더 효과적으로 대처하는 반면에 그 반대 개념인 진로취약성(career vulnerability)은 최적의 진로 조건에 미치지 못하는 상황에 직면할 때 드러나는 심리적인 허약성을 의미한다.

㉡ 진로탄력성의 하위 요소에는 자기 신뢰, 성취 열망, 진로 자립, 변화 대처, 관계 활용의 5가지가 있다.

ⓐ 자기 신뢰

자기 신뢰란 자신에 대한 긍정적인 지각과 어려운 상황이나 스트레스에도 불구하고 자신을 믿고 확신하며 자기 긍정성을 발휘하는 것을 의미한다.

ⓑ 성취 열망

성취 열망이란 개인이 세운 목표를 달성하고자 하는 의지이며, 어려움과 역경에 부딪혔을 때에도 자신의 미래를 낙관적으로 보고 인내와 끈기로 더 높은 목표를 달성하고자 하는 태도나 행동을 의미한다.

ⓒ 진로 자립

진로 자립이란 개인이 원하는 진로목표를 달성하는 능력과 노력을 의미하며, 지속적으로 학습하며, 새로운 기술과 훈련을 주도적으로 계획하여 직무기술을 향상시키는 태도나 행동을 의미한다.

ⓓ 변화 대처

변화 대처란 개인이 세운 진로목표를 달성하는 과정에서 예기치 않게 발생한 사건 또는 그로 인한 결과를 받아들이며 실패를 두려워하지 않고 부정적인 결과에서도 긍정적인 요소를 찾아 대처하는 태도나 행동을 의미한다.

ⓔ 관계 활용

관계 활용이란 진로 상황에서 어려움이나 역경에 부딪혔을 때 개인이 활용할 수 있는 사회적 자원을 확보하고 대인관계 네트워크 구축과 긍정적인 관계를 활용하는 태도나 행동을 의미한다.

㉢ 진로적응성과 진로탄력성

ⓐ 진로적응성

진로적응성은 변화하는 일과 일하는 조건에 대처하기 위한 준비도, 예측할 수 있는 과제를 준비하고 일 역할에 참여하며 일과 일하는 조건의 변화로 야기된 예측할 수 없는 적응에 대처하기 위한 준비도로서 아직 도래하지 않은 미래 상황을 염두에 두고 현재 상황을 긍정적, 적극적으로 대처하는 능력 혹은 태도를 의미한다.

ⓑ 진로탄력성

진로탄력성은 위기 상황을 성공적으로 극복해내는 회복력으로써 시간상으로 과거 역경 상황을 극복해냈는가를 다루는 과거 지향이다.

CHAPTER 04

취업상담

제1절 구직역량 파악

(1) 내담자 구직역량 분석

① **내담자의 강점과 약점, 취업 욕구 파악**

㉠ 강점으로는 내담자의 경력, 학력, 전공, 직업훈련, 인턴 등 직무 경험, 관련 자격증 보유 여부, 학교 활동, 동아리나 스터디 활동, 공모전 참여 이력, 수상 여부, 어학 점수 및 어학 능력 등을 생각해 볼 수 있으며, 내담자의 직무능력 및 구직기술 보유 여부도 강점 범주에 포함된다.

㉡ 약점은 이 직무에 반드시 필요한 부분 중 갖추지 못한 것을 약점으로 분류한다.

㉢ 취업 욕구는 내담자의 구직의지, 구직목표, 취업을 원하는 취업 희망 시기 등을 파악하여 가늠한다.

② **구직욕구 분석**

㉠ 구직욕구의 정의

ⓐ 욕구란 행동을 시작하게 하고, 방향을 설정하게 하며, 강도와 끈기를 결정하는 힘으로 정서적 · 인지적 · 행동적인 면을 포함한다.

ⓑ 구직욕구란 실직이나 미취업 상태에 있는 개인이 직업 또는 직장을 찾기 위해 자신의 부정적인 감정을 다스리고, 구체적인 계획을 세우고 실행하도록 하는 힘이다.

㉡ 구직욕구 분석

ⓐ 구직욕구는 자기존중감, 자기효능감과 관련이 있으며, 구직욕구 분석은 구직의욕 질문지, 구직준비도 검사 등을 활용한다.

ⓑ 자기존중감은 개인의 비교적 일반적인 자아상을 나타내는 개념이며, 개인이 생활해 오면서 누적된 경험에 의해 형성되는 자신에 대한 긍정적 지각을 의미한다.

ⓒ 자기효능감은 특정 영역에서의 개인의 능력에 대한 신념으로, 특히 어떤 성취 상황에서 자신의 수행에 대한 기대이기 때문에 구직상황에서는 자신의 구직활동의 효율성에 대한 기대를 의미한다.

③ **구직자 유형 분류**

구직자 유형은 구직자의 취업의욕, 취업능력, 취업기술 등을 종합적으로 고려하여 결정하게 되며, 구직자를 유형별로 분류하여 관리하고 적합한 취업상담을 제공하는 데 활용된다.

④ **내담자의 희망 직무에 관한 역량 파악**

내담자가 원하는 직무를 파악하고 희망 취업조건을 파악한 이후, 내담자가 직무역량을 갖추었는지 확인하고 역량개발을 위한 상담을 진행한다.

㉠ 역량 및 직무수행역량의 정의

ⓐ 맥클랜드(McClleland)는 역량(competency)을 "개인성과를 예측하거나 설명할 수 있는 다양한 심리적 · 행동적 특성"이라고 정의했으며, 일반적으로 역량이란 특정 맥락의 복잡한 요구를 지식과 인지적 · 실천적 기술뿐만 아니라 태도, 감정, 가치, 동기 등과 같은 사회적 · 행동적 요소를 가동시킴으로써 성공적으로 충족시키는 능력을 의미한다.

ⓑ 역량은 동기, 자기 개념, 특질, 지식, 기술 등 5가지 요소로 구성되는데, 이 5가지 요소는 가시성에 따라 구분되기도 하는데, 지식과 기술은 비교적 가시적이며 표면적인 특성인 반면, 자기 개념, 특질, 동기는 비가시적인 요소로 짧은 시간에 평가하기가 어렵고, 교육훈련을 통한 조정도 어렵다.

ⓒ 직무수행역량은 직무수행에 필요한 역량을 의미하며, '공통 직업 능력', '기초 직업 능력', '직업 기초 능력' 등의 용어와 혼용되어 사용되고 있다.

⑤ **구직역량 검사**

㉠ 구직역량의 정의

구직역량이란, 구직을 하기 위한 지식, 기술, 태도 등을 의미하며, '구직'이라는 상황이나 맥락에서 발생하는 요구에 성공적으로 대응하여 이를 충족시킬 수 있는 총체적 능력을 의미한다.

㉡ 구직역량의 하위 역량군

ⓐ 구직역량은 구직 지식군, 구직 기술군, 구직 태도군, 직무 적응군으로 구성된다.

ⓑ 구직 지식군은 자신에게 적합한 직장을 탐색하고 입직하기 위해 갖추어야 할 지식을 말한다.

ⓒ 구직 기술군은 직장을 선택하고 그곳에 취업하는 데 필요한 실제적 기술을 말한다.

ⓓ 구직 태도군은 직장에 취업하고 적응하는 데 갖추어야 할 태도 및 가치관이다.

ⓔ 직무 적응군은 직장에서 직무를 성공적으로 수행하고 지속적인 발전을 가능하게 하는 능력을 의미한다.

㉢ 구직역량 종합 판단

ⓐ 구직역량은 취업역량과 같은 의미로 사용되고 있으며, 구직자 개인의 취업역량에 기초하여 장기 실직이 예상되는 구직자의 취업역량을 사전에 판별하여 맞춤형 서비스를 제공하고 노동시장으로의 조기 복귀를 지원하는 기초이다.

ⓑ 구직역량은 직업 기초능력과 구직 역량의 하위 역량군에 대한 종합적인 판단에 기초한다.

ⓒ 구직욕구, 건강상태, 연령, 학력 수준, 미취업 기간, 고용보험 가입 기간, 자격증 보유 및 직업훈련 경험 등 구직자의 개인적 요인과 사회적 요인이 함께 고려된다.

㉣ 구직역량 판단 후속 조치

ⓐ 구직자의 구직역량을 종합적으로 판단하여 등급으로 구분한 후에, 집단상담 프로그램, 취업훈련, 취업알선 등 적절한 사후상담 및 조치사항을 진행한다.

ⓑ 이러한 과정을 통해 구직자가 심리적 취약성과 구직 스트레스를 극복하고, 구직의욕과 취업역량을 향상시킬 수 있도록 한다.

ⓒ 후속 조치는 청소년 · 청년 · 주부 · 장애인 · 다문화 가정 등 구직계층, 구직동기 강화, 자신감 향상, 구직효능감 증진 등 필요한 구직역량 향상 영역에 따라 제공된다.

(2) 취업효능감 : 취업효능감 프로그램 중심으로

① 취업효능감 프로그램의 의의

㉠ 자기효능감은 특정한 문제를 자신의 능력으로 성공적으로 해결할 수 있다는 자기 자신에 대한 신념이나 기대감으로, 자기효능감에 영향을 줄 수 있는 요인으로는 수행 성취, 대리 경험, 언어적 설득, 정서적 안정이 있다.

㉡ 취업효능감(employment efficacy)은 자기효능감 이론을 바탕으로 개인이 취업이라는 결과를 얻는 과정에서 필요한 취업정보 획득 기술, 서류전형에 임하는 기술, 면접 기술 등 직업을 얻기 위해 성공적으로 수행할 수 있는 능력과 자신감을 말한다.

② 취업효능감 프로그램의 구성

㉠ 수행 성취

자기효능감을 높이기 위해서는 우선 작은 일이라도 성공을 경험하며, 반복된 성공을 통해서 성공 경험이 누적되면 자기효능감이 증가된다.

㉡ 대리 경험

다른 사람이 특정 과업에서 성공을 거두는 것을 보게 되면 “나도 할 수 있어.”라는 자기효능감이 증가하게 되며, 이미 성공한 사람들이나 위인들을 모델로 하여 대리 경험을 하게 해 주면 자기효능감이 증가한다.

㉢ 언어적 설득

구직자에게 잘할 수 있다는 것을 확신시키고 설득시키는 것으로 자기효능감을 높아지며, 격려의 말이나 수행에 대한 구체적인 평가를 통해 구직자의 노력을 강화하고, 자기효능감을 증진시킨다.

㉣ 정서적 안정

자기효능감은 어떤 주어진 수행 상황에서 개인이 느끼는 정서적 각성의 정도와 질에 영향을 받는데, 실패를 극복할 수 있다는 긍정적인 마음을 통해서 과제를 접하고 해석하여 정서적 각성을 통해 불안에서 탈피해야 자기효능감이 높아질 수 있다.

제2절 취업목표 설정

(1) 목표 설정의 의의 및 특성

① 목표 설정의 의의

㉠ 목표 설정은 구직자와 상담자 간의 협조적인 과정이라고 할 수 있으며, 상담자는 구직자와의 초기면담에서 사전 목표를 이해하게 되는데, 초기면담만으로는 정보가 불충분하므로 장기 목표 설정 시에는 초기 목표가 재검토되거나 바뀔 수 있다.

㉡ 상담이 진행되면서 구직자가 변화를 보이거나 새로운 문제가 발생할 경우, 목표는 변화되거나 수정될 필요가 있다.

㉢ 목표 설정은 상담의 방향을 제공해 주고, 상담 전략을 선택하고 개입에 대한 기초를 마련해 주며, 상담 결과를 평가하는 기초를 제공해 준다.

② 목표 설정의 특성

㉠ 목표는 구체적이어야 한다.
목표는 추상적이거나 모호해서는 안 되며, 명확하고 구체적이어야 한다.

㉡ 목표는 실현 가능해야 한다.

ⓐ 실현 가능하거나 성취 가능한 목표는 구직자가 목표 달성에 필요한 시간, 에너지, 능력, 자원을 가지고 있음을 의미한다.

ⓑ 목표는 실현 가능해야 하지만, 상담자는 구직자의 가능성을 과대 · 과소 추정하지 않도록 한다.

㉢ 목표는 내담자가 원하고 바라는 것이어야 한다.
어떤 경우 구직자는 자신이 통제하기 어렵다고 믿는 상황 때문에 어떤 목표를 달성해야만 한다고 느끼는데, '해야만 하는 것' 또는 타인의 기대를 반영하는 목표는 구직자의 동기를 저해할 수 있다.

㉣ 목표는 상담자의 기술과 양립 가능해야 한다.
구직자의 목표가 상담자의 능력을 벗어난 것이라면 효과적인 상담이 이루어질 수 없고, 이런 경우에는 다른 기관이나 전문가에게 의뢰하는 것을 고려한다.

③ 목표 확인

㉠ 구직자의 목표 결정
초기면담 과정에서 구직자가 진술한 내용이 목표 설정의 중요한 단서가 되며, 구직자가 직면한 현재 문제가 어느 정도 깊은 수준까지 평가되고 적절한 개입이 결정되면 분명하고 구체적인 목표를 제시한다.

ⓛ 목표의 실현 가능성 결정

전반적인 목표가 설정되면 내담자와 함께 실현 가능성을 탐색하며, 목표의 실현 가능성은 나의 시간, 에너지, 능력, 자원과 관계된 현실성 등과 그 상황을 통제할 수 있는 정도를 함께 고려한다.

ⓒ 하위 목표 설정

ⓐ 실현 가능성이 검토되면 하위 목표를 확인함으로써 그 목표에 대한 세부 계획을 확인한다.

ⓑ 구직자와 구직자의 가치 · 기술 · 자산에 대한 평가, 직업적 대안의 창출, 직업정보의 수집, 의사결정 모형의 적용 등을 협의하고 하위 목표들에 대한 동의를 얻음으로써 모호함을 줄일 수 있다.

ⓔ 목표 몰입도 평가

ⓐ 목표 추구에 필요한 시간과 에너지를 투자하는 것이 중요하므로 목표에 대한 구직자의 몰입도를 평가한다.

ⓑ 목표에 대한 몰입도는 초기면담 과정에서 확인할 수 있으나, 구직자가 말하기를 주저하는 경우에는 자신의 몰입도를 언어화하도록 격려하는 것이 필요하며, 서면 계약을 통해 명확히 할 필요도 있다.

제3절 구인처 확보 : 구인정보 수집 및 제공

취업활동 계획에서 고려해야 할 직업정보들로는 취업산업분석과 고용동향, 직업정보 분석이 선행되어야 한다.

(1) 노동시장 정보

산업동향을 분석함으로 채용동향을 파악하고 구인 수요를 예측할 수 있다.

① **고용정보**

㉠ 「직업안정법 시행령」 제10조에서는 직업안정기관에서 직업상담을 하는 경우에는 구직자의 개별적인 상황을 고려하고, 고용정보 및 직업능력개발에 관한 정보, 직업 적성검사 등을 활용할 것을 제시하였으며, 동법 제12조 고용정보 제공의 내용 등에서는 직업안정기관에서 제공할 것을 제시하였다.

㉡ 「직업안정법」에 제시된 고용정보의 내용

ⓐ 경제 및 산업 동향

ⓑ 노동시장, 고용 · 실업 동향

ⓒ 임금, 근로시간 등 근로조건

ⓓ 직업에 관한 정보

ⓔ 채용 · 승진 등 고용 관리에 관한 정보

ⓕ 직업능력개발 훈련에 관한 정보

ⓖ 고용 관련 각종 지원 및 보조제도

ⓗ 구인 · 구직에 관한 정보

㉢ 직업정보

직업정보와 관련된 자료 분석을 토대로 직업정보의 범위를 설정하면, 개인에 대한 정보, 직업에 대한 정보, 미래에 대한 정보 등으로 분류한다.

ⓐ 개인에 대한 정보는 청소년기의 직업탐색에서부터 성인기의 직업 선택, 중 · 고령기, 은퇴기 등에 이르기까지 개인이나 직업상담가가 수집해야 할 정보를 제시한 것이다.

ⓑ 직업에 대한 정보는 주로 노동시장이나 직업 세계에 관한 정보로서 개인이 직업을 선택하거나 구인처를 결정할 때에 필요한 정보들이다.

ⓒ 미래에 대한 정보는 개인이 직업을 결정하는 데에 필요한 정보로서 생애주기에서 직업을 전환하거나 은퇴 시 고려해야 되어야 할 정보이다.

(2) 구인정보 제공과 알선

구직자 맞춤형 구인정보를 발굴하여 제공하는 것이 적중 알선이다.

① **채용정보 제공**

㉠ 채용정보의 특성을 잘 활용하여 참여자를 중심으로 구인 발굴을 진행하여 알선을 한다.

㉡ 채용공고를 정확히 분석하고 구직자 역량과 비교하여 적중 알선을 함으로써 채용 확률을 높이도록 한다.

㉢ 구직자에게 전달해야 할 구인공고는 이메일, 카카오톡, 메시지 등을 통해 전달하고, 채용정보를 한눈에 보기 좋게 전달해 주는 것도 중요하다.

㉣ 구직자가 가장 중요하게 생각하는 부분이 잘 전달될 수 있도록 공고를 만들어 전달해 줄 필요가 있다.

② **적중 알선**

㉠ 적중 알선의 핵심은 구직자의 구직희망 조건과 역량 파악을 정확히 하고, 채용정보를 분석하여 알선을 하는 것이며, 조건이 맞지 않을 경우 구인업체와 정중히 의사소통을 하여 지원가능 여부를 확인하는 것이 좋다.

㉡ 상담자는 구직자를 존중하고 구직자가 가지고 있는 자원에 주목해야 하며, 또한 구직자와 끊임없는 상호작용을 통해 적중 알선을 할 수 있는 기반을 만든다.

㉢ 구직자의 인적사항, 흥미, 적성, 가치관 등을 확인하고 경제적 상황, 능력[어학, 자격증 등], 사회경험, 봉사활동, 공모전, 취업 장애요인, 희망 근무지역, 취업희망 조건[직무, 급여 등]을 꼼꼼하게 확인하여야 한다.

㉣ 구인업체의 채용 직무, 구인처의 요구 학력, 전공, 학점 등을 확인하고 지원자격 및 우대사항[자격증, 성별, 연령 등] 등도 잘 체크하며, 인근 거주 여부도 확인하고 알선을 진행한다.

㉤ 알선을 진행할 때는 추천서를 활용하여 이메일이나 팩스를 활용하여 진행하고, 구인업체에는 각종 지원금[청년 추가고용 장려금, 두루누리 일자리 안정자금 등]에 대해 안내하고 구직자가 해당되는지 여부를 설명해 준다.

㉥ 그 이후 면접 일정을 잡도록 상담자가 구직자와 구인업체와의 의사소통을 해주는 것이 중요하며, 매일 시간을 정해 알선 시간을 확보해 놓고 진행하는 것이 좋다.

제4절 구직활동 지원

(1) 구직서류 작성 지원

① **입사서류**

구직자가 취업을 위한 면접의 기회를 얻기 위해 회사에 제출하는 개인의 정보, 학력, 경력, 자격, 봉사활동 등이 적혀 있는 문서이다. 인사담당자는 이력서를 통해 구직자의 성향, 능력, 직무 적합성, 조직 적합성 등을 판단한다.

㉠ 입사서류 작성

입사서류는 먼저 준비해 놓아야 지원자에 적합한 채용공고가 올라왔을 때 실시간 대응을 할 수 있으며, 기본서류를 준비해 놓고 기업분석만 추가하여 완성한다.

㉡ 구인업체와 의사소통

지원할 업체에 채용과 관련하여 의사소통을 할 일이 있으면 멘트를 미리 준비하고 좋은 인상을 남길 수 있도록 신중하게 소통해야 하고, 예의를 갖추고 필요한 내용으로 요점만 간단히 하고, 정확한 어투 및 어휘 사용으로 만나보고 싶다는 인상을 남기도록 한다.

㉢ 이메일 지원

이메일로 서류를 지원할 때에는 이력서만 첨부하지 말고 간단히 내용을 쓰는 것도 도움이 되는데 인사말, 끝맺는 말, 간단한 어필 등을 첨부하는 것이 좋다.

㉣ 마무리 감사 인사

면접 이후 당락의 여부를 떠나 면접의 기회를 주신 것에 대한 감사 인사를 메일로 보내면 좋은 인상으로 마무리할 수 있기 때문에 이를 권한다.

② **이력서 작성**

㉠ 이력서는 객관적 자료로 정확성이 중요하며, 되도록 빈칸이 없도록 채운다.

㉡ 해당사항이 없을 경우 해당 부분을 가능한 경우 삭제하는 것이 좋고, 지원분야는 반드시 기재한다.

③ **자기소개서 작성법**

㉠ 자기소개서는 이력서에 담아내지 못했던 정성적인 역량을 표현한다.

㉡ 성장과정, 성격의 장단점, 지원동기, 입사 후 포부 항목으로 주로 구성되어 있다.

㉢ 직무 적합성, 조직 적합성 등을 잘 담아내어 작성하도록 한다.

㉣ 자기소개서를 통해서 열정과 패기, 도전정신, 친화력과 사회성, 학습역량 등이 잘 드러나도록 작성해야 한다.

㉤ 지원회사의 인재상에 부합되는 인재임을 잘 표현해야 한다.

ⓗ 참신한 소제목으로 관심을 끌고 첫문장을 임팩트 있게 작성하여 끝까지 읽을 수 있도록 한다.

ⓢ 사례를 중심으로 어떤 상황에서 벌어진 문제를 어떻게 해결했고, 결과적으로 이렇게 되었다는 스토리텔링을 잘 전개해야 한다.

→ STAR 기법[자신의 경험을 situation, task, action, result로 작성하는 글쓰기 구조]을 기반으로 자신의 경험을 구체적으로 잘 표현한다면, 매력적인 스토리를 작성할 수 있다.

(2) 면접 지원

① 면접 준비

㉠ 면접의 기회를 얻었으면 채용이 될 수 있도록 준비를 잘 하여야 하며, 면접자는 지원자의 성격이나 성품, 지원동기 및 의지 확인, 직무능력 및 지적 수준과 두뇌 회전 능력, 협조성과 리더십 등 종합적으로 평가한다.

㉡ 면접에 응하면서 중요한 점은 다(多) 대 다(多) 면접일 경우 다른 지원자의 발언 시 주의집중을 하고 경청하는 모습을 보여야 한다는 점과 마지막 발언의 기회를 꼭 활용해야 한다는 점, 시선 처리를 잘 해야 한다는 것이다.

② 유형별 면접

㉠ 인성 면접

ⓐ 인성 면접은 일 대 일, 일 대 다(多), 다(多) 대 일 면접으로 진행되며, 기본 품성과 조직적합성을 평가하고, 열정이나 입사에 대한 의지를 묻는다.

ⓑ 답변 태도, 의지, 화법, 성향 등 인성을 포함하여 종합적인 평가를 하는데, 임원이 진행하는 면접이라면 지원자의 인성, 마인드, 가치관 등을 중점적으로 볼 수 있기 때문에 면접에 임하기 전에 자기소개서도 다시 보고 가는 게 좋다.

㉡ PT 면접

ⓐ 일 대 다(多) 형태의 면접으로 진행되며, 문제해결 능력과 직무수행 능력을 평가하고, 문제인식 및 해결, 창의성, 자료 이해도, 직무 적합도 등이 드러나, 구조화 능력 및 발표력 등이 평가된다.

ⓑ 주제가 주어지면 기승전결로 나누어 구조화하고 두괄식으로 표현해내도록 하고, 질의응답 시간이 주어지기 때문에 질문 요점을 정확히 파악하고 답변을 한다.

㉢ 역량 면접

ⓐ 역량 면접은 과거의 경험을 통해 미래의 행동을 유추하는 꼬리 물기식 면접으로, 회사에 필요한 역량에 초점을 두고, 꼬리에 꼬리를 무는 구조화된 질문을 바탕으로 면접자의 역량을 평가한다.

ⓑ 직무를 수행하는 데 필요한 역량인 의사소통 능력, 문제해결 능력, 대인관계 능력, 조직이해 능력, 자기관리 능력 등을 답변 내용과 표정, 행동까지 세심히 관찰하여 평가하며, 과거의 경험에 기반을 둔 답변을 통해 판단한다.

㉣ 토론 면접

ⓐ 토론 면접은 답을 구하는 것이 아닌 서로의 의견을 주고받는 과정을 평가하는 것으로, 논리 싸움이 우선이 아니고 합의된 결과물을 잘 만들어 내는 것이 가장 중요하다.

ⓑ 자신의 역할이 반드시 있어야 하며, 다른 의견을 수용하고 발전시키는 모습이 평가에서 좋게 반영이 되는데, 특히 합의된 결과물을 도출하기 위한 역할이 중요하다.

ⓒ 토론 중 논의사항을 정리해주고, 타 구성원들의 의견도 개진할 수 있도록 도와주며, 토의 방향이 틀어지는 것을 정리해주는 것도 좋은 평가를 받게 되는데, 더 나아가 끝까지 경청하는 태도, 상대방을 존중하는 태도가 좋은 평가로 이어진다.

제5절 내담자 사후관리 : 내담자 사후관리 기법

(1) 취업자 사후관리

① 사후관리는 취업활동 계획서에 따라 진행하고 있는 구직자가 진행 도중 취업 의지가 약화되는 것, 그리고 취업활동 계획서에 따라 취업한 구직자가 직장에서의 적응을 도와 직업유지를 할 수 있도록 지속적으로 관리하는 것 등을 포함한다.

② 사후관리는 구인 · 구직 정보 제공, 일자리 알선, 취업지원 계획 수립 지원, 취업상담 등 일련의 과정을 가져갈 수 있도록 지원한 후 취업이나 창업에서 발생하는 사안들에 대한 적응과 유지를 돕는 과정이며, 이때 필요하다면 취업상담을 다시 진행할 수 있다.

③ **사후관리의 제공**

㉠ 매월 1회 이상 취업자에게 유선 등의 방법으로 직장 적응 시 애로사항 등을 상담하여 근속이 지속될 수 있도록 유도하고, 미취업자에게는 구인정보를 제공하여 조기에 취업할 수 있도록 독려한다.

㉡ 취업자가 직장 적응이 어려워 재취업하여야 할 경우에도 면담을 거쳐서 취업활동 계획을 재수립하도록 지원하며, 이미 수립된 구직자의 취업활동 계획 내용을 가급적 유지하되, 세부적인 취업지원 프로그램 변경이 불가피한 경우에는 상담 과정을 거쳐 취업활동 계획을 수정하도록 돕는다.

㉢ 온라인 · 오프라인 종합적 정보를 지속적으로 제공하여 상담자가 구직자의 취업 후 직무만족이나 적응의 애로점을 청취하고, 상담자가 지속적인 관심을 가지고 있다는 인식을 통해 구직자가 취업 의지를 더욱 확고히 다지도록 한다.

(2) 미취업자 사후관리

① 취업이 될 때까지 채용정보 제공 및 구직동기 부여는 계속되어야 하고, 채용정보는 지속적이고 주기적으로 개인별 취업목표에 적합한 맞춤형으로 제공되어야 하고, 주 1회 이상은 힘이 되는 문구를 SNS로 전달함으로써 상담자는 항상 내담자의 편에서 구직활동을 지원해 줄 수 있다는 것을 알도록 해 준다.

② 취업에 도움이 되는 단기 특강이나 취업 프로그램에 대한 추천도 지속적으로 제공해 주면서 미취업 원인을 다시 분석하여 직업훈련을 다시 받을 것인지, 새로운 취업지원 프로그램을 다시 이수할 것인지, 직종을 전환할 것인지를 상담을 통해 정하고, 희망 근로조건에 대한 조정이 필요한지에 대한 여부도 상담을 통해 확인한다.

③ 취업 프로그램 종료 후, 또는 사후관리 기간에도 취업이 되지 못했을 경우, 취업 후 부적응으로 바로 퇴사한 경우 참여 가능한 다른 프로그램을 추천할 수 있고, 고용복지플러스센터의 구직자 취업역량 강화 프로그램이나 지방자치단체나 타 부처의 취업지원 프로그램을 안내하고 참여할 수 있도록 정보를 제공한다.

직업복귀 상담

제1절 직업복귀 동기 파악[6] : 직업복귀 및 직무전환 동기 파악

(1) 성역할과 직업적 고정관념

① 성역할에 대한 고정관념은 10대 여성들에게 교육적 성취를 저하시키고, 육아나 가정일을 우선시하게 만들며, 포부를 낮추는 역할을 하게 한다.

② 여성이 가정을 우선시할수록 자기 존중감과 직업포부는 급격히 낮아지며, 가정에 대한 의존도가 높은 아동일수록 직업들을 여성적인 것과 남성적인 것으로 나누려는 경향을 나타내고, 기성세대의 직업적 고정관념을 그대로 받아들이고 선택을 위한 가이드로서 활용하려는 경향을 보인다.

(2) 낮은 자기효능감

① 여성의 경우 사회적 영역과 활동에서는 높은 자기효능감을 지니며, 남성들은 이공계와 신체활동 등의 영역에서 높은 점수를 나타낸다.

② 이러한 자기효능감의 차이가 성별 사회화를 고착시키고 있으며, 여성의 낮은 자기효능감은 남성 주도적인 진로를 고려하는 낮은 상관을 보이고, 수학에 대한 자기효능감은 과학 진로의 선택에 영향을 미친다.

(3) 일과 가정의 다중 역할

① 여성의 진로장벽의 하나로 여성의 다중 역할에 대한 측면인 어머니와 가정주부로서의 전통적인 역할은 여성의 진로 선택과 적응, 성취에 대한 전형적인 한계를 만들었다.

② 청소년기를 거쳐 여성들에게 가정을 유지할 수 있는 일에 대한 지향과 선호를 강요하게 되면서 여성들 스스로 일과 가정을 양립하는 것이 가능한 직업에 대한 선호와 전공을 선택할 가능성이 높아졌다.

③ 여성의 직업선택은 가정에서의 역할과 명확히 관련이 있으며, 가정 역할에 대한 고려는 여성들의 직업세계의 투자를 제한시키게 된다.

(4) 수학에 낮은 흥미와 회피

① 수학 배경 부족은 여성의 진로발달의 주요한 진로장벽을 구성하며, 진로선택 시 수학 과정을 회피하려는 여성들의 보편적 특성은 여성의 진로발달에 있어 심각한 장벽이다.

---

6) 여성의 직업복귀 동기에 영향을 미치는 요인을 중심으로 서술함

② 진로선택과 미래의 수입에 대한 수학적 능력이 매우 중요하며, 대학생의 계산 능력과 면접 통과율이 수학적 능력과 직접적이고 강한 상관관계를 나타낸다.

③ 여성들의 수학에 대한 불안과 회피는 진로 대안 영역 축소와 과학기술 영역과 비즈니스 등에서는 높은 수준 일자리로의 진출을 제한하는 장벽으로 나타난다.

실력다지기

직무전환의 정의

1) 협의의 직무전환
승진이나 급여의 조정 없이 직무를 바꾸어 수행하도록 설계하는 방법으로 다른 직무나 부서로 이동되는 것을 말한다.

2) 광의로 직무전환
(1) 광의로 직무전환을 직업전환으로 해석하면 작업자가 수행하던 직무를 그만두고 다른 직무나 조직으로 옮기는 것을 말한다.
(2) 직업전환은 한 직장에서 다른 직장으로 옮겨가는 경우, 한 직업에서 다른 직업으로 바꾸는 경우, 실직이나 비경제활동에서 경제활동으로 옮겨가는 경우, 경제활동에서 비경제활동으로 바꾸는 경우 등이 포함된다.
(3) 직무전환을 직업복귀상담 장면에서는 직업전환으로 정의한다.

제2절 직업복귀 목표 설정

(1) 직무탐색 지원

① 직업탐색 행동

㉠ 직업탐색 행동(job search behavior)은 미래의 경력기회를 획득하기 위한 다양한 정보를 찾아 수집하고 취업을 위해 적극적인 방법을 모색하는 행동이며, 잠재적인 직업에 대한 정보 획득과 이를 통한 합리적인 대안을 평가하며, 이를 기반으로 직업을 얻는 일련의 활동이기도 하다.

㉡ 직업탐색 행동은 비자발적 실직자들, 이 · 전직 등 새로운 기회를 가지려는 이들에게 필수적인 행동으로, 자신의 현재 직업과 미래의 고용 목표 사이의 차이를 확연히 인식할 때 더욱 활성화되며, 근본적으로 매우 목표 지향성이 강한 활동이다.

② 진로준비 행동

㉠ 직업탐색과 유사개념인 진로준비 행동은 자신에 대한 정보수집과 직업세계를 이해할 정보를 획득하고 필요한 도구를 갖추어 설정된 목표를 향해 나가는 것이다.

㉡ 진로준비 행동의 3가지 관점

ⓐ 정보수집

구직자 본인의 성격, 흥미, 적성, 능력에 대한 주관 및 객관적인 정보와 직업의 개괄, 세부적인 업무의 이해, 입직 방법, 필수 자격 요건, 성장 경로에 따른 근무여건 등과 같은 직업세계로의 이행을 위한 정보를 획득하는 것이다.

ⓑ 준비활동에 필요한 도구를 갖추는 것

진로나 직업을 갖기 위해 필요한 교재나 도구를 구입함으로써 전반적인 준비를 하는 것이다.

ⓒ 설정한 목표 달성을 위한 실행력

좋은 계획과 도구가 있다 하더라도 시간과 노력이 투입되지 않는다면 의미가 없다는 것이다.

(2) 직업복귀 의사결정 지원

① 의사결정(decision making)의 정의

㉠ 의사결정이란, 목적을 달성하기 위하여 여러 가지 대체적 수단 중에서 하나를 선택하는 인간의 합리적 행동으로 문제 인식, 대체안 모색, 대체안의 예상되는 결과에 대한 평가와 선택을 하는 과정으로, 여러 가지 대안 중에서 하나를 선택하는 행동이며, 자신의 선호기준(criteria)에 가장 적합한 하나를 선택하는 과정이다.

㉡ 의사결정에 대한 이론적 접근 방식

ⓐ 기술적 의사결정(descriptive decision making)

기술적 의사결정은 의사결정 상황에서 어떻게 생각하고 행동하는가에 관심을 두는 행동과학 분야이다.

ⓑ 규범적 의사결정(normative decision making)

규범적 의사결정은 사람들이 합리적 · 이성적으로 생각한다면 어떻게 하는가에 관심을 두며 일관성과 합리성이 특징이다.

② 의사결정(decision making)의 중요성

㉠ 직업선택에서 자신을 정확히 아는 것뿐만 아니라 직업에 대해서도 정확히 알고 있어야 하며, 안다는 것은 대상에 대해 최대한 정확한 정보를 갖는 것이다.

㉡ 직업에 대한 의사결정은 자신에 대한 정확한 분석을 필요로 하며, 자신에 대한 정보는 누구보다 자신이 가장 잘 알고, 해답을 갖고 있기 때문에 객관적으로 자신을 평가해야 한다.

③ 의사결정(decision making) 유형

의사결정의 유형은 합리적 유형, 직관적 유형, 의존적 유형 등으로 분류되며, 합리적 의사결정은 의사결정 기법 훈련, 상상을 통한 예비적 시나리오 구상, 사안에 대한 토의 결과 참조, 다른 사람들에게 의사결정에 대한 방향을 질문, 동일한 결과를 가져온 과거의 사례를 분석 등의 방법으로 접근할 수 있다.

㉠ 합리적 유형

ⓐ 합리적 유형은 자신과 상황에 대한 정보를 정확히 수집하고 논리적으로 결정을 내리고 그 결정에 대해서 책임을 진다.

ⓑ 직업과 관련하여 의사결정이 신중하고 합리적이며 심리적인 독립과 성장에 도움이 되어 잘못되었거나 실패할 확률이 낮지만 의사결정에 시간이 다소 걸린다.

㉡ 직관적 유형

ⓐ 직관적 유형은 미래를 별로 고려하지 않고 현재의 감정에 주의를 기울이며, 정보탐색이나 대안평가 없이 상상과 정서적 자각에 기초해서 결정을 내리지만 그 결정에 대해서는 책임을 진다.

ⓑ 직업과 관련하여 의사결정이 즉흥적이고 감정적이며, 스스로의 선택에 책임을 지나 잘못되거나 실패할 확률이 높고, 그 대신 의사결정이 신속하다.

㉢ 의존적 유형

ⓐ 의존적 유형은 사회적 인정에 대한 욕구가 강하고 의사결정 상황이 여러 가지로 제한을 받는다고 지각하며, 의사결정 과정에서 타인에 의한 영향을 많이 받고 결정에 대한 책임을 부정한다.

ⓑ 직업과 관련한 특징은 의사결정이 수동적이고 순종적이며, 개인적 독립이나 성숙을 방해하지만, 실패했을 때 남의 탓을 하고, 결정을 내릴 때 정서적으로 불안을 느낀다.

④ **의사결정 기법**

㉠ 의사결정 오류 확인하기

ⓐ 사람들은 결정을 하면 가장 먼저 회의를 느끼는데, 선택 후에는 지혜로운 선택과 목표 달성을 위한 자기 능력에 회의가 들게 마련이지만, 이 세상에 완벽한 선택이란 없으며, 회의가 드는 것은 정상적이고, 모든 변화에는 위험이 따른다고 스스로 이야기한다.

ⓑ 의사결정은 삶에 있어 대단히 중요한 작업이기 때문에 의사결정이 올바르게 되도록 사전에 많은 준비가 필요하다.

㉡ 의사결정 기법의 단계

ⓐ 모든 일은 의사결정 기법에 따라 단계별로 추진되며, 하나의 의사결정에 여러 대안(alternatives)들이 있고, 그 대안 중에서 가장 최적의 대안을 찾기란 쉽지 않다.

ⓑ 의사결정의 과정들은 단계별로 구성하여 훈련을 하게 되면 의사결정 기법을 체득할 수 있으며, 선택가능한 여러 가지 진로 중에서 자신이 투자한 노력으로 최대한 보상받을 수 있는 진로나 직업을 택하여야 한다.

㉢ 의사결정에 대한 평가

의사결정을 하면 내용을 잘 보고 긍정적인 면, 부정적인 면 등 두 가지 방향으로 전 과정을 예측하고 결과와 자신에 대한 책임까지 상상해 본다.

제3절 직업복귀 지원

(1) 진로자본 확인

① 진로자본(career capital)의 개념

㉠ 진로(career)란 사람이 살아가는 과정에서 수행되는 직업적 일, 취미활동, 가정생활 등을 말하는 것으로, 개인에 의해 수행되는 일을 통하여 계획된 삶을 이루게 하는, 시간적으로 계속되는 일, 일련의 직업인 것이다.

㉡ 자본(capital)이란 전통적으로 개인 또는 집단이 사회경제적 목표 달성을 위해 동원되는 자원으로, OECD에서는 자본(capital)을 '개인에게 통합되어 개인적, 경제적, 사회적 복지 창출을 촉진시키는 기술, 지식, 속성 및 능력'으로 정의한다.

㉢ 진로자본(career capital)이란, 진로 분야에 있어 가치가 있는 자본의 독특한 형태로, 이 개념의 발달은 피에르 부르디외(Pierre Bourdieu)에 의해 경제학적 관점의 자본이 무형의 자본으로 확장되었다.

② 진로자본의 핵심역량

드필리피 외(1994)는『경계 없는 진로』맥락에서 진로자본에 대한 접근 방식과 구성요소에 대한 이해의 틀을 제시하며, 기업에 대한 자원 및 역량 기반 관점에서 세 가지 핵심역량인 '진로성숙역량(knowing-why)', '전문지식역량(knowing-how)', '인적관계역량(knowing-who)'을 도출하였다.

㉠ 진로성숙역량

진로성숙역량은 개인이 자신의 진로에 대해 가지고 있는 태도와 관점을 뜻하며, 이러한 역량은 내재적 동기, 개인적 학습 모색, 성장경험과 관련이 있고, 진로 기간이 길어질수록 진로성숙역량의 중요성이 더욱 상승한다.

㉡ 전문지식역량

ⓐ 전문지식역량은 개인들이 자신의 일과 관련하여 가지는 진로 관련 기술과 업무지식을 의미하며, 실제적인 업무지식과 방법에 대한 지식을 의미하는 것이다.

ⓑ 전문지식역량은 업무를 통해 비형식적으로 학습되는 암묵지(tacit knowledge)와 공식적 훈련과 교육의 결과로 얻어지는 형식지(explicit knowledge)를 모두 포함한다.

ⓒ 무경계 진로에서의 전문지식역량은 개인들이 소속된 조직 내에 국한하지 않고 전체적인 일과 직업의 맥락, 노동 및 고용 환경에 영향을 받는데, 이는 업무에 대한 지식과 능력을 넘어 일 관련 경험에 대한 맥락적인 이해를 포함하는 것이다.

㉢ 인적관계역량

ⓐ 인적관계역량은 개인들이 진로 안에서 갖게 되는 다양한 형태의 인간관계 및 사회적 연결망을 발전시키는 능력을 의미한다.

ⓑ 사회연결망은 사회적 자본과도 맥락을 같이 하기 때문에 다양한 수준의 사회적 연결망을 통해 진로역량을 발달시키는 것이 중요하다.

(2) 진로장벽 파악 및 극복 지원

① 진로장벽의 이해

㉠ 진로장벽(career barrier)의 의미

진로장벽(career barrier)은 취업, 진학, 승진, 직업의 지속, 가사와 직장생활의 병행, 직무행동 등을 수행하는 과정에서 개인의 진로선택, 진로목표, 직업포부, 동기 등에 영향을 미치거나 역할 행동을 방해할 것으로 지각되는 여러 부정적 사건이나 사태 등을 의미한다.

㉡ 진로장벽의 개인적 인식

ⓐ 진로장벽의 객관적인 심각성보다는 개인이 얼마나 심각하게 지각하느냐가 더 중요한 문제가 된다.

ⓑ 진로장벽은 개인에 의해서 인식된 진로장벽을 전제로 하며, 인식은 두 가지 차원으로 나누어 볼 수 있는데, 하나는 "이러한 진로장벽이 나에게 일어날 것인가?"에 대한 인식이고, 다른 하나는 "이러한 진로장벽이 나에게 일어난다면, 나는 극복할 것인가? 아니면 이로 인해 나의 진로를 얼마나 방해받을 것인가?" 하는 것이다.

㉢ 진로장벽 인식의 시점

진로장벽은 현재 시점에 존재하는 것으로 인식되어 개인의 진로선택이나 진로행동에 영향을 미칠 수도 있고, 지금은 존재하지 않으나 앞으로 있을 것으로 예상되어 현재의 진로선택이나 진로행동에 영향을 미칠 수 있다는 것이다.

㉣ 진로장벽 인식의 영향

ⓐ 진로장벽에 대한 과도한 인식은 여성의 진로발달에 부정적인 영향을 미치겠지만, 과도한 무지는 비현실적인 진로발달을 가져올 것이다.

ⓑ 진로장벽에 대한 적절한 인식은 오히려 현실적인 진로발달을 가능하게 하고, 진로장벽을 극복한 경험은 앞으로의 진로의 진로장벽에 대한 대처 능력을 향상시키는 긍정적인 결과를 가져다 준다.

② 진로장벽 극복하기

㉠ 자기존중감의 ABC 회로

ⓐ 자기존중감과 관련한 ABC회로 중 A(Activating event, accident)는 사건이나 상황이고, B(Belief)는 생각이나 사고를 의미하며, C(Consequence)는 개인의 반응으로 정서나 행동의 결과이다.

ⓑ A에 대한 개인이 가지고 있는 신념 B가 결과인 C를 초래하는데, 이 결과가 부적절하거나 부적응적이라면 B는 합리적이지 못한 신념으로 부정적 자기존중감과 관련이 있다.

㉡ 문제해결 능력 증진

ⓐ 진로장벽을 극복하는 신속한 방법은 진로에 방해되는 문제를 찾아내고 해결방법을 찾는 것이다.

ⓑ 문제해결력은 인간의 사고기능 중 중요한 일부이며, 여러 가지 서로 다른 기술들이 동원되는 매우 복잡한 과정으로 합리적인 측면뿐만 아니라 정서적인 요소도 포함하고 있다.

ⓒ 효과적인 문제해결 과정

㉮ 먼저 문제를 인식한다(locate).

㉯ 문제를 정의한다(define).

㉰ 문제에 대한 여러 해결안을 발견한다(find).

㉱ 검토한다(examine).

㉲ 해결 방안들 가운데 하나 또는 몇 가지를 선택한다(select).

㉳ 실행에 옮긴다(action).

㉴ 행동으로 옮긴 해결 방안들이 효과가 있는지를 잘 평가한다(evaluate).

㉵ 실제 생활에 적용해 본다(apply).

③ 적응 유연성

㉠ 적응 유연성(resilience)은 심리적으로 어려움을 주는 환경적 요소를 극복해내는 능력을 의미하며, 예를 들어 시험에서의 실패, 부모님의 죽음, 질병, 실직, 이혼, 갑작스런 교통사고 등과 같은 극심한 스트레스와 좌절을 이겨내는 능력이다.

㉡ 적응 유연성은 목표를 달성하기 위하여 갖추어야 할 지적인 탁월함보다 더 중요한 의미를 가지며, 적응 유연성은 목표달성을 위한 필수 성공요인이다.

(3) 진로자원 향상 지원

① 사회인지 진로이론에서의 진로효능감

사회인지진로 이론에서 제기한 진로발달과 선택에 큰 영향을 미치는 인지적 요인으로는 자기효능감, 결과 기대, 개인적 목표가 있으며, 이 세 가지는 상호작용하면서 내담자의 진로 의사결정에 영향을 미친다.

㉠ 자기효능감

ⓐ 자기효능감은 계획한 일을 해내기 위해 요구되는 여러 가지 행동을 조직하고 실행하는 능력에 대한 사람들의 신념을 말하며, 그것은 신념들의 역동적인 조직이며, 학습을 통해 획득되고 영역 특수적인 것으로서, "내가 이것을 할 수 있을까?"에 대한 대답이다.

ⓑ 사회인지 진로이론은 진로선택이 개인과 환경 변인 간의 단순한 조합의 결과가 아니라고 생각하고, 자기효능감이라는 인지적인 개념을 도입하여 개인의 진로선택요인을 보다 충분하게 탐색하는 데 공헌하였다.

㉡ 결과 기대

ⓐ 결과 기대는 특정한 행동을 수행하는 데서 얻어질 성과에 대한 개인적 예측을 말하며, 그것은 "내가 이것을 해내면 어떤 일이 생기지?"라는 물음에 대한 대답이기도 하다.

ⓑ 결과 기대는 인지적인 요인으로서, 내담자는 진로 관련 행동을 하면서 직접 경험, 주변 사람들이 거두는 성과 관찰, 매스컴이나 사회적인 인식 등을 참고하여 특정 진로에 대한 성과를 예측하며, 그러한 성과예측을 진로선택에 반영한다.

㉢ 개인적 목표

ⓐ 개인적 목표는 어떤 활동에 몰두하려는 결심 또는 미래의 성과에 영향을 미치려는 결심을 말한다.

ⓑ 내담자는 미래의 행동을 조직하고 방향을 잡기 위해 목표를 활용하며, 목표가 분명하고 확고하게 설정되어 있으면 진로발달 및 선택과 같은 복합적이고 장기적인 과제 속에서 지속적으로 몰입하는 데 큰 도움이 된다.

㉣ 결론적으로 자기효능감이 높고 긍정적인 성과를 기대할 수 있는 목표를 설정하면, 목표에 대한 확신성이 높아지고 그만큼 그 목표를 이루기 위한 행동에 적극적으로 임할 수 있으며, 그러한 내담자의 노력은 그 목표에서 성공을 이룰 가능성이 높고, 특정 영역에서 성공을 거둔 내담자는 그와 관련된 영역에 대한 자기효능감과 결과 기대를 높일 수 있다.

② 자기효능감 점검

㉠ 내담자의 자기효능감을 점검할 때에는 내담자가 처한 객관적인 현실 자체보다 그러한 객관적 현실에 대한 내담자의 인지적 판단이 중요하기 때문에 여러 가지 측면에서 고려하여야 한다.

㉡ 가장 우선시되어야 하는 것은 진로 결정에 대한 자기효능감으로, 이는 내담자가 자신이 다양한 직업탐색 활동을 성공적으로 수행할 수 있는지에 대해 지니는 개인적 확신성의 정도를 의미하는 것이다.

㉢ 높은 수준의 진로결정 자기효능감을 가진 사람은 개인적인 직업적 가치 등을 효율적으로 확인함으로써 자신의 선택이 정확하다는 믿음을 가질 수 있기 때문에 직업탐색 활동을 더 잘 수행할 수 있다.

㉣ 진로결정 자기효능감에 더하여 직무수행에 대한 자기효능감, 구직준비 행동에 대한 자기효능감도 고려하여야 하는데, 진로결정 자기효능감이 자신의 결정에 대한 확신 정도를 높여 준다면, 직무수행과 구직 준비행동에 대한 자기효능감은 직업진입과 적응에 대한 확신 정도를 높여 줌으로써 내담자의 진로선택과 목표 수행활동을 위한 동기를 높여 준다.

③ **자기효능감 증진**

㉠ 가치 있는 결과를 창출하고, 바람직하지 못한 결과를 낳게 하는 것을 예방하는 능력은 자기효능감을 증진시키는 것이다.

㉡ 자기효능감과 관련된 신념은 4가지 중요한 형태, 즉, 과거 성공 경험, 대리 경험, 언어적 설득, 신체 건강을 증진시키고 스트레스와 부정적인 정서 성향을 감소시키는 정서적 각성(안정) 등의 영향력에 의해 발전될 수 있다.

(4) 구직역량 향상 지원

① **구직기술 역량**

㉠ 성공적인 취업을 위해서는 내담자가 희망하는 직무에 맞는 취업처를 탐색하고 적극적이고 활발하게 구직을 시도하는 것이 무엇보다 중요하다.

㉡ 구직을 시도하는 과정에서 취업처인 회사, 기업 등에서 제시하는 채용공고의 전형 절차 및 평가 기준에 맞추어 입사지원 서류, 이력서, 자기소개서와 면접 등을 위한 준비가 되어 있어야 한다.

㉢ 즉, 자신이 가지고 있는 다양한 경험, 능력, 장점 중에서 기업에서 선발하고자 하는 직무 및 요건에 맞춰 자신의 강점이 무엇인지를 정리해서 보여주는 것이 필요하다.

㉣ 내담자가 취업을 위한 구직정보수집 기술, 이력서, 자기소개서 작성 기술, 면접 기술 등을 갖추고 있는지 그리고 얼마나 적극적으로 활발하게 구직활동을 하고 있는지를 보여주어야 한다.

② **구직활동 계획 수립**

구직활동 계획 수립은 내담자가 선택한 직업을 실현시키기 위한 준비를 하는 단계이며, 내담자로 하여금 직업 달성을 위한 실현 가능한 실행 계획을 수립하고, 수립된 계획을 실행하도록 촉진한다.

㉠ 선택된 직업 확인하기

ⓐ 활동 계획을 세우기 전에, 내담자가 내린 의사결정을 확인하고, 직업목표 달성을 위한 적절한 활동을 탐색하고, 계획하기 위해 내담자와 함께 세운 실행계획이 구체적으로 수립되었는지 확인하여야 한다.

ⓑ 내담자가 달성하기 위한 계획을 수립하는 것에 동의하는지 확인한 후, 구체적인 실행계획을 수립할 것을 안내한다.

㉡ 활동 계획 세우기

ⓐ 활동 계획을 세우기 위해서는 내담자가 어떤 활동들이 필요한지에 대한 점검이 선행되어야 하고, 필요한 활동들에 대한 계획을 구상할 때에는 구체적이고 성취가능한 활동목표에 주의를 기울여야 한다.

ⓑ 활동목표는 내담자의 고유한 사항에 맞아야 하며, 내담자가 생각하기에 합리적인 방식으로 세워져야 하고, 내담자 스스로 계획을 수립할 수 있도록 충분히 시간을 제공하고 격려해 준다.

제4절 활동 계획 평가 및 사후관리

(1) 활동 계획 평가 및 수정 지원

① 활동 계획 평가하기

㉠ 평가 및 조정하기

이미 수립된 활동 계획이 내담자가 설정한 직업목표를 달성하기 위해서 적합한지, 다양한 방법 중 더 나은 방법을 선택하기 위해 내담자와 함께 평가하고 이에 대해 조정한다.

ⓐ 내담자가 수립한 계획의 결과 스스로 점검해 보기

내담자는 본인의 계획 및 활동의 장단점을 비교해 보고, 긍정적인 접근법에 대해 인식하고 덜 적합한 것을 교체하는 기회를 가져볼 수 있으며, 내담자가 본인의 목표를 실현하는 데 있어서 스스로 역할을 수행하고 있다는 점에서 자기효능감이 높아질 수 있다.

ⓑ 새로운 대안 제시하기

내담자가 목표 실현에 비효과적인 방법을 고수한다면, 수립된 행동계획을 보완하거나 보충해 주는 등의 권고 및 제안을 할 수도 있으며, 초기 상태분석에서 수립된 계획을 실천하는 데 어려움을 겪는 내담자에 대해서는 내담자가 수립했던 계획과 그동안의 실천 활동들이 내담자가 설정한 직업목표 달성에 적합한지에 대해 평가하고 조정한다.

㉡ 장 · 단기 계획 구분하기

내담자와 함께 평가하고 조정된, 활동목표에 따른 세부 활동방법에 대해 현재를 기준으로 어느 정도의 기간이 걸릴 것인지에 대해 논의함으로써 단기간 내에 실천되어야 할 활동들과 장기적인 관점에서 실천되어야 할 활동을 구분한다.

㉢ 실천 약속하기

ⓐ 실천 약속하기는 앞서 수립되고 평가된 행동계획을 재정리하고 실천 약속을 하는 과정으로 새로 세운 행동계획이 내담자 스스로 책임을 지면서 달성하기 적합한 목표인지 확인한다.

ⓑ 상담과정에서 내담자와 상담자가 나눈 대화의 결과는 가능한 서면으로남겨 두는 것이 좋으며, 이 합의 사항들은 서로에게 구속력을 강화시켜 주고, 성공 여부의 검토 및 사후 평가를 용이하게 해줄 수 있다.

㉣ 내담자 격려하기

ⓐ 내담자와 상담자가 함께 실천을 위한 약속을 하였더라도 내담자가 자신이 선택한 직업을 실현시키기 위해 노력할 때, 내담자가 느끼는 이러한 부담이나 압박 등을 충분히 진지하게 경청하고 함께 노력하자고 격려하는 것이 필요하다.

ⓑ 내담자가 부정적인 생각을 많이 하고 있다면, 과거에 성공했던 경험을 탐색하고, 내담자의 상황을 긍정적으로 재해석해 줌으로써 부정적인 것을 덜어주고, 부담을 덜어주고 해결에 집중할 수 있도록 상담자가 역할을 해 주어야 한다.

② **구직의지 높이기**

㉠ 내담자의 부정적인 구직 태도로 인해 취업 준비나 구직활동에 어려움을 겪게 되는 경우 내담자가 구직에 대해 적극적이고 긍정적인 태도를 갖추고 있는지, 즉 절실함, 유연함, 낙관성 등의 태도를 갖추고 있는지 파악하여야 한다.

㉡ 부정적인 구직 태도로 인해 방해되는 부분을 확인하고 변화를 위해 필요한 것은 무엇인가 확인하여야 한다.

㉢ 해결방법으로는 부정적 저항 극복하기로 구직 의욕 향상시키기, 취업 눈높이 조절하기, 긍정적 사고 전환하기 등이 있다.

(2) 직업적응 상담 지원

① **직업적응**

직업적응이론은 '직업에서 요구하는 능력과 그와 관련된 개인의 능력' 그리고 '개인의 욕구 및 일에 제공하는 보상과 관련된 직업 가치'라는 두 가지 차원에서 개인과 환경의 일치를 설명한다.

② **수퍼의 진로 적응성**

㉠ 진로 적응성이란 현재 당면한 진로 과업 및 직업의 변화에 개인이 대처하는 과정을 강조하는 개념으로, 진로 적응성이란 현재의 발달 과업, 직업전환, 개인적 외상 등에 대처할 수 있는 개인의 준비도와 자원을 일컫는다.

㉡ 진로 적응성은 진로와 관련한 태도, 유능성, 대처 행동 등 다차원적으로 이루어져 있는데, 특히 적응 차원은 진로에 대한 관심, 진로 관련 문제에서의 통제감, 진로에 대한 호기심, 진로 관련 자신감의 4가지 영역으로 구성된다.

③ **다위스와 롭퀴스트의 직업적응이론**

㉠ 조직 내에서 개인의 직업적응을 설명하는 가장 대표적인 이론으로, 직업적응이론에서는 개인과 환경의 조화가 중요하게 다뤄진다.

㉡ 개인 – 환경 간의 조화는 개인의 특성과 환경의 요구 간의 일치에 의해서 결정된다고 보는데, 개인의 능력과 환경의 요구가 일치할 때 개인이 직업의 요구를 충족시켜 줄 수 있으며, 개인의 가치와 직업의 강화 요인 간의 조화가 일어날 때 개인의 만족이 이루어진다고 보았다.

㉢ 개인의 대처방식은 크게 적극적(activeness) 대처 방식, 반응적(reactiveness) 대처 방식, 불일치를 견디는(tolerant) 대처 방식으로 구분된다.

ⓐ 적극적 대처 방식은 직업환경을 변화시킴으로써 대처하는 방식이다.

ⓑ 반응적 대처 방식은 자신을 변화시켜서 환경의 요구에 적응하는 방식이다.

ⓒ 견디는 대처 방식은 불일치의 범위가 작을 때 불일치를 조정하려는 노력을 하는 대신에 그 차이를 견디는 것을 말하며, 인내심이 많을수록 이러한 대처 방식을 사용하여 노력하면서 좀 더 오래 불일치를 견딜 수 있다.

④ **직업 부적응 요인**

㉠ 직업적응이 개인의 만족과 직업환경의 요구에 대한 충족에 의해 결정된다면, 직업 부적응은 이 두 가지 요소의 부족, 즉 개인의 만족감이 낮거나 직업환경에서 성과가 충분하지 못하다고 평가받는 것으로 정의할 수 있다.

㉡ 직업 부적응 요인으로는 ⓐ 직업에 대한 기대에 비해 현재 직업의 여러 특성이 떨어질 때, ⓑ 사회구성원이 주어진 직업에 대한 평가가 좋지 않을 때, ⓒ 직업 자체의 부정적인 특성[한정적 기술 요구, 업무의 중요도가 떨어질 때, 성취감이 없을 때 등], ⓓ 높은 직업 스트레스, ⓔ 높은 부정적 정서성, ⓕ 개인의 특성과 직업특성의 불일치 등이 생길 때 직업에서의 낮은 만족도와 관련되며, 이는 직업 부적응과 연결된다.

⑤ **직업상담 프로그램**

㉠ 직업적응 상담 프로그램

직업적응 상담은 변화가 가속화되는 직무에 대응하기 위한 태도 변화를 이해하도록 돕고, 동료와 상사와의 인간관계에서 나타난 문제점을 인식하고 이에 대한 긍정적인 태도를 기르며 경쟁력을 높여 직무 몰입을 높인다.

㉡ 스트레스 관리 프로그램

스트레스 관리 프로그램은 스트레스의 평가, 문제해결 능력 강화, 이완훈련, 사회적 기술훈련, 사회적 지지체계의 구축, 자기 자신을 보살피기 등의 내용이 주로 포함된다.

직업훈련 상담

제1절 내담자 직무역량 파악 : 직업능력개발 역량분석

(1) 인적자원 개발과 훈련

현대 산업사회는 다품종 소량 생산체제에서 고용의 유연성으로 인하여 직업의 경계가 모호해지고 새로운 일의 형태가 대두하고 있으며, 이러한 노동시장의 움직임에 대응하는 인적자원 개발이 요청되고 있다.

① 인적자원 개발과 인적자원 관리의 영역

㉠ 인적자원 개발 영역

네들러(Nadler, L)는 1969년에 처음으로 인적자원 개발의 개념을 도입하였으며, 인적자원 개발이란, 산업체에만 국한된 것이 아니라 고용주가 근로자에게 또는 조직이 근로자에게 그 조직의 목적에 따라 직무능력과 개인적인 성장 가능성을 기르기 위해 일정 기간 내에 제공하는 조직적인 학습경험이다.

실력다지기

인적자원 개발의 특성

1) 반드시 의도적이고 계획적이며 조직적인 학습이어야 한다.
2) 이러한 학습은 제한된 특정 기간 내에 이루어져야 하며, 시간 개념은 비용 측면보다 학습 성취 및 성취 여부의 평가 시점을 더욱 중요시한다.
3) 조직의 현재 또는 미래의 직무와 관련이 있어야 하기 때문에 뚜렷한 목적하에 조직의 직무성과 향상을 위하여 효과적인 방법과 내용을 계획적으로 추진하여야 한다.
4) 직무성과의 향상 가능성을 증대시켜야 한다.
5) 개인과 조직의 가능성을 증대시켜야 한다.

㉡ 인적자원 관리 영역

인적자원 관리 영역은 ⓐ 훈련과 계발, 조직 개발, 진로 경로 개척과 같은 인적자원 개발(HRD : Human Resource Development) 영역, ⓑ 조직/직무설계, 인적자원 기획, 수행관리 체제, 노사관계 등과 관련된 인적자원 환경(HRE : Human Resource Environment) 영역, ⓒ 선발 및 배치, 고용인 지원, 보상/유인, 고용정보 체계 등과 관련된 인적자원 활용(HRU : Human Resource Utility) 영역 등으로 구분된다.

② 인적자원 개발의 중요성

현대사회가 직면한 4차 산업혁명과 비대면 사회는 급격히 직업 세계의 변화를 촉발시키고, 인간은 직업시장에서 일하는 형태와 요구되는 역량에 대응하기 위한 인적자원 개발이 요구된다.

㉠ 4차 산업혁명과 비대면 사회

ⓐ 4차 산업혁명은 인공지능(AI : Artificial Intelligence), 사물인터넷(IoT : Internet of Things), 플랫폼(platform) 등 지능 정보화 혁명으로 산업뿐 아니라 국가 시스템, 사회, 삶 전반의 혁신적 변화를 유발 시키고 있다.

ⓑ 모든 것이 네트워크에 초연결되어 데이터가 폭발적으로 증가하고, 인공지능이 스스로 학습하는 지능화 기술이 각 분야의 기반기술과 융합화가 이루어지고 있는 와중에 코로나19로 인하여 기업들은 채용을 동결하고, 투자와 소비에 대한 경제활동이 위축됨에 따라 저숙련, 청년, 외국인근로자, 취약계층, 여성근로자 등이 위기를 맞게 되었다.

ⓒ 급속한 기술진보로 지식과 정보의 유통기한이 단축되는 한편, 긱 경제(gig economy : 산업현장에서 필요에 따라 사람을 구해 임시로 계약을 맺고 일을 맡기는 형태의 고용 방식) 등 새로운 고용 형태가 등장하였다.

ⓓ 4차 산업혁명과 비대면 시대에는 실업 유입률이 증가(예 정리해고 등 증가)하고, 실업 유출률이 감소(채용의 감소 및 실직 기간의 장기화)하며, 특히 청년들은 노동시장 진입 후 초반 경험은 나중의 직업 생활에 깊게 영향을 미치며, 소득 면에서 장기적 부정적 영향을 초래할 것으로 예상된다.

㉡ 고령화와 다문화

ⓐ 우리나라의 인구구조, 산업구조, 노동시장 변화 등은 인적자원 개발정책의 틀의 변화를 촉구하였으며, 인적자원의 양적 투입 확대에 의한 경제성장 전략은 인구 정체, 노령화 등 노동력 공급 부족으로 한계에 봉착하였다.

ⓑ 우리나라는 선진국에 비해 10% 이상 낮은 여성의 경제활동참가율, 40세 중반이 되면 노동시장에서 퇴출, 북한이탈주민 및 외국인 근로자 등의 증가 등이 고령화와 맞물려 인적자원 개발의 난제이기도 하다.

(2) 직업훈련의 의미 및 종류

① 직업훈련의 의미

㉠ 「근로자직업능력개발법」(법률 제8429호)에 나타난 직업훈련의 정의에 따르면, 직업훈련이란, 근로자의 직업능력개발을 위한 훈련이라 하였으며, 직업능력개발훈련은 근로자에게 직업에 필요한 직무수행 능력을 습득, 향상시키기 위하여 실시하는 훈련이라고 규정하였다.

㉡ 즉, 직업훈련(vocational training)이란, 직업을 갖고자 하는 자에게 산업사회에 적응하기 의한 능력을 갖추기 위하여 필요한 기능, 지식, 태도 등을 함양하도록 도와주고, 취업한 자에게 기술혁신과 산업 변화에 대처하기 위한 능력을 향상시켜 자기실현을 꾀하도록 도와주는 일련의 훈련 활동이다.

cf 교육훈련(education and training) : 적절한 관습이나 태도를 향상시키고 효과적으로 직무를 수행할 수 있도록 도와주는 계획적이고 조직적인 교육적 활동이다.

② **직업훈련의 형태**

직업훈련은 실시자의 성격에 따라 공공직업훈련, 사업 내 직업훈련, 인정직업훈련으로 구분된다.

㉠ 공공직업훈련

공공직업훈련(public vocational training)은 국가, 지방자치단체 또는 공공직업훈련법인이 숙련된 다능공 양성을 목표로 실시하는 정규 훈련방식의 직업훈련 형태이다.

㉡ 인정직업훈련

인정직업훈련(authorized training)은 공공직업훈련법인 이외에 비영리법인이 고용노동부장관의 인가를 받아 실시하는 기능공 양성목표를 가진 정규 훈련방식의 직업훈련 형태이다.

㉢ 사업 내 직업훈련

사업 내 직업훈련(in-plant training)은 기업주가 단독 또는 타 기업주와 공동으로 사업체 내에서 기능공을 양성하거나 고용된 근로자에게 직무 향상 및 직무 보충 등을 훈련하는 직업훈련 형태이다.

(3) 직무역량분석

① 상담자는 내담자의 진로경로를 위하여 전공, 그동안 수행한 직무 내용, 직업훈련 이수 경험, 직위 등을 확인하고 그 이후, 국가직무능력표준(NCS, www.ncs.go.kr)에서 관련된 분야를 검색하고, 검색한 해당 분야에서 수준별 관련 직무를 확인하며, 그 직무에서 분석된 수행 수준에 제시된 관련 분야를 검색한다.

② 이때 경력개발 경로 찾기에서 관련 직급에 자가진단이 있는데, 내담자에게 자가진단을 하도록 권하여 어느 정도 가능성이 있다면 관련 훈련정보를 검색하도록 한다.

제2절 직업훈련정보 수집 : 훈련 및 자격정보 제공

(1) 직업능력개발 훈련체계

직업능력개발에서의 훈련체계는 자격체계와 연계되어 있으며, 훈련체계는 훈련방식에 의하여 구분된다.

① **기술인력의 체계**

㉠ 생산현장의 기술은 생산설비를 설계 및 건설할 수 있는 능력, 생산설비를 운용 및 정비할 수 있는 능력, 신제품과 새로운 공정을 창출하고 기존 제품이나 기존 공정을 개선할 수 있는 능력 등으로 구분된다.

㉡ 『한국표준직업분류』에 의하면 우리나라의 기술인력은 과학자, 기술자, 기능공, 생산공 등의 체계를 갖고 있는 것으로 나타났다.

㉢ 국가기술자격제도에 의하면 기술체계는 생산과 보수, 조작 등에 관련된 기능공(skilled worker), 생산과 보수를 지원해 주는 활동을 담당하는 산업기사(technician), 생산과 생산과정의 연구와 개발에 참여하는 기술자(engineer), 과학자(scientist) 등으로 구분된다.

② **직업훈련 과정에 따른 분류**

㉠ 직업훈련 과정은 기능사 훈련과정을 비롯하여 사무 및 서비스직 종사자 훈련과정, 감독자 훈련과정, 관리자 훈련과정 및 직업훈련교사 훈련과정으로 분류된다.

㉡ 「근로자직업능력개발법시행령」(대통령령 제20028호)에 정한 훈련과정은 ⓐ 직업에 필요한 기초적인 직무수행 능력을 습득시키기 위하여 실시하는 훈련과정인 양성훈련(basic training), ⓑ 양성훈련을 받는 자나 직업에 필요한 기초적인 직무수행 능력을 가지고 있는 자에게 더 높은 직무수행 능력을 습득시키거나 기술발전에 대응하여 필요한 지식 및 기능을 보충하기 위하여 실시하는 향상훈련(up-grade training), ⓒ 종전의 직업과 유사한 새로운 직업에 필요한 직무수행 능력을 습득시키기 위하여 실시하는 전직훈련(training for the change of occupation) 등으로 분류된다.

③ **직업훈련 방법에 따른 분류**

㉠ 직업훈련의 방법은 실시하는 장소의 개념에 따라 집체훈련, 현장훈련, 원격훈련 등으로 구분된다.

㉡ 「근로자직업능력개발법시행령」(대통령령 제20028호)에서 정한 훈련방법

ⓐ 집체훈련(Off the Job Training) : 직업능력개발훈련을 실시하기 위하여 설치한 훈련전용시설 그 밖에 훈련을 실시하기에 적합한 시설(산업체의 생산시설 및 근무장소는 제외)에서 실시하는 방법

ⓑ 현장훈련(On the Job Training) : 산업체의 생산시설 또는 근무장소에서 실시하는 방법

ⓒ 원격훈련 : 정보통신매체 등을 이용하여 원격지에 있는 근로자에게 실시하는 직업능력개발훈련

ⓓ 혼합훈련 : 집체훈련, 현장훈련, 원격훈련을 혼합한 훈련

㉢ 새로운 훈련방법들

대규모 온라인 공개강좌(MOOC : Massive Open Online Courses), 역진행 수업방식으로 관련 정보 등 선행학습 후 강의실에서는 토의-토론식 수업 진행하는 플립러닝(flipped learning), 온라인과 오프라인을 병행하는 학습방식의 혼합훈련(blended learning) 등이 있다.

④ **전자학습(e-Learning)**

㉠ 전자학습은 기업조직의 새로운 경쟁우위를 확보하고 경영성과를 제고하는 데 기여할 수 있는 실질적인 혁신전략이며, 조직 내에서 정보의 생성과 확산, 성과 등을 개선하기 위한 직접적인 지원책으로서 지식 창조와 지식 공유문화의 창출 및 유지를 위한 전략이다.

㉡ 전자학습과 컴퓨터 기술

ⓐ 1990년대 중반에 들어서면서 네트워크 기술이 발전되고 인터넷과 인트라넷이 보급되면서 전자학습은 네트워킹된 연결성을 강조하는 개념으로 변화되었는데 즉, 웹(web)의 인터넷 기술이 보편화되어 학습에 활용됨으로써 '커뮤니케이션', '상호작용', '정보공유' 가능성이 극대화되고, 이를 통한 커뮤니티의 활성화가 전자학습의 중요한 특성으로 부각되었다.

ⓑ 최근에는 무선(wireless)으로도 상호연결이 가능한 모바일 학습(m-Learning)이라는 개념이 등장하여 언제 어디서나 네트워킹된 학습이 가능하게 되었다.

⑤ **자격**

㉠ 자격의 의미

「자격기본법」 제2조에 의하면, '자격'은 직무수행에 필요한 지식 · 기술 · 소양 등의 습득 정도가 일정한 기준과 절차에 따라 평가 또는 인정된 것이며, '자격체제'는 국가직무능력표준을 바탕으로 학교교육 · 직업훈련 및 자격이 상호 연계될 수 있도록 한 자격의 수준체계이다.

실력다지기

자격과 관련된 용어 정리

1) '국가자격'은 법령에 따라 국가가 신설하여 관리 · 운영하는 자격이다.
2) '민간자격'은 국가 외의 자가 신설하여 관리 · 운영하는 자격이다.
3) '등록자격'은 해당 주무부장관에게 등록한 민간자격 중 공인자격을 제외한 자격이다.
4) '공인자격'은 주무부장관이 공인한 민간자격이다.
5) '자격검정'은 자격을 부여하기 위하여 필요한 직무수행능력을 평가하는 과정이다.
6) '공인'은 자격의 관리 · 운영 수준이 국가자격과 같거나 비슷한 민간자격을 이 법에서 정한 절차에 따라 국가가 인정하는 행위이다

㉡ 일학습병행제와 과정평가형

ⓐ 일학습병행제

「산업현장 일학습병행제 지원에 관한 법률」(법률 제102659호)에 의하면, 일학습병행제는 사업주가 실시하는 직업교육 훈련인 일학습병행제 내용과 방법 및 일학습병행제 참여하는 학습 근로자의 근로조건 보호 등에 관한 사항을 정하고, 일학습병행과 자격을 연계하여 학습 근로자의 고용 촉진 및 사회적 경제적 지위 향상을 도모하고자 함이며, 이를 통해 국민의 경제발전에 이바지함을 목적으로 한다.

ⓑ 과정평가형 자격

과정평가형 자격은 국가직무능력표준(NCS)에 기반하여 일정 요건을 충족하는 교육훈련과정을 이수한 자에게 내외부 평가를 거쳐 합격 기준에 충족되면 자격을 부여하는 제도이고, 자격제도 운영은 한국산업인력공단에서 위탁 · 시행 중이다.

제3절 훈련과정 선택지원

(1) 내담자 훈련 요구도 분석

내담자의 훈련 요구도는 훈련, 자격, 취업 관련 정보를 고려하여 의사결정의 중요한 요소로서 내담자의 직업훈련에 참여할 의지와 요구도를 확인할 수 있다.

① **훈련 참여의지**

㉠ 훈련 참여의지는 훈련과정에 참여하는 동안 견디고 이수할 수 있는 스스로의 다짐과 격려할 수 있는 역량이다.

㉡ 직업훈련은 학교와 동일한 기능이 있지만, 압축적으로 특정한 직무 내용을 이론과 실습을 통하여 완성함에도 불구하고 장기간이 소요된다.

㉢ 훈련은 1일도 있지만, 수년의 기간을 요하는 것도 있기 때문에 훈련기간을 완주하고자 하는 것은 훈련생의 의지에 달려 있다.

㉣ 훈련상담에서는 내담자의 훈련 참여 의지를 확인하고, 훈련기간 내내 이 부분에 대한 지지와 독려가 필요하다.

② **훈련 요구도**

㉠ 요구란 일반적으로 현재 상태(what it is)와 바람직한 상태(what it should be) 간의 격차를 의미한다.

㉡ 훈련생의 직업훈련 요구도는 직무역량을 증가시키기 위한 목적의 강도를 의미하며, 훈련생은 자신의 직무역량에 대한 평가를 거쳐 특정 훈련을 통하여 직무역량을 완성하고자 하는 목적으로 출발한다.

(2) 전공영역 진단

① **홀랜드(Holland)의 전공 및 진로선택**

홀랜드 이론은 전공 및 직업선택에서 유효한 이론이다.

㉠ 홀랜드 이론의 4가지 가정

홀랜드의 개인－환경 일치 이론은 개인과 환경 간에 상호관계가 존재한다는, 즉 개인이 환경에 영향을 미치고, 환경이 개인에게 영향을 미친다는 기본적인 가정에 근원을 두고 있으며, 홀랜드 유형론은 다음의 4가지 가정에 기초한다.

ⓐ 6가지 성격유형

대부분의 사람들은 6가지 성격유형인 현실형(R : Realistic), 탐구형(I : Investigative), 예술형(A : Artistic), 사회형(S : Social), 진취형(E : Enterprising), 관습형(C : Conventional)을 가지고 있다.

ⓑ 6가지 작업환경 유형

직업환경도 현실적, 탐구적, 예술적, 사회적, 진취적, 관습적 등으로 분류되는 6가지 유형 중의 하나로 분류된다.

ⓒ 성격유형과 작업환경 유형과 일치

사람들은 자신에게 맞는 환경을 찾는데 즉, 사람들은 자신의 기술과 능력을 발휘하고, 태도와 가치를 표현하며, 자신에게 맞는 역할을 수행할 수 있는 환경을 찾으며, 환경도 사회적 상호작용, 구인, 선발 과정 등을 통해 환경에 맞는 사람을 찾는다.

ⓓ 성격유형과 작업환경 유형의 상호작용

성격과 환경이 상호작용하여 행동으로 나타나는데, 개인의 성격유형과 잘 맞는 환경유형이 무엇인지 알면 진로선택, 근속기간 및 직업전환, 성취, 직무만족 등과 같은 중요한 결과를 예측할 수 있다.

㉡ 홀랜드 5가지 개념

홀랜드는 4가지 가정과 더불어 5가지의 주요 개념을 제시하였다.

ⓐ 일관성(consistency)

성격유형과 환경모형을 연결지을 때, 어떤 쌍이 다른 쌍보다 더 가깝게 관련되어 있는데 즉, 일관성이란 성격유형과 환경모형 간의 관련 정도를 말한다.

ⓑ 차별성(변별성, differentiation)

㉮ 사람이나 환경이 얼마나 잘 구별되고 규정되는가를 나타내는 정도를 차별성이라고 한다.

㉯ 어떤 성격과 환경은 다른 성격과 환경보다 더 분명하게 구별되는데 예를 들어, 어떤 사람은 한 가지 성격유형과 유사하면서 다른 유형과는 거의 유사성을 발견할 수 없는 경우가 있다.

ⓒ 정체성(identity)

㉮ 이 개념은 자신에게 갖는 정체성 또는 환경에 대해 갖는 정체성이 얼마나 분명하고 안정되어 있는가를 평가하는 것이다.

㉯ 개인적 정체성은 분명하고 안정된 인생의 목표, 흥미, 재능을 가짐으로써 얻게 되며, 환경적 정체성은 환경이나 조직이 분명하고도 통합된 목표, 직무, 보상이 일관되게 주어질 때 생긴다.

ⓓ 일치성(congruence)

서로 다른 성격유형의 사람들은 각기 다른 환경을 필요로 하는데, 그 이유는 환경은 그 환경에 맞는 성격유형을 가진 사람들에게 더 많은 기회와 보상을 주기 때문이다.

ⓔ 계측성(calculus)

성격유형과 환경모형 간의 관계는 육각형 모형에 따라 결정할 수 있는데, 이때 6각형 모형은 "성격유형 또는 환경모형 간의 거리는 그들의 이론적 관계와 반비례한다."는 것을 시사해 주는 모형으로서 개인과 환경의 일관성 및 일치성을 분명하게 규정해 준다.

(3) 훈련과정 선택과 자격취득

개인의 훈련과정 선택과 자격취득은 생애진로 주기별 직업능력개발 계획에 대한 연계하여 검토되어야 하는 것으로 미래 직업시장 변화에 대한 정보 및 의사결정 능력이 요구되는 과정이다.

① 훈련과정 선택

㉠ 훈련과정 선택은 개인의 10년 후 미래 직업세계를 전망하여 결정하는 것이 올바르다.

㉡ 즉, 우리나라 사람들은 1개 직업에 10년을 종사하기 때문에 직업훈련 및 자격취득까지 소요되는 기간과 10년 동안 종사할 것을 고려하면 과연 이 훈련 직종이 10년 후에도 성장 가능한 직종인지가 우선적으로 검토되어야 한다.

㉢ 훈련과정의 선택은 내담자의 직무역량, 적합한 분야 및 전공, 미래사회에서의 직업변화 등을 고려하여 이루어져야 한다.

② 자격취득

㉠ 대부분의 훈련과정은 자격취득을 목적으로 하고 있지만, 훈련기관에서는 자격취득, 자격취득 + 취업알선 등의 패키지를 제시한다.

㉡ 자격취득에 대하여는 큐넷(www.Q-net.or.kr)에서 상세한 정보를 검색할 수 있으며, 큐넷은 직종에 대한 직업정보, 시험일정, 접수 및 합격률 등을 검색할 뿐만 아니라 시험등록, 합격 여부까지 진행한다.

제4절 훈련목표관리 : 훈련적응 상담

(1) 직업훈련의 사회안정망

기업주는 직업훈련기관을 근로자에게 인간성이 형성된 인력으로서 기술과 기능을 겸비하도록 하고, 산업계에 보다 더 적합한 기술, 기능을 준비하도록 하기 위한 제도적 장치라고 믿는다.

① 훈련기관의 역할

훈련기관의 역할은 교육자, 상담자, 섭외 활동자, 사무자, 관리자, 평가자, 전문기술자 등의 역할을 수행한다.

㉠ 훈련기관의 기능

ⓐ 훈련에 대한 계획서 작성
ⓑ 훈련생에 대한 개인, 진로, 현장 적응 등에 대한 상담
ⓒ 훈련생에 대한 법적 처리 문제 및 행정적인 절차 수행
ⓓ 기업체와의 섭외 활동 및 훈련 홍보활동
ⓔ 기업체 기술 지원
ⓕ 훈련과정 운영
ⓖ 훈련 성과에 대한 평가 및 훈련생의 훈련능력 평가
ⓗ 사후지도 실시

㉡ 훈련기관에서의 훈련생 선발기준

훈련기관에서는 훈련 대상에 대하여 선정기준을 마련하며, 이는 훈련 이수 후 취업과 연계하기 위한 기본 전제를 갖고 있다. 훈련생 선정기준은 다음과 같다.

ⓐ 훈련 프로그램의 참가하기를 희망하는 자
ⓑ 직업목표가 분명한 자
ⓒ 교과 내용과 적성이 적합한 자
ⓓ 수료 후에도 전공 분야에 계속 취업할 의사가 있는 자
ⓔ 단정하고 성실하며 인내성이 있는 자
ⓕ 우수한 인력으로서 기초적인 소질과 능력과 태도를 겸비한 자
ⓖ 인간관계가 원만하고 자기 자신에 대한 이해가 있는 자

㉢ 취업처에 대한 정보수집

훈련기관은 훈련생의 훈련 이수 후 취업알선을 진행하고, 훈련기관은 동일 직종에 장기간 취업알선을 진행하였기 때문에 취업대상 기업에 대한 다음과 같은 정보를 수집한다.

ⓐ 취업처 내에서 충원이 요구되는 직종
ⓑ 취업처의 향후 충원계획 및 감원계획
ⓒ 초임금 및 근로조건
ⓓ 취업처의 직종별 분포
ⓔ 직원의 연간 이직률
ⓕ 직원에 대한 복지
ⓖ 시설 및 장비의 최신성 및 낙후성

② 훈련생의 훈련 참여

훈련생은 훈련 참여를 위한 훈련기관을 선정해야 하며, 훈련 이수 후 갖는 효과 등을 확인한다.

㉠ 훈련기관에 대한 점검 부분

훈련기관에 대한 정보가 공개되어 있다 할지라도 훈련생은 훈련기관을 선택할 때에 다음과 같은 상황에 대해서 점검한다.

ⓐ 기업체의 훈련 필요성에 대한 분석 능력
ⓑ 훈련 대상자의 훈련 요구도에 대한 분석 능력
ⓒ 기업체의 관련 직무분석
ⓓ 직무분석 결과에 적합한 훈련교재 선정
ⓔ 기업주가 요구하는 훈련 내용 선정
ⓕ 훈련교재에서 누락 된 훈련 내용 추출 및 교안 작성
ⓖ 훈련 내용에 맞는 장비 및 시설
ⓗ 우수한 강사 보유
ⓘ 훈련생의 탈락률 및 취업률
ⓙ 해당 직종 산업계와의 네트워크 구축

㉡ 양성훈련이 갖는 효과

노동시장에 처음 진입하기 전에 실시하는 직업훈련이 양성훈련이며, 양성훈련은 학교와 노동시장을 연결하는 기능을 갖고 있으면서 다음과 같은 효과를 갖는다.

ⓐ 사회교육적 입장에서 생활 기법의 개발
ⓑ 자신에 대한 이해
ⓒ 사회에 대한 인식과 지식
ⓓ 경험의 성숙
ⓔ 직업에 관한 지식 확장
ⓕ 직업에 대한 표집활동과 직업인으로서 전이 가능
ⓖ 직업정보에 관한 선택

ⓗ 직업선택의 신중성

ⓘ 작업장에 비형식적인 문화에 유입

ⓙ 고용의 기회

양성훈련에 참여하는 청년들은 작업습관과 태도를 형성하고, 기업주와의 협력자로서 이해하며, 해당 산업의 추이와 전망을 확인할 수 있다.

(2) 훈련생의 훈련생활 적응 및 복지

훈련생은 앞으로 10년의 직업 생활을 위하여 훈련 직종을 선택하고 장기간 훈련 이수를 위하여 훈련과정에 적응이 필요하며, 이를 위하여 훈련생에 대한 복지적인 면에서 지지체계를 갖출 필요가 있다.

① **훈련 생활 적응**

㉠ 훈련생은 장기간 훈련에 참여함으로써 애로사항이 발생하며, 훈련기관의 독특한 환경에 적응하지 못하고, 장기간 훈련에 참여하는 제약조건으로 인해 이에 적응하지 못하는 훈련생이 생길 수 있는데, 이에 대한 상담이 필요하다.

㉡ 결석이 잦은 훈련생의 경우 상담자는 훈련기관의 문화, 담당자와 훈련생과의 위화감 조성, 훈련과정의 진행속도와 질 등에 대한 내용을 확인하고 훈련생이 잘 적응할 수 있도록 도와주어야 하며, 상담자는 수시로 훈련생의 상태를 확인하고 상담을 제공한다.

② **훈련생의 복지**

훈련받는 동안 경제적 활동이 정지됨으로써 오는 훈련생의 어려움을 덜어주는 시스템이 있다.

㉠ 국비 훈련 및 훈련수당 지급

ⓐ 국민내일배움카드는 훈련비에 대하여 85~100%까지 국비 지원하는 제도로서 한번 신청하면 5년 동안 사용할 수 있고, 지원 금액은 300만 원~500만 원이며, 수강료는 훈련기관에서 책정한 훈련비로서 이때 자부담을 요구하거나 전액 국비로 지원하는 등이 있다.

ⓑ 훈련생이 훈련에 참여하는 동안 일정한 금액의 수당을 지급받을 수 있는데, 이는 교육과정이나 형태마다 다르기 때문에 훈련안내를 자세히 살펴볼 필요가 있으며, 훈련수당은 경제적 지원으로 훈련을 이수하도록 돕는 데 목적이 있다.

㉡ 직업훈련생 생계비 융자

ⓐ 생계비 융자 대상

고용노동부는 훈련생에게 경제적 어려움으로 인하여 훈련을 포기하는 경우를 방지하기 위하여 훈련생에게 생계비를 대부해 주는 이 제도는 고용보험 피보험자격 상실했거나 비정규직 근로자의 재기를 위해 직업훈련 생계비를 지원하는 사업이며, 대상은 고용보험 피보험자격을 상실한 자, 또는 신청일 현재 휴폐업 중인 자영업자, 비정규직 근로자 등이다.

ⓑ 대부조건

대부조건 및 한도액을 보면, 이율은 연 1%, 상환은 1~3년 거치, 3~5년 균등분할상환, 거치기간 및 상환기간 변경은 불가하고 조기에 상황은 가능, 대행 금융기관은 기업은행, 한도는 월별 50만 원에서 200만 원, 1인당 2,000만 원 이내(단, 고용위기지역 및 특별고용지원업종 대상자는 대부액 한도가 1인당 3천만 원 이내)이다.

집단상담프로그램 운영

제1절 집단상담프로그램 개발

(1) 집단상담의 원리

① 집단상담의 개념

㉠ 집단상담(group counseling)은 집단원들이 경험할 수 있는 생활 논점(issue)의 예방, 발달과 성장, 치료를 아우르는 의미로 사용된다.

㉡ 윤관현 등(2006)은 '집단상담은 생활과정의 문제를 해결하고 보다 바람직한 성장발달을 위하여, 전문적으로 훈련된 상담자의 지도와 집단원들과의 역동적인 상호 교류를 통해 각자의 감정, 태도, 생각 및 행동양식 등을 탐색, 이해하고 보다 성숙된 수준으로 향상시키는 과정'이라고 정의하였다.

㉢ 천성문 등(2009)은 집단상담을 '심리적 문제가 심각하지 않은 사람들이 모여 집단을 형성하고 그들이 전문적인 상담자와 함께 서로를 신뢰하고 허용적인 분위기 속에서 자기 이해와 수용 및 개방을 촉진하는 상호작용을 함으로써 개인의 태도와 행동을 변화시키고 문제를 해결하며, 나아가 잠재능력의 개발을 꾀하는 활동'이라고 정의하였다.

② 집단상담의 이점

㉠ 시간 및 경제적 측면에서의 효율성

집단상담은 개인상담에 비해 동시에 여러 명이 참여함으로써 상담자의 입장에서 동시간 내에 많은 내담자를 만난다는 측면에서 시간적으로 경제적이며, 내담자 또한 개인상담에 소요되는 것보다 훨씬 저렴한 비용으로 자신의 이슈를 상담 현장에서 다룰 수 있다는 점에서 이점이 있다.

㉡ 자신의 논점에 대한 객관화

ⓐ 집단상담에서는 하나의 큰 목표를 설정하고 집단원들이 목표 달성을 위해 집단정체성을 가지고 역동을 일으키며, 이 과정에서 집단원들은 자신이 해결하고자 하는 논점을 다른 집단원들 또한 해결하고자 한다는 것을 알게 된다.

ⓑ 즉, 자신의 논점이 자신만의 어려움이 아니라는 점을 알게 되며 자연스럽게 '논점의 객관화'를 경험하게 된다.

㉢ 실생활의 축소판 기능

ⓐ 집단상담을 위해 형성된 집단은 실제 사회 단위의 대체적 장으로 기능하면서 집단원들은 비교적 안전장치가 갖추어진 상태에서 자신의 감정, 생각, 행동 등을 표현하고, 상담자와 다른 집단원들의 피드백을 받게 된다.

ⓑ 집단상담 현장에서 타인 앞에서 자신을 표출하는 연습, 타인의 생각을 수용하는 연습, 타인과 타협하고 해결책을 찾아가는 등의 일련의 과정은 개인상담 속에서 경험할 수 없는 이점을 제공한다.

㉣ 대리학습

ⓐ 집단상담 현장에서 집단원들은 다른 집단원이 표현하는 다양한 갈등과 심리상태를 듣고 관찰하면서 자신의 문제에 대해 안전한 분위기 속에서 통찰을 얻는 경우가 많다.

ⓑ 이 과정에서 집단원들은 자신의 강점을 터득하고 효능감을 경험하기도 하여 대리학습이 이루어진다.

㉤ 다양한 자원과 지지

ⓐ 집단상담의 집단원들은 각각 독립된 개체로서 다양한 자원과 관계형성 능력을 가지고 있으며, 이들은 일정 기간 동안 함께 활동하면서 서로를 파악하게 되고 자신이 가지고 있는 다양한 자원을 공유하고 관계를 형성한다.

ⓑ 집단상담이 종료된 이후에도 이러한 관계는 지속력을 가지며 유지되어 서로에게 지지를 제공하는 자원이 되어 준다.

㉥ 풍부한 피드백

ⓐ 집단상담에서는 개인상담에서 상담자 한 사람으로부터 받던 피드백보다 훨씬 더 강력한 다수의 긍정적 피드백을 받을 수 있다.

ⓑ 집단상담에 참여한 집단원들이 표현해 준 피드백은 다수의 의견이라는 특성이 있어 객관성과 정확성을 갖게 되어, 집단원들의 제언, 반응, 격려 등은 매우 가치가 있다.

③ 집단상담의 한계

㉠ 비밀보장의 한계

집단상담에서는 집단원들의 비밀보장에 한계가 있기 때문에 집단상담자는 집단원들이 지나치게 사적인 정보를 노출하지 않도록 개입하고, 프로그램 진행 중에 나누었던 내용을 집단 밖에서 언급하지 않는 규칙을 지키도록 강조한다.

㉡ 개인에 대한 관심 미약

집단상담 과정에서 집단원 개개인에게 부여되는 집단상담자의 관심은 한계가 있을 수밖에 없어, 특정 사안에 관한 집단원의 개인적인 문제는 자칫 등한시 될 수 있기 때문에 이러한 상황에 대해서는 도입 회기에 명확히 설명하도록 한다.

㉢ 집단 압력의 가능성

집단상담은 집단원들이 집단의 규준과 기대치에 부응해야 할 것 같은 압박감을 갖게 할 수 있고, 집단상담 과정에서 특성이 강한 집단원들의 가치관과 견해가 압력으로 행사되기도 하기 때문에 집단상담자는 이 과정에서 압력이 지나치게 가해지지 않도록 해야 한다.

(2) 대상자(집단원) 특성 파악[7)]

집단상담은 집단원 및 집단의 성장잠재력에 대해 확인할 필요가 있으며, 집단상담은 이러한 기본적인 태도를 바탕으로 구성되고 진행되는 것이기 때문에 이에 대한 폭넓은 이해가 있어야 객관적으로 집단상담의 필요성을 확인할 수 있다.

① **전직 대상자**

㉠ 구조조정, 명예퇴직 등 40대 후반에 일어난다.

㉡ 40대 후반에 퇴사하지 않고 끝까지 퇴사를 지연한 집단은 50대 초반에서 일어난다.

㉢ 40대 후반에 퇴직한 전직 대상자는 50대 초반에 퇴직한 전직 대상자보다 취업률이 높다.

㉣ 전직 대상자는 50% 이상 재취업을 희망하고 사회공헌 활동, 취미활동, 귀농 귀촌, 창업, 여가 선호 등이 40%대로 나타난다.

㉤ 직업능력개발훈련에 참여도가 높다.

② **은퇴자**

㉠ 작업수행 능력 및 직업적 만족도 등과 밀접하게 관련되는 것은 주관적 연령에 대한 주관적 인식에 대한 고려이다.

㉡ 고령자들에게 직업은 경제적 보상과 일상생활의 규칙성을 부여하며 개인의 정체감을 확고히 심어주고 사회적 관계망을 유지시켜 주는 역할을 하여 개인의 신체적, 심리적 건강을 유지할 수 있도록 한다.

㉢ 개인의 주관적 경제적 어려움 지각이나 개인의 신체적 건강상태에 대한 주관적 판단의 높고 낮음에 따라서 구직행동, 구직효능감, 우울감, 자기 존중감과 같은 고령자 취업과 관련한 개인의 심리적 속성은 유의미한 차이가 있다.

③ **진로단절 여성**

㉠ 진로단절 이후 학력 및 취업 이력(근속 년수), 진로단절 이전의 직종, 자격증 등의 인적자원이 더 이상 노동시장 이행의 결정요인으로 작용하지 못한다.

㉡ 영향력 있는 요인은 배우자의 태도와 자녀 양육의 형태로서 심리적 지원이 중요하다.

㉢ 진로단절 극복을 위해 가장 중요한 요소는 자아효능감, 확신과 같은 내적인 힘이다.

㉣ 재취업을 희망하는 여성은 노동시장에 대한 정보 부족과 재취업에 대한 자신감 부족으로 자신의 능력에 비해 하향 취업을 희망하며, 저임금 저숙련의 시간제 근로로 재취업하는 것은 여성의 노동시장으로부터의 재퇴장으로 이어진다.

---

7) 출처 : 학습모듈_0702010163_20v3.1 참고

(3) 집단상담 프로그램 개발

① 프로그램 목표

집단상담 프로그램 목표는 집단의 직업적 논점에 따라 어떤 방향으로 운영할지 설정하는 단계이며, 이러한 목표가 설정되어야 집단상담 프로그램의 틀을 구성할 수 있다.

㉠ 목표 설정

프로그램에 대한 대상의 정확한 요구도를 분석하면, 프로그램의 주제 선정, 운영방식 등의 형식뿐만 아니라 내담자의 직업적 논점에 적합한 이론적인 틀, 효과 등의 일관된 목표가 설정되어야 한다.

실력다지기

집단상담 목표 설정

1) 집단원들이 환경변화를 받아들이고 적응하도록 돕는다.
2) 집단원들이 타인과의 소통을 통하여 자신의 논점을 명확히 하도록 돕는다.
3) 집단원들을 발달 과정에서 자신의 욕구를 충족하고 자신의 느낌과 태도의 변화를 인식하고, 배우며, 자아존중감을 갖도록 돕는다.
4) 집단원들이 직업적 논점에 대하여 의사결정을 올바르게 하도록 돕는다.
5) 집단원들을 타인의 관점을 이해하여 새로운 관점을 갖도록 돕고, 가치체계를 발달시켜 변화를 가져오도록 돕는다.

㉡ 목표 설정의 방향

ⓐ 목표는 명확해야 한다.

집단을 구성하는 시점에서부터 프로그램을 진행하고 종결하는 단계까지 명확한 목표가 설정되어 있어야만 일관된 관점을 유지할 수 있다.

ⓑ 목표는 구체적이어야 한다.

집단상담 프로그램의 목표는 그 범위가 특정 이슈에 집중되어 광범위하지 않아야 하는데, 즉 하나의 프로그램에서는 다루어져야 하는 이슈 중 한 가지를 깊이 있게 다루는 것을 원칙으로 목표를 설정하는 것이 효과적이다.

ⓒ 목표는 알기 쉬워야 한다.

쉽게 이해할 수 있는 목표가 설정되어 있어야 집단상담 프로그램을 실시하는 기관과 참여하는 집단원들 사이에 욕구의 일치성을 가질 수 있고 프로그램에 대한 만족도가 높아질 수 있다.

② 집단상담 프로그램의 구성

전반적인 프로그램의 내용을 구성하고, 실시 대상, 실시 방법, 회기 및 시간, 진행요령 및 유의사항, 평가서 등을 제시한다.

㉠ 구성의 원칙

ⓐ 제시하는 순서 : 단순한 내용에서 복잡한 내용으로, 친숙한 내용에서 낯선 내용으로, 구체적인 개념에서 추상적인 개념으로, 그리고 역사적인 발생 순서대로 제시한다.

ⓑ 제시되는 내용 간의 연속성 : 연속성은 무작위로 진행하는 것보다 훨씬 더 효과적이다.

ⓒ 내용의 폭과 깊이 간의 조화

ⓓ 프로그램의 집단원들에게 통합된 경험 제공

ⓔ 집단원의 능력, 흥미, 요구, 발달 과업에 적합한 내용

㉡ 개요

프로그램 필요성, 주제와 목표, 내용 구성, 실시 대상, 실시 방법 및 진행 요령에 대해 구체적으로 제시하고, 집단상담자가 쉽게 이해할 수 있도록 표현한다.

㉢ 프로그램 개발

프로그램의 주제와 목표에 적합한 프로그램을 개발한다. 이때는 대상, 집단 참여 인원수, 회기 수, 운영시간, 집단상담자의 자격 및 명수, 운영방법, 유의사항, 활동지 등을 포함한다.

㉣ 활동방법

활동방법은 설명 및 강의, 시범 및 관찰, 역할 연기, 반복 연습, 발표, 토론 등이 있다.

㉤ 프로그램 평가

프로그램의 목적 달성에 대한 효과를 위하여 평가 방법, 평가지 등을 개발하며, 이때 평가지는 사전-사후 평가지이다.

③ 회기별 프로그램 내용

㉠ 도입 프로그램

ⓐ 첫 회기로서의 도입

㉮ 집단상담 프로그램에서 도입은 두 가지가 있는데, 전체 프로그램에서의 1회기는 큰 틀에서의 도입이며, 각 회기마다 시작하는 시간이 또 다른 도입이 된다.

㉯ 집단상담 전체 프로그램에서 첫 회기는 집단원의 긴장감이 고조되어 있기 때문에 이러한 긴장을 완화 시켜 줄 수 있는 가벼운 내용으로 시작하여 집단원들의 자기 개방을 촉진하도록 한다.

ⓑ 각 회기별 도입

㉮ 역할

회기별 시작으로서의 도입 프로그램은 해당 회기에서 목표로 하고 있는 주제에 접근할 수 있는 촉진제의 역할을 하면서 동시에 즐거운 마음으로 한 회기에 참여할 수 있도록 동기부여의 역할을 한다.

㉯ 내용

- 회기의 주된 활동을 시작하기에 앞서 지난 회기의 내용을 간략히 다룸으로써 회기와 회기 사이를 연결하는 것으로 시작한다.
- 지난 회기에 대해 간략히 정리한 후, 본 회기의 주제와 목표에 대해 소개하면서 이에 대해 집단원들의 생각이나 나누고 싶은 이야기를 공유할 수 있으며 이와 관련된 프로그램으로 시작한다.

㉡ 전개 프로그램

집단상담 프로그램의 진행에서 전개 단계는 프로그램의 세부 목표를 달성하기 위해 구조화된 활동을 실행하는 것으로, 프로그램 개발에서 가장 중요한 단계에 해당하며 이를 위해 다음과 같은 사항을 순서대로 수행하여야 한다.

ⓐ 회기별 세부 목표 달성을 위해 어떠한 주제로 프로그램을 구성해야 하는지 결정한다.

ⓑ 프로그램은 각각 다양한 기법을 활용하여 진행할 수 있는 것이라야 집단원들이 지루해하지 않고 집중력을 높일 수 있으며, 프로그램은 게임, 토론, 활동지 작성, 비디오 클립 시청, 진단지 등 여러 가지 매체를 활용할 수 있도록 구성한다.

ⓒ 한 회기의 활동을 구성할 때는 시간적인 제한을 고려한다.

㉮ 구조화된 집단상담 프로그램은 회기별 시간이 정해져 있으며, 집단상담자는 이 시간을 엄수한다.

㉯ 한 회기에 들어가는 프로그램의 총 시간은 회기별 시간 내에 이루어져야 하며 이를 고려하여 도입, 전개, 마무리 프로그램을 구성해야 한다.

ⓓ 한 회기의 활동을 구성할 때에는 시간과 기법에 대해 적절하게 안배한다.

㉢ 마무리

ⓐ 프로그램의 마무리

㉮ 집단상담 프로그램을 마무리할 때는 전체 프로그램에 대한 간략한 내용 정리를 비롯하여 프로그램의 목표를 달성하였는지 확인한다.

㉯ 집단상담자는 집단상담 프로그램에서 경험했던 바를 통해 변화되고 성장한 관점과 태도를 실생활에 잘 적용할 수 있도록 격려하는 내용으로 구성한다.

ⓑ 각 회기의 마무리

㉮ 집단상담 프로그램에서는 각 회기가 끝날 때마다 회기별 마무리 시간을 갖게 되며, 회기를 마무리할 때는 해당 회기에서 다루었던 내용을 간략하게 요약한다.

㉯ 회기를 종결할 때는 집단원 전체의 소감 나누기를 통해 무엇을 얻었고 어떻게 변화하였는가 등의 종결 감정과 집단상담의 성과와 미해결된 논점을 확인한다.

제2절 집단상담 프로그램 실시

(1) 집단상담 프로그램 유형 및 특성

① 대상에 따른 분류

진로단절 여성, 제대군인, 장애인, 고령자, 북한 이탈주민, 결혼이민 여성, 취약계층, 전직 지원자 등에 따라 다양한 프로그램이 있다.

② 주제에 따른 분류

진로탐색 프로그램, 진로성숙 프로그램, 자기개념 관련 프로그램, 진로정보탐색 프로그램, 진로의사결정 프로그램, 진로확장 프로그램, 진로장벽 극복 프로그램, 취업지원 프로그램, 직업적응 프로그램, 전직지원 프로그램, 생애설계 프로그램, 실업충격완화 프로그램 등 다양한 주제에 따라 프로그램이 구성될 수 있다.

③ 이론적 배경에 근거한 분류

집단상담은 자기효능감 이론, 인지 · 정서 · 행동치료, 인지치료, 심리극, 개인심리학, 행동치료, 현실치료, 정신분석학의 혼습 등의 이론이 집단상담 프로그램의 근간을 이루고 있다.

(2) 집단상담 프로그램 실시

① 집단역동 관찰

집단상담에서 집단 구성원 간의 상호작용이 역동을 일으키고, 이 역동은 개인의 변화 기회를 마련하며 집단상담 평가에서 중요한 기준이 된다.

㉠ 집단역동의 개념

ⓐ 집단역동이란 집단원들 사이에 발생하는 지속적인 상호작용과 상호관계를 일컫는 말이다.

ⓑ 집단역동은 집단의 성격과 방향을 좌우하게 되며 집단상담자의 개입과 중재로 집단원 개개인을 변화시키고 치유하는 원동력이 되기도 한다.

ⓒ 다만, 집단역동은 집단원들에게 부정적인 영향을 주기도 하기 때문에 집단상담자의 순발력 있고 능숙한 대처와 주의가 요구된다.

실력다지기

집단역동의 관찰

1) 서로 어떻게 말하고 반응하는가?
2) 누가 주로 말하고 누가 주로 듣는가?
3) 집단원들은 집단에 대해 소속감을 가지고 있는가?
4) 집단원들은 집단 참여에 대해 어떻게 느끼는가?
5) 집단원들은 집단의 목적을 잘 인식하고 있는가?
6) 집단원들은 집단상담자에게 어떠한 태도를 보이는가?
7) 집단원들은 자신들에 대해 어떤 느낌을 갖고 있는가?
8) 집단원들은 다른 집단원들에게 어떤 감정을 느끼고 있는가?

㉡ 집단역동의 영향 요소

집단역동에 영향을 주는 요인들은 집단원의 배경, 집단상담 프로그램 목적과 명료성, 집단의 크기, 집단 회기의 길이, 회기의 빈도, 집단상담 실시 장소, 집단 참여 동기 등에 따라 많은 영향을 받는다.

② **집단의 발달단계**

㉠ 초기단계의 집단

집단상담의 초기에는 집단상담자와 집단원 간, 집단원과 집단원 간의 소통에서 어색함을 보이며, 초기 단계에서는 다음과 같은 현상이 나타난다.

ⓐ 집단원들은 기대감을 가지고 집단의 기능과 참여 방식을 배운다.

ⓑ 위험하게 느껴지는 행동이나 탐색이 매우 제한적이다.

ⓒ 다른 집단원의 문제에 대한 성급한 해결책 제시 및 조언의 행동을 한다.

ⓓ 집단상담자 및 집단원들의 환류(feedback)을 통해 응집력과 신뢰를 점차 형성한다.

ⓔ 어떤 집단원은 부정적 감정을 표현해 봄으로써 집단 내에서의 수용의 정도를 시험하기도 한다.

ⓕ 집단원들은 신뢰 형성을 촉진하는 존중, 공감, 수용, 관심, 반응의 기본적 태도를 배운다.

정리

도입과 초기단계에서 집단상담자의 역할

1) 집단의 시작
2) 집단상담자와 보조 진행자 소개
3) 프로그램 목표의 명확한 설명
4) 집단원들의 자기소개
5) 집단원들의 자기표현 촉진
6) 신뢰하는 분위기 조성
7) 집단원들의 참여 촉진
8) 적절한 자기 개방 유도
9) 다음 회기에 대한 소개와 첫 회기의 종결

㉡ 과도기 단계의 집단

집단상담의 과도기에는 집단상담자와 집단원 간, 집단원들 간에서 타인의 생각, 배려, 절제 등을 보이며, 과도기에서는 집단원들에게 다음과 같은 현상이 나타난다.

ⓐ 자기 자각이 증대됨에 따라 스스로에 대해 어떠한 생각을 갖게 될지, 타인들이 자신을 수용할지 또는 거부할지에 대해 염려하게 된다.

ⓑ 집단 환경의 안정성에 대해 판단하기 위해 상담자나 타 집단원을 시험한다.

ⓒ 집단에 참여하기 위해 위협을 무릅쓸 것인지 뒤로 물러나 안주할 것인지 선택의 기로에서 고민한다.

ⓓ 상담자가 신뢰할 만한 존재인지 탐색하고자 한다.

ⓔ 타인의 경청을 이끌어내기 위해 자신을 표현할 방법을 배우게 된다.

ⓕ 높은 불안 수준, 갈등 및 과도한 감정 표현, 직면, 전이 및 역전이, 의존성, 주지화 등이 나타난다.

정리

과도기 단계에서 집단상담자의 역할

1) 초기에는 집단원들의 비현실적인 특성에 휩쓸리지 않도록 한다.
2) 집단원들은 집단상담자의 도움, 현명함, 지각 있음, 매력적임, 힘, 역동성 등에 대한 과도하게 긍정적인 표현을 할 수 있으며 집단상담자는 이에 매혹되기 쉬워 이에 대해 경계가 필요하다.
3) 집단상담자에 대한 집단원들의 부정적인 표현이나 과도한 지적, 사적인 질문 등은 집단상담의 현장에서 이루어지는 촉진적 관계에 대한 어색함이나 익숙하지 않음 때문에 이를 시험해 보고자 하는 동기가 있기 때문에 이를 파악하도록 하고 사적으로 받아들이지 않아야 한다.
4) 집단원들의 감정을 모두 전이 현상으로 해석하지 않도록 한다.
5) 집단상담자가 집단원들에게 갖는 모든 감정을 역전이로 분류하지 않도록 한다.

㉢ 작업단계의 집단

집단상담의 작업 단계는 자신을 개방하고, 적절한 상호작용을 하며, 타인에 대한 이해와 격려와 변화를 꾀하는 단계로서 다음과 같은 현상이 나타난다.

ⓐ 높은 신뢰와 응집력을 보인다.

ⓑ 의사소통이 개방적이고 자신의 경험 표현이 정확해진다.

ⓒ 집단원들 모두가 지도력을 가지며 적절한 상호작용이 이루어진다.

ⓓ 집단원들 간의 갈등이 무엇인지 알며, 그것을 직접적이고 효과적으로 다룰 수 있다.

ⓔ 환류를 자유롭게 주고받으며 충분히 숙고한다.

ⓕ 집단원들은 집단 밖에서 행동의 변화를 가져오려고 노력한다.

ⓖ 변화에 대한 자신들의 시도가 지지를 받는다고 느끼며 과감해진다.

정리

작업단계에서 집단상담자의 역할

1) 적절한 행동 모델을 보여준다.
2) 지지와 반박에 대한 균형감각을 잃지 않도록 신경 쓰고 집단에 대한 자신의 감정을 밝힌다.
3) 적절한 시기에 행동 패턴의 의미를 설명하여 자기 탐색을 돕는다.
4) 응집력을 높이는 행동을 장려한다.
5) 집단의 기준을 강화하고 발전시키는 데 유의한다.
6) 집단원들의 행동 변화의 치료적 요소를 인식하고 집단원들의 생각, 감정, 행동에서 원하는 방향으로 변화할 수 있도록 개입한다.
7) 위험을 감수하려는 집단원들의 의지를 지지해 주고 그것을 일상생활에 확장시켜 갈 수 있도록 돕는다.

㉣ 종결단계의 집단

집단상담 프로그램의 마무리 단계로서 종결하면서 다음과 같은 현상이 나타난다.

ⓐ 헤어진다는 사실에 대해 슬픔과 집단해체에 대한 우려를 느낀다.

ⓑ 상담의 종결단계가 느껴지면서 참여 정도에 적극성이 떨어진다.

ⓒ 집단원들은 어떻게 변하고 싶은지 결정한다.

ⓓ 상담을 통해 알게 된 것을 실생활에 적용할 수 있을까에 대한 두려움이 있다.

ⓔ 변화를 적용시키는 리허설 작업을 해보게 한다.

ⓕ 집단원들이 집단상담의 평가 작업을 한다.

ⓖ 추수상담에 대한 이야기를 나눈다.

종결단계에서 집단상담자의 역할

1) 상담이 끝나는 데서 오는 감정을 잘 다스리도록 돕는다.
2) 집단원들에게 자기표현의 기회를 주고 집단 내의 미결 문제를 다룬다.
3) 집단원들의 변화를 강화하고 더 변할 수 있는 깨달음을 얻었음을 확인시켜 준다.
4) 변화의 실질적 방법으로서 집단원들이 구체적 다짐을 하고 과제를 실천하도록 촉진한다.
5) 집단원들에게 바람직한 환류를 주고받을 수 있는 기회를 준다.
6) 상담이 끝난 후에도 집단에서 있었던 일에 대해 비밀을 유지할 것을 다시 한번 당부한다.

③ **관계망 구축**

관계망을 구축하여 집단원 간 목표 달성에 대한 역동성을 추구한다.

㉠ 관계망 구축의 필요성

ⓐ 변화 의지의 지속

집단원들이 삶의 현장에서, 혹은 집단에서 얻은 효과를 망각하게 되는 것을 방지하기 위해서, 또는 시간이 지남에 따라 점차 소거될 가능성을 축소하기 위해서 관계망의 구축은 도움이 되는 장치가 된다.

ⓑ 장애물 극복의 힘

집단원들은 집단에서의 작업 결과, 자신의 행동에서 변화를 시도해 보려는 의지를 가지게 되며, 이러한 상황에서 집단원들 사이에 관계망이 구축되어 있다면, 개개인이 지지적이지 않은 실생활에서 적용에 관한 어려움을 공유할 수 있고 실행 방안에 대한 합리적인 선택이나 실천 의지를 강화하는 데 도움이 될 수 있다.

ⓒ 정보교환 및 자원의 활용

집단상담 프로그램에 참여한 집단원들은 공통의 목표와 지향점이 있는 사람들로 구성되기 때문에 이들이 각각 가지고 있는 개인적 자원을 활용하고, 구축되어 있는 네트워킹을 연결하여 도움을 받을 수 있도록 하는 것은 집단상담의 장점에 속할 수 있다.

㉡ 관계망 구축을 위한 집단상담자의 역할

ⓐ 집단원들의 연락처와 소속 등이 기재된 연락망을 공유할 수 있도록 조력한다.

ⓑ 추수 회기의 성격을 띠는 만남을 주선한다.

ⓒ SNS를 통해 네트워킹을 형성할 수 있도록 돕는다.

ⓓ 기관의 승인을 받아 정기적인 모임의 장소를 제공한다.

ⓔ 집단상담 프로그램의 목표와 관련된 정보를 지속적으로 제공함으로써 집단원들이 집단에서 얻은 효과에 대한 경험을 활용하고 유지하도록 촉진한다.

ⓕ 기관에서 실시되는 교육, 행사 등의 정보를 집단원들의 네트워킹을 통해 제공함으로써 집단 참여 경험에 대해 상기시키고 연계 교육에 참여할 수 있도록 독려한다.

제3절 집단상담 프로그램 평가 및 사후관리

(1) 집단상담 프로그램 평가 실시

① 집단상담 프로그램 평가

집단상담 프로그램의 평가 결과는 프로그램의 우수성과 효과성을 검증하는 자료로 활용하는 한편, 내용의 수정 · 보완의 자료로도 활용한다.

㉠ 평가의 필요성

실시된 집단상담 프로그램에 대한 평가는 향후 프로그램의 보완 및 개선, 연계 프로그램의 기획 및 개발 등을 위해 필요하다.

ⓐ 프로그램 효과성에 대한 평가

집단원를 대상으로 사전 · 사후 검사지를 사용하여 프로그램이 성취하고자 한 목표, 즉 진로장벽 극복, 취업 효능감, 진로 적응성, 미래 시간 전망, 의사결정 능력 등을 조사하며, 집단원의 응답을 분석하여 그 프로그램의 효과성을 파악한다.

ⓑ 집단원의 만족도 평가

㉮ 프로그램 내용에 대한 평가는 각각의 활동에 대한 만족도와 운영에 대하여 집단원이 평가하도록 하며, 수집된 정보에 대해서는 평균값과 빈도, 비율 등을 분석하여 평가한다.

㉯ 프로그램 전체 내용에 대한 평가 항목을 만들어 자료를 수집하는데, 이때 프로그램 전반에 대한 소감이나 개선사항, 제언 등도 적을 수 있도록 개방형 질문도 포함시킨다.

실력다지기

집단상담 프로그램 운영 과정에 관한 평가 사항

1) 계획 및 준비도 평가
2) 자원 · 목적 성취도
3) 연계에 관한 평가
4) 전문성 유지 노력에 관한 평가
5) 참여도
6) 내용 및 진행 만족도
7) 개선사항 및 제언
8) 느낀 점

ⓒ 집단상담자의 평가

집단상담자와 보조 진행자는 회기마다 기록한 진행 일지를 취합하여 프로그램에 대한 전반적인 평가를 수행하는데, 특히 운영 과정에서의 어려움이나 개선할 점, 다양한 매체나 기자재 사용에 대한 적절성, 회기별 시간 준수의 수월성 등 프로그램 진행상에 경험했던 여러 가지 의견을 평가에 반영한다.

ⓛ 평가 보고서

집단상담자는 평가 결과에 대하여 해석하고 효과를 검증하여 보고서에 제시하도록 한다.

ⓐ 프로그램 평가 보고서의 필요성

㉮ 집단상담 프로그램이 종결되면 프로그램에 대한 평가 보고서를 작성하며, 이는 사업 실행에 대한 보고인 동시에 향후 추진될 사업의 기초자료를 제공하기 위해서이다.

㉯ 평가 보고서는 프로그램의 효과성 분석 결과, 집단원의 평가, 집단상담자와 보조 진행자의 평가 등의 내용을 통합적으로 반영해 작성한다.

ⓑ 프로그램 평가 보고서에 포함되는 내용

집단상담 프로그램 평가 보고서에는 다음과 같은 내용을 포함한다.

㉮ 작성자 및 작성 일시

㉯ 프로그램명 및 프로그램의 목표

㉰ 프로그램에 참여할 집단원의 자격

㉱ 회기별 정보 : 실시 일정, 장소, 집단상담자, 보조 진행자

㉲ 프로그램 운영 과정에 관한 평가 사항

㉳ 세부 프로그램에 대한 평가 사항

ⓒ 프로그램의 수정 · 보완 시 유의사항

㉮ 프로그램의 수정 · 보완은 평가 내용을 충분히 반영한다.

㉯ 프로그램 평가에서 좋은 피드백을 받은 내용은 그대로 유지하되 진행 과정에서 필요한 통계치나 업데이트가 필요한 자료 등은 즉각적으로 수정한다.

㉰ 프로그램 평가에서 좋은 평가를 받지 못한 프로그램을 수정할 때는 주의가 요구되며, 프로그램의 수정에 앞서 진행 일지를 확인하고, 다음과 같은 경우에는 프로그램에 대한 재검증이 필요하다.

- 집단역동이 지나치게 수동적이거나 산만한 경우
- 세부 지도안에 제시된 활동의 시간이 지켜지지 않은 경우
- 집단 운영 과정에서 집단원의 무리한 언행으로 인해 집단상담자가 의도적인 개입을 한 이후에 진행된 프로그램인 경우
- 프로그램에 대한 만족도가 일치하지 않는 경우

(2) 집단상담 프로그램 사후관리

① 사후관리

집단상담자는 집단상담 프로그램에 대한 사후관리의 필요성과 사후관리 방법을 확인한다.

㉠ 사후관리의 필요성

집단상담 프로그램 효과를 지속화하기 위하여 사후관리가 이루어진다.

ⓐ 실생활 적용 지원

㉮ 집단원들에 대한 사후관리는 상담 현장에서 학습하고 변화된 정서 · 인지 · 행동 등이 실생활에 적용될 수 있도록 지원하기 위함이다.

㉯ 다양한 어려움이 내재되어 있는 실생활에서 좌절하거나 포기하지 않도록 지원하는 장치는 집단원의 변화 적용 및 새로운 환경에의 적응을 지원하게 된다.

ⓑ 지속적인 변화 관리 촉진

변화하려는 의지와 같은 심리적 지지나 행동 변화 등을 지키려는 노력, 스스로 동기를 부여하여 목표를 설정하고 접근해 가려는 노력 등은 집단원의 삶을 변화는 시간이 흐를수록 퇴색되고 점차 소거될 가능성이 있는데, 이러한 상황은 사후관리를 통해 지속적인 변화 관리를 촉진할 수 있다.

ⓒ 정보 제공

집단상담 프로그램이 종결되면 필요에 따라 연계 프로그램의 참여, 타 상담기관으로의 의뢰, 직업훈련 등이 이루어질 수 있어, 사후관리 체계를 통해 대상의 욕구에 따라 관련 정보를 제공할 수 있다.

㉡ 사후관리의 방법

사후관리 방법은 추수 집단 회기, 개별 추수면담, 온라인 네트워크, 오프라인 회합, 동호인 모임, 이벤트 등의 방법이 있다.

ⓐ 추수 집단 회기

㉮ 추수 집단 회기는 집단원들이 진술한 목표를 얼마만큼 수행했는지, 계약의 내용과 기대를 어느 정도 만족시켰는지를 평가해 보기 위해 갖는다.

㉯ 일반적으로 집단이 종결하고 2~6개월 후에 갖지만, 시급한 의사결정을 수반하는 내용이 필요하다면 종결 후 2주일~1개월 후에 실시하기도 한다.

ⓑ 개별 추수면담

개별적인 추수면담은 많은 시간이 소요되는 단점이 있으나 집단의 효과를 측정하는 좋은 방법으로, 집단상담 프로그램에서 개인에게 초점을 맞추는 데 한계가 있었던 점을 고려할 때 보완적으로 사용할 수 있는 좋은 방법이다.

ⓒ 온라인 네트워크

시간과 비용을 고려할 때 가장 용이하고 현실적인 사후관리 방법으로 온라인 네트워크를 활용할 수 있으며, 온라인 네트워크는 집단상담자와 집단원, 집단원 간 원활한 소통을 이루어 나갈 수 있어 큰 장점이 있다.

ⓓ 오프라인 회합

㉮ 온라인 네트워크를 통한 소통이 비용과 시간 측면에서 수월한 장점이 있다면 오프라인 회합은 집단원 간 정서적 교류, 친밀성 강화 차원에서 더욱 효과적이다.

㉯ 집단상담 프로그램이 종결되기 이전에 집단을 이끌어갈 리더를 선발해 두면 진행하는 데에 수월하다.

ⓔ 동호인 모임

㉮ 기관에서 집단상담 프로그램이나 교육이 지속적으로 전개될 때, 한 집단에 참여한 집단원은 아닐지라도 유사한 목표와 관심을 갖는 사람들끼리 동호인 모임을 구성할 수 있다.

㉯ 동호인 모임은 관계망의 확장을 가져올 수 있고 인적자원 활용 측면에서 효율성이 큰 이점이 있다.

ⓕ 이벤트

집단상담 프로그램을 실시한 기관에서 개최하는 다양한 이벤트를 통해 집단원과의 관계를 지속시키고 소속감을 부여할 수 있으며, 다양한 행사에 대한 홍보와 진행 과정에 집단원의 자발적 참여를 촉진할 수 있으며 최신의 정확한 정보를 제공할 수 있다.

② 사후관리를 위한 집단상담자의 역할

㉠ 변화 관리를 위한 지지자

집단상담자는 집단원의 목표 달성을 평가하고 이행이 잘 진행되고 있다면 지속적으로 새로운 행동을 실천하여 자신의 인지체계에 정착시킬 수 있도록 돕는 역할을 수행한다.

㉡ 효과 지속력

집단상담자는 집단원들의 집단 경험 효과를 지속시키기 위해 그 효과가 얼마나 오랫동안 지속되고 그 과정에서 문제점은 없는지 등을 파악하고 적용을 촉진하는 역할을 수행한다.

㉢ 연계 프로그램의 소개

집단원 개개인의 지지 자원을 파악하고 그들의 실천 목표를 용이하게 수행할 수 있도록 하는 다양한 연계 프로그램을 소개할 수 있다.

㉣ 사후 네트워킹 조력

집단상담이 종결된 후, 집단원과의 소통, 집단원 간의 소통을 위해 집단상담자는 다양한 방법을 모색하고 이를 조력하는 역할을 수행한다.

ⓐ 집단원의 동의를 받아 연락망을 공유하는 것을 돕는다.
ⓑ SNS를 통한 네트워킹에 대해 돕는다.
ⓒ 기관의 승인을 받아 정기적 또는 비정기적 모임의 장소를 제공한다.
ⓓ 유사한 관심과 목표를 가진 사람들의 동호인 모임을 주선한다.

㉤ 정보 제공

집단원이 참여한 프로그램과 관련된 진로정보 및 기관에서의 교육, 행사 등의 정보를 제공하여 집단 참여의 경험을 상기시키고 이를 확장해 나갈 수 있도록 돕는 역할을 수행한다.

직업상담 협업 및 행정

제1절 협업체계 구축 및 운영

(1) 협업범위와 기준 결정 : 여성을 중심으로

직업상담 대상자 특성에 따라 직업상담 요구 및 협업기관 선정이 이루어져야 하며, 점차 직업상담 서비스 대상자가 증가하고 세분화됨에 따라서 직업상담 논점이 다양화되고 있다. 특히 여성은 결혼, 출산, 육아 등으로 자의 또는 타의에 의하여 진로단절이 발생하는 경우가 많기 때문에 직업생활을 지속적으로 유지하기 어려운 경우가 발생하여 여성만이 겪는 독특하고 결정적인 면이 진로의사 결정과 진로행동에 영향을 준다.

① **여성의 진로형태**

㉠ 슈퍼(Super, 1957)

여성의 진로발달 이론을 최초로 제시했으며, 7개의 진로 유형을 제시하였다.

ⓐ 안정된 가정주부형 : 학교를 졸업하자마자 곧바로 결혼하여 전업주부로 살아가는 유형

ⓑ 전통적 진로형 : 학교 졸업 후 취업을 하였다가 결혼과 동시에 퇴직을 하고 가정생활을 영위하는 유형

ⓒ 안정적 진로형 : 학교를 졸업 후 직업을 가진 뒤 결혼과 무관하게 지속적으로 직업을 갖는 유형

ⓓ 이중 진로형 : 학교를 졸업하자마자 곧바로 결혼하여 직업을 갖는 유형

ⓔ 단절 진로형 : 학교를 졸업하고 일을 하다가 결혼을 하면서 퇴직을 하고 자녀 육아에 전념하다 자녀가 어느 정도 성장하면 재취업하는 유형

ⓕ 불안정한 진로형 : 가정생활과 직장생활을 번갈아가며 시행하는 유형

ⓖ 충동적 진로형 : 상황에 따라 취업과 퇴직을 하는 등 일관성 없는 진로 유형

㉡ 긴즈버그(Ginzberg, 1966)

ⓐ 가정주부를 고집하는 전통적 유형

ⓑ 직장을 가지기는 하지만 직장보다는 가정을 더 우선시하는 전환적 유형

ⓒ 직장과 가정을 똑같이 강조하는 혁신적 유형

② **여성의 진로 특성**

㉠ 진로단절(career discontinuity)

ⓐ 결혼, 출산, 육아로 인하여 노동시장에서 퇴장하고 일정 기간이 흐른 뒤 재진입하게 되는 진로형태는 진로행동에 큰 영향을 준다.

ⓑ 여성의 진로단절은 숙련도의 손실로 이어져 재취업 시 저임금, 저숙련 직종으로 취업이 제한되고 승진 등에서도 불이익을 당하게 된다.

㉡ 진로장벽(career barriers)

여성의 진로발달에서 진로단절로 인한 자기효능감 저하는 진로목표 설정, 진로선택 범위 제한, 진로동기 등의 변화를 야기함으로써 진로장벽에 직면하게 된다.

㉢ 직업복귀(occupational re-entry)와 진로타협(career compromise)

ⓐ 직업복귀는 결혼, 출산, 수유, 양육 등의 이유로 진로단절을 겪은 여성이 다시 노동시장에 진입하는 형태를 말하는데 이때 빠른 환경변화에 적응하기 위하여 기초 직업능력을 갖추거나 직업훈련을 받은 후 취업하는 진로타협 과정을 경험한다.

ⓑ 갓프레드슨(Gottfredson)은 3가지 진로타협 과정에 관한 원리를 제시하였다.

㉮ 진로타협 과정은 자신이 할 수 있다고 생각하는 직업의 수를 줄여가는 과정이다.

㉯ 진로타협 과정은 반드시 최상의 대안선택에서 끝나는 것이 아니고 만족할 만한 선택에서 종료한다.

㉰ 진로선택 이후에는 자신이 취한 타협에 심리적으로 적응한다.

(2) 네트워크 구축

① 공공 고용안정기관

㉠ 국제노동기구(ILO)에서 공공고용안정기관이란, 노동시장 고용 프로그램 서비스 제공자, 노동시장 정보 제공자, 직업중개자, 코디네이터, 총괄자, 협력자, 촉진자, 활력자로서의 역할을 수행한다고 정의한다.

㉡ 우리나라 공공고용안정기관은 고용노동부의 고용복지플러스센터가 대표적이며 취업알선 서비스, 고용보험 서비스, 고용정보제공 서비스, 직업훈련 서비스 등 업무를 수행하며, 서비스 제공 주체에 따라 중앙정부의 고용서비스기관(고용복지플러스센터)과 지방자치단체의 고용서비스기관(일자리센터 등), 공공기관, 취업훈련 관련 교육기관 등으로 구분된다.

실력다지기

공공고용안정기관의 기능

1) 직업상담
2) 직업지도
3) 고용보험 적용 및 사업 집행
4) 국민취업지원제도 시행
5) 고용정보 수집 · 분석 · 체계화 · 가공 · 제공
6) 민간고용안정기관에 대한 지도 · 감독

② **민간고용안정기관**

민간고용안정기관은 비영리법인, 영리법인으로 구분할 수 있으며 공공고용안정기관의 업무 중 일부를 위탁받아 운영하거나 자체 개발한 프로그램, 직업정보 등을 제공하는 기관을 말한다.

③ **거버넌스(governance)**

거버넌스 개념은 일반적으로 정부나 국가 중심으로 계획을 수립하고 집행하는 것이 아니라, 고객과 이해관계자와 연계하여 문제를 해결하는 기제를 의미하며, 사회 내 다양한 기관이 자율성을 지니면서 함께 국정 운영에 참여하는 변화 통치 방식을 말하며, 다양한 행위자가 통치에 참여하고 협력하는 점을 강조하여 '협치(協治)', '협업'이라고도 한다.

㉠ 거버넌스 파트너십 형성

고객과 이해당사자 간의 실질적 파트너십을 위해서는 다음과 같은 것을 고려해야 한다

ⓐ 단순히 프로그램을 모니터링하는 것에 그치지 않고 실제 이슈에 대하여 주도적으로 함께 참여해야 한다.

ⓑ 협력자들이 서로 이해하여 신뢰성을 충분히 확보해야 가능하다.

ⓒ 제한된 시간이나 매우 억압적 환경에서는 협업이 가능하지 않으며, 충분한 시간이 필요하다.

ⓓ 협업에 반드시 수반되는 것이 갈등과 스트레스이며, 갈등과 스트레스는 협업하지 않는 것보다 바람직하다.

ⓔ 기존의 자원을 더 잘 활용하여 문제를 해결한다.

ⓕ 위임으로 실질적 협업을 유도할 수 있지만, 협업적 리더는 함께 일을 할 수 있게 만든다.

㉡ 거버넌스의 특성

거버넌스는 개별적 요인이나 요인들 사이의 단순한 상관관계가 아니라 유기적 결합, 네트워크의 공식적, 비공식적 요인 등을 고려한다. 정부, 시민사회, 국민의 파트너십을 전제하고 이를 중요하게 생각하며 자원배분 장치로서 경쟁적인 이익과 목표들을 조정한다.

(3) 협업 협의 및 확장

① **네트워크(network)**

㉠ 네트워킹이란 사람과 사람이 연결됨으로써 아이디어와 자원도 연결되는 것을 의미하는 것으로, 분명한 목표를 가지고 관계를 맺는 목적지향적 인간관계이다.

㉡ 네트워크(network)는 성공적 직업상담 서비스 제공을 위하여 가장 효과적 도구이며, 다른 사람과 조직의 목표달성을 돕고 나와 내가 속한 조직의 목표달성을 이룰 수 있는 관계를 형성하는 것이다.

② **성공적 네트워킹을 위한 기술**

'협업'을 2명 이상의 사람 또는 2개 이상의 기관이 공동의 목표달성을 위하여 상호 협력하는 것으로 정의할 때, 상호 협력하는 데는 의사소통, 대인관계, 개인 또는 기관이 가지고 있는 자원의 활용과 조직이해 능력 등의 다양한 기술이 필요하다.

㉠ 의사소통

ⓐ 2인 또는 그 이상의 사람들 사이에서 일어나는 의사전달과 상호교류를 의미하며 직업상담 서비스 전문가와 유관기관과의 협업을 위해서는 필수적인 요소로서 문서의 이해, 문서작성, 경청, 의사표현, 외국어 능력 등을 의미한다.

ⓑ 또한 협업은 주관기관과 협조기관 간의 권한 불균형과 협업 추진 과정에의 상대방에 대한 이해, 존중, 신뢰 여부에 따라 의사소통이 단절되거나 갈등이 심화될 가능성이 높다.

㉡ 대인관계

협업 과정에서 이루어지는 의사소통 및 의사결정과정을 원활하게 수행하기 위해서는 만나게 되는 사람들과의 관계를 어떻게 풀어나갈 것인가에 달려 있으며, 원활한 대인관계를 위해서는 팀워크, 리더십, 갈등의 이해와 처리, 협상기법, 고객 만족, 친절 마인드 등의 능력이 요구된다.

ⓐ 리더십

리더십은 공동목표 달성을 위해 개인이 조직원들에게 영향을 미치는 과정으로, 조직 내에서 또는 조직 간 협업을 해나갈 때 누군가는 리더의 역할을 하게 되고 역할에 따라 협업의 성패도 결정된다.

ⓑ 팀워크

팀 구성원이 공동의 목표를 달성하기 위하여 상호관계성을 가지고 협력하여 업무를 수행하는 것으로, 팀워크는 목표달성의 의지를 가지고 성과를 내는 것이며, 협업에서 조직 내, 조직 간 팀워크는 성과달성에 중요한 요소 중 하나이다.

ⓒ 협상

조직 내, 조직 간 협업을 진행하다 보면 수많은 갈등요인이 발생하는데, 갈등상태에서 이해 당사자들이 대화와 논쟁을 통해 서로를 설득하여 문제를 해결하는 과정에서 협상 능력은 협업의 성공 여부를 결정짓는다.

㉢ 자원 활용

ⓐ 자원이란, 개인 및 기관이 물질적 · 정신적 목표를 충족하고 유지 · 발전시키기 위한 원천으로, 개인과 기관이 가지고 있는 자원이 다르기도 하고 또한 보유하고 있는 자원의 유한성 때문에 상호관계에 의하여 질적 · 양적 변화를 추구한다.

ⓑ 한정된 시간과 예산을 어떻게 사용하고, 물적 자원과 인적자원을 최대한 수집하고 어떻게 실무에 활용할 것인가는 경쟁우위 확보와 상생을 위한 것이다.

㉣ 조직에 대한 이해

ⓐ 조직이란, 어떤 목적을 달성하기 위하여 의식적으로 뭉쳐진 두 사람 또는 그 이상의 인간 활동 및 체계로 조직은 단순한 집단이 아닌 협업체계이다.

ⓑ 협업을 확장해 나가기 위해서는 협업기관의 경영 이해, 조직의 구조, 기능, 목표 등 체제에 대한 이해, 업무에 대한 이해, 고용서비스 산업의 이해 등이 필요하다.

③ **네트워크 확장**

구축된 네트워크를 어떻게 관리하고 활용하느냐는 지속적인 관계망의 확장에 중요한데, 사람의 마음을 얻는 마음 자세와 태도는 다음과 같다.

㉠ 이득만 좇으면 손해 본다.

일방적으로 무엇인가를 얻어 내려는 사고방식은 네트워크 확장의 저해 요소이며, 남을 위한 배려와 봉사정신이 전제되어야 한다.

㉡ 네트워크 구축과 유지를 위해서는 투자가 필요하다.

기관과 기관, 사람과 사람이 지속적인 관계를 유지하기 위해서는 시간과 비용의 투자가 선행되어야 한다.

㉢ 지금 당장이 아닌 나중을 생각한다.

사람들이 신뢰관계를 구축하기 위해서는 상당한 시간이 필요하기 때문에 지금 당장의 효력을 생각하고 접근한다면 현재에서의 신뢰관계 형성은 어렵다.

㉣ 다름을 인정한다.

나와 성격이나 재능이 다른 사람, 내가 속한 조직과 성격이 다른 조직이라도 관심을 가지고 접촉한다.

㉤ 지속적 노력이 중요하다.

아무리 훌륭한 협업을 이뤄냈거나 좋은 파트너였더라도 그 관계가 일회성에 그친다면 더 크고 더 많은 관계로의 협업은 어렵기 때문에 꾸준히 상호 노력할 때 그 관계의 시너지는 커진다.

(4) 협업체계 활용 및 관리

① **협업체계 활용**

㉠ 개인 역량으로서 협업

회사에서 인정받는 사람이 되기 위해서는 역량, 열정, 소통과 협업 3가지 조건을 갖추어야 하며, 팀 활동의 중요성이 강조되고 있어, 조직 내에서 아이디어를 내고 수행하는 일련의 과정을 통해 성과를 창출해 내는 것이 협업의 효과이다.

㉡ 기업협업

ⓐ 민간기업의 협업은 회사 이익 창출이라는 특정 목적에 집중하며, 조직과 인력, 자원을 총망라한 협업체계를 구축하여 효율적인 업무처리로 경쟁력을 높이고 가용한 자원을 활용하여 최고 품질의 서비스를 만들어 간다.

ⓑ 경영환경이 급변함에 따라 기업들의 생존전략이나 이윤 극대화를 위한 몸부림은 다양한 방식으로 나타나며, 이 중에서 전략적 제휴를 주로 활용한다.

ⓒ 기업에서의 협업은 다수의 기업이 제품개발, 원자재 구매, 생산, 판매 등에서 각각의 전문적 역할을 분담하여 상호 보완적으로 제품을 개발, 생산, 판매하거나 서비스를 제공하는 것이다.

㉢ 행정협업

직업상담 서비스 행정업무를 효율적으로 수행하여 내담자의 만족도를 높이고 다른 유관기관과의 공동의 목표를 설정하고 해당기관 간의 기능을 연계하거나 시설, 장비, 정보 등을 공동으로 활용하는 방식을 말한다(행정업무의 운영 및 혁신에 관한 규정 제41조 제1항[8]).

② **협업의 촉진과 지원**

㉠ 협업의 저해요인

합리적인 협업, 성공적 협업을 달성하기 위해서는 협업과정 중에 야기되는 문제점들을 해결해야만 한다.

ⓐ 협약기관 간의 인식 부족

협업의 시너지 효과에 대한 의구심, 상대기관에 대한 불신 및 조직에 대한 인식 부족, 협업 수행을 위한 시간 부족, 조직 간 서로 다른 목적의 존재 등이 성공적 협업을 저해한다.

ⓑ 리더십의 부재

협업기관장 또는 부서장의 협력적 리더십의 부재가 성공적 협업을 저해한다.

ⓒ 예산의 한계

협력정책에 대한 재정지원이 부족할 때 성공적 협업을 저해한다.

ⓓ 의사결정 시스템의 부재

조직문화의 상이성과 의사결정 과정이 체계적이지 못한 점이 성공적 협업을 저해한다.

ⓔ 장기간 협업에 따른 지속성 결여

장기간 협업에 따라 기관장 및 담당자의 교체로 인한 시스템 붕괴와 느슨해진 마음 등이 성공적 협업을 저해한다.

8) 행정업무의 운영 및 혁신에 관한 규정 제41조 제1항 : 행정기관의 장은 업무의 효율성을 높이고 행정서비스에 대한 국민의 만족도를 높이기 위하여 해당 행정기관의 업무 수행 방식을 지속적으로 혁신해야 한다.

ⓛ 협업의 촉진요인

행정기관의 장은 소관 업무 중 행정업무혁신시스템을 이용하여 업무를 수행한 실적 등 행정업무혁신시스템 활용 실태를 평가 · 분석하고 그 활용을 촉진하여야 한다(행정업무의 운영 및 혁신에 관한 규정 제46조의3 제1항).

ⓐ 공동의 목표와 성과에 대한 공유

ⓑ 원활한 의사소통

ⓒ 강력한 리더십

ⓓ 협업부처 간 융합업무를 담당하는 조직 구축

ⓔ 명확한 업무 및 책임 분담

ⓕ 정보 공유

제2절 직업상담 행정[9]

(1) 직업상담 실적 관리

① 직업상담 실적 관리의 정의

㉠ 직업상담 실적 결과물

직업상담에서 실적 결과는 상담 기록지, 상담 프로그램 결과서, 연구 · 조사 보고서, 강의 계획서 · 만족도 조사 결과 등이며, 이러한 결과물들을 체계적으로 보관하고 관리하며 평가하는 과정이 직업상담 실적 관리이다.

㉡ 직업상담 실적 관리

ⓐ 직업상담자는 직업정보의 수집 → 분석 → 가공 → 제공 → 축적 → 환류 단계를 운영하고, 직업상담을 진행하거나, 프로그램을 개발 · 운영한다.

ⓑ 대상 및 기법을 포함한 직업상담 연구를 위하여 각 기관들을 조사하고 방문하여 면담하며, 분석하는 연구 과정과 결과를 평가하는 과정 등을 수행한다.

ⓒ 직업상담자는 관련 강의를 하거나 프로그램 진행도 수행하며, 직업능력개발사업에도 참여한다.

ⓓ 직업상담자들의 활동에 대한 실적은 일, 월, 분기, 반기, 연도별로 평가되며, 이러한 직업상담 실적의 내용들을 목적별로 문서철을 하여 보관하고, 전자 문서들은 데이터베이스화하여 통계 작성에 용이하도록 한다.

② 과정 관리의 중요성

㉠ 직업상담의 실적 관리에서 과정 관리(process management)가 매우 중요하다.

㉡ 상담 실적평가는 상담 건수, 상담료의 총합을 요인으로 하는 것보다는 내담자가 상담 과정에 대하여 얼마나 만족했는지를 두고 평가하는 것이 바람직하다. 내담자가 상담 과정을 만족해하면 결과는 자연스럽게 따라온다.

(2) 직업상담 사무 관리

① 직업상담 사무 관리의 정의

사무 관리란 사무 작업에서 생산되는 정보를 효율적으로 관리하고자 하는 것으로, 직업상담의 상담 업무에 있어서 합리적인 사무 관리체계를 세우고 운영하는 것은 직업상담의 목적을 위해 매우 중요하다.

---

9) 출처 : 학습모듈. 0701030115_13v1.1~5. 교육부

② **직업상담 사무 관리의 목적**

㉠ 목표 설정 및 연계

사무 행정의 바람직한 미래 상태를 설계하고 목표에 준하여 장래의 활동 지침을 정하며, 조직의 각 단위별 활동을 상호 연계한다.

㉡ 기획 및 조직화

사무 행정의 목표를 구체화하여 목표 달성을 위한 조직을 구성하고 원활한 의사 전달을 통해 의사결정을 내릴 수 있는 수단을 제공하여 행정 활동을 지원하는 기능을 수행한다.

㉢ 정보 처리 및 업무 수행

조직 내 · 외 정보의 수집, 가공, 저장, 활용 등 제반 사무 행정 활동을 수행하고, 계획, 실행, 통제 등의 기능을 통해 조직의 활동을 목표에 도달하게 한다.

③ **직업상담 사무 관리의 책임성**

㉠ 직업상담의 사무 관리는 대체로 공공기관의 사무 관리 성격을 가지고 있으며, 우리나라의 직업상담의 구조는 순수한 영리조직이 아니기 때문에 효율성뿐만 아니라 관련 법 제도적 절차를 충실하게 지켜야 한다.

㉡ 책임성의 과제를 해결하기 위해서는 직업상담 서비스의 성과, 법규의 준수, 직업상담자의 전문성에 대한 정확한 통계적 관리가 요구된다.

(3) 직업상담 시설 관리

① **상담실 관리**

㉠ 실내 환경

상담실은 채광이 잘되고 쾌적한 장소이어야 하며, 단정하고 청결을 유지하고 내담자의 자리가 채광과 출입구에 직면하는 것을 피하여야 한다.

cf 내담자와 거리는 성별에 관계없이 통상 85~90cm로 권하고 있다.

㉡ 설비 및 비품

직업상담실은 직업정보실, 검사실, 상담실, 프로그램실, 접수실 등으로 구분하여 설비한다.

ⓐ 직업정보실 : 컴퓨터, 서가, 자료 정리 안내함, 게시판, 칠판, 관계 정보 자료, 홍보 자료 등을 비치한다.

ⓑ 검사실 : 검사대, 검사 도구, 검사지 및 답안지, 회중시계, 칠판 등이 비치된다.

ⓒ 상담실 : 안락의자, 탁자, 개인 자료 보관함, 상담 관련 서식함, 상담 알림판, 회중시계, 상담에 필요한 정보 자료 등을 비치한다.

ⓓ 프로그램실 : 프로그램에 필요한 도구가 들어갈 수 있는 함, 프로그램 일정 알림판, 회중시계, 칠판 등을 비치한다.

ⓔ 접수실 : 각종 사무 기기와 책상, 각종 행정 서식, 접수용 또는 사전 면접용 책상, 게시판, 회의용 탁자, 각종 통계판 등을 비치한다.

② **교육훈련장 관리**

㉠ 교육훈련의 강의 · 실습 시설, 설비를 효율적으로 운영하기 위해 최소한의 공간을 확보한다.

㉡ 교보재 및 실습 도구들을 배치할 수 있어야 하고, 전기 배선, 동선 등 구조에 문제가 없어야 한다.

㉢ 동영상 등 교육용 소프트웨어를 활용할 수 있도록 정보화 기기를 비치한다.

(4) 전산망 관리 : 온라인 게시판 관리의 필요성

① 직업상담 입장에서 온라인 게시판은 상담자 및 상담 프로그램에 대한 소개, 홍보의 역할을 하고, 내담자의 입장에서는 정보 취득, 상담 가능성 탐색, 이용 후기에 대한 비교 분석을 하는 인터넷 커뮤니케이션 수단이다.

② 온라인 게시판은 시간과 공간의 제약 없이 자유롭게 검색을 하고 의견을 표출할 수 있다는 장점 때문에 인터넷 사용 인구가 증가하면서 그 기능이 점차 확장되고 있다.

③ 내담자의 경우 상담의 필요성 때문에 적극적인 정보 검색을 하는 경우가 많기 때문에 개인 정보와 비밀 준수를 준수하면서 성실하게 대응해야 한다.

취업지원 행사 운영

제1절 행사 운영

(1) 행사기획 및 관리

① 행사

㉠ 행사란, 일반적으로 정부기관이나 기업에서 특정한 목적을 가지고 조직적으로 시행하는 여러 가지 의식을 말한다.

㉡ 직업상담 서비스 분야의 대표적인 행사로는 취업박람회, 취업캠프, 잡페스티벌, 취업설명회, 구인구직 만남의 날, 동아리, 워크숍, 세미나, 컨퍼런스 등이 있으며, 현재는 4차 산업혁명과 맞물려 직업상담 서비스 분야의 행사도 언택트, 온라인, 온택트와 같은 형식으로 진화 중이다.

② 행사기획 시 유의사항

㉠ 실현 가능해야 한다.

㉡ 세부사항 기획 시에는 전체적인 전략에서 벗어나지 않아야 한다.

㉢ 행사기획은 한 번 확정했다고 끝이 아니라 지속적으로 조정하고, 수정하는 과정이다.

㉣ 행사는 종합예술과 같아 다양한 분야 전문가들과의 협업의 과정이므로 전문가 의견을 존중한다.

③ 행사내용 구성

행사구성은 기본적으로 구직자에게 직업세계에 대한 다양한 정보를 제공하고 구인업체와의 면접기회를 제공함으로써 취업에 대한 불안감 해소와 취업역량 강화를 통하여 체계적인 준비를 할 수 있도록 구성한다.

㉠ 구인구직 만남의 날

소규모로 진행하는 박람회라고 할 수 있으며, 부대행사를 거의 하지 않고 오로지 구인기업과 구직자의 면접에 초점을 맞추어 취업촉진을 지원하는 행사이다.

㉡ 채용설명회

최신 산업동향과 고용동향, 지역의 고용특성 등에 대한 정보를 제공하고 기업 인사담당자로 하여금 직접 해당 기업의 인재상, 인재채용 기준 등의 정보를 제공함으로써 구직자에게 중장기적 취업준비를 지원하는 행사이다.

㉢ 직종 설명회

직종 개요, 전망, 인력수급, 직종 평균임금, 관련 자격증 등 직종별로 세부적이며 종합적인 정보를 제공하는 행사이다.

④ **인력운영**

㉠ 내부직원 관리

행사목표를 달성하기 위하여 내부직원에게 행사의 목적에 대한 이해를 공유하고 일에 대한 의욕을 고취 시켜 동기 부여를 시키는 것이 중요하다.

㉡ 외부직원 관리

ⓐ 대규모 행사를 하기 위해서 계약에 의해 외부업체에 위탁을 주어도 업체 직원들과 끊임없는 의사소통을 해야 한다.

ⓑ 계약직원, 강사, 자원봉사자 등 외부 인력과의 업무 수행을 동반하는데, 그 과정에서 갈등이 생기기도 하며, 갈등이 발생했을 때 신속하게 해결할 수 있는 능력이 필요하다.

ⓒ 행사에 필요한 업체 선정, 그리고 행사에 필요한 지식과 기술을 갖춘 필요인력을 예측하고 채용기준을 세워 적합한 사람을 채용한 후 행사에 대한 취지와 목적 그리고 역할에 따른 임무를 부여하고 교육한다.

참고

인력 고용(채용)과 선택

1) 불필요한 인력, 해당 조직의 이직률, 조직의 변화와 성장, 예상외 결원 인원 등을 추정하여 행사에 필요한 스태프, 자원봉사자, 협업기관 인원 등의 수를 확정한다.
2) 행사 프로그램과 구체적 활동에 근거하여 최소 인원을 결정한다.
3) 행사 목적과 목표에 부합하는 채용기준을 수립한다.

⑤ **갈등관리**

수 많은 사람들이 비교적 단기간에 협력하여 일을 해야 하기 때문에 사람들 사이 갈등이 발생할 가능성이 높고, 갈등은 발생하자마자 즉시 해결하는 것이 바람직하며 서로가 상생하는 상황에 도달하는 것이 가장 좋은 해결방법이다.

㉠ 목표 달성을 어렵게 하는 해결방법

갈등의 존재를 인정하지 않고 부인하거나 갈등을 무시하고 그것이 사라지기를 바라며 문제를 다른 사람에게 전가하는 것은 바람직한 해결방법이 아니다.

㉡ 바람직한 문제해결 방법

ⓐ 비공식적 문제해결 방법

관리자가 갈등 당사자들의 이야기를 잘 듣고 서로 받아들일 수 있는 원만하고 바람직한 해결책을 이끌어내는 역할을 해야 하며, 문서와 행정절차가 불필요하고 비강제적이며 관련 부서 이외 다른 부서에 알려지지 않는 경우가 많다.

ⓑ 공식적인 해결방식은 이미 확립된 갈등 해결 매뉴얼에 따라 해결한다.

㉮ 명령단계 : 당사자들의 이야기를 들어본 후 무엇을 할 것인가를 결정한다.

㉯ 중재단계 : 제3자가 문제해결을 위해 개입하는 것으로 강제력을 가질 수도 있지만, 권유에 그칠 수도 있다.

㉰ 청문단계 : 갈등과 관련 개인이나 부서에서 자신의 입장을 설명하고 가능한 한 해결방법을 논의해서 도출한다.

(2) 행사 관련 홍보 및 업체 섭외

① **행사 홍보** : 단계별 홍보전략 중심으로

홍보활동을 시작하기에 앞서 홍보의 기본방침을 설정하고, 구직자들의 많은 참여를 목표로 사전 충분한 홍보기간을 확보하고 단계별 전략을 실시한다. 단계별 홍보전략은 다음과 같다.

㉠ 홍보계획 수립 및 준비(1단계)

전체 홍보계획 수립, 매체별 홍보, 홍보 인쇄물 제작 및 계획의 수립, 단계별 매체 계획 수립, 홈페이지 제작 및 on-line 시스템과 연계 구축, 보도자료 작성 및 배부

㉡ 홍보 집행 및 전개(2단계)

TV, 라디오, 신문 등 매체 집행계획 수립 및 부문별 집행, SP(sales promotion) 매체 및 옥외광고 제작 및 설치, 홍보 이벤트 전개, 방송매체 활용 광고, 주요 공항 또는 역, 터미널, 고속도로 휴게소 등 다중 이용시설 및 장소에 홍보물 비치

㉢ 홍보 확산 및 참여 확대(3단계)

언론매체를 활용한 광고 집행, 옥외 광고물, 배너광고 등 미집행 분 집중 집행, 각종 관련 단체, 대상자에게 DM, EM, TM 발송과 실시로 본격적인 모객을 위한 홍보 총력 시기

㉣ 사후관리 및 평가 단계

각종 방송, 신문광고 보존 및 수집, 종합결과보고서 제출, 행사결과 보도자료 배부, 협업 기관이나 참여자에게 감사 메일, 지속적 관리 및 유지

ⓐ 1단계 : 사전홍보

행사의 이미지를 형성하여 구직자와 구인기업이 행사에 관심을 갖도록 하는 것이 주된 목적이며, 기획기사, 특집기사 등을 유도하고 매체를 통해 행사의 인지도를 높인다.

ⓑ 2단계 : 행사 개최 시기 홍보

행사 이미지 정착기로 구직자, 구인 기업에게 행사에 대한 확실한 인식을 시키고 이해를 도모하여 태도 변화, 즉 행사 참여로 연결하는 단계이며, 홍보단계 중 가장 집중을 요구하는 단계로 전단지, 포스터 등 인쇄물을 최대한 배포한다.

ⓒ 3단계 : 최종 홍보기

행사가 진행되는 기간 프레스센터 운영을 체계적으로 하고 행사 중 발생한 화제거리를 제공한다.

② **홍보매체 선정**

행사를 성공적으로 개최하기 위해서는 어떻게든 최대한 많은 타깃에게 최소한의 비용으로 커뮤니케이션 하는 과정이 중요하며, 이러한 과정에서 고려되는 사항은 다음과 같다.

㉠ 타깃 선정

매체를 선정할 때 기초가 되는 것은 타깃 선정이며, 타깃은 행사를 홍보하기 위한 구체적 소비자 집단으로 그들의 수요를 읽을 수 있는 통찰력이 필요하다.

ⓐ 취업행사 취지와 목적에 맞는 대상자인가?

ⓑ 대상자가 필요로 하는 욕구는 무엇인가?

ⓒ 대상자 특성에 따른 적합한 매체는 무엇인가?

㉡ 홍보 시기

홍보가 결정되면 홍보는 언제 할 것이며 기간은 얼마나 할 것인지를 결정해야 한다.

㉢ 홍보지역 결정

홍보를 어느 곳에 할 것인가에 대한 결정이며, 행사 범위가 국가 전체인지, 광역자치단체 또는 기초자치단체인지에 따라 홍보지역을 결정한다.

㉣ 홍보 매체 결정

홍보대상자 특성, 홍보 시기와 지역, 매체 유형별 장점과 단점을 파악하여 어떤 매체를 활용할 것인가 결정한다.

㉤ 예산 확인

선택한 홍보 매체에 투입되는 예산이 예산 범위 안에 있는지 확인한다.

(3) 행사 평가

① 평가회의 개최

㉠ 행사결과 분석을 위하여 각 분야 전문가와 기관이 서로 협력하여 평가회의를 개최하며, 평가회의는 행사실행 과정을 관찰하고 측정, 모니터링하는 과정이다.

㉡ 행사는 통합적으로 집약되어 수행되는 특성이 있기 때문에 정량적 평가 이외에 정성적 평가의 어려움이 있다.

㉢ 취업행사는 개최하는 것이 목표가 아니라 행사의 목적과 목표 달성을 위한 수단이라는 사실을 명심해야 한다.

② 행사목표와 효과

행사결과 분석에 있어서 중요한 것은 목표와 효과의 관련성으로, 목표를 세운 이상 달성해야 하고 본래의 목표대로 성취되었는지를 정확하게 평가하는 일이 중요하다.

③ 행사기획 효과성 분석 방법

㉠ 다이렉트 효과

먼저 행사 참여자 수, 참가기업 수, 면접자 수, 취업자 수 등은 효과 측정이 비교적 용이하다.

㉡ 퍼블리시티 효과

홍보 매체를 통한 효과로, 매스미디어의 노출빈도를 파악하여 측정 가능하다.

㉢ 커뮤니케이션 효과

행사 주최자의 지명도, 행사의 주제, 콘셉트를 분석한다.

㉣ 인센티브 효과

협업기관, 협력업체와의 관계 개선 및 직원 상호 간의 결속 여부 등을 분석할 수 있다.

㉤ 직접 파급효과

행사를 인지하고 참여했던 사람들의 구전효과를 파악한다.

㉥ 간접 파급효과

정치, 경제, 지역 등 매우 복잡하고 다양한 영역에서 평가 작업이 요구되는데 효과 측정이 매우 어렵다.

④ **행사 실행단계 분석 방법**

실행단계 평가는 행사를 진행하는 과정에서 검토되어야 할 사항을 평가한다.

㉠ 기획서 평가

행사가 성공적으로 마무리되느냐는 기획서가 행사의 일관성과 적용 가능성, 그리고 충실성을 갖추었느냐 여부에서 결정된다.

ⓐ 행사전략을 중심으로 핵심적 전달사항이 제시되었는지의 여부

ⓑ 확실한 약속과 뒷받침의 여부

ⓒ 기획서가 이해하기 쉬운지의 여부

㉡ 제작 부분 평가

행사 총괄자는 행사 주최자의 성격과 기획 의도를 충분히 이해하고 행사의 독창성과 차별성을 평가하며, 행사진행에 따른 무대와 세트, 음향, 조명, 열상, 특수효과 등을 평가한다.

㉢ 운영부분 평가

행사장을 얼마나 세련되고 원활하게 구성하고 진행했는가와 운영인력이 적절하고 적합하게 배치되고 운영되었는지 등을 평가한다.

⑤ **행사 만족도 분석**

행사장 방문자를 대상으로 참가에 대한 실태와 효과를 분석하여 채용박람회 원래의 목적을 달성하기 위한 정책적 시사점을 도출한다.

참고문헌

- 강영규 외(2018). 『협업으로 성공하기』. ㈜디자인밈.
- 강진령(2012). 『집단상담 과정과 기술』. 학지사.
- 고홍월 · 김계현(2009). 「진로의사결정 측정도구에 대한 고찰」. 『상담학 연구』. 10(2). pp. 967-987.
- 교육부(2014). 직업복귀상담(LM0702010132_16v2). 한국직업능력개발원.
- 교육부(2014). 청소년상담복지 집단상담(LM0701050204_14v1). 한국직업능력개발원.
- 국가직무능력표준. 진로상담(LM0702010154_20v1)
- 국가직무능력표준. 취업상담(LM0702010155_20v3)
- 국가직무능력표준. 직업복귀상담(LM0702010156_20v3)
- 국가직무능력표준. 직업훈련상담(LM0702010205_14v1)
- 국가직무능력표준. 집단상담프로그램 운영(LM0702010163_20v3)
- 국가직무능력표준. 직업상담서비스 협업체계 구축(LM0702010173_20v3)
- 국가직무능력표준. 취업지원 행사운영(LM0702010172_20v1)
- 권경애(2000). 「직업상담원이 제공하는 직업정보가 취업 결정에 미치는 영향 분석」. 석사학위논문. 호남대학교 행정대학원.
- 권석만(2013). 『현대 이상심리학』. 학지사.
- 김계현 · 김봉환(1995). 「진로미결정에 관한 연구 동향과 향후의 연구과제」. 『한국심리학회지: 상담 및 심리치료』. 7(1). pp. 20-43.
- 김동규(2014). 「경력단절 여성을 위한 新직업」. 한국고용정보원.
- 김미경(2013). 「전문대학생 진로탄력성 척도 개발」. 박사학위논문. 경북대학교 대학원.
- 김민정 · 이희경(2014). 「대학생의 강점 인식이 진로성숙도에 미치는 영향: 강점 활용과 진로결정 자기효능감의 매개 효과」. 『상담학 연구』. 15(5). pp. 1811-1830.
- 김병숙(2009). 『인간과 직업 Ⅰ, Ⅱ』. 시그마프레스.
- 김병숙(2010). 『직업상담심리학』. 시그마프레스.
- 김병숙(2011). 『직업심리학』. 시그마프레스.
- 김병숙(2012). 『직업과 자기 관리』. 경기대학교 원격교육원.
- 김병숙 · 김수정 · 안윤정(2009). 「실업자의 심리적, 신체적 반응 단계별 주요 증후군 분석」. 『진로교육연구』. 22(1). pp. 93-112.
- 김병희(2014). 『광고 카피라이팅』. 커뮤니케이션북스.
- 김봉환(2020). 『진로상담의 이론과 실제』. 학지사.

- 김양렬(2008). 『의사결정론』. 명경사
- 김장희 · 김계현(2010). 「진로의사결정 상황에 따른 타협과정의 차이」. 『상담학 연구』. 11(2). pp. 755-773.
- 김형준(2024). 2025 SEEPASS 직업상담심리학개론. 메가스터디교육.
- 김형준 외(2024). 2024 직업상담사2급 이론서. 나눔book.
- 김형준 외(2024). 2024 청소년상담사2급 이론서. 나눔book.
- 김형준 외(2024). 2024 청소년상담사3급 이론서. 나눔book.
- 김희진(2019). 『이벤트·축제, MICE의 이론과 실제』. 학현사.
- 노안영(2011). 『집단상담 이론과 실제』. 학지사.
- 류경(2018). 「간호사를 위한 감정코칭 프로그램 개발 및 효과- 감정노동, 회복탄력성, 자기효능감을 중심으로」. 박사학위논문. 단국대학교 대학원.
- 류영호 외 4(2007). 『이벤트 기획』. 문왕사.
- 박상철(2008). 「직업선택 의사결정 단계에서의 직업정보 활용」. 『e-고용이슈 2008-14호』. 한국고용정보원.
- 박혜경 · 김병숙 · 최정은(2018). 「실업자의 실업기간별 심리적 변화 분석」. 『Journal of the Korea Academia-Industrial cooperation Society』. 19(7). pp. 423-442.
- 박혜경(2017). 「실업자의 실업기간별 심리적 변화에 따른 구직행동 분석」. 박사학위논문. 경기대학교 대학원.
- 박태현(2020). 『회사를 다닐 수도, 떠날 수도 없을 때 내면적 자기퇴직 증후군에 걸린 직장인 마음 처방전』. 중앙books.
- 서현주 · 김은석 · 송스란 · 이윤선(2018). 「직업선택 및 취업계획 수립에 관한 직업상담 매뉴얼」. 한국고용정보원.
- 서현주 · 김은석 · 조아름 · 박은규(2019). 「취업지원서비스 제공을 위한 취업상담 매뉴얼」. 한국고용정보원.
- 송성화(2016). 「고학력 진로단절여성의 진로전환 및 진로적응 성공요인 분석. 박사학위 논문, 경기대학교 대학원.
- 손은령(2001). 「여자대학생이 지각한 진로장벽」. 박사학위논문. 서울대학교 대학원.
- 손은령(2009). 「진로선택과정에서 우연 혹은 기회의 역할 고찰」. 『상담학 연구』. 10(1). pp. 385-397.
- 손은령(2012). 「직업성취과정에 미치는 우연 혹은 기회의 영향 - 40대 여성 진로상담전문가를 중심으로」. 『상담학 연구』. 13(2). pp. 437-453.
- 손태근(1990). 『인간자원개발과 교육훈련』. 집문당
- 윤관현 · 이장호 · 최송미(2006). 『집단상담: 원리와 실제(제2판)』. 법문사.
- 윤은기(2015). 『협업으로 창조하라』. 올림.
- 윤은자(2015). 「협업동기와 사업 환경이 커뮤니케이션에 미치는 영향」. 석사학위논문. 가천대학교 대학원.
- 이명숙(2002). 「심층면접연구」. 『초등교육연구논총』. 18(1).

참고문헌

- 이승우(2011).「도시개발에서 민관협력 사업의 현황 및 활성화 방안」.『한국건설사업연구원 연구보고서』. 2011-03.
- 이윤옥(2018).「직무전환스트레스가 직무전환제도의 인식에 미치는 영향」. 석사학위논문. 가천대학교 간호대학원.
- 이준웅 · 김은미 · 문태준(2005).「사회자본 형성의 커뮤니케이션 기초: 대중매체 이용이 신뢰, 사회연계망 활동 및 사회정치적 참여에 미치는 영향」.『한국언론학보』. 49(3). pp. 234~261.
- 이지원 · 이기학(2017).「대학생의 강점 인식과 대학생활 적응의 관계: 강점 활용과 진로정체감의 매개효과」.『상담학 연구』. 18(1). pp. 205-228.
- 이지은 · 이제경(2015).「진로문제에 영향을 미치는 심리문제에 관한 국내 연구 동향」.『상담학연구』. 16(5). pp. 171-192.
- 이현주(2000).「대학생의 진로결정 수준에 따른 인지양식 차이」.『교육학연구』. 38(1). pp. 235-257.
- 이혜은 · 김동일(2018).「상담자의 진로결정과정: 우연한 관계 경험을 중심으로」.『상담학 연구』. 19(6). pp. 175-201.
- 임창현(2016).「코칭의 GROW 기법과 EFT 진행과정 시 두뇌 영역별 뇌파 특성의 비교」. 박사학위논문. 국제뇌교육종합대학원대학교.
- 장계영(2009).「대학생 진로적응성 척도 개발」. 박사학위논문. 숙명여자대학교 대학원.
- 장서연 외(2020).『이벤트 플래닝』. 한국방송통신대학교 출판문화원.
- 조귀분(2016).「중 · 장년 구직자의 진로자본이 재취업의지에 미치는 영향」. 석사학위논문. 백석대학교 보건복지대학원.
- 조성연 · 홍지영(2010).「성인 학습자의 인구학적 변인, 진로결정 자기효능감, 진로적응성의 관계연구」.『상담학연구』. 11(3). pp. 1099-1115.
- 진성미(2009).「경력 역량 탐색을 위한 평생학습의 시사」.『평생학습사회』. 5(2). 21~44.
- 천성문 외(2009).『상담심리학의 이론과 실제』(제2판). 학지사.
- 최석규(2020).『실천적 진로상담의 원리와 취업의 기술』. 시그마프레스.
- 최은영(2015).「베이비부머의 진로자본, 일 가치, 대처행동이 진로안녕감에 미치는 영향」, 박사학위논문. 경기대학교 대학원.
- 한국행정연구원(2013).『행정협업 제도 마련을 위한 연구 최종보고서』.
- 황매향 · 김계현 · 김봉환 · 선혜연 · 이동혁 · 임은미(2013).『심층 직업상담』. 학지사.
- 국가법령정보센터(https://www.law.go.kr),「근로자직업능력 개발법 시행령」,「근로자직업능력개발법 시행규칙」,「자격기본법」.
- 고용노동부 워크넷. https://www.work.go.kr.
- 고용노동부(2018). NCS 설명자료 및 자격제도 설명자료.
- 고용노동부(2020). 국민취업지원제도 맞춤형 취업지원 및 취업상담 매뉴얼.

- 근로복지공단 근로복지넷. http://workdream.or.kr.
- 한국고용정보원(2014). 취업 희망 프로그램 지침서.
- 한국고용정보원(2018). 직업선택 및 취업계획 수립에 관한 직업상담 매뉴얼.
- 한국고용정보원(2019). 취업지원 서비스 제공을 위한 취업상담 매뉴얼.
- 한국고용정보원(2020). 『한국고용직업분류 2018 해설서 수정판』. p.15.
- 한국고용정보원. http://www.keis.or.kr.
- 한국직업능력연구원(https://www.pqi.or.kr).
- 한국산업인력공단(https://www,Q-net.or.kr).

3 과목

직업정보

직업 및 산업분류의 활용

제1절 직업상담의 기초 개념

❶ 직업분류

(1) 직업의 정의

① 직업은 개인의 재능과 능력에 따라 업(業)에 종사하면서, 육체적 · 정신적 에너지의 소모에 따른 대가로 임금이나 보수라고 하는 경제적 급부를 받아 생활을 지속해가는 활동양식을 말한다.

② 직업이 지속성을 갖기 위해서는 개인의 능력, 적성, 개성 등이 합치되어야 한다.

③ 직(職)은 벼슬 직, 맡을 직, 임무 직, 직분 직의 의미로, 사회적 지위나 신분 또는 임무나 직분(職分)을 말한다.

④ 직(職)은 국가적 관료로서의 역할, 개인이 완수해야 하는 사회적 책임, 하늘로부터 부여된 일(天職)의 뜻이라고 할 수 있다.

⑤ 업(業)은 일할 업, 생계 업, 직업 업의 의미로, 생계유지를 위한 노동(生業)의 뜻을 가지고 있다.

⑥ 일과 직업의 구분

구분	내용
일	• 휴식 · 놀이 · 여가 활동을 제외한 모든 생산적인 활동 • 직업을 포함한 포괄적 개념으로, 보수와 관계없이 사람이 하는 모든 활동을 의미한다.
Job	• 보수를 받기 위한 특정 업무
Occupation	• 생계유지를 위해 금전 획득을 목표로 하는 노동 • 사람이 일반적으로 수행하는 업무나 직업을 의미하는 것으로, 수입을 올리기 위해 사람이 종사하는 활동이나 역할 및 책임을 포괄한다.
Vocation Calling	• 신으로부터 소명(召命)을 받아 행하는 일 • 특정 유형의 직업에 대한 소명을 종교적 · 도덕적 의미로, 선택한 직업에 대한 열정이나 헌신을 시사한다.
Business	• 금전적 이윤을 추구하는 일 • 전문 활동에 종사하는 조직이나 기업을 가리키는 용어로, 종종 이익을 얻기 위해 노력하는 활동을 말한다. • 생산, 유통, 판매 및 서비스를 포함하는 다양한 활동을 포함하는 용어이다.
Profession	• 전문기술을 전제로 하는 전문적 직업과 사회적 위상 • 특정 분야에서의 고급 교육 · 훈련 및 전문 지식을 요구하는 전문화된 직업을 의미한다. • 직업윤리 기준과 행동규범이 적용되며, 일반적으로 규제 기관이 별도로 존재한다.

(2) 직업의 의미와 가치

① 직업의 의미

경제적 의미	생계유지, 경제활동 영위
사회적 의미	사회적 역할 분담, 사회적 기여
심리적 의미	자아실현, 사회적 안정, 인격 완성 추구

② 직업의 가치

개인적 가치	자아실현, 생계유지, 행복한 가정생활, 소속감
사회적 가치	사회봉사, 국가 및 사회발전, 사회적 역할 수행, 삶의 즐거움

③ 직업가치관검사

㉠ 만18세 이상을 대상으로 하는 워크넷의 직업가치관검사는 개개인이 직업을 선택할 때 중요하게 생각하는 가치가 무엇인지를 확인해보는 심리검사이다.

㉡ 각자가 중요하게 생각하는 직업가치를 9개 가치요인을 기준으로 파악하고 이를 바탕으로 개개인의 직업가치관에 적합한 직업분야를 안내해주고 있다.

㉢ 내용

가치요인	가치설명
사회적 공헌	일을 통해 다른 사람이나 사회에 도움이 되는 것을 중시
변화지향	업무가 고정되어 있지 않고 변화 가능한 것을 중시
성취	자신이 세운 목표를 이루고 달성해 나가는 것을 중시
경제적 보상	일에 대한 정당한 대가로서의 돈을 중시
자기개발	직업을 통해 지식, 기술, 능력 등을 발전시켜 성장해 나가는 것을 중시
일과 삶의 균형	일 뿐만 아니라 자신의 삶에서도 만족할 수 있도록 적절한 균형을 가질 수 있는 것을 중시
사회적 인정	일과 관련하여 다른 사람에게 인정받는 것을 중시
자율성	자율적으로 업무를 해 나가는 것을 중시
직업안정	직업에서 오랫동안 안정적으로 일할 수 있는 지를 중시

❷ 직업분류의 의미

(1) 개요

① 직업분류란 생산적인 경제활동에 종사하는 사람들에 의하여 수행되어야 할 각종 직무를 그 수행되는 일의 형태에 따라 체계적으로 유형화한 것을 말한다.

② 직업분류란 국민의 직업 분화 양상을 종류별로 집계하여 국민 개개인의 경제활동 특질을 명백히 범주화하는 것을 말한다.

③ 직업은 일반적으로 작업의 유사성 등을 기준으로 분류하고 있으나, 제품, 원재료의 유사성, 목적의 유사성, 사용기계의 유사성에 따라 다르게 분류하기도 한다.

(2) 직업분류의 구체화

① 직업분류는 다양한 요소들이 반영되기 때문에 국가 및 기관에 따라 다양하게 나타난다.

② 한국표준직업분류에서는 수입(경제활동)을 위해 개인이 하고 있는 일을 그 수행되는 일의 형태에 따라 체계적으로 유형화 한 것이라고 정의하고 있다. 한국표준직업분류는 통계청 통계분류포털을 통해 분류검색과 분류항목별 상세내역을 조회할 수 있다.

③ 한국고용직업분류에서는 직무를 노동시장상황과 수요, 현실적인 직업구조 등을 반영하여 체계화하고 있다.

④ 한국고용정보원에서는 워크넷 직업분류표를 제공하고 있다. KNOW직업명, 직업대분류, 직업중분류, 직업소분류, 직업세본류, 직업세세분류를 제공하고 있다.

⑤ 현재 통계청에서는 ILO의 국제표준직업분류(ISCO-08)를 근거로 국내 직업구조 및 실태에 맞도록 표준화한 한국표준직업분류를 제정 · 고시하고 있다.

❸ 직업분류의 기준과 원칙

(1) 직업분류의 기준

① **산업 및 업종** : 산업 및 업종은 농업, 제조업, 건설업, 서비스업 등과 같이 다양한 유형으로 존재한다. 따라서 직업은 그것이 속한 산업이나 업종에 따라 분류될 수 있다.

② **기능 및 업무 내용** : 직업은 회계사, 의사, 교사, 소방관 등과 같이 해당 직무의 주요 기능이나 수행하는 일에 따라 분류될 수 있다.

③ **학력 및 전문 기술** : 직업은 해당 직무수행에 필요한 학력이나 전문 기술 수준, 즉 정규 교육 수준이나 숙련기간에 따라 분류할 수 있다.

④ **근무 환경** : 직업은 작업 환경이나 조건에 따라 분류될 수 있다. 예를 들어, 실내 근무, 야외 근무, 특정 기후 조건에서의 근무 등에 따라 직업을 구분할 수 있습니다.

⑤ **임금 수준** : 일부 경우에는 직업의 임금 수준에 따라 분류될 수도 있다. 고용 주체는 종종 직업을 임금 수준을 고려하여 분류하거나 결정하기도 한다.

(2) 직업분류의 원칙

① **포괄성의 원칙** : 직업분류 체계는 존재하는 모든 직업을 포괄해야 한다. 이를 통해 새로운 직업이나 산업이 나타날 때 해당 분류체계에 맞게 분류할 수 있도록 해야 한다.

② **배타성의 원칙** : 모든 직업은 분류상 하나의 범주에만 속해야 한다. 즉, 중복되는 분류가 없어야 한다.

③ **일관성의 원칙** : 직업의 분류체계는 일관성 있어야 한다. 즉, 유사한 직업군은 유사한 분류 기준에 따라 분류되어야 상호배타성을 충족시킬 수 있다.

④ **수정가능성(업데이트 가능성)의 원칙** : 직업 분류체계는 변화하는 노동시장과 산업 환경을 반영할 수 있도록 유연성을 가지고 있어야 한다. 4차 산업혁명의 흐름이 가속화되고 있는 현 시류 속에서 새로운 직업이나 업무 트렌드에 대한 업데이트가 가능해야 한다.

⑤ **계층성의 원칙** : 직업 분류체계는 워크넷의 직업진로에서의 직업분류 1차선택-직업분류 2차 선택처럼 단계적으로 편성되어야 한다. 이는 전문성이나 역량 수준에 따라 상위 분류와 하위 분류로 구분될 수 있다.

⑥ **이해용이성의 원칙** : 직업 분류체계는 사용자가 쉽게 이해하고 사용할 수 있어야 한다. 이를 위해서 분류 기준은 가능한 명확하고 구체적이어야 한다.

제2절 한국표준직업분류(제8차 한국표준직업분류)

❶ 연혁

(1) 제정

① 우리나라에서 체계적인 직업분류를 작성한 것은 1960년 당시 내무부 통계국 국세조사에 사용한 것이 처음이었다. 그 후 통계업무를 경제기획원에서 관장하게 됨에 따라 통계표준분류를 작성하기 시작하였다.

② 1958년에 제정되어 각국에서 사용토록 권고된 국제노동기구(ILO)의 4국제표준직업분류(ISCO, International Standard Classification of Occupations)를 근거로 1963년에 한국표준직업분류가 제정되었다.

(2) 개정

① 1963년 제정된 한국표준직업분류를 개선, 보완하기 위해 1966년에 처음으로 개정을 추진하였으며, 이후 ILO의 국제표준직업분류 개정('68, '88, '08)과 국내 노동시장의 직업구조와 직능수준의 변화를 반영하기 위하여 7차례 개정작업을 추진해 왔다. ('70, '74, '92, '00, '07, '17, '24)

② 2007년에 개정된 제6차 한국표준직업분류는 국제표준직업분류(ISCO-08)를 선제적으로 반영하여 국제 비교 가능성을 확보하는 한편, 국내 노동시장의 현실을 반영하고 현장 적용도를 제고하기 위해 대분류인 전문가와 준전문가(기술공)를 통합하였다. 또한 중분류 이하는 직능유형(skill specialization) 중심으로 개편하였고 세분류 수준에서 특수분류인 한국고용직업분류와 분류 항목을 일치시켰다.

③ 2017년에는 제7차 한국표준직업분류를 개정하였는데, 2007년 이후 시간이 경과되면서 새롭게 등장하거나 전문영역으로 분화 또는 일부영역의 축소 등 직무 변화를 반영하였고, 직업 등 표준분류의 예측가능한 개정을 위해 통계청 훈령인 「통계분류 제 · 개정 업무처리지침」를 제정하여 한국표준직업분류를 5년마다 개정(4, 9자가 되는 해)할 수 있도록 제도화하였다.

④ 이에 따라 2022년 6월, 제8차 한국표준직업분류 개정을 위한 기본계획을 수립하고 약 2년간에 걸친 개정작업을 통해 중분류인 보건 전문가 및 관련직과 사회복지 · 종교 전문가 및 관련직 분리 등 최신 노동시장 구조 변화를 반영하여 통계청 고시 제2024 - 328호(2024. 7. 1.)로 개정 · 고시하고 2025년 1월 1일부터 시행하게 되었다.

❷ 제8차 개정내용 2019년 3회

(1) 개정 방향

① 지난 개정 이후 시간 경과를 고려하여 전면 개정 방식으로 추진하되, 중분류 이하 분류 체계를 중심으로 개정을 추진하였다.

② 국제표준직업분류(ISCO)의 분류 기준, 적용 원칙, 구조 및 부호 체계 등 직업분류 기본 틀은 기존 체계를 유지하였으며, 현재 2008년 국제표준직업분류(ISCO－08) 기준으로 작성하였다.

③ 국내 노동시장 직업구조의 변화 특성을 고려하여 보건 및 관련 서비스와 사회복지 서비스 분야의 직업 확충, 신산업 성장에 따른 직업 신설 등 직업분류 항목에 반영하였고, 반면에 자동화 · 직무 전환 등에 따른 노동시장 축소로 기능직 및 기계 조작직 분류를 통합하였다.

④ 직업분류 체계의 정합성 확보를 위해 사무 종사자의 과대 분류항목 재분류 등을 포함하였고, 2016년 9월 제정한 한국표준교육분류(영역)와 2024년 1월 개정한 한국표준산업분류와 연계성을 고려하였다.

⑤ 특수분류인 한국고용직업분류의 세분류 수준이 연계될 수 있도록 구성하였다.

(2) 개정 특징

① **포스트 코로나에 따른 보건 전문가 및 관련 서비스 종사자의 인력 확대 반영**

㉠ 코로나 팬데믹 이후 보건의료 인력 확대, 사회복지 및 종교 분야와의 직무 차별성 등을 고려하여 보건 · 복지 및 종교 관련직에서 보건 전문가 및 관련직으로 중분류를 분리하였다.

㉡ 방역활동 강화에 따라 방역원 등을 신설하였다.

② **저출산 · 고령화에 따른 사회복지 및 돌봄 인력 수요 반영**

㉠ 돌봄서비스 일자리와 관련한 돌봄 및 보건 서비스직을 중분류로 분리 · 신설하였다.

㉡ 교사 보조 및 아동 돌봄 종사자, 요양보호사 및 간병인, 노인 및 장애인 돌봄 종사자를 각각 소분류로 상향 및 세분화하였다.

㉢ 아동관련 정책수립에 필요한 보육교사도 유치원교사와 같은 소분류로 상향하였다.

③ **신생 · 확대 · 소멸직업 등 노동시장의 구조 변화 반영**

㉠ 반려동물 양육가구 급증으로 반려동물 대상 서비스가 확대되어 의료진료전문가와 별도로 수의사를 소분류로 분리하였다.

㉡ 반려동물 양육가구 급증을 반영하여 소분류인 동물관련 서비스 종사자를 신설하였다.

㉢ 플랫폼 노동 확대로 택배원과 별도로 늘찬배달원을 신설하였다.

㉣ 인공지능(AI) 등 데이터기반 직업 수요로 데이터 전문가를 소분류로 상향하였다.

㉤ 전기자동차 조립원, 로봇 설치 및 정비원, 신재생에너지 관련 관리자 등 성장산업 관련 직업 신설 등 고용규모가 늘어나는 직업분류를 확대하였다.

ⓑ 소분류인 금형 · 주조 및 단조원, 제관원 및 판금원, 용접원을 금속성형 관련 기능 종사자로 통합하여 직업분류를 축소하였다.

ⓢ 인쇄 필름 출력원 등 세세분류를 인쇄 관련 기계조작원으로 통합 등 고용규모가 줄어드는 직업분류를 축소하였다.

④ **직업분류 활용성 및 정확성 제고를 위해 직업분류 체계 개선**

㉠ 대분류 사무 종사자 중 경영 및 회계관련 사무직의 고용규모 과다로 인해 기획 · 영업 및 인사 사무직, 자재 · 생산 및 운송 사무직, 회계 · 경리 및 통계 사무직, 일반지원 사무직으로 각각 중분류를 세분화하였다.

㉡ 공공기관 종사원(관리자 · 전문가 · 사무원)과 민간기업 종사원간 직무의 차별성이 없어 기업 종사원(각 분야별 관리자 · 전문가 · 사무원)으로 통합하였다.

㉢ 세분류인 청소원과 환경미화원간의 직무 유사성을 고려하여 청소대상별로 직업분류를 개편하였다.

⑤ **직업분류 개정 의견수렴 등 대내외 개정수요 반영**

㉠ 시민사회 활성화를 위해 시민사회 활동가를 분류하여 상향시키고 명칭을 변경하였다.

㉡ 학제 등 직무 차이에 따라 약사와 한약사를 분리하였다.

㉢ 행정 대서 이외 대리 · 대행 업무수행으로 행정사를 전문가 및 관련종사자로 대분류로 이동하였다.

㉣ 국제분류기준과 직업수요를 감안하여 청각능력 재활사를 신설하는 등 개정수요를 검토, 반영하였다.

❸ 직업 대분류별 개념

(1) 대분류 1 관리자

① 의회 의원처럼 공동체를 대리하여 법률이나 규칙을 제정하고, 정부를 대표, 대리하며 정부 및 공공이나 이익단체의 정책을 결정하고 이를 지휘 · 조정한다.

② 정부, 기업, 단체 또는 그 내부 부서의 정책과 활동을 기획, 지휘 및 조정하는 직무를 수행한다.

③ 현업을 겸할 경우에는 직무시간의 80% 이상을 다른 사람의 직무를 분석, 평가, 결정하거나 지시하고 조정하는데 사용하는 경우에만 관리자 직군으로 분류한다.

④ 이 대분류에 포함되는 대부분의 직업은 제4수준과 제3수준의 직무능력을 필요로 한다.

(2) 대분류 2 전문가 및 관련 종사자

① 특정 분야의 전문지식과 경험을 바탕으로 개념과 이론을 이용하여 해당 분야에 대한 연구 · 개발, 자문, 지도(교수) 등 전문 서비스를 제공하는 자를 말한다.

② 주로 자료의 분석과 관련된 직종으로 물리, 생명과학 및 사회과학 분야에서 높은 수준의 전문적 지식과 경험을 기초로 과학적 개념과 이론을 응용하여 해당 분야를 연구하고 개발 및 개선하며 집행한다.
③ 전문지식을 이용하여 의료 진료활동과 각 급 학교 학생을 지도하고 예술적인 창작활동이나 스포츠 활동 등을 수행한다.
④ 전문가의 지휘 하에 조사, 연구 및 의료, 경영에 관련된 기술적인 업무를 수행한다.
⑤ 이 대분류에 포함되는 대부분의 직업은 제4수준과 제3수준의 직무능력을 필요로 한다.

(3) 대분류 3 사무 종사자

① 관리자, 전문가 및 관련 종사자를 보조하여 경영방침에 의해 사업계획을 입안하고 계획에 따라 업무를 추진한다.
② 당해 작업에 관련된 정보(data)의 기록, 보관, 계산 및 검색 등의 업무를 수행한다.
③ 금전취급 활동, 법률 및 감사, 상담, 안내 및 접수와 관련하여 사무적인 업무를 주로 수행한다.
④ 이 대분류에 포함되는 대부분의 직업은 제2수준의 직무능력을 필요로 한다.

(4) 대분류 4 서비스 종사자

① 공공안전이나 신변보호, 돌봄, 보건 · 의료분야 보조 서비스와 미용, 혼례 및 장례, 운송, 여가, 조리와 관련된 공공 사회서비스 및 개인 생활 서비스 등 대인 서비스를 제공하는 업무를 주로 수행한다.
② 이 대분류에 포함되는 대부분의 직업은 제2수준의 직무능력을 필요로 한다.

(5) 대분류 5 판매 종사자

① 영업활동을 통해 상품이나 서비스를 판매하거나 인터넷 등 통신을 이용하거나, 상점이나 거리 및 공공장소에서 상품을 판매 또는 임대한다.
② 상품을 광고하거나 상품의 품질과 기능을 홍보하며, 매장에서 계산을 하거나 요금정산 등의 활동을 수행한다.
③ 이 대분류에 포함되는 대부분의 직업은 제2수준의 직무능력을 필요로 한다.

(6) 대분류 6 농림어업 숙련 종사자

① 자기 계획과 판단에 따라 농산물, 임산물 및 수산물의 생산에 필요한 지식과 경험을 기초로 작물을 재배 · 수확하고 동물을 번식 · 사육하며, 산림을 경작, 보존 및 개발하고, 물고기 및 기타 수생 동 · 식물을 번식 및 양식하는 직무를 수행한다.
② 이 대분류에 포함되는 대부분의 직업은 제2수준의 직무능력을 필요로 한다.

(7) 대분류 7 기능원 및 관련 기능 종사자

① 광업, 제조업, 정보통신업 분야에서 관련된 지식과 기술을 응용하여 금속을 성형하고 각종 기계를 설치 및 정비한다.

② 섬유, 수공예 제품과 목재, 금속 및 기타 제품을 가공한다.

③ 건설업 분야에서 건축물이나 구조물을 가공 및 건립, 설치한다.

④ 작업은 손과 수공구를 주로 사용하며 기계를 사용하더라도 기계의 성능보다 사람의 기능이 갖는 역할이 중요하다.

⑤ 자동화된 기계의 발전에 따라 직무영역이 축소되는 추세인데, 생산과정의 모든 공정과 사용되는 재료나 최종 제품에 관련된 내용을 알 수 있어야 한다.

⑥ 이 대분류에 포함되는 대부분의 직업은 제2수준의 직무능력을 필요로 한다.

(8) 대분류 8 장치 · 기계 조작 및 조립 종사자

① 기계를 조작하여 제품을 생산하거나 대규모적이고 때로는 고도의 자동화된 산업용 기계 및 장비를 조작하고 부분품을 가지고 제품을 조립하는 업무로 구성된다.

② 작업은 기계 조작뿐만 아니라 컴퓨터에 의한 기계 제어 등 기술적 혁신에 적응할 수 있는 능력을 포함하여 기계 및 장비에 대한 경험과 이해가 요구되며, 기계의 성능이 생산성을 좌우한다.

③ 여기에는 운송장비의 운전업무도 포함된다.

④ 이 대분류에 포함되는 대부분의 직업은 제2수준의 직무능력을 필요로 한다.

(9) 대분류 9 단순노무 종사자

① 주로 간단한 수공구의 사용과 단순하고 일상적이며, 어떤 경우에는 상당한 육체적 노력이 요구되고, 거의 제한된 창의와 판단만을 필요로 하는 업무를 수행한다.

② 몇 시간 혹은 몇 십 분의 직무 훈련(on the job training)으로 업무수행이 충분히 가능한 직업이 대부분이며, 일반적으로 제1수준의 직무능력을 필요로 한다.

③ 직능수준이 낮으므로 단순 노무직 내부에서의 직업 이동은 상대적으로 매우 용이한 편이라고 할 수 있다.

(10) 대분류 A 군인

① 의무 복무 여부를 불문하고 현재 군인 신분을 유지하고 있는 군인을 말한다.

② 직업정보 취득의 제약 등 특수 분야이므로 직무를 기준으로 분류하는 것이 아니라, 계급을 중심으로 분류하였다.

③ 국방과 관련된 정부기업에 고용된 민간인, 국가의 요청에 따라 단기간 군사훈련 또는 재훈련을 위해 일시적으로 소집된 자 및 예비군은 제외된다.

④ 이 대분류에 포함되는 대부분의 직업은 제2수준 이상의 직무능력을 필요로 한다.

❹ 대분류별 주요 개정 내용

(1) 대분류 1 관리자

① 법규 입안과 집행 직무 차이와 국제표준직업분류(ISCO-08)를 참고하여 세분류 의회의원 · 고위공무원 및 공공단체 임원을 '의회의원'과'고위공무원 · 정당 및 특수단체 임원'으로 분리하였다.

② 공공기관 임원은 민간기업 임원과의 직무 유사성으로 '기업 대표 및 고위 임원'에 통합하였다.

③ 평생교육 수요와 신재생에너지 보급 확대에 따라 세세분류인 '직업교육훈련 및 평생교육 기관 관리자'와 '신재생에너지 관련 관리자'를 신설하였다.

④ 창고 등 운송 관련 포괄성 유지를 위해 '그 외 운송관련 관리자'를 신설하였다.

⑤ 직업분류 현실 적합성을 위해 세세분류 공연 · 전시 예술 관련 관리자를 '공연 · 시각예술 관련 관리자'로, 컴퓨터 운영 관리자를 '네트워크 및 정보보안 관리자'로, 부동산 및 임대업 관리자를 '장비 및 기계임대 서비스 관리자'로, 농림 · 어업 관련 관리자를 '농림어업 관련 관리자'로, 육상운송 관련 관리자 · 해상운송 관련 관리자 · 항공운송 관련 관리자를 '육상운송관리자', '해상운송관리자', '항공운송관리자'로, 경비관련 관리자를 '경비 및 보안관련 관리자'로 분류명칭을 각각 변경하였다.

(2) 대분류 2 전문가 및 관련 종사자

① 직업분류 현실적합성을 위해 세분류 농림 · 어업 관련 시험원에서 '농림어업 관련 시험원'으로, 세세분류 인류학 연구원에서 '인류학 및 고고학 연구원'으로, 정보통신 컨설턴트에서'정보통신기술 컨설턴트'로, 범용소프트웨어 프로그래머 등에서 범용소프트웨어 개발자 등으로 분류명칭을 각각 변경하였고, 세세분류 '소프트웨어 품질관리 전문가'를 신설하였다.

② 정보보안 강화와 인공지능 등 데이터기반 직업 확대에 따라 소분류 데이터 및 네트워크 관련 전문가를 '네트워크 및 정보보안 전문가'와'데이터 전문가'로 분리 · 신설하였다.

③ 네트워크 및 정보보안 전문가의 세분류는 '네트워크 시스템 개발자', '정보보안 전문가', '기타 네트워크 및 정보 보안 전문가'로 배열하였다.

④ 데이터전문가의 세분류는 '데이터 시스템 전문가'와 '데이터 분석가'로 배열하였다.

⑤ 세세분류 '조경시공 기술자'와 '그 외 측량 및 공간정보 전문가'를 신설하고, 세분류 측량 및 지리정보전문가를 '측량 및 공간정보 전문가'로, 세세분류 사진측량 및 분석가를 '사진측량 및 원격탐사 분석가'로, 지리정보시스템 전문가를 '공간정보 시스템 전문가'로 분류명칭을 각각 변경하였다.

⑥ 세분류 전자공학 기술자 및 연구원에서 '반도체공학 기술자 및 연구원'을 분리 · 상향하였다.

⑦ 세세분류로는 '메모리반도체 기술자 및 연구원', '시스템반도체 기술자 및 연구원', '반도체 공정 · 장비 기술자 및 연구원', '반도체 소재 기술자 및 연구원'을 신설하였고, '반도체공학 시험원'도 신설하였다.

⑧ 소분류 소방 · 방재 기술자 및 안전 관리원을 '소방 · 방재 · 산업안전 기술자 및 시험원'으로, 세분류 산업안전 및 위험 관리원을 '산업안전 및 산업위험 관리 기술자'로, 세분류 보건 위생 및 환경 검사원을 '산업보건 및 산업환경 관리 기술자'로 분류명칭을 각각 변경하였다.

⑨ 소방공학 시험원과 비파괴 검사원 등을 포함하여 '소방 · 방재 및 산업안전 시험원'으로 통합하였다.

⑩ 세분류 '신재생에너지 기술자 및 연구원'과 '신재생에너지 시험원'을 신설하였다.

⑪ 성장직업 반영을 위해 중분류 보건 · 사회복지 및 종교 관련직에서 '보건전문가 및 관련직'과 '사회복지 · 종교 전문가 및 관련직'으로 분리 · 신설하였다.

⑫ 소분류 의료진료 전문가는 포함되었던 '수의사'를 분리하였고 '의사 · 한의사 및 치과의사'로 분류명칭을 변경하였다.

⑬ 세분류 약사 및 한약사를 '약사'와 '한약사'로 각각 분리하였고, 세분류 언어 재활사에 세세분류 '청각능력 재활사'를 신설하였고 '언어 및 청각능력 재활사'로 분류명칭을 변경하였다.

⑭ 소분류 보건의료 관련 종사자를 '기타 보건 전문가 및 관련 종사자'로, 세분류 의무기록사를 '보건의료정보 관리사'로 분류명칭을 각각 변경하였고, 보건의료 전문가가 각각 맡고 있는 환자안전관련 직무에 대해 세분류 '환자안전 관리사'를 신설하였다.

⑮ 분류체계 개선관련 '보육교사'를 소분류로 상향하였고, 시민단체 활동가를 소분류 상향과 함께 분류명칭을 '시민사회 활동가'로 변경하였다. 또한 소분류 사회복지 관련 종사자를 '사회복지 전문가 및 관련 종사자'로, 세분류 직업상담사를 '직업 관련 상담사'로 분류명칭을 각각 변경하였고 '직업 관련 상담사'에 직업상담사와 별도로 '장애인 직업상담사'를 신설하였다.

⑯ 세분류 대학시간강사를 '대학강사'로 변경되어 교육분야 시간강사에서 '교육분야 강사'로 변경 등 이하 세세분류 명칭이 변경되었다. 또한 세세분류 농림 · 수산업 및 수의학 교수에서 '농림어업 및 수의학 교수'로, 보건 및 복지 교수에서 '보건 및 복지분야 교수'로, 세세분류 실업교사에서 '전문기술 교사'로 분류명칭을 각각 변경하였다.

⑰ 세분류 문리 및 어학강사에서 '외국어 강사'와 '문리 강사'로 분리 · 상향하였고, 컴퓨터 강사에서 '정보통신기술 강사'로 분류명칭 변경과 '간호조무 및 요양보호 강사' 신설, 기술 및 기능계 강사에서'자동차 운전 강사'를 분리 · 상향하였다. 세분류 예능강사에 세세분류 '국악강사'를 추가하였고, 세분류 학습지 및 교육교구 방문강사를 '학습 · 교구 관련 방문강사'로 분류명칭을 변경하고, 세세분류 '그 외 학습 · 교구 관련 강사'를 신설하였다.

⑱ 소분류 행정전문가가 공공행정 전문가의 직무 제외와 '행정사'의 대분류 사무종사자에서 이동 · 상향하여 '정부행정 전문가 및 관련 종사자'로 분류명칭을 변경하였다. 또한 세분류 행사기획자를 '행사 · 전시 및 회의 기획자'로 분류명칭을 변경하였고, 동산감정 전문가와 별도로 세세분류 '예술품 및 문화재 감정전문가'를 신설하였다.

⑲ 분류체계의 정합성 유지를 위해 중분류 문화 · 예술 · 스포츠 전문가 및 관련직에서 '문화 · 예술 · 스포츠 · 기타 전문가 및 관련직'으로 분류명칭을 변경하였다. '미디어 콘텐츠 창작자'와 '스포츠 강사 및 트레이너'를 세분류로 상향하였고, 세세분류 '영상 및 미디어 예술가'와 '실감형 콘텐츠 디자이너'를 신설하였다.

⑳ 소분류 문화 · 예술 관련 기획자 및 매니저를 연예인 및 스포츠 매니저가 사무종사자로 이동됨에 따라 '문화 · 예술 관련 기획자'로 분류명칭을 변경하였고, 세분류 공연 · 영화 및 음반기획자에서 '공연 및 시각예술 기획자'와 '영화 및 음반기획자'로 분리하였다.

(3) 대분류 3 사무 종사자

① 중분류 경영 및 회계관련 사무직 경우 고용규모 과대로 인해 직무 유사성과 적정 고용규모를 고려하여 '기업 · 영업 및 인사 사무직', '자재 · 생산 및 운송 사무직', '회계 · 경리 및 통계 사무직', '일반 지원 사무직'으로 각각 분리 · 신설하였다.

② 중분류 '기업 · 영업 및 인사 사무직'은 소분류 '기획 및 마케팅 사무원', '인사 및 교육 · 훈련 사무원'으로 재배치하였고, 중분류 '자재 · 생산 및 운송 사무직'은 소분류 '자재 및 생산관리 사무원', '운송 및 무역 사무원'으로 재배치하였다.

③ 중분류 '회계 · 경리 및 통계 사무직'은 국제표준직업분류(ISCO-08)의 계수사무원(numerical clerks)를 참고하여 소분류 '회계 및 경리 사무원'과 중분류 상담 · 안내 · 통계 및 기타 사무직에 있던 소분류 '통계 · 데이터 관련 사무원'을 이동 · 배치하였다. 또한 소분류 통계 관련 사무원은 포괄적이고 흔히 사용되는 '데이터' 용어를 병기하여 '통계 · 데이터 관련 사무원'으로 분류명칭을 변경하였다.

④ 중분류 '법률 · 감사 및 정부 행정 사무직'은 소분류 '법률 및 감사 사무 종사자'와 중분류 경영 및 회계 관련 사무직에서 이동한 '정부 행정 사무종사자'로 배열하면서 분류명칭도 공공행정 사무원 직무가 제외됨에 따라 변경하였다. 또한 포괄적 용어인 세분류 국가 및 지방행정 사무원을 '기타 정부 행정 사무원'으로 변경하였다.

⑤ 중분류 '상담 · 안내 및 접수 사무직'은 소분류 통계관련 사무원의 이동에 따라 분류 명칭을 변경하였고 중분류 순서도 '일반 지원 사무직'보다 앞에 배열하였다.

⑥ 중분류 '일반 지원 사무직'은 사무직무가 특정 분야로 정해지지 않는 경우로 소분류 '총무사무원 및 대학 행정 조교'와 '비서 및 사무지원종사자'로 재배치하였다.

⑦ 소분류 비서 및 사무보조원는 하위분류의 직무를 대표할 수 있도록 '비서 및 사무 지원종사자'로 분류명칭을 변경하였다.

⑧ 세분류에는 '비서', '연예인 및 스포츠 매니저', '전산 자료 입력원', '속기사', '자원봉사 관리원', '기타 사무 지원 종사원'으로 배열하였다.

⑨ 세분류 '연예인 및 스포츠 매니저'는 대분류 전문가 및 관련 종사자에서 이동하였고 세분류 전산 자료 입력원 및 사무보조원은 '전산 자료 입력원'과 '기타 사무 지원 종사원'으로 분리하였다.

⑩ 세분류 '전산 자료 입력원'에는 세세분류 '약국전산 관리원'과 '그 외 전산 자료 입력원'으로 구성되었다.

⑪ 세분류 '속기사'는 기타사무원에서 이동 · 상향하였고, 세분류 '자원봉사 관리원'을 신설하였다.

(4) 대분류 4 서비스 종사자

① 중분류 돌봄 · 보건 및 개인생활 서비스직을 중분류 '돌봄 및 보건 서비스직'과 '개인 생활 서비스직'으로 분리 · 신설하였다.

② 중분류 '돌봄 및 보건 서비스직'은 직무유형, 서비스대상 등을 고려하여 소분류 '교사 보조 및 아동 돌봄 종사자', '요양보호사 및 간병인', '노인 및 장애인 돌봄 종사자', '기타 돌봄 및 보건 서비스 종사자'로 분리 · 상향하였다.

③ 소분류 '교사 보조 및 아동 돌봄 종사자'는 직능수준과 돌봄대상 등을 고려하여 세분류 '교사 보조 및 관련 종사원'과 '보육 관련 시설 돌봄 종사원'으로 배치하였고,'교사 보조 및 관련 종사원'에는 세세분류 '유치원교사 보조원', '학교교사 보조원' 및 '유치원 및 학교 돌봄 종사원'으로 세분화하였다. 세분류 '기타 교사보조 및 아동 돌봄 종사원'에는 세세분류 '방문 아동 돌봄 종사원'과 '그 외 교사보조 및 아동 돌봄 종사원'으로 분리 · 신설하였다.

④ 소분류 '요양보호사 및 간병인'은 통계활용성 고려하여 소분류 '노인 및 장애인 돌봄 종사자'와 별도로 분리 · 상향하였다. '노인 및 장애인 돌봄 종사자'는 세분류 '노인 돌봄 종사원'과 '장애인 돌봄 종사원'으로 분리하였다.

⑤ 중분류 '개인 생활 서비스직'은 소분류 돌봄 및 보건서비스 종사자를 제외한 직업을 토대로 구성되었으며, 소분류 '미용 관련 서비스 종사자', '혼례 및 장례 종사자', '동물 관련 서비스 종사자' 및 '기타 개인 생활 서비스 종사자'로 배열되었다.

⑥ 소분류 '동물 관련 서비스 종사자'를 신설하면서 세분류 '수의사 보조원', '반려동물 훈련사 및 행동상담사', '반려동물 관리 종사원'으로 재구성하였다. 세분류 '수의사 보조원'에는 세세분류 '동물보건사'가 포함되어 있다. 세분류 '반려동물 훈련사 및 행동상담사'는 세세분류 '반려동물 훈련사'와 '반려동물 행동상담사'로 구성되었다.

⑦ 세분류 여가 및 관광서비스 종사원을 '관광 서비스 종사원'으로, 세세분류 국내 여행 안내원을 '국내 여행 안내사'로, 국외여행 안내원을 '국외 여행 안내사'로, 관광통역 안내사를 '관광통역 안내사'로 분류명칭을 각각 변경하였다. 분류의 포괄성을 위해 세세분류 '그 외 관광서비스 종사원'을 신설하였다.

⑧ 음식 · 음료 조리의 직무와 입직경로 등이 상이하여 소분류 '조리사(cook)'에서 소분류 '음료 조리 종사자'를 별도로 분리, 신설하였고 여기에 소분류 식음료서비스 종사자에 있던 세분류 '바텐더'를 이동하여 포함하였다.

⑨ 소분류 '조리사'에는 세분류 '단체급식 조리사'를 신설하였고, 세분류 웨이터를 '식음료 서비스 종사원'으로 분류명칭을 변경하였다.

⑩ 세분류 기타 음식 서비스 종사원을 '기타 식음료 서비스 종사원'으로 분류명칭를 변경하고 신설한 '병원 배식원'을 포함하였다.

(5) 대분류 5 판매 종사자

① 판매 품목에 따라 세분류 제품 및 광고 영업원을 '제품 영업원'과 '기타 영업원'으로 분리하고, 분류명칭을 변경하였다.

② 세분류 '홍보 도우미 및 판촉원'은 소분류 방문 및 노점판매 관련직에서 소분류 '영업 종사자'로 이동하였다.

③ 소분류 통신관련 판매직에서'통신 관련 판매 종사자'로, 방문 및 노점판매 관련직에서 '방문 및 노점 판매 종사자'로 분류명칭을 각각 변경하였다.

(6) 대분류 6 농림어업 숙련 종사자

① 맞춤법 표기에 따라 대분류 농림 · 어업 숙련종사자를 '농림어업 숙련 종사자'로, 중분류 농 · 축산 숙련직을 '농축산 숙련직'으로 분류명칭을 각각 변경하였다.

② 세분류 낙농업 관련 종사원에서'낙농관련 종사원'으로, 세세분류 젖소 사육자를 '젖소 사육원'으로, 육우 사육자를 '한우 및 육우 사육원'으로, 돼지사육자를 '돼지 사육원'으로, 가금 사육자를 '가금 사육원'으로, 수렵 종사원을 '수렵원'으로, 감별사를 '병아리 감별사'로, 임산물 채취 종사원에서 '임산물 채취원'으로 분류명칭을 각각 변경하였다.

③ 세분류 가축사육 종사원을 '한우 및 육우 사육원', '돼지 사육원', '가금 사육원'으로 상향 · 세분화하였고 세분류 가금 사육원에는 세세분류 '육계 사육원', '산란계 사육원' 및 '그 외 가금 사육원'을 신설하였다.

(7) 대분류 7 기능원 및 관련 기능 종사자

① 세분류 '도시락 제조원'을 신설하였고 세분류 기타 식품가공 관련 종사원을 '기타 식품가공 관련 기능 종사원'으로, 세세분류 그 외 수제식품 제조 종사원을 '그 외 식품가공 관련 기능 종사원'으로 분류명칭을 각각 변경하였다.

② 소분류 금형 · 주조 및 단조원, 제관원 및 판금원, 용접원을 소분류 '금속 성형 관련 기능 종사자'로 통합하였다.

③ 세분류 '자동차 정비원' 내에 세세분류 자동차 판금 정비원과 자동차 도장 정비원을 '자동차 판금 및 도장 정비원'으로 통합하였고, '전기자동차 모터 정비원'과 '전기자동차 배터리 정비원'을 신설하였다.

④ 세분류 '로봇 설치 및 정비원'과 세세분류 '드론기기 수리원'을 신설하였고, 세분류 공업기계 설치 및 정비원 내에 식품기계 설치 및 정비원부터 그 외 공업기계 설치 및 정비원까지의 세세분류를 '공업기계 설치 및 정비원'으로 통합하였다.

⑤ 세세분류 도자기 공예원을 '도자 공예원'으로 변경하였고, 세분류 배관 세정원 및 방역원을 세분류 '세정원'과 '방역원'으로 분리 · 신설하였다.

(8) 대분류 8 장치 · 기계 조작 및 조립 종사자

① 소분류 직물 · 신발관련 기계 조작원 및 조립원, 세분류 신발 제조기 조작원 및 조립원, 기타 직물 · 신발관련 기계 조작원 및 조립원 각각에서 조립원 직무가 없어져 '직물 · 신발 관련 기계 조작원', 세분류 '신발 제조기 조작원', '기타 직물 · 신발 관련 기계 조작원'으로 분류명칭을 변경하였다.

② 소분류와 세분류 세탁관련 기계 조작원을 '세탁 기계 조작원'으로 변경하였다.

③ 조립직이 포함되도록 중분류 기계 제조 및 관련 기계 조작직을 '기계제조 · 관련 기계 조작 및 조립직'으로 분류명칭을 변경하였다.

④ 소분류 운송차량 및 기계 관련 조립원을 '운송차량 조립원'과 '기계 및 기계 부품 조립원'으로 분리하였고 이 중 '기계 및 기계 부품 조립원'은 소분류 금속기계 부품 조립원 전체와 소분류 운송차량 및 기계 관련 조립원의 일부를 분리하여 구성하였다.

⑤ 조립직이 포함되도록 중분류 전기 및 전자 관련 기계조작직을 '전기 · 전자 관련 기계조작 및 조립직'으로 분류명칭을 변경하였다.

⑥ 소분류 전기 · 전자 부품 및 제품 제조 장치 조작원 내에 세분류 '일차전지 및 이차전지 제조 기계 조작원'을 신설하였고 세세분류로 '일차전지 제조 기계 조작원'과 '이차전지 제조 기계 조작원'을 신설하였다.

⑦ 분류 정확성을 위해 중분류 운전 및 운송 관련직을 '운전 및 운송 관련 기계조작직'으로 분류명칭을 변경하였다.

⑧ 소분류 철도 및 전동사 기관사와 철도운송 관련 종사자를 소분류 '철도 · 전동차 기관사 및 관련 종사자'로 통합하였다.

⑨ 세세분류 '구급차 운전원'과 '3D 프린터 조작원'을 신설하였다.

⑩ 세세분류 인쇄필름 출력원에서 그 외 인쇄기 조작원까지 세세분류를 '인쇄 관련 기계 조작원'으로 통합하면서 세분류 인쇄기 조작원을 '인쇄 관련 기계 조작원'으로 분류명칭을 변경하였다.

(9) 대분류 9 단순노무 종사자

① 세분류 '화물 분류원'이 신설됨에 따라 소분류 하역 및 적재 단순 종사자를 '하역 · 적재 및 분류 단순 종사자'로 분류명칭을 변경하였다.

② 플랫폼노동 등 배달형태의 다양화에 따라 소분류 '배달원' 내에 '우편집배원', '택배원', '늘찬 배달원', '정기배달원' 및 '기타 배달원'을 재배치하였다.

③ 세세분류 그 외 택배원에 포함된 퀵서비스원 및 음식배달대행원은 '늘찬배달원'으로 분리하였고 세분류로 신설하였다.

④ 세분류 음식배달원(음식점소속 배달원)은 고용규모 축소로 세분류 '기타 배달원'의 세세분류 '음식점 배달원'로 명칭 변경과 분류 수준을 하향하였다.

⑤ 세분류 기타 배달원의 음식배달원(우유 등)과 신문배달원은 세분류로 신설한 '정기배달원'으로 이동하였고 분류명칭도 '식음료 정기배달원'과 '신문 정기배달원'으로 변경하였다.

⑥ 세분류 '가구 조립원'이 대분류 장치 · 기계 조작 및 조립 종사자에서 이동하였고, 세분류 '검표원'이 이동됨에 따라 소분류 건물 관리원 및 검표원에서 '건물 관리원'으로 분류명칭을 변경하였다.

⑦ 서비스 종사자의 '경비' 용어와 혼동되어 중분류 청소 및 경비 관련 단순노무직을 '청소 및 건물관리 단순 노무직'으로 분류명칭을 변경하였다.

⑧ 소분류 청소원 및 환경미화원의 구분 모호와 국제표준직업분류(ISCO-08)를 참고하여 소분류 '청소 관련 종사자'로 분류명칭을 변경하였고, 이하 세분류는 청소대상별로 재편하여 '건물 청소원', '운송 및 시설장비 청소원', '거리 및 공공장소 청소원', '재활용품 및 쓰레기 수거원' 및 '기타 청소 관련 종사원'으로 재배치하였다.

⑨ 중분류 농림 · 어업 및 기타 서비스 단순노무직을 '농림어업 및 기타 서비스 단순 노무직'으로, 소분류 농림 · 어업 관련 단순종사자를 '농림어업 관련 단순 종사자'로 분류명칭을 각각 변경하였다.

⑩ 세분류 '농업 관련 단순 종사원', '임업 관련 단순 종사원', '어업 관련 단순 종사원'으로 세분화하였다. 세분류 '임업 관련 단순 종사원'내에 세세분류 '산불 감시원'과 '그 외 임원 관련 단순 종사원'을 배치하였다.

⑪ 소분류 '기타 서비스 관련 단순 종사자' 내로 세분류 '검표원'을 이동하였고, '대여제품 방문 점검원'을 상향하였다.

⑫ 세세분류 '정리 수납원'을 신설하였다.

(10) 대분류 A 군인

① 준위가 속하는 준사관을 위관급 장교와 별도로 소분류, 세분류 및 세세분류 '준사관'으로 각각 신설하였다.

② 분류규칙에 따라 세세분류 기타 군인을 '그 외 군인'으로 분류명칭을 변경하였다.

❺ 직업

(1) 직업의 정의 : 국제표준직업분류(ISCO - 08)

① 직무(job)는 '자영업을 포함하여 특정한 고용주를 위하여 개별 종사자들이 수행하거나 또는 수행해야 할 일련의 업무와 과업(tasks and duties)'을 말한다.

② 직업(occupation)은 '유사한 직무의 집합'으로 정의된다. 여기에서 유사한 직무란 '주어진 업무와 과업이 매우 높은 유사성을 갖는 것'을 말한다.

(2) 직업의 요건 2020년 4회 2021년 3회

① **계속성**

직업은 유사성을 갖는 직무를 지속적으로 수행하는 계속성을 가져야 하는데, 일의 계속성이란 일시적인 것을 제외한 다음에 해당하는 것을 말한다.

㉠ 매일, 매주, 매월 등 주기적으로 행하는 것

㉡ 계절적으로 행해지는 것

㉢ 명확한 주기는 없으나 계속적으로 행해지는 것

㉣ 현재 하고 있는 일을 계속적으로 행할 의지와 가능성이 있는 것

② **경제성**

㉠ 직업은 또한 경제성을 충족해야 하는 데, 이는 경제적인 거래 관계가 성립하는 활동을 수행해야 함을 의미한다.

㉡ 무급 자원봉사와 같은 활동이나 전업학생의 학습행위는 경제활동 혹은 직업으로 보지 않는다.

㉢ 직업의 성립에는 비교적 엄격한 경제성의 기준이 적용되는데, 노력이 전제되지 않는 자연발생적인 이득의 수취나 우연하게 발생하는 경제적인 과실에 전적으로 의존하는 활동은 직업으로 보지 않는다.

③ **윤리성과 사회성**

㉠ 직업 활동은 전통적으로 윤리성과 사회성을 충족해야 하는 것으로 보고 있다.

㉡ 윤리성은 비윤리적인 영리행위나 반사회적인 활동을 통한 경제적인 이윤추구는 직업 활동으로 인정되지 못한다는 것이다.

㉢ 사회성은 보다 적극적인 것으로써 모든 직업 활동은 사회 공동체적인 맥락에서 의미 있는 활동 즉 사회적인 기여를 전제조건으로 하고 있다는 점을 강조한다.

④ **자유성**

속박된 상태에서의 제반활동은 경제성이나 계속성의 여부와 상관없이 직업으로 보지 않는다.

(3) 직업으로 보지 않는 활동

① 이자, 주식배당, 임대료(전세금, 월세) 등과 같은 자산 수입이 있는 경우
② 연금법, 국민기초생활보장법, 국민연금법 및 고용보험법 등의 사회보장이나 민간보험에 의한 수입이 있는 경우
③ 경마, 경륜, 경정, 복권 등에 의한 배당금이나 주식투자에 의한 시세차익이 있는 경우
④ 예 · 적금 인출, 보험금 수취, 차용 또는 토지나 금융자산을 매각하여 수입이 있는 경우
⑤ 자기 집의 가사 활동에 전념하는 경우
⑥ 교육기관에 재학하며 학습에만 전념하는 경우
⑦ 시민봉사활동 등에 의한 무급 봉사적인 일에 종사하는 경우
⑧ 사회복지시설 수용자의 시설 내 경제활동
⑨ 수형자의 활동과 같이 법률에 의한 강제노동을 하는 경우
⑩ 도박, 강도, 절도, 사기, 매춘, 밀수와 같은 불법적인 활동

직업으로 보지 않는 활동 분류

1) 계속성 위배
① 이자, 주식배당, 임대료(전세금, 월세금) 등과 같은 자산 수입이 있는 경우
② 연금법, 국민기초생활보장법, 국민연금법 및 고용보험법 등의 사회보장이나 민간보험에 의한 수입이 있는 경우
③ 경마, 경륜, 복권 등에 의한 배당금이나 주식투자에 의한 시세차익이 있는 경우
④ 예 · 적금 인출, 보험금 수취, 차용 또는 토지나 금융자산을 매각하여 수입이 있는 경우

2) 경제성 위배
① 자기 집의 가사 활동에 전념하는 경우
② 교육기관에 재학하며 학습에만 전념하는 경우
③ 시민봉사활동 등에 의한 무급 봉사적인 일에 종사하는 경우
④ 의무로 복무 중인 사병, 단기 부사관, 장교와 같은 군인

3) 윤리성과 사회성 위배
① 도박, 강도, 절도, 사기, 매춘, 밀수와 같은 불법적인 활동

4) 자유성 위배
① 사회복지시설 수용자의 시설 내 경제활동
② 수형자의 활동과 같이 법률에 의한 강제노동을 하는 경우

❻ 직업분류

(1) 직업분류의 목적 2021년 3회

① 직업분류는 경제활동인구조사, 인구주택총조사, 지역별고용조사 등 고용 관련 통계조사나 각종 행정자료를 통하여 얻어진 직업정보를 분류하고 집계하기 위한 것이다.

② 직업 관련 통계를 작성하는 모든 기관이 통일적으로 사용하도록 함으로써 통계자료의 일관성과 비교성을 확보할 수 있다.

③ 각종 직업정보에 관한 국내통계를 국제적으로 비교 · 활용할 수 있도록 하기 위하여 ILO의 국제표준직업분류(ISCO)를 근거로 설정되고 있다.

④ 직업분류는 고용 관련 통계 및 장 · 단기 인력수급 정책수립과 직업연구를 위한 기초자료 작성에 활용되며, 다음의 기준자료로 활용하고 있다.

㉠ 각종 사회 · 경제통계조사의 직업단위 기준

㉡ 취업알선을 위한 구인 · 구직안내 기준

㉢ 직종별 급여 및 수당지급 결정기준

㉣ 직종별 특정질병의 이환율, 사망률과 생명표 작성 기준

㉤ 산재보험요율, 생명보험요율 또는 산재보상액, 교통사고 보상액 등의 결정 기준

(2) 직업분류의 개념과 기준 2021년 2회(실기) 2021년 3회

① 수입(경제활동)을 위해 개인이 하고 있는 일을 그 수행되는 일의 형태에 따라 체계적으로 유형화 한 것이 직업분류이다.

② 우리나라 직업구조 및 실태에 맞도록 표준화한 것이 한국표준직업분류(KSCO, Korean Standard Classification of Occupations)이다.

③ 한국표준직업분류는 주어진 직무의 업무와 과업을 수행하는 능력(the ability to carry out the tasks and duties of a given job)인 직능(skill)을 근거로 편제되며, 직능수준과 직능유형을 고려하고 있다.

구분	내용
직능수준 (skill level)	직무수행능력의 높낮이를 말하는 것으로 정규교육, 직업훈련, 직업경험 그리고 선천적 능력과 사회 문화적 환경 등에 의해 결정된다.
직능유형 (skill specialization)	직무수행에 요구되는 지식의 분야, 사용하는 도구 및 장비, 투입되는 원재료, 생산된 재화나 서비스의 종류와 관련된다.

④ 하나의 직업(occupation)은 직무상 유사성을 갖고 있는 여러 직무(job)의 묶음이다. 어떤 직무의 집합을 여타 직업과 구별하고 동일한 직업으로 분류하는 것은 유사성의 정도에 대한 판단을 전제로 하는데, 이는 직무상 서로 다른 것을 규정하는 직업별 직무 배타성(exclusivity)을 제시하는 것과 같다. 그런데 현장에서 일어나는 직무수행 조건의 복잡성과 기업규모의 차이 등에 따른 직무범위의 격차 때문에 직무별 유사성과 배타성을 판별하는 것은 매우 어려운 작업이다.

⑤ 직무 유사성의 기준에는 해당 직무를 수행하는 사람에게 필요한 지식(knowledge), 경험(experience), 기능(skill)과 함께 직무수행자가 입직을 하기 위해서 필요한 요건(skill requirements) 등이 있다. 때로는 직업 종사자가 주로 일하는 기업의 특성, 생산 과정이나 최종 산출물 등이 중요할 때도 있다. 유사하지 않은 직업은 배타성의 요건이 충족되어 상호 다른 직업이라고 할 수 있으며, 직무별로 노동시장의 형성이 다른 경우에는 가장 분명한 배타성을 갖는다고 할 수 있다.

⑥ 직무 범주화 기준에는 직무별 고용의 크기 또한 현실적인 기준이 된다. 한국표준직업분류에서는 세분류 단위에서 최소 1,000명의 고용을 기준으로 설정하였으며, 고용자 수가 많은 세분류에는 5,000~10,000명이 분포되어 있을 것으로 판단된다.

(3) 직업 대분류와 직능수준 2020년 1회

① 국제표준직업분류(ISCO)에서 정의한 직능수준(skill level)은 정규교육을 통해서만 얻을 수 있는 것은 아니며, 비정규적인 직업훈련과 직업경험을 통하여서도 얻게 된다.

② 직업분류에서 사용되는 기본개념은 정규교육 수준에 의해 분류되는 것이 아니라, 직무를 수행하는데 필요한 특정업무의 수행능력이다.

③ 기본개념에 의하여 설정된 분류체계는 국제적 특성을 고려하여 4개의 직능수준으로 구분하고, 직무능력이 정규교육(또는 직업훈련)을 통하여서 얻어지는 것이라고 할 때 국제표준교육분류(ISCED - 11)상의 교육과정 수준에 의하여 다음과 같이 정의하였다.

구분	내용
제1직능수준	• 일반적으로 단순하고 반복적이며 때로는 육체적인 힘을 요하는 과업을 수행한다. • 간단한 수작업 공구나 진공청소기, 전기장비들을 이용한다. • 과일을 따거나 채소를 뽑고 단순 조립을 수행하며, 손을 이용하여 물건을 나르기도 하고 땅을 파기도 한다. • 이러한 수준의 직업은 최소한의 문자이해와 수리적 사고능력이 요구되는 간단한 직무교육으로 누구나 수행할 수 있다. • 제1직능 수준의 일부 직업에서는 초등교육이나 기초적인 교육(ISCED 수준1)을 필요로 한다.
제2직능수준	• 일반적으로 완벽하게 읽고 쓸 수 있는 능력과 정확한 계산능력, 그리고 상당한 정도의 의사소통 능력을 필요로 한다. • 보통 중등 이상 교육과정의 정규교육 이수(ISCED 수준2, 수준3) 또는 이에 상응하는 직업훈련이나 직업경험을 필요로 한다. • 이러한 수준의 직업에 종사하는 자는 일부 전문적인 직무훈련과 실습과정이 요구되며, 훈련실습기간은 정규훈련을 보완하거나 정규훈련의 일부 또는 전부를 대체할 수 있다. • 운송수단의 운전이나 경찰 업무를 수행하기도 한다. • 일부의 직업은 중등학교 졸업 후 교육(ISCED 수준4)이나 직업교육기관에서의 추가적인 교육이나 훈련을 요구할 수도 있다.

제3직능수준	• 복잡한 과업과 실제적인 업무를 수행할 정도의 전문적인 지식을 보유하고 수리계산이나 의사소통 능력이 상당히 높아야 한다. • 이러한 수준의 직업에 종사하는 자는 일정한 보충적 직무훈련 및 실습과정이 요구될 수 있으며, 정규훈련과정의 일부를 대체할 수도 있다. • 유사한 직무를 수행함으로써 경험을 습득하여 이에 해당하는 수준에 이를 수도 있다. • 시험원과 진단과 치료를 지원하는 의료 관련 분류나 스포츠 관련 직업이 대표적이다. • 일반적으로 중등교육을 마치고 1~3년 정도의 추가적인 교육과정(ISCED 수준5) 정도의 정규교육 또는 직업훈련을 필요로 한다.
제4직능수준	• 매우 높은 수준의 이해력과 창의력 및 의사소통 능력이 필요하다. • 이러한 수준의 직업에 종사하는 자는 일정한 보충적 직무훈련 및 실습이 요구된다. • 유사한 직무를 수행함으로써 경험을 습득하여 이에 해당하는 수준에 이를 수도 있다. • 분석과 문제해결, 연구와 교육 그리고 진료가 대표적인 직무분야이다. • 일반적으로 4년 또는 그 이상 계속하여 학사, 석사나 그와 동등한 학위가 수여되는 교육수준(ISCED 수준6 혹은 그 이상)의 정규교육 또는 훈련을 필요로 한다.

(4) 표준직업분류와 직능수준과의 관계 2018년 1회 2019년 1회 2020년 1회 2021년 1회 2021년 1회(실기) 2022년 2회

이러한 직능수준이 실제 종사자의 학력수준을 제시하는 것은 아니며, 필요로 하는 최소 직능수준을 의미한다고 할 수 있다.

대분류	직능수준
1 관리자	제4직능 수준 혹은 제3직능 수준 필요
2 전문가 및 관련 종사자	제4직능 수준 혹은 제3직능 수준 필요
3 사무 종사자	제2직능 수준 필요
4 서비스 종사자	제2직능 수준 필요
5 판매 종사자	제2직능 수준 필요
6 농림어업 숙련 종사자	제2직능 수준 필요
7 기능원 및 관련 기능 종사자	제2직능 수준 필요
8 장치 · 기계조작 및 조립 종사자	제2직능 수준 필요
9 단순노무 종사자	제1직능 수준 필요
A 군인	제2직능 수준 이상 필요

❼ 직업분류 원칙

(1) 직업분류의 일반원칙 2022년 2 ,3회

구분	내용
포괄성의 원칙	• 우리나라에 존재하는 모든 직무는 어떤 수준에서든지 분류에 포괄되어야 한다. • 특정한 직무가 누락되어 분류가 불가능할 경우에는 포괄성의 원칙을 위배한 것으로 볼 수 있다.
배타성의 원칙	• 동일하거나 유사한 직무는 어느 경우에든 같은 단위직업으로 분류되어야 한다는 점이다. • 하나의 직무가 동일한 직업단위 수준에서 2개 혹은 그 이상의 직업으로 분류될 수 있다면 배타성의 원칙을 위반한 것이라 할 수 있다.

(2) 포괄적인 업무에 대한 직업분류 원칙 2019년 1,3회 2020년 1, 3회 2020년 3회(실기) 2021년 1회 2022년 3회(실기) 23-1 실기

① 동일한 직업이라 할지라도 사업체 규모에 따라 직무범위에 차이가 날 수 있다. 예를 들면 소규모 사업체에서는 음식조리와 제공이 하나의 단일 직무로 되어 조리사의 업무로 결합될 수 있는 반면에, 대규모 사업체에서는 이들이 별도로 분류되어 독립적인 업무로 구성될 수 있다.

② 직업분류는 국내외적으로 가장 보편적인 업무의 결합상태에 근거하여 직업 및 직업군을 결정한다. 따라서 어떤 직업의 경우에 있어서는 직무의 범위가 분류에 명시된 내용과 일치하지 않을 수도 있다. 이러한 경우 다음과 같은 순서에 따라 분류원칙을 적용한다.

③ **원칙**

구분	내용
주된 직무 우선의 원칙	• 2개 이상의 직무를 수행하는 경우는 수행되는 직무내용과 관련 분류 항목에 명시된 직무내용을 비교 · 평가하여 관련 직무 내용상의 상관성이 가장 많은 항목에 분류한다. • 교육과 진료를 겸하는 의과대학 교수는 강의, 평가, 연구 등과 진료, 처치, 환자상담 등의 직무내용을 파악하여 관련 항목이 많은 분야로 분류한다.
최상급 직능수준 우선의 원칙	• 수행된 직무가 상이한 수준의 훈련과 경험을 통해서 얻어지는 직무능력을 필요로 한다면, 가장 높은 수준의 직무능력을 필요로 하는 일에 분류하여야 한다. • 조리와 배달의 직무비중이 같을 경우에는, 조리의 직능수준이 높으므로 조리사로 분류한다.
생산업무 우선의 원칙	• 재화의 생산과 공급이 같이 이루어지는 경우는 생산단계에 관련된 업무를 우선적으로 분류한다. • 한 사람이 빵을 생산하여 판매도 하는 경우에는, 판매원으로 분류하지 않고 제빵원으로 분류하여야 한다.

(3) 다수 직업 종사자의 분류원칙 2018년 1,2회 2019년 2회 2020년 4회 2022년 1회(실기)

한 사람이 전혀 상관성이 없는 두 가지 이상의 직업에 종사할 경우에 그 직업을 결정하는 일반적 원칙은 다음과 같다.

구분	내용
취업시간 우선의 원칙	가장 먼저 분야별로 취업시간을 고려하여 보다 긴 시간을 투자하는 직업으로 결정한다.
수입 우선의 원칙	위의 경우로 분별하기 어려운 경우는 수입(소득이나 임금)이 많은 직업으로 결정한다.
최근 직업 우선의 원칙	위의 두 가지 경우로 판단할 수 없는 경우에는 조사시점을 기준으로 최근에 종사한 직업으로 결정한다.

(4) 순서배열 원칙

동일한 분류수준에서 직무단위의 분류는 다음의 원칙을 가능한 준수하여 배열하였다.

① **한국표준산업분류(KSIC)**

㉠ 동일한 직업단위에서 산업의 여러 분야에 걸쳐 직업이 있는 경우에 한국표준산업분류의 순서대로 배열하였다.

㉡ 대분류 7과 8의 기능원과 조작직 종사자인 경우에는 거의 모든 산업에 종사하는 직업이 중분류 수준에서 발견되고 있으므로 중분류의 순서를 한국표준산업분류에 따라 분류하였다.

② **특수-일반분류**

㉠ 직업의 구분이 특수 분류와 그 특수 분야를 포함하는 일반 분류가 있을 경우, 특수 분류를 먼저 배열하고 일반분류를 나중에 배열하였다.

㉡ 예를 들어, 생명과학 연구원을 먼저 위치시키고, 이어서 자연과학 연구원을 배열하였다.

③ **고용자수와 직능수준, 직능유형 고려**

㉠ 직능수준이 비교적 높거나 고용자수가 많은 직무를 우선하여 배치한 것을 말한다.

㉡ 예를 들어 '대분류 1 관리자'의 중분류에서 공공 및 기업 고위직을 먼저 배열한 것은 이 분야가 직능수준이 상대적으로 높아 관리자를 관리하는 직종이기 때문이다.

㉢ 직능유형이 유사한 것끼리 묶어 분류하였는데, 이는 직업분류의 용이성과 활용성을 높이기 위함이다.

❽ 분류체계 및 분류번호 2018년 3회

(1) 분류체계와 분류번호

① **직업분류체계**

㉠ 직업분류는 세분류를 기준으로 상위에는 소분류-중분류-대분류로 구성되어 있으며, 하위분류는 세세분류로 구성되어 있다.

㉡ 각 항목은 대분류 10개, 중분류 57개, 소분류 167개, 세분류 495개, 세세분류 1,270개로 구성되어 있는데 계층적 구조로 되어 있다.

② **분류번호**

㉠ 분류번호는 아라비아 숫자와 알파벳 A로 표시하며 대분류 1자리, 중분류 2자리, 소분류 3자리, 세분류 4자리, 세세분류는 5자리로 표시된다.

㉡ 동일 분류에 포함된 끝 항목의 숫자 9는 '기타~(그 외~)'를 표시하여 위에 분류된 나머지 항목을 의미한다.

㉢ 끝자리 0은 해당 분류수준에서 더 이상 세분되지 않는 직업을 의미하고 있다.

(2) 분류단계별 항목 수

대분류	중분류	소분류	세분류	세세분류
(합계) 10	57	167	495	1,270
1 관리자	5	16	25	85
2 전문가 및 관련 종사자	9	48	177	486
3 사무 종사자	7	13	35	63
4 서비스 종사자	5	15	46	91
5 판매 종사자	3	5	16	44
6 농림 어업 숙련 종사자	3	5	14	30
7 기능원 및 관련 기능 종사자	9	19	79	197
8 장치 · 기계 조작 및 조립 종사자	9	30	65	217
9 단순 노무 종사자	6	12	33	52
A 군인	1	4	5	5

제3절 한국고용직업분류

❶ 한국고용직업분류 연혁

(1) 한국고용직업분류 개발

① 고용노동부는 노동시장 내 직업에 대한 데이터를 수집하여 의미 있는 통계정보를 제공하기 위해 2001년부터 산업 · 직업별 고용구조조사를 매년 실시하였으며, 조사의 정확성 및 용이성을 위해 국민의 시각에 맞는 직업분류체계의 구성이 필요하였다.

② 국내 직업 전문가와 현장 실무자 등의 의견을 수렴하여 2002년에 중분류 중심의 직업분류체계를 개발하여 2003년부터 한국고용직업분류(KECO1)라는 명칭으로 사용 중에 있다.

③ 한국고용직업분류는 직무에 관해 한국표준직업분류와 포괄범위가 동일하다. 한국고용직업분류는 세분류(4자리 코드)에서 제8차 한국표준직업분류와 1 : 1로 매칭 – 연계시켰다.

(2) 준수조건

통계작성기관은 한국고용직업분류를 통계작성 목적으로 활용시 다음의 조건을 준수해야 함

① **한국표준직업분류와 연계성 강화를 위한 동시 공표** : 한국고용직업분류를 이용한 통계는 비교가능성 확보를 위해 한국표준직업분류를 적용한 통계와 동시 공표가 전제되어야 한다. 즉, 한국표준직업분류와 연계 기준인 세분류 항목을 포함하여 자료입력이 필요하다.

② **특수분류를 적용한 신규통계 작성 및 변경시 개별 작성승인 신청** : 한국고용직업분류의 통계작성 승인시에는 개별적인 승인 · 협의를 거쳐야한다. 따라서 한국표준직업분류를 적용할 수 없는 근거는 개별적으로 입증이 필요하다.

③ **표준 · 특수분류간 차이가 있는 경우 한국표준직업분류에 따라 적용** : 한국고용직업분류의 관리 주체는 고용노동부이지만, 민원 등 관련법 적용시 해석 등의 차이가 있는 경우 한국표준직업분류를 우선 적용한다.

(3) 한국고용직업분류 2025

2017년 개정 이후 사회경제적 변화, 산업 · 기술 변화 등으로 인한 직업구조의 변화와 대내외 개정수요를 반영하여 직업분류를 개정하였다.

① **전면 개정** : 한국고용직업분류는 2025년 1월 1일부터 시행되는 새로운 분류 체계로, 고용정책기본법 제15조 제3항에 따라 개정되었다.

② **항목 수** : 2025년 개정 한국고용직업분류는 총 450항목으로 구성되어 있으며, 각 항목은 고용시장의 변화와 요구를 반영하여 업데이트되었다.

③ **목적** : 이번 개정의 목적은 고용 통계의 정확성을 높이고, 다양한 직업군을 보다 명확하게 분류하여 정책 수립 및 고용 지원에 기여하는 것이다.

④ **추가 정보** : 개정된 한국고용직업분류의 세부 사항은 고용노동부의 공식 웹사이트에서 확인할 수 있으며, 관련 자료와 연락처도 제공된다.

⑤ **직업별 코드 부여 기준** : 한국고용직업분류는 다양한 통계조사에서 활용되는 직업분류코드를 의미하며, 기존에는 사람이 직접 코드를 할당하는 방식이었으나, 자동코딩 시스템 개발을 통해 자동 시스템으로의 전환 방향을 제시하고 있다.

(4) 한국고용직업분류의 의미

① 한국고용직업분류는 노동시장 상황과 수요, 현실적 직업구조 등을 반영하여 직무를 체계적으로 분류한 것이다. 이는 고용 관련 행정 DB나 통계조사자료의 결과를 집계하고 비교하기 위한 통계 목적으로 활용되고 있다.

② 공공 부문의 취업알선 업무에 활용되며(한국고용직업분류를 취업알선에 맞게 확장하여 '취업알선직업분류'로 활용 중), 국가직무능력표준(NCS), 직업훈련, 국가기술자격, 직업정보의 제공, 진로지도 등 고용 실무 전반의 기본 분류 틀로 활용되고 있다.

③ 고용노동부장관은 고용 · 직업 정보의 수집 · 관리를 위하여 노동시장의 직업구조를 반영한 고용직업분류표를 작성 · 고시하여야 한다. 이 경우 미리 관계 행정기관의 장과 협의할 수 있다(고용정책기본법 제15조).

④ 한국고용직업분류표는 우리나라에서 쓰이는 취업분야를 나누는 체계이다. 이 체계는 국제적으로 통용되는 ISCO(International Standard Classification of Occupations)와 연계되어 있다. 한국고용직업분류표는 통계청에서 제공하며, 국가통계, 인구조사, 고용조사 등의 통계분석에서 사용된다.

⑤ 한국고용직업분류 2025를 효과적으로 활용하기 위해서는 직업 종류에 대한 상세한 이해와 코딩을 위한 세부적인 지침 마련, 그리고 사전 교육이 필요하다.

⑥ 급변하는 직업 세계를 반영하기 위해 신종 직업에 대한 조사 및 정보 업데이트가 요구되며, 직업 정보의 신뢰도를 높이기 위해 재직자 표본을 확대하고 현실적인 정보를 반영해야 한다.

⑦ 직업분류 시 설문 방법, 설문 집단의 연령 분포, 직업 분포, 전문직의 비율 등 다양한 요인을 고려하여 해석해야 하며, 한국고용직업분류의 중분류 수준에서 직업군을 통계적으로 분석하고 그룹화하는 방법도 활용할 수 있다.

(5) 한국고용직업분류의 변천과정

한국고용직업분류의 개정은 급변하는 노동 시장 환경에 적응하고, 고용 관련 통계 및 행정자료의 정확성을 높이는 데 필수적이다. 특히, 디지털 전환과 같은 최근의 노동 시장 변화를 반영하여 분류 체계를 개선하는 것이 중요하며, 이는 국내 직업분류체계, 직업연구, 교육훈련 및 자격 연계에 중요한 시사점을 제공한다.

새로운 직업분류의 필요성
- 고용관련 조사의 정확성 및 용이성 확보
- 노동시장 내 직업에 대한 데이터 확보 및 의미 있는 통계정보 생산
- 직업정보의 활용성을 높이기 위해 국민의 시각에 맞는 분류체계 구성
- 직업훈련, 자격, 교육, 취업 등 수요자 요구에 대한 정보단계의 기준

① 2000. 12. 노동연구원 · 통계청에서 '고용직업분류'를 발간

② 2001. 9. 중앙고용정보원(現 한국고용정보원)에서 상기 고용직업분류를 직업조사에 맞도록 재조정하여 고용구조조사에 활용

③ 2002. 9. 직능유형을 우선 고려한 분류체계 개발

④ 2003. 9. '한국고용직업분류 2003'으로 명명(KECO - 2003으로 표기)

⑤ 2005. 1. '한국고용직업분류 2005'로 개정(KECO - 2005)

⑥ 2007. 9. '한국고용직업분류 2007'로 개정(KECO - 2007)
- 국내 통계자료의 활용성을 제고하기 위해 한국표준직업분류와 한국고용직업분류 양 분류 간 세분류(4digit) 단위를 일치시키는 방향으로 추진

⑦ 2011. 7. 한국고용직업분류 법적 명시
- 고용정책기본법에 한국고용직업분류의 작성 · 고시 사항 명시

⑧ 2012. 3. 한국표준직업분류의 특수목적분류로 지정

⑨ 2017. 12. 한국고용직업분류 2018 개정

⑩ 2024. 12. 12. 한국고용직업분류 2025 전면개정(통계청 고시 제2024-804호)

한국고용직업분류 2025 개정 고시(제2024-63호)

부 칙

제1조(시행일) 이 고시는 2025년 1월 1일부터 시행한다.

제2조(재검토기한) 고용노동부장관은 「훈령 · 예규 등의 발령 및 관리에 관한 규정」에 따라 이 고시에 대하여 2025년 1월 1일 기준으로 매 3년이 되는 시점(매 3년째의 12월 31일까지를 말한다)마다 그 타당성을 검토하여 개선 등의 조치를 하여야 한다.

❷ 한국고용직업분류 2025 개정방향 및 주요 개정내용

(1) 개정 배경

① '17년 개정 이후 사회경제적 변화, 산업 · 기술 변화 등으로 인한 직업구조의 변화와 대내외 개정 수요를 반영하여 개선

② **법적근거(고용정책기본법 제15조 제3항)** : 고용노동부장관은 고용 · 직업 정보의 수집 · 관리를 위하여 노동시장의 직업구조를 반영한 고용직업분류표를 작성 · 고시하여야 한다.

③ 통계청의 한국표준직업분류가 개정('25. 1. 1. 시행)됨에 따라 국가통계의 활용성 제고를 위해 개정내용을 반영할 필요(고용 및 표준직업분류는 '07년 개정부터 세분류 단위에서 1 : 1 연계)

④ 2025년 한국고용직업분류 개정은 사회경제적 및 기술적 변화를 반영하여 이루어지고 있으며, 이는 각국의 노동시장 고유 특성을 반영하는 주요국 표준직업분류 개정 동향과 맥락을 같이한다.

⑤ 2000년대 이후 고소득 정보통신 및 과학기술 전문가에 대한 수요가 증가한 것은 기술 변화에 따른 추세이며 급격한 사회경제적 변화 속에서 직업에 대한 인식 변화와 새로운 직업의 등장 또한 중요한 배경으로 작용한다.

⑥ 국민 안전과 치안에 대한 정부 정책 강화로 인해 현장 중심의 경찰 및 소방 인력 증원 정책이 강화되는 추세이며, 공동체와 개인의 복지 요구 증대로 사회복지 관련 직종의 고용이 증가할 것으로 전망된다.

(2) 주요 내용

① (분류체계) 대분류와 중분류 수는 10개, 35개로 동일, 소 · 세분류 수는 각각 4개, 45개 증가하여 140개, 495개

② (유형별 변화) 분리 · 신설 53개, 통합 5개, 이동 3개, 명칭변경 187개

구 분	2018	2025	분리 · 신설	통합	분류이동	명칭변경
대	10	10	–	–	–	–
중	35	35	–	–	–	1
소	136	140	5	1	–	6
세	450	495	48	4	3	180
계			53	5	3	187

③ 세분류 (235개, 통계청 한국표준직업분류 개정내용 반영)

㉠ (분리 · 신설 : 48개) 플랫폼 노동 확대, AI · 빅데이터 등 산업구조 변화, 반려동물 양육가구 급증 등 고용확대 · 신설직업 반영

㉡ (통합 : 4개) 통계청 분류체계 개편을 반영하여 통합

㉢ (분류이동 : 3개) 행정사, 수의사 보조원은 상향 조정 및 분류 분리, 보육 관련 시설 돌봄 종사원은 표준직업분류 개정 내용과 직무 관련성을 반영하여 소분류 간 분류 이동

㉣ (명칭변경 : 180개) 분류 명확화 및 세분류 단위에서의 표준 - 고용직업분류 간 명칭 통일, 협회 및 단체 의견수렴을 통해 명칭 변경

(현행) 측량 · 지리정보 전문가(1406) → (개정) 측량 및 공간정보 전문가(1406)
(현행) 의무기록사(3074) → (개정) 보건의료정보 관리사(3074)

③ **소분류(12개)**

㉠ (분리 · 신설 : 5개) 반려동물 양육가구 급증, 코로나 이후 방역 수요 증가, 가사서비스 수요 증가 등 반영

㉡ (명칭변경 : 6개) 세분류 조정에 따른 소분류 포괄범위 변화 반영 등

(현행) 정부 · 공공행정 전문가(021) → (개정) 정부행정 전문가 및 관련 종사자(021)
(현행) 정부 · 공공행정 사무원(025) → (개정) 정부행정 사무원(025)

㉢ (통합 : 1개) 소분류 소규모 상점 경영 및 일선 관리 종사원를 소분류 판매종사자와 통합

④ **중분류(1개)**

㉠ (명칭변경 : 1개) 소분류 반려동물 관련 서비스원(513) 신설로 인한 포괄범위 변화 반영

㉡ (현행) 미용 · 예식 서비스직(51) → (개정) 미용 · 예식 및 반려동물 서비스직(51)

❸ 한국고용직업분류 개요

(1) 직업의 정의

① 직업의 정의는 국제표준직업분류(ISCO - 08) 및 한국표준직업분류(KSCO - 2025)의 정의를 그대로 따른다.

② 직업은 '유사한 직무의 집합'으로 정의되는데, 유사한 직무란 '주어진 업무와 과업이 매우 높은 유사성을 갖는 것'을 말한다.

③ 직업으로 판단하기 위해서는 계속성, 경제성, 윤리성과 사회성을 충족해야 하며, 속박된 상태에서의 제반활동은 경제성이나 계속성의 여부와 상관없이 직업으로 보지 않는다.

(2) 한국고용직업분류의 기준 2019년 2회

① 한국고용직업분류는 직능유형을 우선 적용하고 직능수준을 함께 고려하였다.

② 직능유형은 수행하는 일의 유형으로서 직무수행에 요구되는 지식의 분야, 사용되는 도구 및 장비, 투입되는 원재료, 생산된 재화나 서비스의 종류, 직무간 이동성 및 경력이동경로 등과 관련된다.

- 산업을 넘나들어 이동하는 경우가 아니라면 대부분의 취업자는 특정 산업부문 내에서 이동하며, 일반적으로 동일 직장 내에서 더 많은 이동을 한다. 이런 이유로 직능유형은 직업정보의 활용 면에서 유용한 기준이 될 수 있다.

③ 직능수준은 직무수행 능력의 높낮이를 말하는 것으로 정규교육, 직업훈련, 직업경험 그리고 선천적 능력과 사회 문화적 환경 등에 의해 결정된다. 직능수준으로는 일반적으로 1~4 직능수준이 고려된다.

④ 한국고용직업분류는 대분류와 중분류 단위에서 직능유형을 우선적으로 적용하였으며, 소분류 단위에서 직능수준을 함께 적용하였다. 다만, 중분류 단위에서도 해당 항목이 직능유형만으로 구분하기 어려운 여러 단위에 걸쳐 있어서 구분하기 곤란한 경우는 직능수준이 고려되었다.

⑤ 대분류 단위는 직능유형에 따라 10개 항목으로 구분하였다. 0~9까지 10가지 유형으로 구분되어 직업코드의 첫 번째 자리로 대분류를 식별할 수 있다.

한국표준직업분류	한국고용직업분류
1 관리자	0. 경영 · 사무 · 금융 · 보험직
2 전문가 및 관련 종사자	1. 연구직 및 공학 기술직
3 사무 종사자	2. 교육 · 법률 · 사회복지 · 경찰 · 소방직 및 군인
4 서비스 종사자	3. 보건 · 의료직
5 판매 종사자	4. 예술 · 디자인 · 방송 · 스포츠직
6 농림어업 숙련 종사자	5. 미용 · 여행 · 숙박 · 음식 · 경비 · 청소직
7 기능원 및 관련 기능 종사자	6. 영업 · 판매 · 운전 · 운송직
8 장치 · 기계조작 및 조립 종사자	7. 건설 · 채굴직
9 단순노무 종사자	8. 설치 · 정비 · 생산직
A 군인	9. 농림어업직

⑥ 중분류 단위는 직능유형에 따라 35개 항목으로 구분하고 앞의 두 자리는 중분류 항목을 식별하는 코드이다. 대분류 단위별로 중분류를 1개부터 9개까지 항목으로 구성하였다.

- 중분류 중 '89 제조 단순직'은 직능유형이 아닌 직능수준이 고려된 항목이다. 해당 소분류와 세분류 직업이 단 하나만 존재하지만 직무유형으로 모두 걸쳐 있어 직능유형 기준을 적용할 수 없는 예외적인 사례라 할 수 있다.

⑦ 소분류 및 세분류 단위는 직능유형과 직능수준을 함께 고려하였다.

- 상위 분류단위가 동일한 수준의 직업으로 구성된 경우에는 직능유형을 적용하였으며, 그렇지 않은 경우 직능수준이 높을수록 상위 분류에 배열되는 방식으로 적용하였다.
- 소분류 코드는 대분류와 중분류 코드를 포함한 세 자리 코드로 구성된다. 세분류 코드는 소분류 코드 뒤에 하나의 자릿수가 추가되어 네 자리 코드로 구성된다.

⑧ 중분류 이하의 단위부터는 통상적으로 '1'부터 순차적으로 코드를 부여하였다. 다만, 해당 분류수준에서 더 이상 세분되지 않는 직업일 경우에는 '0'을 부여하였다. 그리고 세분류 단위에서 기타 직업 항목에 해당될 경우에는 '9'를 부여하였다.

(3) 직업분류의 원칙

① 직업분류의 원칙은 국제표준직업분류와 한국표준직업분류의 정의를 그대로 따른다.

② 직업분류의 일반원칙으로 '포괄성의 원칙'과 '배타성의 원칙'을 둔다.

③ 포괄적인 업무에 대한 직업분류 원칙으로 '주된 직무 우선 원칙', '최상급 직능수준 우선 원칙', '생산업무 우선 원칙'을 순서에 따라 적용된다.

- 이는 동일한 직업이라도 사업체 규모에 따라 직무범위가 차이가 나타날 수 있으며, 하나의 단일직무를 수행하는 경우가 아니라 여러 직무를 결합하여 수행하는 경우에 적용하기 위한 원칙이다.

④ 다수 직업 종사자의 분류원칙으로 '취업시간 우선의 원칙', '수입 우선의 원칙', '조사 시 최근의 직업 원칙'이 적용된다.

- 이는 한 사람이 전혀 상관성이 없는 두 가지 이상의 직업에 종사할 경우에 그 직업을 결정하기 위한 원칙이다.

(4) 한국고용직업분류의 분류체계와 코드부여 형식

① 한국고용직업분류 2025의 분류단위별 항목 구성체계

대분류	중분류	소분류	세분류
0. 경영 · 사무 · 금융 · 보험직	3	18	70
1. 연구직 및 공학 기술직	5	19	54
2. 교육 · 법률 · 사회복지 · 경찰 · 소방직 및 군인	5	12	41
3. 보건의료직	1	7	20
4. 예술 · 디자인 · 방송 · 스포츠직	2	8	34
5. 미용 · 여행 · 숙박 · 음식 · 경비 · 청소직	6	13	49
6. 영업 · 판매 · 운전 · 운송직	2	11	35
7. 건설 · 채굴직	1	6	24
8. 설치 · 정비 · 생산직	9	37	110
9. 농림어업직	1	5	13
항 목	**35항목**	**140항목**	**495항목**

② **직업코드의 부여 예시**

- 1. 연구직 및 공학 기술직(대분류)
- 11. 인문 · 사회과학 연구직(중분류)
- 111. 인문 · 사회과학 연구원(소분류)
- 1111. 인문과학 연구원(세분류)
- 1112. 사회과학 연구원(세분류)

(5) 대분류 직업분류 항목 개념

0. **경영 · 사무 · 금융 · 보험직** : 이 직업범주에는 관리직, 경영 · 행정 · 사무직, 금융 · 보험직 등이 포함된다.

㉠ 관리직은 조직 전체 또는 조직 내 부서에서 의사결정을 수행하는 자들로서 높은 수준의 책임과 전문성을 필요로 하며 정규교육과 광범위한 직업경험을 통해 직무수행능력이 갖춰진다.

㉡ 경영 · 행정 · 사무직과 금융 · 보험직은 기업경영과 관련한 사무나 경영지원 서비스, 금융 서비스 등을 제공하는 업무와 관련된다.

- 금융 · 보험직은 특정 산업부문의 고유 업무를 주로 수행하지만 그 외 직업은 대부분의 산업부문에서 찾아볼 수 있는 직업이다.

1. **연구직 및 공학 기술직** : 이 직업범주는 인문 · 사회과학 분야, 자연 · 생명과학 분야의 연구 및 시험과 관련한 직업과 정보통신, 건축, 엔지니어링 등 공학분야의 전문적이고 기술적인 직업이 포함된다.

- 이 유형의 직업 중 과학 연구 관련 직업은 석사 이상의 매우 높은 교육수준이 요구된다. 공학분야의 기술적 직업 또한 대학 이상의 고학력이나 오랜 숙련 및 추가적인 교육이 요구된다.

2. **교육 · 법률 · 사회복지 · 경찰 · 소방직 및 군인** : 이 직업범주는 교육, 법률, 사회복지(상담), 종교, 경찰, 소방, 교도 등 공공서비스 영역이거나 그와 관련된 프로그램을 운영하는 일과 관련된 직업이 포함된다.

- 이 유형의 직업 중 상당수는 대학 이상의 고학력이 요구되며, 주로 공공 영역에 고용되어 있다. 이 직업범주에는 군대 내에서 다양한 직무를 수행하는 군인들을 포함하고 있다.
- 군인은 특수 분야이므로 직무를 기준으로 분류하지 않고 군대 내 계급체계를 고려하여 분류하고 있다. 다만, 국방과 관련된 정부 · 기업에 고용된 민간인이나 단기간 군사훈련 또는 재훈련을 위해 일시적으로 소집된 자 및 예비군은 제외된다.

3. **보건 · 의료직** : 이 직업범주는 보건의료와 관련한 전문직과 의료기술직, 보건의료 서비스직 등의 직업이 포함된다.

- 대부분의 직업은 보건의료계열에서 고등교육 이수를 필요로 하며, 관련 자격 혹은 면허 취득이 요구된다. 다만 보건의료 서비스 직업은 단기간의 훈련을 통해 양성되는 경우도 있다.

4. **예술 · 디자인 · 방송 · 스포츠직** : 이 직업범주는 작가, 도서관 및 박물관 관련 전문직, 기자 및 언론 전문가, 공연예술, 디자인, 연극, 영화, 방송 관련 전문직 및 기술적 직업, 그리고 그 외의 관련 종사자들이 포함된다.
   - 스포츠 및 레크리에이션 직업도 같이 묶여 있다. 이들 직업의 특성은 교육수준도 중요하지만 다른 직업과 달리 창의적인 재능이나 운동능력이 더 중요시되기도 한다.
5. **미용 · 여행 · 숙박 · 음식 · 경비 · 청소직** : 이 직업범주는 이 · 미용, 예식, 여행, 숙박, 음식 조리 및 제공, 경호 및 경비, 돌봄서비스, 청소 등 주로 개인 고객을 대상으로 개인 생활 서비스를 제공하는 직업이 포함된다.
6. **영업 · 판매 · 운전 · 운송직** : 이 직업범주는 영업활동을 하거나 상품 또는 서비스를 판매 또는 임대하는 직무를 수행하는 직업과 항공기, 기차, 지하철, 자동차, 기타 운송기계 등을 운전하거나 이와 관련한 지원 업무를 담당하는 직업이 포함된다. 다만 운송사무원은 사무직으로 분류된다.
   - 이 범주에 속한 영업 · 판매직과 운전 · 운송직 간에는 직무가 이질적인 부분이 많다. 납품 영업과 같이 직무수행 과정에서 일부 직무 간 겹치는 현상도 나타나는 경우도 있다.
   - 동일 산업부문 또는 동일 직장 내에서 영업 · 판매와 운전 · 운송 업무를 수행하는 종사자들이 같이 활동하는 경우도 많다. 이를 고려하여 동 직무를 하나의 대분류 항목으로 묶어 구분하였다.
7. **건설 · 채굴직** : 이 직업범주는 건설 및 광업(채굴) 분야의 현장에서 직접 건설 직무를 수행하는 기능원과 단순노무종사자 등이 포함된다.
   - 이 직업 중 기능원 직업은 대체로 숙련이 필요한 직업이며, 숙련공으로부터 기능을 습득하거나 직업훈련기관, 특성화고등학교 등에서 전문 훈련을 받아 취업하기도 한다. 이를 위해 관련 국가기술자격을 취득하는 경우도 있다. 숙련공으로 경력이 쌓이면 현장감독으로 나아가거나 건설 · 채굴 분야 자영업체를 운영할 수 있다.
8. **설치 · 정비 · 생산직** : 이 직업범주는 각종 기계를 설치하거나 정비하는 직업과 제조 생산공정에서 생산과 관련한 직무를 수행하는 직업 등이 포함된다.
   - 기계, 금속 · 재료, 전기 · 전자, 정보통신, 화학 · 에너지 · 환경, 섬유 · 의복, 식품가공, 인쇄 · 목재 · 공예 및 기타 제조 생산분야에서 관련 기계를 설치 · 정비하거나 제조 생산공정에서 기계조작, 조립, 가공, 제조 및 관련 단순 노무에 종사하는 직업이다.
   - 이들 직업 중 일부는 숙련이 필요한 직업이며, 숙련공으로부터 기능을 습득하거나 직업훈련기관, 특성화고등학교 등에서 전문 훈련을 받아 취업하기도 한다. 이를 위해 관련 국가기술자격을 취득하는 경우도 있다. 숙련공으로 경력이 쌓이면 현장감독으로 나아가거나 설치 · 정비 · 생산직 분야 자영업체를 운영할 수 있다.
9. **농림어업직** : 이 직업범주는 농업, 임업, 어업 등 분야에서 작물을 재배하거나 동물을 번식 · 사육하며, 산림의 보존 및 개발, 물고기 및 수생 동 · 식물을 양식하거나 채집 · 채취하는 일을 수행하는 직업이 포함된다. 이 범주의 직업은 대부분 1차 산업인 농림어업에 종사한다.

제4절 산업분류의 이해

❶ 개요

(1) 개정목적

① 2000년 이후의 산업구조변화(신생 및 쇠퇴산업)를 반영하여 통계의 활용성 제고

② 국제표준산업분류 4차 개정안을 반영하여 국제 비교성을 유지

(2) 연혁

① 한국표준산업분류(KSIC : Korean Standard Industrial Classification)는 산업관련 통계자료의 정확성, 비교성을 확보하기 위하여 작성된 것으로서 1963년 3월에 경제활동 부문 중에서 우선 광업과 제조업 부문에 대한 산업분류를 제정하였고, 이듬해 4월에 제조업 이외 부문에 대한 산업분류를 추가로 제정함으로써 우리나라의 표준산업분류 체계를 완성하였다.

② 한국표준산업분류는 유엔의 국제표준산업분류에 기초하여 작성된 것이다.

③ 1964년에 제정된 한국표준산업분류의 미비점과 불합리한 점을 보완하기 위하여 1965년과 1968년 두 차례에 걸쳐 개정작업을 추진하였으며, 이후에는 유엔의 국제표준산업분류 2 · 3 · 4차 개정(1968, 1989, 2007)과 국내 산업구조 및 기술변화를 반영하기 위하여 추가적으로 일곱 차례에 걸친 개정작업을 수행하여 왔다(1970, 1975, 1984, 1991, 1998, 2000, 2007).

④ 2007년의 9차 개정 분류는 국제표준산업분류 4차 개정결과와 한국표준산업분류 8차 개정 이후 진행된 국내 사회, 경제 변화상을 반영하여 대폭적인 개정작업으로 추진되었다.

⑤ 한국표준산업분류 9차 개정 이후 8년이 경과하면서 새롭게 등장하고 있는 산업 영역들의 통계작성 및 정책지원에 필요한 분류체계 신설, 변경 요청 등이 급증함에 따라, 2017년 7월 1일부터 제10차 개정분류를 시행하게 되었다.

⑥ 한국표준산업분류 제11차 개정은 2024년 7월 1일부터 시행되었다. 제11차 개정의 주요 내용은 산업 환경의 변화에 맞춰 보다 정교하게 조정된 분류 항목과 명칭을 포함하고 있다.

㉠ 1963. 3. 1. 광업 · 제조업편 제정
㉡ 1964. 4. 1. 비제조업부문 제정
㉢ 1965. 9. 8. 제 1차 개정(경제기획원고시 제 20호)
㉣ 1968. 2. 1. 제 2차 개정(경제기획원고시 제 1호)
㉤ 1970. 3. 13. 제 3차 개정(경제기획원고시 제 1호)
㉥ 1975. 12. 3. 제 4차 개정(경제기획원고시 제 5호)
㉦ 1984. 1. 26. 제 5차 개정(경제기획원고시 제 71호)
㉧ 1991. 9. 9. 제 6차 개정(통계청고시 제 91-1호)
㉨ 1998. 2. 18. 제 7차 개정(통계청고시 제 1998-1호)

> ㉩ 2000. 1. 7.　제 8차 개정(통계청고시 제 2000-1호)
> ㉪ 2007. 12. 28. 제 9차 개정(통계청고시 제 2007-53호)
> ㉫ 2017. 1. 13.　제10차 개정(통계청 고시 제2017-13호)
> ㉭ 2024, 1. 1.　제11차 개정(통계청 고시 제2024 -2호)

⑦ 한국표준산업분류는 유엔(UN) 통계처가 권고한 국제표준산업분류에 근거하여 통계작성 목적으로 작성 · 고시되었으며, 그 외 사업 인허가, 조세 및 자금지원 등 행정 및 산업정책 관련 법령에서 산업 영역을 규정하는 기준으로 준용되고 있다(**150개 법령, 2020. 12. 기준**).

한국표준산업분류 통계청 고시(제2024-2호)

1. 2017년 통계청 고시 제2017-13호로 10차 개정한 바 있는 한국표준산업분류를 통계법 제22조에 입각하여 전면 개정하고 통계청 고시 제2024-2호(2024.1.1)로 개정 · 고시한다.
2. 이번 고시 범위는 한국표준산업분류 제11차 개정의 총설, 개정 분류표, 분류항목 명칭 및 내용 설명이다.

▶ 고시내용은 '통계청 홈페이지(https://kostat.go.kr)정책정보 > 법령자료 > 고시'에 게제

부 칙

제1조(시행일) 이 고시는 2024년 7월 1일부터 시행한다.

제2조(재검토기한) 통계청장은 이 고시에 대하여 2024년 1월 1일 기준으로 매 3년이 되는 시점(매 3년째의 12월 31일까지를 말한다)마다 그 타당성을 검토하여 개선 등의 조치를 하여야 한다.

❷ 제11차 개정의 주요 내용

(1) 미래 · 성장 산업 분류항목 신설 또는 세분

국내 산업구조 변화를 반영하여 수소, 체외진단시약, 이차전지, 전기차, 풍력발전, 영상물 · 오디오물 제공, 가상자산 매매 및 중개, 온라인 플랫폼활용 서비스 산업 등 미래 · 성장산업을 중심으로 분류를 신설 · 세분하였다.

(2) 상대적 비중 감소 산업 분류항목 통합

콩나물 재배, 타이어 재생, 동(銅)주물, 사진 및 영사기, 일반저울, 펄프 및 종이 가공용 기계, 전자악기 제조, 내륙 수상 여객 및 화물 운송, 복사업 등 상대적으로 비중이 감소한 산업은 분류를 통합하였다.

(3) 개정 수요 및 국제기준 반영

① 대국민 · 관계기관 수렴 의견, 다수 민원 및 규제개선요청 등 개정 수요 중 세분요건을 갖춘 생물의약품, 인조대리석, 치과기공물, 임플란트, 부동산 분양 대행, 카지노 등의 산업은 분류를 신설 · 세분하였고, 이차전지, 반려동물 등의 용어를 사용하여 분류항목의 명칭을 변경하였다.

② 국제표준산업분류(ISIC) 기준에 따라 사회보장보험업과 연금업을 대분류 K(금융 및 보험업)에서 O(공공행정, 국방 및 사회보장 행정)로 이동하였다.

❸ 대분류별 주요 개정 내용

통계청 – 통계분류포털 – 한국표준산업분류 – 검색 – 분류내용보기(해설서) – (A~U)검색

제11차 한국표준산업분류는 산업통계 시계열 자료 등을 기초로 사업체 수, 출하액, 종사자 수 등 산업 규모와 전문화율 및 포괄률, 산업별 증감률 추세 등을 고려하여 분류를 신설, 세분 또는 통합하였으며, 국제기준을 준수하고 개정 수요에 대한 전문가 자문 등을 통해 분류 명칭 수정 또는 분류 간 이동작업을 수행하였다.

(1) A 농업, 임업 및 어업(01~03) 2018년 1회 2020년 1회 2021년 1, 3회 2022년 2회

01. 농업 및 관련 서비스업
작물재배업, 축산업, 작물재배 및 축산 복합농업, 작물재배 및 축산관련 서비스업과 수렵 및 수렵관련 서비스업의 5개 영역을 포함한다.

02. 임업 및 관련 서비스업 : 영림, 산림용 종자 및 묘목생산, 벌목 활동과 야생 임산물 채취 및 임업 관련 서비스활동을 말한다. 야생 딸기 및 견과 등과 같은 식용 가능한 야생 식물을 채취하는 활동도 포함한다.

03. 어업 및 관련 서비스업 : 어로어업, 양식어업, 어업관련 서비스업을 말한다.

- (통합) 산업 규모와 증감률 추세를 반영하여 콩나물 재배업(01151)과 기타 시설작물 재배업(01159)을 기타 시설작물 재배업(01159)으로 통합하였다.

① 채소작물 재배업에 마늘, 딸기 작물 재배업을 포함하였다.
② 어업에서 해면은 해수면으로, 수산 종묘는 수산 종자로 명칭을 변경하였다.
③ 구입한 농 · 임 · 수산물을 가공하여 특정 제품을 제조하는 경우에는 제조업으로 분류한다.
④ 수수료 또는 계약에 의하여 정원 및 공원의 조경을 위한 정원수 식재 및 관리활동은 “74300 조경 관리 및 유지 서비스업”에 분류한다.
⑤ 농 · 임 · 수산업 관련 조합은 각각의 사업 부문별로 그 주된 활동에 따라 분류한다.

⑥ 농업생산성을 높이기 위한 지도 · 조언 · 감독 등의 활동을 수행하는 정부기관은 "84 공공행정, 국방 및 사회보장 행정"의 적합한 항목에 분류하며, 수수료 및 계약에 의하여 기타 기관에서 농업 경영상담 및 관련서비스를 제공하는 경우는 "71531 경영컨설팅업"에 분류한다.

⑦ 식물원, 수목원, 휴양림, 동물원, 수족관 운영 활동은 "9023 식물원, 동물원 및 자연공원 운영업"에 분류한다.

⑧ 수상오락 목적의 낚시장 및 관련시설 운영활동은 "91231 낚시장 운영업"에 분류한다.

(2) B 광업(05~08)

05. 석탄, 원유 및 천연가스 광업
06. 금속 광업
07. 비금속광물 광업 : 연료용 제외
08. 광업 지원 서비스업

① 광업은 지하 및 지표, 해저 등에서 고체, 액체 및 기체 상태의 천연광물을 채굴 · 채취 · 추출하는 산업활동을 말한다.

② 광업활동에 종사하는 사업체에서는 광물을 채굴 및 추출하기 위한 탐사, 개발, 시굴활동을 직접 수행할 수 있으며, 채굴활동에 통상적으로 관련된 마쇄 및 파쇄활동과 체질, 선별, 부유, 용해 등의 선광 및 정리활동, 손질 및 품질 개선 등의 작업을 수행할 수 있다.

③ 수수료 또는 계약에 의한 각종 광물의 정광 및 선광활동은 채굴활동에 결합 수행되는지의 여부를 불문하고 여기에 분류되며, 광업은 생산되는 주요 광물의 종류에 따라 분류한다.

④ 수수료 또는 계약에 의하여 광물 굴착 및 시험 굴착, 유정 장치물 설치활동, 광산 배수활동, 채굴 목적의 광물 탐사활동 등 광물 채굴, 채취, 추출에 수반되는 광업 지원 서비스를 제공하는 활동을 포함한다.

⑤ 국내 생산활동 감소 추세를 반영하여 비철금속 광업은 우라늄 및 토륨광업, 금 · 은 및 백금광업, 연 및 아연광업, 그 외 기타 비철금속 광업 등을 통합하여 분류하였다.

⑥ 석회석 광업과 고령토 및 기타 점토광업, 건설용 석재 채굴업과 건설용 쇄석 생산업, 원유 및 천연가스 채굴관련 서비스업과 기타 광업 지원 서비스업 등을 통합하였다.

(3) C 제조업(10~34) 2020년 3회

- **(신설 · 세분) 산업 규모와 증감률 추세를 반영하여 분류항목 신설 · 세분** : 배합 사료 제조업을 반려동물용 사료 제조업과 배합사료 제조업으로 분류하고, 산업용 가스 제조업은 수소 제조업과 산소, 질소 및 기타 산업용 가스제조업으로 분류하는 등 산업 규모와 증감률 추세를 반영하여 분류항목을 신설 · 세분하였다.

- **(통합) 산업 규모와 증감률 추세를 반영하여 분류항목 통합** : 의약용 화합물 및 항생물질제조업과 생물학적 제제 제조업(체외진단시약 제외)을 기초 의약 물질 제조업으로 통합하고, 전자저항기 제조업과 전자카드 제조업을 전자저항기 및 전자카드 제조업으로 통합하는 등 산업 규모와 증감률 추세를 반영하였다.
- **(명칭 변경) 개정 수요 및 전문가 자문을 통한 세세분류 명칭변경** : 천연수지 및 나무 화학 물질 제조업을 바이오매스계 기초 화학물질제조업으로, 석탄화학계 화합물 및 기타 기초유기화학물질 제조업을 기타 기초 유기 화학물질 제조업으로 개칭하는 등 명칭 부여에 개정 수요 및 전문가 자문을 반영하였다.

① 제조업이란 원재료(물질 또는 구성요소)에 물리적, 화학적 작용을 가하여 투입된 원재료를 성질이 다른 새로운 제품으로 전환시키는 산업활동을 말한다.
② 단순히 상품을 선별 · 정리 · 분할 · 포장 · 재포장하는 경우 등과 같이 그 상품의 본질적 성질을 변화시키지 않는 처리활동은 제조활동으로 보지 않는다.
③ 제조활동은 공장이나 가내에서 동력기계 및 수공으로 이루어질 수 있으며, 생산된 제품은 도매나 소매 형태로 판매될 수도 있다.
④ 자본재(고정자본 형성)로 사용되는 산업용 기계와 장비를 전문적으로 수리하는 경우도 제조업으로 분류한다. 단, 컴퓨터 및 주변기기, 개인 및 가정용품 등과 자동차를 수리하는 경우는 수리업(95)으로 분류한다.

(4) D 전기, 가스, 증기 및 공기조절 공급업(35) 2018년 1회

- **(신설 · 세분) 산업 규모와 증감률 추세를 반영하여 분류항목 신설 · 세분** : 기타 발전업을 풍력 발전업과 기타 발전업으로 신설 · 세분하였다.

① 이 대분류에는 전력의 발전 및 송 · 배전사업, 연료 가스 제조 및 배관 공급사업, 증기, 온수, 냉수, 냉방 공기의 생산 · 공급사업을 포함한다.
② 수도업은 국내 산업 연관성을 고려하고 ISIC에 맞춰 대분류 E로 이동하였다.
③ 산업 성장세를 고려하여 태양력 발전업을 신설하였다.
④ 전기자동차 판매 증가 등 관련 산업 전망을 감안하여 전기 판매업 세분류를 신설하였다.

(5) E 수도, 하수 및 폐기물 처리, 원료 재생업(36~39) 2021년 1회

36. 수도업
37. 하수, 폐수 및 분뇨 처리업
38. 폐기물 수집, 운반, 처리 및 원료 재생업
39. 환경 정화 및 복원업

① 수요자에게 생활용수 및 공업용수를 공급하기 위하여 취수, 집수, 정수하고 이를 배관시설에 의하여 급수하는 활동, 하수처리 활동, 고형 혹은 비고형 등 각종 형태의 산업 또는 생활 폐기물의 수집, 운반 및 처리 활동, 원료 재생 활동과 환경 정화 및 복원 활동을 포함한다.

② 수도업을 전기, 가스, 증기 및 공기조절 공급업 대분류에서 이동하여 포함하고 대분류 명칭을 변경하였다.

③ 금속 및 비금속 원료재생업 소분류는 원료 수집, 운반 이후 처리 수준을 고려하여 해체, 선별업과 원료재생업으로 세분하였다.

(6) F 건설업(41~42)

41. 종합 건설업
42. 전문직별 공사업

- **(신설 · 세분) 산업 규모와 증감률 추세를 반영하여 분류항목 신설 · 세분** : 건물용 기계 · 장비 설치 공사업을 건물용기계 및 장비 설치 공사업과 승강설비 설치 공사업으로 신설 · 세분하였다.

① 계약 또는 자기계정에 의하여 지반조성을 위한 발파 · 시굴 · 굴착 · 정지 등의 지반공사, 건설용지에 각종 건물 및 구축물을 신축 및 설치, 증축 · 재축 · 개축 · 수리 및 보수 · 해체 등을 수행하는 산업활동으로서 임시건물, 조립식 건물 및 구축물을 설치하는 활동도 포함한다.

② 건설활동은 도급 · 자영 건설업자, 종합 또는 전문 건설업자에 의하여 수행된다.

③ 직접 건설활동을 수행하지 않더라도 건설공사에 대한 총괄적인 책임을 지면서 건설공사 분야별로 도급 또는 하도급을 주어 전체적으로 건설공사를 관리하는 경우에도 건설활동으로 본다.

④ 건설공사에 대한 총괄적인 책임 및 전체 건설공사를 관리하는 활동은 건설공사와 관련한 인력 · 자재 · 장비 · 자금 · 시공 · 품질 · 안전관리 부문 등을 전체적으로 책임지고 관리하는 경우를 나타낸다.

⑤ 전문직별 공사업에서 2종 이상의 공사 내용으로 수행하는 개량 · 보수 · 보강공사를 시설물 유지관리 공사업으로 신설하였다.

⑥ 주거용 건물 건설업을 단독주택 건설업과 기타 공동주택 건설업으로 세분하였다.

⑦ 기타 시설물 축조관련 전문공사업을 지붕, 내 · 외벽 축조 관련 전문공사업과 기타 옥외 시설물 축조관련 전문공사업으로 세분하였다.

(7) G 도매 및 소매업(45~47) 2021년 1회

45. 자동차 및 부품 판매업
46. 도매 및 상품 중개업
47. 소매업 : 자동차 제외

- **(신설 · 세분) 산업 규모와 증감률 추세를 반영하여 분류항목 신설 · 세분** : 운송장비용 가스 충전업을 운송장비용 수소 충전업과 운송장비용 기타 가스 충전업으로 분류하는 등 분류항목 신설 · 세분하였다.
- **(명칭 변경) 정책 수요를 반영하여 분류항목 명칭변경** : 애완용동물 및 관련용품 소매업을 반려용동물 및 관련용품 소매업으로 명칭을 변경하였다.

① 이 대분류에는 구입한 각종 신상품 또는 중고품을 변형하지 않고 구매자에게 재판매하는 도매 및 소매활동, 판매상품에 대한 소유권을 갖지 않고 구매자와 판매자를 위하여 판매 또는 구매를 대리하는 상품 중개, 대리 및 경매활동을 포함한다.

② 세분류에서 종이 원지 · 판지 · 종이상자 도매업, 면세점, 의복 소매업을 신설하였다.

③ 세세분류는 도매업에서 자동차 전용 신품 부품, 자동차용 전기 · 전자 · 정밀기기 부품, 자동차 내장용 부품 판매업, 목재 및 건축자재, 연료 · 광물 · 1차 금속 · 비료 및 화학제품 중개업, 과실류 및 채소류 · 서류 · 향신작물류, 건어물 · 젓갈류 및 신선 · 냉동 및 기타 수산물, 커피 · 차류 및 조미료, 의료기기 및 정밀기기 · 과학기기, 전지 및 케이블 등 도매업을 세분하였다.

④ 소매업은 대형마트, 면세점, 건어물 및 젓갈류, 조리 반찬류, 남자용 및 여자용 겉옷, 셔츠 · 블라우스 및 가죽 · 모피의복, 의복 액세서리 및 모조 장신구 등을 세분하였다.

(8) H 운수 및 창고업(49~52) 2018년 1회

- (신설 · 세분) 개정 수요를 반영하여 분류항목 신설 · 세분하였으며, (통합) 산업 구조 및 증감률 추세를 반영하여 일부 분류항목은 통합하였다.

① 이 대분류에는 각종 운송시설에 의한 여객 및 화물 운송업, 창고업 및 기타 운송관련 서비스업을 수행하는 산업활동을 포함한다.

② 운전자와 운송장비를 함께 임대하여 운전자가 운전 방법 · 일정 · 경로 · 기타 운전상 고려 사항 등을 결정하는 경우도 포함한다.

③ 화물자동차 운송업과 기타 도로화물 운송업을 통합하였다.

④ 철도운송업을 철도 여객과 화물 운송업으로 세분하였다.

⑤ 항공운송업을 항공 여객과 화물 운송업으로 변경하였다.

⑥ 하위분류에서는 산업 규모를 고려하여 용달 및 개별 화물자동차 운송업, 통관 대리 및 관련 서비스업을 세분하였으며, 내륙 수상 여객 운송업과 화물 운송업은 통합하였다.

(9) I 숙박 및 음식점업(55~56)

- **(신설 · 세분) 산업 규모 및 개정 수요를 반영하여 분류항목 신설 · 세분** : 기타 일반 및 생활 숙박시설운영업을 야영장업과 기타 일반 및 생활 숙박시설운영업으로 신설 · 세분하였다.

① 이 대분류에는 숙박업과 음식점업을 포함한다.
② 산업 규모를 고려하여 한식 음식점업 세분류를 일반한식, 면요리, 육류요리, 해산물 요리 전문점으로 세분하였다.
③ 주점업 세분류에서 생맥주 전문점을, 비알코올 음료점업 세분류에서 커피 전문점을 세분하였다.
④ 교육 프로그램을 중심으로 운영하는 숙박시설을 갖춘 청소년 수련시설은 교육 서비스업으로 이동하였다.

(10) J 정보통신업(58~63)

- (신설 · 세분) 산업 규모와 증감률 추세 및 국제 기준을 반영하여 분류항목을 신설 · 세분하였다.

① 정보 및 문화 상품을 생산하거나 공급하는 산업활동; 정보 및 문화상품을 전송하거나 공급하는 수단을 제공하는 산업활동; 통신 서비스 활동; 정보 기술, 자료 처리 및 기타 정보 서비스를 제공하는 산업활동을 말한다.
② 여기에는 출판, 소프트웨어 제작 · 개발 · 공급, 영상 및 오디오 기록물 제작 · 배급, 라디오 및 텔레비전 방송, 방송용 프로그램 공급, 전기 통신, 정보 기술 및 기타 정보 서비스 활동 등을 포함한다.
③ 대분류 명칭을 출판, 영상, 방송통신 및 정보서비스업에서 정보통신업으로 변경하였다.
④ 온라인 · 모바일 게임 소프트웨어 개발 및 공급업을 유선 온라인 게임과 모바일 게임 소프트웨어 개발 및 공급업으로 세분하였다.
⑤ 무선통신업과 위성통신업은 통합하였다.

(11) K 금융 및 보험업(64~66)

- (분류 이동) 국제 기준을 반영하여 사회보장보험업 및 연금업 대분류를 이동하였다.

① 산업 규모를 고려하여 상호저축은행 및 기타 저축기관을 통합하였다.
② ISIC 분류에 맞춰 금융 및 보험업 대분류의 금융지주회사와 전문, 과학 및 기술 서비스업 대분류에서 포함하던 비금융지주회사를 통합하여 분류하였다.
③ 자산운용회사는 신탁업 및 집합투자업으로 변경하였다.

(12) L 부동산업(68)

- (신설 · 세분) 산업 규모 및 개정 수요를 반영하여 분류항목을 신설 · 세분하였다.

① 직접 건설, 개발하거나 구입한 각종 부동산(묘지 제외)을 임대, 분양 등으로 운영하는 산업활동, 수수료 또는 계약에 의하여 타인의 부동산 시설을 유지, 관리하는 산업활동, 부동산 구매, 판매 과정에서 중개, 대리, 자문, 감정 평가 업무 등을 수행하는 산업활동을 말한다.
② 부동산 이외 임대업 중분류는 사업시설 관리, 사업 지원 및 임대 서비스업 대분류로 이동하였다.
③ 부동산 자문 및 중개업은 산업 규모를 고려하여 부동산 중개 및 대리업과 부동산 투자 자문업으로 세분하였다.

(13) M 전문, 과학 및 기술 서비스업(70~73)

- (신설 · 세분) 산업 규모 및 개정 수요를 반영하여 분류항목을 신설 · 세분하였다.
- (통합) 산업 구조 및 증감률 추세를 반영하여 일부 분류항목을 통합하였으며, (명칭 변경) 옥외 및 전시 광고업을 옥외 광고업으로 변경하는 등 개정 수요를 반영하여 분류항목 명칭을 변경하였다.

① 이 산업은 다른 사업체를 위하여 전문, 과학 및 기술적 업무를 계약에 의하여 수행함으로써 경영의 전문성과 효율성을 올리도록 지원하는 산업활동을 주로 포함한다.
② 이러한 전문, 과학 및 기술서비스는 동일 기업 내의 다른 사업체에 의하여 수행될 수 있다.
③ 이 산업은 고도의 전문 지식과 훈련을 받은 인적 자본이 서비스 생산의 주요 요소로서 투입된다.
④ 여기에는 연구개발 활동과 법무, 회계, 광고, 시장 조사, 회사 본부, 경영 컨설팅, 건축 설계, 엔지니어링, 수의업, 디자인 및 기타 전문 · 과학 · 기술서비스를 제공하는 산업활동을 포함한다.
⑤ 연구개발업 융합 추세를 반영하여 자연과학 및 공학 융합 연구개발업 세분류를 신설하였다.
⑥ 전문 서비스업 융합 추세를 고려하여 기타 전문서비스업을 세분하였다.
⑦ 상업용 사진 촬영업에서 분류하던 인쇄회로 사진원판 제작은 제조업으로 이동하였다.
⑧ 마이크로필름 처리 서비스는 사업지원 서비스업에서 기타 전문, 과학 및 기술 서비스업으로 이동하였다.

(14) N 사업시설 관리, 사업 지원 및 임대 서비스업(74~76)

- (신설 · 세분) 산업 규모와 증감률 추세를 반영하여 분류항목을 신설 · 세분하였으며, (통합) 산업 규모와 증감률 추세를 반영하여 분류항목을 통합하였다.

① 사업시설 청소, 방제 등을 포함한 사업시설 유지 · 관리활동, 고용 지원 서비스, 보안 서비스, 여행보조 서비스, 기타 사무지원 서비스 등과 같은 사업 운영과 밀접하게 관련된 지원 서비스 제공 활동, 각종 산업용 기계 · 장비 또는 개인 및 가정용 기계 · 장비 및 용품 등을 임대하는 산업활동을 말한다.

② 국제표준산업분류(ISIC) 체계에 맞춰 부동산 이외 임대업의 소속 대분류를 변경하여 포함하였다.

③ 인력 공급업은 임시 및 일용인력 공급업과 상용 인력 공급 및 인사관리 서비스업으로 세분하였다.

④ 국내 여행사업은 일반 및 국외 여행사업과 통합하였다.

⑤ 산업용 기계 및 장비 임대업 중 용접장비 임대업은 기타 산업용 기계 및 장비 임대업으로 이동하였다.

(15) O 공공 행정, 국방 및 사회보장 행정(84) 2018년 1회 2021년 3회

- (분류 이동) 국제 기준을 반영하여 사회보장보험업 및 연금업을 대분류 'K'에서 'O'로 이동하였다.

① 이 대분류에는 국가 및 지방 행정기관이 일반 대중에게 제공하는 공공 행정, 국방 · 산업 및 사회보장 행정 업무를 포함한다. 이러한 활동은 비정부 기관에 의해 수행되는 경우도 있다.

② 포괄범위를 고려하여 통신행정을 우편 및 통신행정으로 변경하였다.

③ 나머지 행정 부문은 정부 직제 및 기능 등을 고려하여 기존 분류를 유지하였다.

(16) P 교육 서비스업(85)

① 이 대분류에는 교육 수준에 따른 초등(학령 이전 유아 교육기관 포함), 중등 및 고등 교육 수준의 정규 교육기관, 특수학교, 외국인학교, 대안학교, 일반 교습학원, 스포츠 및 레크리에이션 등 기타 교육기관, 직원 훈련기관, 직업 및 기술 훈련학원, 성인 교육기관 및 기타 교육기관과 교육 지원 서비스업을 포함한다.

② 교육 서비스업에서 정의하는 교육활동은 ISCED(국제표준교육분류)에서 규정한 조직화되고 지속적인 의사소통을 통해 배움을 가져오게 하는 것을 나타낸다.

③ 교육활동을 특징짓는 조직화는 교육 목표를 특정한 방식이나 프로그램으로 계획하는 것을 말하며, 의사소통은 두 사람 이상의 관계에서 각종 정보 전달을 담고 있는 행위를 나타내며, 정보 전달은 구두, 비언어, 직접 · 면접, 간접 · 원격 등 다양한 경로나 매체를 통해서 수행할 수 있다.

④ 숙박업 대분류에서 구분하던 청소년 수련시설은 교육 프로그램 운영이 주된 산업활동인 경우 교육 서비스업으로 이동하였다.

⑤ 일반 교습학원은 초 · 중 · 고등학생 진학 및 보습용 학원으로 구분하고, 일반 외국어학원 및 기타 교습학원은 기타 교육기관으로 이동하였다.

⑥ 스포츠 교육기관은 태권도 및 무술 교육기관과 기타 스포츠 교육기관으로, 예술학원은 음악학원, 미술학원, 기타 예술학원으로 세분하였다.

(17) Q 보건업 및 사회복지 서비스업(86~87)

① 주로 장기 입원환자를 대상으로 진료하는 요양병원을 신설하였다.

② 증가하는 사회복지서비스 수요를 반영하여 비거주 복지서비스업 세분류에 종합복지관 운영업, 방문 복지서비스업, 사회복지 상담 서비스업을 신설하였다.

(18) R 예술, 스포츠 및 여가관련 서비스업(90~91)

- (신설 · 세분) 산업 규모 및 개정 수요를 반영하여 분류항목을 신설 · 세분하였으며, 산업 규모와 증감률 추세를 반영하여 일부 분류항목을 통합하였다.

① 이 대분류에는 창작, 예술 및 여가관련 서비스업과 스포츠 및 오락관련 서비스업을 포함한다.

② 갬블링 및 배팅업 세분류 명칭을 사행시설 관리 및 운영업으로, 경주장 운영업 세세분류 명칭을 경주장 및 동물 경기장 운영업으로 변경하였다.

③ 단역 배우 공급업은 공연 및 제작관련 서비스업에서 사업지원 서비스업으로 이동하였다.

(19) S 협회 및 단체, 수리 및 기타 개인 서비스업(94~96)

94. 협회 및 단체
95. 개인 및 소비용품 수리업
96. 기타 개인 서비스업

- **(명칭 변경) 정책 수요를 반영하여 분류항목 명칭변경** : 애완동물장묘 및 보호 서비스업 을 반려동물장묘 및 보호 서비스업으로 명칭을 변경하였다.

① 자본재 성격의 산업용 기계 및 장비 수리업은 제조업으로 이동하였다.

② 의복 및 기타 가정용 직물제품 수리업과 가죽 · 가방 및 신발 수리업을 세분하였다.

③ 기타 미용관련 서비스업은 체형 등 기타 신체관리 서비스업으로 명칭을 변경하였다.

④ 마사지업은 발 마사지, 스포츠 마사지 등도 포함하도록 변경하였다.

⑤ 맞선 주선 및 결혼상담업은 결혼 준비 서비스업을 포함하여 결혼 상담 및 준비 서비스업으로 변경하였다.

(20) T 가구 내 고용활동 및 달리 분류되지 않은 자가 소비 생산활동(97~98)

이 대분류에는 각종 가사 담당자를 고용한 가구의 활동과 달리 분류되지 않은 자가 소비를 위한 가구의 재화 및 서비스 생산활동을 포함한다.

(21) U 국제 및 외국기관(99)

이 대분류에는 국제연합 및 전문기구, 아주기구, 구주기구, 경제협력개발기구, 유럽공동체, 국제대사관 및 기타 외국 지역 단체 등의 공무를 수행하는 국제 및 외국기관을 포함한다.

❹ 표준산업분류 개요

(1) 산업의 정의 2019년 1회 2020년 1회 2020년 1회(실기) 2021년 1, 2회 2022년 1회 2022년 2회(실기)

① 산업이란 "유사한 성질을 갖는 산업 활동에 주로 종사하는 생산단위의 집합"이라 정의된다.

② **산업활동**

㉠ 산업활동이란 "각 생산단위가 노동, 자본, 원료 등 자원을 투입하여, 재화 또는 서비스를 생산 또는 제공하는 일련의 활동과정"이라 정의된다.

㉡ 산업 활동의 범위에는 영리적, 비영리적 활동이 모두 포함되나, 가정 내의 가사 활동은 제외된다.

③ **산업분류**

㉠ 산업분류란 생산단위(사업체단위, 기업체단위 등)가 주로 수행하는 산업활동을 분류 기준과 원칙에 맞춰 그 유사성에 따라 체계적으로 유형화 한 것을 말한다.

㉡ 산업분류란 "경제적 특성이 동일하거나 유사성을 갖는 산업활동의 집합(Group)"을 말한다.

(2) 분류 목적 2020년 실기 2021년 2회

① 한국표준산업분류는 산업활동에 의한 통계 자료의 수집, 제표, 분석 등을 위해서 활동 분류 및 범위를 제공하기 위한 것이다.

② 통계법에서는 산업통계 자료의 정확성, 비교성을 위하여 모든 통계작성기관이 한국표준산업분류를 의무적으로 사용하도록 규정하고 있다.

③ 한국표준산업분류는 통계작성 목적 이외에도 일반 행정 및 산업정책 관련 법령에서 적용대상 산업영역을 한정하는 기준으로 준용되고 있다.

(3) 분류 범위

한국표준산업분류는 산업활동의 유형에 따른 분류이므로 이 분류의 범위는 국민계정(SNA)에서 정의한 것처럼 경제활동에 종사하고 있는 단위에 대한 분류로 국한하고 있다. 다만, ISIC에서도 규정하고 있는 982(자가소비를 위한 가사 서비스 활동)는 SNA 생산영역 밖에 있지만 가구의 생계활동을 측정하기 위한 중요한 틀이 되기 때문에 981(자가 소비를 위한 가사 생산 활동)과 병행하여 분류하고 있다. 이들 분류는 일반적인 사업체 조사에서는 이용되지 않으나, 이를 통해 노동력조사 같은 가구대상조사에서 KSIC의 다른 산업활동 영역으로 분류하기 어렵거나 불가능한 가계활동을 분류할 수 있다.

(4) 산업분류의 기준 2019년 1회(실기) 2020년 4회 2020년 1급

2차

산업분류는 생산단위가 주로 수행하고 있는 산업활동을 그 유사성에 따라 유형화 한 것으로, 이는 다음과 같은 분류 기준에 의하여 적용된다.

① **산출물(생산된 재화 또는 제공된 서비스)의 특성**
- 산출물의 물리적 구성 및 가공 단계
- 산출물의 수요처
- 산출물의 기능 및 용도

② **투입물의 특성**
- 원재료, 생산 공정, 생산기술 및 시설 등

③ **생산활동의 일반적인 결합형태**

❺ 통계단위

(1) 통계 단위 2018년 1회 2018년 2회 2019년 1회 2020년 3회(실기)

① 통계단위란 생산단위의 활동(생산, 재무활동 등)에 관한 통계작성을 위하여 필요한 정보를 수집 또는 분석할 대상이 되는 관찰 또는 분석단위를 말한다.

② 관찰단위는 산업 활동과 지리적 장소의 동질성, 의사결정의 자율성, 자료수집 가능성이 있는 생산단위가 설정되어야 한다.

③ 생산 활동과 장소의 동질성의 차이에 따라 통계단위는 다음과 같이 구분된다.

구분	하나 이상 장소	단일 장소
하나 이상 산업활동	• 기업집단 단위 • 기업체 단위	지역 단위
단일 산업활동	활동유형 단위	사업체 단위

* 하나의 기업체 또는 기업집단을 전제함

(2) 사업체 단위와 기업체 단위 2019년 3회

① 사업체 단위는 공장, 광산, 상점, 사무소 등과 같이 산업활동과 지리적 장소의 양면에서 가장 동질성이 있는 통계단위이다.

② 사업체 단위는 일정한 물리적 장소에서 단일 산업활동을 독립적으로 수행하며, 영업잉여에 관한 통계를 작성할 수 있다.

③ 사업체 단위는 생산에 관한 의사결정에 있어서 자율성을 갖고 있는 단위이므로 장소의 동질성과 산업 활동의 동질성이 요구되는 생산통계 작성에 가장 적합한 통계단위이다.

④ 실제 운영면에서 사업체 단위에 대한 정의가 엄격하게 적용될 수 있는 것은 아니다. 실제 운영상 사업체 단위는 "일정한 물리적 장소 또는 일정한 지역 내에서 하나의 단일 또는 주된 경제활동에 독립적으로 종사하는 기업체 또는 기업체를 구성하는 부분 단위"라고 정의할 수 있다.
⑤ 기업체 단위란 재화 및 서비스를 생산하는 법적 또는 제도적 단위의 최소 결합체로서 자원 배분에 관한 의사결정에서 자율성을 갖고 있다.
⑥ 기업체는 하나 이상의 사업체로 구성될 수 있다는 점에서 사업체와 구분되며, 재무관련 통계 작성에 가장 유용한 단위이다.

(3) 생산단위 활동 형태 2022년 3회(실기)

① 생산단위의 산업활동은 일반적으로 주된 산업활동, 부차적 산업활동 및 보조적 활동이 결합되어 복합적으로 이루어진다.
② 주된 산업활동이란 산업활동이 복합 형태로 이루어질 경우 생산된 재화 또는 제공된 서비스 중에서 부가가치(액)가 가장 큰 활동을 말한다.
③ 부차적 산업활동은 주된 산업활동 이외의 재화 생산 및 서비스 제공 활동을 말한다.
④ 이러한 주된 활동과 부차적 활동은 보조 활동의 지원 없이는 수행될 수 없으며 보조 활동에는 회계, 창고, 운송, 구매, 판매 촉진, 수리 서비스 등이 포함된다.
⑤ 경제활동에 따라 단위 분류를 결정하기 위한 기본 개념인 부가가치는 산출물과 중간소비 간의 차이로 정의되며 국내총생산(GDP)에 대한 각 경제단위의 기여 수준을 측정하는 방법으로 사용된다.
⑥ 보조 활동은 모 생산단위에서 사용되는 비내구재 또는 서비스를 제공하는 활동으로서 생산활동을 지원해 주기 위하여 존재한다.
⑦ 생산활동과 보조활동이 별개의 독립된 장소에서 이루어질 경우 지역 통계작성을 위하여 보조단위에 관한 정보를 별도로 수집할 수 있다.

(4) 보조단위로 보아서는 안 되며 별개의 활동으로 간주되는 활동단위

① 고정자산을 구성하는 재화의 생산, 예를 들면 자기계정을 위한 건설활동을 하는 경우 이에 관한 별도의 자료를 이용할 수 있으면 건설활동으로 분류한다.
② 모 생산단위에서 사용되는 재화나 서비스를 보조적으로 생산하더라도 그 생산되는 재화나 서비스의 대부분을 다른 시장(사업체 등)에 판매하는 경우
③ 모 생산단위가 생산하는 생산품의 구성 부품이 되는 재화를 생산하는 경우, 예를 들면 모 생산단위의 생산품을 포장하기 위한 캔, 상자 및 유사 제품의 생산활동
④ 연구 및 개발활동은 통상적인 생산과정에서 소비되는 서비스를 제공하는 것이 아니므로 그 자체의 본질적인 성질에 따라 전문, 과학 및 기술 서비스업으로 분류되며 SNA 측면에서는 고정자본의 일부로 고려된다.

❻ 산업결정

(1) 산업 결정 방법 2019년 2회 2020년 4회 2020년 3회(실기) 2020년 1급 2022년 2회 2023년 1회(실기)

① 생산단위의 산업활동은 그 생산단위가 수행하는 주된 산업활동(판매 또는 제공하는 재화 및 서비스)의 종류에 따라 결정된다. 이러한 주된 산업 활동은 산출물(재화 또는 서비스)에 대한 부가가치(액)의 크기에 따라 결정되어야 하나, 부가가치(액) 측정이 어려운 경우에는 산출액에 의하여 결정한다.

② 상기의 원칙에 따라 결정하는 것이 적합하지 않을 경우에는 그 해당 활동의 종업원 수 및 노동시간, 임금 및 급여액 또는 설비의 정도에 의하여 결정한다.

③ 계절에 따라 정기적으로 산업을 달리하는 사업체의 경우에는 조사시점에서 경영하는 사업과는 관계없이 조사대상 기간 중 산출액이 많았던 활동에 의하여 분류한다.

④ 휴업 중 또는 자산을 청산 중인 사업체의 산업은 영업 중 또는 청산을 시작하기 이전의 산업활동에 의하여 결정하며, 설립 중인 사업체는 개시하는 산업활동에 따라 결정한다.

⑤ 단일사업체의 보조단위는 그 사업체의 일개 부서로 포함하며, 여러 사업체를 관리하는 중앙보조단위(본부, 본사 등)는 별도의 사업체로 처리한다.

(2) 산업분류 적용원칙 2018년 2,3회 2019년 1, 3회 2020년 1, 3, 4회 2021년 1회 2022년 1, 2회

① 생산단위는 산출물뿐만 아니라 투입물과 생산공정 등을 함께 고려하여 그들의 활동을 가장 정확하게 설명된 항목에 분류해야 한다.

② 복합적인 활동단위는 우선적으로 최상급 분류단계(대분류)를 정확히 결정하고, 순차적으로 중 · 소 · 세 · 세세분류 단계 항목을 결정하여야 한다.

③ 산업활동이 결합되어 있는 경우에는 그 활동단위의 주된 활동에 따라서 분류하여야 한다.

④ 수수료 또는 계약에 의하여 활동을 수행하는 단위는 동일한 산업활동을 자기계정과 자기책임 하에서 생산하는 단위와 같은 항목에 분류하여야 한다.

⑤ 자기가 직접 실질적인 생산활동은 하지 않고, 다른 계약업자에 의뢰하여 재화 또는 서비스를 자기계정으로 생산하게 하고, 이를 자기명의로, 자기 책임 아래 판매하는 단위는 이들 재화나 서비스 자체를 직접 생산하는 단위와 동일한 산업으로 분류하여야 한다. 다만, 제조업의 경우에는 이들 이외에 제품의 성능 및 기능, 고안 및 디자인, 원재료 구성 설계, 견본 제작 등에 중요한 역할을 하고 자기계정으로 원재료를 제공하여야 한다.

⑥ 각종 기계장비 및 용품의 개량, 개조 및 재제조 등 재생활동은 일반적으로 그 기계장비 및 용품 제조업과 동일 산업으로 분류하지만, 산업 규모 및 중요성 등을 고려하여 별도의 독립된 분류에서 구성하고 있는 경우에는 그에 따른다.

⑦ 자본재로 주로 사용되는 산업용 기계 및 장비의 전문적인 수리활동은 경상적인 유지 · 수리를 포함하여 "34 : 산업용 기계 및 장비 수리업"으로 분류한다. 자본재와 소비재로 함께 사용되는 컴퓨터, 자동차, 가구류 등과 생활용품으로 사용되는 소비재 물품을 전문적으로 수리하는 산업활동은 "95 : 개인 및 소비용품 수리업"으로 분류한다. 다만, 철도 차량 및 항공기 제조 공장, 조선소에서 수행하는 전문적인 수리활동은 해당 장비를 제조하는 산업활동과 동일하게 분류하며, 고객의 특정 사업장 내에서 건물 및 산업시설의 경상적인 유지관리를 대행하는 경우는 "741 : 사업시설 유지관리 서비스업"에 분류한다.

⑧ 동일 단위에서 제조한 재화의 소매활동은 별개 활동으로 분류하지 않고 제조활동으로 분류되어야 한다. 그러나 자기가 생산한 재화와 구입한 재화를 함께 판매한다면 그 주된 활동에 따라 분류한다.

⑨ "공공행정 및 국방, 사회보장 사무" 이외의 교육, 보건, 제조, 유통 및 금융 등 다른 산업활동을 수행하는 정부기관은 그 활동의 성질에 따라 분류하여야 한다. 반대로, 법령 등에 근거하여 전형적인 공공행정 부문에 속하는 산업활동을 정부기관이 아닌 민간에서 수행하는 경우에는 공공행정 부문으로 포함한다.

⑩ 생산단위의 소유 형태, 법적 조직 유형 또는 운영 방식은 산업분류에 영향을 미치지 않는다. 이런 기준은 경제활동 자체의 특징과 관련이 없기 때문이다. 즉, 동일 산업활동에 종사하는 경우, 법인, 개인사업자 또는 정부기업, 외국계 기업 등인지에 관계없이 동일한 산업으로 분류한다.

⑪ 공식적 생산물과 비공식적 생산물, 합법적 생산물과 불법적인 생산물을 달리 분류하지 않는다.

(3) 분류 구조 및 부호 체계 2018년 2회 2019년 3회

① 분류구조는 대분류(영문대문자 알파벳 문자 사용/Section), 중분류(2자리 숫자 사용/Division), 소분류(3자리 숫자 사용/Group), 세분류(4자리 숫자 사용/Class), 세세분류(5자리 숫자 사용/Sub – Class) 5단계로 구성된다.

② 부호 처리를 할 경우에는 아라비아 숫자만을 사용하도록 했다.

③ 권고된 국제분류 ISIC Rev.4를 기본체계로 하였으나, 국내 실정을 고려하여 국제분류의 각 단계 항목을 분할, 통합 또는 재그룹화하여 독자적으로 분류 항목과 분류 부호를 설정하였다.

④ 분류 항목 간에 산업 내용의 이동을 가능한 억제하였으나 일부 이동 내용에 대한 연계분석 및 시계열 연계를 위하여 부록에 수록된 신구 연계표를 활용하도록 하였다.

⑤ 중분류의 번호는 01부터 99까지 부여하였으며, 대분류별 중분류 추가여지를 남겨놓기 위하여 대분류 사이에 번호 여백을 두었다.

⑥ 소분류 이하 모든 분류의 끝자리 숫자는 "0"에서 시작하여 "9"에서 끝나도록 하였으며 "9"는 기타 항목을 의미하며 앞에서 명확하게 분류되어 남아 있는 활동이 없는 경우에는 "9" 기타 항목이 필요 없는 경우도 있다. 또한 각 분류 단계에서 더 이상 하위분류가 세분되지 않을 때는 "0"을 사용한다(예를 들면 중분류 02/임업, 소분류/020).

(4) 구 · 신분류 단계별 분류 항목 수 비교

대분류	중분류		소분류		세분류		세세분류	
	9차	10차	9차	10차	9차	10차	9차	10차
A 농업, 임업 및 어업	3	3	8	8	21	21	34	34
B 광업	4	4	7	7	12	10	17	11
C 제조업	24	25	83	85	180	183	461	477
D 전기, 가스, 증기 및 공기조절공급업	2	1	4	3	6	5	9	9
E 수도, 하수 및 폐기물 처리, 원료 재생업	3	4	5	6	11	14	15	19
F 건설업	2	2	7	8	14	15	42	45
G 도매 및 소매업	3	3	20	20	58	61	164	184
H 운수 및 창고업	4	4	11	11	20	19	46	48
I 숙박 및 음식점업	2	2	4	4	8	9	24	29
J 정보통신업	6	6	11	11	25	24	42	42
K 금융 및 보험업	3	3	8	8	15	15	33	32
L 부동산업	2	1	6	2	13	4	21	11
M 전문, 과학 및 기술서비스업	4	4	13	14	19	20	50	51
N 사업시설 관리, 사업 지원 및 임대 서비스업	2	3	7	11	13	22	21	32
O 공공행정, 국방 및 사회보장행정	1	1	5	5	8	8	25	25
P 교육서비스	1	1	7	7	16	17	29	33
Q 보건업 및 사회복지 서비스업	2	2	6	6	9	9	21	25
R 예술, 스포츠 및 여가관련 서비스업	2	2	4	4	17	17	43	43
S 협회 및 단체, 수리 및 기타 개인 서비스업	3	3	8	8	18	18	43	41
T 가구 내 고용활동, 자가소비생산활동	2	2	3	3	3	3	3	3
U 국제 및 외국기관	1	1	1	1	1	1	2	2
21	76	77	228	232	487	495	1145	1196

제5절 학과정보 - 자격정보 - 훈련정보

❶ 학과정보 2019년 1회 2021년 3회

(1) 개요 : 진로정보망 커리어넷

① 학과정보는 진로넷이라고 부르는 커리어넷(https://www.career.go.kr)을 통해 검색할 수 있다. 커리어넷은 커리어넷과 주니어 커리어넷으로 나뉘어져 있다.

② 주니어 커리어넷은 저학년 진로흥미검사와 고학년 진로흥미검사, 고학년 진로역량개발, 주니어 진로카드로 구성되어 있다.

③ 커리어넷은 진로심리검사, 진로상담, 직업정보, 학과정보, 진로동영상, 진로교육자료로 구성되어 있다.

(2) 학과정보

① **고등학교 학과정보** : 2025년 현재 55개 학과에 대해 학과계열, 진학률과 취학률, 학과 개요, 주요 교육내용, 적성 및 흥미, 진출분야 및 관련 직업, 세부 관련학과, 졸업자 성별 현황, 졸업 후 진학 및 취업 현황을 소개하고 있다(자료 : 한국교육개발원, 2024년 교육통계).

② **대학교 학과정보** : 2025년 현재 501개 학과에 대해 대학(전문대학, 대학), 학과 계열, 진학률과 취학률, 학과 개요, 학과 특성 등에 대해 소개하고 있다.

③ **학교 정보** : 학교정보에서는 학교를 초등학교, 중학교, 고등학교, 대학교, 특수학교, 기타로 구분하여 소개하되, 지역과 설립(국 · 공 · 사립)을 구분하여 정리하고 있다.

④ **학과인터뷰** : 2025년 현재 319개 학과에 대해 교수들과의 인타뷰를 소개하고 있다

⑤ **학과 · 직업 매트릭스** : 기준을 직업명과 전공계열로 나누어 소개하고 있다. 직업명은 한글 자음 순으로 소개를 하고 있고, 전공계열은 인문계열 · 사회계열 · 교육계열 · 공학계열 · 자연계열 · 의약계열 · 예체능계열로 나누어 소개하고 있다.

(3) 대학교 학과정보

① 대학(전문대학, 대학)

② 학과 계열

③ 진학률과 취학률

④ 학과 개요

⑤ 학과 특성

⑥ 적성 및 흥미

⑦ 관련 고교 교과목(공통과목, 일반선택과목, 진로선택과목, 전문교과Ⅰ, 전문교과Ⅱ)

⑧ 관련 고교 선택 과목(일반 선택, 진로 선택, 융합 선택)

⑨ 진로 탐색 활동

⑩ 대학 주요 교과목

⑪ 관련 자격

⑫ 관련 직업

⑬ 졸업 후 진출 분야

⑭ 관련 동영상

⑮ 관련 세부학과

(4) 계열별 학과명(키워드검색) 2016년 2회 2022년 2회

① 인문계열

- 국어 · 국문학과 – 국어국문학과, 한국어문학과, 한국어학과, 한문학과
- 국제지역학과 – 중국학과, 일본학과, 러시아학과, 미국학과, 국제지역학부, 글로벌학부, 동아시아학과, 아시아학부, 중남미학부
- 기타 아시아어 · 문학과 – 태국어과, 몽골어과, 인도어과, 동양어문학과, 베트남어과, 아랍어과, 말레이 · 인도네시아어과
- 기타 유럽어 · 문학과 – 네덜란드어과, 루마니아어과, 스칸디나비아어과, 그리스 · 불가리아학과, 이탈리아어과, 체코어과, 포르투갈어과, 폴란드어과, 헝가리어과, 세르비아 · 크로아티아어과, 우크라이나어과, 터키 · 아제르바이잔어과
- 독일어 · 문학과 – 독어독문학과, 독일언어문화학과, 독일학과, 독일어과
- 러시아어 · 문학과 – 노어노문학과, 러시아어과, 러시아어문학과, 러시아언어문화전공
- 문예창작과 – 문예창작학과, 문예창작과, 미디어문예창작학과, 문예창작전공
- 문헌정보학과 – 문헌정보학과, 아동문헌정보학과
- 문화 · 민속 · 미술사학과 – 문화인류학과, 미술사학과, 문화재보존학과, 고고미술사학과, 문화콘텐츠학과
- 스페인어 · 문학과 – 스페인어과, 스페인 · 중남미학과, 서어서문학과
- 심리학과 – 심리학과, 심리상담치료학과, 상담심리학과, 심리치료학과
- 언어학과 – 언어학과, 한문학과, 어문학부, 글로벌어학부, 국제어문학부
- 역사 · 고고학과 – 사학과, 국사학과, 역사문화학과, 역사학과, 한국사학과, 사학전공
- 영미어 · 문학과 – 영어영문학과, 영어학과, 영어과, 관광영어과, 실용영어학과
- 일본어 · 문학과 – 일어일문학과, 일본학과, 일본어과, 일본어학과, 관광일어과
- 종교학과 – 신학과, 기독교학과, 불교학과, 종교문화학과, 원불교학과, 종교학과
- 중국어 · 문학과 – 중어중문학과, 중국학과, 중국어학과, 중국어과, 중국언어문화전공, 관광중국어과

- 철학 · 윤리학과 – 철학과, 철학전공, 역사철학부
- 프랑스어 · 문학과 – 불어불문학과, 프랑스어과, 프랑스어문학과, 프랑스언어문화학과, 프랑스학과

② 사회계열

- 경영학과 – 경영학과, 경영정보학과, 경영과, 의료경영학과, 글로벌경영학과, 국제경영학과, 융합경영학과, 글로벌비즈니스학과, 디지털경영 전공, 빅데이터 경영학과, 서비스경영학과, 국제산업정보학과
- 경제학과 – 경제학과, 농업경제학과, 식품자원경제학과, 글로벌경제학과, 경제통상학부, 경제금융학과, 자원경제학과, 행정경제학과
- 경찰행정학과 – 경찰행정학과, 경찰학과, 경찰경호과, 경찰경호행정과, 해양경찰학과, 사이버 경찰과, 범죄수사학과
- 광고 · 홍보학과 – 광고홍보학과, 광고홍보학전공, 언론광고학부, 언론홍보학과
- 국제학과 – 국제학부, 국제관계학과, 글로벌경제학과
- 금융 · 보험학과 – 금융보험학과, 경제금융학과, 자산관리학과, 금융자산관리학과
- 노인복지학과 – 노인복지학과, 실버문화경영학과, 고령친화융복합학과, 실버케어복지학과, 실버산업연계전공, 실버컨설팅과, 노인재활학과, 노인친화서비스학과
- 도시 · 지역학과 – 부동산학과, 도시계획부동산학과, 도시계획학과, 부동산지적학과, 도시사회학과
- 무역 · 유통학과 – 무역학과, 국제통상학과, 유통경영학과, 국제무역학과, 국제물류학과
- 법학과 – 법학과, 경찰법학전공, 공법학전공, 법률실무과, 사법학전공, 지식재산학과
- 보건행정학과 – 보건행정학과, 의료경영과, 의무행정과, 의료정보시스템전공, 보건의료정보과, 의약정보관리과
- 비서학과 – 비서행정과, 비서경영과, 국제비서과, 비서과, 비서사무행정학과
- 사회복지학과 – 사회복지학과, 사회복지상담학과, 사회복지행정학과, 보건복지과, 복지경영학과
- 사회학과 – 사회학과, 정보사회학과, 공공사회학과
- 세무 · 회계학과 – 세무회계학과, 회계학과, 세무회계정보과, 회계세무학과, 경영회계학과, 세무학과
- 신문방송학과 – 신문방송학과, 언론정보학과, 저널리즘전공, 커뮤니케이션학과, 언론영상학과
- 아동 · 청소년복지학과 – 아동학과, 아동복지학과, 아동가족학과, 영유아보육학과, 보육과, 아동보육복지학과

- 정보미디어학과 – 미디어커뮤니케이션학과, 디지털미디어학과, 방송영상과, 미디어콘텐츠학과, 방송영상미디어학과, 미디어영상학과
- 정치외교학과 – 정치외교학과, 정책학과, 통일학부
- 지리학과 – 지리학과, 토지정보관리과, 토지행정과
- 항공서비스과 – 항공서비스학과, 항공운항학과, 항공관광과, 항공서비스경영학과
- 행정학과 – 행정학과, 공공인재학부, 사회복지행정학과, 공공행정학과, 자치행정학과, 도시행정학과
- 호텔 · 관광경영학과 – 관광경영학과, 호텔관광과, 호텔경영학과, 관광학부, 항공관광과, 외식산업과

③ **교육계열**

- 공학교육과 – 컴퓨터교육과, 기술교육과, 건설공학교육과, 기계교육과, 전기 · 전자 · 통신공학교육과, 전자공학교육과, 화학공학교육과
- 교육학과 – 교육학과, 교육공학과, 교육심리학과, 평생교육학과
- 사회교육과 – 사회교육과, 일반사회교육과, 역사교육과, 지리교육과, 상업정보교육과
- 언어교육과 – 국어교육과, 영어교육과, 일어교육과, 독어교육과, 불어교육과, 한문교육과, 한국어교육과
- 예체능교육과 – 미술교육과, 음악교육과, 체육교육과, 보건교육과
- 유아교육학과 – 유아교육학과, 보육학과, 아동보육과, 영유아보육과, 유아보육과, 아동미술보육과
- 인문교육과 – 윤리교육과, 기독교교육과, 문헌정보교육과
- 자연계교육과 – 수학교육과, 가정교육과, 과학교육과, 물리교육과, 생물교육과, 지구과학교육과, 화학교육과, 환경교육과, 기술 · 가정교육과, 농업교육과, 수해양산업교육과
- 초등교육학과 – 초등교육과
- 특수교육학과 – 특수교육과, 초등특수교육과, 중등특수교육과, 유아특수교육과, 특수체육교육과

④ **자연계열** 2020년 1, 4회 2021년 2회 2022년 1회

- (애완)동물학과 – 애완동물학과, 애완동물관리과, 특수동물학과, 마사과, 동물조련과, 말산업학과, 반려동물산업학과
- 가정관리학과 – 가정관리학과, 아동가족학과, 소비자아동학과, 주거환경학과, 소비자학과, 생활복지주거학과
- 농업학과 – 농학과, 식물자원학과, 식물생명과학과, 식물의학과, 응용생명과학과, 축산학과, 동물자원과학과, 동물생명공학과, 바이오시스템공학과

- 물리 · 과학과 – 물리학과, 응용물리학과, 전자물리학과, 나노물리학과
- 산림 · 원예학과 – 산림자원학과, 산림과학과, 목재응용과학과, 임산공학과, 원예생명과학과, 환경원예학과, 원예디자인과, 화훼원예과
- 생명과학과 – 생명과학과, 생명공학과, 의생명과학과, 의생명공학과, 미생물학과, 분자생물학과, 분자생명과학과, 유전공학과, 생물학과, 분자생물학과, 생명시스템학과, 바이오산업공학과
- 수산학과 – 수산생명의학과, 해양분자생명과학과, 해양생명과학과, 해양생명응용과학부, 수산양식학과
- 수의학과 – 수의학과, 수의예과
- 수학과 – 수학과, 응용수학과, 수리과학과
- 식품영양학과 – 식품영양학과, 식품공학과, 식품생명공학과, 식품생명과학과
- 식품조리학과 – 호텔외식조리과, 호텔조리과, 호텔조리제과제빵과, 호텔외식조리과, 식품조리학과, 제과제빵과, 조리과학과, 외식조리과, 커피바리스타과, 푸드스타일링전공
- 의류 · 의상학과 – 의류학과, 의류산업학과, 의류패션학과, 패션의류학과, 패션산업학과, 의상학과, 패션마케팅과
- 지구과학과 – 지질학과, 지적학과, 지질환경과학과, 지구시스템과학전공
- 천문 · 기상학과 – 대기환경과학전공, 천문우주학과, 천문대기과학전공, 대기환경과학과, 대기과학과
- 통계학과 – 통계학과, 응용통계학과, 정보통계학과, 데이터정보학과, 데이터과학과, 전산통계학과, 데이터사이언스학과, 빅데이터공학과
- 화학과 – 화학과, 응용화학과, 생화학과, 정밀화학과, 화장품과학과

⑤ 공학계열 2019년 1회 2020년 3회

- (안경)광학과 – 안경광학과, 광공학과, 레이저광정보공학전공
- 건축 · 설비공학과 – 건축공학과, 건축기계설비과, 건축시스템공학과
- 건축학과 – 건축학과, 건축과, 실내건축학과, 친환경건축학과
- 게임공학과 – 게임공학과, 게임컨텐츠과, 게임학과, 멀티미디어게임과
- 기계공학과 – 기계공학과, 기계설계공학과, 기계시스템공학과, 기계융합공학과, 자동화시스템과, 지능로봇과, 컴퓨터응용기계과, 기계과
- 도시공학과 – 도시공학과, 도시건설과, 도시정보공학전공, 도시계획공학과
- 메카트로닉스(기전)공학과 – 메카트로닉스공학과, 로봇공학과, 스마트팩토리과, 전기자동차과, 항공메카트로닉스과
- 반도체 · 세라믹공학과 – 반도체공학과, 반도체디스플레이학과, 반도체장비공학과

- 산업공학과 – 산업공학과, 산업경영공학과, 산업시스템공학과, 산업설비자동화과
- 섬유공학과 – 섬유소재공학과, 섬유시스템공학과, 섬유비즈니스과
- 소방방재학과 – 소방방재학과, 소방안전관리학과, 안전공학과, 소방안전공학과, 건설방재공학과, 소방안전학과, 환경방재공학과
- 신소재공학과 – 신소재공학과, 나노신소재공학과, 신소재응용과, 융합신소재공학과, 화학신소재학과, 나노소재 전공, 바이오소재 전공, 항공신소재 전공
- 에너지공학과 – 에너지자원공학과, 원자력공학과, 미래에너지공학과, 바이오에너지공학과, 환경에너지공학과, 신재생에너지과
- 응용소프트웨어공학과 – 디지털콘텐츠과, 소프트웨어공학과, 스마트소프트웨어과, 융합소프트웨어학과
- 자동차공학과 – 자동차공학과, 미래자동차공학과, 스마트자동차공학과, 자동차튜닝과, 자동차과
- 재료 · 금속공학과 – 금속재료과, 재료공학과, 제철산업과, 나노재료공학전공
- 전기공학과 – 전기공학과, 디지털전기공학과, 전기전자과, 철도전기과
- 전자공학과 – 전자공학과, 전자전기공학과, 디지털전자과, 스마트전자과
- 정보 · 통신공학과 – 정보통신공학과, 전자정보통신공학과, e-비즈니스과, ICT융합학과, 스마트IT학과
- 정보보안 · 보호학과 – 정보보안학과, 정보보호학과, 사이버보안과, 융합보안학과
- 제어계측공학과 – 제어계측공학과, 전기전자제어과, 전기제어과, 시스템제어공학과, 전자제어공학과
- 조경학과 – 조경학과, 생태조경디자인과, 녹지조경학과, 환경조경과, 도시조경과, 산림조경학과
- 지상교통공학과 – 교통공학과, 철도운전시스템과, 드론교통공학과, 교통시스템공학과
- 컴퓨터공학과 – 컴퓨터공학과, 멀티미디어공학과, 컴퓨터시스템공학과
- 토목공학과 – 토목공학과, 건설시스템공학과, 건설환경공학과, 철도건설과, 토목과
- 항공학과 – 항공우주공학과, 항공시스템공학과, 항공정비학과, 항공기계과
- 해양공학과 – 해양공학과, 선박해양공학과, 조선해양공학과, 조선해양플랜트과, 조선기계과, 해양학과
- 화학공학과 – 화학공학과, 고분자공학과, 생명화학공학과, 화공생명학과
- 환경공학과 – 환경공학과, 지구환경과학과, 환경보건학과, 환경생명공학과, 환경과학과, 환경시스템공학과, 환경학과, 생태환경관광학부

⑥ **의약계열**

- 간호학과 – 간호학과, 간호과
- 물리치료학과 – 물리치료학과, 물리치료과
- 방사선학과 – 방사선학과, 방사선과
- 보건관리학과 – 보건관리학과, 보건학과, 산업보건학과, 보건환경과
- 약학과 – 약학과, 약학부, 약학전공, 제약학과, 한약학과
- 응급구조학과 – 응급구조학과, 응급구조과
- 의료공학(의료장비)과 – 의용공학과, 의공학과, 의료공학과, 바이오메디컬공학전공, 의료보장구과
- 의학과 – 의예과, 의학과, 의학부
- 임상병리학과 – 임상병리학과, 임상병리과
- 작업치료학과 – 작업치료학과, 작업치료과
- 재활학과 – 재활공학과, 언어재활과, 직업재활학과, 언어치료학과, 스포츠재활학과
- 치기공학과 – 치기공학과, 치기공과
- 치위생학과 – 치위생학과, 치위생과
- 치의학과 – 치의학과, 치의예과
- 한의학과 – 한의학과, 한의예과

⑦ **예체능계열**

- 경호학과 – 경호학과, 경찰경호과, 경호스포츠과, 경호보안학과
- 공예학과 – 공예과, 공예디자인학과, 귀금속보석공예학과, 도예학과
- 만화 · 애니메이션학과 – 만화애니메이션학과, 웹툰창작과, 만화콘텐츠과
- 무용학과 – 무용학과, 무용예술학과, 발레전공, 한국무용전공, 현대무용전공
- 미술학과 – 미술학과, 회화과, 동양화과, 서양화과, 한국화과
- 방송 · 연예과 – 방송연예학과, 공연예술과, 모델과, 엔터테인먼트과, 방송기술학과
- 뷰티아트과 – 미용과, 미용예술과, 뷰티디자인과, 뷰티아트과, 피부미용학과, 뷰티케어과
- 사진 · 영상예술학과 – 사진학과, 사진영상학과, 공연영상학과, 미디어디자인과, 방송영상과, 영상디자인과
- 산업디자인학과 – 산업디자인학과, 제품디자인공학전공
- 시각디자인학과 – 시각디자인학과, 디지털디자인학과, 멀티미디어디자인학과, 커뮤니케이션디자인학과
- 실내디자인학과 – 실내디자인학과, 공간디자인학과, 실내건축디자인학과
- 실용음악과 – 실용음악과, 생활음악과, 뮤지컬과

- 연극 · 영화학과 – 연극영화학과, 연극전공, 영화전공, 연기예술학과
- 음악학과 – 음악학과, 국악과, 기악과, 관현악과, 피아노과, 성악과, 작곡과
- 음향과 – 음향제작과, 음향과, 방송음향영상과
- 조형학과 – 조형학과, 생활조형디자인학과, 조소과, 판화과
- 체육학과 – 체육학과, 사회체육학과, 생활체육학과, 운동처방학과, 스포츠과학과, 스포츠레저학과, 골프산업학과, 태권도과
- 패션디자인학과 – 의상디자인학과, 패션디자인학과, 섬유패션디자인전공, 텍스타일디자인학과

❷ 자격정보

(1) 자격제도의 관리 · 운영

① NCS(국가직무능력표준)에 부합해야 한다.
② 자격체계에 부합해야 한다.
③ 교육훈련과정과 연계되어야 한다.
④ 산업계 수요를 반영해야 한다.
⑤ 평생학습 · 능력중심사회 정착에 기여해야 한다.
⑥ 자격 간의 호환성이 확보되어야 한다.
⑦ 국제적 통용성이 확보되어야 한다.

(2) 자격제도의 정의(자격기본법 제2조)

① **자격** : 직무수행에 필요한 지식 · 기술 · 소양 등의 습득정도가 일정한 기준과 절차에 따라 평가 또는 인정된 것
② **국가직무능력표준** : 산업현장에서 직무를 수행하기 위하여 요구되는 지식 · 기술 · 소양 등의 내용을 국가가 산업부문별 · 수준별로 체계화한 것
③ **자격체제** : 국가직무능력표준을 바탕으로 학교교육 · 직업훈련 및 자격이 상호 연계될 수 있도록 한 자격의 수준체계
④ **국가자격** : 법령에 따라 국가가 신설하여 관리 · 운영하는 자격
⑤ **민간자격** : 국가 외의 자가 신설하여 관리 · 운영하는 자격
⑥ **등록자격** : 해당 주무부장관에게 등록한 민간자격 중 공인자격을 제외한 자격
⑦ **공인자격** : 주무부장관이 공인한 민간자격
⑧ **주무부장관** : 소관 민간자격을 등록받거나 공인하고 이를 지도 · 감독하는 중앙행정기관의 장

⑨ **자격검정** : 자격을 부여하기 위하여 필요한 직무수행능력을 평가하는 과정

⑩ **공인** : 자격의 관리 · 운영 수준이 국가자격과 같거나 비슷한 민간자격을 이 법에서 정한 절차에 따라 국가가 인정하는 행위

(3) 구분 2016년 2회 2017년 2회

국가자격	국가기술자격	국가가 「국가기술자격법」에 따라 부여하는 자격 산업인력공단과 대한상공회의소에서 시행 기술 · 기능 분야 등급 : 기술사, 기능장, 기사, 산업기사, 기능사 등 510개 종목 서비스 분야 등급 : 3등급의 범위에서 대통령령으로 정하는 등급
	국가전문자격	국가가 개별 법률에 따라 부여하는 자격 각 중앙부처에서 주관, 관리 직업능력개발훈련교사, 법무사, 수의사 등 202개 종목(2023년)
민간자격	공인민간자격	「자격기본법」에 근거하여 국가가 인정한 민간자격 데이터분석사, 원산지관리사, 신용상담사 등 95개 직종
	등록민간자격	민간단체가 임의로 부여하는 자격(사내자격 포함) 가족상담전문가, 부모교육상담사, 생태공예전문가, 바리스타 등
	사업 내 자격 (사내자격)	사업주가 근로자의 직무능력향상을 위해 사내에 도입한 등록민간자격 전자조립사, 디지털마스터, 방재관리사, 이류차정비기술자격 등

(4) 국가기술자격 검정의 기준(국가기술자격법 시행령 제14조 제1항 관련) 1차

① 기술 · 기능 분야 국가기술자격 검정의 기준 2018년 2, 3회 2019년 3회 2021년 2회 2022년 2회

등급	검정의 기준
기술사	해당 국가기술자격의 종목에 관한 고도의 전문지식과 실무경험에 입각한 계획 · 연구 · 설계 · 분석 · 조사 · 시험 · 시공 · 감리 · 평가 · 진단 · 사업관리 · 기술관리 등의 업무를 수행할 수 있는 능력 보유
기능장	해당 국가기술자격의 종목에 관한 최상급 숙련기능을 가지고 산업현장에서 작업관리, 소속 기능인력의 지도 및 감독, 현장훈련, 경영자와 기능인력을 유기적으로 연계시켜 주는 현장관리 등의 업무를 수행할 수 있는 능력 보유
기사	해당 국가기술자격의 종목에 관한 공학적 기술이론 지식을 가지고 설계 · 시공 · 분석 등의 업무를 수행할 수 있는 능력 보유
산업기사	해당 국가기술자격의 종목에 관한 기술기초이론 지식 또는 숙련기능을 바탕으로 복합적인 기초기술 및 기능업무를 수행할 수 있는 능력 보유
기능사	해당 국가기술자격의 종목에 관한 숙련기능을 가지고 제작 · 제조 · 조작 · 운전 · 보수 · 정비 · 채취 · 검사 또는 작업관리 및 이에 관련되는 업무를 수행할 수 있는 능력 보유

> **※ 자격**
> ㉠ 국가기술자격은 법령에 따라 국가가 신설하여 관리 · 운영하는 국가자격 중 산업과 관련이 있는 기술 · 기능 및 서비스 분야의 자격을 말한다.
> ㉡ 기술 · 기능 분야는 기술사, 기능장, 기사, 산업기사, 기능사 5등급으로 구분된다.
> ㉢ 기술계 자격은 기능사 → 산업기사 → 기사 → 기술사 단계로 구성되며, 기능계 자격은 기능사 → 산업기사 → 기능장 단계로 구성된다.

② 서비스 분야 국가기술자격 검정기준

국제의료관광 코디네이터	1. 국제진료 및 의료관광에 관한 전문적인 지식의 숙지 여부 2. 의료관광상담, 진료서비스 지원, 의료행위로 인한 리스크 관리, 관광서비스 지원, 통역, 의료관광 마케팅, 행정절차 수행 등에 관한 업무를 할 수 있는 지식과 능력의 보유 여부
게임그래픽 전문가	1. 게임그래픽에 관한 전문지식의 숙지 여부 2. 게임디자인, 게임그래픽디자인, 배경맵 등에 관한 실무를 수행할 수 있는 능력의 유무
게임기획 전문가	1. 게임기획에 대한 전반적인 개념의 숙지 여부 2. 게임기획 전반에 관한 게임디자인 실무 능력의 유무
게임프로그래밍 전문가	1. 게임프로그래밍에 대한 전문적인 지식의 숙지 여부 2. 게임설계, 코딩(coding), 원리구현능력, 프로젝트 등 주어진 과제 수행능력의 유무
멀티미디어콘텐츠 제작전문가	1. 멀티미디어 콘텐츠의 기획, 설계, 제작을 할 수 있는 능력의 유무 2. 시스템 지원, 운용하거나 사용할 소프트웨어를 활용하여 기본적인 프로그래밍과 디자인 작업을 수행할 수 있는 능력의 유무
스포츠경영 관리사	1. 스포츠 조직의 효율적 운영과 관리에 필요한 조직, 인사, 마케팅, 재정 등에 관한 전문지식 습득 여부 2. 스포츠 시설에 알맞은 운영기법과 각종 법령의 적용성을 높이고 회원을 효율적으로 관리할 수 있는 지식과 능력의 유무
워드프로세서	워드프로세서에 관한 상급 숙련기능을 가지고 이와 관련된 업무를 신속정확하게 수행할 수 있는 능력의 유무
전자상거래 운용사	전자상거래에 관한 기초적인 업무를 수행할 수 있는 능력의 유무
텔레마케팅 관리사	1. 텔레마케팅에 관한 숙련된 기능을 가지고 판매관리를 할 수 있는 능력의 유무 2. 시장조사, 고객응대와 관련된 업무를 수행할 수 있는 능력의 유무
이러닝운영 관리사	1. 이러닝 교육과정 운영계획을 수립할 수 있는 능력의 유무 2. 이러닝 학습자와 교사강사의 활동을 촉진할 수 있는 능력의 유무 3. 이러닝 학습콘텐츠와 시스템을 운영관리할 수 있는 능력의 유무
경영정보 시각화능력	1. 경영정보시각화에 대한 기초이론지식 숙지 여부 2. 경영정보를 신속정확하게 시각화할 수 있는 능력의 유무

<table>
<tr><td>사회조사
분석사</td><td>〈1급〉
1. 종합적인 조사계획을 수립할 수 있는 능력의 유무
2. 표본을 추출하는 방식을 결정할 수 있는 능력의 유무
3. 조사목적에 맞는 조사방법, 통계기법을 선택결정활용할 수 있는 능력의 유무
4. 조사보고서 작성업무를 총괄적으로 기획하고 관리할 수 있는 능력의 유무
〈2급〉
1. 질문지(조사표)를 체계적으로 작성할 수 있는 능력의 유무
2. 조사방법에 관한 기본지식의 유무
3. 회수된 조사표를 검토분석하기 위한 자료 준비[편집, 부호화, 자료 정선(精選) 등]를 수행할 수 있는 능력의 유무
4. 통계프로그램을 활용하여 조사 결과를 분석할 수 있는 능력의 유무
5. 분석 결과를 토대로 조사보고서를 작성할 수 있는 능력의 유무</td></tr>
<tr><td>소비자
전문 상담사</td><td>〈1급〉
1. 소비자 문제의 조사를 위한 기획관리 및 평가를 할 수 있는 능력의 유무
2. 복잡한 소비자 문제를 상담처리할 수 있는 능력의 유무
3. 소비자와 기업, 행정기관, 소비자단체 간의 업무를 연결조정하고 전략을 수립할 수 있는 능력의 유무
4. 소비자 정보의 수집분석가공제공 및 정보관리 기법을 개발할 수 있는 능력의 유무
〈2급〉
1. 소비자 불만, 물품서비스 등의 구매 및 사용방법 등을 상담할 수 있는 능력의 유무
2. 시장조사 및 각종 정보 수집을 하고 보고서를 작성할 수 있는 능력의 유무</td></tr>
<tr><td>임상심리사</td><td>〈1급〉
1. 임상심리학적 서비스업무 전반에 대한 전문적인 지식과 기술의 숙지 여부
2. 병원, 학교, 재활센터, 교도소, 사회복지시설 등에서 심리평가, 심리치료상담, 심리재활, 심리교육 등을 수행할 수 있는 능력의 유무
〈2급〉
1. 일반적인 임상심리학적 지식과 기술의 숙지 여부
2. 기초적인 심리검사, 심리치료상담, 심리재활, 심리교육 등을 수행할 수 있는 능력의 유무
3. 임상심리사 1급의 업무를 보조할 수 있는 능력의 유무</td></tr>
<tr><td>전자상거래
관리사</td><td>〈1급〉
1. 정보통신 기반기술에 대한 전문적인 지식과 인터넷에서의 마케팅기술의 숙지 여부
2. 전자상거래와 관련된 기획관리업무를 총괄할 수 있는 능력의 유무
3. 기업 및 관련 기관이 웹을 통하여 기업활동을 하려는 경우 관련된 사항 전반에 대한 자문에 응할 수 있는 능력의 유무
〈2급〉
1. 정보통신 기반기술에 대한 일반적인 지식과 인터넷에서의 마케팅기술의 숙지 여부
2. 전자상거래관리사 1급의 업무를 보조할 수 있는 능력의 유무</td></tr>
</table>

직업상담사	〈1급〉 1. 직업상담과 직업지도 업무를 기획하고 평가할 수 있는 능력의 유무 2. 구인구직 상담, 창업상담, 진학상담, 경력개발상담, 직업적응상담, 직업전환상담 등을 통하여 의뢰인의 문제점을 정확히 파악하고 상담할 수 있는 능력의 유무 3. 의뢰인의 직업문제를 진단하고 분류하며 처리할 수 있는 능력의 유무 4. 노동시장, 직업분야 등과 관련된 직업정보를 관리할 수 있는 능력의 유무 〈2급〉 1. 구인구직 상담, 창업상담, 진학상담 등을 통하여 의뢰인의 문제점을 정확히 파악하고 상담할 수 있는 능력의 유무 2. 의뢰인의 특성에 적합한 검사방법을 선정하여 표준화된 절차에 따라 검사하고 판정할 수 있는 능력의 유무 3. 노동시장과 직업분야에 대한 정보를 수집하여 분석할 수 있는 능력의 유무 4. 직업지도 및 취업 관련 프로그램을 활용할 수 있는 능력의 유무
컨벤션 기획사	〈1급〉 1. 컨벤션 유치기획운영에 관한 각종 업무를 수행할 수 있는 능력의 유무 2. 외국어 구사 및 컨벤션 경영협상마케팅 능력의 유무 〈2급〉 1. 컨벤션 기획운영에 관한 기본적인 업무를 수행할 수 있는 능력의 유무 2. 컨벤션기획사 1급의 업무를 보조할 수 있는 능력의 유무
컴퓨터 활용능력	〈1급〉 컴퓨터에 관한 상급 숙련기능을 가지고 이와 관련된 업무를 신속정확하게 수행할 수 있는 능력의 유무 〈2급〉 컴퓨터에 관한 중급 숙련기능을 가지고 이와 관련된 업무를 신속정확하게 수행할 수 있는 능력의 유무
비서	〈1급〉 비서에 관한 전문적인 지식을 갖추고 관련 업무를 신속정확하게 수행할 수 있는 능력의 유무 〈2급〉 비서에 관한 일반적인 지식을 갖추고 관련 업무를 신속정확하게 수행할 수 있는 능력의 유무 〈3급〉 비서에 관한 초보적인 지식을 갖추고 관련 업무를 신속정확하게 수행할 수 있는 능력의 유무
전산회계 운용사	〈1급〉 4년제 대학 졸업 수준의 회계원리원가회계 및 세무회계에 관한 지식을 갖추고 기업체 등의 회계책임자로서 회계프로그램을 이용하여 회계 전반에 관한 업무를 수행할 수 있는 능력의 유무 〈2급〉 전문대학 졸업 수준의 회계원리와 원가회계에 관한 지식을 갖추고 기업체 등의 회계실무자 또는 회계실무책임자로서 회계프로그램을 이용하여 회계 전반에 관한 업무를 수행할 수 있는 능력의 유무 〈3급〉 고등학교 졸업 수준의 회계원리에 관한 지식을 갖추고 기업체 등의 회계실무자로서 회계프로그램을 이용하여 회계업무를 처리할 수 있는 능력의 유무

한글속기	〈1급〉 한글속기에 관한 상급 숙련기능을 가지고 이에 관한 업무를 신속정확하게 수행할 수 있는 능력의 유무 〈2급〉 한글속기에 관한 중급 숙련기능을 가지고 이에 관한 업무를 신속정확하게 수행할 수 있는 능력의 유무 〈3급〉 한글속기에 관한 하급 숙련기능을 가지고 이에 관한 업무를 신속정확하게 수행할 수 있는 능력의 유무

(5) 국가기술자격 응시자격(국가기술자격법 시행령 제14조, 시행규칙 제10조의2)

① 기술사

㉠ 기사 자격을 취득한 후 응시하려는 종목이 속하는 직무분야(고용노동부령으로 정하는 유사 직무분야를 포함한다. 이하 "동일 및 유사 직무분야"라 한다)에서 4년 이상 실무에 종사한 사람(기사 + 4년 실무)

㉡ 산업기사 자격을 취득한 후 응시하려는 종목이 속하는 동일 및 유사 직무분야에서 5년 이상 실무에 종사한 사람(산업기사 + 5년 실무)

㉢ 기능사 자격을 취득한 후 응시하려는 종목이 속하는 동일 및 유사 직무분야에서 7년 이상 실무에 종사한 사람(기능사 + 7년 실무)

㉣ 응시하려는 종목과 관련된 학과로서 고용노동부장관이 정하는 학과(이하 "관련학과"라 한다)의 대학졸업자 등으로서 졸업 후 응시하려는 종목이 속하는 동일 및 유사 직무분야에서 6년 이상 실무에 종사한 사람(관련학과 졸업 + 6년 실무)

㉤ 응시하려는 종목이 속하는 동일 및 유사 직무분야의 다른 종목의 기술사 등급의 자격을 취득한 사람

㉥ 3년제 전문대학 관련학과 졸업자 등으로서 졸업 후 응시하려는 종목이 속하는 동일 및 유사 직무분야에서 7년 이상 실무에 종사한 사람(3년제 전문대학 + 7년 실무)

㉦ 2년제 전문대학 관련학과 졸업자 등으로서 졸업 후 응시하려는 종목이 속하는 동일 및 유사 직무분야에서 8년 이상 실무에 종사한 사람(2년제 전문대학 + 8년 실무)

㉧ 국가기술자격의 종목별로 기사의 수준에 해당하는 교육훈련을 실시하는 기관 중 고용노동부령으로 정하는 교육훈련기관의 기술훈련과정(이하 "기사 수준 기술훈련과정"이라한다) 이수자로서 이수 후 응시하려는 종목이 속하는 동일 및 유사 직무분야에서 6년 이상 실무에 종사한 사람(기사 수준 기술훈련과정 + 6년)

㉨ 국가기술자격의 종목별로 산업기사의 수준에 해당하는 교육훈련을 실시하는 기관 중 고용노동부령으로 정하는 교육훈련기관의 기술훈련과정(이하 "산업기사 수준 기술훈련과정"이라 한다) 이수자로서 이수 후 동일 및 유사 직무분야에서 8년 이상 실무에 종사한 사람(산업기사 수준 기술훈련과정 + 8년)

ⓩ 응시하려는 종목이 속하는 동일 및 유사 직무분야에서 9년 이상 실무에 종사한 사람

ⓚ 외국에서 동일한 종목에 해당하는 자격을 취득한 사람

② 기능장 2019년 2회

㉠ 응시하려는 종목이 속하는 동일 및 유사 직무분야의 산업기사 또는 기능사 자격을 취득한 후 「국민평생직업능력개발법」에 따라 설립된 기능대학의 기능장과정을 마친 이수자 또는 그 이수예정자(산업기사나 기능사 + 기능대학의 기능장 과정 이수자 또는 그 이수예정자)

㉡ 산업기사 등급 이상의 자격을 취득한 후 응시하려는 종목이 속하는 동일 및 유사 직무분야에서 5년 이상 실무에 종사한 사람(산업기사 + 5년)

㉢ 기능사 자격을 취득한 후 응시하려는 종목이 속하는 동일 및 유사 직무분야에서 7년 이상 실무에 종사한 사람(기능사 + 7년)

㉣ 응시하려는 종목이 속하는 동일 및 유사 직무분야에서 9년 이상 실무에 종사한 사람

㉤ 응시하려는 종목이 속하는 동일 및 유사 직무분야의 다른 종목의 기능장 등급의 자격을 취득한 사람

㉥ 외국에서 동일한 종목에 해당하는 자격을 취득한 사람

③ 기사 2017년 2회 2019년 1회

㉠ 산업기사 등급 이상의 자격을 취득한 후 응시하려는 종목이 속하는 동일 및 유사 직무분야에서 1년 이상 실무에 종사한 사람(산업기사 + 1년)

㉡ 기능사 자격을 취득한 후 응시하려는 종목이 속하는 동일 및 유사 직무분야에서 3년 이상 실무에 종사한 사람(기능사 + 3년)

㉢ 응시하려는 종목이 속하는 동일 및 유사 직무분야의 다른 종목의 기사 등급 이상의 자격을 취득한 사람

㉣ 관련학과의 대학졸업자 등 또는 그 졸업예정자

㉤ 3년제 전문대학 관련학과 졸업자 등으로서 졸업 후 응시하려는 종목이 속하는 동일 및 유사 직무분야에서 1년 이상 실무에 종사한 사람(3년제 전문대학 + 1년 실무)

㉥ 2년제 전문대학 관련학과 졸업자 등으로서 졸업 후 응시하려는 종목이 속하는 동일 및 유사 직무분야에서 2년 이상 실무에 종사한 사람(2년제 전문대학 + 2년 실무)

㉦ 동일 및 유사 직무분야의 기사 수준 기술훈련과정 이수자 또는 그 이수예정자

㉧ 동일 및 유사 직무분야의 산업기사 수준 기술훈련과정 이수자로서 이수 후 응시하려는 종목이 속하는 동일 및 유사 직무분야에서 2년 이상 실무에 종사한 사람

㉨ 응시하려는 종목이 속하는 동일 및 유사 직무분야에서 4년 이상 실무에 종사한 사람

㉩ 외국에서 동일한 종목에 해당하는 자격을 취득한 사람

④ **산업기사** 2018년 3회 2020년 1회 2022년 1회

㉠ 기능사 등급 이상의 자격을 취득한 후 응시하려는 종목이 속하는 동일 및 유사 직무분야에 1년 이상 실무에 종사한 사람(기능사 + 1년)

㉡ 응시하려는 종목이 속하는 동일 및 유사 직무분야의 다른 종목의 산업기사 등급 이상의 자격을 취득한 사람

㉢ 관련학과의 2년제 또는 3년제 전문대학졸업자 등 또는 그 졸업예정자

㉣ 관련학과의 대학졸업자 등 또는 그 졸업예정자

㉤ 동일 및 유사 직무분야의 산업기사 수준 기술훈련과정 이수자 또는 그 이수예정자

㉥ 응시하려는 종목이 속하는 동일 및 유사 직무분야에서 2년 이상 실무에 종사한 사람

㉦ 고용노동부령으로 정하는 기능경기대회 입상자

㉧ 외국에서 동일한 종목에 해당하는 자격을 취득한 사람

⑤ **기능사** : 제한 없음

(6) 국가기술자격 검정의 방법(국가기술자격법 시행령 제14조 제2항) 1차

① **기술 · 기능 분야**

자격 등급	검정 방법	
	필기시험	면접시험 또는 실기시험
기술사	단답형 또는 주관식 논문형	구술형 면접시험
기능장	객관식	작업형 실기시험
기사	객관식	작업형 실기시험
산업기사	객관식	작업형 실기시험
기능사	객관식	작업형 실기시험

- 고용노동부령으로 정하는 국가기술자격의 종목은 작업형 실기시험을 주관식 필기시험 또는 주관식 필기와 실기를 병합한 시험으로 갈음할 수 있다.
- 고용노동부령으로 정하는 국가기술자격의 종목은 실기시험만 시행할 수 있다.

② **필기시험이 면제되는 국가기술자격 기능사 종목(작업형)** 2016년 3회 2019년 1회 2020년 1회 2021년 3회

- 산업기사 응시자격 인정 및 기능사 필기시험 면제 등에 관한 규정
- 국가기술자격법 시행규칙 제9조 제2항

직무분야	중직무분야	자격종목
02. 경영 · 회계 · 사무	023. 사무	한글속기 1급 · 2급 · 3급
14. 건설	141. 건축	거푸집기능사, 건축도장기능사, 건축목공기능사, 도배기능사, 미장기능사, 방수기능사, 비계기능사, 온수온돌기능사, 유리시공기능사, 조적기능사, 철근기능사, 타일기능사
	142. 토목	도화기능사, 석공기능사, 지도제작기능사, 항공사진기능사
17. 재료	172. 판금 · 제관 · 새시	금속재창호기능사

③ 서비스 분야

자격 등급	검정방법	
	필기시험	실기시험
전체등급	객관식	작업형 실기시험

- 고용노동부령으로 정하는 국가기술자격의 종목은 실기시험만 실시하거나, 작업형 실기시험을 주관식 필기시험 또는 주관식 필기와 실기를 병합한 시험으로 갈음할 수 있다.

(7) 자격정보

① **Q-net(www.q-net.or.kr)에서 제공하는 자격정보** 2017년 2회 2022년 2회 1차

㉠ 국가자격 : 국가기술자격, 국가전문자격

㉡ 민간자격 : 국가공인민간자격, 등록민간자격

㉢ 외국자격 : 영국, 프랑스, 독일, 호주, 일본, 미국

② **서비스 분야 국가기술자격** : 국가기술자격법 시행령 제12조의2 제1항 2019년 2회 1차

등급	직종
단일등급	국제의료관광코디네이터, 게임그래픽전문가, 게임기획전문가, 게임프로그래밍전문가, 멀티미디어콘텐츠제작전문가, 스포츠경영관리사, 워드프로세서, 전자상거래운용사, 텔레마케팅관리사, 이러닝운용관리사, 경영정보 시각화능력
1급 · 2급	사회조사분석사, 소비자전문상담사, 임상심리사, 전자상거래관리사, 직업상담사, 컨벤션기획사, 컴퓨터활용능력
1급 · 2급 · 3급	비서, 전산회계운용사, 한글속기

③ **신설 자격증(국가기술자격법 시행규칙)** 2022년 1, 2회 1차

연도	내용
2012년 신설	기상감정기사, 재료조직평가산업기사, 광학기기산업기사, 컨테이너크레인운전기능사
2013년 신설	• 민간자격에서 국가자격으로 격상 : 국제의료관광코디네이터, 임베디드기사, 정보보안기사, 정보보안산업기사 • 국가자격 신설 : 방수산업기사, 화재감식평가기사, 화재감식평가산업기사, 신재생에너지발전설비(태양광)기사, 신재생에너지발전설비(태양광)산업기사, 신재생에너지발전설비(태양광)기능사
2014년 신설	반도체장비유지보수기능사, 그린전동자동차기사, 온실가스관리기사, 온실가스관리산업기사, 천공기운전기능사
2015년 신설	네일미용사, 노인스포츠지도사, 수산물품질관리사
2018년 신설	3D프린터 개발산업기사, 3D프린터운용기능사, 식육가공기사, 잠수기능장, 농작업안전보건기사
2019년 신설	로봇기구개발기사, 로봇소프트웨어개발기사, 로봇하드웨어개발기사, 방재기사, 환경위해관리기사, 가구제작산업기사, 바이오화학제품산업기사, 보석감정산업기사, 보석디자인산업기사, 버섯산업기사, 화훼장식산업기사, 떡제조기능사

2020년 신설	빅데이터분석기사, 정밀화학기사, 타워크레인설치 · 해체기능사, 서비스 · 경험디자인기사, 신발산업기사
2021년 신설	동물복지간호사, 도로교통사고감정사, 맞춤형화장품조제관리사, 치유농업사
2022년 신설	제빵산업기사, 제과산업기사, 연구실 안전관리사,
2023년 신설	공간정보융합기능사, 공간정보융합산업기사, 이러닝운영관리사, 한복기능장(한복기사 폐지)
2024년 신설	아이돌보미서비스 국가자격증, 반려동물행동지도사 국가자격증, 경영정보시각화능력 국가자격증
2025년 신설	이륜자동차정비기능사, 바이오공정기능사, 스마트공장산업기사, 스마트공장기능사
2026년 신설	반도체공정기능사, AI운영관리산업기사, 이차전지설비산업기사, 디지털트윈운영산업기사, 수소설비산업기사, 스마트팜기술사

※ 2026년도 폐지되는 국가자격증 : 전자계산기제어산업기사, 전자부품장착산업기사, 재료조직평가산업기사

(8) 국가기술자격 종목(국가기술자격법 시행규칙 제3조)

1차

2018년 2회 2018년 3회 2019년 2회 2020년 3회 2020년 4회 2021년 1회 2021년 3회

직무분야	중직무분야	자격종목
02. 경영 · 회계 · 사무	021. 경영	사회조사분석사 1급, 사회조사분석사 2급, 소비자전문상담사 1급, 소비자전문상담사 2급, 컨벤션기획사 1급, 컨벤션기획사 2급
	022. 회계	전자회계운용사 1급, 전자회계운용사 2급, 전자회계운용사 3급
	023. 사무	비서 1급, 비서 2급, 비서 3급, 워드프로세서, 컴퓨터활용능력 1급, 컴퓨터활용능력 2급, 한글속기 1급, 한글속기 2급, 한글속기 3급
	024. 생산관리	포장기사, 포장산업기사, 품질경영기사, 품질경영산업기사
06. 보건 · 의료	061. 보건 · 의료	임상심리사 1급, 임상심리사 2급, 국제의료관광코디네이터
07. 사회복지 · 종교	071. 사회복지 · 종교	직업상담사 1급, 직업상담사 2급
10. 영업 · 판매	101. 영업 · 판매	전자상거래관리사 1급, 전자상거래관리사 2급, 전자상거래운용사, 텔레마케팅관리사
11. 경비 · 청소	111. 경비 · 청소	세탁기능사
12. 이용 · 숙박 · 여행 · 오락 · 스포츠	121. 이용 · 미용	이용기능장, 이용기능사, 미용기능장, 미용기능사(일반), 미용기능사(피부), 미용기능사(네일), 미용기능사(메이크업)
	122. 숙박 · 여행 · 오락 · 스포츠	스포츠경영관리사

14. 건설	141. 건축	건축기사, 건축산업기사. 실내건축기사, 실내건축산업기사, 실내건축기능사, 거푸집기능사, 건축도장기능사, 건축목공기능사, 도배기능사, 미장기능사, 방수산업기사, 방수기능사, 비계기능사, 온수온돌기능사, 유리시공기능사, 조적기능사, 철근기능사, 타일기능사
	142. 토목	도화기능사, 석공기능사, 지도제작기능사, 항공사진기능사, 농어업토목기술사, 토목및기초기술사, 토목구조기술사, 토목기사, 토목산업기사, 지적기술사, 지적기사, 지적산업기사, 지적기능사, 응용지질기사 등 46종목
	143. 조경	조경기술사, 조경기사, 조경산업기사, 조경기능사
	144. 도시 · 교통	
	145. 건설 배관	
	146. 건설기계운전	
16. 기계	161. 기계제작	
	162. 기계장비설비 · 설치	건설기계기술사, 건설기계설비기사, 건설기계설비산업기사, 공조냉동기계기술사, 공조냉동기계기사, 공조냉동기계산업기사, 공조냉동기계기능사, 승강기기사, 승강기산업기사, 승강기기능사
	163. 철도	
	164. 조선	
	165. 항공	
	166. 자동차	
	167. 금형 · 공작기계	
17. 재료	172. 판금 · 제관 · 새시	금호재창호기능사
18. 화학	181. 화학	화공기술사
24. 농림어업	241. 농업	
	242. 축산	
	243. 임업	버섯종균기능사, 산림기술사, 산림기사, 산림산업기사, 산림기능사, 식물보호기사, 식물보호산업기사, 임업종묘기사, 임업종묘기능사, 임산가공기사, 임산가공산업기사, 임산가공기능사
	244. 어업	수산양식기술사, 수산양식기사, 수산양식산업기사, 수산양식기능사, 어로기술사, 어로산업기사, 어업생산관리기사

25. 안전관리	251. 안전관리	가스기술사, 가스기능장, 가스기사, 가스산업기사, 가스기능사, 건설안전기술사, 건설안전기사, 건설안전산업기사, 산업안전기사, 산업안전산업기사, 인간공학기술사, 인간공학기사, 산업위생관리기술사, 산업위생관리기사, 산업위생관리산업기사
	252. 비파괴검사	누설비파괴검사기사, 방사능비파괴검사기사, 방사능비파괴검사산업기사, 방사능비파괴검사기능사, 비파괴검사기술사, 와전류비파괴검사기사, 자기비파괴검사기사, 자기비파괴검사산업기사, 자기비파괴검사기능사, 초음파비파괴검사기사, 초음파비파괴검사산업기사, 초음파비파괴검사기능사, 침투비파괴검사기사, 침투비파괴검사산업기사, 침투비파괴검사기능사
26. 환경 · 에너지	261. 환경	대기관리관리사, 대기환경기사, 대기환경산업기사, 자연생태복원기사, 자연생태복원산업기사, 온실가스관리기사, 온실가스관리산업기사
	262. 에너지 · 기상	기상기사, 기상감정기사, 원자력기사, 기상예보기술사, 방사선관리기술사, 원자력발전기술사

(9) 과정평가형 국가기술자격

① 과정평가형 국가기술자격은 직업교육 · 훈련과 자격을 산업현장의 수요를 반영한 NCS(국가직무능력표준)를 기준으로 개편 · 운영하고, '일 – 교육 · 훈련 – 자격'을 연계하여 직업교육 · 훈련을 정상화하기 위한 제도이다.

② 과정평가형 국가기술자격은 산업현장의 '일'을 중심으로 직업교육 · 훈련과 자격이 유기적으로 연계될 수 있는 방안의 하나로 도입되었다.

③ 과정평가형 국가기술자격은 따로 응시제한이 없다.

④ 국가기술자격을 취득하려는 사람은 해당 국가기술자격에 관한 사항을 관장하는 중앙행정기관의 장(주무부장관)이 시행하는 국가기술자격 검정에 합격하거나 정책심의회의 심의를 거쳐 주무부장관이 다음의 기관 중에서 지정하는 교육 · 훈련과정을 이수하고 대통령령으로 정하는 합격기준을 충족하여야 한다(국가기술자격법 제10조).

㉠ 「초 · 중등교육법」에 따른 고등학교 · 고등기술학교 및 이에 준하는 각종학교

㉡ 「고등교육법」에 따른 학교

㉢ 「국민 평생 직업능력 개발법」에 따른 직업능력개발훈련시설

㉣ 「국민 평생 직업능력 개발법」에 따라 고용노동부장관으로부터 인정을 받은 시설 또는 기관

㉤ 「학원의 설립 · 운영 및 과외교습에 관한 법률」에 따른 평생직업교육학원

㉥ 「평생교육법」에 따른 평생교육기관

⑤ 교육 · 훈련과정을 지정받으려는 자는 고용노동부령으로 정하는 바에 따라 주무부장관에게 교육 · 훈련과정의 지정을 신청하여야 한다(국가기술자격법 시행령 제14조의2).

⑥ 교육 · 훈련생의 교육 · 훈련과정 이수기준은 지정된 교육 · 훈련과정의 매 단위과정별 교육 · 훈련시간의 75% 이상을 출석한 것으로 한다(국가기술자격법 시행령 제14조의3).

⑦ 과정평가형 자격의 평가 방법 · 절차 등에 관하여 기타 필요한 사항은 주무부장관이 고용노동부장관과 협의를 거쳐 정하여 공고한다.

⑧ 과정평가형 자격의 합격기준(국가기술자격법 시행령 제20조의2)

㉠ 지정 교육 · 훈련기관은 지정 교육 · 훈련과정의 단위과정별로 내부평가를 실시하여야 한다.

㉡ 주무부장관은 내부평가에 합격한 교육 · 훈련생을 대상으로 외부평가를 실시하여야 한다.

〈과정평가형 자격 외부평가 방법〉

자격 등급	검정방법	
	1차시험	2차시험
1. 기술 · 기능 분야		
기술사	주관식 또는 객관식	작업형 실기시험
기능장		
기사		
산업기사		
기능사		
2. 서비스 분야		
	주관식 또는 객관식	작업형 실기시험

※ 제2차시험의 경우 작업형 실기시험과 함께 면접시험을 실시할 수 있다.

㉢ 과정평가형 자격의 합격기준은 내부평가 및 외부평가를 각각 100점을 만점으로 하여 평균 80점 이상으로 한다.

㉣ 외부평가 결과 합격기준에 미달한 사람은 교육 · 훈련과정을 이수한 이후 최초로 응시한 외부평가에 대한 합격자 공고일 이후 2년 이내에 실시되는 외부평가에 추가로 응시할 수 있다.

(10) 국가전문자격

① 국가전문자격은 정부부처에서 주관하는 자격증으로 변호사, 공인회계사, 노무사, 세무사, 법무사, 감정평가사, 경영지도사, 기술지도사, 물류관리사, 보험계리사, 손해사정사, 공인중개사, 주택관리사, 행정사, 사회복지사, 요양보호사, 간호 조무사, 보육교사, 경비지도사, 환경영향평가사 등등 여러 종류가 있다.

② 용어 자체는 법령상의 용어가 아니지만 한국산업인력공단을 포함하여 실무상 통용되는 용어이다. 2023년 4월 기준으로 106개 법률에 따라 202개의 자격이 관리되고 있다. (이 중 6개 자격은 현재 미시행 자격)

③ 국가전문자격의 모두는 아니지만 대부분 통용되는 특징으로는 업무의 배타성이 있다는 점이다. 예를 들어 유료 법률상담은 법무사와 변호사만이 맡을 수 있으며, 무자격자가 업무를 행할 경우 이는 불법행위가 되어버린다.

④ 국가기술자격은 국가기술자격법에 근거하여 주어지는 자격이라면, 국가전문자격은 대한민국 정부 각 부처의 개별 법률에 근거하여 주어지는 자격이다.

⑤ 국가기술자격은 산업 기술/기능/서비스 분야 쪽으로 관련이 있는데 비해, 국가전문자격은 의료, 법률 등 전문서비스 분야 쪽으로 관련이 있다.

⑥ 국가전문자격은 통상 면허적 성격을 갖는다. 즉, 개별 법률에 따라 사업을 하거나 업무를 수행하기 위해서는 반드시 자격을 취득해야 한다.

(11) 직업 관련 사이트 2018년 1회 2019년 3회 2019년 2회

① q-net.or.kr : Q-Net이란 2001년에 개통되어 한국산업인력공단이 운영하는 국가 기술자격 전문포털사이트이다. 시험일정, 원서접수, 합격자발표조회, 자격정보, 자격증발급신청, 자격취득자정보 등을 서비스한다.

② pqi.or.kr : 한국직업능력개발원이 운영하는 사이트로 민간자격 등록 및 관리업무와 민간자격 국가공인에 관한 신청 서비스를 제공하는 민간자격정보 서비스이다.

③ ilmoa.go.kr : 일모아사이트(ilmoa.go.kr)는 국민들에게 정부지원일자리사업 소개, 고용복지연계검색, 민간 일자리정보 등 관련 콘텐츠를 안내하고자 만든 대국민 사이트로, 2014년 9월부터 워크넷(http://www.work.go.kr/ilmoa/main.do)으로 통합되어 운영하고 있다.

④ career.or.kr : 커리어넷은 교육부의 위탁을 받아 한국직업능력개발원에 설치된 진로 · 직업정보센터에서 운영하고 있는 직업 및 진로지도 관련 사이트이다.

⑤ worldjob.or.kr : 월드잡 플러스는 한국산업인력공단이 국내인력의 해외노동시장 진출을 촉진하기 위하여 1998년부터 정부차원에서 수행해온 공공 해외취업사업을 말한다. 해외취업 연수과정 운영, 해외취업 알선사업 등 구인 · 구직자를 대상으로 해외취업에 관한 서비스를 제공하고 있다.

❸ 훈련정보

(1) 개요

① 1995년 7월 고용보험법에 의해 직업능력개발 사업이 도입되었고, 직업훈련의 중점이 기능인력 양성에서 근로자의 평생 직업능력개발로 확대 · 발전되었다.

② 2005년 3월 31일 근로자직업능력개발법이 제정되면서, 근로자의 생애에 걸친 직업능력개발을 촉진 · 지원함으로, 근로자의 고용안정 및 사회 · 경제적 지위 향상과 기업의 생산성 향상을 도모하고 사회 · 경제의 발전에 이바지함을 목적으로 하였다. (2022년 2월 18일부터 근로자직업능력 개발법이 '국민평생직업능력 개발법'으로 변경되면서 지원대상이 근로자에서 전국민으로 확대되었으며, 직업개발훈련의 정의 또한 확대되었다.)

③ 직업능력개발훈련은 15세 이상인 사람에게 실시하되, 직업능력개발훈련시설의 장은 훈련의 직종 및 내용에 따라 15세 이상으로서 훈련대상자의 연령 범위를 따로 정하거나 필요한 학력, 경력 또는 자격을 정할 수 있다(국민 평생 직업능력 개발법 제4조).

(2) 직업능력개발훈련의 기본원칙(국민 평생 직업능력 개발법 제3조)

① 직업능력개발훈련은 근로자 개인의 희망 · 적성 · 능력에 맞게 근로자의 생애에 걸쳐 체계적으로 실시되어야 한다.

② 직업능력개발훈련은 민간의 자율과 창의성이 존중되도록 하여야 하며, 노사의 참여와 협력을 바탕으로 실시되어야 한다.

③ 직업능력개발훈련은 근로자의 성별, 연령, 신체적 조건, 고용형태, 신앙 또는 사회적 신분 등에 따라 차별하여 실시되어서는 아니 되며, 모든 근로자에게 균등한 기회가 보장되도록 하여야 한다.

④ 직업능력개발훈련은 교육 관계법에 따른 학교교육 및 산업현장과 긴밀하게 연계될 수 있도록 하여야 한다.

⑤ 직업능력개발훈련은 근로자의 직무능력과 고용가능성을 높일 수 있도록 지역 · 산업현장의 수요가 반영되어야 한다.

(3) 직업능력개발훈련 중요시 대상

① 고령자, 장애인

② 국민기초생활보장법에 의한 수급권자

③ 국가유공자 등 예우 및 지원에 관한 법률에 따른 국가유공자와 그 유족 또는 가족이나 보훈보상대상자 지원에 관한 법률에 따른 보훈보상대상자와 그 유족 또는 가족

④ 5.18 민주유공자 예우에 관한 법률의 5.18 민주유공자 및 그 유족 또는 가족

⑤ 제대군인 지원에 관한 법률의 제대군인 및 전역예정자

⑥ 여성근로자

⑦ 중소기업기본법에 의한 중소기업 근로자

⑧ 일용근로자, 단시간근로자, 기간의 정함이 있는 근로계약을 체결한 근로자, 일시적 사업에 고용된 근로자

⑨ 파견근로자 보호 등에 관한 법률에 의한 파견근로자

(4) 직업능력개발 용어(국민 평생 직업능력 개발법 제2조)

① 직업능력개발훈련

근로자에게 직업에 필요한 직무수행능력을 습득 · 향상시키기 위해 실시하는 훈련

② 직업능력개발사업

직업능력개발훈련, 직업 · 진로 상담 및 경력개발 지원, 직업능력개발훈련 과정 · 매체의 개발 및 직업능력개발에 관한 조사 · 연구 등을 하는 사업

③ 직업능력개발훈련 시설

구분	내용
공공직업훈련시설	국가 · 지방자치단체 및 대통령이 정하는 공공단체가 직업능력개발훈련을 실시하기 위하여 설치한 시설
지정직업훈련시설	직업능력개발훈련을 실시하기 위하여 설립 · 설치된 직업훈련원, 직업전문학교 등의 시설

※ 직업능력개발훈련시설을 설치할 수 있는 대통령령으로 정하는 공공단체의 범위
1. 한국산업인력공단(한국산업인력공단이 출연하여 설립한 학교법인을 포함)
2. 한국장애인고용공단
3. 근로복지공단

④ **근로자** : 사업주에 고용된 자와 취업할 의사를 가진 자

⑤ **기능대학** : 전문대학으로서 학위과정인 다기능기술자과정 또는 학위전공심화과정을 운영하면서 직업훈련과정을 병설운영하는 교육 · 훈련기관

(5) 직업능력개발훈련의 구분(국민 평생 직업능력 개발법 제3조) 2차

① 훈련 목적

구분	내용
양성(養成)훈련	근로자에게 작업에 필요한 기초적 직무수행능력을 습득시키기 위하여 실시하는 직업능력개발훈련
향상훈련	양성훈련을 받은 사람이나 직업에 필요한 기초적 직무수행능력을 가지고 있는 사람에게 더 높은 직무수행능력을 습득시키거나 기술발전에 맞추어 지식 · 기능을 보충하게 하기 위하여 실시하는 직업능력개발훈련
전직(轉職)훈련	근로자에게 종전의 직업과 유사하거나 새로운 직업에 필요한 직무수행능력을 습득시키기 위하여 실시하는 직업능력개발훈련

② 훈련방법

집체(集體)훈련	직업능력개발훈련을 실시하기 위하여 설치한 훈련전용시설이나 그 밖에 훈련을 실시하기에 적합한 시설(산업체의 생산시설 및 근무장소는 제외한다)에서 실시하는 방법
현장훈련	산업체의 생산시설 또는 근무장소에서 실시하는 방법
원격훈련	먼 곳에 있는 사람에게 정보통신매체 등을 이용하여 실시하는 방법
혼합훈련	집체훈련, 현장훈련, 원격훈련의 훈련방법을 2개 이상 병행하여 실시하는 방법

CHAPTER

직업정보 수집

제1절 직업정보

❶ 직업정보의 의의

(1) 정보의 개념

① 정보란 일정한 목적을 가지고 수집해 놓은 자료이며, 정보가 되기 위해서는 필요한 사람의 목적에 맞게 적절히 수정, 가공되어야 한다.

② 정보는 한시적이며 각 정보마다의 품질이 다르다. 따라서 각각의 경우에 맞게, 적절한 시기에 요구되는 정보가 제공되어야 적절한 정보라 할 수 있다.

③ 정보의 변화가 점점 빠르게 진행되고 있으며 정보는 필요한 사람에게 가치가 있는 것이기 때문에 모든 사람에게 같은 이익을 줄 수는 없다.

④ 정보는 의사를 결정하는 과정에서 결과에 대한 기대치를 변화시키고 성공확률을 높인다. 즉, 불확실성을 감소시킨다.

(2) 직업정보

① 직업정보란 노동시장, 고용 및 실업동향, 취업정보, 직업분류체계, 노사관계, 임금, 자격정보, 직업별 근로조건 등과 같이 직업에 관련된 정보를 뜻한다.

② 직업정보는 진로결정, 직업선택, 직업전환 등의 의사결정 과정에서 활용되게 된다.

③ 직업정보는 의사결정 과정에서 정확한 최신정보로서의 가치를 발휘하게 될 때 유용성을 인정받게 된다.

④ **직업정보의 분류**

미시적 정보	• 개별 사업에 관련된 한정적 정보 • 직업별로 수행되는 직무와 이에 필요한 학력, 적성, 흥미, 자격 요건 등에 관한 사항
거시적 정보	• 정책의 성격을 지닌 산업에 대한 포괄적 정보 • 직업별 고용동향, 인력수급현황 및 고용전망 등에 관한 정보

⑤ 평생직업의 보편화로 인해 직장이동 시의 정확하고 빠른 정보는 구직자들의 올바른 직업선택과 실업기간의 단축에 많은 기여를 할 수 있다.

❷ 직업정보의 목적과 기능 2차

(1) 직업정보의 목적 2018년 1회 2020년 4회

① 직업에 대한 인식과 태도의 변화
② 같은 직업 내 근로자의 생활 형태 비교 분석
③ 업무의 과정과 부가적인 환경 이해 도모
④ 직장의 특징과 유형 이해
⑤ 적재적소의 인력배치 도모
⑥ 구직자의 올바른 의사결정 촉진
⑦ 개인적 · 사회적 비용 최소화
⑧ 정확하고 신속한 정보제공을 통한 노동시장의 안정 도모
⑨ 실업의 장기화 예방
⑩ 노동시장의 현 상황과 향후 전망 등에 대한 종합적 정보 제공

(2) 직업정보의 역할 2020년 3회 1차 2차

① 직업정보는 청소년, 구직자, 재직자 등이 직업탐색, 직업결정, 직업전환 등을 하게 될 때 의사결정을 위한 대안으로서의 역할을 하게 된다.
② 직업정보는 구직자에게는 구직과정에서의 의사결정을 돕는 역할을 수행한다.
③ 직업정보는 재직자에게는 전직이나 직업 관리를 위해 필요한 정보를 제공하는 역할을 한다.
④ 직업정보는 의사결정자에게 직업상담사, 직업심리학자, 진로지도자, 직업전문가 등과 같은 진로 및 직업상담자로서의 역할을 수행한다.
⑤ 직업정보는 기업가에게는 직무와 노동시장에서 요구하는 인력자원에 관한 정보를 제공하는 역할을 수행한다.
⑥ 직업정보는 직업상담사, 직업심리학자, 진로지도자, 직무분석가에게는 직업에 관한 조사 · 연구의 기초자료로서의 역할을 수행한다.
⑦ 직업정보는 직업을 결정하는 단계에서 직업의 미래전망, 직업구조와 직업군, 취업경향, 분류와 직종, 자격요건, 취업정보, 근무처 등에 대한 올바른 정보로서 신뢰성을 갖추어야 한다.
⑧ **직업정보의 부문별 역할**

노동시장	구직자의 구직활동 촉진 + 미취업 청소년의 진로탐색 및 진로선택 시 참고자료로 활용
기업	효율적이고 합리적인 인적자원관리 촉진
국가	체계적인 직업정보를 기초로 직업훈련의 기준 설정 실업대책과 고용정책의 기초자료로 활용

(3) 직업정보의 기능 : Bray field 2018년 2회 2019년 2회 2022년 1회 1차 2차

기능	내용
정보적 기능	• 내담자 의사결정의 기초 제공 • 내담자의 진로선택에 필요한 지식 제공
재조정 기능	• 의사결정의 적합성 재조명 • 내담자의 선택이 현실에 적합한지 점검
동기화 기능	• 내담자의 의사결정 과정 참여 유도 • 내담자의 진로선택을 위한 동기 강화

❸ 직업정보의 종류

(1) 고용 · 직업 정보의 수집 및 제공(고용정책기본법 제15조)

① 고용노동부장관은 근로자와 기업에 대한 고용서비스 향상과 노동시장의 효율성 제고를 위하여 다음 각 호의 고용 · 직업 정보를 수집 · 관리하여야 한다.

1. 구인 · 구직 정보
2. 고용보험제도 및 고용안정사업의 운영에 필요한 정보
3. 직업의 현황과 전망에 관한 정보 및 직업능력개발 훈련에 필요한 정보
4. 외국인 고용관리에 필요한 정보
5. 재정지원 일자리사업 운영을 위해 필요한 정보
6. 산업별 · 지역별 고용 동향 및 노동시장 정보
7. 그 밖에 제1호부터 제6호까지의 정보를 이용하여 제공하는 서비스의 향상을 위하여 필요한 정보로서 대통령령으로 정하는 정보

고용정책기본법 시행령 제25조(고용 · 직업정보의 수집 · 관리)

법 제15조 제1항 제7호에서 "대통령령으로 정하는 정보"란 다음 각 호의 정보를 말한다. [개정 2024.4.16.] [시행일 2024.4.25.]

1. 보험관계의 성립 · 소멸, 보험료의 납부 · 징수 등을 위하여 필요한 고용보험 및 산업재해보상보험 관련 정보
2. 사회적기업의 설립 · 운영을 지원하고 사회적기업을 육성하기 위하여 필요한 사회적기업 등 관련 정보
3. 장애인의 고용촉진 및 직업재활을 위하여 필요한 장애인 고용 · 직업 관련 정보
4. 건설근로자의 고용안정과 직업능력의 개발 · 향상 등을 위하여 필요한 건설근로자 관련 정보
5. 노사협력 및 노사관계 발전 지원을 위하여 필요한 고용 · 인적자원개발 사업 관련 정보
6. 가사근로자의 고용안정 및 근로조건 향상을 위하여 필요한 가사서비스 제공기관 및 가사근로자 관련 정보

(2) 기준에 따른 직업정보 분류

① **직업 분야** : 직업정보는 의료, 기술, 금융, 교육 등과 같이 직업이 속하는 산업이나 분야에 따라 분류할 수 있다.

② **직업 수준** : 직업정보는 실무진, 하위관리층, 중간 관리자, 고위 경영진 등과 같이 직책이나 책임의 수준에 따라 분류할 수 있다.

③ **기술 요구** : 직업정보는 기술직, 서비스직, 전문직 등과 같이 해당 직업에서 필요로 하는 기술이나 전문성에 따라 분류할 수 있다.

④ **교육 수준** : 직업정보는 고졸 학력, 대졸 학력(2년제), 대졸 학력(4년제), 대학원 이상, 기술 학위 소지자, 전문 자격증 소지자 등과 같이 해당 직업을 수행하기 위해 필요한 학위나 자격증 수준에 따라 분류할 수 있다.

⑤ **산업 세부 분야** : 직업정보는 특정 산업 내에서도 세부적으로 분류할 수 있다. 예를 들어, 소프트웨어 엔지니어링 분야에서는 웹 개발자, 애플리케이션 개발자, 데이터 과학자 등으로 나뉠 수 있다.

⑥ **고용 형태** : 직업정보는 고용 형태에 따라 분류된다. 상용직과 임시직과 일용직, 정규직과 비정규직, 계약직, 프리랜서 등이 여기에 해당한다.

⑦ **적용 범위** : 직업정보는 적용 범위를 기준으로 개별 사업에 한정적으로 적용하는 미시정보와 전체 산업에 대한 포괄적 정보로서 의미를 갖는 거시정보로 분류할 수 있다.

⑧ **생산 주체** : 직업정보는 정보의 생산주체를 기준으로 하여 민간직업정보와 공공직업정보로 분류할 수 있다.

⑨ **이용자** : 직업을 선택하는 청소년, 청소년의 직업 선택을 돕고자 하는 학부모, 진로상담교사나 직업상담사, 직업정보를 생산하거나 가공하는 직무분석가나 직업전문가, 인적자원을 확보하려는 기업, 경력개발이나 직업전환을 생각하는 재직자, 일자리를 찾는 실업자(구직자), 은퇴자 등 이용자에 따라 직업정보는 각각 다른 내용을 갖게 된다.

(3) 내용에 따른 직업정보 분류

① **직무분석 정보** : 각 직업의 업무 내용, 책임, 요구되는 기술 및 자격 요건 등과 같이 직무분석의 결과를 기준으로 제시하는 직업정보이다.

② **임금 및 보상 정보** : 해당 직업의 평균 임금 및 상 · 하위 임금, 보너스, 복리후생 등에 관한 직업정보이다.

③ **채용 정보** : 기업이나 조직에서 해당 직업에 대한 채용 공고, 채용 절차, 지원 자격 등에 관해 제공하는 직업정보이다.

④ **교육 및 자격증 정보** : 해당 직업을 위해 필요한 학위, 자격증, 인증 등에 관한 직업정보이다. 주로 채용정보와 더불어 제공되는 정보이다.

⑤ **직업 전망** : 해당 직업의 미래 전망, 산업 동향, 일자리 시장 동향 등에 관한 정보입니다. 우리나라는 한국직업전망을 통해 우리나라 대표직업에 대한 직업정보(하는 일, 근무환경, 되는 길, 적성과 흥미 등)와 향후 10년간의 일자리 전망에 관한 종합적인 정보를 제공하고 있다.

⑥ **직업 관련 리소스(자원, 원천)** : 취업에 있어서 필요한 이력서 작성 팁, 인터뷰 팁, 직업 발전을 위한 교육 및 훈련 등에 관한 정보이다.

❹ 민간직업정보와 공공직업정보

(1) 민간직업정보 2017년 1, 2회 2018년 3회 2019년 2회 2022년 1회

① 필요한 때에 최대한 활용될 수 있도록 한시적으로 생산되어 운영한다.
② 특정한 목적에 맞게 해당분야 및 직종을 제한적으로 선택한다.
③ 정보생산자의 임의적 기준이나 관심 위주로 직업을 분류하고 선택한다.
④ 단시간 조사를 통해 자료를 수집하고 분석한 정보로 구성된다.
⑤ 직업정보를 유료로 제공한다.
⑥ 다른 직업과의 관련성이 거의 없는 정보로, 다른 직업정보와 비교가 곤란하다.
⑦ 직업을 자의적 기준에 의해 분류한다.
⑧ 정보를 임의적 기준에 의해 평가한다.
⑨ 지속성이 없고 활용성이 낮다.
⑩ 정보의 효과는 크지만 파급효과는 미흡하다.

(2) 공공직업정보 2018년 1, 2회 2019년 1회 2020년 3, 4회 2021년 2, 3회 2022년 1회(실기)

① 장기적 활용을 위해 연속적으로 생산한다.
② 전체산업 및 업종에 걸친 직업을 대상으로 정보를 구성한다.
③ 보편적 항목으로 된 기초적인 직업정보를 제공한다.
④ 특정시기에 국한하지 않고 지속적으로 조사 분석한다.
⑤ 직업정보를 무료로 제공한다.
⑥ 다른 직업과의 관련성이 많은 정보로, 관련 직업 간 정보의 비교가 용이하다.
⑦ 국제적으로 인정되는 객관적인 기준에 근거하여 직업을 분류한다.
⑧ 광범위한 이용가능성에 따라 정보에 대한 직접적이고 객관적인 평가가 가능하다.
⑨ 지속성이 있으며, 활용성이 높다.
⑩ 정부 및 비영리기관에서 공익을 목적으로 제공한다.

(3) 민간직업정보와 공공직업정보의 비교

구분	민간직업정보	공공직업정보
정보제공의 지속성	불연속적(단절적)	지속적
직업의 분류 기준	자의적 기준	객관적 기준
직업의 범위	특정 직업	전체 직업
다른 직업정보와의 관련성	미흡	상호관련성
정보 제공 비용	유료	무료

제2절 직업정보 수집

❶ 직업정보의 생산

(1) 직업정보의 생산프로세스

정보의 생산이란 수집 · 축적된 정보에 새로운 정보가 부가됨에 따라 정보의 가치가 증가되는 것을 의미한다. 즉, 먼저 수집된 정보와 새롭게 첨가된 정보가 결합되어 새로운 가치를 창출하는 것을 말한다.

① **수집** : 직업정보를 필요로 하는 이용자들의 요구사항을 파악하고, 이에 따라 직업 정보를 수집한다. 이는 직업정보는 인터넷, 조사 · 연구, 통계 데이터, 기업 보고서 등 다양한 출처에서 수집될 수 있다.

② **분석 및 가공** : 직업정보의 생산체계는 수집된 정보를 분석 · 종합하고 체계화한다. 이 단계는 데이터를 정리하고 구조화하여 의미 있는 정보로 변환시키는 과정이다. 이 과정을 통해 정보의 신뢰성과 정확성을 검증할 수 있으며, 트렌드, 패턴, 산업 동향 등을 이해할 수 있다. 필요한 경우에는 품질도 향상시킬 수 있다.

③ **저장 및 관리** : 가공된 정보는 보안과 접근성을 고려하여 안전하게 저장되고 관리된다. 이는 데이터베이스 시스템이나 다른 정보 저장 방식을 통해 수행된다.

④ **제공(배포 및 접근)** : 직업정보의 생산체계는 사용자들에게 정보를 제공하고 접근을 용이하게 만든다. 이는 웹사이트, 애플리케이션, 보고서, API 등 다양한 형식으로 이루어질 수 있다.

> **API(Application Programming Interface)**
> - 둘 이상의 컴퓨터가 서로 통신하는 컴퓨터 사이의 중계 거점(계층)
> - 프로그램들이 서로 상호작용하는 것을 도와주는 매개체
> - 응용 소프트웨어를 통해 특정 작업을 수행하기 위해 필요한 데이터 전송 통신에서 컴퓨터(서버)와 사용자(클라이언트) 사이의 데이터 전송 통신을 위한 매개체

⑤ **유지보수 및 품질관리** : 직업정보의 생산체계는 지속적으로 유지 · 보수되어야 한다. 직업 정보의 생산에는 데이터의 정확성과 신뢰성을 보장하는 것이 매우 중요하다. 따라서 품질 관리 과정을 통해 데이터의 정확성을 검증하고 오류를 수정하여 정보의 품질을 유지하게 된다.

⑥ **지속적인 업데이트** : 노동 시장은 지속적으로 변화하고 발전하므로, 직업 정보도 지속적으로 업데이트되어야 한다. 직업정보는 새로운 데이터가 수집되고 분석되면서, 변경된 정보에 대한 업데이트가 이루어져야 한다. 기업은 시스템의 성능을 개선하고 사용자 피드백을 반영하여 생산체계를 지속적으로 발전시키게 되는데, 이는 산업의 변화, 기술의 진보, 인력 수요의 변화 등을 반영하기도 하지만, 역으로 이러한 변화를 유도하기도 한다.

(2) 직업정보의 출처

직업정보의 출처는 다양한 원천과 기관을 들 수 있다. 이러한 출처들은 각각의 특성에 따라 다양한 관점에서 직업정보를 제공하며, 종합적으로 이를 활용하여 취업 및 진로 결정을 할 수 있다.

① **통계청과 공공기관** : 대다수 국가에서는 정부 기관이 고용, 임금, 산업별 고용 동향 등의 직업 관련 통계를 수집하고 보고한다. 우리나라는 주로 통계청과 여러 중앙행정기관에서 제공한다.

② **산업계 협회** : 특정 산업이나 업계에서는 해당 분야의 직업정보를 제공하는 협회나 단체가 있다. 이들은 종종 산업 내 트렌드, 기술 동향, 직업 전망 등을 제공한다. 이들은 종종 회원 조사, 산업 보고서, 교육 및 자격 취득 정보 등도 제공한다.

③ **온라인 직업정보 사이트** : 다양한 온라인 플랫폼과 웹사이트에서도 구인 정보, 구직 정보 등의 직업 정보를 제공한다.

④ **학교의 고용센터** : 학교 및 대학의 직업 센터는 졸업 후 진로 및 취업에 관한 정보를 제공한다. 이는 채용 행사, 직업 탐색 도구, 직업 조언 등을 포함할 수 있다.

⑤ **연구 기관** : 다양한 연구 기관과 컨설팅 회사는 직업시장 및 노동시장의 추세(트렌드)에 대한 보고서를 발행한다. 이러한 보고서는 종종 고용 전망, 산업별 동향, 기술 요구사항 등을 제공한다.

⑥ **기업의 채용공고** : 기업의 HR(인적자원관리) 부서는 채용 공고 등을 통해서 기업 중심의 직업정보를 제공한다. 이들 정보는 종종 기업의 공식 웹사이트나 구인 플랫폼을 통해 확인할 수 있다.

(3) 직업정보의 원자료

다양한 출처를 통해 획득한 데이터를 수집하고 분석함으로써 직업 정보의 원자료를 확보할 수 있다. 생산체계는 이를 가공하여 사용자에게 유용한 정보로 제공할 수 있다.

① **정부 통계 데이터** : 정부는 노동 시장에 관련된 다양한 통계 데이터를 수집하고 발표한다. 이는 고용 현황, 실업률, 임금 동향, 산업별 고용률 등을 포함한다.

② **기업 보고서** : 기업들은 자사의 채용 동향, 인력 구성, 직무 설명 등의 정보를 자체 보고서를 통해 제공한다.

③ **인터넷 조사** : 온라인 채용 플랫폼이나 직업 관련 웹사이트에서 수집된 데이터는 실시간으로 채용 공고, 직무 설명, 요구 기술 등의 직업정보를 제공하는 데 사용될 수 있다.

④ **서베이** : 조사 기관이나 연구 기관이 진행한 조사나 설문 조사는 노동 시장의 다양한 측면을 이해하고 직업 정보를 생산하는 데 사용될 수 있다. 이는 직업 만족도, 임금 수준, 직업 선택 기준 등을 조사할 때 얻은 데이터를 포함한다.

⑤ **연구보고서 및 학술 논문** : 대학 연구보고서나 학술 논문은 특정 직업이나 산업에 관한 깊은 통찰과 분석을 제공할 수 있다. 이러한 연구를 통해 특정 직업의 요구사항, 전망, 동향 등에 대한 정보를 얻을 수 있다.

⑥ **소셜 미디어 데이터** : 소셜 미디어 플랫폼에서는 사용자들이 자신의 직업이나 산업에 관한 경험과 의견을 공유한다. 이러한 데이터는 직업 정보를 이해하고 분석하는 데 활용될 수 있다.

❷ 직업정보의 수집

(1) 직업정보제공원

직업정보제공원은 직업정보를 제공하는 공공기관 또는 사이트를 말한다. 이러한 곳은 구직자들에게 유용한 정보를 제공한다. 각 지역 또는 국가에는 해당 지역의 고용 및 직업 관련 정보를 제공하는 다양한 기관과 웹사이트가 있다. 이러한 직업정보제공원은 취업 준비와 직업 관련 결정을 내리는 데 도움을 주는 중요한 자원으로서의 역할을 하고 있다.

① **한국고용정보원 (KEIS)** : 한국고용정보원은 한국의 고용 및 직업 관련 정보를 제공하는 공공기관이다. 고용 동향, 채용 정보, 취업 시장 분석 등을 제공한다.

② **한국직업능력개발원(Korea Skills)** : 한국직업능력개발원은 직업 기술 개발 및 인력양성을 위한 정보를 제공한다. 직업 교육 및 자격 취득 정보를 제공하며, 취업 지원 프로그램도 운영한다.

③ **고용노동부 고용정보센터** : 고용노동부 고용정보센터는 고용 관련 정보를 제공하는 기관으로, 구인 정보, 고용정책 소개, 취업 컨설팅 등을 제공한다.

④ **국가인적자원개발컨소시엄(HRD Korea)** : 국가인적자원개발컨소시엄은 직업 훈련 및 자격 취득을 지원하는 기관이다. 다양한 직업 교육과정 정보를 제공한다.

⑤ **정부 통계 기관** : 대부분의 국가에서는 정부 통계 기관이 직업 관련 데이터를 수집하고 제공한다. 이러한 데이터는 고용 통계, 임금 통계, 산업 분석 등을 포함한다.

⑥ **미디어 및 보도** : 언론과 미디어는 종종 직업 및 노동 시장에 대한 보도를 통해 정보를 수집하고 제공하는 역할을 수행한다.

(2) 직업정보 수집 계획

고용노동부장관은 구직자 · 구인자, 직업훈련기관, 교육기관 및 그 밖에 고용 · 직업 정보가 필요한 자가 신속하고 편리하게 이용할 수 있도록 책자를 발간 · 배포하는 등 필요한 조치를 하여야 하며, 고용 · 직업 정보의 수집 · 관리를 위하여 노동시장의 직업구조를 반영한 고용직업분류표를 작성 · 고시하여야 한다(「고용정책기본법」 제15조).

① **목표 설정** : 어떤 정보를 수집하고자 하는지를 명확히 하고 목표를 설정한다. 예를 들어, 특정 산업의 고용 동향을 파악하거나 특정 직업의 요구 기술을 분석하는 등의 목표를 설정해야 한다.

② **표적(Target) 선정** : 어떤 직업에 대한 정보를 수집할 것인지 결정한다. 산업, 직무, 기술 분야 등 다양한 기준에 따라 대상을 선정할 수 있다.

③ **수집 방법 결정** : 어떤 자료를 가지고, 어떤 방법으로 정보를 수집할 것인지 결정한다. 이는 정부 통계 데이터, 기업 보고서, 연구보고서 등의 다양한 원자료 중에서 어떤 자료를 대상으로 수집할 것인지, 온라인 조사, 소셜 미디어 분석 등 다양한 방법 중에 어떤 방법으로 조사할 것인지를 결정해야 한다.

④ **수집 도구 결정** : 선택한 수집 방법에 필요한 도구를 확보한다. 이는 데이터베이스 액세스, 웹 크롤러(web crawler), 소셜 미디어 모니터링 도구 등 조사 도구를 선정해야 한다.

웹 크롤러(web crawler)

웹상의 다양한 정보를 자동으로 검색하고 색인하기 위해 검색 엔진을 운영하는 사이트에서 사용하는 소프트웨어로, 로봇 에이전트(robot agent), 스파이더(spider)라고도 한다.

⑤ **데이터 수집** : 선정된 방법과 도구를 사용하여 데이터를 수집한다. 이 과정에서 데이터의 정확성과 신뢰성을 확인하기 위해 품질 관리 절차를 준수해야 한다.

⑥ **데이터 분석 및 정제** : 수집된 데이터를 분석하고 정제하여 유용한 정보로 변환시킨다. 이는 데이터의 구조화, 패턴 분석, 통계 분석 등을 포함할 수 있다.

⑦ **결과 보고** : 분석된 정보를 이용자에게 제공하기 위해 적절한 형식으로 결과를 정리해야 한다. 이는 보고서, 시각화 자료, 웹사이트 등을 통해 이루어질 수 있다.

⑧ **지속적인 업데이트** : 직업정보는 노동 시장의 변화에 따라 지속적으로 업데이트되어야 한다. 따라서 수집된 정보를 정기적으로 업데이트하고 새로운 데이터를 수집하여 분석하는 과정을 반복해야 한다.

(3) 직업정보 수집결과 점검(평가)

점검(평가)의 궁극적 목적은 개선에 있다. 따라서 직업정보 수집결과를 점검하는 것은 중요하다. 직업정보 수집의 결과를 환류 과정을 통해 점검함으로써 사용자들이 보다 신뢰할 수 있는 유용한 정보를 얻을 수 있도록 도와줄 수 있다.

① **정확성** : 점검 과정에서 반드시 확인해야 할 사항 중의 하나는 수집된 직업정보가 얼마나 정확한지의 여부이다.

② **신뢰성** : 정보 제공원이 신뢰할 만한 출처인지 확인해야 한다. 공식 웹사이트, 신뢰할 만한 산업 리서치 기관, 정부 기관 등에서 제공된 정보가 가장 신뢰할 만하다.

③ **완전성** : 수집된 정보가 필요한 모든 측면을 다루고 있는지를 확인해야 한다. 필요한 정보가 누락되지 않았는지 확인하고, 보완해야 할 부분이 있는지를 살펴보아야 한다. 더욱이나 급변하는 산업계의 흐름 속에서 혹시나 오래된 정보나 잘못된 정보가 있지는 않는지도 확인해야 하고, 신기술이나 최신 정보가 누락되지 않았는지도 찾아보아야 한다.

④ **업데이트 여부** : 직업 시장은 계속 변화하므로, 수집된 정보가 최신인지 확인해야 한다. 직업정보는 주기적으로 정보를 업데이트하고 새로운 정보를 추가하는 것이 중요하다.

⑤ **다양성** : 직업정보는 다양한 직업에 대한 정보가 수집되었는지를 확인해야 한다. 다양한 산업, 직책, 기술 수준 등을 다루는 정보를 수집하여 사용자들이 다양한 선택지를 가질 수 있도록 해야 한다.

⑥ **사용자 관점** : 정보를 수집할 때 사용자들의 요구사항이 반영되었는지를 확인해야 한다. 사용자가 필요로 하는 정보가 무엇이었는지, 어떤 유형의 정보에 관심이 있었는지를 고려하여 정보가 수집되고 제공되었는지를 확인해야 한다.

제3절 직업정보 수집 실행 및 점검

❶ 정보의 수집

(1) 개요

① 정보의 수집이란 정보를 모으는 활동으로, 기존의 데이터를 수동적으로 수집하는 경우와 수집자가 명확한 목적을 지니고 능동적으로 수집하는 경우가 있다.

② 정보처리자는 정보의 처리 목적을 명확하게 하여야 하고, 그 목적에 필요한 범위에서 적법하고 정당하게 수집하여야 한다.

③ 정보처리자는 정보의 처리 목적에 필요한 범위에서 정보의 정확성, 완전성 및 최신성이 보장되도록 하여야 한다.

④ 각각의 요구에 맞는 정보를 수집한다는 것은 매우 어려운 일이다. 따라서 우선 목표를 설정한 후에 많은 정확한 정보를 지속적으로 수집과 분석을 해야 할 것이다.

(2) 직업정보 수집과정

① **제1단계 직업분류 제시하기** : 내담자에게 직업분류체계를 제공한다.

② **제2단계 대안 만들기** : 내담자와 함께 대안직업들에 대한 광범위한 목록을 작성한다.

③ **제3단계 목록 줄이기** : 내담자와 함께 2~5개의 가장 적당한 대안으로 목록을 줄인다.

④ **제4단계 직업정보 수집하기** : 내담자에게 줄어든 목록 각각의 대안들에 관한 정보를 수집하도록 지시한다.

(3) 직업정보 수집 기준

① **정확도** : 자료의 정확도가 떨어지게 되면 정보의 가치는 없어지게 된다. 자료는 솔직하고 정직하며, 있는 직업 그대로를 묘사하고 설명해야 한다.

② **신용도** : 정밀도에 중점을 두는 정확도와는 달리 신용도는 시간적 기준이다. 급변하는 제4차 산업혁명의 흐름 속에 모든 직업은 다양한 변화의 과정 속에 있게 된다. 따라서 직업정보는 현 시점에서 믿을 수 있는 정보인가 아닌가를 입증해 주어야 한다.

③ **이용의 편리성** : 직업정보는 특정인이나 특정 범주에만 한정되기 보다는 일반적으로 쉽게 찾아볼 수 있는 정보이어야 한다.

④ **친근감** : 시대에 뒤떨어지거나 쉽게 이해되지 않는 정보는 이용자들에게 친근감을 줄 수 없다. 따라서 정보의 친근성은 사용자가 정보를 이해하고 활용하는데 중요한 역할을 한다. 따라서 정보를 전달할 때 이러한 요소를 고려하여 친근하고 사용자 친화적인 방식으로 제공하는 것이 중요하다. 직업정보는 사용하는 언어나 시각적 요소나 사용자 경험에 대한 접근성 등에서 친근감을 높여야 한다. 따라서 직업정보를 제공할 때 사용자의 요구와 관심사를 고려하여 사용자가 필요로 하는 정보를 우선적으로 제공하고 사용자 경험을 개선하는 것이 좋다.

⑤ **포괄성** : 정보는 전반적으로 유용해야 한다. 직업정보도 수집할 때 다양한 주체들의 요구사항을 반영하여 포괄성을 염두에 두고 수집해야 한다.

(4) 직업정보의 수집방법 : 고용정보의 수집 · 제공(직업소개 등 업무처리규정 제19조)

① 직업안정기관의 장은 구인신청서 · 구직신청서, 각종 통계조사 · 업무통계, 조사연구자료 및 보고서, 신문 · 잡지 · 관계기관지 등의 기사 및 은행 · 민간신용기관이 공표하는 정보지 등 기존의 정보자료를 수집 · 정리하여 필요한 정보를 파악할 수 있다.

② 직업안정기관의 장은 관내 사업체 및 사업주단체 등의 방문, 직업안정기관을 이용하는 구인 · 구직자 등과의 면접 및 설문조사, 사업주단체 · 노동단체 · 교육훈련기관 · 관계행정기관 및 직업안정기관과의 각종회의 등을 통하여 필요한 정보를 수집 · 기록하여 활용한다.

(5) 직업정보의 수집방법의 유형

직업정보의 수집방법은 구입, 기증, 상담, 조사, 관찰 등의 방법을 통해서 수집될 수 있으며, 직업정보는 책, 잡지, 신문기사, 방송 및 TV프로그램, CD, 인터넷, 팸플릿, 광고, 상품, 견학, 경험담 등 모든 형태의 자료를 망라하고 있다.

① **구입에 의한 방법** : 직업정보는 자격증과 관련되어 소개되는 직업에 관한 자료들을 구입함으로써 특정한 직업에 대한 이미 가공된 직업정보를 수집할 수 있다.

② **기증에 의한 방법** : 국가기관이나 정부투자기관 등에서 생산되는 정보로서 이는 매년, 매분기, 매월 등 정기적으로 생산되는 자료들과 부정기적으로 생산되는 자료들이다. 그러므로 이러한 직업정보는 직업정보 제공원과 협의하여 정기적으로 자료를 기증받을 수 있도록 체제를 갖춘다. 예로써 통계청(경제활동인구조사, 매월고용동향 등), 고용노동부(매월노동통계조사 등) 등에서 발간되는 자료들이 있다.

③ **통신에 의한 공개, 비공개 자료 수집방법** : 인터넷을 통한 직업정보의 제공은 각각 무료와 유료로 제공되고 있다. 예로써 무료정보로는 직업정보망인 워크넷, 통계청의 각종 국가단위의 통계 등이 있고, 유료정보는 인터넷에 설치된 정보망이나 연구기관의 보고서 등이 있다.

④ **상담에 의한 방법** : 직업에 관련된 정보를 가지고 일정한 장소에서 상담하는 경우에 수집할 수 있다. 예로써 구인 · 구직과 관련된 노동부 고용지원센터와 같은 직업안정기관에서 이루어지는 상담이 있다.

⑤ **조사에 의한 방법** : 특정한 직업정보를 수집하기 위해서는 조사방법을 적용하는 것이 좋다. 예로써 직무분석, 인력수요의 예측, 패널 등에 관한 조사가 있다.

⑥ **현장방문 또는 체험에 의한 방법** : 관련된 직업이 있는 일터에 가서 직접 현장을 관찰하거나 그 직업을 체험함으로써 정보를 수집할 수 있다.

⑦ **면접법** : 면접법은 면대면(面對面) 관계 속에서 언어적 상호작용을 매개로 하여 피면담자로부터 연구목적에 부합되는 여러가지 정보를 수집하는 방법이다. 일반적으로 관찰법과 병행하여 사용한다. 표준화(구조화된) 면접과 비표준화(구조화되지 않은) 면접으로 나눌 수 있다.

(6) 직업정보 수집을 위한 자료수집방법 비교 2020년 4회

① **면접조사** : 조사원이 선정된 응답자를 상대로 직접 대면하여 조사하는 방법

장점	• 응답률이 높다. • 면접상황을 통제할 수 있다. • 시청각적 보조물을 사용함으로써 복잡하고 심층적인 질문을 할 수 있다. • 특정 집단에 대한 접근이 쉽다.
단점	• 조사비용과 시간이 많이 든다. • 익명성을 유지하기 어렵다. • 사생활 침해 등 문제로 응답을 받아내기가 어렵다. • 표본에 편향이 생길 수 있다.

② **전화조사** : 훈련된 조사원이 전화를 통해 응답자들에 대한 질의응답을 통해 자료를 수집하는 방법

장점	• 시간과 비용이 적게 든다. • 조사원에 대한 감독이 가능하여 조사원으로 인한 비표준 오차를 줄일 수 있다. • 응답자에게 접근하기 쉽다. • 표본추출이 쉽다.
단점	• 질문의 길이와 내용에 제한을 받는다. • 시청각적 보조물을 활용할 수 없다. • 응답자가 아무렇게나 응답해도 확인하기 어렵다.

③ **우편조사** : 대상자에게 질문지를 발송해 직접 기입하도록 한 후 회수하는 방법

장점	• 비용이 적게 든다. • 조사원이 개입되지 않으므로 조사원에 의한 영향이 최소화된다. • 익명성이 보장된다. • 조사시간에 제약을 받지 않는다.
단점	• 질문지 회수율이 매우 낮다. • 완성된 질문지가 돌아올 때까지 시간이 많이 걸린다. • 응답자가 성실하게 응답했는지 알 수 없다.

④ **ARS** : 자동응답시스템을 이용해 미리 일정하게 녹음된 내용으로 응답자에게 질문이 주어지고 응답자가 전화기 버튼을 누름에 따라 실시간으로 자료가 입력 · 분석되는 방법

장점	• 짧은 시간에 많은 응답을 받아낼 수 있다. • 조사원으로 인한 비표준 오차를 줄일 수 있다.
단점	• 질문의 길이와 내용에 제약을 받는다. • 질문에 대한 부연 설명을 전혀 할 수 없다. • 응답자가 원하는 응답이 보기에 없으면 대답할 수 없다.

제4절 국가고용정보시스템

❶ 한국고용정보원

(1) 설립

① 한국고용정보원은 고용 · 노동과 관련한 모든 데이터를 모으고 정보를 제공하기 위해 고용정책기본법을 근거로 2006년 3월에 설립된 고용노동부 산하 공공기관이다.

② 한국고용정보원은 구직자의 취업 역량을 높이고, 원하는 일자리를 찾아주며 재직자의 업무능력을 향상시키고, 경력개발을 도와주며 재취업 희망자에게 다양한 정보를 제공해 일터로 복귀할 수 있도록 지원하고 있다.

③ 한국고용정보원은 AI와 빅데이터 기술을 활용하여 개인별 맞춤형 경력개발 지원, AI 일자리 매칭 등 전국민이 이용할 수 있는 맞춤형 고용 서비스를 제공한다.

(2) 지능형 경력개발 지원 서비스 '잡케어'

① '잡케어'(JobCare)는 개인의 생애주기에 따른 경력개발을 체계적으로 지원하기 위해 직무역량 분석을 통한 경력개발 로드맵 및 직업상담에 필요한 시장정보, 추천정보를 제공하는 AI 기반 지능형 경력개발 지원 서비스이다.

② '잡케어'(JobCare)는 2021년 최초로 상담용 서비스를 구축하고 6개 고용센터에서 시범운영을 실시하였다. 이후 2022년 전국 고용센터 및 대학일자리플러스센터, 민간위탁기관 등 유관기관까지 활용을 확대하였으며, 새 정부 국정과제 '구직자 도약보장 패키지' 사업에 도입되어 심층상담의 핵심 서비스로 활용되고 있다.

③ 2023년 3월부터는 누구나 쉽게 잡케어를 이용할 수 있도록 대국민용 서비스를 추가 구축하여, 현재는 고용24에서 언제든지 서비스를 이용할 수 있다.

④ **개념도**

㉠ 서비스 대상(생애단계별) : 초중고생, 대학생, 구직자, 재직자, 재취업희망자(중고령자)

㉡ 역량진단(직무역량 수준진단) : 적성, 흥미, 지식, 직업훈련, 전공, 자격, 직업경력(자기소개서 - 직장경력, 인턴경험, 일경험, 공모전(프로젝트), 직무스킬(예 파이썬, 어학 등), 직무지식, 관심

㉢ 노동시장 정보(정형, 비정형 분석) : 시장수요분석(지역 · 직종별 구인배율, 임금(구인기업 제시, 구직자 희망), 자격증별 구인 수요 변화, 직업훈련분야별 취업률, 구인직종별 학력 전공 요구, 연령분포(직종별 재직자 등), 취업자/재직자 특성 분석(수료훈련, 보유자격 전공 등), 각종 조사통계자료 활용 분석, 직업전망 자료 활용 분석, 직장선호도(워라벨 복리후생…) + 경력개발 로드맵(NCS)+정책수혜 이력(바로원)

※ 개념
- 구인배율 = 구인인원 ÷ 구직자수
- 제시임금 = 구인자가 구직자에게 제시하는 임금
- 희망임금 = 구직자가 구인업체에 희망하는 임금
- 취업률 = (취업건수 ÷ 신규구직자 수) × 100
- 실업률 = (실업자 ÷ 경제활동인구) × 100
- 경제활동인구=만 15세 이상 인구 중 조사대상 주간 동안 재화나 용역을 생산하기 위하여 노동을 제공한 사람과 제공할 의사와 능력이 있는 사람을 말한다. 즉, 실업자와 취업자를 말한다.

㉣ 직업추천(직무역량 수준진단) : 경력설계, 직업훈련, 자격증, 전공, 지식, 기술. 도구/장비 등 + 일/경험 추천 + 일자리추천

(3) AI기반 일자리 매칭 서비스

① AI 기반 일자리 매칭 서비스는 구직자가 등록한 이력서를 기반으로 전공, 자격증, 직업훈련, 경력, 경험 등 개인이 보유한 직무역량과 구직자와 유사한 사용자들이 선호하는 정보를 AI 및 빅데이터 기술로 분석하여 적합한 일자리를 자동으로 추천해 주는 서비스이다.

② 2020년 서비스 시작 이래 2022년까지 실시간 매칭 서비스를 위한 알고리즘 개선, 매칭 모델 강화, 근거리 지역 우선 추천 등 지속적인 고도화를 수행하였으며, 고용24에서 나에게 맞는 일자리를 추천받을 수 있다.

③ **개념도**

㉠ 채용정보 : 요구 직무역량, 구인조건 분석

㉡ 이력서 : 구직자 보유 직무역량, 속성 분석

㉢ AI일자리 추천 : 직무역량 분석(전공, 자격증, 직업훈련, 경력/경험내용, 직무역량 키워드(스킬 등) + 희망사항 분석(직종, 지역, 임금, 경력기간) + 행동데이터(열람, 찜하기, 입사지원)

❷ 한국고용정보원의 목적

(1) 고용정보의 생산과 분석 · 제공

① '고용동향브리프' 등 각종 고용동향지 발간과 고용동향 심층 분석

② 행정데이터베이스(DB)를 활용한 고용정보 분석

③ 지역 · 업종별 고용동향 모니터링 및 정보 제공

④ 인력수급전망 (중장기, 단기, 업종별, 지역별, 대학전공별 전망 등)

⑤ 청년패널 · 대졸자직업이동경로조사 · 고령화연구패널조사와 단기 기획조사

(2) 진로지도 및 직업정보 제공

① 개인에게 맞는 직업 탐색을 위한 직업심리검사 개발 및 보급
② 취업지원프로그램 등 생애주기별 진로지도 자료 개발 및 보급
③ '커리어엔진', '커리어Info' 등 진로지도 정보지 발간
④ 미래 직업, 학과 등 직업관련정보를 한 곳에서 볼 수 있는 한국직업정보시스템 운영
⑤ '한국직업전망', '한국직업사전' 등 직업정보서 발간
⑥ 산업 및 직업 구조 변화에 대응한 신직업 · 미래직업 연구

(3) 고용서비스 선진화 지원

① 고용복지+센터의 원활한 운영을 위한 업무 모니터링 및 지원
② 공공 및 민간 고용서비스 발전 지원
③ 고용센터 및 민간위탁기관 성과관리시스템 운영 및 평가 지원
④ 정부 지원 일자리사업 평가 및 효율화 지원
⑤ 지역고용사업 평가 및 컨설팅
⑥ 고용서비스 발전을 위한 국내외 협력사업

(4) 국가고용정보망 운영

① 온라인 통합 고용서비스 고용24
② 정부 지원 일자리사업 정보 제공과 관리를 위한 일모아시스템
③ 고용 · 복지 정보 연계를 통한 수요자 맞춤형 통합 정보망 구축
④ 스마트 시대에 맞는 콘텐츠와 시스템 개발

❸ 고용정보시스템 운영 및 보안규정[시행일 2024. 11. 20.]

(1) 총칙

① **목적(제1조)**

이 예규는 「고용정책 기본법」 제15조의2 제1항에 따라 구축 · 운영되는 고용정보시스템을 효율적으로 관리 · 운영하기 위하여 필요한 사항을 정함을 목적으로 한다.

② **적용대상 · 범위(제2조)**

이 예규는 고용정보시스템을 관리 · 운영 및 사용하는 다음 기관과 그 기관의 소속직원으로서 사용자계정을 발급 받은 자 또는 사용자계정을 발급 받으려는 자에게 적용한다.

㉠ 고용노동부와 그 소속기관
㉡ 고용노동부 산하기관

㉢ 고용노동부와 협력하여 취업지원 업무, 직업능력개발사업, 고용 · 복지 연계 서비스 등 고용과 관련된 업무를 수행하는 중앙행정기관, 지방자치단체 및 공공기관

㉣ 고용정보시스템 사용을 승인받은 외부기관

(2) 정의(제3조)

① "고용정보시스템"이란 고용노동부장관이 구축 · 운영하는 전자정보시스템을 말한다.

② "접속기관"이란 총괄부서장에게 고용정보시스템 사용을 승인받은 기관을 말한다.

③ "외부 접속기관"이란 총괄부서장에게 고용정보시스템 사용을 승인받은 외부기관을 말한다.

④ "사용자"란 업무처리를 위해 고용정보시스템에 접속하여 고용 · 직업 정보 등의 입력 · 수정 · 삭제 · 검색 등의 행위를 할 수 있는 권한을 부여받은 자를 말한다.

⑤ "사용자계정"이란 고용정보시스템을 사용하는데 필요한 사용자의 식별번호, 성명, 주민등록번호, 비밀번호, 공인인증서 등 관련정보 일체를 말한다.

⑥ "원시자료"란 관계 법령에 따라 구직자 · 근로자 · 사업주 등이 작성하여 제출한 각종 서류와 소관업무를 전산처리하기 위하여 관련 기관 또는 부서가 작성한 장표류 등 기초자료를 말한다.

⑦ "전산자료"란 원시자료를 전산처리하여 고용정보시스템에 보유하고 있는 자료를 말한다.

⑧ "공인인증서"란 공인인증기관이 본인 확인 절차를 거쳐 발급한 인증서를 말한다.

(3) 자료관리

① 자료의 수집 · 관리(제14조) 고용노동부장관은 고용정보시스템에서 다음의 전산 자료를 수집 · 관리한다.

1. 고용행정통합포털(고용24)
2. 취업알선정보망
3. 고용보험시스템(EI)
4. 일모아시스템
5. 직업능력개발정보망(HRD-net)
6. 자격정보시스템(Q-net)
7. 외국인근로자 고용관리 전산시스템(EPS)
8. 국민취업지원전산망(KUA)
9. 사회적기업 통합정보시스템(SEIS)
10. 장애인 취업알선전산망(워크투게더)
11. 바로원(바로ONE) 시스템
12. 고용서비스 성과관리시스템(ESPMS)
13. 고용정보통합분석시스템(EIS)

14. 고용복지플러스 전산망(워크플러스)
15. 부정수급 수사관리시스템
16. 일자리안정지원시스템
17. 고용 · 산재보험 관련 신고 · 신청 시스템(고용 · 산재보험 토탈서비스)
18. 해외통합정보망(월드잡플러스)
19. 건설근로자공제회의 하나로서비스 내역 등
20. 고용노동부 고객상담센터의 상담 내역 등
21. 노사발전재단이 수행한 고용 관련 사업 수행 결과 등
22. 그 밖에 고용서비스 품질 향상을 위해 수집 · 관리할 필요가 있는 자료

② **일자리정책 정보 관리(제15조)**

㉠ 고용노동부장관은 일자리정책의 홍보 및 서비스 제공을 위하여 일자리정책 정보를 수집 · 관리하여야 한다.

㉡ 총괄부서장은 수집 · 관리하여야 하는 일자리정책의 목록을 작성하고, 제도 변경 등이 발생할 경우 수시로 갱신하여야 한다.

㉢ 시스템 관리자는 총괄부서장을 지원하기 위하여 일자리정책 정보를 최신 정보로 유지하는 업무를 수행하는 전담자를 지정하고, 일자리정책 정보를 관리하기 위한 시스템을 구축 · 운영하여야 한다.

(4) 정보 연계 및 개인정보의 보호

① 정보 연계 요청(제27조) 고용정보시스템의 정보를 연계하여 활용하려는 자는 정부 전자문서시스템으로 고용노동부장관에게 요청하여야 한다.

② 개인정보의 보호(제30조) 고용정보시스템의 개인정보의 보호에 관하여는 「고용노동부 개인정보 보호지침」을 준용한다.

③ 시설보안(제31조) 시스템 관리자는 고용정보시스템이 위치한 전산실을 제한구역으로 설정하고 보호대책을 강구하여야 한다.

④ 소방시설 안전관리(제32조) 고용정보시스템이 위치한 전산실 근무자는 화재예방을 위하여 전산실 내부와 외부의 화기단속 및 소방설비를 수시로 점검하여야 한다.

⑤ 재검토기한(제34조) 고용노동부장관은 이 예규에 대하여 2023년 7월 1일 기준으로 매 3년이 되는 시점(매 3년째의 6월 30일까지를 말한다)마다 그 타당성을 검토하여 개선 등의 조치를 하여야 한다.

제5절 고용24

❶ 구성

(1) 개요

① 워크넷 홈페이지에서 제공하던 민원(구직신청, 구인신청 등) 서비스를 비롯한 취업지원 서비스는 2024년 9월 23일자로 '고용24(www.work24.go.kr)'로 통합되었다.

② 고용24는 모든 온라인 고용서비스를 한 곳에서 신청하고, 결과를 확인할 수 있는 고용행정통합포털이다.

③ 개인은 일자리 검색, 이력서 등록, 구직신청, 실업급여, 출산휴가급여신청, 내일배움카드 신청 등을 할 수 있으며, 기업은 인재검색, 각종 정부 지원금 신청, 직원 교육 지원신청, 이직확인서, 출산휴가 확인서 작성 등을 할 수 있다.

개인 지원	기업 지원
① 채용정보 ㉠ 일자리 찾기 ㉡ 구직신청 ㉢ 채용행사 ㉣ 강소기업 ② 취업지원 ㉠ 취업 역량 강화 ㉡ 취업 가이드 ㉢ 국민취업지원제도 ㉣ 일 경험 ㉤ 취업 지원금 ③ 실업급여 ㉠ 수급자격 ㉡ 실업인정 ㉢ 취업촉진수당 ㉣ 이직확인서 ④ 직업능력개발 ㉠ 국민내일배움카드 ㉡ 훈련찾기 · 신청 ㉢ 훈련기관 · 강사 ⑤ 출산휴가 · 육아휴직 ㉠ 출산휴가 ㉡ 육아휴직	① 채용지원 ㉠ 인재 찾기 ㉡ 구인신청 ㉢ 채용공고 보기 ㉣ 일경험신청 ㉤ 외국인고용 ② 직업능력개발 ㉠ 근로자 직업훈련 ㉡ 훈련기관 · 강사 ㉢ 사업주훈련 ㉣ 일학습병행훈련 ③ 기업지원금 ㉠ 신규채용 ㉡ 출산 · 육아 ㉢ 유연근무 ㉣ 고용유지 ㉤ 산업 · 일자리지원 ④ 확인 및 신고 ㉠ 이직확인서 ㉡ 출산전후휴가 ㉢ 육아휴직 ㉣ 대규모고용조정

❷ 채용정보

(1) 채용정보 상세검색

① **직종** : 최대 10개의 직종 선택이 가능하다.

② **지역**

㉠ 지역별 : 최대 20개의 직종 선택이 가능하다.

㉡ 역세권별

③ **재택근무가능여부**

④ **경력** : 신입, 경력(개월~개월), 관계없음

⑤ **학력** : 중졸이하, 고졸, 대졸(2~3년), 대졸(4년), 석사, 박사, 학력무관

⑥ **고용형태**

㉠ 기간의 정함이 없는 근로계약 : 근로계약을 명시하지 않고 계약하는 일자리, 무기계약직

㉡ 기간의 정함이 없는 근로계약(시간(선택)제)

㉢ 기간의 정함이 있는 근로계약 : 근로기간을 정하여 계약하는 일자리, 계약직 등

㉣ 기간의 정함이 있는 근로계약(시간(선택)제)

㉤ 파견근로 : 파견사업주(A)에게 고용되었으나, 사용사업주(B)의 사업체에 파견하여 근로하는 것으로, 임금이나 신분상의 고용관계는 파견사업주(A)의 관리를 받지만, 업무상 지휘, 명령은 사용업체(B)로부터 받게 되는 근로형태

㉥ 대체인력채용 : 출산전후휴가, 육아휴직 등에 있는 근로자를 대신하여 한정된 기간 동안 근무하는 자의 채용

⑦ **희망임금** : 연봉, 월급, 일급, 시급(만 원 이상~만 원 이하)

⑧ **고용24 입사지원**

⑨ **기업형태** : 대기업, 공무원/공기업/공공기관, 강소기업, 코스피/코스닥, 중견기업, 외국계기업, 일학습병행기업, 벤처기업, 청년친화강소기업, 가족친화인증기업

⑩ **채용구분** : 상용직, 일용직

⑪ **근무형태** : 주 5일, 주 6일, 주 4일, 주 3일, 주 2일, 주 1일, 주 7일

⑫ **격일근무여부와 근로시간단축여부와 교대근무가능여부**

⑬ **식사(비)제공** : 1식, 2식, 3식, 중식비 지급

⑭ **기타 복리후생** : 통근버스, 기숙사, 차량유지비, 교육비 지원, 자녀학자금 지원, 주택자금 지원, 기타, 모성보호시설

⑮ **장애인 희망채용** : 장애인 병행채용, 장애인만 채용

⑯ **병역 특례** : 현역병입영대상자, 보충역대상자, 산업기능요원, 전문연구요원

⑰ **자격면허, 전공, 외국어**

⑱ **기타우대사항** : 문서작성(워드프로세스 활용), 스프레드시트(엑셀), 프리젠테이션 프로그램 활용, 회계프로그램, 기타, 장애인, (준)고령자(50세 이상), 차량소지자, 운전면허증, 북한이탈주민, 장기복무제대군인, 고령촉진장려금대상자, 보훈취업지원대상자

⑲ **마감일, 등록일, 정보제공처 등**

※ 「고용상 연령차별금지 및 고령자 고용촉진에 관한 법률」이 시행됨에 따라 채용정보에서 연령이 삭제되었다.

※ 취업사기 : 인맥취업, 소개비, 투자유도, 신용보증금, 다단계 등

※ 구인광고와 실 근로조건이 다른 경우에 거짓구인광고에 해당된다. 신고하고 처분이나 처벌이 이루어지는 경우 신고포상금 40만 원을 받을 수 있다.

(2) 테마별 채용관 : 추천채용관, 즐겨보는 채용관

① **기업유형별**

② **정부인증기업** : 정부 정책별 모범으로 선정된 기업의 일자리 제공

③ **든든한 복지** : 직원복지에 아낌없는 기업의 일자리 제공

④ **경험 · 경력별**

⑤ **직종 · 직군별**

⑥ **지역별 추천** : 집에서 가까운 일자리를 찾는 당신을 위해 지역별 일자리 제공

⑦ **사회기여형** : 사회복지, 장애인, 취약계층 지원 등 사회에 기여하는 일자리 제공

⑧ **공공참여형** : 정부에서 인증하고 발굴한 믿을 수 있는 일자리 제공

(3) 정부인증기업 : 정부 정책별 모범으로 선정된 기업의 일자리 제공

① **일 · 생활 균형 우수기업관** : 일 · 생활 균형 우수기업관에서는 일하는 방식과 문화 개선, 유연근무제 도입 등 일 · 생활 균형과 근무혁신을 선도적으로 실천하는 우수기업의 일자리 정보를 제공한다.

② **일자리 으뜸기업관** : 일자리 으뜸기업관에서는 일자리를 많이 늘리고 일자리의 질을 선도적으로 개선하여 대한민국 일자리 으뜸기업 인증을 받은 기업의 일자리 정보를 제공한다.

③ **장애인고용 우수기업관** : 장애인고용 우수기업관에서는 장애인 일자리 창출 기여, 중증 · 여성 장애인 다수 고용, 장애인 모집 및 채용 관련 우대조치, 장애인 근로자 근로조건 및 근로환경 개선 등을 실천하여 장애인고용 우수사업주로 인증을 받은 기업의 일자리 정보를 제공한다.

④ **혁신적 조달기업관** : '혁신적 조달기업'은 공공조달시장에서 기술력과 혁신성을 인정받아 정부에서 특별히 지정한 혁신제품, 우수조달물품, 벤처나라, 해외조달시장 진출 유망기업(G-PASS)으로 성장 잠재력이 높은 기업이다.

⑤ **인재육성형 중소기업관** : 기업의 성과를 근로자와 공유하고 인재를 육성하는 등 사람에 대한 투자를 통해 생산성과 수익성을 향상시키는 우수 중소기업의 일자리정보를 제공한다.

⑥ **가족친화 인증기업관** : 가족친화인증 기업관은 가족친화제도를 모범적으로 운영하는 기업 및 공공기관에 대하여 심사를 통해 인증받은 기업의 채용정보를 제공한다.

⑦ **강소기업관** : 강소기업은 신용평가등급이 높고, 명단공개 체불사업주 또는 산업재해 발생건수 공표기업에 해당하지 않는 중소 · 중견기업이다. 2023년 강소기업은 27,790개소 선정되었다.

⑧ **남녀고용평등 우수기업관** : 남녀고용평등우수기업관에서는 남녀가 동등하게 일할 수 있는 고용환경을 조성하는 등 남녀고용평등 실현에 앞장 선 우수기업의 일자리 정보를 제공한다.

⑨ **사회적기업관** : 사회적기업은 취약계층에게 일자리 및 사회서비스를 제공할 뿐만 아니라, 창의적이고 혁신적인 아이디어로 다양한 사회문제를 해결함으로써 모두가 행복한 대한민국을 만들어가고 있다.

⑩ **청년친화 강소기업관** : 청년친화 강소기업은 강소기업 선정요건을 갖추고 있으며 임금, 일생활균형, 고용안정이 우수하여 청년들이 근무할만한 중소기업이다. 2024년 청년친화강소기업은 533개소 선정되었다.

⑪ **일학습병행 학습기업관** : 일학습병행 학습기업관에서는 회사에서 일하며 배우는 기업의 맞춤형 인재 양성을 적극 지원하고 있는 기업을 소개한다.

(4) 4차 산업혁명

① **개념** : 4차 산업혁명이란 인공지능, 사물 인터넷, 빅데이터, 모바일 등 첨단 정보통신기술이 경제 · 사회 전반에 융합되어 혁신적인 변화가 나타나는 차세대 산업혁명 채용관이다.

② **신직업**

㉠ 사물과 사물이 대화하는 사물인터넷

㉡ 인간처럼 판단하고 예측하는 인공지능

㉢ 대용량 데이터를 무한활용하는 빅데이터

㉣ 가상의 세계를 눈앞에 가져오는 가상/증강현실

㉤ 인간의 생명현상을 연구하는 생명과학

㉥ 소중한 디지털 정보를 보호하는 정보보호

㉦ 인간의 삶을 더욱 편리하게 할 로봇공학

㉧ 운전자의 조작없이 자동차를 움직이는 자율주행

㉨ ICT 지능형 농장 스마트팜

㉩ 지구의 미래를 지키는 환경공학

㉪ 원격 개인맞춤 건강관리 스마트헬스케어

㉫ 상상을 구현하는 3D프린팅

㉬ 언택트 시대를 여는 드론

㉭ 컴퓨터 운영을 위한 프로그램인 소프트웨어

㉮ 환경친화적 미래에너지 신 · 재생에너지

(5) 통합기업정보

① **기업명**

② **지역**

③ **업종**

④ **규모** : 대기업, 중소기업, 중견기업, 기타

⑤ **근로자수** : 5인 미만, 5~10인, 10~30인, 30~50인, 50~100인, 100인 이상

⑥ **인증기업** : 청년친화 강소기업, 강소기업, 일학습병행기업, 가족친화인증기업, 사회적기업, 인재육성형 중소기업, 일자리으뜸기업, 남녀고용평등 우수기업, 일 · 생활 균형 우수기업, 장애인고용 우수기업

(6) 취업정보

① **해외취업정보**

㉠ 국가

㉡ 직종

㉢ 경력 : 무관, 신입, 경력

㉣ 학력 : 중졸 이하, 고졸, 대졸(2~3년), 대졸(4년), 석사, 박사, 학력 무관

② **내 주변 채용정보**

㉠ 서비스 제공을 위하여 로그인한 사용자 기본주소 정보를 이용한다.

㉡ 로그인 하지 않은 경우 '서울특별시 중구 명동'을 기준으로 정보가 제공된다.

❸ 면접전략

(1) 면접의 이해

① 면접은 지원자의 적합성을 다방면으로 파악하기 위한 것이다. 수많은 지원자 중 기업(관)과 해당 직무에 적합한 인재를 단시간 안에 파악하는 것은 쉽지 않은 일이다. 적합성의 요소는 크게 인성, 직무적합성, 조직적합성 세 가지로 구성된다.

㉠ 인성 : 지원자의 성품과 개인이 가지는 사고와 태도 및 행동 특성

㉡ 직무적합성 : 직무수행에 필요한 역량(지식 · 기술 · 태도)

㉢ 조직적합성 : 기업과 직무 특성에 따른 조직문화를 이해하고, 구성원들과 협력하여 좋은 성과를 낼 수 있는 자질

② **인재상 파악하기** : 기업(관)에게 역량만큼 중요하게 평가하는 요소가 바로 기업 인재상에 얼마나 부합하는지이다. 기업에서는 역량이 아무리 뛰어나도 인재상과 맞지 않으면 좋은 점수를 주지 않는다.

㉠ 전문성
㉡ 도덕성
㉢ 창의성
㉣ 팀워크
㉤ 도전정신

③ **면접의 기본**

㉠ 단정한 복장과 헤어스타일은 기본이다.
㉡ 밝은 표정과 바른 자세를 생활화하자.
㉢ 질문을 끝까지 주의 깊게 듣고 정확히 답변하자
㉣ 두괄식으로 간략하게 답변하자.
㉤ 이력서 · 자기소개서와 다른 답변을 하지 않도록 주의하자.

④ **빈출 면접 질문**

(2) AI면접(AI역량검사)

① 직무 능력 중심의 채용 경향과 언택트(Untact, 비대면) 면접의 필요성이 확대되면서 AI면접에 대한 관심이 높아지고 있다. 또한, AI면접은 지원자의 직무역량을 정확히 파악하여 지원자의 강점을 잘 발휘할 수 있는 직무와 기업을 연결할 것으로 기대하고 있다.

② AI면접은 인공지능(AI)을 활용해 지원자의 역량을 평가하는 기술로 'AI역량검사'라는 표현을 사용하기도 한다. AI면접은 뇌신경과학 기반으로 사고와 행동의 패턴을 분석해 지원자의 성향과 역량이 기업 문화와 직무에 적합한지 파악한다.

③ 기존 대면 면접은 서로 대면하여 만나 질의응답을 통해 지원자의 역량을 확인한다. 이를 위해 면접관은 다양한 질문 방식을 활용하여 지원자의 답변 내용과 표정, 태도 등을 평가한다. 반면, AI면접은 질의응답뿐 아니라 게임, 자기보고문항 등의 방법을 함께 활용한다. 질의응답은 공통 질문뿐 아니라 개인 특성에 맞는 심화 질문을 제시한다. 이때 답변을 평가하는 AI시스템은 지원자의 답변을 텍스트로 변환하여 추출한 핵심 키워드를 중심으로 파악하고, 지원자의 표정과 음성 등을 종합적으로 분석한다.

④ 기존 인적성 검사는 대부분 정해진 시간과 장소에서 자기보고식 지필 시험으로 진행된다. 그러나 AI면접(AI역량검사)은 다양한 측정방법(자기보고문항, 게임, 영상 면접)을 이용하여 개인의 특성을 더욱 정확하게 파악한다.

⑤ AI면접은 게임을 수행하는 과정에서의 무의식적 반응을 분석하여 지원자의 본질적인 역량을 측정한다. 다양한 게임 활용은 지원자가 자신을 이상적인 모습으로 꾸며서 답변하는 것을 차단하고 자극에 대한 자연스러운 반응을 끌어낸다. 따라서 게임 점수나 게임을 잘하는 것 자체가 의미 있는 것이 아니라 최상의 컨디션에서 집중하여 게임을 수행하는 것이 중요하다.

⑥ 4차 산업혁명은 일상생활의 편리함뿐 아니라 채용시장에도 큰 영향을 미치고 있다. 인공지능(AI : Artificial Intelligence)을 활용한 채용 시스템은 기업의 시간과 비용을 크게 절약하고 있다. 또한 채용 과정에서 공정성이 더욱 강조되고, 직무 중심의 인재 채용이 확산되면서 인공지능(AI)을 활용한 채용 시스템은 더욱 활성화될 것으로 예상하고 있다.

⑦ AI면접은 지원자의 다양한 역량을 과학적이고 객관적으로 평가하기 위해 개인의 행동적 특성부터 심리적 경향성을 파악하는 프로그램을 활용한다. 거짓 응답을 엄격하게 선별할 수 있도록 설계된 자기보고식 기법과 뇌의 전전두엽 인지능력을 측정하는 역량 분석 게임, 면접 상황에서 보이는 행동의 의미와 특성을 파악하는 영상분석 기술은 지원자를 보다 정확하게 평가한다.

⑧ **면접영상 평가요소** : Visual(표정, 움직임), Verbal(단어 분석, 긍정 · 부정 단어), Vocal(음색, 음높이, 크기, 속도), Vital(맥박, 안면색상 측정)

(3) 화상면접

① 신종 코로나바이러스 감염증(코로나19)이 지속되면서 비대면(Untact) 채용에 대한 관심이 커지고 있다. 화상면접 등 비대면 채용방식의 확산은 코로나19로 인해 위축된 채용시장에 다시 활기를 넣는데 크게 기여 하고 있다.

② 화상면접은 노트북이나 태블릿 PC, 스마트폰 등의 장비를 통해 영상으로 지원자가 원하는 장소에서 일대일 또는 다수의 면접관과 질의응답 방식으로 면접이 이루어진다. 면접관은 영상을 통해 지원자의 모습을 관찰하며 지원자의 역량을 실시간으로 평가한다.

③ 화상면접과 기존의 대면 면접의 제일 큰 차이는 노트북이나 스마트폰 등을 통해 영상으로 대면한다는 것이다. 그러나 질의응답을 통한 면접 진행방식은 대면 면접과 본질적으로 동일하며, 다만 화상면접은 영상을 통해 소통하기 때문에 소통의 매개인 장비가 잘 작동할 수 있도록 점검하여 원활히 소통할 수 있도록 하는 것이 가장 중요하다. 기본적으로 단정한 면접복장과 밝은 표정, 자신감 있는 목소리로 호감도를 높이고, 나아가 화상면접의 다양한 특성을 이해하고 준비하는 것이 필요하다.

④ 화상면접은 기존의 대면 면접의 준비 방법과 크게 다르지 않지만, 영상을 통해 소통하는 특성으로 인해 발생하는 차이점을 인지하고 대응할 필요가 있다. 화상면접은 인터넷 환경에 따라 반응속도가 느리거나 음성이 겹칠 수 있으므로 질문이 끝나고 1~2초 후 답변을 하고, 돌발 상황에 침착하게 대응하는 등의 요령이 필요하다.

⑤ 화상면접은 대면하지 못해 생기는 시각적인 제약으로 인해 면접관은 답변 내용에 더욱 집중하고, 꼬리 질문을 많이 하게 되는 경향이 있다. 따라서 양질의 답변을 할 수 있도록 면접 준비를 더욱 철저히 해야 한다.

❹ 직업심리검사

(1) 개요

① 한국고용정보원 직업심리검사

㉠ 한국고용정보원 직업심리검사는 청소년(9종)과 성인(12종)을 대상으로 총 21종의 검사가 있으며, 각 검사의 안내를 참조하여 자신에게 필요한 검사를 받을 수 있다.

㉡ 검사는 온라인과 지필검사로 모두 받을 수 있고, 워크넷을 통한 온라인검사는 검사 실시 후 결과표를 즉시 확인할 수 있다.

㉢ 지필검사는 고용노동부 고용센터에서 무료로 실시하고 있다(단체검사 실시 가능).

② **직업심리검사의 유형과 방법(총23종)**

㉠ 청소년대상 심리검사(11종)

심리검사 명	검사시간	실시가능
고등학생 적성검사	65분	인터넷, 지필
직업가치관검사	20분	인터넷, 지필
청소년 인성검사	25분	인터넷, 지필
청소년 직업흥미검사	20분	인터넷, 지필
중학생 진로적성검사	63분	인터넷, 지필
청소년 진로발달검사	40분	인터넷, 지필
직업흥미탐색검사(간편형)	5분	인터넷
고등학생진로발달검사(커리어UP)	15분	인터넷, 지필
초등학생진로인식검사(초등 5~6학년)	30분	인터넷, 지필
흥미로 알아보는 직업탐색(job아드림)	2분	청소년, 대학생, 성인
진로준비진단검사(찾아Dream)	2분	청소년, 대학생, 성인

㉡ 성인 대상 심리검사(14종)

심리검사 명	검사시간	실시가능
직업선호도검사 S형	25분	인터넷, 지필
직업선호도검사 L형	60분	인터넷, 지필
구직준비도검사	20분	인터넷, 지필
창업적성검사	20분	인터넷, 지필
직업가치관검사	20분	인터넷
영업직무 기본역량검사	50분	인터넷, 지필
IT직무 기본역량검사	95분	인터넷, 지필
준고령자 직업선호도검사	20분	인터넷
대학생 진로준비도검사	20분	인터넷, 지필

이주민 취업준비도 검사	60분	인터넷
중장년 직업역량검사	25분	인터넷
성인용 직업적성검사	80분	인터넷, 지필
흥미로 알아보는 직업탐색(job아드림)	2분	청소년, 대학생, 성인
진로준비진단검사(찾아Dream)	2분	청소년, 대학생, 성인

㉢ 성인을 위한 직업적응검사 2020년 3회

	검사명	실시기간	측정내용	실시방법
1	구직준비도검사	20분	실직충격 등 3개요인	인터넷/지필
2	창업적성검사	20분	문제해결능력 등 12개요인	인터넷/지필
3	직업전환검사	20분	적극성 등 8개 성격요인	인터넷/지필
4	이주민 취업준비도검사	60분	심리적 요인, 가족의 지지 등 6개요인	인터넷
5	중장년 직업역량검사	25분	경력활동, 직무태도 등 5개요인	인터넷

③ 청소년 직업흥미검사

㉠ 검사대상 : 중 · 고등학생

㉡ 검사시간 : 약 30분 소요

㉢ 주요내용 : 직업적 흥미 탐색 및 적합 직업/학과 안내

㉣ 검사내용 : 시간 제한이 없으며, 문항을 읽고 평소의 생각이나 행동대로 솔직하고 성실하게 응답

측정내용	하위척도 (문항수)
Holland 일반흥미 (6개 유형) 기초흥미분야 (13개 분야)	활동 (61) 자신감 (61) 직업 (63)

흥미유형	현실형(R)	탐구형(I)	예술형(A)	사회형(S)	진취형(E)	관습형(C)
기초흥미 분야	기계 · 기술 사회안전 농림	과학 · 연구	음악 미술 문학	교육 사회서비스	관리 · 경영 언론 판매	사무 · 회계

④ 성인용 직업적성검사 2022년 2회

㉠ 검사대상 : 만 18세 이상

㉡ 검사시간 : 약 80분 소요(시간 제한 있음)

㉢ 주요내용 : 자신의 적성에 맞는 직업분야 제시

㉣ 검사실시요령 : 시간 제한이 있으며, 직업적성을 종합적으로 판단하는 능력검사로 구성

적성요인(문항수)	하위검사	적성요인(문항수)	하위검사
언어력 (43)	어휘력 검사	사물지각력 (30)	사물지각력 검사
	문장독해력 검사	상황판단력 (45)	상황판단력 검사
수리력 (26)	계산능력 검사	기계능력 (15)	기계능력 검사
	자료해석력 검사	집중력 (45)	집중력 검사
추리력 (27)	수열추리1, 2 검사	색채지각력 (20)	색혼합 검사
			색구분 검사
	도형추리력 검사	협응능력 (5)	기호쓰기 검사
공간지각력 (25)	조각맞추기 검사	문제해결능력 (13)	문제해결능력 검사
	그림맞추기 검사 지각속도 검사	사고유창력 (2)	사고유창력 검사

⑤ 직업선호도검사 2020년 1회 2022년 1회

㉠ 비교

	직업선호도검사 S형	직업선호도검사 L형
검사대상	만 18세 이상	
검사시간	약 25분 소요	약 60분 소요
주요내용	흥미검사	흥미검사, 성격검사, 생활사검사
실시요령	• 시간 제한이 없다. • 자기보고식	

㉡ 측정내용

흥미검사	성격검사	생활사검사
• 현실형 • 탐구형 • 예술형 • 사회형 • 진취형 • 관습형	• 외향성 • 호감성 • 성실성 • 정서적 불안정성 • 경험에 대한 개방성	• 독립심 • 가족친화 • 야망 • 학업성취 • 예술성 • 운동선호 • 종교성 • 직무만족

⑥ 청소년 직업인성검사(L형)

㉠ 검사대상 : 중학생 1학년~고등학생 3학년

㉡ 검사시간 : 제한 없음(약 25분)

㉢ 주요내용 : 5가지 성격요인(30가지 하위요인)

외향성	친밀, 사회성, 리더십, 활동성, 자극추구, 긍정정서
호감성	신뢰, 정직, 이타, 협조, 겸손, 동정
성실성	유능감, 정돈, 규칙준수, 성취지향, 자제, 신중
개방성	상상, 심미, 감수성, 경험추구, 지적호기심, 가치
정서적 불안정성	불안, 분노, 우울, 자의식, 충동, 심약

㉣ 검사실시요령 : 시간 제한과 정답이 없으며, 문항을 읽고 평소의 생각이나 행동대로 솔직하고 성실하게 응답

❺ 직업능력개발

(1) 훈련찾기 · 신청

① **훈련 통합검색** : 훈련과정, 훈련기관명, NCS직종 · 능력, 교과명, 자격증, 훈련목표

② 국민내일배움카드 훈련과정

③ K-디지털 아카데미

④ **사업주 훈련과정**

㉠ 사업주가 근로자 또는 채용예정자 및 구직자 등을 대상으로 직업능력개발 훈련을 실시할 경우 훈련비 등의 소요비용을 지원함으로써 사업주의 훈련지원 및 근로자의 능력개발 향상을 도모하는 제도이다.

㉡ 근로자 등을 대상으로 고용노동부장관으로부터 인정받은 교육훈련을 직접 또는 훈련기관에 위탁하여 실시하고 있는 고용보험 가입 사업주를 대상으로 한다.

㉢ 훈련비 지원비율은 기업규모상시근로자 기준에 따라 상이하다.

㉣ 사업주가 보험료 징수법에 따라 부담하는 해당 연도 고용안정 직업능력개발사업 보험료의 100%(우선지원대상기업은 240%)를 지원한다.

㉤ 연간 지원한도금액이 500만 원 미만인 경우에는 500만 원까지 지원한다.

㉥ 훈련대상은 평가성적 60점 이상 학습진도율 80% 이상으로 훈련실시자가 수립한 수료기준에 도달한 사람이다.

⑤ 일학습 병행과정

⑥ 유관기관 훈련과정

⑦ 정부부처별 훈련과정

⑧ STEP 이러닝

⑨ 국가인적자원개발컨소시움훈련

(2) 국가인적자원개발컨소시엄(Consortium for HRD Ability Magnified Program, CHAMP)

① 국가인적자원개발컨소시엄(CHAMP)은 중소기업 재직근로자의 직업훈련 참여 확대와 신성장동력분야, 융복합분야 등의 전략산업 전문인력육성, 산업계 주도의 지역별 직업훈련기반 조성 등을 위해 복수의 중소기업과 인적자원개발 컨소시엄(협약)을 구성한 기업 등에게 공동훈련에 필요한 훈련 인프라와 훈련비 등을 지원하는 대한민국의 대표적인 직업능력개발훈련 사업이다.

② 국가인적자원개발컨소시엄(CHAMP)은 사업주나 참여기관 등이 자체 훈련시설을 활용하여 중소기업 근로자를 대상으로 직업능력개발 훈련을 실시함으로써 직무능력을 향상시키고 인력부족을 해소할 수 있도록 훈련시설 및 장비, 운영비용 등을 지원하는 제도이다.

③ 훈련인프라 부족 등으로 인해 자체적으로 직업훈련을 실시하기 어려운 중소기업들을 위하여, 대기업 등이 자체 보유한 우수 훈련인프라를 활용하여 중소기업이 필요로 하는 기술인력을 양성 · 공급하고 중소기업 재직자의 직무능력향상을 지원하는 제도이다.

④ 대기업에 비해 상대적으로 직업능력개발이 어려운 중소기업 근로자의 훈련 활성화를 위해 우수한 인프라를 가진 대기업의 인력관리시스템을 중소기업에 제공하여 현장에 필요한 전문인력 양성을 통해 고용률 증대와 기업의 매출액 증대를 목표로 2001년부터 추진되었다.

⑤ 고용보험에 가입되어 있는 사업장을 대상으로 협약기업의 실제 훈련수요를 반영하고 재직자의 직무능력 향상을 위하여 실시하는 직업능력개발 교육지원사업을 말한다.

⑥ 직업능력개발의 촉진(고용보험법 제31조, 영 제52조) 규정을 근거로 한다.

❻ 국민취업지원제도 : 구직자 취업촉진 및 생활안정지원에 관한 법률(구직자취업촉진법)

(1) 개념

① 국민취업지원제도는 「구직자 취업촉진 및 생활안정지원에 관한 법률」: 구직자취업촉진법」에 근거하여 저소득 구직자, 청년 실업자, 경력단절여성, 중장년층 등 취업취약계층을 대상으로 취업지원서비스와 생계지원을 함께 제공하는 '한국형 실업부조' 제도이다.

> **구직자취업촉진법 제1조(목적)**
> 이 법은 근로능력과 구직의사가 있음에도 불구하고 취업에 어려움을 겪고 있는 국민에게 통합적인 취업지원서비스를 제공하고 생계를 지원함으로써 이들의 구직활동 및 생활안정에 이바지함을 목적으로 한다.

② 국민취업지원제도는 저소득층, 영세 자영업자 등 취업에 어려움을 겪는 국민들에게 취업지원서비스와 소득지원을 결합하여 제공하는 제도이다.

③ 국민취업지원제도는 기존의 취업성공패키지 및 청년구직활동지원금을 통합하여 취업취약계층을 대상으로 운영되는 종합적 취업지원제도이다.

④ "취업지원"이란 수급자의 취업활동에 도움이 될 수 있는 취업지원서비스 및 구직촉진수당을 지급하는 것을 말한다(구직자취업촉진법 제2조).

⑤ 국민취업지원제도는 구직자에 대한 소득지원, 구직활동의무 부과, 불이행시 제재에 대한 법적 근거로 인해 체계적인 취업 지원이 가능해진다.

(2) 수급자격 인정

① 취업지원서비스의 수급 요건(제6조)

㉠ 근로능력과 구직의사가 있음에도 취업하지 못한 상태일 것

㉡ 취업지원을 신청할 당시 15세 이상 64세 이하일 것

㉢ 가구단위의 월평균 총소득이 기준 중위소득의 100분의 100 이하일 것. 다만, 15세 이상 34세 이하(병역의무를 이행한 경우 병역의무 이행기간을 가산)인 사람은 가구단위의 월평균 총소득이 기준 중위소득의 100분의 120 이하이어야 한다.

② 구직촉진수당의 수급 요건(제7조 제1항)

㉠ 근로능력과 구직의사가 있음에도 취업하지 못한 상태일 것

㉡ 취업지원을 신청할 당시 15세 이상 64세 이하일 것

㉢ 가구단위의 월평균 총소득이 기준 중위소득의 100분의 60 이내의 범위에서 최저 생계비 및 구직활동에 드는 비용 등을 고려하여 대통령령으로 정하는 수준 이하일 것

㉣ 가구원이 소유하고 있는 토지 · 건물 · 자동차 등 재산의 합계액이 6억 원 이내의 범위에서 대통령령으로 정하는 금액 이하일 것

㉤ 취업지원 신청일 이전 2년 이내의 범위에서 대통령령으로 정하는 기간 이상 취업한 사실이 있을 것

③ 구직촉진수당 수급자격 예외(제7조 제3항)

㉠ 취업지원 신청 당시 학업, 군복무, 심신장애 및 간병 등 대통령령으로 정하는 사유로 즉시 취업이 어려운 사람

㉡ 생계급여 수급자

㉢ 구직급여를 받고 있거나 구직급여를 마지막으로 받은 날의 다음 날부터 6개월이 지나지 아니한 사람

㉣ 재정지원 일자리사업 중 대통령령으로 정하는 사업에 참여하고 있거나 참여기간의 마지막 날의 다음 날부터 6개월이 지나지 아니한 사람

㉤ 국가 또는 지방자치단체가 구직활동에 필요한 비용을 지원하는 수당 중 대통령령으로 정하는 수당을 받고 있거나 수당을 마지막으로 받은 날의 다음 날부터 6개월이 지나지 아니한 사람

ⓗ 취업지원 신청인 본인의 월평균 총소득이 대통령령으로 정하는 기준(1인 가구 기준 중위 소득의 100분의 60) 이상인 사람

ⓢ 수급자격을 인정받으려는 사람이 취업할 의사가 없어 고용노동부장관이 취업지원서비스에 참여시키는 것이 적합하지 않다고 인정하는 사람

④ 취업지원의 유예(제11조) 수급자격자 또는 수급자는 다음에 해당하여 취업지원서비스에 참여하기 어려운 경우에는 수급자격의 인정 통지를 받은 날부터 2년 이내의 범위에서 해당 사유가 해소되는 데 필요한 기간 동안 취업지원의 유예를 신청할 수 있다.

ⓐ 본인이 임신하거나 출산 후 90일이 지나지 아니한 경우

ⓑ 본인 또는 배우자가 질병에 걸렸거나 부상을 당한 경우

ⓒ 본인 또는 배우자의 직계존비속이 질병에 걸렸거나 부상을 당한 경우

ⓓ 「병역법」에 따른 의무복무를 하는 경우

ⓔ 6개월 미만 동안 국외에 머무는 경우

ⓗ 그 밖에 취업지원서비스에 참여하기 어려운 경우로서 고용노동부령으로 정하는 경우

(3) 국민취업지원제도 운영방향

① **저소득층에 대한 소득지원 강화** : 「구직자 취업촉진 및 생활안정지원에 관한 법률」을 근거하여 저소득 구직자 등 Ⅰ유형 참여자에게 구직촉진수당(월 50만 원×6개월+부양가족 1인당 10만 원씩 월 최대 40만 원 추가지원)을 지급하여 저소득층의 생계 안정을 지원한다.

② **취업지원서비스 내실화** : 직업훈련뿐만 아니라 일경험 프로그램과 고용·복지서비스의 연계성을 높여 수급자의 개인별 취업 장애 요인 해소를 위한 맞춤형 취업지원서비스를 제공한다.

③ **구직활동 활성화 방안 마련**

ⓐ 취업활동계획을 수립하여 구체적인 구직활동을 하도록 의무를 부여하고, 계획대로 활동하고 있는지 점검한다.

구직자취업촉진법 제12조(취업활동계획)

① 고용노동부장관은 수급자격자와 협의하여 해당 수급자격자에게 필요한 취업지원 프로그램 또는 구직활동지원 프로그램 등에 관한 사항을 포함하여 개인별 취업활동계획을 수립하여야 한다.

② 고용노동부장관은 취업활동계획을 수립하기 위하여 수급자격자에게 직업안정기관 방문, 진로상담 및 직업심리검사 등의 참여, 상담에 필요한 자료 제공 등의 의무를 부과할 수 있다.

③ 고용노동부장관은 수급자격의 인정 통지를 한 날의 다음 날부터 1개월 이내에 취업활동계획 수립을 완료하여야 한다

④ 고용노동부장관은 수급자격자가 제2항에 따른 의무를 정당한 사유 없이 이행하지 아니하는 경우에는 수급자격의 인정을 철회할 수 있다.

⑤ 수급자는 정당한 사유가 없으면 수립된 취업활동계획에 따라야 한다.

㉡ 구직활동 의무를 성실히 이행한 경우에만 구직촉진수당을 지급하고, 의무를 이행하지 않으면 수당 지급이 제한된다.

㉢ 취업활동계획을 수립하지 않거나 구직활동 의무를 이행하지 않으면 해당 지급주기의 구직촉진수당 지급이 중단되며, 3회 이상 지급이 중단되면 구직촉진수당 수급권이 소멸된다.

(4) 지원 대상과 내용 : 정부24의 국민취업지원제도

① 취업을 원하는 청년, 장기실업자, 경력단절여성, 저소득 구직자, 특수형태근로종사자 등 취업취약계층으로 인정되는 사람들은 국민취업지원제도의 지원을 받을 수 있다.

② Ⅰ유형

㉠ 요건심사형 : 15세~69세 구직자 중 가구단위 중위소득 60% 이하이고 재산 4억 원(18~34세 청년은 5억 원) 이하이면서, 최근 2년 안에 100일 또는 800시간 이상의 취업경험이 있는 사람

㉡ 선발형 : 15세~69세 구직자 중 요건심사형 중 취업경험 요건을 충족하지 못한 사람(15~34세 청년은 중위소득 120% 이하, 재산 5억 원 이하, 취업경험 무관)

㉢ 지원내용 : 소득 지원

③ Ⅱ 유형

㉠ 대상 : 15세~69세 구직자 중 Ⅰ유형에는 해당하지 않는 가구단위 중위소득 100% 이하(청년은 소득 무관)

㉡ 지원내용 : 취업활동비용 지원

④ 지원 내용

<table>
<tr><th>Ⅰ유형</th><th>Ⅱ유형</th></tr>
<tr><th colspan="2">공통 내용</th></tr>
<tr><td colspan="2">- 취업취약계층(저소득층, 청년, 경력단절여성 등)에게 맞춤형 취업지원서비스를 제공하고, 저소득 구직자에게는 생계안정을 위한 소득도 함께 지원
- 취업지원(Ⅰ, Ⅱ유형 공통) : 심층상담을 통해 개인별 역량, 의지에 따른 직업훈련, 일경험, 복지 프로그램 연계 등 취업지원서비스 제공</td></tr>
<tr><td>- 소득지원 : 구직활동 이행시 구직촉진수당(월 50~90만 원, 6개월) 지원</td><td>- 취업활동비용지원 : 훈련참여지원수당 등</td></tr>
</table>

2026년 기준 중위소득

- (국민기초생활보장법 제6조 제11호) 기준 중위소득은 보건복지부 장관이 급여기준 등에 활용하기 위하여 중앙생활보장위원회의 심의 · 의결을 거쳐 고시하는 국민 가구소득의 중간값이다.
- (국민기초생활보장법 제6조의2 제1항) 기준 중위소득은 통계청이 공표하는 통계자료의 가구 경상소득(근로소득, 사업소득, 재산소득, 이전소득을 합산한 소득을 말한다)의 중간값에 최근 가구소득 평균 증가율, 가구규모에 따른 소득수준의 차이 등을 반영하여 가구규모별로 산정한다.

- 기준 중위소득은 14개 부처 80여 개 복지 사업의 선정기준 – 생계급여(32% 이하), 의료급여(40% 이하), 주거급여(48% 이하), 교육급여(50% 이하), 고용부 국민취업제도(60% 또는 100% 이하), 교육부 국가장학금(300% 이하), 여가부 아이돌봄서비스(200% 이하), 문체부 예술활동준비금 지원(120% 이하) – 으로 폭넓게 활용되고 있다.

구 분	1인가구	2인가구	3인가구	4인가구	5인가구	6인가구
100%	2,564,238	4,199,292	5,359,036	6,494,738	7,556,719	8,555,952
50%	1,282,119	2,099,646	2,679,518	3,247,369	3,778,360	4,277,976
60%	1,538,543	2,519,575	3,215,422	3,896,843	4,534,031	5,133,571
120%	3,077,085	5,039,151	6,430,843	7,793,685	9,068,063	10,267,142

(5) 취업지원서비스 : Ⅰ · Ⅱ 유형 참여자 모두에게 제공

① 참여자와 고용센터 상담자가 심층 상담, 상호 협의를 통해 개인별 취업의 어려움을 함께 파악한 뒤 취업 능력에 따라 취업활동계획을 수립한다.

② 고용센터는 이를 바탕으로 취업에 필요한 직업훈련, 일경험, 복지서비스 연계, 일자리 소개 등 각종 취업지원서비스를 제공하며 참여자의 구직활동을 지원한다.

③ 국민취업지원제도 참여자는 1년간 취업지원서비스를 받을 수 있다. 참여자가 희망하는 경우 6개월의 범위에서 연장할 수 있다.

(6) 구직촉진수당 : Ⅰ 유형 참여자에게 지급

① 구직 중 최소한의 생활 안정을 위해 구직촉진수당(월 50만 원×6개월 + 부양가족 1인당 10만 원씩 월 최대 40만 원 추가지원)을 지원한다.

※ 부양가족 : 구직촉진수당 지급주기 중 미성년자(만 18세 이하), 고령자(만 70세 이상), 중증장애인(장애인복지법 상 증명서 발급자) 해당자

② 고용센터가 제공하는 취업지원서비스를 통해 구직활동을 성실히 수행한 참여자에게만 지급한다.

③ 지급주기 중 발생한 참여자의 소득이 월 단위 지급액(월 50만 원~90만 원)을 초과하면 구직촉진수당은 지급되지 않는다.

(7) 취업활동비용 : II 유형 참여자에게 지급

직업훈련 참여 기간 동안 생계부담 완화 차원에서 최대 6개월 범위에서 수당(월 최대 284천 원)을 지원한다.

❼ 국민내일배움카드

(1) 개요 2021년 2회

① 국민내일배움카드(직업능력개발계좌)란 2020년 1월부터 기존에 실업자 재직자로 분리 및 운영되던 내일배움카드를 실업, 재직, 자영업 여부에 관계없이 카드를 『국민내일배움카드』로 통합 발급하고 일정 금액의 훈련비를 지원함으로써 직업능력개발 훈련에 참여할 수 있도록 하며, 직업능력개발 훈련이력을 종합적으로 관리하는 제도이다.

② 국민내일배움카드는 급격한 기술발전에 적응하고 노동시장 변화에 대응하는 사회안전망 차원에서 생애에 걸친 역량개발 향상 등을 위해 국민 스스로 직업능력개발훈련을 실시할 수 있도록 훈련비 등을 지원하는데 서비스 목적이 있다.

③ 국민내일배움카드는 고용노동부에서 직업훈련비용 교육비를 지원받는 카드로, 기존에 구직자와 재직자로 나눠서 최대 300만 원까지 혜택을 받을 수 있던 내일배움카드제를 하나로 통합하여 최대 500만 원까지 지원할 수 있도록 한 카드이다.

④ 국민내일배움카드는 카드를 발급받아 승인받은 훈련과정을 성실하게 수강하는 경우 개인별 계좌 한도(5년간 300~500만 원) 범위에서 훈련비 일부 또는 전액(훈련 직종별 취업률, 취업성공패키지 참여 여부에 따라 차등 지원) 및 훈련장려금(월 최대 116천 원)을 지원하는 제도이다.

⑤ 정부지원 직업훈련 참여이력이 있거나 정부지원 훈련에 참여 중인 경우 지원 대상에서 제외될 수 있다.

⑥ **발급대상** : 현직 공무원, 사립학교 교직원, 만 75세 이상인 사람, 졸업까지 남은 수업연한이 2년을 초과하는 대학생, 연 매출 4억 원 이상의 자영업자, 월 임금 300만 원 이상인 특수형태 근로종사자, 월 임금 300만 원 이상이면서 45세 미만인 대규모기업 종사자를 제외하고는 누구나 신청할 수 있다.

> **근로기준법 제64조(최저 연령과 취직인허증)**
>
> ① 15세 미만인 사람(「초 · 중등교육법」에 따른 중학교에 재학 중인 18세 미만인 사람을 포함한다)은 근로자로 사용하지 못한다. 다만, 대통령령으로 정하는 기준에 따라 고용노동부장관이 발급한 취직인허증(就職認許證)을 지닌 사람은 근로자로 사용할 수 있다.
>
> ② 제1항의 취직인허증은 본인의 신청에 따라 의무교육에 지장이 없는 경우에는 직종(職種)을 지정하여서만 발행할 수 있다.
>
> ③ 고용노동부장관은 거짓이나 그 밖의 부정한 방법으로 제1항 단서의 취직인허증을 발급받은 사람에게는 그 인허를 취소하여야 한다.

⑦ **사용 기간** : 실업, 재직, 자영업 여부에 관계없이 국민내일배움카드 한 장으로 5년간 사용이 가능하다.

(2) 국민내일배움카드 운영규정

[시행일 2025. 8. 4.] [고용노동부고시 제2025-43호, 2025. 8. 4., 일부개정]

① **정의(제2조)**

㉠ HRD-Net : 직업능력개발정보망

㉡ 훈련과정 : 고시를 통해 훈련비 등을 지원받을 수 있는 훈련과정

㉢ 단위기간 : 훈련개시일로부터 매 1개월을 단위로 하는 기간(인터넷원격훈련과정은 훈련기간 전체를, 인터넷원격훈련과정이 포함된 혼합훈련과정은 인터넷원격훈련에 해당되는 기간)

㉣ 취업 : 일정기간 이상 직업을 가지고 있는 상태로서 제40조 제2항에서 정한 기준을 충족하는 경우

㉤ 집체훈련 : 훈련을 실시하기 적합하다고 인정받은 시설에서 훈련생을 모아놓고 실시하는 훈련

㉥ 인터넷원격훈련 : 직업능력개발훈련을 실시하려는 자가 정보통신매체를 활용하여 훈련을 실시하고, 훈련생 관리 등이 정보통신망으로 이루어지는 원격훈련

㉦ 우편원격훈련 : 직업능력개발훈련을 실시하려는 자가 인쇄매체로 된 훈련교재를 이용하여 훈련을 실시하고, 훈련생관리 등이 정보통신망으로 이루어지는 원격훈련

㉧ 스마트훈련 : 직업능력개발훈련을 실시하려는 자가 위치기반 서비스, 가상현실 등 스마트기기의 기술적 요소를 활용하거나 특성화된 교수방법을 적용하여 원격제어 등의 방법으로 훈련을 실시하고, 훈련생관리 등이 정보통신망으로 이루어지는 훈련

㉨ 혼합훈련 : 집체훈련과 인터넷원격훈련을 병행하여 이루어지는 훈련

㉩ 법정직무훈련 : 다른 법률이나 규정에 의해서 직무를 수행하기 위해 의무적으로 실시하는 훈련

② **적용범위(제3조)**

㉠ 국가기간 · 전략산업직종훈련

㉡ 직업능력개발계좌제 훈련

③ **계좌 발급** : 지방고용노동관서의 장은 직업훈련이 필요하다고 인정하는 경우에는 훈련비 등을 지원할 수 있는 직업능력개발계좌를 발급할 수 있다.

④ 훈련비 지원 제외

㉠ 「공무원연금법」, 「사립학교교직원 연금법」, 「군인연금법」을 적용받는 재직자

㉡ 만 75세 이상인 사람

㉢ 「외국인근로자의 고용 등에 관한 법률」을 적용받는 외국인

㉣ 지원 · 융자 · 수강 제한의 기간이 종료되지 않은 사람

ⓜ 부정행위에 따른 지원금 등의 반환 명령을 받고 그 납부의 의무를 이행하지 아니하는 사람
ⓑ 중앙행정기관 또는 지방자치단체로부터 훈련비를 지원받는 훈련에 참여하는 사람
ⓢ 이 고시 시행일 이전에 직업능력개발훈련을 3회 지원받았음에도 불구하고, 훈련개시일 이후 취업한 기간이 180일 미만이거나 자영업자로서 피보험기간이 180일 미만인 사람
ⓞ 생계급여 수급자
ⓙ 초 · 중등학교의 재학생(다만, 고등학교 3학년 재학생은 제외)
ⓒ 대학교의 재학생(단, 졸업까지 남은 수업연한이 2년 이내인 사람과 원격대학에 재학 중인 사람은 제외)
ⓚ 대규모기업에 고용된 만 45세 미만인 사람으로서 최근 3개월간 월평균 임금이 300만 원 이상인 사람, 단 다음 각 목에 해당하는 사람은 제외한다.

> 가. 기간제 · 단시간 · 파견 · 일용근로자
> 나. 직업안정기관의 장에게 취업훈련을 신청한 날부터 180일 이내에 이직 예정인 사람
> 다. 경영상의 이유로 90일 이상 무급 휴직 중인 사람
> 라. 사업주가 실시하는 직업능력개발훈련을 수강하지 못한 기간이 3년 이상인 사람
> 마. 「남녀고용평등과 일 · 가정 지원에 관한 법률」에 따른 육아휴직 중인 사람

ⓣ 사업자 또는 영리를 목적으로 자기의 계산과 책임하에 근로를 제공하는 사람으로서 최근 3개월간 월평균 소득이 500만 원 이상인 사람
ⓟ 사업자등록증을 발급받은 사람으로서 사업 기간이 1년 미만이거나, 최근 1년간 매출과세 표준(수입금액)이 4억 원 이상인 사람(다만, 부동산 임대사업자의 경우 사업 기간이 1년 미만이거나, 신고한 부동산임대공급가액이 4천8백만 원 이상인 사람)
ⓗ 사업자등록증을 발급받은 법인의 대표자로서 사업기간이 1년 미만이거나, 최근 1년간 월평균 소득이 300만 원 이상인 사람
㉮ 「소득세법」에 따라 고유번호를 부여받은 단체의 대표로서 최근 1년간 월평균 소득이 300만 원 이상인 사람
㉯ 기타 직업훈련의 필요성이 인정되지 않는 사람

⑤ **계좌발급의 신청 및 발급(제6조)** : 이 고시에 따른 계좌를 발급받아 훈련비를 지원받고자 하는 신청인은 거주지 또는 소속 사업장을 관할하는 지방고용노동관서에 다음 각 호의 서류를 갖추어 계좌발급을 직접 신청하거나, HRD-Net을 통하여 제출하여야 한다.

⑥ **수강 신청(제8조)** : 계좌를 발급받은 사람은 지방고용노동관서를 방문하거나, HRD-Net을 통해 실시가 예정된 내일배움카드 훈련과정을 수강 신청할 수 있다. 다만, 다음 각 호에 해당하는 사람은 거주지 또는 훈련기관 소재지를 관할하는 지방고용노동관서에서 훈련 진단 · 상담을 실시한 후 수강 신청할 수 있다.

㉠ 총 훈련시간이 140시간 이상인 훈련과정을 수강하고자 하는 사람
㉡ 수강신청일 기준 국민취업지원제도에 참여하는 사람
㉢ 기타 취 · 창업 및 이 · 전직 등을 위해 훈련 진단 · 상담이 필요한 사람

⑦ 법정직무훈련과정과 외국어훈련과정은 수강신청일 기준으로 고용보험 피보험자에 한하여 수강 신청을 할 수 있다.

⑧ **내일배움카드의 발급 및 사용(제12조)**
㉠ 제휴카드사는 발급이 결정된 계좌를 신용카드나 직불카드 형태로 발급한다.
㉡ 계좌의 1인당 지원한도(계좌한도)는 300만 원으로 정한다.
㉢ 지방고용노동관서의 장은 다음 각 호의 어느 하나에 해당하는 경우에는 1회에 한하여 다음에서 정한 금액을 제1항에 따른 계좌한도에 추가하여 지원할 수 있다. 이 경우 계좌의 총 한도는 500만 원을 초과할 수 없다.

구분	추가액
1. 기간제, 파견, 단시간, 일용근로자로 재직 중인 피보험자	100만 원
2. 우선지원대상기업에 재직 중인 피보험자	
3. 고용위기지역 및 특별고용지원업종 종사자	
4. 당해연도 기준 중위소득의 50%이하인 자	200만 원

⑨ **계좌의 유효기간(제16조)**
㉠ 발급받은 계좌의 유효기간은 계좌발급일로부터 5년으로 한다.
㉡ 추가 지원의 경우 유효기간은 최초 수강 신청한 디지털 기초역량훈련과정(K-디지털 크레딧) 또는 중장년 새출발 카운슬링(크레딧) 과정 개시일로부터 1년으로 한다.
㉢ 유효기간이 만료하는 경우에는 그 계좌의 잔액은 소멸한다.

⑩ **훈련비를 지원받을 수 있는 내일배움카드 훈련과정(제19조)**
㉠ 국가기간 · 전략산업직종 훈련과정
㉡ 일반계좌제훈련과정
㉢ 법정직무훈련과정(단, 사업주에게 의무가 지워지는 공통 법정직무훈련 등은 제외)
㉣ 외국어훈련과정
㉤ 일반고 특화과정
㉥ 과정평가형 자격과정
㉦ K-디지털 트레이닝
㉧ 디지털 기초역량훈련과정(K-디지털 크레딧)
㉨ 플랫폼 종사자 특화훈련
㉩ 산업구조변화 대응 등 특화훈련

ⓚ 중장년 새출발 카운슬링(크레딧) 과정

ⓣ K-디지털 트레이닝 단기 심화 과정

⑪ **훈련과정 유형별 요건**

㉠ 내일배움카드 훈련과정의 1일 소정훈련시간은 8시간을 초과할 수 없다.

㉡ 유형별 요건은 훈련과정의 유형과 유형별 훈련방법에 따라 달리 정한다.

훈련과정 유형	훈련방법	요건
국가기간 · 전략 산업직종훈련	집체	훈련기간이 3개월 이상 1년 이하이고 소정훈련시간이 350시간 이상일 것
	혼합	인터넷원격훈련은 20시간 이상이고, 소정훈련시간 대비 5% 이상 50% 이하일 것
일반계좌제 훈련과정	집체	(실업자) 소정훈련일수가 10일 이상이고 소정훈련시간이 40시간 이상일 것 (재직자) 훈련일수가 2일 이상이고 훈련시간이 16시간 이상일 것
	인터넷 원격	(실업자) 훈련시간이 20시간 이상일 것. 실업상태에 있는 훈련생만 수강 할 수 있다. (재직자) 훈련시간이 16시간 이상일 것. 재직상태에 있는 훈련생만 수강할 수 있다.
	우편원격	훈련시간이 32시간(2개월) 이상일 것
	스마트	(재직자) 훈련시간이 16시간 이상일 것
	혼합	(실업자) 소정훈련시간이 140시간 이상이고 소정훈련시간 대비 인터넷원격훈련시간이 10% 이상 50% 이하일 것 (재직자) 소정훈련시간이 40시간 이상이고 소정훈련시간 대비 인터넷원격훈련시간이 10% 이상 50% 이하일 것
법정직무 훈련과정	집체	훈련일수가 2일 이상이고 훈련시간이 16시간 이상일 것
	인터넷 원격	훈련시간이 16시간 이상일 것
	우편원격	훈련시간이 32시간(2개월) 이상일 것
	스마트	훈련시간이 16시간 이상일 것
외국어 훈련과정	집체	훈련일수가 2일 이상이고 훈련시간이 16시간 이상일 것(정부지원 훈련비의 시간당 단가는 4,500원 이하로 한다.)
	인터넷 원격	훈련시간이 16시간 이상일 것
특화 훈련과정	집체	별도로 정하는 바에 따른다.
	인터넷 원격	
	스마트	
	혼합	

⑫ **인정받을 수 없는 훈련과정**

㉠ 세미나, 심포지엄 등 단순한 정보교류나 시사 및 일반상식 등 교양의 습득을 주된 목적으로 하는 과정

㉡ 직무에 필요한 지식 및 기술 · 기능과 직접 관련이 없는 취미활동, 오락 및 스포츠 등을 목적으로 하는 과정

㉢ 전문대학 이상의 교육기관에서 학위를 부여할 목적으로 개설되어 있는 정규 교육과정

㉣ 훈련수료 후 창업이나 취업시 「의료법」 등 관련법 위반의 우려가 있는 과정

ⓜ 그 밖에 변호사 · 변리사 · 공인중개사 · 공인노무사 등의 자격시험 및 공무원 공채시험과 관련된 과정 등 지원의 필요성이 적은 과정

ⓑ 다른 법령에 따라 중앙행정기관 등 공공기관에서 지원을 받는 훈련과정

ⓢ 근로자의 직무와 관계없이 다른 법령에서 정한 바에 따라 사업주가 자신이 사용하는 모든 근로자를 대상으로 하는 훈련과정(원격훈련을 포함). 다만, 근로자가 이 · 전직을 위해 자격취득에 필요한 훈련과정은 제외

ⓞ 그 밖에 지원의 필요성이 적다고 판단한 과정

⑬ **내일배움카드 훈련과정의 유효기간(제23조)**

㉠ 내일배움카드 훈련과정의 유효기간은 1년으로 한다.

㉡ ㉠에도 불구하고 우수훈련기관의 경우에는 일반계좌제훈련과정의 유효기간을 인증평가의 효력이 유효한 범위에서 최대 3년으로 정할 수 있다.

⑭ **내일배움카드 훈련과정 수강(제33조)** : 내일배움카드 훈련과정을 수강한 사람은 수료요건을 충족한 날부터 해당 훈련과정 종료 후 30일 이내에 HRD - Net에 해당 훈련과정에 대한 수강평(만족도 조사결과)을 입력하여야 한다. 다만, 수료요건을 충족하기 전에 훈련을 중단한 사람은 훈련중단 후 30일 이내에 수강평을 입력하여야 하고, 원격훈련과정은 최종평가 응시 전에 수강평을 입력하여야 한다.

⑮ **출석률(제36조)**

㉠ 훈련생의 출석률은 계산식에 따라 소수점 이하 첫째 자리까지 계산한다. 다만, 원격훈련과정의 경우에는 "출석률"을 "학습진도율"로 본다.

㉡ 훈련생 등록기간에 중간 편입한 훈련생의 경우에는 단위기간 훈련비 및 훈련장려금 지원액을 결정하기 위한 출석률을 소수점 이하 첫째 자리까지 계산한다.

⑯ **훈련비 지원(제44조, 제46조)**

㉠ 정부승인 훈련비 : 직종별 훈련비 지원단가를 기초로 훈련시간을 감안하여 승인된 훈련비

㉡ 추가 부담 훈련비 : 이 고시에 따른 비용을 지원받을 수는 없으나 훈련기관이 훈련생으로 하여금 추가로 부담하게 하는 훈련비

㉢ 훈련비 지원액(제46조) : 내일배움카드 훈련과정 수강에 따라 지원받을 수 있는 훈련비는 계좌의 잔액 범위에서 다음의 계산식에 따라 산정한다.

구분	계산식
집체 훈련과정	정부승인 훈련비×훈련비 지원율
원격 훈련과정	훈련과정 심사등급에 따른 원격훈련 지원금×훈련시간×훈련비 지원율
혼합 훈련과정	집체훈련과정과 원격훈련과정을 구분하여 훈련비 지원액을 계산하여 결정

⑰ **계좌한도 초과 지원** : 다음에 해당하는 경우에는 계좌의 유효기간 중 1회에 한하여 계좌한도를 초과하여 훈련비 전액을 지원할 수 있다.

㉠ 국가기간 · 전략산업직종 훈련과정에 참여하는 경우

㉡ 일반고 특화과정에 참여하는 경우

㉢ 과정평가형 자격과정에 참여하는 경우

㉣ 디지털 신기술 핵심 실무인재 양성훈련(K-디지털 트레이닝)에 참여하는 경우

㉤ 디지털 기초역량훈련과정(K-디지털 크레딧)에 참여하는 경우

❽ 국가직무능력표준(NCS)

(1) 정의

국가직무능력표준(NCS, National Competency Standards)은 산업현장에서 직무를 수행하기 위해 요구되는 지식 · 기술 · 소양 등의 내용을 국가가 산업 부문별 · 수준별로 체계화한 것으로, 산업현장의 직무를 성공적으로 수행하기 위해 필요한 능력(지식, 기술, 태도)을 국가적 차원에서 표준화한 것을 의미한다.

(2) 분류체계

① 국가직무능력표준의 분류체계는 직무의 유형을 중심으로 국가직무능력표준의 단계적 구성을 나타내는 것으로, 국가직무능력표준 개발의 전체적인 로드맵을 제시한다.

② 한국고용직업분류(KECO : Korean Employment Classification of Occupations)를 중심으로, 한국표준직업분류, 한국표준산업분류 등을 참고하여 분류하였으며, '대분류(24) → 중분류(81) → 소분류(261) → 세분류(1032)개'의 순으로 구성되어 있다.

(3) NCS의 구성

① **직무** : 직무는 국가직무능력표준 분류의 세분류를 의미하고, 원칙상 세분류 단위에서 표준이 개발된다.

② **능력단위**

㉠ 능력단위는 국가직무능력표준 분류의 하위단위로서 국가직무능력 표준의 기본 구성요소에 해당된다.

㉡ 능력단위는 특정 직무에서 업무를 성공적으로 수행하기 위하여 요구되는 능력을 교육훈련 및 평가가 가능한 기능 단위로 개발한 것이다.

㉢ 능력단위는 능력단위요소(수행준거, 지식 · 기술 · 태도), 적용범위 및 작업상황, 평가지침, 직업기초능력으로 구성된다.

㉣ NCS의 능력단위를 교육훈련에서 학습할 수 있도록 구성한 '교수 · 학습 자료'를 NCS 학습모듈이라고 한다.

③ **능력단위요소**

㉠ 능력단위요소란 해당 능력단위를 구성하는 중요한 범위 안에서 수행하는 기능을 도출한 것이다.

㉡ 능력단위요소의 구성 : 수행준거, 지식 · 기술 · 태도

㉢ 수행준거 : 수행준거란 각 능력단위요소별로 능력의 성취여부를 판단하기 위해 개인들이 도달해야 하는 수행의 기준을 제시한 것이다.

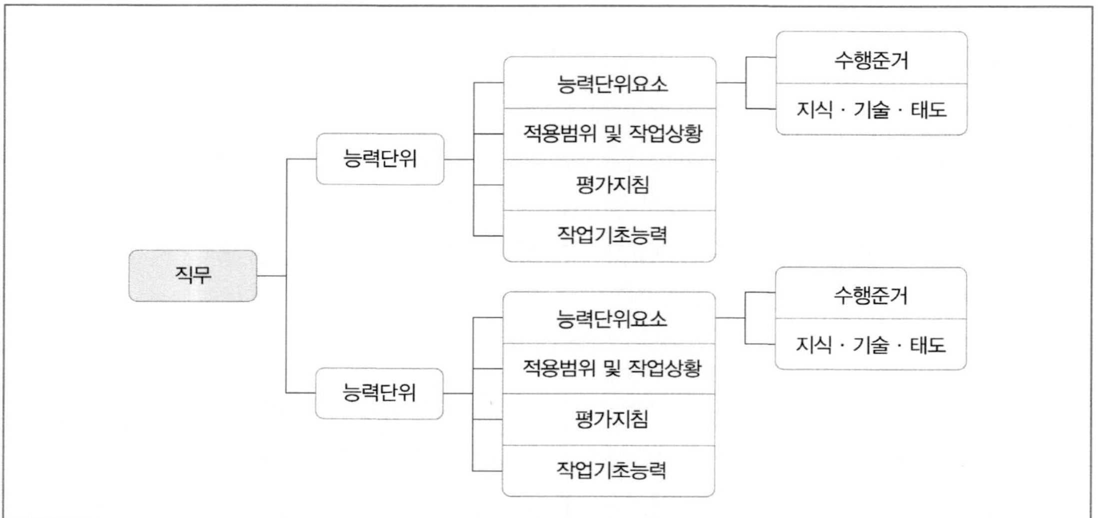

④ **직업기초능력** : 직종이나 직위에 상관없이 모든 직업인들에게 공통적으로 요구되는 기본적인 능력 및 자질

㉠ 문제해결능력

㉡ 자기개발능력

㉢ 의사소통능력

㉣ 수리능력

㉤ 자원관리능력

㉥ 대인관계능력

㉦ 정보능력

㉧ 기술능력

㉨ 조직이해능력

㉩ 직업윤리

(4) 분류번호 체계

① 국가직무능력표준의 분류번호는 국가직무능력표준의 구성단위인 능력단위에 대한 식별번호로 대분류, 중분류, 소분류, 세분류, 능력단위 및 개발연도로 구성된다.

대분류	대분류의 2자리 숫자(2digits)
중분류	대분류 중 중분류의 2자리 숫자(2digits)
소분류	중분류 중 소분류의 2자리 숫자(2digits)
세분류	소분류 중 세분류의 2자리 숫자(2digits)
능력단위	세분류 중 능력단위 연번으로 2자리 숫자(2digits)
개발연도	능력단위 개발 · 보완 연도 2자리 숫자(2012년 → 12)로 작성 앞의 분류와 구분하기 위하여 "_" 이후에 연도 기입
버전	표준 개발 순서 2자리(첫번째 → v, 두번째 → 숫자)/(2digits)

② 0101010101_12v1분류번호체계

01	01	01	01	01	–	12	v1
대분류	중분류	소분류	세분류	능력단위		개발연도	버전

제6절 직업훈련포털 HRD-Net

❶ 개요

1997년 노동부 홈페이지에 직업훈련정보를 제공하면서 시작된 직업능력개발정보망(HRD-Net)은 고용노동부 고용센터, 지방자치센터, 훈련기관에서 훈련과정 · 훈련생 · 훈련비용 등 직업능력개발 사업에 관련된 행정업무 수행을 지원하고, 홈페이지 및 모바일 서비스를 통하여 다양한 직업능력개발정보와 무료 학습콘텐츠 제공으로 평생학습체제에 적합한 대한민국 대표 직업능력지식포털 역할을 수행하고 있다.

❷ 주요 서비스

평생직업능력개발 체제 중심의 대국민 서비스를 위한 다양한 직업능력개발정보 제공 및 무료 학습콘텐츠 개발 · 운영과 선진화된 고용노동 행정업무처리를 위한 전산화 등 행정지원시스템(내부망)으로 개발되어 운영되고 있다.

(1) 통합 HRD-Net(www.hrd.go.kr)

구직자(실업자) · 재직근로자 · 기업 등 교육 · 훈련을 희망하는 수요자들의 능력개발 향상과 직무역량 강화를 위해 차별화된 맞춤형 중심의 다양한 직업능력개발 정보 및 무료 학습콘텐츠를 제공하여 쉽고 편리하게 이용할 수 있는 대국민 서비스 시스템이다.

(2) 행정지원시스템(www.hrd.go.kr)

고용노동부에서 추진하고 있는 정부지원 직업능력개발사업에 대하여 행정업무를 담당하고 있는 각 기관(고용노동부 고용센터, 한국산업인력공단, 지방자치단체, 직업능력개발원, 한국기술교육대학교, 각 훈련기관 등)이 안정적 · 효율적인 업무처리를 수행할 수 있도록 지원하는 시스템이다.

(3) 쉽고 빠른 훈련(능력개발)정보 2020년 4회

① 합리적인 훈련과정 선택을 위한 "실시기관 · 취업률 · 실시/수료인원 · 비용 · 평가등급" 등 다양한 정보를 제공한다.

② 교육 · 훈련을 처음 신청하는 초보자를 위하여 "훈련참여절차 안내 및 관련 법령 · 서식"정보를 제공한다.

③ 국민내일배움카드의 온라인 신청 · 발급 및 현황조회를 할 수 있다.

④ 고용노동부 지원 훈련과정 수강이력, 온라인 훈련문의, 수강평 등록, 수강포기, 출석부, 정산현황 등 개인회원 서비스를 제공한다.

(4) '훈련 – 일자리 – 자격증 – 직업 – 학과 – 콘텐츠' 정보 연계

훈련과정 검색결과에 대한 "자격 · 일자리 · 직업 · 학과 · 학습콘텐츠" 등 관련분야의 통합적인 고용정보를 제공한다.

(5) 특화된 개인 서비스 제공

① **학습계획수립** : 현재경력과 희망경력 설정을 통하여 희망경력에 필요한 추천 교육 · 훈련정보를 확인하고 학습계획 수립 후 커리어 맵 설정 및 관리를 해준다.

② **이력 및 경력관리** : 훈련상담에서부터 개인이 수강한 교육 · 훈련과정에 대한 수강결과 · 출결사항 · 비용지원현황 등의 전체적인 이력정보와 수강평 등 만족도를 평가관리한다.

❸ 내용

훈련과정	지원제도	일자리 · 직업정보	지식정보센터
• 국민내일배움카드 • K-디지털 트레이닝 • K-디지털 크레딧 • 기업훈련과정 • 일학습병행과정 • 정부부처별훈련과정 • 유관기관훈련과정	• 정부지원사업안내 • 범부처신기술훈련사업 • 정부부처별지원사업안내 • 법령/서식/규정 • 일학습병행	• 구인정보 • 자격정보 • 직업사전 • 학과정보 • NCS 분류체계	• 인재뱅크 • 스타훈련교사 • 훈련기관평가정보 • 훈련/고용통계

(1) 훈련과정

① **국민내일배움카드훈련과정** : 직업능력개발 훈련과정을 간편하게 검색할 수 있다.

② **K – 디지털 트레이닝** : 선도국가로 도약하기 위한 디지털 신기술 분야의 핵심 실무인재 양성사업 훈련과정을 검색할 수 있다.

㉠ 키워드 검색
㉡ 지역별 검색
㉢ NCS 직종별 검색
㉣ 훈련유형별 검색

③ **K – 디지털 크레딧** : K – 디지털 크레딧과정을 간편하게 검색할 수 있다.

㉠ 키워드 검색
㉡ 지역별 검색
㉢ NCS 직종별 검색

④ **기업훈련과정** : 기업이 근로자 등을 대상으로 실시하는 훈련과정을 간편하게 검색할 수 있다.
   ㉠ 키워드 검색
   ㉡ 지역별 검색
   ㉢ NCS 직종별 검색
   ㉣ 훈련유형별 검색

⑤ **일학습병행과정** : 기업현장에서 요구하는 실무형 인재 양성을 위한 일학습병행 훈련과정을 간편하게 검색할 수 있다.

⑥ **정부부처별 훈련과정** : 대한민국정부 각 부처에서 실시하고 있는 직업능력개발 훈련지원 프로그램 및 유관 사업훈련과정을 간편하게 검색할 수 있다.

⑦ **유관기관 훈련과정** : 유관기관 훈련과정을 간편하게 검색할 수 있다.

(2) 지원제도

① **정부지원사업안내** : 구직자 및 근로자와 기업(사업주)들의 다양한 요구와 필요에 맞는 직업능력개발 훈련지원 프로그램을 소개한다.
   ㉠ 국민내일배움카드 : 급격한 기술발전에 적응하고 노동시장 변화에 대응하는 사회안전망 차원에서 생애에 걸친 역량개발 향상 등을 위해 국민 스스로 직업능력개발훈련을 실시할 수 있도록 훈련비 등을 지원한다.
   ㉡ 국가기간 · 전략산업직종 훈련 : 국가의 기간산업 및 전략산업 등의 산업분야에서 부족하거나 수요가 증가할 것으로 예상되는 직종에 대한 직업능력개발훈련을 실시하여 기업에서 필요로 하는 기술 · 기능인력 양성 · 공급을 지원하는 제도이다.
   ㉢ 일반고 특화 직업능력개발훈련 : 대학 진학이 아닌 취업을 희망하는 일반고 3학년에게 맞춤형 직업능력개발훈련 기회를 부여하여 노동시장 조기진입을 촉진한다.
   ㉣ 4차 산업혁명 선도인력 양성훈련 : 급격한 산업구조 재편 및 신산업 분야의 전문 기술인력 수요 증가 등 4차 산업혁명 중심의 변화에 선도적으로 대응하고자 신기술 고숙련 인력 양성 및 공급을 위한 융합형 고급훈련과정을 운영한다.
   ㉤ 청년취업아카데미 : 기업 · 사업주단체, 대학 또는 민간훈련기관이 직접 산업현장에서 필요한 직업능력 및 인력 등을 반영하고 청년미취업자에게 대학과 협력하여 연수과정 또는 창조적 역량 인재과정(창직과정)을 실시한 후 취업 또는 창직, 창업활동과 연계되는 사업을 말한다.
   ㉥ 사업주 직업능력개발훈련 : 사업주가 소속 근로자들의 직무수행능력 향상훈련을 실시할 때, 이에 소요되는 비용의 일부를 지원해주는 제도로, 일명 사업주 훈련이라고 한다.

사업주 지원훈련

㉠ 사업주가 근로자 또는 채용예정자 및 구직자 등을 대상으로 직업능력개발 훈련을 실시할 경우 훈련비 등의 소요비용을 지원함으로써 사업주의 훈련지원 및 근로자의 능력개발 향상을 도모하는 제도이다.
㉡ 근로자 등을 대상으로 고용노동부장관으로부터 인정받은 교육훈련을 직접 또는 훈련기관에 위탁하여 실시하고 있는 고용보험 가입 사업주를 대상으로 한다.
㉢ 훈련비 지원비율은 기업규모(상시근로자 기준)에 따라 상이하다(개정 : 2020년 1월 20일).
㉣ 사업주가 「보험료 징수법」에 따라 부담하는 해당 연도 고용안정 · 직업능력개발사업 보험료의 100분의 100(우선지원대상기업은 100분의 240)을 지원한다.
㉤ 연간 지원한도금액이 500만 원 미만인 경우에는 500만 원까지 지원한다.
㉥ 훈련대상은 평가성적 60점 이상, 학습진도율 80% 이상으로 훈련실시자가 수립한 수료기준에 도달한 사람이다.

㉦ 재직자 디지털융합훈련 : Post-코로나 시대 경제 · 사회구조 변화에 대응하기 위한 빅데이터, 인공지능 등 디지털 뉴딜의 핵심기술에 대한 근로자 역량강화가 필요하며, 시 · 공간의 제약없이 훈련이 가능한 원격훈련의 강점을 살려 재직자의 디지털 융합기술 개발을 지원하는 훈련이다.

㉧ 국가인적자원개발컨소시엄(CHAMP) : 중소기업 재직근로자의 직업훈련 참여 확대와 신성장동력분야, 융복합분야 등의 전략산업 전문인력육성, 산업계 주도의 지역별 직업훈련 기반 조성 등을 위해 다수의 중소기업과 훈련 컨소시움(협약)을 구성한 기업 등에게 공동훈련에 필요한 훈련 인프라와 훈련비 등을 지원하는 제도이다.

㉨ 일학습병행 : 산업현장의 실무형 인재양성을 위하여 기업이 취업을 원하는 청년 등을 학습근로자로 채용하여, 맞춤형 체계적 훈련을 제공하고, 훈련종료 후 학습근로자 역량평가 및 자격 인정을 통한 노동시장의 통용성을 확보하고자 하는 제도이다.

㉩ 중소기업 훈련지원(학습조직화 지원 + 대한민국 산업현장 교수제) : 인적자원 개발에 대한 투자여력이 부족한 중소기업 노동자들의 직업능력개발 참여를 촉진하고 중소기업 경쟁력 제고를 지원하는 제도이다.

㉪ 과정평가형 국가기술자격 : 국가직무능력표준(NCS) 기반의 일정 요건을 충족하는 교육 · 훈련과정을 충실히 이수한 사람에게 내부 · 외부 평가를 거쳐 일정 합격기준을 충족하는 사람 – 출석률 75% 이상이면서, 내부평가(훈련기관) 및 외부평가(한국산업인력공단) 결과 평균점수 80점 이상인 경우 – 에게 국가기술자격을 부여하는 제도이다.

㉫ 지역산업맞춤형 일자리 창출지원 : 지역 및 산업별 특성에 맞는 일자리 창출, 인적자원개발 등을 위해 지방자치단체가 지역일자리 사업을 제안하면 고용노동부에서 사업을 선정하여 사업비를 지원하는 일자리 공모제도이다.

ⓟ 장애인 능력개발지원 : 다양한 직업훈련을 통해 재직자의 직무능력을 향상시키고, 실업자는 직무능력을 향상시켜 취업을 돕는 제도이다.

ⓗ 국가직무능력표준(NCS) : 산업현장에서 필요한 인력양성을 위해 직무 수행에 요구되는 지식 · 기술 · 소양 등의 내용을 국가가 산업부문별, 수준별로 체계화한 제도이다.

㉮ 직업능력개발훈련기관 인증평가 : 훈련기관의 성과와 역량을 평가하여 정부지원훈련의 위탁자격을 인증하는 제도이다.

㉯ 직업훈련 생계비 대부 : 생계비에 대한 부담 없이 장기간 체계적인 훈련을 받을 수 있도록 생계비를 빌려주는 사업이다.

㉰ 고용위기지역 지정 : 고용사정이 현저히 악화되었거나 급격한 고용감소가 확실시되는 지역을 고용위기지역으로 지정하여 고용안정과 일자리 창출 등을 위한 사업의 원활한 추진 및 지역 고용활성화를 도모하는 제도이다.

㉱ 숙련기술 장려 : 국민에게 산업에 필요한 숙련기술의 습득을 장려하고 숙련기술의 향상을 촉진하는 동시에 숙련기술자에 대한 사회적 인식을 높임으로써 숙련기술자의 경제적 · 사회적 지위 향상 및 산업경쟁력 제고를 지원하는 제도이다.

② **범부처 디지털훈련사업**

㉠ AI · 빅데이터

㉡ 첨단소재

㉢ 바이오

㉣ 클라우드

㉤ 스마트제조

③ **정부부처별 지원사업 안내**

㉠ 방위산업 전문인력 양성사업

㉡ 빅데이터 아카데미

㉢ 의료기기규제과학 전문가 양성 및 취업지원

㉣ 우주분야 인력양성사업 및 이해도 제고(우주기술전문연수)

㉤ 신규 국적부원 양성사업

㉥ 문화콘텐츠 전문인력 양성 및 취업지원사업

④ **법령/서식/규정**

㉠ 고용보험법(시행령, 시행규칙)

㉡ 국가기술자격법(시행령, 시행규칙)

㉢ 국민 평생 직업능력 개발법(시행령, 시행규칙)

㉣ 업무서식 및 규정

⑤ **일학습병행**

㉠ 세계적으로 확산되고 있는 일터 기반 학습을 한국현실에 맞게 설계한 '현장기반 훈련'으로 기업이 청년을 채용한 후 NCS기반으로 업무 현장 및 사업장 외에서 훈련을 실시하고 평가를 통해 자격을 주는 새로운 교육훈련제도이다.

㉡ 산업현장 일학습병행 지원에 관한 법률(일학습병행법) 제1조(목적) 이 법은 사업주가 실시하는 직업교육훈련인 일학습병행의 내용과 방법 및 일학습병행에 참여하는 학습근로자의 근로조건의 보호 등에 관한 사항을 정하고, 일학습병행과 자격을 연계하여 학습근로자의 고용촉진 및 사회적 · 경제적 지위의 향상을 도모함으로써 국민경제의 발전에 이바지함을 목적으로 한다.

㉢ 사업주가 근로자를 고용하여 주로 해당 근로자의 근무장소 또는 해당 기업의 생산시설 · 장비를 활용하여 기업 내의 전문적인 기술 · 지식이 있는 자로 하여금 해당 근로자의 직무수행에 필요한 지식, 기술, 소양 등을 전수하는 도제식 현장교육훈련과 이를 보완하기 위하여 근무장소 또는 생산시설과 분리된 시설이나 교육훈련기관에서 실시되는 현장외교육훈련을 함께 제공하고 그 결과에 따라 자격 또는 학력 등으로 인정받도록 하는 교육훈련을 말한다.

(3) 일자리 · 직업정보

① **구인정보**

② **자격정보** : 국가자격, 공인민간자격, 국가기술자격 시험일정

③ **직업사전**

④ **학과정보** : 학과정보검색, 이색학과

⑤ **NCS 분류체계**

제7절 기타 고용정보망

❶ 고용보험법 : 고용지원정책 및 제도

(1) 고용보험 개요

① **고용보험제도의 개념**

고용보험제도는 실직근로자에게 실업급여를 지급할 뿐 아니라 근로자의 직업능력을 개발하고 노동시장의 구조조정과정에서 실업을 예방하기 위하여 근로자는 물론 사업주에 대한 각종 지원사업을 복합적으로 실시하는 사전적이고도 적극적인 고용정책수단이다.

② **고용보험 시행의 목적**

㉠ 실업의 예방
㉡ 고용의 촉진
㉢ 근로자의 직업능력의 개발과 향상
㉣ 국가의 직업지도와 직업소개 기능 강화
㉤ 실직 근로자의 생활안정
㉥ 실직 근로자의 구직 활동 촉진
㉦ 경제 · 사회 발전에 이바지

③ **피보험자**

㉠ 고용산재보험료징수법에 따라 보험에 가입되거나 가입된 것으로 보는 근로자, 예술인 또는 노무제공자
㉡ 고용산재보험료징수법에 따라 고용보험에 가입하거나 가입된 것으로 보는 자영업자

④ **정의**

㉠ 이직(離職) : 피보험자와 사업주 사이의 고용관계가 끝나게 되는 것(예술인 및 노무제공자의 경우에는 문화예술용역 관련 계약 또는 노무제공계약이 끝나는 것)
㉡ 실업 : 근로의 의사와 능력이 있음에도 불구하고 취업하지 못한 상태에 있는 것
㉢ 실업의 인정 : 직업안정기관의 장이 제43조에 따른 수급자격자가 실업한 상태에서 적극적으로 직업을 구하기 위하여 노력하고 있다고 인정하는 것
㉣ 일용근로자 : 1개월 미만 동안 고용되는 자

⑤ **고용보험 업무 담당**

㉠ 고용노동부장관
㉡ 직업안정기관의 장
㉢ 근로복지공단

(2) 고용보험의 적용

① **적용 범위**

㉠ 고용보험은 근로자를 사용하는 모든 사업 또는 사업장에 적용한다. 다만, 산업별 특성 및 규모 등을 고려하여 대통령령으로 정하는 사업에 대해서는 적용하지 아니한다.

㉡ 고용보험은 예술인 또는 노무제공자의 노무를 제공받는 사업에 적용하되, 고용보험법 제5장의2 예술인인 피보험자에 대한 고용보험 특례 또는 고용보험법 제5장의3 노무제공자인 피보험자에 대한 고용보험 특례에서 규정된 사항에 한정하여 각각 적용한다.

② **보험관계의 성립 · 소멸(제9조)** : 보험관계의 성립 및 소멸에 대하여는 고용산재보험료징수법으로 정하는 바에 따른다.

③ **적용 제외(제10조)**

㉠ 1개월간 소정근로시간이 60시간 미만인 사람(1주간의 소정근로시간이 15시간 미만인 사람을 포함)을 말한다.

㉡ 공무원. 다만, 대통령령으로 정하는 바에 따라 별정직공무원, 임기제공무원의 경우는 본인의 의사에 따라 고용보험(제4장 실업급여에 한한다)에 가입할 수 있다.

㉢ 「사립학교교직원 연금법」의 적용을 받는 자

㉣ 별정우체국 직원

㉤ 65세 이후에 고용(65세 전부터 피보험 자격을 유지하던 사람이 65세 이후에 계속하여 고용된 경우는 제외한다)되거나 자영업을 개시한 사람에게는 제4장 실업급여 및 제5장 육아휴직급여를 적용하지 아니한다.

④ **외국인근로자에 대한 적용(제10조의2)** : 「외국인근로자의 고용 등에 관한 법률」의 적용을 받는 외국인근로자에게는 이 법을 적용한다. 다만, 제4장 실업급여 및 제5장 육아휴직급여 등은 고용노동부령으로 정하는 바에 따른 신청이 있는 경우에만 적용한다.

(3) 고용보험의 재정

① **국고의 부담(제5조)**

㉠ 국가는 매년 보험사업에 드는 비용의 일부를 일반회계에서 부담하여야 한다.

㉡ 국가는 매년 예산의 범위에서 보험사업의 관리 · 운영에 드는 비용을 부담할 수 있다.

② **보험료(제6조)**

㉠ 보험사업에 드는 비용을 충당하기 위하여 징수하는 보험료와 그 밖의 징수금에 대하여는 고용산재보험료징수법으로 정하는 바에 따른다.

㉡ 고용산재보험료징수법에 따라 징수된 고용안정 · 직업능력개발 사업의 보험료 및 실업급여의 보험료는 각각 그 사업에 드는 비용에 충당한다. 다만, 실업급여의 보험료는 국민연금 보험료의 지원, 육아휴직 급여의 지급, 육아기 근로시간 단축 급여의 지급, 출산전후휴가 급여등 및 출산전후급여등의 지급에 드는 비용에 충당할 수 있다.

징수 보험료	징수 및 충당
실업급여 보험료	• 근로자 부담 = 근로자 보수총액×실업급여의 보험료율×1/2 • 사업주 부담 = 근로자 보수총액×실업급여의 보험료율×1/2 • 충당 : 실업급여 비용 + 국민연금 보험료 지원 + 육아휴직급여 비용 + 육아기 근로시간 단축 급여 + 출산전후휴가급여 비용
고용안정 직업능력개발사업 보험료	• 사업주 부담 = 근로자 보수총액×고용안정 · 직업능력개발사업의 보험료율 • 충당 : 고용안정 · 직업능력개발 사업의 비용

③ **개산보험료와 확정보험료**

㉠ 보험료의 부과 · 징수(고용산재보험료징수법 제16조의2) : 고용보험료는 근로복지공단이 매월 부과하고, 건강보험공단이 이를 징수한다.

㉡ 건설업 등의 개산보험료의 신고와 납부(고용산재보험료징수법 제17조) : 건설업과 벌목업의 사업주는 보험연도마다 그 1년 동안에 사용할 근로자(적용 제외 근로자는 제외)에게 지급할 보수총액의 추정액에 고용보험료율 및 산재보험료율을 각각 곱하여 산정한 개산보험료를 그 보험연도의 3월 31일까지 공단에 신고 · 납부하여야 한다.

㉢ 건설업 등의 확정보험료의 신고 · 납부 및 정산(고용산재보험료징수법 제19조) : 건설업과 벌목업의 사업주는 매 보험연도의 말일까지 사용한 근로자(적용 제외 근로자는 제외)에게 지급한 보수총액에 고용보험료율 및 산재보험료율을 각각 곱하여 산정한 확정보험료를 다음 보험연도의 3월 31일까지 공단에 신고하여야 한다. 다만, 납부하거나 추가징수한 개산보험료의 금액이 확정보험료의 금액을 초과하는 경우에 공단은 그 초과액을 사업주에게 반환하여야 하며, 부족한 경우에 사업주는 그 부족액을 다음 보험연도의 3월 31일까지 납부하여야 한다.

(4) 고용안정 · 직업능력개발 사업

① **고용안정 · 직업능력개발 사업의 실시(제19조)** : 고용노동부장관은 피보험자 및 피보험자였던 자, 그 밖에 취업할 의사를 가진 자에 대한 실업의 예방, 취업의 촉진, 고용기회의 확대, 직업능력개발 · 향상의 기회 제공 및 지원, 그 밖에 고용안정과 사업주에 대한 인력 확보를 지원하기 위하여 고용안정 · 직업능력개발 사업을 실시한다.

② **우선지원 대상기업** : 고용노동부장관은 고용안정 · 직업능력개발 사업을 실시할 때에는 근로자의 수, 고용안정 · 직업능력개발을 위하여 취한 조치 및 실적 등 대통령령으로 정하는 기준에 해당하는 기업을 우선적으로 고려하여야 한다.

(5) 고용안정사업

① **고용창출지원사업(고용보험법 제20조, 시행령 제17조)** : 고용노동부장관은 고용환경 개선, 근무형태 변경 등으로 고용의 기회를 확대한 사업주에게 대통령령으로 정하는 바에 따라 필요한 지원을 할 수 있다.

㉠ 일자리 함께하기 지원
㉡ 시간선택제 신규고용 지원
㉢ 국내복귀기업 지원
㉣ 고용촉진장려금 지원

② **고용안정장려금**
㉠ 정규직 전환 지원
㉡ 시간선택제 전환 지원
㉢ 일가정양립 환경개선 지원
㉣ 출산육아기 고용안정장려금 지원

③ **고용유지지원금**
㉠ 고용유지지원금
㉡ 무급휴업 · 휴직 고용유지 지원금

④ **청장년고용지원**
㉠ 청년내일채움공제
㉡ 중소기업 청년추가고용 장려금
㉢ 60세 이상 고령자고용 장려금
㉣ 신중년 적합직무 고용창출 장려금
㉤ 장년 근로시간 단축 지원금

⑤ **고용환경개선지원** : 직장어린이집 운영비 및 인건비 지원

❷ 국민 평생직업능력개발법

법률 제19174호 일부개정 2023. 01. 03.

(1) 개요

① **목적(제1조)** : 이 법은 모든 국민의 평생에 걸친 직업능력개발을 촉진 · 지원하고 산업현장에서 필요한 인력을 양성하며 산학협력 등에 관한 사업을 수행함으로써 국민의 고용창출, 고용촉진, 고용안정 및 사회 · 경제적 지위 향상과 기업의 생산성 향상을 도모하고 능력중심사회의 구현 및 사회 · 경제의 발전에 이바지함을 목적으로 한다.

② **정의(제2조)**

㉠ 직업능력개발훈련 : 모든 국민에게 평생에 걸쳐 직업에 필요한 직무수행능력을 습득 · 향상시키기 위하여 실시하는 훈련

㉡ 직업능력개발사업 : 직업능력개발훈련, 직업 · 진로 상담 및 경력개발 지원, 직업능력개발훈련 과정 · 매체의 개발 및 직업능력개발에 관한 조사 · 연구 등을 하는 사업

㉢ 직업능력개발훈련시설

공공직업훈련시설	국가 · 지방자치단체 및 대통령령으로 정하는 공공단체가 직업능력개발훈련을 위하여 설치한 시설로서 고용노동부장관과 협의하거나 고용노동부장관의 승인을 받아 설치한 시설
지정직업훈련시설	직업능력개발훈련을 위하여 설립 · 설치된 직업전문학교 · 실용전문학교 등의 시설로서 고용노동부장관이 지정한 시설

㉣ 근로자 : 사업주에게 고용된 사람과 취업할 의사가 있는 사람

㉤ 기능대학 : 전문대학으로서 학위과정인 다기능기술자과정 또는 학위전공심화과정을 운영하면서 직업훈련과정을 병설운영하는 교육 · 훈련기관

③ **직업능력개발훈련의 기본원칙(제3조)**

㉠ 직업능력개발훈련은 국민 개개인의 희망 · 적성 · 능력에 맞게 국민의 생애에 걸쳐 체계적으로 실시되어야 한다.

㉡ 직업능력개발훈련은 민간의 자율과 창의성이 존중되도록 하여야 하며, 노사의 참여와 협력을 바탕으로 실시되어야 한다.

㉢ 직업능력개발훈련은 성별, 연령, 신체적 조건, 고용형태, 신앙 또는 사회적 신분 등에 따라 차별하여 실시되어서는 아니 되며, 모든 국민에게 균등한 기회가 보장되도록 노력하여야 한다.

④ **직업능력개발훈련 대상(제3조 제4항)**[개정 2023.1.3.] [시행일 2023.7.4.]

㉠ 고령자 · 장애인

㉡ 「국민기초생활 보장법」에 따른 수급권자

㉢ 국가유공자와 그 유족 또는 가족이나 보훈보상대상자와 그 유족 또는 가족

㉣ 5.18민주유공자와 그 유족 또는 가족

㉤ 제대군인 및 전역예정자

㉥ 여성근로자

㉦ 중소기업의 근로자

㉧ 일용근로자, 단시간근로자, 기간을 정하여 근로계약을 체결한 근로자, 일시적 사업에 고용된 근로자

㉨ 파견근로자

㉩ 「학교 밖 청소년 지원에 관한 법률」에 따른 학교 밖 청소년

(2) 국민의 자율적인 직업능력개발 지원

① **직업능력개발훈련 지원(제12조)** : 국가와 지방자치단체는 국민의 고용창출, 고용촉진 및 고용안정을 위하여 직업능력개발훈련을 실시하거나 직업능력개발훈련을 받는 사람에게 비용을 지원할 수 있다. 이 경우 제3조 제4항 각 호에 해당하는 사람에 대하여는 우선적으로 지원될 수 있도록 하여야 한다.

② **국가기간 · 전략산업직종에 대한 직업능력개발훈련의 실시(제15조)** : 국가와 지방자치단체는 다음의 국가기간 · 전략산업직종에 대한 원활한 인력수급을 위하여 필요한 직업능력개발훈련을 실시할 수 있다.

㉠ 국가경제의 기간(基幹)이 되는 산업 중 인력이 부족한 직종

㉡ 정보통신산업 · 자동차산업 등 국가전략산업 중 인력이 부족한 직종

㉢ 그 밖에 산업현장의 인력수요 증대에 따라 인력을 양성할 필요가 있다고 고용노동부장관이 고시하는 직종

③ **직업능력개발훈련의 위탁(제16조, 시행령 제12조)** : 직업능력개발훈련을 실시하려는 국가 또는 지방자치단체는 다음의 대통령령으로 정하는 자와 위탁계약을 체결하여 직업능력개발훈련을 실시할 수 있다.

㉠ 직업능력개발훈련시설

㉡ 「고등교육법」 제2조에 따른 학교

㉢ 평생교육시설

㉣ 평생직업교육학원

㉤ 직업능력개발훈련을 위탁하여 실시하려는 기관의 장이 그 직업능력개발훈련을 실시할 능력이 있다고 인정하는 시설 또는 기관

④ **근로자의 자율적 직업능력개발 지원(제17조)** : 고용노동부장관은 재직 중인 근로자의 자율적인 직업능력개발을 지원하기 위하여 근로자에게 다음 각 호의 비용을 지원하거나 융자할 수 있다.

⑤ **직업능력개발계좌의 발급 및 운영(제18조)** : 고용노동부장관은 제12조 및 제17조에 따라 국민의 자율적 직업능력개발을 지원하기 위하여 직업능력개발훈련 비용을 지원하는 직업능력개발계좌를 발급하고 이들의 직업능력개발에 관한 이력을 종합적으로 관리하는 제도를 운영할 수 있다.

(3) 사업주 등의 직업능력개발사업 지원

① **사업주 및 사업주단체등에 대한 직업능력개발 지원(제20조)** : 고용노동부장관은 직업능력개발사업을 하는 사업주나 사업주단체 · 근로자단체 또는 그 연합체에게 그 사업에 필요한 비용을 지원하거나 융자할 수 있다.

② **직업능력개발단체의 직업능력개발사업 지원(제23조)** : 고용노동부장관은 대통령령으로 정하는 비영리법인 또는 비영리단체가 실시하는 직업능력개발사업에 필요한 비용을 지원하거나 융자할 수 있다.

(4) 직업능력개발훈련시설

① **공공직업훈련시설의 설치** : 국가, 지방자치단체 또는 공공단체는 공공직업훈련시설을 설치 · 운영할 수 있다. 이 경우 국가 또는 지방자치단체가 공공직업훈련시설을 설치하려는 때에는 고용노동부장관과 협의하여야 하며, 공공단체가 공공직업훈련시설을 설치하려는 때에는 고용노동부장관의 승인을 받아야 한다.

② **지정직업훈련시설** : 지정직업훈련시설을 설립 · 설치하여 운영하려는 자는 다음의 요건을 갖추어 고용노동부장관의 지정을 받아야 한다.

㉠ 해당 훈련시설을 적절하게 운영할 수 있는 인력 · 시설 및 장비 등을 갖추고 있을 것.

㉡ 해당 훈련시설을 적절하게 운영할 수 있는 교육훈련 실시 경력을 갖추고 있을 것

㉢ 직업능력개발훈련을 실시하려는 훈련 직종별로 해당 직종과 관련된 제33조에 따른 직업능력개발훈련교사 1명 이상을 둘 것

㉣ 직업능력개발훈련시설의 운영에 필요하다고 대통령령으로 정하는 요건을 갖출 것

❸ 한국직업사전

(1) 발간 목적

① **발간목적**

㉠ 「한국직업사전」은 급속한 과학기술 발전과 산업구조 변화 등에 따라 변동하는 직업세계를 체계적으로 조사 · 분석하여 표준화된 직업명과 기초직업정보를 제공할 목적으로 발간된다.

㉡ 「한국직업사전」은 청소년과 구직자, 이 · 전직 희망자에게는 직업선택을 위해, 직업 및 진로상담원에게는 진로선택 및 취업상담자료로, 직업훈련담당자에게는 직업훈련과정 개발을 위해, 연구자에게는 직업분류체계 개발과 기타 직업연구를 위해, 그리고 노동정책 수립자에게는 노동정책 수립을 위해 기초자료로 사용될 수 있다.

② **유의사항**

㉠ 「한국직업사전」의 각종 정보는 사업체의 표본조사를 통해 조사된 내용으로 의도적인 목적으로 사용될 수 없다. 즉, 특정집단을 대표하는 이익단체의 권리 및 주장, 근로자의 직업(직무)평가자료 등으로 사용할 수 없으며 정규교육, 숙련기간, 작업강도, 육체활동 등의 각종 정보는 쟁의 및 소송의 기초자료로 사용될 수 없다.

ⓒ 직업세계 및 노동환경은 기술진보, 경제성장 변화 그리고 정부의 정책 등에 따라 달라 질 수 있기 때문에 「한국직업사전」에 수록된 직업정보 역시 절대적인 자료가 될 수 없다.

(2) 발간 연혁

① 1969년 우리나라 최초의 「한국직업사전」(인력개발연구소) 발간

㉠ 인사관리, 실업교육, 직업지도, 직업훈련, 직업안정, 기능검정, 통계조사를 위한 기준으로 활용될 목적으로 인력개발연구소가 경제기획원, 과학기술처, 노동청의 감수를 받아 발간

㉡ 경제기획원 조사통계국 제정 「한국표준직업분류」와 국제노동기구 제정 「국제표준직업분류」의 소분류를 기준으로 수록 직업을 분류

㉢ 3,260여개 직업명 수록

② 1986년 「한국직업사전」 통합본 1판(노동부 국립중앙직업안정소) 발간

㉠ 인력배분의 효율화, 과학적 직업지도 및 직업훈련, 과학적 안전관리, 노동력의 조직화 등 인력관리 각 분야에서 다각도로 활용하고, 1970~80년대의 경제발전과 산업화에 따른 직업세계의 변화를 실질적으로 반영하고자 현장직무분석을 통하여 발간

㉡ 10,600여개 직업명 수록(본직업명 6,500여개, 관련직업명 2,400여개, 유사직업명 1,700여개)

③ 1995년 「한국직업사전」 통합본 2판(노동부 중앙고용정보관리소) 발간

㉠ '87~'94년간 조사 · 정리한 24개 산업분야의 표준직업명세에 대하여 직업내용과 직업명세 사항을 전면 재검토 및 통합하고, 1980년대 후반 이후의 과학발달과 산업구조변화에 따른 직업내용 변화와 신규 · 생성직업을 보완

㉡ 보다 정확하고 유용한 정보가 될 수 있도록 직무내용뿐만 아니라 기능정도, 교육정도, 습숙기간, 육체적 활동, 환경조건, 자격 · 면허 등 직업명세사항을 추가

㉢ 12,000여개 직업명 수록(본직업명 6,000여개, 관련직업명 3,500여개, 유사직업명 2,500여개)

④ 2003년 「한국직업사전」 통합본 3판(중앙고용정보원) 발간

㉠ '97~'02년간 조사한 각 산업별 직업을 재분류하고 산업분류 개정으로 조사에서 누락되었던 도 · 소매업, 자동차제조업 등에 대한 추가 직무조사를 실시하여 국내의 전체 산업 및 직업에 대한 정보 수록

㉡ 기존 부가직업정보(산업분류, 정규교육, 숙련기간, 직무기능, 작업강도, 작업장소, 조사연도) 외에 OES코드 부여

㉢ 「한국표준직업분류」 세분류를 기준으로 코드명 통합

㉣ 9,426개 직업명 수록(본직업명 4,630개, 관련직업명 3,350개, 유사직업명 1,446개)

※ 통합본 3판의 직업수가 통합본 2판보다 감소한 이유는 통합본 2판에 수록된 직업이 지나치게 세분화되었다는 판단에 따라 직업을 통합한 결과임

⑤ **2011년 「한국직업사전」 통합본 4판(한국고용정보원) 발간**

㉠ '04~'11년간 산업별로 조사한 직업들에 대한 직무내용을 재검토 및 통합하고, 산업별 직무조사 과정에서 누락된 직업이나 새로운 기술과 서비스의 등장으로 새롭게 등장한 직업에 대한 추가 조사를 실시하여 국내의 전체 직업을 총망라

㉡ 직업분류기준으로서 이전 연도까지 사용되어 왔던 「한국표준직업분류」를 대신하여 「한국고용직업분류(KECO)」를 사용함으로써 우리나라의 노동시장 현실을 제대로 반영하고 일 - 훈련 - 자격 체계의 일관성을 도모

㉢ 기존 부가직업정보(산업분류, 정규교육, 숙련기간, 직무기능, 작업강도, 작업장소, 조사연도) 외에 「한국표준직업분류(제6차)」 코드 및 「한국표준산업분류(제9차)」 코드를 부여

㉣ 11,655개 직업명 수록(본직업명 5,385개, 관련직업명 3,913개, 유사직업명 2,357개)

⑥ **2019년 「한국직업사전」 통합본 5판(한국고용정보원) 발간**

㉠ '12~'18년간 직종별로 조사한 직업들에 대한 직무내용을 재검토 및 통합하고, 산업별 직무조사 과정에서 누락된 직업이나 새로운 기술과 서비스의 등장으로 새롭게 등장한 직업에 대한 추가조사를 실시하여 국내의 전체 직업을 총망라

㉡ 16,891개 직업명 수록(본직업명 6,075개, 관련직업명 6,748개, 유사직업명 4,068개)

(3) 발간 과정

① **연도별 조사 수행**

㉠ 한국고용직업분류체계에 근거하여 매년 직종별 조사계획을 수립하여 조사를 실시하고 연도별 「직종별 직업사전」 을 발간함

㉡ 2019년도에는 그간 조사결과를 토대로 직업 간 통합 및 삭제 등의 작업을 수행

연도	조사분야
2012	『2013 직종별 직업사전』 관리직, 교육 및 자연 · 사회과학 연구 관련직, 문화 · 예술 · 디자인 · 방송 관련직, 미용 · 숙박 · 여행 · 오락 · 스포츠 관련직, 음식서비스 관련직 등 5개 직종
2013	『2014 직종별 직업사전』 경영 · 회계 · 사무 관련직, 금융 · 보험 관련직, 운전 및 운송 관련직, 영업 및 판매 관련직 등 4개 직종
2014	『2015 직종별 직업사전』 건설 관련직, 전기전자 관련직, 정보통신 관련직 등 3개 직종
2015	『2016 직종별 직업사전』 기계 관련직, 재료 관련직 등 2개 직종
2016	『2017 직종별 직업사전』 화학 관련직, 섬유 및 의복 관련직, 식품가공 관련직 등 3개 직종

2017	『2018 직종별 직업사전』 법률 · 경찰 · 소방 · 교도 관련직, 보건 · 의료 관련직, 사회복지 및 종교 관련직, 정비 및 청소 관련직, 환경 · 인쇄 · 목재 · 가구 · 공예 및 생산단순직, 농림어업 관련직, 군인 등 7개 직종
2018 · 2019	『한국직업사전』 통합본 5판 발간을 위한 추가 보완조사

② **조사절차 및 방법**

㉠ 예비조사 및 조사설계

㉡ 현장전문가 인터뷰

㉢ 기존직업 검토

㉣ 신생 및 누락직업 검토

㉤ 현장 직무 조사 및 직무기술서 작성

㉥ 검증작업, 직업DB구성, 직업사전 발간

(4) 직업의 변화

① **개요**

㉠ 직업의 변화는 산업구조의 변화와 그 맥(脈)을 같이 한다고 할 수 있다.

㉡ 개인과 사회 그리고 산업발달과 구조변화의 과정에서 발생한 새로운 직업은 여러 가지 요인과 맞물려 비중 있는 직업으로서 각광을 받으면서 수요가 늘어나고 성장하거나 더욱 발전하여 유관 직업으로의 직업분화가 이루어지기도 한다. 물론 생성된 모든 직업들이 지속적인 성장을 하는 것은 아니어서 시대적 필요성과 괴리된 직업들은 자연스럽게 사라지기도 한다.

㉢ 직업의 생명력은 궁극적으로 여러 가지 변화에 얼마나 적응할 수 있느냐의 문제이다. 환경변화(시대흐름, 과학기술의 발달, 근로자 감원 등 직업의 변화)는 산업구조의 변화와 그 맥(脈)을 같이 한다.

㉣ 환경변화(시대흐름, 과학기술의 발달, 근로자 감원, 자동 괴리)에 능동적으로 대처 할 수 있는가, 직업전환이 용이한가, 신기술(신지식) 습득이 유리한가(직업훈련 포함), 지식으로의 축적이 가능한가, 현실적으로 재화 창출이 가능한가, 새로운 경제체제에 직업으로서 조화되는가, 근로자의 성취욕은 얼마나 높은가, 육체노동과 정신노동의 조화 또는 정신노동으로의 전환이 가능한가 등에 의해 결정된다.

㉤ 경쟁력 있는 직업들은 시대변화에 따라 그 모습을 달리해가며 새로운 경제체제에 적응해 간다. 때로는 직무가 분리되거나 통합되는 등 직업 내에서 자체적 변화가 일어나기도 한다.

㉥ 직업이 언제, 어떻게, 어떤 목적으로, 누구에 의해 생겨났으며, 사라졌는가 하는 문제는 매우 복잡하고 어려운 문제이며, 관점에 따라 다르게 해석될 수 있다. 특히 발생되었거나 소멸된 시기를 명확히 규정하기란 대단히 어려운 일이다. 따라서 이러한 혼란을 없애고 변화의 구분을 명확히 하기 위해서 직무분석적 관점에서 직업의 변화를 규정 할 수 있어야 한다. 직업의 변화는 크게 직업의 생성과 소멸로 나눌 수 있다.

② **직업의 생성(生成)**

㉠ 직업의 생성(生成)은 지금까지 「한국직업사전」에 직업명(관련직업명, 유사명칭 포함)으로 나타나지 않았던 직업이 새로이 조사되어 「한국직업사전」에 포함되는 것을 말한다.

㉡ 생성된 직업은 '직업의 정의'에 부합되는 것이어야 하며, 「한국표준산업분류」와 「한국표준직업분류」의 분류기준에 의거 분류되어질 수 있어야 한다.

㉢ 생성(生成)직업은 없었던 직업이 새로 생겨난다는 의미의 신생(新生)직업과는 다른 의미로, 직업사전에 새롭게 수록되는 모든 직업을 지칭하며, 광의(廣義)로 신생직업을 포함한다.

㉣ 신생직업의 수록여부는 직무조사가 어느 특정 시기에 이루어진다는 제약성으로 인하여 신속히 반영되지 않을 수도 있다. 따라서 이미 존재하고 있는 직업이 추후에 조사되어 사전에 수록될 경우 관계자 의견, 사회적 통념, 그리고 조사자의 판단을 종합하여 누락직업인지 생성직업인지를 결정한다.

③ **직업의 통합(統合)**

㉠ 직업의 통합(統合)은 여러 개의 직업으로 분류되어 있던 직업이 직무의 유사성, 자동화로 인한 공정의 단순화, 다기능화에 의한 직무통합 등으로 인하여 수직적 · 수평적 단일화가 이루어진 것을 말한다.

㉡ 「한국직업사전」에 수록된 직업은 동일 직무를 수행하는 직위들이 하나의 직업명칭으로 표기되므로 직무의 통합은 직업의 통합과 유사하다.

㉢ 직무의 통합에는 기능정도가 다른 직무의 통합과 기능정도는 같고 업무범위가 다른 직무의 통합도 포함된다. 예를 들어, 과거 주류의 생산을 위하여 각 공정별로 많은 직위들과 직무들이 필요했으나 자동화와 기술의 발달로 모든 생산공정이 컴퓨터시스템에 의해 제어됨으로써 많은 직위가 사라졌으며, 작업자는 중앙통제실에서 시스템감시와 조정을 하거나 현장근무를 하게 된 것 등이다.

④ **직업의 분화(分化)**

㉠ 직업의 분화(分化)는 그 직업이 사회적 · 시대적 흐름과 맞물려 수요가 증가함으로써 단일 직업이 여러 개의 관련 직업으로 세분화되는 직업적 성장 상태를 말한다.

㉡ 직업의 분화(分化)는 업무의 효율화를 위한 직무의 세분, 직위의 세분 등도 포함한다.

㉢ 직업의 분화(分化)는 제품에 따라 직업명칭을 부여하지 않는다. 예를 들어, 떡제조원의 경우 떡 종류에 따라 경단제조원, 쑥떡제조원, 송편제조원, 인절미제조원 등으로는 직업명칭을 부여하지 않는 것이다. 그러나 새로운 기계장치를 이용하여 기존과 전혀 다른 방법으로 떡을 제조한다면 새로운 직업명칭으로 분화시킬 수 있다.

⑤ **직업의 소멸(消滅)**

㉠ 직업의 소멸(消滅)은 지금까지 「한국직업사전」에 직업명(관련직업명, 유사명칭 포함)으로 나타나 있던 직업이 「한국직업사전」에서 사라지는 것을 말한다. 즉, 과학기술의 발달로 인한 수요의 감소, 자동화로 인한 공정의 단순화, 생산적인 가치창출 불가능, 대체 직업에 의한 경쟁력 약화 등 시대적 · 사회적 필요성의 소진(消盡)으로 인하여 직업이 분화와 통합을 멈추고 자취를 감추게 된 것을 의미하는 것이다.

㉡ 소멸(消滅)직업은 쇠하여 점차 사라지고 있다는 의미의 쇠퇴(衰退)직업과는 다른 의미로, 직업명칭 변경을 제외하고 「한국직업사전」에서 삭제되는 모든 직업을 지칭한다.

㉢ 직무조사가 어려울 정도로 사라지고 있는 직업일지라도 작업자가 한 명이라도 존재하고 있어 「한국직업사전」에 수록되어 있다면, 이는 소멸직업이 아니라 쇠퇴직업으로 간주한다. 또한 쇠퇴직업은 직무분석가 및 관련전문가들의 의견을 반영하여 「한국직업사전」에서 삭제될 수 있다.

(5) 「한국직업사전 통합본 제5판」

① **개요**

㉠ 한국고용정보원은 지난 2012년부터 2019년까지 사업장 직무 조사를 통해 우리나라 직업을 집대성한 「한국직업사전 통합본 제5판」을 발간했다.

㉡ 「한국직업사전」 1986년부터 발간된 우리나라 대표적인 직업정보서로 이번 통합본 제5판을 통해 지난 8년간 새롭게 나타난 직업과 기존 직업의 직무변화 등 직업세계의 과거와 현재를 관통하는 변화를 한 눈에 확인할 수 있다.

㉢ 제5판에는 유사명칭까지 포함할 경우 총 16,891개가 등재되었으며, 2012년 발간된 제4판에 비해 5,236개 늘었다.

본직업	• 구인 · 구직 시 활용 등 산업현장에서 일반적으로 해당직업으로 알려진 명칭 • 본직업명은 직업현장에서 해당 직무에 대해 통상적으로 불리는 호칭으로서 『한국직업사전』에 그 직무내용이 기술되어 있다. • 예 통역사

관련직업	• 본직업과 기본 직무가 공통되나 범위 · 대상 등에 따라 나뉘는 것 • 관련직업명은 본직업명과 기본적인 직무에 있어서 공통점이 있으나 직무의 범위, 대상 등에 따라 나누어지는 직업이다. • 하나의 본직업명에는 한 개 이상의 관련 직업이 있을 수 있으며, 직업 수 집계에 포함된다. • 예 스포츠통역사, 법정통역사
유사명칭	• 현장에서 본직업을 명칭만 다르게 부르는 것 • 유사직업명은 직업현장에서 본직업명을 명칭만 다르게 부르는 것으로 본직업명과 사실상 동일한 직업이다. • 예를 들어, '택시 운전원'의 유사직업명인 '택시운전사', '택시기사'는 '택시운전원'과 동일한 직업이며, 직업 수 집계에서 제외된다. • 예 통역가

※ 본직업과 관련직업은 12,823개로 제4판에 비해 3,525개 증가하였다.

② 통합본 제5판 한국직업사전의 직업수 현황

㉠ 직업 수

한국고용직업분류 대분류	본직업	관련직업	유사명칭	합계
0. 경영 · 사무 · 금융 · 보험직	909	931	533	**2,373**
1. 연구직 및 공학 기술직	1,213	1,326	673	**3,212**
2. 교육 · 법률 · 사회복지 · 경찰 · 소방직 및 군인	205	776	122	**1,103**
3. 보건 · 의료직	138	78	90	**306**
4. 예술 · 디자인 · 방송 · 스포츠직	378	507	299	**1,184**
5. 미용 · 여행 · 숙박 · 음식 · 경비 · 청소직	175	133	156	**464**
6. 영업 · 판매 · 운전 · 운송직	244	589	185	**1,018**
7. 건설 · 채굴직	205	288	461	**954**
8. 설치 · 정비 · 생산직	2,498	1,966	1,482	**5,946**
9. 농림어업직	110	154	67	**331**
총계	6,075	6,748	4,068	**16,891**

㉡ 한국직업사전 직업 증감

	2012 직업사전(4판)	2020 직업사전(5판)	증감(△)
① 본직업	5,385	6,075	**690**
② 관련직업	3,913	6,748	**2,835**
③ 유사명칭	2,357	4,068	**1,711**
합계(①+②)	9,298	12,823	**3,525**
합계(①+②+③)	11,655	16,891	**5,236**

※ 본직업 증가분 690개는 신생(新生) 직업 270개와 기존에 존재하는 직업을 새로 발굴해낸 직업으로 구성됨

③ 신생 직업

통합본 제5판 한국직업사전에는 미디어콘텐츠창작자(유튜버) · 드론조종사 · 빅데이터전문가 등 신생직업 270종의 신생직업이 새로이 수록되었다. 특히 새로 등재된 270개의 신생 직업은 주로 4차 산업혁명 등 과학기술 발전, 고령화 등 인구학적 변화, 전문화 등 사회환경 변화, 정부 정책 등 제도변화에 따른 것이 많았다.

㉠ 과학기술의 발전 : 디지털화 및 4차산업혁명 진전으로 빅데이터전문가(사이언티스트 · 엔지니어 · 시각화전문가), 블록체인개발자, 인공지능엔지니어(머신러닝엔지니어, 딥러닝엔지니어), 드론조종사, 디지털문화재복원전문가 등이 새로 나타났다.

직업명	직무개요
미디어콘텐츠창작자(1인 크리에이터)	유튜브 등 광고기반 플랫폼에 개인의 영상 콘텐츠를 제작하여 올리고 이를 통해 수익을 창출한다.
사이버포렌식전문가	디지털, 사이버 증거자료를 확보하기 위하여 수집절차에 따라 시스템, 하드웨어, 모바일 등 증거대상자료를 수집, 확보하고 분석툴을 활용하여 자료를 복구하거나 분석하여 증거분석서를 작성한다.
디지털장의사	의뢰에 따라 개인이 원하지 않는 인터넷기록 및 정보를 삭제 또는 접근할 수 없도록 조치한다.
디지털 문화재복원전문가	유형문화재와 무형문화재를 디지털 기술을 활용해 원형대로 복원한다.
BIM전문가	각종 건축물 및 관련 설비의 정보를 BIM(Building Information Modeling, 빌딩정보모델링) 기술을 사용하여 3차원 모델링 작업을 수행하고, 시뮬레이션을 통해 설계 및 시공, 유지관리의 최적화에 필요한 정보를 분석 · 제공한다.
블록체인개발자	블록체인 원리, 개념 및 방법을 적용하여 금융, 결제, 운송 등 각종 정보시스템을 연구하고 개발한다.
인공지능엔지니어(머신러닝엔지니어 · 딥러닝엔지니어)	기계 스스로 데이터를 기반으로 학습하여 인식, 추론, 판단, 분류, 예측할 수 있도록 최적의 학습모델(알고리즘)을 구현한다.
빅데이터전문가(데이터사이언스트 · 엔지니어 · 시각화전문가)	빅데이터를 분석하기 위한 시스템의 구축하고 분석을 토대로 유의미한 결과를 도출하며 이를 시각화한다.
드론조종사	드론을 조종하여 고공 영상이나 사진 촬영, 기사 정보 수집, 농약 살포 등의 업무를 수행한다.
데이터품질관리자	데이터품질을 향상시키기 위하여 데이터표준화관리, 데이터품질진단, 데이터오류관리 업무 등을 수행한다.
유전체분석사	생물의 유전체정보를 조합하고 효과적인 분석법을 개발하여 분석한다.

㉡ 인구학적 변화 : 고령화 · 저출산 · 1인가구증가 등 인구학적 변화에 따라 유품정리사, 애완동물행동교정사, 애완동물장의사, 수납정리원, 임신육아출산코치 등이 새로운 직업으로 등록됐다.

직업명	직무개요
유품정리사	유족 및 의뢰인을 대신하여 고인의 유품, 재산 등을 정리하고, 사망한 장소에 남겨진 오염물을 처리한다.
애완동물행동교정사	개 · 고양이 등 애완동물의 다양한 문제행동의 본질과 원인을 분석하고, 행동교정 프로그램을 설계하고 훈련한다.
애완동물장의사	수시, 염습, 입관, 화장 등 애완동물의 장례를 주관한다.
수납정리원	고객의 의뢰에 따라 쾌적하고 효율적인 생활 및 사무공간 구성을 위해 물건과 공간을 정리하는 서비스를 제공한다.
임신출산육아코치	임신 · 출산한 여성을 대상으로 임신 · 출산 · 육아에 대한 전반적인 상담, 교육, 육아용품 및 관련 서비스 제공업체 소개, 친목모임 개최, 홍보 등을 제공한다.

㉢ 사회환경 변화 : 소비자 요구 강화, 안전 강화, 스트레스 증가, 체험활동 증가 등 사회환경 변화로 모유수유전문가, 범죄피해자상담원, 산림치유지도사, 주거복지사, 게임번역사, 스포츠심리상담사, 직업체험매니저 등이 새롭게 이름을 올렸다.

직업명	직무개요
모유수유전문가	산모 및 예비산모 등을 대상으로 모유수유 필요성과 방법 등을 교육하고 젖몸살, 유두막힘 등 모유수유로 발생하는 문제점에 대한 해결책을 제시한다.
범죄피해자상담원	검찰, 경찰 또는 기타 기관과 단체로부터 의뢰를 받아 타인의 범죄로 생명 · 신체적 피해를 당한 범죄피해자를 상담하고 보호 · 지원한다.
주거복지사	취약계층 등 자력으로 주거문제를 해결하기 힘든 가구를 대상으로 주거환경 개선지원, 주거복지 상담과 관련 정보제공, 그리고 주거서비스 제공 혹은 연계를 통해 주거문제해결 방안을 제공한다.
스포츠심리상담사	상담과 교육을 통해 운동선수와 스포츠 참가자의 목표설정, 자기관리, 실수 및 불안 극복, 자신감 회복 등을 지원함으로써 운동과 스포츠의 지속 동기를 강화하고 수행능력을 향상시키도록 도와준다.
게임번역사	국내외 다양한 게임들의 콘텐츠를 해당 국가(지역)의 문화에 맞게 번역하고 현지화(Localization)한다.
산림치유지도사	자연경관, 향기 등 자연의 다양한 요소를 활용하여 인체의 면역력을 높이고 건강증진을 돕는 산림치유프로그램을 개발, 보급 및 지도한다.
직업체험매니저	직업체험 현장과 강사를 관리 · 감독하고 체험 시설 및 장비 등을 관리하며 직업체험 프로그램 개발 및 개정 등을 지원한다.

㉣ 정부정책 및 제도적 지원 : 이외에도 사회변화와 맞물린 정부의 정책 지원 등으로 사회적경제활동가, 지속가능경영전문가, 창업기획자(엑설러레이터), 도시재생코디네이터, 농촌관광플래너, 교육농장운영자 등이 등재되었다.

직업명	직무개요
사회적경제활동가	정치, 경제, 사회, 문화 등 사회 전반적인 문제를 제기하고 이를 사회적경제 관점에서 해결할 수 있는 각종 프로그램을 기획, 실행하거나 사회적경제 조직의 구성, 활성화 등을 위한 각종 지원을 한다.
지속가능경영전문가	경영에 영향을 미치는 환경문제, 사회문제, 기업 윤리 등을 종합적으로 고려하여 기업의 지속가능성을 추구하기 위한 사업을 기획 · 개발 · 운영한다.
창업기획자(엑셀러레이터)	초기 창업기업을 발굴해서 엔젤투자, 사업공간 제공, 멘토링 제공 등 종합보육서비스를 제공한다.
도시재생코디네이터	도시의 경제적, 사회적, 문화적 활력회복을 위한 도시재생사업의 계획수립을 지원하고, 도시재생사업 운영을 위한 기획과 지원업무를 수행한다.
농촌관광플래너	농촌의 자연, 사회 · 문화, 그리고 인적 자원을 활용하여 농촌체험 및 농촌여행 상품을 기획, 개발하고 안내하며 체험시설 등을 운영한다.
교육농장운영자	농업 · 농촌의 자원을 활용하여 학생들과 일반들에게 학습과 쉼을 제공하기 위하여 교육농장을 설계하고 각종 교육프로그램을 기획, 개발 및 운영한다.

④ **소멸직업**

제품의 생산 중단 및 디지털화 등 기술 발전에 따라 종사자가 없는 직업 18개가 사전에서 빠졌다. 플라즈마영상패널관련 생산직, 영화(필름)자막제작원, 필름색보정기사, 테니스라켓 제작 관련 직업은 더 이상 종사자가 없어 한국직업사전에서 삭제되었다.

㉠ 2014년 6월, TV디스플레이로 쓰이던 플라즈마영상패널(PDP)의 생산이 중단되면서 플라즈마영상패널격벽형성원 등 플라즈마영상패널 관련 11개 직업이 제외됐다.

㉡ 디지털카메라 등 디지털기기 보급 확대로 영화제작에서 필름이 사라지고 디지털작업에 3DMAX, BIM 등 소프트웨어 활용이 일반화되면서 과거 수작업으로 이루어지던 영화(필름)자막제작원, 필름색보정기사도 자취를 감췄다.

※ 다만, 영화필름을 현상 · 인화하는 영화필름 현상원 및 인화원은 필름영화 복원 작업에 아직 소수가 활동 중이다.

㉢ 항법장치개발 등 전자화로 인해 항공기기관사가 없어졌으며, 경쟁력 악화 및 생산공장 이전 등으로 현재 생산업체가 없어짐으로써 테니스라켓 제작 관련 직업도 한국직업사전에서 삭제되었다.

(6) 한국직업사전의 활용

① 개요

「한국직업사전」에 수록된 직업들은 직무분석을 바탕으로 조사된 정보들로서 수많은 일을 조직화된 방식으로 고찰하기 위하여 유사한 직무를 기준으로 분류한 것이다. 「한국직업사전」에 수록된 정보는 전국적인 사업체에서 유사한 직무가 어떻게 수행되는가에 대한 포괄적인 조사 · 분석 · 연구의 결과이다. 수록된 직업정보들은 크게 다섯 가지의 항목으로 구성된다.

② 구성항목 2016년 2회 2017년 1회 2017년 2회 2019년 2회

㉠ 직업코드

㉡ 본직업명칭

㉢ 직무개요

㉣ 수행직무

㉤ 부가직업정보(정규교육, 숙련기간, 직무기능, 작업강도, 육체활동, 작업장소, 작업환경, 유사명칭, 관련직업, 자격/면허, 표준산업분류 코드, 표준직업분류 코드, 조사연도)

직업상담사

- 직무개요 : 구직자나 미취업자에게 직업정보 및 자료를 제공하고, 직업선택, 경력설계, 구직활동 등에 대해 조언한다.
- 수행직무 : 직업의 종류, 전망, 취업기회 등에 관한 자료를 수집하고 관리한다. 구직자와 면담하거나 검사를 통하여 취미, 적성, 흥미, 능력, 성격 등의 요인을 조사한다. 적성검사, 흥미검사 등 직업심리검사를 실시하여 구직자의 적성과 흥미에 알맞은 직업정보를 제공하고, 구직자에게 적합한 취업정보를 제공하고 직업선택에 관해 조언한다. 비디오, 슬라이드 등의 시청각 장비를 사용하여 직업정보 및 직업윤리 등을 교육하기도 한다. 청소년, 여성, 중고령자, 실업자 등을 위한 직업지도 프로그램 개발과 운영을 담당하기도 한다.

부가직업정보

- 정규교육 : 14년 초과~16년 이하(대졸 정도)
- 숙련기간 : 2년 초과~4년 이하
- 직무기능 : 자료(수집)/사람(자문)/사물(관련없음)
- 작업강도 : 아주 가벼운 작업
- 육체활동 : -
- 작업장소 : 실내
- 작업환경 : -
- 유사명칭 : 직업상담사
- 관련직업 : -
- 자격 · 면허 : 직업상담사(1급, 2급)
- 고용직업분류 : [2314]직업상담사
- 표준직업분류 : [2473]직업상담사
- 표준산업분류 : [N751]고용알선 및 인력공급업
- 조사연도 : 2017

(7) 한국직업사전의 본 직업정보

① **직업코드**

㉠ 직업코드는 특정 직업을 구분해 주는 단위로서 『한국고용직업분류(KECO)』의 세분류 4자리 숫자로 표기하였다.

㉡ 동일한 직업에 대해 여러 개의 직업코드가 포함되는 경우에는 직무의 유사성 등을 고려하여 가장 타당하다고 판단되는 직업코드 하나를 부여하였다.

㉢ 직업코드 4자리에서 첫 번째와 두 번째 숫자는 『한국고용직업분류(KECO)』의 24개 중분류를 나타내며, 세 번째 숫자는 소분류, 네 번째 숫자는 세분류를 나타낸다.

㉣ 세분류 내 직업들은 가나다 순으로 배열된다.

② **본직업명**

㉠ 본직업명은 산업현장에서 일반적으로 해당 직업으로 알려진 명칭 혹은 그 직무가 통상적으로 호칭되는 것으로 「한국직업사전」에 그 직무내용이 기술된 명칭이다. 즉, 사업주가 근로자를 모집할 때 사용하는 명칭, 사업체 내에서 일반적으로 통용되는 명칭, 구직자가 취업하고자 할 때 사용하는 명칭, 해당 직업 종사자 상호간의 호칭, 그 외 각종 직업 관련 서류에 쓰이는 명칭을 말한다.

㉡ 특별히 부르는 명칭이 없는 경우에는 직무내용과 산업의 특수성 등을 고려하여 누구나 쉽게 이해할 수 있는 명칭을 부여하였다. 실제로 현장근로자를 대상으로 하는 직무조사의 경우 작업자 스스로도 자신의 직업이 무엇으로 불리는지 알지 못하는 경우가 있는데 이는 작업자들 간에 사용하는 호칭과 기업 내 직무편제상의 명칭이 다르기 때문이다.

㉢ 직업명칭은 해당 작업자의 의견뿐만 아니라 상위책임자 및 인사담당자의 의견을 수렴하여 결정하였다.

㉣ 가급적 외래어를 피하고 우리말로 표기하되, 우리말 표기에 현장감이 없을 경우에는 외래어를 교육부에서 정한 외래어표기법에 따라 표기하였다.

③ **직무개요**

직무담당자의 활동, 활동의 대상 및 목적, 직무담당자가 사용하는 기계, 설비 및 작업보조물, 사용된 자재, 만들어진 생산품 또는 제공된 용역, 수반되는 일반적, 전문적 지식 등을 간략히 기술하였다.

④ **수행직무**

㉠ 수행직무는 직무담당자가 직무의 목적을 완수하기 위하여 수행하는 구체적인 작업(task) 내용을 작업순서에 따라 서술한 것이다. 단, 공정의 순서를 파악하기 어려운 경우에는 작업의 중요도 또는 작업빈도가 높은 순으로 기술하였다.

㉡ 작업을 수행하면서 수반되는 작업요소(task element)는 직무를 기술하는데 필요한 것이라면 포함한다.

㉢ 수행직무는 직무의 특징적인 작업을 명확히 하기 위하여 작업자가 사용하는 도구 · 기계와 관련시켜 작업자가 무엇을, 어떻게, 왜 하는가를 정확하게 표현하되 평이한 문체로 이해하기 쉽게 기술하였다.

㉣ 작업과 작업요소는 상대적인 개념으로 어떤 직업에서는 작업요소인 활동이 다른 직업에서는 작업(task)이 될 수 있고 또 어떤 근로자에게는 하나의 직무가 될 수 있으므로 직무특성에 따라 적절히 판단하였다.

문장기술의 통일성 확보 원칙

ⓐ 해당 작업원이 주어일 때는 주어를 생략하나, 다른 작업원이 주어일 때에는 주어를 생략하지 않는다.
ⓑ 작업의 본질을 표현하는 동사와 그것을 규정하는 수식어를 적절히 사용하여 문장을 완성한다. 직무의 특성이 나타나지 않는 일반적인 문장은 가급적 피한다.
ⓒ 문체는 항상 현재형으로 기술한다. 즉 "……한다" "……이다"의 형식이 된다.
ⓓ 작업의 내용을 기술할 때 추상적인 언어는 사용하지 않는다.
ⓔ 문체는 간결한 문장으로 한다.
ⓕ 내용기술은 시간적 순서(작업순서)에 의해 작성한다.
ⓖ 전체를 정확히 파악하여 중요한 내용을 모두 기술한다.
ⓗ 주된 직무보다 빈도나 중요도는 낮으나 수행이 가능한 작업에 대해서는 "수행직무"에서 "~하기도 한다."로 표현한다. "~하기도 한다."라는 문장은 이 직업에 종사하는 사람이 가끔 이런 작업을 수행할 것이라는 의미가 아니라 다른 사업체에 있는 이 직업에 종사하는 사람이 일반적으로 수행하거나 수행 가능한 작업을 나타낸다.
ⓘ 외래어의 정확한 이해를 위해 원어(原語)를 함께 표기한다.

(8) 한국직업사전의 부가 직업정보

① 정규교육 2019년 1회 2019년 2회 2020년 3회(실기) 2021년 1회(실기)

㉠ 해당 직업의 직무를 수행하는데 필요한 일반적인 정규교육수준을 의미하는 것으로 해당 직업 종사자의 평균 학력을 나타내는 것은 아니다.

㉡ 현행 우리나라 정규교육과정의 연한을 고려하여 "6년 이하"(무학 또는 초졸 정도), "6년 초과~9년 이하"(중졸 정도), "9년 초과~12년 이하"(고졸 정도), "12년 초과~14년 이하"(전문대졸 정도), "14년 초과~16년 이하"(대졸 정도), "16년 초과"(대학원 이상) 등 그 수준을 6단계로 분류하였다.

㉢ 독학, 검정고시 등을 통해 정규교육 과정을 이수하였다고 판단되는 기간도 포함된다.

수준	교육정도
1	6년 이하 (초졸 정도)
2	6년 초과 ~ 9년 (중졸 정도)
3	9년 초과 ~12년 (고졸 정도)
4	12년 초과 ~14년 (전문대졸 정도)
5	14년 초과 ~16년 (대졸 정도)
6	16년 초과 (대학원 이상)

② **숙련기간** 2016년 1회 2018년 2회 2019년 3회

㉠ 숙련기간은 정규교육과정을 이수한 후 해당 직업의 직무를 평균적인 수준으로 스스로 수행하기 위하여 필요한 각종 교육, 훈련, 숙련기간을 의미한다.

㉡ 숙련기간에는 해당 직업에 필요한 자격 · 면허를 취득하는 취업 전 교육 및 훈련기간뿐만 아니라 취업 후에 이루어지는 관련 자격 · 면허 취득 교육 및 훈련기간도 포함된다.

㉢ 숙련기간에는 자격 · 면허가 요구되는 직업은 아니지만 해당 직무를 평균적으로 수행하기 위한 각종 교육 · 훈련기간, 수습교육, 기타 사내교육, 현장훈련 등이 포함된다.

㉣ 해당직무를 평균적인 수준 이상으로 수행하기 위한 향상훈련(further training)은 "숙련기간"에 포함되지 않는다.

수준	교육정도
1	약간의 시범정도
2	시범후 30일 이하
3	1개월 초과~3개월 이하
4	3개월 초과~6개월 이하
5	6개월 초과~1년 이하
6	1년 초과~2년 이하
7	2년 초과~4년 이하
8	4년 초과~10년 이하
9	10년 초과

③ **직무기능** 2020년 1회 2021년 2회 2022년 1회 2023년 1회

㉠ 직무기능은 해당 직업 종사자가 직무를 수행하는 과정에서 "자료(data)", "사람(people)", "사물(thing)"과 맺는 관련된 특성을 나타낸다.

㉡ 각각의 작업자 직무기능은 광범위한 행위를 표시하고 있으며 작업자가 자료, 사람, 사물과 어떤 관련을 가지고 있는지를 보여준다.

㉢ 세 가지 관계 내에서의 배열은 아래에서 위로 올라가면서 단순한 것에서 차츰 복잡한 것으로 향하는 특성을 보여주지만 그 계층적 관계가 제한적인 경우도 있다.

"자료(data)"와 관련된 기능은 정보, 지식, 개념 등 세 가지 종류의 활동으로 배열되어 있는데 어떤 것은 광범위하며 어떤 것은 범위가 협소하다. 또한 각 활동은 상당히 중첩되어 배열간의 복잡성이 존재한다.
"사람(people)"과 관련된 기능은 위계적 관계가 없거나 희박하다. 서비스 제공이 일반적으로 덜 복잡한 사람관련 기능이며, 나머지 기능들은 기능의 수준을 의미하는 것은 아니다.
"사물(thing)"과 관련된 기능은 작업자가 기계와 장비를 가지고 작업하는지 혹은 기계가 아닌 도구나 보조구(補助具)를 가지고 작업하는지에 기초하여 분류된다. 또한 작업자의 업무에 따라 사물과 관련되어 요구되는 활동수준이 달라진다.

수준	자료	사람	사물
0	종합	자문	설치
1	조정	협의	정밀작업
2	분석	교육	제어조작
3	수집	감독	조작운전
4	계산	오락제공	수동조작
5	기록	설득	유지
6	비교	말하기-신호	투입-인출
7	-	서비스 제공	단순작업
8	관련 없음	관련 없음	관련 없음

※ **자료(data)** : "자료"와 관련된 기능은 만질 수 없으며 숫자, 단어, 기호, 생각, 개념 그리고 구두상 표현을 포함한다.

0. 종합(synthesizing) : 사실을 발견하고 지식개념 또는 해석을 개발하기 위해 자료를 종합적으로 분석한다.
1. 조정(coordinating) : 데이터의 분석에 기초하여 시간, 장소, 작업순서, 활동 등을 결정한다. 결정을 실행하거나 상황을 보고한다.
2. 분석(analyzing) : 조사하고 평가한다. 평가와 관련된 대안적 행위의 제시가 빈번하게 포함된다.
3. 수집(compiling) : 자료, 사람, 사물에 관한 정보를 수집 · 대조 · 분류한다. 정보와 관련한 규정된 활동의 수행 및 보고가 자주 포함된다.
4. 계산(computing) : 사칙연산을 실시하고 사칙연산과 관련하여 규정된 활동을 수행하거나 보고한다. 수를 세는 것은 포함되지 않는다.
5. 기록(copying) : 데이터를 옮겨 적거나 입력하거나 표시한다.
6. 비교(comparing) : 자료, 사람, 사물의 쉽게 관찰되는 기능적, 구조적, 조합적 특성을 (유사성 또는 표준과의 차이) 판단한다.

※ **사람(people)** : "사람"과 관련된 기능은 인간과 인간처럼 취급되는 동물을 다루는 것을 포함한다.

2020년 4회

0. 자문(mentoring) : 법률적으로나 과학적, 임상적, 종교적, 기타 전문적인 방식에 따라 사람들의 전인격적인 문제를 상담하고 조언하며 해결책을 제시한다.
1. 협의(negotiating) : 정책을 수립하거나 의사결정을 하기 위해 생각이나 정보, 의견 등을 교환한다.
2. 교육(instructing) : 설명이나 실습 등을 통해 어떤 주제에 대해 교육하거나 훈련(동물 포함)시킨다. 또한 기술적인 문제를 조언한다.
3. 감독(supervising) : 작업절차를 결정하거나 작업자들에게 개별 업무를 적절하게 부여하여 작업의 효율성을 높인다.
4. 오락제공(diverting) : 무대공연이나 영화, TV, 라디오 등을 통해 사람들을 즐겁게 한다.
5. 설득(persuading) : 상품이나 서비스 등을 구매하도록 권유하고 설득한다.
6. 말하기－신호(speaking-signaling) : 언어나 신호를 사용해서 정보를 전달하고 교환한다. 보조원에게 지시하거나 과제를 할당하는 일을 포함한다.
7. 서비스제공(serving) : 사람들의 요구 또는 필요를 파악하여 서비스를 제공한다. 즉각적인 반응이 수반된다.

※ **사물(thing)** : "사물"과 관련된 기능은 사람과 구분되는 무생물로서 물질, 재료, 기계, 공구, 설비, 작업도구 및 제품 등을 다루는 것을 포함한다.

0. 설치(setting up) : 기계의 성능, 재료의 특성, 작업장의 관례 등에 대한 지식을 적용하여 연속적인 기계가공작업을 수행하기 위한 기계 및 설비의 준비, 공구 및 기타 기계장비의 설치 및 조정, 가공물 또는 재료의 위치조정, 제어장치 설정, 기계의 기능 및 완제품의 정밀성 측정 등을 수행한다.
1. 정밀작업(precision working) : 설정된 표준치를 달성하기 위하여 궁극적인 책임이 존재하는 상황 하에서 신체부위, 공구, 작업도구를 사용하여 가공물 또는 재료를 가공, 조종, 이동, 안내하거나 또는 정위치시킨다. 그리고 도구, 가공물 또는 원료를 선정하고 작업에 알맞게 공구를 조정한다.
2. 제어조작(operating-controlling) : 기계 또는 설비를 시동, 정지, 제어하고 작업이 진행되고 있는 기계나 설비를 조정한다.
3. 조작운전(driving－operating) : 다양한 목적을 수행하고자 사물 또는 사람의 움직임을 통제하는데 있어 일정한 경로를 따라 조작되고 안내되어야 하는 기계 또는 설비를 시동, 정지하고 그 움직임을 제어한다.
4. 수동조작(manipulating) : 기계, 설비 또는 재료를 가공, 조정, 이동 또는 위치할 수 있도록 신체부위, 공구 또는 특수장치를 사용한다. 정확도 달성 및 적합한 공구, 기계, 설비 또는 원료를 산정하는데 있어서 어느 정도의 판단력이 요구된다.
5. 유지(tending) : 기계 및 장비를 시동, 정지하고 그 기능을 관찰한다. 체인징가이드, 조정타이머, 온도게이지 등의 계기의 제어장치를 조정하거나 원료가 원활히 흐르도록 밸브를 돌려주고 빛의 반응에 따라 스위치를 돌린다. 이러한 조정업무에 판단력은 요구되지 않는다.
6. 투입.인출(feeding-off bearing) : 자동적으로 또는 타작업원에 의하여 가동, 유지되는 기계나 장비안에 자재를 삽입, 투척, 하역하거나 그 안에 있는 자재를 다른 장소로 옮긴다.

7. 단순작업(handling) : 신체부위, 수공구 또는 특수장치를 사용하여 기계, 장비, 물건 또는 원료 등을 정리, 운반 처리한다. 정확도 달성 및 적합한 공구, 장비, 원료를 선정하는데 판단력은 요구되지 않는다.

④ 작업강도 2016년 2회 2019년 2회 2020년 1회(실기) 2020년 3회 2021년 2회(실기) 2022년 2회

㉠ "작업강도"는 해당 직업의 직무를 수행하는데 필요한 육체적 힘의 강도를 나타낸 것으로 5단계로 분류하였다.

구분	정의
아주 가벼운 작업	• 최고 4kg의 물건을 들어 올리고, 때때로 장부, 소도구 등을 들어 올리거나 운반한다. • 앉아서 하는 작업이 대부분을 차지하지만 직무수행상 서거나 걷는 것이 필요할 수도 있다.
가벼운 작업	• 최고 8kg의 물건을 들어올리고 4kg정도의 물건을 빈번히 들어 올리거나 운반한다. • 걷거나 서서하는 작업이 대부분일 때 또는 앉아서 하는 작업일지라도 팔과 다리로 밀고 당기는 작업을 수반할 때에는 무게가 매우 적을지라도 이 작업에 포함된다.
보통 작업	• 최고 20kg의 물건을 들어올리고 10kg 정도의 물건을 빈번히 들어 올리거나 운반한다.
힘든 작업	• 최고 40kg의 물건을 들어올리고 20kg 정도의 물건을 빈번히 들어 올리거나 운반한다.
아주 힘든 작업	• 40kg이상의 물건을 들어올리고 20kg이상의 물건을 빈번히 들어 올리거나 운반한다.

㉡ "작업강도"는 심리적 · 정신적 노동강도는 고려하지 않는다.

㉢ 각각의 작업강도는 "들어올림", "운반", "밈", "당김" 등을 기준으로 결정하였는데, 이것은 일차적으로 힘의 강도에 대한 육체적 요건이며 일반적으로 이러한 활동 중 한 가지에 참여한다면 그 범주를 기준으로 사용한다.

구분	정의
들어올림	물체를 주어진 높이에서 다른 높이로 올리거나 내리는 작업
운반	손에 들거나 팔에 걸거나 어깨에 메고 물체를 한 장소에서 다른 장소로 옮기는 작업
밈	물체에 힘을 가하여 힘을 가한 쪽으로 움직이게 하는 작업(때리고, 치고, 발로차고, 페달을 밟는 일도 포함)
당김	물체에 힘을 가하여 힘을 가한 반대쪽으로 움직이게 하는 작업(물체에 힘을 가하여 자기쪽으로 일정한 방향으로 가까이 오게 하는 작업)

⑤ 육체활동

㉠ "육체활동"은 해당 직업의 직무를 수행하기 위해 필요한 신체적 능력을 나타내는 것으로 균형감각, 웅크림, 손, 언어력, 청각, 시각 등이 요구되는 직업인지를 보여준다.

㉡ "육체활동"은 조사대상 사업체 및 종사자에 따라 다소 상이할 수 있으므로 전체 직업 종사자의 "육체활동"으로 일반화하는 데는 무리가 있다.

구분	정의
균형감각	손, 발, 다리 등을 사용하여 사다리, 계단, 발판, 경사로, 기둥, 밧줄 등을 올라가거나 몸 전체의 균형을 유지하고 좁거나 경사지거나 또는 움직이는 물체 위를 걷거나 뛸 때 신체의 균형을 유지하는 것이 필요한 직업이다.
	• 예시 직업 : 도장공, 용접원, 기초구조물설치원, 철골조립공 등
웅크림	허리를 굽히거나 몸을 앞으로 굽히고 뒤로 젖히는 동작, 다리를 구부려 무릎을 꿇는 동작, 다리와 허리를 구부려 몸을 아래나 위로 굽히는 동작, 손과 무릎 또는 손과 발로 이동하는 동작 등이 필요한 직업이다.
	• 예시 직업 : 단조원, 연마원, 오토바이수리원, 항공기엔진정비원, 전기도금원 등
손사용	일정기간의 손사용 숙련기간을 거쳐 직무의 전체 또는 일부분에 지속적으로 손을 사용하는 직업으로 통상적인 손사용이 아닌 정밀함과 숙련을 필요로 하는 직업에 한정한다.
	• 예시 직업 : 해부학자 등 의학관련직업, 의료기술종사자, 기악연주자, 조각가, 디자이너, 미용사, 조리사, 운전관련 직업, 설계관련 직업 등
언어력	말로 생각이나 의사를 교환하거나 표현하는 직업으로 개인이 다수에게 정보 및 오락제공을 목적으로 말을 하는 직업이다.
	• 예시 직업 : 교육관련 직업, 변호사, 판사, 통역가, 성우, 아나운서 등
청각	단순히 일상적인 대화내용 청취여부가 아니라 작동하는 기계의 소리를 듣고 이상 유무를 판단하거나 논리적인 결정을 내리는 청취활동이 필요한 직업이다.
	• 예시 직업 : 피아노조율사, 음향관련 직업, 녹음관련 직업, 전자오르간검사원, 자동차엔진정비원, 광산기계수리원 등
시각	일상적인 눈사용이 아닌 시각적 인식을 통해 반복적인 판단을 하거나 물체의 길이, 넓이, 두께를 알아내고 물체의 재질과 형태를 알아내기 위한 거리와 공간 관계를 판단하는 직업이다. 또한 색의 차이를 판단할 수 있어야 하는 직업이다.
	• 예시 직업 : 측량기술자, 제도사, 항공기조종사, 사진작가, 의사, 심판, 보석감정인, 위폐감정사 등 감정관련 직업, 현미경, 망원경 등 정밀광학기계를 이용하는 직업, 촬영 및 편집관련 직업 등

⑥ 작업장소

"작업장소"는 해당직업의 직무가 주로 수행되는 장소를 나타내는 것으로 실내 또는 실외의 근무시간 비율에 따라 구분한다.

구분	정 의
실내	눈, 비, 바람과 온도변화로부터 보호를 받으며 작업의 75% 이상이 실내에서 이루어지는 경우
실외	눈, 비, 바람과 온도변화로부터 보호를 받지 못하며 작업의 75% 이상이 실외에서 이루어지는 경우
실내 · 외	작업이 실내 및 실외에서 비슷한 비율로 이루어지는 경우

⑦ 작업환경(위험내재) 2016년 1회 2021년 3회

㉠ "작업환경"은 해당직업의 직무를 수행하는 작업자에게 직접적으로 물리적, 신체적 영향을 미치는 작업장의 환경요인을 나타낸 것이다.

㉡ 작업자의 작업환경을 조사하는 담당자는 일시적으로 방문하고 또한 정확한 측정기구를 가지고 있지 못한 경우가 일반적이기 때문에 조사 당시에 조사자가 느끼는 신체적 반응 및 작업자의 반응을 듣고 판단한다.

㉢ 온도, 소음 · 진동, 위험내재 및 대기환경이 미흡한 직업은 근로기준법, 산업안전보건법 등의 법률에서 제시한 금지직업이나 유해요소가 있는 직업 등을 근거로 판단할 수 있다.

㉣ 그러나 이러한 기준도 산업체 및 작업장에 따라 달라 질 수 있으므로 절대적인 기준이 될 수 없다.

구분	정의
저온	신체적으로 불쾌감을 느낄 정도로 저온이거나 두드러지게 신체적 반응을 야기시킬 정도로 저온으로 급변하는 경우
고온	신체적으로 불쾌감을 느낄 정도로 고온이거나 두드러지게 신체적 반응을 야기시킬 정도로 고온으로 급변하는 경우
다습	신체의 일부분이 수분이나 액체에 직접 접촉되거나 신체에 불쾌감을 느낄 정도로 대기 중에 습기가 충만하는 경우
소음 · 진동	심신에 피로를 주는 청각장애 및 생리적 영향을 끼칠 정도의 소음, 전신을 떨게 하고 팔과 다리의 근육을 긴장시키는 연속적인 진동이 있는 경우
위험내재	신체적인 손상의 위험에 노출되어 있는 상황으로 기계적, 전기적, 위험, 화상, 폭발, 방사선 등의 위험이 있는 경우
대기환경미흡	직무를 수행하는 데 방해가 되거나 건강을 해칠 수 있는 냄새, 분진, 연무, 가스 등의 물질이 작업장의 대기 중에 다량 포함된 경우

⑧ 유사명칭 2019년 2회

㉠ "유사명칭"은 현장에서 본직업명을 명칭만 다르게 부르는 것으로 본직업명과 사실상 동일하다. 예를 들어, "보험모집원"은 "생활설계사", "보험영업사원"이라는 유사명칭을 가지는데 이는 동일한 직무를 다르게 부르는 명칭들이다.

㉡ 직업수 집계에서 제외된다.

⑨ 관련직업 2019년 2회

㉠ "관련직업"은 본직업명과 기본적인 직무에 있어서 공통점이 있으나 직무의 범위, 대상 등에 따라 나누어지는 직업이다.

㉡ 하나의 본직업명에는 두 개 이상의 관련 직업이 있을 수 있다.

㉢ 직업수 집계에 포함된다.

⑩ 자격 · 면허

㉠ "자격 · 면허"는 해당 직업에 취업 시 소지할 경우 유리한 자격증 또는 면허를 나타내는 것으로 현행 국가기술자격법 및 개별법령에 의해 정부주관으로 운영하고 있는 국가자격 및 면허를 수록한다.

ⓒ 한국산업인력공단 및 대한상공회의소에서 주관 · 수행하는 시험에 해당하는 자격과 각 부처에서 개별적으로 시험을 실시하는 자격증을 중심으로 수록하였다.

ⓒ 민간에서 부여하는 자격증은 제외한다.

⑪ 표준산업분류 코드

㉠ 표준산업분류 코드는 해당 직업을 조사한 산업을 나타내는 것으로『한국표준산업분류(제10차 개정)』의 소분류(3-digits) 산업을 기준으로 하였다.

ⓒ 표준산업분류 코드는 두개 이상의 산업에 걸쳐 조사된 직업에 대해서도 해당 산업을 모두 표기하였으며, 대분류 기준의 모든 산업에 포함되는 일부 직업은 대분류의 소분류 산업을 모두 표기하는 것이 아니라 "제조업", "도매 및 소매업"등 대분류 산업을 기준으로 표기하였다.

ⓒ "산업분류"는 수록된 산업에만 해당 직업이 존재하는 것을 의미하는 것이 아니라 그 직업이 조사된 산업을 나타내고 있다. 따라서 타 산업에서도 해당 직업이 존재할 수 있다.

⑫ 표준직업분류 코드

해당 직업의『한국고용직업분류(KECO)』세분류 코드(4-digits)에 해당하는『한국표준직업분류』(통계청)의 세분류 코드를 표기한다.

⑬ 조사연도

"조사연도"는 해당 직업의 직무조사가 실시된 연도를 나타낸다.

수록직업 검색 방법

워크넷『한국직업사전』은 아래의 방법으로 원하는 직업을 검색할 수 있다.

워크넷(www.work.go.kr) → 직업 · 진로 → 직업정보 → 한국직업사전

1) 유의사항

『한국직업사전』의 각종 정보는 사업체의 표본조사를 통해 조사된 내용으로 의도적인 목적으로 사용될 수 없음을 밝혀둔다. 즉, 특정집단을 대표하는 이익집단의 권리 및 주장, 근로자의 직업(직무)평가자료 등으로 사용하는데 한계가 있으며 정규교육 수준, 숙련기간, 작업강도, 육체활동 등의 각종 정보는 쟁의 및 소송의 기초자료로 사용될 수 없다.

2) 수록직업 검색
- 직업명 검색
- 한국고용직업분류별
- 한국표준직업분류별
- 한국표준산업분류별

❹ 한국직업전망 2018년 1회

(1) 발간 목적

① 한국고용정보원은 급변하는 직업세계의 변화에 현명하게 대응하고, 직업 및 진로 선택과 결정에 도움을 주고자 「2022 한국직업전망」을 발간하게 되었다.

② 한국직업전망은 1999년부터 격년으로 발간되었으나, 2021년부터는 주요 직종을 절반으로 나누어 매년 발간하고 있다.

③ 한국직업전망은 우리나라 대표직업에 대한 직업정보(하는 일, 근무환경, 되는 길, 적성과 흥미 등)와 향후 10년간의 일자리 전망에 관한 종합적인 정보를 수록하고 있다.

④ 「2022 한국직업전망」은 기계, 재료, 전기전자에너지, 식품가공, 화학, 섬유 및 의복 등 총 6개 분야 100여 개 직업에 대한 세부정보와 향후 10년간의 일자리 전망을 포함하고 있다.

⑤ 「2022 한국직업전망」은 특히 인구구조 및 노동인구 변화, 가치관과 라이프스타일 변화, 기업의 경영전략변화, 산업특성 및 산업구조 변화 등 각 직업의 향후 일자리의 증감에 영향을 미치는 주요 요인을 제시함으로써 진로선택과 직업결정을 고민하는 사람들이 직업의 다양한 특성과 전망을 검토하도록 제안하고 있다

⑥ 「2022 한국직업전망」은 진로고민이 한창인 청소년에서부터 생애 첫 직업선택을 앞두고 있는 청년구직자, 본인의 일 경험과 역량을 새롭게 발휘하기 위해 인생설계를 하고 있는 중장년, 그리고 진로교육 및 경력개발 상담을 비롯한 고용서비스 현장 전문가 등 진로탐색과 경력설계 정보가 필요한 사람 누구나 참조할 수 있다

(2) 수록직업 선정 기준 2017년 2회

① 「2022 한국직업전망」의 수록직업 선정은 「한국고용직업분류(KECO)」의 세분류(4-digits) 직업에 기초하여 종사자 수가 일정 규모(3만 명) 이상인 경우를 원칙으로 하며, 그 밖에 청소년 및 구직자의 관심이 높거나 직업정보를 제공할 가치가 있다고 판단되는 직업을 추가 선정하였다.

② 현재 워크넷 직업 · 진로에서 제공하고 있는 500여 개 직업단위와 연계하여 「2021 한국직업전망」, 「2022 한국직업전망」, 「2023 한국직업전망」 등 3개년에 걸쳐 세부 직업정보와 일자리 전망을 제공할 예정이다

③ 「2022 한국직업전망」은 기계, 재료, 전기전자에너지, 식품가공, 화학, 섬유 및 의복 등 6개 분야 총 102개 직업이 포함된다.

④ 이들 직업은 한국고용직업분류(KECO)의 세분류를 기준으로 종사자 수, 직업정보 제공가치, 직무의 배타성 등을 고려하여 선정하였다.

⑤ 다만, 직업에 따라서는 유사직무이거나 통합정보를 제공하는 것의 가치 등을 고려하여 한국고용직업분류의 소분류 단위의 직업이 포함되기도 한다.

(3) 직업정보 내용 2019년 1회 2020년 1회

「2022 한국직업전망」은 직업별로 대표 직업명, 하는 일, 근무 환경, 성별 · 연령 · 학력분포, 평균 임금, 되는 길(교육 및 훈련, 관련 학과, 관련 자격), 적성 및 흥미, 경력개발, 관련 정보(관련 직업, 분류 코드, 관련 정보처) 등으로 구성하였다.

① **대표 직업명**

㉠ 직업명은 가능한 KECO의 세분류 수준의 명칭과 워크넷 직업 · 진로의 직업명칭을 사용하였는데, 이는 다른 직업정보나 통계자료와의 연계성을 높이기 위함이다.

㉡ 여러 세분류 직업들이 합쳐진 경우에는 소분류 수준의 명칭을 사용하였다.

㉢ 산업현장에서 실제 불리는 명칭이 대표 직업명과 다른 경우는 대표 직업명과 병기하거나 내용 중 포함하였다.

② **하는 일**

㉠ 해당 직업 종사자가 일반적으로 수행하는 업무 내용과 과정에 대해 서술하였다.

㉡ 여러 직업을 포함하는 경우에는 세부 직업별로 하는 일을 서술하였다.

③ **업무환경** : 해당 직업 종사자의 일반적인 근무시간, 근무형태(교대근무, 야간근무 등), 근무장소, 육체적 · 정신적 스트레스 정도, 산업안전 등에 대해 서술하였다.

④ **되는 길**

㉠ 교육 및 훈련 : 해당 직업에 종사하는 데 필요한 학력과 전공, 직업훈련기관 및 훈련과정 등을 소개하였다.

㉡ 관련 학과 : 일반적 입직 조건을 고려하여 대학에 개설된 대표 학과명을 수록하거나, 특성화고등학교, 직업훈련기관, 직업전문학교의 학과명을 수록하였다.

⑤ **적성 및 흥미** : 해당 직업에 취업하거나 업무를 수행하는 데 필요하거나 유리한 적성, 성격, 흥미, 지식 및 기술 등을 수록하였다.

⑥ **경력 개발** : 해당 직업 관련 활동 분야(취업처)나 이 · 전직 가능 분야를 수록하였다. 직업에 따라 승진이나 창업 등 경력개발 내용이 포함되는 경우도 있다.

⑦ **일자리 전망** 2019년 3회 2020년 4회 2021년 2회 1급

㉠ 고용전망 결과는 향후 10년간 해당 직업의 일자리 규모에 대한 전망과 변화 요인을 기술하였다.

㉡ 일자리 전망 결과는 향후 10년간 취업자 수의 연평균 고용증감률을 -2% 미만(감소), -2% 이상 -1% 이하(다소 감소), -1% 초과 +1% 미만(현 상태 유지), 1% 이상 2% 이하(다소 증가), 2% 초과(증가) 등 5개 구간으로 구분하고, 그래픽으로 시각화하여 제시하였다.

㉢ 고용전망 결과를 설명할 수 있는 요인들을 전망요인, 증가요인, 감소요인으로 나누어 제시하였다.

ⓔ 각 직업의 일자리 전망은 양적 전망(「2020-2030 중장기인력수급전망」(한국고용정보원, 2021)), 정성적 직업전망조사를 비롯해 각 직업별 재직자조사 결과, 내외부 직업전망 전문가, 각 직업분야의 전문가 검토 등을 종합하여 최종 일자리 전망을 도출하였다.

ⓜ 상반되는 일자리 전망이 도출되거나 예년과 달리 직업전망에 영향을 미치는 새로운 요인이 반영된 직업, 정량적 분석자료에서 파악되지 않는 수록직업 등에 대해서는 원·내외 연구진, 직업 분야별 현장전문가들을 대상으로 보다 심도 깊은 의견수렴과 협의과정을 거쳐 전망을 도출하였으며 향후 일자리 전망에 영향을 미치는 8개 주요 요인에 대해 핵심 키워드를 중심으로 도표로 제시하였다.

⑧ **일자리 전망에 영향을 미치는 주요 요인** : 직업변동 8대 요인

㉠ 확실성 요인

인구구조 및 노동인구의 변화	저출산, 고령화, 1인 가구의 증가 등 인구구조 변화 및 생산가능인구 감소, 여성의 경제활동 증가, 외국인 근로자의 증가 등 국내 노동인구 변화
산업특성 및 산업구조의 변화	산업구조의 고도화, 다른 산업과의 융합 등 산업 육성을 위한 정부의 전략적 지원(공유경제, 핀테크 활성화 등)
과학기술의 발전	인공지능, 빅데이터, 사물인터넷 등 디지털 기술의 고도화, 기술의 융복합화 등과 같은 4차 산업혁명에 따른 과학기술의 발전
기후변화와 에너지 부족	환경 요인(환경오염, 기후변화, 자연재해 등)과 에너지 자원 요인(자원고갈, 국가간 자원경쟁 등)으로 인한 (국제)규제 강화, 산업육성, 전문가 양성 등
가치관과 라이프스타일의 변화	여가, 건강, 미용 등 삶의 행복을 중시하는 가치관, 개인화, SNS를 통한 소통강화. 세대별 특성(MZ세대, 액티브시니어 등

㉡ 불확실성 요인

국내외 경기 변화	세계 및 국내 경기 전망, 수출 및 수입 등 무역전망
기업의 경영전략 변화	기업인수합병, 제조현장의 해외이전, 직무 아웃소싱 등 종사자 채용특성
법·제도 및 정부정책	정부차원에서의 해당 산업 및 직업 육성 방안, 규제완화, 자격제도 마련, 대학 구조조정, 복지서비스 강화 등

⑨ **관련정보**

㉠ 관련 직업 : 워크넷 직업·진로의 한국직업정보시스템(KNOW)에서 서비스하는 직업 등을 중심으로 직무, 전공, 경력 등을 고려하여 진출가능한 직업을 제시하였다.

㉡ 직업 코드 : 한국고용직업분류(KECO)와 한국표준직업분류(KSCO)의 세분류(4-digits) 코드를 제시하였으며, 해당 직업이 소분류(3-digits) 수준이라면 세분류 직업들을 제시하였다.

㉢ 관련 정보처 : 해당 직업과 관련된 기관, 협회, 학회 등의 연락처, 홈페이지 등을 제공하였다.

「2022 한국직업전망」 수록 분야 및 직업

분야	직업
경영회계 사무 관련직	기업고위임원(CEO), 인사 · 노무전문가, 경영 및 진단전문가(경영컨설턴트), 회계사, 세무사, 관세사, 감정전문가, 광고 및 홍보전문가, 상품기획자, 조사전문가, 행사기획자, 경영지원사무원, 생산 및 품질사무원, 무역사무원, 운송사무원, 회계 및 경리사무원, 안내 및 접수사무원, 비서, 정부 · 공공행정전문가, 조세행정사무원, 관세행정사무원, 병무행정사무원, 법원공무원, 행정공무원, 자재 · 구매 · 물류사무원, 고객상담원, 병원코디네이터, 속기사, 행정사, 취업알선원
금융 및 보험 관련직	투자 및 신용분석가, 자산운용가, 보험 및 금융상품개발자, 증권 및 외환딜러, 손해사정사, 보험모집인 및 투자권유대행인, 출납창구사무원, 은행사무원, 증권사무원, 보험심사원 및 사무원
교육 및 연구 관련직	대학교수, 중등학교교사, 초등학교교사, 특수학교교사, 유치원교사, 학원강사 및 학습지교사, 장학관 · 연구원 및 교육관련 전문가
법률 · 경찰 · 소방 관련직	판사 및 검사, 변호사, 법무사, 변리사, 법률관련 사무원, 경찰관 및 수사관, 소방관, 교도관 및 소년원학교교사, 위관급장교 및 부사관
보건의료 관련직	한의사, 치과의사, 수의사, 간호사, 치과위생사, 물리 및 작업치료사, 임상심리사, 임상병리사, 방사선사, 치과기공사, 안경사, 영양사, 보건의료정보관리사, 응급구조사, 간호조무사, 보건교사, 재활공학기사 및 치료 · 재활사, 내과 의사, 외과 의사, 성형외과 의사, 산부인과 의사, 이비인후과 의사, 안과 의사, 정신건강의학과 의사, 소아청소년과 의사, 방사선종양학과 의사, 마취통증의학과 의사, 비뇨기과 의사, 피부과 의사, 가정의학과 의사, 일반 의사, 약사, 한약사
사회복지 관련직	사회복지사, 상담전문가 및 청소년지도사, 직업상담사 및 취업알선원, 시민단체활동가, 보육교사
문화예술 관련직	번역가, 통역사, 출판물기획자, 사진작가 및 사진사, 국악인 및 전통예능인, 지휘자 · 작곡가 및 연주가, 가수 및 성악가, 무용가 및 안무가, 소설가, 영화시나리오작가, 방송작가, 신문기자, 방송기자, 잡지기자, 학예사(큐레이터), 문화재보존원, 사서, 기록물관리사, 화가, 조각가, 만화가, 만화영화작가(애니메이터)
디자인 및 방송 관련직	제품디자이너, 패션디자이너, 실내장식디자이너, 시각디자이너, 미디어콘텐츠디자이너, 캐드원(제도사), 감독 및 기술감독, 배우 및 모델, 아나운서 및 리포터, 영화 · 연극 및 방송제작장비기사, 연예인 및 스포츠매니저, 경기감독 및 코치, 직업운동선수, 스포츠 및 레크리에이션강사
이 · 미용 및 개인 서비스 경비 관련직	경호원, 청원경찰, 세탁원, 피부 및 체형관리사, 메이크업아티스트 및 분장사, 반려동물미용사, 결혼상담원 및 웨딩플래너, 장례지도사 및 장례상담원, 여행서비스종사자, 항공기객실승무원, 수의사보조원, 선박 · 열차객실승무원, 숙박시설서비스원, 오락시설서비스원, 환경미화원 및 재활용품수거원, 방역원(해충퇴지원 포함), 주차관리 · 안내원, 검표원, 시설 · 특수경비원, 경비원(건물관리원), 청소원, 가사도우미, 이용사, 미용사, 계기검침원 및 가스점검원, 주방장 및 조리사, 음료조리사 및 바텐더, 식당서비스원(패스트푸드준비원, 홀서빙원(웨이터), 주방보조원, 음식배달원), 요양보호사 및 간병인, 육아도우미(베이비시터)

기계 · 재료 관련직	기계공학기술자, 기계장비설치 및 정비원, 운송장비정비원, 자동차정비원, 금형원 및 공작기계조작원, 냉난방관련 설비조작원, 자동차 및 자동차부분품조립원, 제조 · 생산조립원, 재료공학기술자, 판금원 및 제관원, 단조원, 주조원, 용접원, 도장원 및 도금원, 금속가공장치조작원, 비금속광물가공장치조작원
전기/전자 및 정보통신 관련직	전기공학기술자, 전자공학기술자, 전공, 전기 및 전자기기설치수리원, 전기 및 전자설비조작원, 컴퓨터하드웨어기술자 및 연구원, 통신공학기술자 및 연구원, 컴퓨터시스템설계 및 분석가, 네트워크시스템개발자, 컴퓨터보안전문가, 시스템소프트웨어개발자, 응용소프트웨어개발자, 웹 및 멀티미디어기획자, 데이터베이스개발자, 정보시스템운영자, 통신장비 및 방송송출장비기사, 방송 및 통신장비 설치수리원
음식서비스 및 식품가공관련직	식품공학기술자 및 연구원, 제과 · 제빵사, 식품가공기능종사자, 식품제조기계조작원
화학 · 섬유 · 환경 및 공예 관련직	화학공학기술자, 석유화학물가공장치조작원, 섬유공학기술자, 의복제조원 및 수선원, 환경공학기술자, 환경관련 장치조작원, 에너지공학기술자, 비파괴검사원, 산업안전 및 위험관리원, 인쇄 및 사진현상조작원, 공예원, 귀금속 및 보석세공원, 악기제조원 및 조율사, 간판제작 및 설치원

직업정보 제공

제1절 직업정보의 제공

❶ 직업정보의 관리

(1) 고용정보의 종합관리(직업소개 등 업무처리규정 제17조)

한국고용정보원장은 고용정보의 제공과 관련하여 다음의 기능을 수행한다.

① 구인 · 구직 · 직업소개현황의 파악 · 분석

② 고용안정정보망의 관리 · 운영

③ 노동력 수급상황 분석 등 노동시장동향에 관한 고용정보의 수집 · 분석 · 가공 및 제공

(2) 직업정보시스템의 정보관리 순서 2017년 1회 2019년 2, 3회 2020년 3회 2021년 1회 2022년 1회

① **수집** : 다양한 정보원천 중에서 체계적이고 포괄적인 정보를 제공하는 미디어를 선택하여 꾸준히 정보를 입수한다.

② **분석** : 정보의 종류와 내용, 계통 등을 일정한 규칙에 따라 구분하고 순번을 붙여 대 · 중 · 소의 항목으로 나눈다.

③ **가공** : 분석된 직업정보를 활용하기 쉬운 형태로 보존하거나 내용을 요약 · 정리하여 능동적으로 활용할 수 있도록 가공 · 편집하고, 기존의 직업정보에 새로운 자료를 가미하여 정보로서의 가치를 높인다.

④ **체계화** : 직업상담자가 가공 · 분석된 자료의 지속적인 작업을 위하여 정보를 구조화시키고, 갖추어진 체계에 근거하여 계속적으로 정보를 가공한다.

⑤ **제공** : 직업정보의 제공이란 신문, 잡지, 기타 간행물 또는 유 · 무료방송에 의하여 구인 · 구직 등 직업정보를 제공하는 사업을 말한다.

⑥ **축적** : 직업정보 처리에 대한 기록을 모아 두는 것을 말한다(information storage).

⑦ **평가** : 직업정보의 가치를 일정한 기준에 의해 따져 의미를 부여하는 것을 말한다.

❷ 고용정보의 관리

(1) 개념

① 고용정보는 정부 기관인 고용노동부나 통계청 등이 고용 통계 등을 통해 제공하는 정보이다. 이들은 보통 취업률, 실업률, 산업별 고용 동향 등을 제공한다. 이에 비해 직업정보는 Q-NET이나 고용24 등을 통해서 다양한 직업에 대한 설명이나 직업에서 요구하는 기술과 교육 수준 또는 평균 급여 등에 대해 제공하는 정보를 말한다.

② 고용정보와 직업정보를 수집하는 데에는 서로 다른 접근 방법을 사용하기도 하지만, 이 두 가지 정보를 함께 다루는 것이 의미 있는 경우가 많기 때문에, 이를 조합하여 얻을 수 있는 정보도 많다.

③ 직업별 직무내용, 직업전망, 직업별 임금수준 등과 이의 분류에 관한 정보를 말하기도 하면서, 정보의 수집 · 관리 정보부터 노동시장에서 직업별로 발생하는 구인 · 구직 정보까지 포함한다.

④ 이러한 정보들을 종합하여 고용 동향과 직업 관련 정보를 함께 고려하면, 효과적인 직업 탐색과 취업 준비에 도움이 될 것이다.

(2) 고용정보제공의 내용(직업안정법 제16조, 시행령 제12조, 시행규칙 제9조)

① 직업안정기관의 장은 관할 지역의 각종 고용정보를 수시로 또는 정기적으로 수집하고 정리하여 구인자, 구직자, 그 밖에 고용정보가 필요한 자에게 적극적으로 제공하여야 한다.

㉠ 경제 및 산업동향
㉡ 노동시장, 고용 · 실업동향
㉢ 임금, 근로시간 등 근로조건
㉣ 직업에 관한 정보
㉤ 채용 · 승진 등 고용관리에 관한 정보
㉥ 직업능력개발훈련에 관한 정보
㉦ 고용관련 각종지원 및 보조제도
㉧ 구인 · 구직에 관한 정보

② 직업안정기관의 장으로부터 구인 · 구직정보를 제공받은 자는 당해 정보를 구인 · 구직 및 취업알선목적 외에 사용하여서는 아니 된다.

③ 직업안정기관의 장은 수집한 고용정보를 정보의 유형별, 사업체별로 구분하여 정리 · 분석 · 관리함으로써 이를 필요로 하는 자가 쉽게 활용할 수 있도록 하여야 한다.

(3) 직업정보사업

① **직업정보제공사업의 신고(직업안정법 제23조)** : 직업정보제공사업을 하려는 자(무료직업소개사업을 하는 자와 유료직업소개사업을 하는 자는 제외)는 고용노동부장관에게 신고하여야 한다. 신고 사항을 변경하는 경우에도 또한 같다.

"직업정보제공사업"이란 신문, 잡지, 그 밖의 간행물 또는 유선 · 무선방송이나 컴퓨터통신 등으로 구인 · 구직 정보 등 직업정보를 제공하는 사업을 말한다.

② **직업정보제공사업자의 준수 사항(직업안정법 제25조)** : 무료직업소개사업을 하는 자 또는 유료직업소개사업을 하는 자로서 직업정보제공사업을 하는 자와 제23조에 따라 직업정보제공사업을 하는 자는 다음 각 호의 사항을 준수하여야 한다.

㉠ 구인자가 구인신청 당시 명단이 공개 중인 체불사업주인 경우 그 사실을 구직자가 알 수 있도록 게재할 것

㉡ 결정 · 고시된 최저임금에 미달되는 구인정보를 제공하지 아니할 것

㉢ 그 밖에 대통령령으로 정하는 사항

③ **겸업 금지(직업안정법 제26조)** : 직업소개사업자(법인의 임원도 포함) 또는 그 종사자는 다음에 해당하는 사업을 경영할 수 없다. [개정 2024.1.23.] [시행일 2024.7.24.]

㉠ 결혼중개업

㉡ 숙박업

㉢ 식품접객업 중 대통령령으로 정하는 영업

제2절 직업정보의 수집

❶ 정보의 수집

(1) 개요

① 정보를 수집하기 위해서는 목표를 설정하고, 정보 중에서 목표달성에 도움이 되는 정보와 요구내용에 적합하고 원하는 정보를 적시에 제공할 수 있도록 하여야 한다.

② 정보는 경제성을 따져 비교적 용이하게 수집할 수 있어야 하며, 정보의 신뢰도가 높아야 할 것이다.

③ 직업정보의 수집은 여러 경로로 할 수 있으며, 자료로서는 기본적으로 정부부처의 간행물, 정부투자기관, 각종단체와 협회의 간행물, 기업체의 간행물 등이 있다.

1차 자료와 2차 자료

구분	내용
1차 자료	• 연구자에 의해 직접 수집, 작성하는 자료를 의미한다. • 연구자가 직접 수집하는 자료이므로 연구목적에 맞는 정보를 최대한 포함시킬 수 있고, 자료의 신뢰도와 타당도를 구체적으로 평가할 수 있다. • 1차 자료수집방법은 면접, 관찰, 질문지 등이 있다.
2차 자료	• 조사목적에 도움을 줄 수 있는 기존의 모든 자료로, 연구자가 현재의 연구목적을 위해 직접 자료를 수집하거나 작성한 1차 자료를 제외한 모든 자료를 의미한다. • 공공기관이나 연구기관에서 월별, 분기별, 연도별 등 정기적으로 발간되는 자료이기 때문에 시계열자료의 수집이 가능하고 1차 자료에 비해 수집비용이 저렴하다.

④ 각각의 요구에 맞는 정보를 수집한다는 것은 매우 어려운 일이다. 우선 목표를 설정한 후에 많은 정확한 정보를 지속적으로 수집과 분석을 해야 할 것이다.

(2) 직업정보 수집과정

① **제1단계 직업분류 제시하기** : 내담자에게 직업분류체계를 제공한다.

② **제2단계 대안 만들기** : 내담자와 함께 대안직업들에 대한 광범위한 목록을 작성한다.

③ **제3단계 목록 줄이기** : 내담자와 함께 2~5개의 가장 적당한 대안으로 목록을 줄인다.

④ **제4단계 직업정보 수집하기** : 내담자에게 줄어든 목록 각각의 대안들에 관한 정보를 수집하도록 지시한다.

(3) 직업정보의 수집방법 : 고용정보의 수집 · 제공(직업소개 등 업무처리규정 제19조)

① 직업안정기관의 장은 구인신청서 · 구직신청서, 각종 통계조사 · 업무통계, 조사연구자료 및 보고서, 신문 · 잡지 · 관계기관지 등의 기사 및 은행 · 민간신용기관이 공표하는 정보지 등 기존의 정보자료를 수집 · 정리하여 필요한 정보를 파악할 수 있다.

② 직업안정기관의 장은 관내 사업체 및 사업주단체 등의 방문, 직업안정기관을 이용하는 구인 · 구직자 등과의 면접 및 설문조사, 사업주단체 · 노동단체 · 교육훈련기관 · 관계행정기관 및 직업안정기관과의 각종회의 등을 통하여 필요한 정보를 수집 · 기록하여 활용한다.

(4) 직업정보 수집을 위한 자료수집방법 비교 2020년 4회

① **면접조사** : 조사원이 선정된 응답자를 상대로 직접 대면하여 조사하는 방법

장점	• 응답률이 높다. • 면접상황을 통제할 수 있다. • 시청각적 보조물을 사용함으로써 복잡하고 심층적인 질문을 할 수 있다. • 특정 집단에 대한 접근이 쉽다.
단점	• 조사비용과 시간이 많이 든다. • 익명성을 유지하기 어렵다. • 사생활 침해 등 문제로 응답을 받아내기가 어렵다. • 표본에 편향이 생길 수 있다.

② **전화조사** : 훈련된 조사원이 전화를 통해 응답자들에 대한 질의응답을 통해 자료를 수집하는 방법.

장점	• 시간과 비용이 적게 든다. • 조사원에 대한 감독이 가능하여 조사원으로 인한 비표준 오차를 줄일 수 있다. • 응답자에게 접근하기 쉽다. • 표본추출이 쉽다.
단점	• 질문의 길이와 내용에 제한을 받는다. • 시청각적 보조물을 활용할 수 없다. • 응답자가 아무렇게나 응답해도 확인하기 어렵다.

③ **우편조사** : 대상자에게 질문지를 발송해 직접 기입하도록 한 후 회수하는 방법.

장점	• 비용이 적게 든다. • 조사원이 개입되지 않으므로 조사원에 의한 영향이 최소화된다. • 익명성이 보장된다. • 조사시간에 제약을 받지 않는다.
단점	• 질문지 회수율이 매우 낮다. • 완성된 질문지가 돌아올 때까지 시간이 많이 걸린다. • 응답자가 성실하게 응답했는지 알 수 없다.

④ **ARS** : 자동응답시스템을 이용해 미리 일정하게 녹음된 내용으로 응답자에게 질문이 주어지고 응답자가 전화기 버튼을 누름에 따라 실시간으로 자료가 입력 · 분석되는 방법.

장점	• 짧은 시간에 많은 응답을 받아낼 수 있다. • 조사원으로 인한 비표준 오차를 줄일 수 있다.
단점	• 질문의 길이와 내용에 제약을 받는다. • 질문에 대한 부연 설명을 전혀 할 수 없다. • 응답자가 원하는 응답이 보기에 없으면 대답할 수 없다.

(5) 직업정보 수집시의 유의점 2022년 2회

① 정보사용자가 무엇을 요구하는지에 대한 명확한 목표가 설정되어야 한다.
② 직업정보의 제공원과 수집되는 흐름을 파악하여 직업정보를 계획적으로 수집해야 한다.
③ 자료의 출처와 저자, 발행연도와 수집일자를 기입해야 한다.
④ 최신의 자료인가를 확인해야 하며, 사용시기를 고려해야 한다.
⑤ 직업정보 수집시 필요한 도구를 사용한다.
⑥ 직업정보 수집시 신뢰성 있는 정보원을 개발 · 확보해야 한다.
⑦ 수집한 정보가 항상 유효한 것은 아니지만, 여건이 좋은 정보만을 모으면 판단이 그릇될 우려가 크기 때문에 여건이 나쁜 마이너스 정보에도 관심을 가져야 한다.

❷ 설문지법 2017년 1회

(1) 개념

① 설문지법은 조사연구에 따른 자료수집방법으로 가장 널리 사용되는 방법이다.
② 설문지법은 많은 인원을 대상으로 일시에 자료를 수집할 수 있다.
③ 설문지로 수집한 자료의 통계적 분석이 용이하다.
④ 설문지는 연구에서 오류를 범할 가능성이 가장 큰 방법이다.
⑤ 설문지가 작성되어 실사가 시작되면 잘못된 부분을 발견하더라도 교정이 어렵다.

(2) 설문지의 장점(면접법과 비교)

① 설문지법은 특성상 면접보다 시간, 노력, 비용이 적게 든다.
② 설문지법은 표준화된 언어구성, 질문순서, 지시 등으로 인해 질문의 일관성을 기할 수 있다.
③ 면접의 경우에는 익명성을 보장받기가 어려워 자유스럽게 응답하는 것에 장애를 받을 수 있으나 설문지법은 피조사자가 익명으로 응답할 수 있어서 견해를 자유롭게 표현하기 쉽다.
④ 설문지법은 시간적 여유가 있어서 정확한 응답을 할 수 있다.
⑤ 설문지법은 응답자의 과거의 행동이나 사적 행위에 관한 정보를 얻을 수 있다.
⑥ 보다 넓은 범위에 걸쳐 보다 쉽게 응답자에게 접근할 수 있다.

(3) 설문지의 단점

① 필요에 따라 질문의 요지를 설명할 수 없어서 융통성이 결여되어 있다.
② 필기에 의한 응답만을 취급하기 때문에 비언어적 행위나 개인적인 특성이 자료로 활용될 수 없다.
③ 읽고 쓸 수 있는 능력이 없는 사람에 대해서는 조사가 불가능하다.

④ 무응답 처리가 많은 것을 통제할 수 없다.

⑤ 응답자가 보고할 의사를 가지고 있고, 보고할 수 있는 소재에 대해서만 원만한 성과를 거둘 수 있다.

(4) 설문작성 지침 : 설문지 작성 시 유의사항 2019년 1, 3회 2022년 1회

① 질문들은 깔대기 형태로 배열한다. 처음에는 일반적이고 포괄적인 질문을, 나중에는 세부적이고 특수한 질문을 배열한다.

② 민감한 질문이나 개방형 질문은 가급적 질문지의 후반부에 배열한다(학력, 소득 등).

③ 시작하는 질문은 쉽게 응답할 수 있고 흥미를 유발할 수 있는 문항으로 배열한다.

④ 인적사항에 대한 질문은 가능한 한 나중에 한다.

⑤ 동일한 척도문항들은 모아서 배열한다.

⑥ 질문문항들은 논리적 순서에 의거하여 배열한다.

⑦ 계속적인 기억이 필요한 질문들은 질문지 전반부에 배열한다.

⑧ 연상작용(이전효과)을 일으키는 질문을 서로 떨어뜨려 놓는다.

⑨ 질문문항들은 길이와 유형에 따라 변화 있게 배열한다.

⑩ 질문은 상호 배타적이면서, 포괄적(총망라)이어야 한다.

⑪ 응답의 신뢰도를 묻는 질문문항들은 분리시켜야 한다.

⑫ 한 질문을 하고 난 후 다음 질문이 필요한 지의 여부를 판별할 수 있는 여과질문은 적절하게 배열해야 한다.

⑬ 질문에서 어렵고 불필요한 전문용어의 사용은 삼가도록 한다.

⑭ 유도질문, 이중질문, 중첩질문, 부정적인 질문, 선동적인 질문은 삼가야 한다.

❸ 내용분석법(Content analysis) 2016년 3회

(1) 개요

① 내용분석법이란 일기, 낙서, 편지, 자서전 등과 같은 자료를 분석하여 직업에 관련된 특성을 파악하려는 방법이다.

② 내용 분석법이란 모든 형태의 이용 가능한 자료를 체계적, 객관적, 양적으로 연구하고 분석하는 방법이다.

③ 내용분석법은 관찰에 의한 측정과 유사하다. 그러나 관찰법이 인간의 행동을 직접 관찰하는 반면, 내용분석법은 인간이 이미 만들어 놓았거나 남겨 놓은 자료를 관찰한다는 점에서 다르다.

(2) 장점과 단점

장점	단점
• 심리적 변수를 효과적으로 측정 • 현지조사로 불가능한 자료의 수집을 가능 • 다른 방법의 타당성 여부를 결정 • 개방식 질문의 응답을 처리하는 데 도움 • 장기간의 종단연구가 가능 • 역사연구 등 소급조사 가능	• 노력, 시간, 비용 과다 • 신뢰성 의심 • 능력 있는 코더를 구하기 곤란

(3) 직업정보 수집 시의 유의점

① 정보사용자가 무엇을 요구하는지에 대한 명확한 목표가 설정되어야 한다.

② 직업정보의 제공원과 수집되는 흐름을 파악하여 직업정보를 계획적으로 수집해야 한다.

③ 자료의 출처와 저자, 발행연도와 수집일자를 기입해야 한다.

④ 최신의 자료인가를 확인해야 하며, 사용시기를 고려해야 한다.

⑤ 직업정보 수집 시 필요한 도구를 사용한다.

⑥ 직업정보 수집 시 신뢰성 있는 정보원을 개발 · 확보해야 한다.

⑦ 수집한 정보가 항상 유효한 것은 아니지만, 여건이 좋은 정보만을 모으면 판단이 그릇될 우려가 크기 때문에 여건이 나쁜 마이너스 정보에도 관심을 가져야 한다.

❹ 표본조사 2019년 3회

(1) 개념

① **표본설계** : 표본조사에서 모집단(population)을 대표하는 표본(sample)을 추출하여 여기서 얻어진 결과를 가지고 모집단의 추정치를 구하는 과정으로, 표본의 대표성과 적절성을 확보함이 중요하다.

② **표본조사** : 모집단의 대표성을 확보한 응답자 표본으로부터 응답을 끌어내어 자료를 수집하는 조사 방법

③ **전집(population ; 모집단, 전수집단)** : 자료를 수집하고자 하는 전체집단

④ **표본(sample)** : 모집단의 어떤 특징을 추정하기 위해 선정한 집단

⑤ **표집(sampling)** : 표본을 선정하는 활동

(2) 표본조사를 실시하는 이유

① 전수 조사가 불가능할 때 실시한다.

② 연구를 신속하게 수행할 수 있다.

③ 연구에 필요한 노력과 경비를 절약할 수 있다.

④ 조사의 정밀도를 높일 수 있다.

(3) 표집방법

① **확률적 표집(probability sampling)**

㉠ 특정한 표집을 얻을 확률을 객관적으로 알 수 있도록 설계하여 표집하는 방법을 말한다.

㉡ 전집을 구성하고 있는 모든 요소들이 표집될 확률을 똑같이 갖고 있다고 전제하는 표집으로, 일반적인 통계적 추리는 확률적 표집을 주로 사용한다.

㉢ 유형 : 단순무선표집, 계통적 표집, 유층표집, 군집표집

② **비확률적 표집**

㉠ 전집의 요소들이 뽑힐 확률을 고려하지 않고, 연구자의 주관적인 판단에 의해서 임의적으로 표집하는 방법이다.

㉡ 표집오차를 계산할 수 없기 때문에 표집의 대표성이 문제된다.

㉢ 유형 : 의도적 표집, 할당 표집, 우연적 표집, 누적표집

(4) 단순무선 표집(random sampling)

① 특별한 선정 기준을 마련해 놓지 않고 아무렇게나 뽑는 방법으로 난선 표집, 제비뽑기식 표집이라고 한다.

② 모집단 전체에 번호를 부여하고 무작위로 선택한다.

③ 전집을 구성하고 있는 요소(element)들이 모두 독립적으로 동등하게 뽑힐 확률을 갖는다.

④ 확률적 표집방법 중에서 가장 널리 사용되며, 다른 확률적 표집방법의 기초가 된다.

(5) 체계적 표집(systematic sampling)

① 전집의 구성이 특별한 순서 없이 배열되어 있다는 것을 전제로 일정한 간격으로 표집하는 방법으로 동간 표집(同間標集) 또는 계통적 표집이라고 한다.

② 모집단 전체에 일련번호를 부여하고 첫번째 숫자는 단순무선 표집과 같은 방법으로 표집한 뒤, 그 다음부터는 간격을 똑같이 하여 표집한다.

(6) 유층 표집(stratified sampling)

① 모집단을 집단 내의 특질이 같은 여러 개의 하위 집단으로 나누고(유층화), 각 하위 집단으로부터 무선표집하는 방법이다.

② 유층(strata)이란 어떤 기준에 따라 나누어 놓은 전집의 여러 하위 집단을 말한다.

③ 하위 집단의 내부는 동질적이나, 하위 집단 간은 이질적이다.

④ 전집의 중요 특성을 사전에 고려하여 표집하게 되므로 대표적인 표집이 될 가능성이 높다.

⑤ 하위집단 간의 상호특성 비교가 가능하다.

⑥ 표집방법 중 표집오차가 가장 적어 가장 정확하고 엄밀한 방법이다.

⑦ 유층표집 방법 : 비례유층법, 비비례 유층법

(7) 군집 표집(cluster sampling)

① 모집단을 집단 내의 특질이 다른 여러 개의 하위 집단(자연적으로 형성된 집단)으로 나누고, 이 하위집단을 단위로 표집하는 방법으로 집락 표집이라고도 한다.

② 집단 내부는 이질적이나, 집단 간은 동질적이다.

③ 전집의 규모가 대단히 클 때 사용한다.

(8) 비확률적 표집(non-probability sampling)

임의 표집	• 우연적 표집(accidental sampling), 우발적 표집, 편의 표집 • 특별한 표집 계획 없이 연구자가 임의로 손쉽게 구할 수 있는 대상들 중에서 표집하는 방법이다. • 시간적 여유가 없을 때 사용한다. • 길거리에서 인터뷰하기처럼 가장 근거 없는 불확실한 표집방법이다.
할당 표집	• 모집단의 여러 특성을 대표할 수 있도록 몇 개의 하위집단을 구성하여 각 집단에 알맞은 표집의 수를 할당하여 그 범위 내에서 임의로 표집하는 방법이다. • 할당을 나누는 기준으로 연령, 성별, 교육수준, 직업, 지역분포 등을 고려한다.
눈덩이식 표집	• 연쇄의뢰 표집, 누적 표집 • 처음에는 연구에 필요한 특성을 갖춘 소수의 표본을 찾고, 그 표본을 통해 다른 사람을 소개받아 점차 표본의 수를 늘려가는 방법이다. • 약물중독자나 불법이민자처럼 대상을 찾기 어려운 경우에 사용한다. • 질적 연구나 현장연구에서 많이 사용한다.
유의 표집	• 의도적 표집(purposive sampling), 판단 표집, 유목적적 표집 • 모집단을 잘 대표하리라고 믿는 알맞은 표집의 수를 할당하여 그 범위 내에서 임의로 표집하는 방법이다.

제3절 직업정보의 생산과정

❶ 고용정보의 분석

(1) 고용정보의 정리 · 분석 · 제공(직업소개 등 업무처리규정 제20조)

① 직업안정기관의 장은 수집된 고용정보의 내용을 검토하여 이를 간결하게 정리하고, 정보종류별 · 사업체별 · 시기별 등 일정한 유형에 따라 분류하고 편철하여야 한다.

② 직업안정기관의 장은 관내 고용정보를 취합 · 분석한 후 이를 필요로 하는 자가 쉽게 활용할 수 있도록 다양한 형태로 가공하여 규칙 제9조 제2항에 따른 방법으로 제공하여야 하며, 각종 정보는 주 1회 이상 최신정보로 수시로 교체하여야 한다.

(2) 고용정보 분석의 유형

① **전문가에 의한 분석**

② **용도에 따른 분석**

㉠ 직업별

㉡ 선호도별

㉢ 유망직종별 등

(3) 직업정보 분석의 유의사항 2016년 3회 2019년 3회 2020년 1회 2021년 2회 2022년 2회

① 직업정보는 직업전문가에 의해 분석되어야 한다.

② 전문적인 시각에서 분석한다.

③ 정보의 분석목적을 명확히 하여야 한다.

④ 수집된 정보에 대하여는 목적에 맞도록 몇 번이고 분석하여 가장 최신의 객관적이며, 정확한 자료를 선정한다.

⑤ 직업정보원과 제공원에 대하여 제시한다.

⑥ 직업정보는 동일한 정보라 할지라도 다각적인 분석을 시도하여 해석을 풍부히 해야 한다. 정보는 여러 가지 측면에서 분석하게 되면 다양한 의미를 갖게 된다.

⑦ 분석과 해석은 원자료의 생산일, 자료표집 방법, 대상, 자료의 양 등을 검토하여야 하는 한편, 분석비교도 이에 준한다.

⑧ 직업정보는 다양한 정보를 충분히 검토하여 가장 효율적으로 검색 또는 활용할 수 있는 방법으로 분류해야 한다. 이때 각 정보는 주제별, 활용대상별, 활용장소, 입수 연월일, 제공처 등의 내용으로 분류하고, 그 내용을 명확하게 하여야 한다.

⑨ 수집된 직업정보를 필요도에 따라 선택하고 항목별로 분류하되, 오래되거나 불필요한 것은 버려야 한다.

⑩ 직업정보는 다른 통계와의 관련성 및 여러 측면을 고려하여 분석되어야 한다.
⑪ 직업정보는 변화의 동향에 유의하여 분석되어야 한다.
⑫ 직업정보는 이용자 수준에 맞게 분석되어야 한다.

❷ 직업정보의 가공 2020년 1회 2020년 3회 2021년 2회

(1) 의의

① 직업정보의 가공은 수집 · 분석된 정보를 재편집하여 사용하기 좋게 정돈하는 과정이다.
② 직업정보의 가공은 정보 이용자에게 동기가 부여될 수 있도록 정리되어야 한다.
③ 직업정보의 가공은 정보의 생명력을 측정하여 활용방법을 구상해야 한다.

(2) 직업정보의 가공시 유의사항 2017년 1회

① 직업정보 가공 시에는 전문적 지식이 없어도 이해할 수 있는 언어를 사용하여야 한다.
② 직업정보 가공 시에는 직업에 대한 장단점을 편견 없이 제공해야 한다.
③ 직업정보 가공 시에는 가장 최신의 자료와 표준화된 정보를 활용해야 한다.
④ 직업정보 가공 시에는 시청각 효과를 부가한다.
⑤ 숫자로 표현할 수 없는 정보도 포함해야 한다.
⑥ 객관적이지 않은 어투, 문자를 삼가라.
⑦ 정보제공 방법을 적절한 형태로 하라

❸ 직업정보의 제공 및 축적

(1) 직업정보의 제공

① 직업정보는 직업정보를 필요로 하는 사람에게 우선적으로 제공되어야 한다.
② 직업정보는 이용자의 수준에 맞게 제공되어야 한다.
③ 직업정보의 제공은 상담의 초기 단계에 이루어지며, 이 경우 내담자 반응에 대한 피드백도 고려되어야 한다.
④ 직업정보는 표준화된 정보보다는 내담자의 환경변인이 고려된 정보를 제공해야 한다.
⑤ 직업정보는 정보활용의 효율성을 추구하기 위해 내담자의 필요성이 고려된 정보를 제공해야 한다.

1 과목
2 과목
3 과목
4 과목
5 과목

(2) 직업정보의 제공 시 유의사항

① 직업정보는 이용자의 요구에 맞추어 제공해야 한다.

② 직업정보는 이용자가 이해하기 쉽도록 제공해야 한다.

③ 직업정보는 이용자에게 친근감을 주고 관심을 자극하여 동기를 유발할 수 있는 형태로 제공해야 한다.

④ 직업정보는 이용자가 손쉽게 접근할 수 있도록 제공해야 한다.

⑤ 직업정보를 제공할 때에는 직업정보원, 직업정보제공원, 가공방법 등 직업정보의 생산과정에 대해 공개해야 한다.

⑥ 필요한 내담자에게 우선적으로 정보를 제공해야 한다.

⑦ 표준화된 정보보다는 내담자가 속한 가족과 문화를 우선적으로 고려해야 한다.

⑧ 객관적으로 중립적인 태도를 유지해야 한다.

(3) 직업정보 제공 매체별 특징 2018년 2, 3회 2019년 1회 2021년 1회 2022년 1회 1차

구분	종류	비용	학습자 참여도	접근성
자료제공	인쇄물	저	수동	용이
	시청각자료	고	수동	제한적
	컴퓨터자료	저	수동	제한적
상호작용	상담	고	적극	제한적
	시뮬레이션	고	적극	제한적
	게임	저	적극	제한적
	관찰	고	수동	제한적
	면접	저	적극	제한적
	직업체험	고	적극	제한적
	직업경험	고	적극	제한적

(4) 직업정보의 축적

① 직업정보를 축적하는 것은 정보를 수집하고 기록하는 과정을 의미한다.

② 직업정보의 축적은 사용자들로 하여금 다양한 직업에 대한 정보를 쉽게 찾아볼 수 있도록 하며, 직업 선택이나 진로 결정에 도움을 받을 수 있도록 한다.

③ 직업정보의 축적은 사용자들이 직업 선택이나 진로 결정에 필요한 정보를 쉽게 얻을 수 있도록 도와준다.

④ 직업정보의 축적은 개인의 진로 개발과 산업의 발전에 기여할 수 있다.

⑤ **직업정보 축적의 과정**

㉠ 정보 수집 : 다양한 출처에서 직업정보를 수집한다. 이는 산업 리서치 보고서, 공식 웹사이트, 직업포털사이트, 정부기관 발표 자료, 산업동향 보고서, 채용공고 등을 포함한다.

㉡ 정보 정리 및 분류 : 수집된 정보를 정리하고 분류한다. 이는 각 직업에 대한 설명, 요구되는 기술 및 자격 요건, 임금 및 보상 정보, 채용 정보 등을 분류하여 구성하는 것을 의미한다.

㉢ 정보 업데이트 : 직업 시장은 계속해서 변화하므로, 수집된 정보를 주기적으로 업데이트 해야 한다. 새로운 직업이나 업무 동향에 대한 정보를 추가하고, 기존 정보의 변경 사항을 반영해야 한다.

㉣ 검증 및 신뢰성 확보 : 수집된 정보의 정확성과 신뢰성을 확인한다. 신뢰할 수 있는 출처에서 얻은 정보를 사용하고, 필요에 따라 정보를 검증하여 신뢰할 만한 정보를 제공한다.

㉤ 다양한 형태의 정보 제공 : 다양한 형태의 정보를 제공하여 사용자들이 필요한 정보를 쉽게 찾을 수 있도록 한다. 이는 텍스트, 그래픽, 동영상 등 다양한 형식의 정보를 활용하여 제공하는 것을 의미한다.

❹ 직업정보의 평가

(1) 직업정보의 평가기준(Hoppock) 2021년 2회

① 누가 만들었는가?

② 언제 만들었는가?

③ 무슨 목적으로 만들었는가?

④ 무엇을 대상으로 만들었는가?

⑤ 자료를 어떤 방식으로 수집했는가?

(2) 정보의 효용(Andrus, 1971) 2016년 1회

형태효용	정보의 제공 형태가 의사결정자의 요구와 일치될수록 정보의 가치는 증가한다.
시간효용	필요할 때 정보를 적시에 활용할 수 있다면 그 정보는 의사결정자에게 더 큰 가치를 갖는다.
장소효용	정보에 쉽게 접근할 수 있거나 쉽게 전달될 수 있다면 정보는 보다 큰 가치를 갖는다.
소유효용	정보소유자는 타인에게로의 정보전달을 차단함으로써 정보가치에 영향을 미친다.

(3) 정보의 질 결정 기준(Kroenke)

① **정확성** : 정보는 의사결정의 오류를 최소화할 수 있도록 내용의 정확성이 유지되어야 한다.

② **적절성** : 정보의 질은 이용자의 필요성 정도나 수준에 맞아야 한다.

③ **적시성** : 정보는 정보 사용자가 필요로 할 때 제공되어야 그 가치가 높다는 것으로, 시기 적절성이라고도 한다.

④ **경이성** : 정보는 기존에 몰랐던 내용을 제시하는 참신하고 경이로운 정보일수록 좋은 정보라고 할 수 있다.

⑤ **불확실성의 감소** : 정보의 질은 불확실성이 최소화될수록 좋은 정보로서 인정받게 된다.

❺ 직업정보인지의 오류

(1) 정보 인식의 오류

① 정보 인식의 오류란 주어진 정보를 잘못 인식하거나 해석하는 것을 말한다. 이는 다양한 요인이나 상황에 의해서도 발생할 수 있다.

② 직업정보 인식의 오류란 주어진 문맥이나 상황에 따라 직업정보를 잘못 파악하는 것을 말한다. 이는 다양한 이유로 발생할 수 있습니다.

③ 정보 인식의 오류를 최소화하기 위해서는 정확한 데이터를 수집하고, 명확한 문맥을 제공하며, 다양한 관점을 고려하는 것이 중요하다.

④ 정보 인식의 오류는 기술 발전과 사용자 교육을 통해 오류를 방지하고 해결할 수 있다.

⑤ **정보인식의 오류**

㉠ 데이터 노이즈(data noise)로 인한 오류 : 데이터 노이즈는 데이터에 불필요한 정보나 잘못된 정보가 혼재되어 있을 때 발생할 수 있다. 데이터 노이즈는 고의적으로 각종 이슈를 만들어 고객들의 호기심을 불러일으키는 노이즈 마케팅(noise marketing)과 유사한 유형으로 나타나는 오류이다. 이는 주로 데이터 수집 과정에서 발생하는데, 센서의 오작동이나 인간의 실수 또는 외부 환경 요인에 의해서도 발생할 수 있다.

㉡ 사용자의 선입견으로 인한 오류 : 사용자가 특정한 관점이나 선입견을 가지고 정보를 해석할 때 발생하는 오류이다. 이는 사용자의 경험, 믿음, 문화적 배경 등에 따라 다양하게 나타날 수 있다.

㉢ 의도적인 왜곡으로 인한 오류 : 정보를 의도적으로 왜곡하거나 숨기는 행위로 인해 발생하는 오류이다. 이는 거짓 정보를 제공하거나 특정한 이익을 얻기 위해 정보를 조작하는 경우에 주로 발생한다.

㉣ 문맥의 부재로 인한 오류 : 정보를 제공하는 문맥이 불충분하거나 모호할 때 발생할 수 있는 오류이다. 이는 정보를 이해하는 데 필요한 배경지식이 부족하거나 주어진 정보가 부족하여 올바른 해석을 할 수 없는 경우에 주로 발생한다.

㉤ 기술적 한계로 인한 오류 : 정보를 처리하는 기술의 한계로 인해 발생하는 오류이다. 기계 학습 알고리즘의 한계, 자연어 처리 기술의 한계 등이 이에 해당된다.

(2) 직업정보 인식의 오류

직업정보 인식에는 다양한 이유로 인해 다양한 형태의 오류가 발생할 수 있다. 이를 해결하기 위해서는 문맥을 제대로 이해하고, 직업정보를 상황에 맞게 해석하는 것이 중요하다.

① **언어의 다의성** : 직업정보 인식의 오류는 동일한 직업명이 서로 다른 의미를 가질 때 발생할 수 있다. 직업명에는 본직업명 외에도 관련 직업명도 있을 수 있고, 유사 직업명도 있을 수 있다. 그런가 하면 동일한 직업 이름이 다른 산업이나 분야에서 다른 의미를 가질 수도 있다. 예를 들어 개발자라고 하더라도 소프트웨어 개발자일 수도 있고, 부동산 개발자일 수도 있다.

② **직업명의 변형** : 동일한 직업이라도 지역이나 문화에 따라 다른 이름으로 불릴 수 있다. 예를 들어, 변호사라고 하더라도 로펌 변호사, 개인 변호사, 대리 변호사 등으로 분류되어 불릴 수 있다. 그런가 하면 프로그래머라는 직업은 개발자 또는 코더(Coder) 등으로도 불릴 수 있다.

③ **직업 분야의 다양성** : 동일한 직업이라도 다양한 전문화 분야를 가질 수 있다. 직업정보 인식의 오류는 같은 직업이라도 전문 분야가 다양해질 때 발생하게 된다. 의사를 예로 들어보면, 다양한 전문 분야가 있어서 내과 의사, 외과 의사, 소아과 의사, 성형외과 의사 등으로 구분되며, 변호사도 이혼 전문 변호사, 교통사고 전문 변호사 등으로 구분되고 있다.

④ **직업명의 용례(用例)** : 특정 직업에 대한 일반적인 용어는 해당 직업을 다양한 세부 분야로 분할할 수 있다. 예를 들어, 디자이너라는 용어는 그래픽 디자이너, 제품 디자이너, 패션 디자이너 등을 포함할 수 있다.

⑤ **기술 진보** : 새로운 기술이나 직업이 계속해서 발전함에 따라 새로운 직업이 생겨나고 기존 직업들도 변화할 수 있다. 직업정보의 오류는 새로운 기술이나 직업이 등장함에 따라 기존 직업의 역할이 변경되거나 새로운 직업이 생성될 때 발생한다. 그런가 하면 기존의 직업정보가 업데이트되지 않아 오류가 발생할 수도 있다.

⑥ **문맥의 부재** : 직업정보의 오류는 특정한 직업이 특정한 산업 분야에 속하는지 여부를 명확히 알 수 없는 경우처럼 직업정보를 이해하는 데 필요한 문맥이 부족한 경우에도 발생한다.

⑦ **주관적 해석** : 개개의 직업은 개인의 경험이나 지식수준에 따라 다르게 해석될 수 있다. 즉, 직업정보의 오류는 개인의 주관적인 해석에 따라 발생할 수도 있는 것이다.

❻ 직업정보 평가 결과 환류

(1) 직업정보의 평가

직업정보의 평가는 직업정보 제공의 과정(過程)에서 필요로 하는 구직 · 구인자에 관한 정보를 수집하고, 직업정보 제공의 효율성을 판단하며, 직업정보 제공의 달성도를 밝히는 과정이다.

① 직업정보의 평가란 직업정보가 계획한 변화를 검증하는 일이다.

② 직업정보의 평가란 직업정보가 의도한 성취도를 검증하는 활동이다.

③ 직업정보의 평가는 직업정보가 의도한 목표가 얼마나 잘 달성되었는지를 검토하기 위해서 이루어지는 것이다.

④ 직업정보의 평가는 직업정보 제공의 결과로 구직 · 구인자에게 나타나는 행동의 변화를 측정하기 위하여 자료를 수집하는 일이다.

(2) 직업정보 평가 요소

① 직업정보 제공의 달성도의 평가

② 직업정보 제공의 과정(過程)에서 구직 · 구인자가 필요로 하는 정보제공 활동

③ 직업정보 제공의 과정(過程)에서의 각 구성요소에 대한 효율성과 적합성의 검증

(3) 직업정보 평가의 목적

① 직업정보 제공의 목적 달성도를 파악

㉠ 구직자의 구직활동을 촉진시켰는지의 여부

㉡ 미취업 청소년의 진로탐색 및 진로선택 시 참고자료로 활용되고 있는지의 여부

㉢ 기업에서 효율적이고 합리적인 인적자원관리가 촉진되었는지의 여부

㉣ 체계적인 직업정보를 기초로 한 직업훈련의 기준 설정 여부

㉤ 실업대책과 고용정책의 기초자료로 활용되고 있는지의 여부

② 정보제공자의 정보제공 활동에 대한 자기반성자료 획득

③ 직업정보의 질 향상을 위한 직업정보 제공 전반에 관한 자료 수집 및 가치판단

(4) 직업정보 평가 결과의 환류(feedback)

① 환류(feedback)는 정보의 투입에 대한 반응으로 행동하며, 연속적인 행동을 수정하도록 그 행동의 결과를 새로운 정보로 포함시키는 의사소통의 조직망을 의미한다.

② 직업정보 평가 결과의 환류(feedback)는 직업정보 제공자가 수행한 정보제공 활동에 관한 정보를 직업정보 제공자가 받는 것으로, 이는 직업정보체계에 적응하기 위한 일종의 방어기제이다.

③ 직업정보 평가 결과의 환류(feedback)는 직업정보체계가 수행한 것에 관한 정보를 직업정보체계가 받는 것으로, 직업정보의 투입에 대한 반응으로 작용한다.

④ 직업정보 평가 결과의 환류(feedback)는 직업정보 제공의 결과를 새로운 정보로 포함시키는 연속적인 행동수정 활동으로, 부정적 피드백과 긍정적 피드백으로 구분된다.

㉠ 부정적 환류(negative feedback)는 현재의 직업정보 제공 활동이 목표를 성취하기 어려운 방식으로 수행하고 있다는 정보를 주어 직업정보 제공 활동의 목표와 조화를 이루도록 행동을 수정하게 한다.

㉡ 긍정적 환류(positive feedback)는 현재 직업정보 제공의 적절한 행동을 더욱 요청한다는 의미를 전달한다.

4 과목

노동시장

CHAPTER 01

노동시장의 이해

제1절 노동경제의 기초개념

❶ 노동경제학의 주요 내용

(1) 협의의 노동시장론

노동시장의 기능과 임금에 관한 분석을 주요 내용으로 하고 주로 경제이론을 많이 수용하는 편이다.

(2) 광의의 노동시장론

협의의 노동시장론에다 노동조합의 행동 및 단체교섭의 과정을 중심으로 하는 노사관계론까지 포함시키는 노동경제학이며 제도적인 접근방법을 많이 채용하는 노동경제학이다.

❷ 노동경제학의 주요 관심대상

(1) 노동용역의 공급자로서의 가계

생산물시장에서 가계의 구성원은 재화나 용역의 수요자이나, 생산요소시장에서는 공급자로서의 역할을 담당한다. 즉, 생산요소시장에서 가계가 요소의 공급의 대가로 받는 화폐소득으로 생산물시장에서 재화나 용역에 대한 지출을 할 수 있기 때문이다.

(2) 노동용역의 수요자로서의 기업

생산물시장에서 기업은 재화나 용역의 공급자이나, 생산요소시장에서는 수요자로서의 역할을 담당한다. 즉, 생산요소시장에서 가계로부터 생산요소의 공급으로 부가가치를 창출하여 그 수익으로 생산요소에 대한 대가를 지불한다.

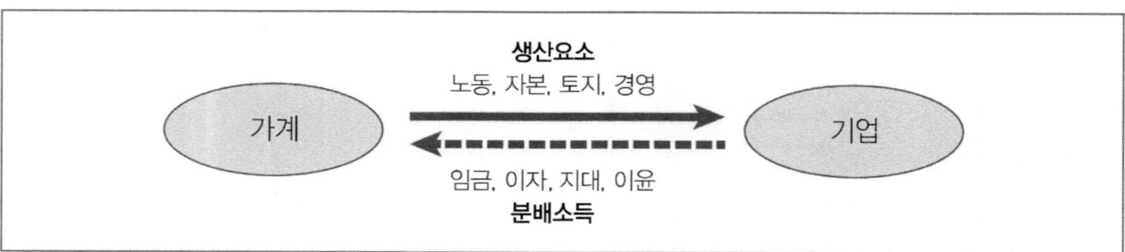

(3) 노동의 수요 및 공급의 결과로 나타나는 임금과 고용의 형태

이러한 노동의 수요와 공급의 결과로 나타나는 노동의 대가에 해당되는 임금과 고용량에 대한 일반적 분석을 노동경제학의 분석대상으로 한다.

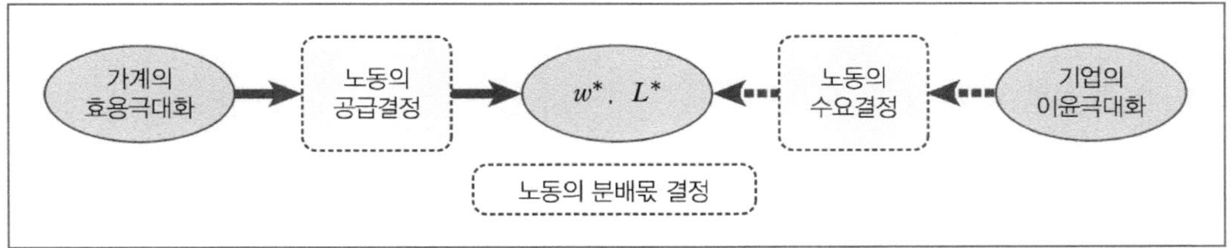

❸ 노동시장과 생산물시장

(1) 노동시장과 생산물시장의 차이점

① 노동시장은 생산물시장보다는 달리 단일노동시장만 존재하는 것이 아니라, 노동자의 질과 수에 따라 상호관련 있는 다양한 유형의 시장이 존재한다.

② 생산물시장의 단순함과는 달리 노동시장에서는 언제나 노동조건과 관련되어 복잡한 특성을 갖고 있다. 즉, 노동을 제공하는 개인은 일할 것을 결정하기 전에 작업장의 환경과 위치, 작업의 안정도, 승진 및 발전의 기회 등 일체의 작업조건을 신중하게 검토하여야 하기 때문이다.

③ 노동시장은 노동의 다원적 역할에 의해 생산물시장보다는 그 구조가 더욱 다양하다. 즉, 노동은 사용자의 입장에서 보면 생산요소로서의 역할을 하며, 노동자의 입장에서 보면 소득의 원천이 되는 반면, 국민경제의 관점에서 보면 인적 자원이기도 하다.

④ 노동시장은 생산물시장보다 제도적 변화에 민감하게 반응한다. 정치 · 사회 · 경제적 환경, 또는 노동시장의 집중화 정도, 각종 노동보호입법의 추진, 교육제도, 여성의 경우 경제활동참가율의 변화, 인구 및 인구구성의 변화 등이 상호 복합적으로 작용하기 때문이다.

(2) 노동시장 분석에 있어서의 가정

① 모든 노동은 동질적이다. 즉, 모든 노동자는 같은 수준의 기술과 체격, 똑같은 선호도를 가지고 있고, 훈련비용이 없이도 타 직업으로 이동할 수 있다고 가정한다. 사용자의 입장에서 보면 완전대체가능하다고 본다.

② 노동시장정보에 대해 완전한 지식을 가진다.

③ 별다른 언급이 없으면 사용자들은 생산물시장 및 생산요소시장에서 완전경쟁적이며 생산물 가격이나 임금률은 완전신축적이다.

④ 노동력의 크기는 일정하게 주어져 있다.

⑤ 생산물의 총수요 수준은 일정하다.

제2절 노동의 수요

노동은 경제활동에서 재화를 창출하기 위해 투입되는 인적 자원 및 그에 따른 인간의 활동을 뜻한다. 흔히 자본, 토지와 함께 생산의 3대 요소로 불린다. 노동은 보수를 대가로 한다는 점에서 취미, 여가와 같은 인간의 다른 활동과 구별된다.

생산의 주체인 기업은 재화를 생산하기 위하여 생산요소를 수요하므로 생산요소수요의 크기는 기업이 생산하려는 재화의 수량에 따라 달라진다. 따라서 생산요소수요는 생산물시장에서 결정된 생산물수요에 의하여 그 크기가 결정되는 파생적 수요의 성격을 지니고 있다. 그런데 재화의 생산량이 이윤극대화 원리에 의하여 결정되므로, 결국 파생적 수요인 생산요소수요도 기업의 이윤극대화 원리에 의하여 결정될 수밖에 없다. 따라서 생산물에 대한 수요가 증가하면 생산요소에 대한 수요도 당연히 증가하게 된다.

❶ 노동수요의 개념

노동의 수요란 일정기간동안 기업에서 고용하고자 하는 노동량을 의미한다.

(1) 유량개념

노동수요는 일정기간동안 기업에서 고용하고자 하는 노동량을 의미하므로 유량개념이다. 반면, 생산가능인구, 실업자, 취업자 등의 개념은 일정시점에서 계량화되는 수치이므로 저량개념이다.

(2) 파생수요 1차

노동수요는 생산물시장에서 결정된 생산물수요에 의하여 그 크기가 결정되는 파생적 수요의 성격을 지니고 있다. 즉, 재화시장에서의 판매가격과 판매량에 의해 노동수요가 결정된다.

(3) 결합수요

노동수요는 그 자체의 수요만으로 이루어지는 것이 아니라, 여타 생산요소(토지, 기계)의 수요와 동시에 이루어지는 결합수요의 성격을 띤다.

❷ 단기의 노동수요

(1) 단기생산함수의 특성

① 단기생산함수란 여러 가지 생산요소들 중 적어도 한 가지 이상의 요소투입량이 고정된 상태의 생산함수이다.

② 가변요소의 투입량을 늘려가면 수확체증 → 체감현상이 나타난다.

③ 일반적으로 노동을 가변요소, 자본을 고정요소로 가정한다.

④ 처음에는 노동의 투입이 늘어나 일인당 자본이 감소하는데도 한계생산성이 체증(수확체증)이 나타나는 이유는, 분업의 이점으로 인한 생산성의 증가가 일인당 자본의 감소함으로 인한 생산성의 감소보다 크기 때문이다.

⑤ 그러나 일정시점을 지나면 일인당 자본의 감소가 더 크게 작용되어 혼잡의 비효율 때문에 한계생산물은 감소하게 된다.

⑥ 이를 그래프를 그려보면

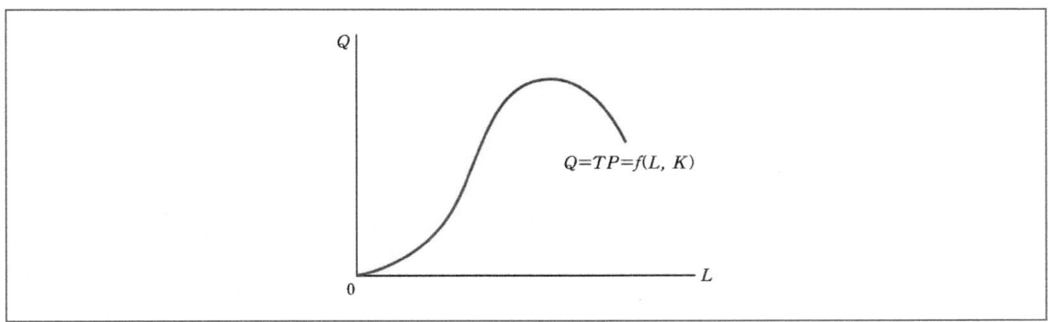

1 과목
2 과목
3 과목
4 과목
5 과목

(2) 노동의 한계생산물(MP_L : Marginal Product of labor)

① 노동의 한계생산물이란 노동이란 가변요소를 추가적으로 1단위 투입하였을 때 총생산물의 증가분을 의미한다.

② $MP_L = \frac{\Delta Q}{\Delta L}$ 즉, 총생산물곡선의 접선의 기울기이다.

③ 총생산물을 미분하면 한계생산물을 구할 수 있다.

④ 노동의 한계생산물을 적분하면 총생산물을 구할 수 있다.

⑤ 가변요소(노동)의 투입량을 늘려가면 L_1까지는 수확체증하다가 변곡점에서 극대값(수확불변)을 가지다가 그 다음부터는 체감현상이 나타난다. 이 모든 현상을 가변비율의 법칙이라 한다.

⑥ 변곡점(A점)까지는 체증하면서 증가하다가 극대점(B점)까지는 체감하면서 증가한다.

⑦ 총생산물이 극대일 때 한계생산물은 0값을 가진다.

⑧ 한계생산물은 음(－)의 값을 가질 수 있다.

⑨ 한계생산물이 음(－)의 값을 가지면 총생산물은 감소한다.

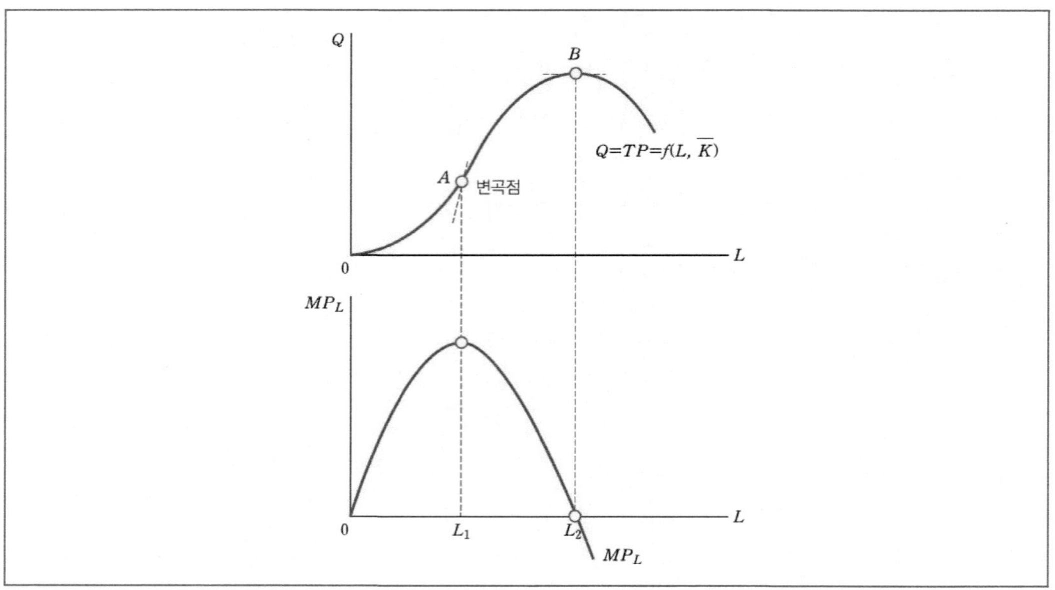

(3) 노동의 평균생산물(AP_L : Average Product of labor)

① 노동의 평균생산물이란 투입된 생산요소 1단위당 생산량을 의미한다.

$$AP_L = \frac{Q}{L}$$

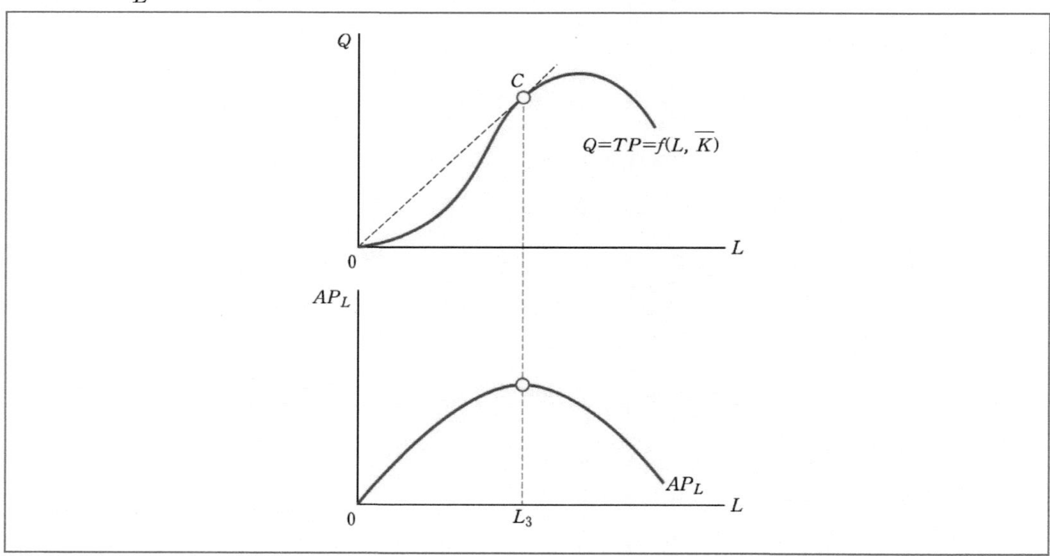

② 원점과 총생산물곡선 두 점을 잇는 직선의 기울기이다.

③ 원점출발직선이 총생산물과 접하는 C점까지는 평균생산물은 증가하고 C점에서 극대값을 갖고 그 다음부터는 감소한다.

④ 총생산물이 항상 음(-)이 되지 못하므로 평균생산물도 음(-)이 될 수는 없다.

(4) 단기 생산물 사이의 관계

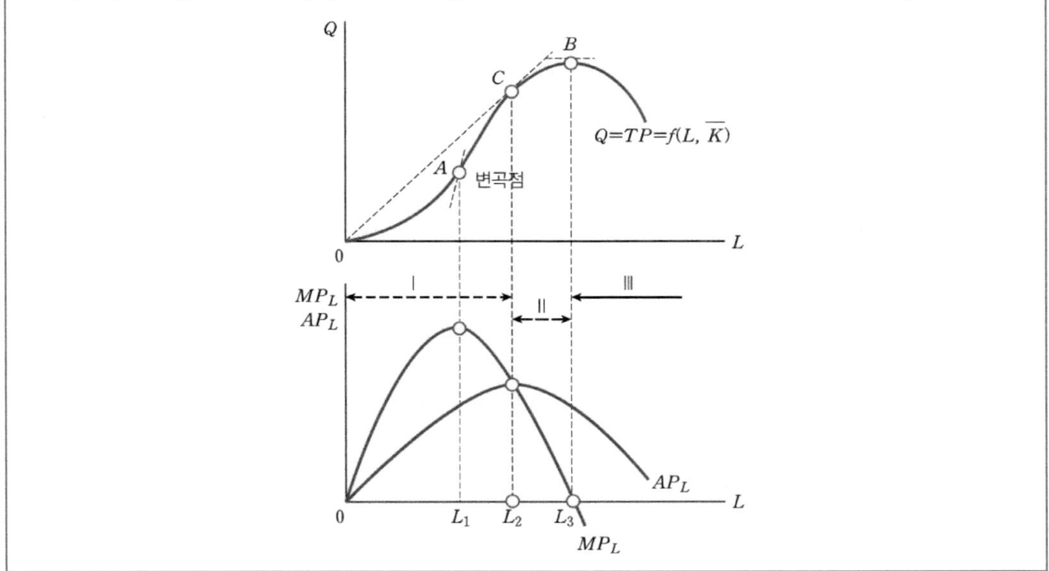

① **총생산물과 한계생산물과의 관계**

㉠ 총생산물이 증가하면 한계생산물은 양(+)의 값을 갖는다.

㉡ 총생산물이 극대이면 한계생산물은 0값을 갖는다.

㉢ 총생산물이 감소하면 한계생산물은 음(−)의 값을 갖는다.

② **평균생산물과 한계생산물과의 관계**

㉠ 평균생산물이나 한계생산물 공히 증가하다가 감소하는 형태를 갖는다.

㉡ 평균생산물이 증가할 때 한계생산물은 평균생산물보다 큰 값을 가지면서 증가하다가 감소한다.

㉢ 평균생산물이 극대일 때 한계생산물과는 같은 값을 가진다.

㉣ 평균생산물이 감소하면 한계생산물은 작은 값을 가지면서 감소한다.

(5) 생산의 3단계

① **생산의 Ⅰ단계 영역**

㉠ 원점에서 평균생산물이 극대점까지

㉡ 기업의 이윤극대화가 이루어지지 않는 영역이다.

② **생산의 Ⅱ단계 영역**

㉠ 평균생산물의 극대점에서 한계생산물이 0인 점까지

㉡ 기업의 이윤극대화가 이루어지는 영역이다.

㉢ 경제적 영역이라 한다.

③ 생산의 Ⅲ단계 영역

㉠ 노동의 한계생산물이 음(－)이 되는 구간

㉡ 기업의 이윤극대화가 이루어지지 않는 영역이다.

(6) 노동의 수요곡선

1차 2차

① 노동수요 이윤극대화 조건

㉠ 한계수입생산물(MRP)＝한계요소비용(MFC)

㉡ 한계수입생산물이란 노동자 한 명 고용에 따른 총수입증가분으로 한계수입(MR)×한계생산물(MP)로 구성된다.

㉢ 한계요소비용이란 노동자 한 명 고용에 따른 비용증가분이다.

㉣ 기업이 완전경쟁기업이면 한계수입생산물 대신 한계생산물가치[상품가격(P)×한계생산물(MP)]라고 해도 되고, 노동시장이 완전경쟁시장이면 한계요소비용 대신 임금(W)이라고 해도 된다.

㉤ 그래서 모든 시장이 완전경쟁시장일 때 기업의 노동수요 이윤극대화 조건은 한계생산물가치[상품가격(P)×한계생산물(MP)]＝임금(W)이다.

㉥ 그러나 기업이 불완전경쟁기업이면 반드시 한계수입생산[한계수입(MR)×한계생산물(MP)]이라고 해야 하고, 노동시장이 수요독점노동시장일 때는 반드시 한계요소비용(MFC)이라고 해야 한다.

② 노동의 한계생산물가치(Value of Marginal Product ; VMP)

㉠ 노동의 한계생산물가치란 생산물시장이 완전경쟁일 때 노동을 한 단위 추가로 고용하므로 얻을 수 있는 총수입의 증가분을 의미한다.

㉡ 노동의 한계생산물가치(VMP)＝상품가격(P)×노동의 한계생산물(MP_L)

㉢ 생산물시장이 완전경쟁일 때에는 재화의 시장가격이 일정하고, 노동의 한계생산성이 체감하므로 노동의 한계생산물가치도 체감하게 된다.

㉣ 그러므로 노동의 한계생산물가치곡선은 우하향한다.

㉤ 기업은 이윤극대화를 위해 노동시장이 완전경쟁일 때 노동 한 단위를 추가로 고용할 때 투입되는 비용의 증가분(임금)과 수입의 증가분(VMP)이 일치할 때까지 노동을 고용하려 한다. 따라서 기업의 노동의 단기수요곡선은 노동의 한계생산물가치곡선과 동일하게 된다.

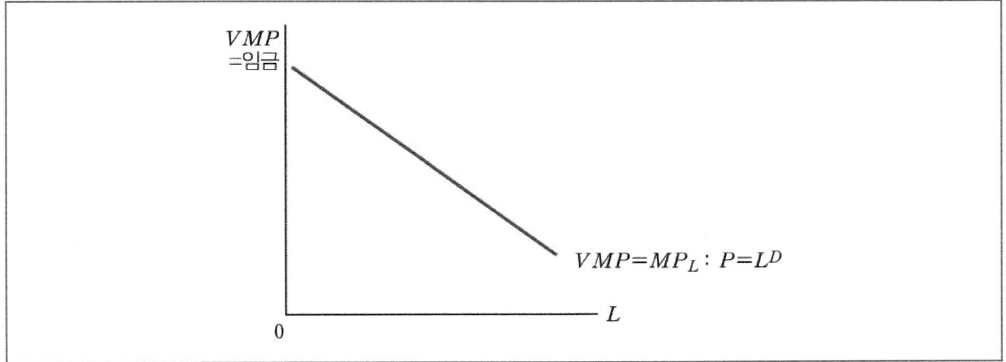

❸ 노동의 장기수요곡선

1차

노동외의 다른 생산요소가 고정되어 있을 때를 분석하는 단기분석과는 달리, 노동의 장기수요곡선은 노동 이외의 다른 생산요소를 함께 변화시키는 것까지 고려한다. 그러면 똑같이 임금이 하락하였을 때, 단기의 경우보다 장기의 경우에는 자본보다 더욱 값이 싸진 노동의 대체로 인해 노동의 장기수요곡선은 더욱 완만해진다.

❹ 노동수요의 결정요인

1차

(1) 노동의 수요량은 노동의 가격(임금)에 의해 영향을 받는다. 임금이 하락하면 노동의 수요량이 증가하고, 임금이 상승하면 노동의 수요량은 감소하게 된다. 그래서 노동수요곡선은 우하향하는 모양을 띠게 된다. 이를 노동수요곡선 상의 이동인 수요량의 변화라고 한다. 나머지 기타 요인의 변화는 노동수요곡선 자체의 이동인 수요의 변화라고 한다.

(2) 노동의 수요는 다른 생산요소(자본)의 가격에 의해 영향을 받는다. 자본의 가격인 이자율이 상승하면 상대적으로 싸진 노동의 수요를 늘리므로 노동의 수요곡선은 우측으로 이동한다. 만약 자본이 노동과 보완요소라면 자본의 가격이 상승하면 노동의 수요를 줄이므로 노동수요곡선은 좌측으로 이동한다.

(3) 노동의 수요는 소비자의 수요의 크기에도 영향을 받는다. 노동의 수요는 파생적 수요이므로 생산물의 수요가 증가하면 생산물의 가격이 상승하여 그것의 공급도 늘려야 하므로 노동의 수요가 증가하게 되어 노동수요곡선은 우측으로 이동한다.

(4) 노동의 수요는 노동생산성의 변화나 생산기술의 변화에도 영향을 받는다. 새로운 기술의 발명으로 노동의 생산성이 향상되면 노동의 한계생산물가치가 상승하여 노동의 수요곡선은 우측으로 이동한다.

❺ 노동수요의 (임금)탄력성

1차 2차

경제학에서 탄력성이란 민감성을 나타내는 지표이다. 따라서 노동수요의 (임금)탄력성이란 임금의 변화에 노동의 수요량이 많은 영향을 받으면 탄력성이 크게 되어(민감하게 반영되어) 탄력적이라 하고, 임금의 변화에 노동의 수요량이 적은 영향을 받으면 탄력성이 적게 되어 비탄력적이라 일컫는다.

(1) 노동수요의 탄력성의 정의

① 노동수요의 탄력성 $= -\dfrac{\dfrac{\Delta L^D}{L^D}}{\dfrac{\Delta w}{w}}$

② 결국 임금의 1% 변화에 따른 노동수요의 변화비율을 의미한다.

(2) 노동수요의 탄력성의 크기

① 아래 그래프에서 똑같은 임금의 변화(하락)에도 노동수요곡선이 완만해질수록(L_1^D) 노동의 수요량이 더욱 크게 증가되어 탄력성은 크게 나타난다.

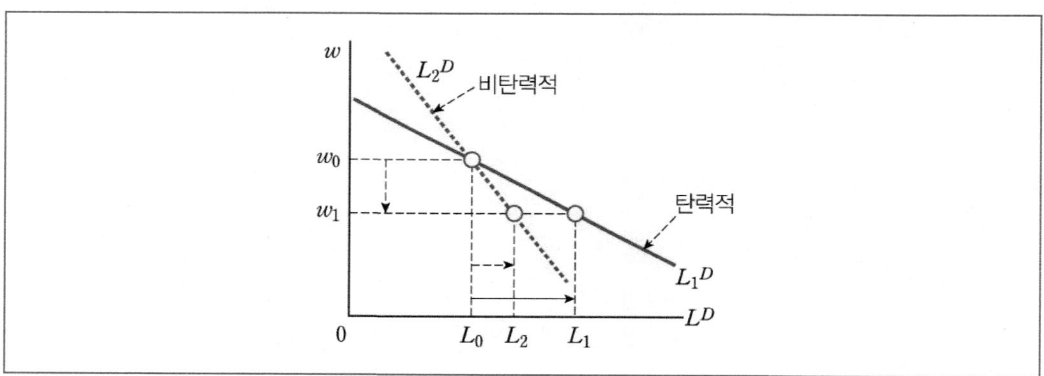

② 노동수요의 탄력성이 완전비탄력적이란 임금의 변화에도 불구하고 노동의 수요량이 아무런 변화가 없을 때를 의미하므로 노동수요곡선이 수직선의 경우이다.

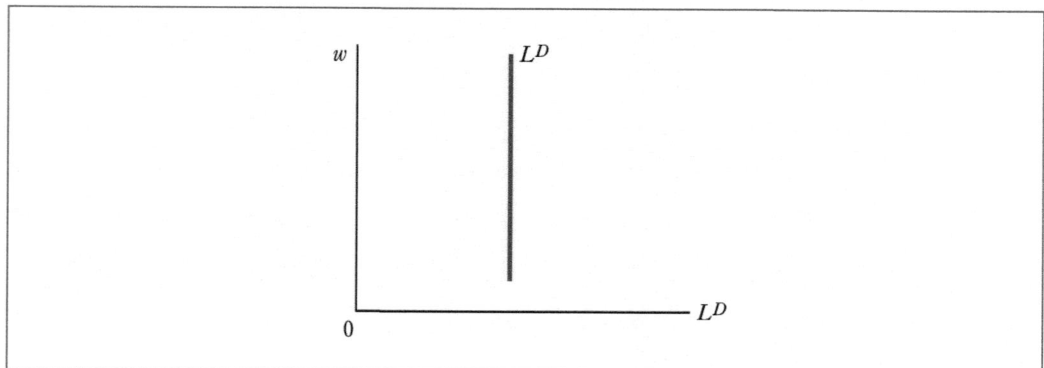

③ 노동수요의 탄력성이 완전탄력적이란 임금의 약간의 변화에도 노동의 수요량이 무한대의 변화가 있을 때를 의미하므로 노동수요곡선이 수평선의 경우이다.

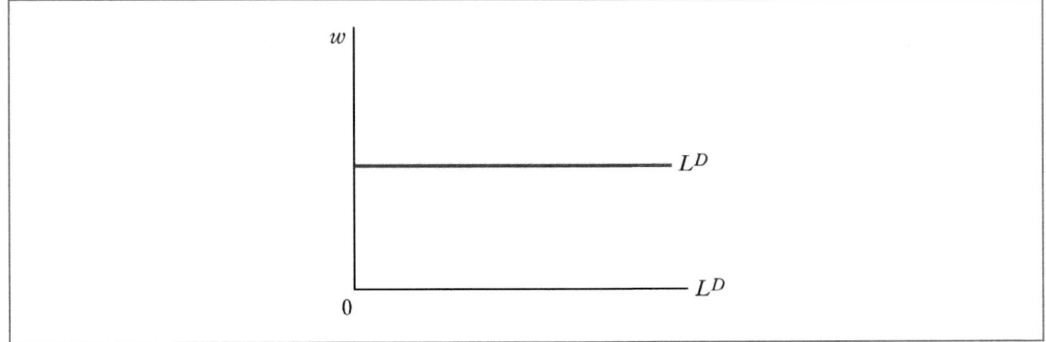

노동수요의 탄력성의 크기	의미	노동수요곡선의 형태
노동수요의 탄력성 = ∞	완전탄력적	수평선
노동수요의 탄력성 > 1	탄력적	완만한 우하향
노동수요의 탄력성 = 1	단위탄력적	직각쌍곡선
노동수요의 탄력성 < 1	비탄력적	가파른 우하향
노동수요의 탄력성 = 0	완전비탄력적	수직선

(3) 노동수요의 탄력성을 결정하는 요인 1차

① 생산물의 수요탄력성이 클수록 노동수요의 탄력성도 커진다.

② 총생산비에 대한 노동비용의 비중이 클수록 노동수요의 탄력성도 커진다.

③ 재화생산에 사용되는 다른 생산요소와의 대체가능성이 클수록 혹은 단기보다 장기에 혹은 다른 요소의 공급탄력성이 클수록 노동수요의 탄력성도 커진다.

④ 다른 대체요소가 많을수록 노동수요의 탄력성은 커진다.

⑤ 노동의 한계생산성이 느리게 체감할수록 노동수요의 탄력성은 커진다.

제3절 노동의 공급

가계는 임금이라는 대가를 받고 노동서비스를 제공하는 경제주체이다. 노동의 수요가 임금의 함수이듯, 노동의 공급도 임금의 크기에 따라 많은 영향을 받는다. 한편 거시적으로 생산활동을 담당하려고 하는 인구의 크기로도 사용되는 개념이다.

❶ 생산요소로서의 노동의 공급 : 미시적 관점

(1) 노동의 공급으로서 노동이란 노동자의 노동력만을 제공하다는 의미이지 인격체 자체를 제공하는 것은 아니다.

(2) 노동력의 제공은 반드시 작업현장에서 이루어진다. 대부분의 경우 노동력의 제공에는 사용자의 지휘 · 감독하에 이루어지므로, 인격적으로나 법률적으로나 사용자와 노동자는 대등한 관계임에도 불구하고 실제적으로는 대등한 위치에 선다는 것은 어렵다.

(3) 노동력은 일반상품과는 달리 저장이 불가능하다. 즉, 노동자의 노동력은 시간이 경과함에 따라 자동적으로 소멸된다. 따라서 상황이 여의치 않으면 열악한 조건으로 노동력을 제공하는 경우도 다반사이다. 이를 보완하기 위한 수단으로 노동조합의 구성이 필요하다.

(4) 노동력의 지속적 증가에는 노동가능인구의 증가를 통해서만 가능하므로 장기간의 시간을 요한다.

❷ 경제활동인구로서의 노동력 : 거시적 관점 1차 2차

우리나라에서는 경제활동이라는 측면에서 인구를 여러 가지 기준으로 분류하고 있다. 만 15세 이상의 인구에서 현역군인, 전투경찰, 교도소 수감자, 외국인을 제외한 인구를 생산가능인구라 하고 이 생산가능인구 중에서 노동할 의사와 능력을 가진 사람, 구체적으로 취업자와 실업자를 경제활동인구로 분류하고 그렇지 않은 사람을 비경제활동인구로 분류한다.

(1) 취업자

① 조사대상기간 1주일 동안 수입이 있는 일에 1시간 이상 일한 자

② 가족이 경영하는 기업이나 농장에서 수입을 높이는데 도움을 준 무급 가족종사자로서 18시간 이상 일한 자

③ 일시적인 질병, 일기불순, 휴가 또는 연가, 노동쟁의 등의 이유로 일하지 않고 있는 일시적인 휴직자

(2) 실업자

① 무직자로서

② 최근의 지정된 조사대상기간 4주일 동안 일자리를 찾는 구직활동을 하였으며

③ 즉시 취업이 가능한 자

④ 실업률 $= \dfrac{\text{실업자수}}{\text{경제활동인구}} \times 100 = \dfrac{\text{실업자수}}{\text{실업자수} + \text{취업자수}} \times 100$

(3) 비경제활동인구

① 조사대상기간 4주일 동안 무직자로서 구직활동을 하지 않은 자 및 즉시 취업을 할 수 없었던 자가 비경제활동인구이다.

② 비경제활동인구는 구체적으로 아르바이트 없이 학교만 다닌 학생, 가사 노동만 하는 가정주부, 일을 할 수 없는 노약자 및 장애인, 자발적으로 수입을 목적으로 하지 않고 자선사업 및 종교단체에 관여하는 자 등이다.

③ 실망 노동자란 조사대상 4주일 동안 일거리가 없을 것 같아 구직을 단념한 사람을 지칭하는데 실질적으로는 실업자이나 실업자에 대한 엄격한 기준을 채우지 못하여 비경제활동인구로 분류되며 우리나라의 경우 최근 크게 증가하고 있고 실업자 통계의 과소평가의 주요 원인이 된다.

실력다지기

우리나라의 인구구성

<table>
<tr><td rowspan="4">총인구</td><td rowspan="3">생산가능연령인구
(15세 이상 인구)</td><td rowspan="2">경제활동인구</td><td>취업자</td></tr>
<tr><td>실업자</td></tr>
<tr><td colspan="2">비경제활동인구</td></tr>
<tr><td>15세 미만 인구</td><td colspan="2"></td></tr>
</table>

(4) 경제활동참가율

① 경제활동참가율이란 생산가능인구 중 노동공급에 기여한 사람(취업과 실업에 분류된 사람)의 비율을 말한다.

$$\text{경제활동참가율} = \frac{\text{경제활동인구}}{\text{생산가능연령인구(15세 이상 인구)}} \times 100$$
$$= \frac{\text{취업자} + \text{실업자}}{\text{생산가능연령인구}} \times 100$$

② 재산소득 등 비근로소득이 많을수록 경제활동참가율은 낮다.

③ 자녀수가 많을수록 경제활동참가율은 낮다.

④ 기업의 노동시간이 신축적일수록 경제활동참가율은 높다.

⑤ 교육수준이 높을수록 경제활동참가율은 높다.

⑥ 근로자의 여가에 대한 선호도에 따라 경제활동참가율은 상이할 수 있다.

⑦ 그 외에도 산업구조, 청소년들의 진학률, 여성의 취업에 대한 사회적 인식, 여성의 결혼연령, 탁아시설의 보급률 등의 영향을 받는다.

(5) 고용률

고용률이란 생산가능인구 중 취업자의 비율을 말한다.

$$\text{고용률} = \frac{\text{취업자수}}{\text{생산가능인구}} \times 100$$

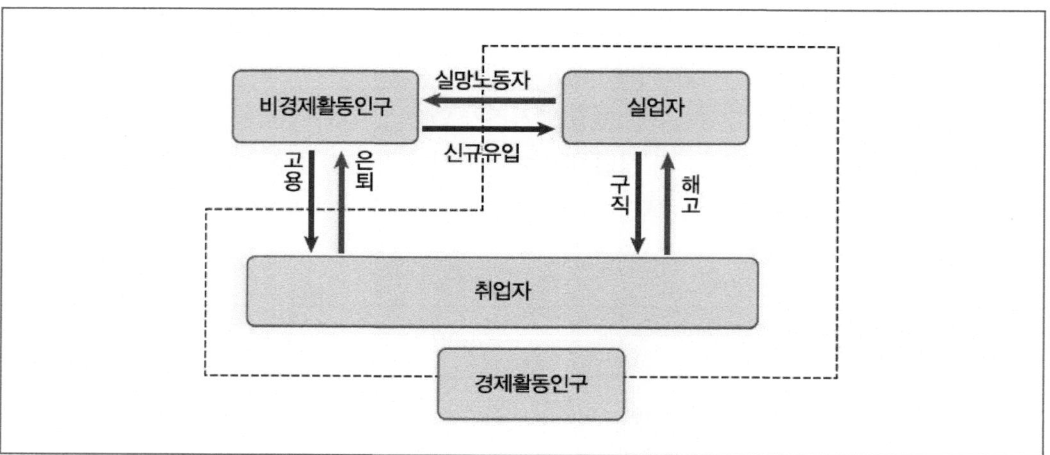

❸ 노동공급의 결정요인

(1) 노동공급의 크기에 영향을 주는 요인 1차

① **임금** : 임금이 상승하면 일반적으로 노동공급량이 늘고 임금이 하락하면 일반적으로 노동공급량이 감소한다. 이것은 노동수요와 마찬가지로 노동공급곡선상의 이동인 공급량의 변화요인이고 이하의 요인들은 노동공급곡선 자체의 이동인 노동공급 변화요인이다.

② **인구의 크기 및 구성** : 인구의 크기가 클수록 노동공급은 증가할 것이다. 또한 인구구성상 생산가능인구인 15세 이상 인구의 비율이 높을수록, 또한 고령자의 비율은 낮을수록 노동의 공급은 커진다.

③ **경제활동참가율** : 경제활동참가율이 높을수록 노동의 공급이 증가된다고 할 수 있다.

④ <u>노동시간</u> : 노동자의 수는 일정하다고 해도 제공되는 노동시간이 늘어나면 노동공급은 증가된다고 할 수 있다. 그러므로 산업구조, 노동관행, 소득수준, 노동조합의 존재 여부 등의 요인에도 노동공급은 영향을 받을 수 있다.

⑤ <u>노동의 질</u> : 노동자들의 지식, 기능, 숙련도, 열의 등의 차이로 인해 노동공급도 영향을 받는다.

⑥ <u>노동의 이동정도</u>

(2) 노동공급의 결정

1차 2차

① 개인의 노동공급곡선

㉠ 개별노동공급곡선은 효용의 극대화를 추구하는 소비자 균형조건을 이용하여 도출할 수 있다.

㉡ 하루 최대 여가시간은 20시간으로 하고, 임금은 시간당 @5,000원이라 하자.
그러면 예산선은 오른쪽과 같고 임금상승시 여가축을 중심으로 회전이동한다.

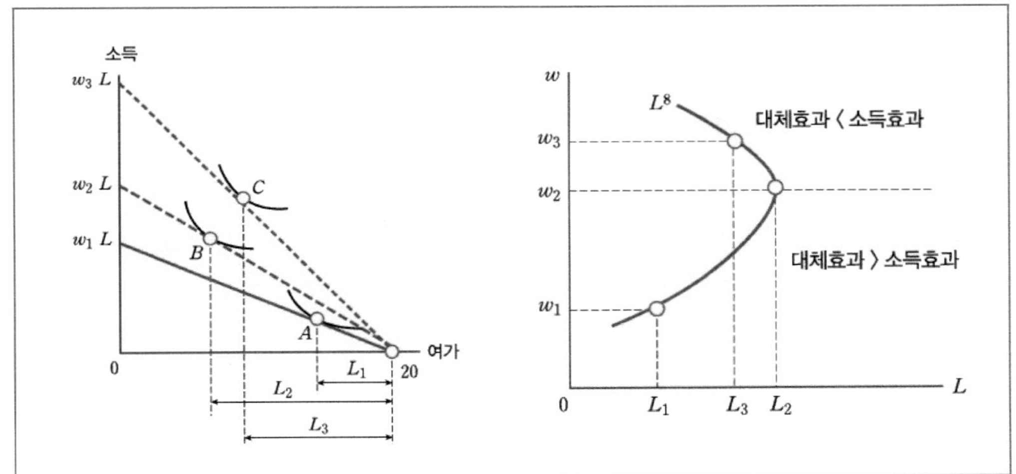

㉢ 그러면 $\omega_1 L$의 금액은 여가가 0(즉, 하루 20시간 전부 노동을 제공)이므로 5,000원×20시간 = 100,000원이 된다.

㉣ 처음 임금상승시에는 노동공급이 증가하나 일정수준 이상이 되면 여가를 더 선호하여 노동의 공급을 줄이는 경향이 있다.

㉤ 그리하여 개인의 노동공급은 후방굴절형태가 된다.

ⓐ 임금이 상승하면 여가의 기회비용이 상승하여 대체효과에 의해서는 노동공급이 증가하나, 소득효과에 의해서는 노동공급이 감소한다.

ⓑ 따라서 노동공급이 증가되는 대체효과가 노동공급이 감소되는 소득효과보다 크면 노동공급곡선이 우상향하고, 소득효과가 대체효과보다 크면 후방으로 굴절되는 형태가 된다.

정리

임금상승 : 대체효과 : 여가의 기회비용↑→ 여가↓ → 노동공급↑
: 소득효과 : 실질소득↑ → 여가↑ → 노동공급↓
→ 대체효과 > 소득효과 : 임금상승 → 노동공급↑
→ 대체효과 < 소득효과 : 임금상승 → 노동공급↓

여기서 만약 여가가 열등재라면
임금상승 : 대체효과 : 여가의 기회비용↑→ 여가↓ → 노동공급↑
: 소득효과 : 실질소득↑ → 여가↓ → 노동공급↑

따라서 대체효과와 소득효과의 크기에 관계없이 항상 노동공급은 우상향한다.

② 시장전체의 노동공급 : 시장전체의 노동공급곡선은 개인의 노동공급곡선을 수평적 합을 하면 도출이 가능하므로 일반적으로 우상향하며 기울기는 완만해진다.

❹ 노동공급의 탄력성

1차

(1) 노동공급탄력성의 정의

임금의 변화비율에 따른 노동공급의 변화비율로 다음 식으로 표현한다.

$$\text{노동공급의 탄력성} = \frac{\frac{\Delta L^S}{L^S}}{\frac{\Delta w}{w}}$$

(2) 노동공급탄력성 크기 요인

주된 것은 노동의 이동가능성이 클수록, 이동의 비용이 적을수록 탄력성이 커진다. 이 외에도 앞의 노동공급결정 요인들 중 임금을 제외한 인구의 크기 및 구성, 경제활동참가율, 노동시간, 노동의 질 등도 탄력성의 결정요인이라고 볼 수 있다.

제4절 노동시장의 균형

완전경쟁시장의 재화시장에서 수요와 공급이 일치할 때 그 재화의 균형가격과 균형거래량이 결정되듯, 노동시장에서도 노동의 수요와 노동의 공급이 일치할 때 노동의 균형임금과 노동의 균형고용량이 결정된다고 볼 수 있다.

❶ 완전경쟁시장에서의 노동시장의 균형

1차

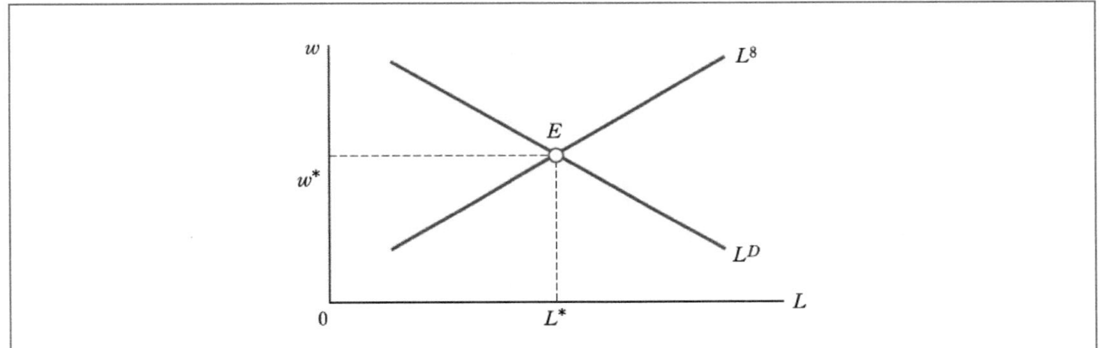

위 그래프에서처럼 노동의 수요와 공급이 일치하는 E점에서 균형이 달성되며, 균형임금은 w^*, 균형고용량은 L^*로 결정된다.

(1) 노동수요의 충격과 그 결과

① 대체재인 자본의 가격인 이자율의 상승

② 재화의 수요의 증가

③ 노동생산성의 증가 등

→ 위의 모두 L^D의 우측이동의 충격 : 균형임금상승, 균형고용량 증가

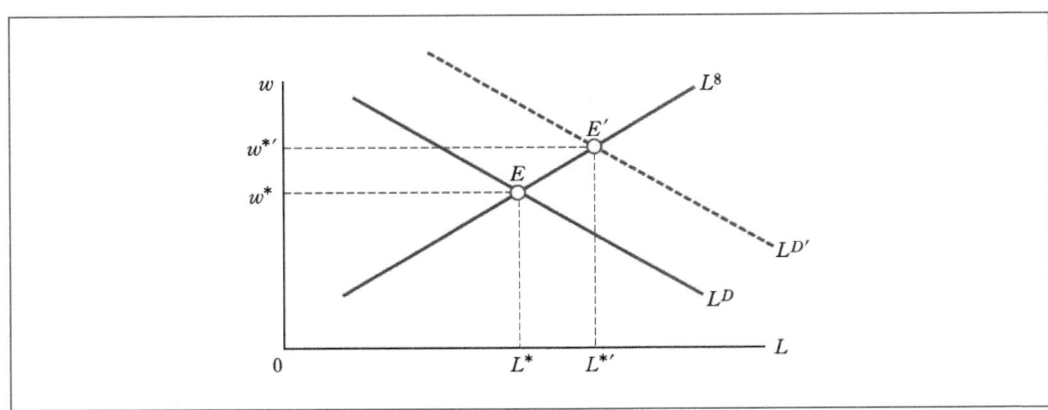

(2) 노동공급의 충격과 그 결과

① 인구의 증가

② 경제활동참가율의 상승

③ 노동시간의 증가

④ 노동력의 질의 상승 등

→ 위의 모두 L^S의 우측이동의 충격 : 균형임금하락, 균형고용량 증가

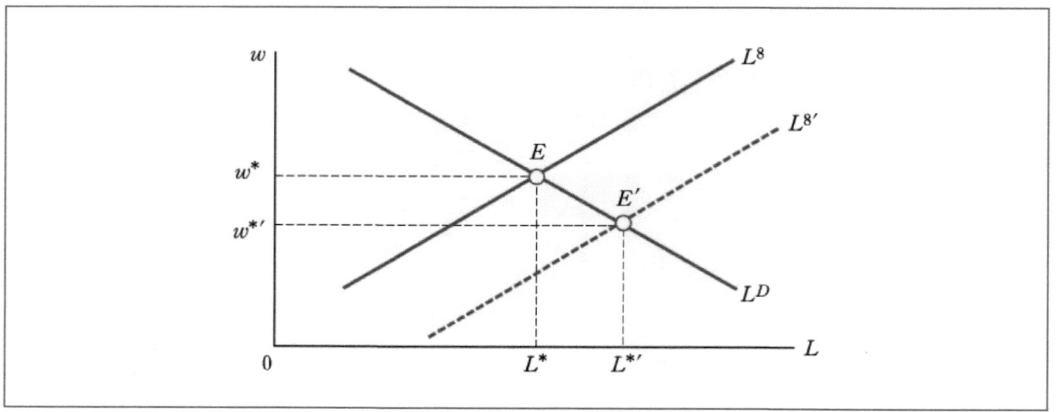

❷ 노동시장의 불완전경쟁 요인

(1) 내부자와 외부자 간의 경쟁제한

내부자란 현재 고용된 노동자를 일컫고, 외부자란 고용되지 않은 노동자를 말하는데 현직 근로자보다 임금이 낮은 외부자를 고용하고자 하더라도 이를 가로막는 제도나 관행이 있어 노동시장이 불완전경쟁의 원인이 될 수 있다.

(2) 정보의 불완전성(정보의 비대칭성)

정보의 완전성이 있어야 노동시장이 완전경쟁이 되는데 정보의 불완전성이 있으면 시장실패의 원인이 된다.

(3) 노동조합의 영향

노동조합은 조합원에 대한 임금을 균형수준 이상으로 높이는 역할을 한다. 그러면 노동시장에서 노동의 초과공급으로 인해 비자발적 실업이 나타날 소지가 크다.

(4) 최저임금

최저임금도 노동조합과 같이 임금을 균형수준 이상으로 높이는 역할을 한다. 그러면 노동시장에서 노동의 초과공급으로 인해 비자발적 실업이 나타날 소지가 크다.

(5) 사회보장제도

사회보장제도의 도입으로 인해 임금을 상승시켜 노동시장에서 초과공급으로 인해 비자발적 실업이 나타날 소지가 크다.

(6) 노동이동성의 부족

실력다지기

노동시장의 정보의 비대칭성 1차

노동자 채용에 있어 사용자는 정보가 적고 노동자는 정보가 많으므로 정보의 비대칭성이 발생한다. 이 때문에 처음부터 질이 낮은 노동자를 채용할 수밖에 없는 역선택과 노동자들이 채용된 뒤에 근무를 나태하게 하는 도덕적 해이가 발생한다.

노동시장에서 처음부터 질이 낮은 노동자가 고용되는 것을 막기 위해 사용자는 면접(선별)을 철저히 하고 효율성 임금을 지불한다. 또한 질이 좋은 노동자는 자기가 질이 좋다는 것을 알리는 신호발송을 하는 데 자격증, 추천서, 성적, 학력증명서 등을 갖추고 사용자에게 제출한다.

노동시장에서 고용된 후의 노동자의 나태한 활동을 막기 위해 사용자는 승진 · 포상제도를 잘 활용하고 시장 평균임금보다 높은 임금인 효율성 임금을 지불한다.

❸ 노동시장의 유형 1차 2차

(1) 완전경쟁 노동시장

완전경쟁 노동시장은 다음과 같은 가정에서 출발한다. ① 동질의 노동자, ② 노동의 자유로운 이동, ③ 완전정보, ④ 가격결정력 없음, ⑤ 단체행동 없음 등의 가정을 바탕으로 한 시장이다. 현실적으로 이러한 시장은 존재할 수가 없다. 단지 완전경쟁시장이라면 소비자잉여와 생산자잉여의 합인 총사회후생잉여가 극대화가 이루어지므로 가장 효율적으로 자원배분이 된다는 기준을 제시해 주는 시장이라는 데 분석의 의의가 있다.

(2) 수요독점노동시장

수요독점노동시장이란 노동시장에 노동을 수요하는 기업이 1개 기업만 참여한 경우이다. 노동자들은 무조건 그 기업에게만 고용되어야 하는 열악한 경우로 이때 시장임금은 상당히 낮게 결정된다.

이 시장은 일반적으로 완전경쟁시장에 비하여 임금이 낮고 고용수준도 적다.

(3) 분단노동시장

분단노동시장이론에서는 노동시장을 완전경쟁시장으로 보지 않고 근로자나 직장의 속성에 따라 노동시장의 형태가 나누어진다고 본다. 그 이유로 노동시장의 정보의 부족, 노동의 수요와 공급에 있어서의 독점력과 기술 또는 제도의 구조적인 특징의 차이 등을 들 수 있다.

① **근로조건의 우열에 따른 구분**

㉠ 1차적 노동시장 : 1차적 노동시장이란 고임금, 양호한 근로조건, 안정된 고용과 합리적 노무관리, 승진기회의 제공 등 일반적으로 선망의 대상이 되는 노동시장이다.

㉡ 2차적 노동시장 : 2차적 노동시장이란 저임금, 열악한 근로조건, 불안정된 고용과 높은 이직률이 나타나는 일반적으로 회피하고 싶은 노동시장이다. 1차적 노동시장에 비해 교육이나 훈련을 받을 기회가 적고, 노동의 이동률이 높으며 성장잠재력이 낮은 노동시장을 일컫는다.

② **기업이 노동력을 확보하는 방법에 따른 구분**

㉠ 내부노동시장

ⓐ 내부노동시장이란 승진이나 전환배치 등으로 노동력을 수평적 또는 수직적 이동으로 인력을 확보하는 방법이다. 즉, 내부노동시장에서는 단위기업 또는 단위사업장내에서의 노동력 이동을 말하며, 신규채용이 이루어질 때만 외부노동시장으로부터의 유입이 있는 노동시장이다.

ⓑ 내부노동시장의 형성요인

㉮ 숙련의 특수성

㉯ 채용, 현장훈련 및 훈련비용

㉰ 직무사다리에 의한 승진체계

㉱ 노동조합의 압력

㉲ 관습 등

ⓒ 내부노동시장의 장점

㉮ 우수한 인재의 확보와 유지

㉯ 승진과 배치전환의 활용으로 동기유발 효과

㉰ 생산성 향상과 경쟁력 제고

㉱ 장기고용에 따른 안정적 노사관계

㉲ 기업의 충성심 양성

㉳ 내부노동시장에서의 수량적 유연성

내부노동시장에서의 수량적 유연성은 기업이 근로자 수의 변경없이 근로시간을 조정하는 방안이며, 다음과 같은 유연노동시간의 형태를 취하는 것이다.

- 변형근로제도 : 일정기간 동안의 총 근로시간만 정하고 매일의 근로시간을 자유롭게 조정할 수 있는 제도
- 다양한 교대근무제도
- 변형근무일제도 : 휴가와 공휴일을 유연하게 사용하는 제도

ⓓ 내부노동시장의 단점

㉮ 노동조합과 정규직 노동자에 대한 지나친 의존성

㉯ 인력구조의 경직성

㉰ 기술변화에 따른 훈련비용의 부담 증가

㉱ 관리비용의 증가

㉲ 공정성 규범으로 인한 보상차등화의 곤란

㉳ 핵심역량에의 집중 곤란

ⓛ 외부노동시장 : 내부노동시장과는 달리 외부에서 근로자를 조달하는 노동시장형태이다.

❹ 노동의 이동

(1) 노동이동의 개념

노동이동이란 노동력 상태의 변경, 노동시장의 유입 및 퇴출, 노동시장 내의 움직임, 노동시간 간의 이동이라 정의할 수 있다.

(2) 노동이동의 종류

① **지역 내 이동** : 특정지역을 중심으로 노동자들이 그 지역 내에서 이동을 하는 것을 말한다. 생활근거와 밀접한 관련이 있는 경우가 다반사이다.

② **지역 간 이동** : 직장을 특정 지역이 아닌 다른 지역으로 옮기는 경우를 말한다. 이는 주로 노동시장의 수요 · 공급의 불균형이 나타나는 경우에 많이 나타나는 현상이다. 농촌에서 도시로의 이동이 전형적인 사례이다.

③ **직계 상의 이동** : 승진 등을 의미하는 것으로 일반적인 노동이동과는 차이가 있다.

읽을거리

1차

농촌에서 도시로의 노동이동을 설명하는 이론 중 하나인 루이스(W. A. Lewis)의 이중경제발전론에서 개도국은 도시공업의 발달에 따라 농촌으로 농기계, 비료, 영농기법 등이 도입되면서 농촌에 생산성이 거의 영(0)에 가까운 잠재(위장)실업자들이 광범위하게 발생하게 된다. 이들을 흡수하기 위해서는 도시공업쪽에서 자본축적을 하여 무조건 일자리를 창출해주면 그 농촌의 잠재실업자들의 노동공급이 무제한으로 도시쪽으로 이동(노동공급곡선이 거의 수평선)하게 되어 도시공업쪽은 그 쓸모없는 노동력을 활용하여 발전하게 되고 또한 농촌에서도 실질소득이 증가하여 같이 발전할 수 있다고 하였다.
이 외에 토다로모형은 농촌에서 도시로의 노동이동에서 먼저 도시의 비공식 부문인 전통부문으로 이동하고 그 다음에 도시의 공식부문인 근대부문으로 이동한다고 하였고, 농민층분해론모형에서는 자본주의가 발흥하면서 노동이 농촌에서 도시로 이동하게 되었다고 설명한다.

❺ 우리나라의 노동시장의 구조와 특징

▸ 경제활동인구 총괄(수치단위는 천명)

항목	2003	2004	2005	2006	2007	2008	2009
15세 이상인구	37,340	37,717	38,300	38,762	39,170	39,598	40,092
경제활동인구	22,957	23,417	23,743	23,978	24,216	24,347	24,394
취업자	22,139	22,557	22,856	23,151	23,433	23,577	23,506
실업자	818	860	887	827	783	769	889
비경제활동인구	14,383	14,300	14,557	14,784	14,954	15,251	15,698
경제활동참가율	61.5	62.1	62	61.9	61.8	61.5	60.8
실업률	3.6	3.7	3.7	3.5	3.2	3.2	3.6
고용률	59.3	59.8	59.7	59.7	59.8	59.5	58.6

(1) 경제활동참가율 1차

우리나라의 경제활동참가율은 2003년에서 2004년에는 증가하는 모양을 취하다가 그 이후부터는 해마다 지속적으로 줄어드는 추세를 보이고 있다.

우리나라도 산업사회로 진입하면서 출산율이 둔화되고 노동력의 고령화 추세가 나타난다.

우리나라 청년층의 경제활동참가율은 선진국보다 낮은 편이고, 노년층의 경제활동참가율은 사회보장제도가 잘 되어 있는 선진국보다 높은 편이다.

(2) 실업률 1차

우리나라의 실업률은 세계적으로도 낮은 수치를 나타내고 있다. 우리나라의 낮은 실업률은 일할 능력이 있는 사람을 완벽히 채용한 결과라기보다는 일할 능력이 있음에도 상당수 사람들이 경제활동에 참가하지 않는 비경제활동인구로 분류돼 실업률 통계에 잡히지 않은 측면도 있다는 지적도 많다.

(3) 고용률

우리나라의 고용률은 2000년대 이후 59%대로 안정적으로 나타내고 있다가 2009년에 들어서 급격하게 하락하는 추세를 기록하고 있다.

읽을거리

우리나라 여성의 경제활동참가율이 극히 저조한 수준인 것으로 나타났다.

20일 기획재정부와 경제협력개발기구(OECD)에 따르면 작년말 기준 30개 회원국 중에 한국의 여성 경제활동참가율은 54.7%로 세번째로 낮은 국가에 포함됐다. 이는 OECD 국가의 평균 61.3%에 6.6%포인트나 떨어지는 것이다. 한국보다 낮은 국가는 터키(26.7%), 멕시코(43.4%) 등 2개국에 불과했다.

15~64세 여성인구 중 취업자 비중인 여성 고용률 역시 53.2%로 OECD 평균 57.5%에 못 미쳐 24위에 랭크됐다. 우리나라 남성의 경제활동참가율은 77.3%로 22위, 고용률은 74.4%로 21위에 머물러 평균치에 미치지 못했지만 여성보다는 사정이 나은 것으로 나타났다.

주당 30시간 미만 단기 근로자를 뜻하는 파트타임에서 여성의 경제활동 참가는 더욱 미미한 수준이었다.

전체 취업자 중 파트타임이 차지하는 비중은 9.3%로 비교대상 29개국 중에 23위에 올랐다. 이 중 남성은 6.5%로 17위였지만 여성의 경우 13.2%로 세계 평균(25.3%)의 절반 수준에 불과했으며 순위도 26위로 최하위권에 포진됐다.

특히 전체 파트타임 근무자 중 여성의 비중은 평균(72.4%)에 못 미치는 59.0%로 비교대상 국가 중에 꼴찌였다. 1위인 룩셈부르크의 경우 91.9% 수준에 달했다.

또 남녀 각각의 중위임금을 비교한 소득 격차는 38%로 비교대상 21개국 중에 가장 컸다. 남성이 여성보다 평균 38%의 임금을 더 받는다는 뜻이다. OECD 평균은 18.0%였고, 헝가리는 0%로 남녀 간 소득격차가 가장 적은 국가에 속했다.

재정부 관계자는 "여성의 경우 육아, 가사 등 부담 때문에 경제활동참가율이 낮은데다 돈벌이를 할 만한 파트타임 직장 자체가 마땅치 않다"며 "현재 여성, 노인 등을 위한 단기간 근로 확대방안을 마련하고 있다"고 말했다.

반면 실업률은 남녀 공히 세계 최저 수준을 기록했다. 한국의 지난해 실업률은 3.2%로 30개국 중 4번째로 낮았다. 남성은 3.7%, 여성은 2.8%로 비교 대상국 중 각각 8번째, 3번째로 낮았다.

하지만 한국의 낮은 실업률은 일할 능력이 있는 사람을 완벽히 채용한 결과라기보다는 일할 능력이 있음에도 상당수 사람들이 경제활동에 참가하지 않는 비경제활동인구로 분류돼 실업률 통계에 잡히지 않은 측면도 있다는 지적이다.

한국의 경우 소득 수준별 격차도 세계 최대 수준인 것으로 나타났다. 소득수준을 9개 구간으로 구분한 뒤 최상위인 9분위의 소득을 최하위 1분위의 소득으로 나눈 배율은 2007년 기준 4.74로 미국의 4.85에 이어 두 번째로 높았다. 최상위층의 소득이 최하위층보다 평균 4.7배 높다는 뜻이다.

특히 이 배율은 1997년 3.72에서 0.72포인트 상승한 것이어서 지난 10년간 소득불균형이 더욱 심화됐음을 보여준다. 중위임금의 3분의 2에 미달하는 임금을 받는 노동자 비율인 저소득자 비중은 2007년 기준 25.6%로 비교대상 18개국 중에 최고치를 기록했다. 이 비율 역시 1997년 22.9%보다 높아져 저소득자 구성비가 더 높아졌음을 보여줬다. 한국의 평균임금은 07년 기준 2만5천882달러로 비교대상 26개국 중 하위권인 21위였다. OECD 평균은 4만3천973달러였고, 1위는 노르웨이(6만6천75달러), 꼴찌는 슬로바키아(1만1천486달러)였다.

한국 근로자의 연간 근로시간은 2천316시간으로 29개국 중 가장 많았다. 근로시간이 가장 적은 나라는 네덜란드로, 1천390시간이었다. 또 한국 임금근로자의 연간 근로시간 역시 2천294시간으로 가장 길었다.

(연합뉴스, 2009. 9. 20.자)

(4) 여성의 경제활동참가

2009년 12월 21일 통계청이 발표한 한국의 사회동향 2009 자료에 따르면 여성의 연령대별 경제활동참가율은 임신, 출산에 따라 경제활동이 단절되는 기간이 생기면서 M자형 곡선을 그리고 있다. 다만 함몰지점의 연령대는 초혼연령 상승, 소자녀 출산 내지 출산 포기 · 연기 등 영향을 받아 1980년 25~29에서 2008년 30~34세로 이동한 것으로 나타났다.

읽을거리

세계경제포럼(WEF)이 최근 발표한 '2009 글로벌 성 격차 보고서'를 보면 한국의 올해 성평등 순위는 전체 백 서른네 나라 중 115위로, 조사를 시작한 2006년 이래 계속 떨어지고 있다. 경제 참여 · 기회(113위), 유사 직업 임금 평등(109위) 등이 모두 최하위권이다. 남녀 성 격차지수도 갈수록 커지고 있다. 2008년 한국 여성의 83.5퍼센트가 대학에 가고, 여성의 70퍼센트 가량이 임금노동에 종사하지만 여전히 평등과는 거리가 멀다는 것을 보여 준다. 50대 여성들의 일자리는 늘어났지만, 증가분의 상당수가 공공근로 등 저임금 일자리다.

여성 노동자의 70퍼센트가 비정규직이므로 이명박 정부의 비정규직법 개악 문제는 곧 여성의 문제다. 비정규직 문제의 대안으로 떠오른 분리직군제는 일은 똑같이 하면서 승진은 막혀 있고 체계적으로 임금을 차별하는 또 다른 비정규직일 뿐이다. 분리직군으로 포함된 노동자 압도 다수가 여성(우리은행은 98.6퍼센트)이라는 점에서 분리직군제는 여성차별적이다.

한국 여성들은 주요 OECD국가들과 달리, 여전히 출산과 육아 때문에 일을 중도 포기해야 한다. 출산연령대인 30대 초반에 여성 취업자수는 눈에 띄게 감소했다가 그 후 다시 증가한다(소위 'M자 곡선'). 그러나 돌아온 여성들이 주로 얻는 일자리는 비정규직이다. OECD국가 중 공공 보육 지출 최하위권, 전체 보육시설 대비 직장내 탁아소 비율 1퍼센트라는 형편없는 보육 지원이 문제다. 여성들은 마음 놓고 육아 휴직을 쓰지도 못한다. 5인 미만 직장 여성 노동자의 11퍼센트(2005년 기준 서울 시내 직장 여성의 육아 휴직 사용)만이 육아 휴직을 사용할 수 있었다.

고용차별은 임금차별로 이어져 여성의 평균임금은 남성보다 턱없이 낮다. 여성들은 남성과 거의 같은 시간을 일하지만, 남성 임금의 62퍼센트밖에 못 받는다.

2008년 9월부터 시작된 세계경제 위기는 여성의 삶을 더 후퇴시켰다. 남성들도 고용불안에 시달리고 있지만, 특히 여성들의 일자리가 불안정해졌다. 올해 8월 고용동향을 보면, 남성 취업자수는 6월부터 지난해 같은 달보다 증가했지만 여성은 여전히 감소세다. 여성 비경제활동인구는 남성의 갑절이나 된다.

(레프트21, 2009. 11. 7.자)

(5) 여성의 경제활동참가를 결정하는 요인들 1차 2차

이제 여성의 경제활동참가를 결정요인을 다음과 같이 구분하여 설명할 수 있다.

① 남녀고용평등법과 같이 여성의 직업생활을 보호하는 법과 제도가 많을수록 기혼여성의 경제활동참가율이 높아진다.
② 사회나 기업의 문화와 의식이 보수적일수록 기혼여성의 경제활동참가율이 낮아진다.
③ 배우자가 경제활동을 하거나 그 소득이 높을수록 기혼여성의 경제활동참가율이 낮아진다.
④ 자녀의 수가 많아질수록 기혼여성의 경제활동참가율이 낮아진다.
⑤ 실업률이 높을수록 기혼여성의 경제활동참가율은 낮아진다.
⑥ 여성의 교육 수준이 높을수록 경제활동참가율이 높아진다.

⑦ 파트타임으로 일할 수 있는 일자리가 늘어날수록 기혼여성의 경제활동참가율은 높아진다.

⑧ 여타조건이 일정불변일 때, 시간의 경과에 따라 시장임금(실질임금의 의미)이 증가할수록 여성의 경제활동참가율은 높아진다. 시장임금의 크기는 교육 · 직업에 따라 달라지는데 고학력화의 진전과 사무직 및 서비스직의 화이트칼라 직업의 성장으로 저학력 · 블루칼라 직업 중심인 산업구조보다도 여성의 경제활동참가율은 높아질 것이라고 예상할 수 있게 된다.

⑨ 가계생산의 기술(household technology)이 향상될수록 여성의 경제활동참가율은 높아진다. 가사노동시간을 줄여 온 세탁기, 진공소제기, 식기세척기, 전자오븐의 이용뿐만 아니라 의생활과 식생활과 관련된 필수용품들의 상품화(기성복, 냉동식품 등)는 가정재생산 기술의 향상이며, 이로 인해 여성의 경제활동참가율은 높아지게 된다.

⑩ 도시화의 진전은 여성으로 하여금 가정재 생산에 있어서 시장구입상품에 보다 의존하게 만들고 여가활동에서도 시간집약적 여가활동(낮잠, 수다떨기, TV시청)으로부터 재화집약적 여가활동(헬스, 극장공연)에 의존하게 만듦으로써 시장노동의 가능성을 넓혀준다.

⑪ 자동차, 에어컨, 컴퓨터 등이 생활필수품화하고 사람들이 소비표준을 주위 사람들과 맞춤에 따라 시장참여에 대한 선호도가 높아져 여성은 보상요구 임금수준을 낮추며, 여성의 경제활동참가율을 높인다.

⑫ 탁아시설의 미비는 여성의 보상요구임금 수준을 높여 30대 기혼여성의 경제활동참가를 낮추는 요인으로 작용하며, 우리 나라 여성의 연령별 경제활동참가율을 M자형으로 만들고 있다.

(6) 육아보조금 지급이 기혼여성들의 노동공급에 미치는 효과 1차 2차

① **정액의 육아보조금**

㉠ 경제활동에 참가하고 있는 기혼여성의 경우
소득효과로 인해 여가를 늘리고 노동시간 감소

㉡ 경제활동에 참가하지 않고 있는 기혼여성의 경우
경제활동에 참가할 가능성이 높음

② **임금에 비례한 정률 육아보조금**

㉠ 경제활동에 참가하고 있는 기혼여성의 경우
대체효과가 소득효과보다 크면 여가를 줄이고 노동시간 증가
소득효과가 대체효과보다 크면 여가를 늘리고 노동시간 감소

㉡ 경제활동에 참가하지 않고 있는 기혼여성의 경우
경제활동에 참가할 가능성이 높음

임금의 제개념

제1절 임금의 의의와 결정이론

❶ 임금의 의의와 성격

(1) 임금의 의의

임금(wage)이란 노동을 제공하여 얻은 소득이다. 이 임금은 사용자의 입장에서 보면 기업에 제공된 노동에 대하여 지불하는 대가이며, 노동자의 입장에서 보면 생활의 원천을 이루는 소득이다. 우리나라 근로기준법에는 임금이란「사용자가 노동의 대상으로서 노동자에게 임금, 봉급, 기타 어떠한 명칭으로든지 지급하는 일체의 금품을 말한다.」라고 규정하고 있다. 즉 임금은 기본적으로는 노동의 보수로서, 기업에 대한 노동의 공헌에 따라서 지급되는 일체의 대가를 의미하는 것으로 해석되고 있다. 따라서 임금을 넓게 해석하여 정기적으로 지불되는 통상의 급료 등의 경상적 지급에 수당, 상여 등 각종의 임시적 지급까지를 포함하여 임금이라고 이해하기도 하고, 또 이를 좁게 해석하여 각종의 임시적 지급을 제외한 경상적 지급만을 임금이라고 이해하기도 한다. 그런데 임금은 오로지 기업경영의 차원에서만 가능한 논의의 대상이 아니고 국민경제, 사회정책 등 거시적인 차원에서도 중요시되고 있다. 노동자에게 지급된 임금은 그들의 소득으로서 저축과 소비로 나누어지고, 그 소비지출은 곧 기업의 제품에 대한 수요로 나타나게 된다. 그러므로 특히 불황기에 정부는 대규모의 공공사업을 추진함으로써 임금을 살포하고 구매력을 조성하여, 기업의 체화를 감소시키는 경기회복정책을 쓰는 경우가 적지 않다. 이와 같이 거시적인 차원에서 보면, 기업은 저임금정책만이 오로지 최상의 길이라고 생각해서는 안 된다. 경영자는 임금지급이 기업의 제품에 대한 구매력을 증대시킨다는 논리를 인식할 필요가 있다. 여기에서 저임금의 추구보다는 합리적인 임금수준, 임금체계, 임금형태 등의 개선과 합리화가 중요하게 된다.

실력다지기

임금의 범위와 종류

1) 임금

(1) 근로기준법에서 '임금'이라 함은 사용자가 근로의 대가로 근로자에게 임금 · 봉급 기타 어떠한 명칭으로든지 지급하는 일체의 금품을 말한다(근로기준법 제2조). 따라서, 임금은 다음의 요건을 갖추어야 한다.

① 사용자가 근로자에게 지급하는 것이어야 한다.

② 근로제공에 대한 대가로 지급하는 것이어야 한다.

③ 위의 요건을 갖추면 그 명칭을 불문한다.

(2) 사용자가 지급하더라도 임금으로 보지 않는 것도 있다.
① 경조비 · 위로금 등 은혜적 · 호의적으로 지급되는 금품은 임금이 아니다.
② 작업복 구입비 · 출장비 등은 실비변상적인 금품으로 보아 임금으로 보지 않는다.
③ 보험료 부담금 · 학자금 등 순수한 복리후생비는 임금이 아니다.
(3) 근로기준법에서는 임금을 '통상임금'과 '평균임금'의 2가지로 나누고, 각종 법정수당과 보상금 등을 산정할 때 2가지 중의 하나를 적용하도록 하고 있다.

2) 통상임금 1차

(1) 통상임금이란
통상임금이란 근로자에게 정기적 · 일률적으로 소정근로 또는 총근로에 대하여 지급하기로 정해진 시간급 금액, 일급금액, 월급금액 등을 말한다. 이러한 통상임금은 잔업수당, 야근수당, 휴일 · 휴가수당, 해고수당 등을 계산하는 데 사용된다.
(2) 통상임금의 산정방법
① 시급으로 정한 경우에는 그 금액이 통상임금이다.

사례 1 시급 3,000원으로 정한 경우에는 3,000원이 시간당 통상임금
사례 2 위의 경우 시급제 아르바이트가 1시간 연장근로를 한 경우의 가산수당(통상임금의 50%)은?
3,000원×50% = 1,500원

② 월급으로 정한 경우에는 그 금액을 월의 통상임금 산정기준시간수로 나눈 금액이다.

사례 월 임금이 678,000원이고 월통상임금 산정기준시간수가 226시간인 경우, 이 근로자의 시간당 통상임금은?
678,000원÷226시간 = 3,000원

(3) 통상임금을 산정할 때에는 근로자의 기본급에 직책수당 등의 고정수당이 포함된다.

3) 평균임금

(1) '평균임금'이란 이를 산정해야 할 사유가 발생한 날 이전의 3월간에 근로자에게 지급된 임금총액을 그 기간의 총일수로 나눈 금액을 말한다.
(2) 퇴직금, 휴업수당, 재해보상금 등은 평균임금으로 산정해야 한다.
(3) 평균임금 산정에 포함되는 임금은 원칙적으로 근로의 대가로 지급된 모든 임금을 포함한다.
(4) '3개월의 총일수'는 근로자가 근로한 일수가 아니라 휴일을 포함한 달력상의 일수를 말한다.
(5) 다음에 해당하는 기간과 그 기간 중에 지급된 급여는 총일수와 임금총액에서 공제된다.
- 수습사용 중인 기간, 회사사정으로 인해 휴업한 기간, 산전후 휴가기간, 업무상 재해로 인해 휴업한 기간, 육아휴직기간, 정당한 쟁의행위기간, 군복무기간 · 예비군훈련기간 중에 휴직하거나 일하지 못하여 임금을 지급받지 못한 기간, 업무 외의 부상이나 질병으로 인하여 사용자의 승인을 받아 휴직한 기간

통상임금과 평균임금의 계산방법 비교

정해진 근로시간(예를 들어, 1일 8시간 1주 44시간 1주 6일)만 일해도 정기적이고 일률적으로 지급되는 기본급과 고정수당을 합해서 계산하는 것이 통상임금이며, 소정근로시간보다 더 일해서 받은 연장근로 · 야간근로 · 휴일근로수당과 상여금 · 연월차수당 등 변동수당까지 합쳐서 계산하는 것이 평균임금이다.

4) 임금지급방법

(1) 임금은 직접 본인에게, 통화로, 전액을, 1개월에 1회 이상, 정해진 날에 지급해야 한다(근로기준법 제43조). 이것을 임금지급의 5가지 원칙이라고 한다.

(2) 사용자는 원칙적으로 임금을 통화로 지급해야 하므로 물건 등으로 대신 지급할 수는 없다. 여기서 통화란 한국은행이 발행한 화폐를 말하는데, 은행이 발행한 자기앞 수표도 통화로 지급한 것으로 본다.

(3) 임금은 근로자 본인에게 직접 지불되어야 하므로 다른 사람이 대신 수령할 수 없다. 근로자 본인의 이름으로 된 은행계좌에 이체하는 것은 직접 지급한 것으로 본다.

(4) 임금은 전액을 지급해야 하므로 얼마를 제하고 지급할 수는 없다. 다만, 갑종근로소득세, 주민세, 건강보험료, 고용보험료, 국민연금, 임금가불액 등은 공제가 인정된다.

(5) 임금은 매월 1회 이상 지급하되 반드시 미리 정한 날에 지급해야 한다. 그러므로 임금을 두 달에 한 번씩 지급하거나 매월 날짜를 바꿔서 지급하는 것은 안 된다. 다만, 임시로 또는 부정기적으로 지급되는 수당은 몇 개월에 한 번씩 지급할 수도 있다.

(2) 임금의 성격

① **노동대가로서의 임금** : 사용자와 근로자 간에 고용과 피고용이라는 쌍무관계가 이루어지므로, 사용자 입장에서는 노동의 사용에 대한 대가를 근로자에게 지불할 의무를 지게 되며, 근로자의 입장에서는 노동의 제공에 대한 대가를 수령할 권리를 갖게 되는 권리 · 의무의 관계라고 할 수 있다.

② **생계비로서의 임금** : 근로자 입장에서의 시각으로, 노동의 대가로 받은 임금소득은 생활을 유지하고 구매력을 유지하기 위한 기초를 제공해준다.

③ **비용으로서의 임금** : 사용자 입장에서의 시각으로, 노동의 대가로 지불한 임금은 상품 단위당 가변비용의 대표적 구성요소이다.

④ **교섭가격으로서의 임금** : 임금의 결정은 노동의 수요측인 사용자와 노동의 공급측인 노동자의 합의를 통해 달성된다.

⑤ **성과분배로서의 임금** : 생산요소로서의 노동제공으로 인해 부가가치를 창출한 대가로서의 성격이다. 즉, 부가가치의 창출에 대한 분배측면을 강조한 시각이다.

⑥ **노동의 수요와 공급측면으로서의 임금** : 노동시장 전체의 입장에서 보는 시각으로, 노동의 수요와 공급이 일치되는 곳에서 임금이 결정된다는 입장이다. 노동의 초과수요가 있으면 임금은 상승하고, 노동의 초과공급이 있으면 임금은 하락하게 된다.

⑦ **국민소득분배와 수요원으로서의 임금** : 임금은 근로자에게 상품수요의 구매력을 제공한다는 입장이다.

❷ 임금의 범위

1차 2차

임금의 내역을 살펴하면 다음과 같다.

<table>
<tr><td rowspan="11">인건비</td><td rowspan="9">현금급여</td><td rowspan="8">정액급여</td><td rowspan="6">기준내임금</td><td rowspan="4">기본급</td><td>연령급</td></tr>
<tr><td>직능급</td></tr>
<tr><td>근속급</td></tr>
<tr><td>종합결정급</td></tr>
<tr><td rowspan="2">제수당</td><td>직무수당</td></tr>
<tr><td>생활수당</td></tr>
<tr><td rowspan="2">기준외임금</td><td colspan="2">초과근로수당</td></tr>
<tr><td colspan="2">당 · 일직수당</td></tr>
<tr><td colspan="4">특별급여(상여금)</td></tr>
<tr><td rowspan="2">부가급여
(기업복지비)</td><td colspan="4">법정복지비</td></tr>
<tr><td colspan="4">법정외복지비</td></tr>
</table>

실력다지기

임금의 기타 개념

1차

1) 보상유보임금(reservation wage)과 제시임금(offer wage)

보상유보임금이란 근로자가 요구하는 최소한의 주관적 임금수준으로 의중임금, 유보임금 또는 눈높이임금이라고도 한다. 예를 들어 노동자 A가 하루에 8시간동안 놀면서 얻는 효용수준을 금액으로 환산할 때 100만 원이라고 하면, A는 놀지 않고 8시간 일을 할 때 최소한 100만 원을 받고자 할 것이다. 이 때의 임금을 유보임금이라 한다.

반면 제시임금이란 유보임금과는 반대로 기업이 노동자 한 명을 고용하고자 할 때, 최대한으로 주고자 하는 임금수준을 지칭하는 개념이다.

2) 실질임금과 명목임금

노동자가 지불받는 임금의 가격을 단순히 화폐액으로 표시한 것을 명목임금이라고 하는 데 반해, 실질임금은 그 명목임금으로 실제 구입할 수 있는 상품의 수량을 나타낸다. 따라서 실질임금은 화폐액이 아니라 상품수량을 단위로 해서 표시한다. 명목임금이 인상된다 해도 인플레이션이 발생할 경우 그 화폐액의 실질가치, 즉 구매력은 저하되므로 실제 근로자의 소비능력은 향상되었다고 볼 수 없다. 따라서 근로자의 생활수준을 측정할 때는 실질임금이 더 중요한 의미를 지닌다.

❸ 임금결정이론

1차

(1) 임금 생존비설 : D. Ricardo

임금수준이 생존비(자연임금) 수준에서 결정된다는 것으로 임금철칙설이라고도 불린다. 17세기 중상주의 시대에 국부증대를 위한 임금 최소화 및 맬더스의 인구론을 이론적 배경을 두고 있다. 이는 노동의 공급이 생존비 수준의 임금에서 무한 탄력적임을 가정한 결과이다. 당시에는 노동력의 과잉공급으로 인해 생존비수준의 임금만으로도 얼마든지 고용할 수 있기 때문에 임금을 생존비수준보다 더 높게 지급할 이유가 없었다. 이렇게 결정된 임금을 자연임금이라 하고 이는 인간 생존을 위한 최소한의 노동재생산비로서 장기적으로 결정된다.

결국 장기적으로 시장임금은 자연임금을 중심으로 변동하여 이에 일치하려 하는 경향을 보이게 된다. 노동의 수요가 고용수준을 결정할 뿐 임금수준에는 아무런 영향을 미치지 못한다는 것으로 기업중심의 이론이라는 비판적 측면이 강하다. 노동력이 거의 무제한으로 공급되고 있는 저임금업종의 임금결정에는 상당한 타당성을 지닌 것으로 평가되고 있다.

(2) 임금기금설 : J. S. Mill

임금기금설은 임금생존비설이 노동공급측면만 강조한 것에 대한 대응으로, 노동의 수요측면을 강조한 이론이다. 어느 한 시점에서 근로자측의 임금으로 지불될 수 있는 부의 총액 또는 기금은 일정하며, 이를 노동자 수로 나눈 것이 시장임금이라는 이론이다.

즉, $임금수준 = \frac{임금기금}{노동자의\ 수}$로 결정되며 이러한 평균임금이 근로자의 수와 밀접한 관계를 지니며 임금기금은 장기적으로는 가변적이나 단기적으로는 일정수준을 유지한다. 이 이론에 따르면 단체교섭에 의한 임금인상은 결국 다른 노동자의 임금삭감에 의해서만 가능하다는 결론이다. 즉, 임금이 인상되려면 임금기금을 증대시키든지 또는 노동자의 수를 감소하여야 한다는 측면은 노동조합 운동을 부정하는 정책적 시사를 지닌다.

(3) 노동가치설 : K. Marx

노동력의 가치는 노동자계급의 유지와 재생산에 필요한 생존수단을 생산하는데 필요한 노동시간에 의하여 결정된다는 이론이다. 노동만이 모든 가치를 창조하고 이 때 생산된 총가치는 근로자에게 지불되는 임금보다 크며 나머지는 잉여가치로서 자본가가 수취한다는 이론이다. 17세기 전반기에 W. 페티, J. 로크 등에 의하여 처음으로 제창되었고, A. 스미스, D. 리카도에 의하여 계승되었으며, K. 마르크스가 주로 리카도의 가치설을 비판적으로 받아들여 자기 경제학의 설명원리로 삼음으로써 독특한 뜻과 기능을 간직하게 되었다. 즉, 마르크스는 이 노동가치설을 토대로 잉여가치론을 구성하고, 이 잉여가치론을 자본주의 경제에 대한 분석도구로 삼아 자본주의의 경제적 운동법칙을 밝히는 한편, 자본주의의 착취적 본질 및 그 멸망의 필연성을 주장함으로써 경제학적 혁명선동론 또는 혁명적 경제학으로서의 그의 경제학을 체계화하였다.

(4) 한계생산력설

평균적 개념의 생산력설을 바탕으로 클라크에 의해 한계생산력설로 발전한 이론이다. 수요중심의 임금이론 성격을 지닌다. 임금은 이윤극대화를 추구하는 기업 간의 경쟁에 의하여 생산에 기여한 근로자의 한계생산물의 가치와 일치하는 수준에서 결정된다는 이론이다.

상품의 가격과 소비자 선택에 관한 한계효용설에 추가하여, 생산요소에 대한 보수가 한계생산물의 가치로 결정된다고 설명하는 이론으로, 미국의 J. B. 클라크, 오스트리아의 F. F. 비저와 E. 뵘바베르크 및 영국의 A. 마셜 등이 주장하였다.

(5) 임금교섭력설

임금은 노동자의 생존비를 하한으로 하고 노동의 한계생산물의 가치를 상한으로 하여 상한과 하한 사이의 어떤 점에서 결정된다는 이론이며, 어떤 수준에서 결정될 것인가는 노동조합과 자본가의 사회적 세력에 의해 결정된다고 본다. 즉, 임금이 교섭력 강도에 의해 변경될 수 있다는 것으로 노동조합 등의 결성을 통한 교섭력 향상은 임금인상의 주요요인이 될 수 있다고 본다.

제2절 최저임금제도

❶ 최저임금제도의 의의

(1) 개념 및 연혁

최저임금제란 국가가 노 · 사 간의 임금결정과정에 개입하여 임금의 최저수준을 정하고, 사용자에게 이 수준 이상의 임금을 지급하도록 법으로 강제함으로써 저임금 근로자를 보호하는 제도이다.

「헌법」 제32조 제1항에 국가는 법률이 정하는 바에 의하여 최저임금제를 시행하여야 한다고 규정('87. 10.)

우리나라에서는 1953년에 「근로기준법」을 제정하면서 제34조와 제35조에 최저임금제의 실시 근거를 두었으나, 당시 우리 경제가 최저임금제를 수용하기 어렵다는 판단에 따라 이 규정을 운용하지 않았다가 70년대 중반부터 지나친 저임금을 해소하기 위하여 정부에서 행정지도를 하였으나 저임금이 일소되지는 못하였다. 저임금의 제도적인 해소와 근로자에 대하여 일정한 수준 이상의 안정된 생활을 보장해 주기 위하여 최저임금제의도입이 불가피해졌고, 우리 경제도 이 제도를 충분히 수용할 수 있는 수준에 도달하였다고 판단하여 1986. 12. 31.에 「최저임금법」을 제정 · 공포 · 실시하게 되었다.

(2) 최저임금제도의 목적 1차 2차

최저임금제는 근로자에 대하여 임금의 최저수준을 보장하여 근로자의 생활안정과 노동력의 질적 향상을 꾀함으로써 국민경제의 건전한 발전에 이바지하는 것을 목적으로 한다(최저임금법 제1조). 최저임금제의 실시로 최저임금액 미만의 임금을 받고 있는 근로자의 임금이 최저임금액 이상 수준으로 인상되면서 다음과 같은 목적을 가지고 있다.

① 저임금 해소로 임금격차를 완화하고 소득분배 개선에 기여

② 근로자에게 일정한 수준 이상의 생계를 보장해 줌으로써 근로자의 생활을 안정시키고 근로자의 사기를 올려 주어 노동생산성을 향상시키며 경기활성화에도 기여

③ 저임금을 바탕으로 한 경쟁방식을 지양하고 적정한 임금을 지급토록 하여 공정한 경쟁을 촉진하고 경영합리화를 기함

(3) 최저임금제도의 효과 1차 2차

최저임금제를 실시하면 비자발실업이 발생하고 고용이 감소하여 저소득근로자나 청소년의 취업을 더 어렵게 하며 암시장이 형성되므로 반드시 실업대책이 병행되어야 한다.

그리고 최저임금제로 노동자수입이 증가하기 위해서는 반드시 기업의 노동수요탄력성이 1보다 적어야 한다. 한편 수요독점노동시장에서 최저임금을 설정하면 고용이 증가하거나 최소한 불변이므로 노동자수입은 노동수요탄력성과 관계없이 반드시 증가한다.

❷ 최저임금제의 내용

(1) 시행

'86. 12. 31.

(2) 관계법령

최저임금법 및 동법시행령

(3) 적용

근로자를 사용하는 모든 사업 또는 사업장(2000. 11. 24.)

주 단, 동거의 친족만을 사용하는 사업과 가사사용인, 선원법에 의한 선원 및 선원을 사용하는 선박의 소유자 제외

(4) 최저임금의 결정 및 효력발생

고용노동부장관은 다음년도 최저임금을 최저임금위원회의 심의를 거쳐 매년 8. 5.까지 결정하여 지체 없이 고시하여야 하며, 고시된 최저임금은 다음 연도 1. 1.부터 12. 31.까지 효력발생

(5) 결정기준 및 단위

근로자의 생계비, 유사근로자의 임금, 노동생산성 및 소득분배율을 고려하여 사업의 종류별로 구분하여 정할 수 있고, 최저임금액은 시간/일/주 또는 월 단위로 결정하되 반드시 시간급을 명시

(6) 불이행시 조치

3년 이하 징역 또는 2천만 원 이하 벌금(병과가능)

(7) 주지의무 및 감독지도

① 사용자는 고시된 당해연도에 적용할 최저임금에 관한 사항을 최저임금의 효력발생일 전일까지 소속 근로자에게 게시하거나 기타 적당한 방법으로 주지시켜야 한다.

② 근로감독관은 최저임금법의 시행에 관한 사무를 관장하며, 사법경찰관의 직무를 행한다.

❸ 심의절차

(1) 심의기준

근로자생계비, 유사근로자 임금, 노동생산성, 소득분배율

(2) 심의기관

최저임금위원회

실력다지기

최저임금위원회

1) 구성
근로자를 대표하는 근로자 위원, 사용자를 대표하는 사용자 위원 및 공익을 대표하는 공익위원을 각각 9인으로 구성하게 되어 있다.

2) 업무
최저임금의 심의 및 재심의, 최종 임금 적용사업의 종류별 구분에 관한 심의, 최저 임금제도의 발전을 위한 연구 및 건의, 그 밖에 최저임금에 관한 중요 사항으로서 고용노동부장관이 회의에 부치는 사항의 심의를 담당한다.

(3) 심의절차

① **노동부장관 심의요청안 접수** : 매년 3월 31일까지

② **최저임금위원회 심의** : 4. 1.~6. 29.(노동부장관 심의요청일로부터 90일 이내)

③ 전원회의(최저임금심의 안건 상정, 각 전문위원회 심사회부, 심사결과보고서 접수, 최저임금안 심의, 의결)

④ 임금수준전문위원회(최저임금안 심사, 결과보고 → 전원회의)

⑤ 생계비전문위원회(실태생계비조사결과 보고 → 전원회의, 통보 → 임금수준전문위원회)

⑥ **최저임금위원회 심의결과(최저임금안) 제출** : 6월 29일까지(고용노동부장관)

❹ 결정과정

① **결정권자** : 고용노동부장관

② **결정절차**

㉠ 최저임금(안)접수, 고시 : 최저임금위원회의 최저임금(안)을 접수하고 지체 없이 고시함

㉡ 이의제기 접수 : 고시일로부터 10일 이내

㉢ 재심의 요청 : 최저임금안 접수일로부터 20일 이내(10일 이상 심의기간 지정)

㉣ 최저임금결정 : 8월 5일

㉤ 효력발생 : 다음연도 1월 1일부터 12월 31일

제3절 임금수준

임금은 종업원에게는 소득의 원천이 되고 경영자에게는 주요 생산비를 이룬다. 따라서 임금은 경영자와 종업원 간에 상반된 이해관계에 놓이게 되며 이는 노사분규의 원인이 되기도 한다. 이에 종업원의 욕구를 충족시키면서도 기업의 안정을 도모하도록 임금제도를 형성하는 것이 임금관리이다. 결국 임금관리는 노사의 안정을 도모하고 이를 바탕으로 노사협력하에 생산성을 증진시키고 종업원의 생활향상을 꾀하는 것으로서 그 중요성은 크다 하겠다.

한국의 임금 수준을 노동자측에서는 저임금이라고 주장하고 사용자측에서는 개발도상국과의 국제비교로 보아 결코 저임금이 아니라고 주장한다. 정부는 임금인상이 물가상승의 요인이 된다는 사실을 염려하고 있다. 오늘날 일반적으로 임금결정요인으로는 국민경제의 동향, 노동력의 수급관계, 소비자물가의 상승, 생활수준(생계비), 일반임금시세, 노동조합의 단체교섭력, 기업의 지급능력 등이 거론되고 있는데, 어느 것도 결정적인 것은 아니고 이들 요인이 얽혀 임금을 결정한다. 이들 요인 중 어느 것이 중요시되는가는 그때그때의 사정에 따라 달라지는데, 오늘날 점차 산업사회의 변화에 따라 임금의 사회수준화의 경향을 보여 기업 내보다 기업을 떠난 일반적 조건이 임금결정요소로서 강한 영향을 끼치게 되었다. 그렇다고 기업의 지급능력과 무관하게 결정되는 것은 아니다.

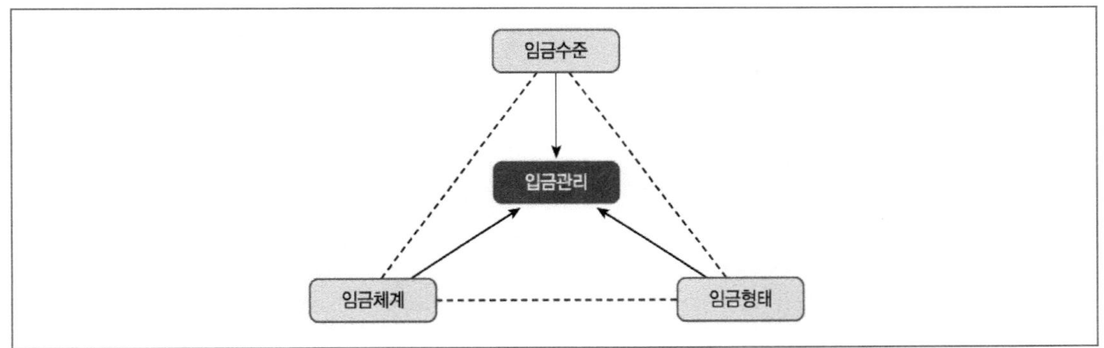

실력다지기

임금관리의 3대 지주

임금관리에는 임금수준, 임금체계, 임금형태의 3가지 주요체계로 이루어진다. 임금관리의 기본적 개념은 임금수준의 적정성, 임금체계의 공평성, 임금형태의 합리성을 유지하는가에 초점을 둔다.

1) 임금수준 : 적정성
   일정기간 동안 한 기업 내의 모든 노동자에게 지급되는 평균임금을 말하며, 기업의 전체적인 임금수준을 결정하는 총액 인건비와 관련된다.

2) 임금체계 : 공평성
개별노동자의 임금결정 기준으로 전체임금을 노동자 개개인에게 어떠한 항목으로, 어떤 기준에 의해 공평하게 배분하느냐 하는 문제를 다루는 개별인건비 관리라고 할 수 있다.

3) 임금형태 : 합리성
임금의 계산 및 지불방법을 뜻한다.

(1) 임금수준의 결정요인

임금결정요소를 좀 더 자세히 살펴보면 다음과 같다.

① **경제성장과 임금** : 한 나라의 임금수준의 고저는 그 나라의 경제성장의 정도나 1인당 국민소득의 크기에 비례한다. 경제규모의 크기와 더불어 또한 노동분배율이 문제가 된다. 노동분배율은 부가가치액에서 차지하는 임금총액의 비율 또는 분배국민소득에서 차지하는 노동소득(피용자보수)의 비율이다. 노동분배율은 경제가 성장하여 호황이 될 때에는 분자(分子)에 해당하는 노동소득이나 임금보다 분모인 국민소득이나 부가가치액이 커지기 때문에 저하경향을 나타내고, 불황기에는 반대로 상승한다. 성장률이 높은 성장산업이나 업종에서는 낮고, 정체 또는 사양산업이나 업종에서는 높다. 또한 설비집약산업에서는 낮고, 노동집약산업에서는 높다. 더욱이 동일산업 · 동일업종이라 하더라도 대기업에서는 낮고 중소기업에서는 높다. 노동분배율은 이러한 일반적 성격을 띠고 있기 때문에 그 고저만으로 단순한 해석을 할 수 없다. 그러나 동일업종 · 동일산업 또는 국민경제분야의 일정 범위 내에서 장기적으로 본 분배율의 저하는 역시 임금수준의 저하를 의미한다고 볼 수 있다.

② **노동력의 수급관계와 임금** : 노동력의 수급관계는 임금수준에 크게 영향을 미치는 하나의 요인이다. 노동력의 수급관계는 공업화에 따라 청 · 장년층을 핍박하는 동시에 노동력의 고연령화가 진행되고 중 · 고연령층의 수급관계, 여성노동의 진출, 정년제의 연장 등이 어떻게 임금수준에 영향을 미치는가 하는 것이 문제가 된다. 특히, 초임금의 인상은 다른 연령층에도 파급되기 때문에 중요하다.

③ **물가상승과 임금** 1차 : 물가상승은 노동자생활을 압박하고 실질임금의 저하를 초래하기 때문에 노동자는 물가상승에 대응한 임금인상을 요구하게 된다.

④ **생산성 · 재화가격의 상승과 임금** 1차 2차 : 생산성 향상의 정도가 한 나라의 경우에나 한 기업의 경우에나 임금수준에 다같이 영향을 미친다는 것은 일반적으로 잘 알려진 사실이다.
생산성과 가격, 임금과의 관계의 3가지 경우를 살펴보면 다음과 같다.
첫째, 가격과 생산성이 결정됨으로써 임금이 결정되는 경우인데 이것은 일반적으로 기업의 지급능력에 의하여 임금이 결정되는 것으로서 임금결정의 기본적 모델이 되고 있다.
둘째, 임금이 먼저 결정되고 생산성이 오르지 않는 경우인데, 서비스산업이나 수공업적인 노동집약산업에서는 요금이나 가격을 인상하는 이외에는 방법이 없다.

셋째, 국제경쟁이 심한 산업이나 산업구조 · 소비구조의 변화로 사양화된 산업에서는 가격을 인상하면 수요가 감퇴되기 때문에 가격을 올릴 수 없다. 그러나 임금을 올리지 않을 수 없으므로 결국 생산성을 향상시키는 방책으로 저생산성 부문을 정리하게 된다.

임금상승은 경제성장의 결과로서 필연적인 것인데, 임금이 상승되면 기업은 가격을 올리든가 생산성을 향상시키든가 하는 2가지 방법밖에 없다. 가격을 올릴 수 있는 경우에는 돌파구를 찾을 수 있으나, 그렇지 못한 경우에는 임금인상에 대응한 생산성 향상을 도모해야 한다. 임금이 오르지 않는 사회에서는 생산성 향상이 문제가 되지 않을지 모르나 임금이 인상되는 이상 생산성을 올리지 않으면 산업이나 기업이 도산될 수밖에 없다.

⑤ **기업의 지급능력과 임금** : 임금이 기업의 지급능력에 따라 결정된다고 하는 생각은 부정할 수 없지만 임금의 사회화가 진전된 현재에는 기업화의 요소를 무시하고 지급능력에만 구애될 수 없는 상태가 되었다.

⑥ **생활수준의 상승과 임금** : 경제발전에 따라 노동자의 생활수준은 향상되고 있다. 주택개선 · 소비수준향상 · 식생활개선 · 내구소비재 보급 · 여가 증대라는 생활환경의 변화는 생활수준의 향상은 물론 단순한 생활수준에서 질적 향상까지 요구하게 되었다. 임금만으로는 해결될 수 없는 분야도 포함하여 생활설계와 관련해서 임금을 결정해야 한다.

⑦ **일반 임금시세** : 노동자 또는 노동조합의 임금인상 요구가 어느 일정시기에 보편적으로 집중될 때 특정산업 또는 동일업종의 다른 기업의 임금인상률이 임금인상의 하나의 기준으로서 작용하게 된다. 한국에서도 물가상승이나 노동생산성 향상보다는 다른 기업에서 얼마를 올려주었는가 하는 것이 임금결정의 중요한 요인이 되어왔다. 이와 같은 일반 임금시세는 무시할 수 없는 요인이기는 하지만, 임금결정은 여러 요인이 복합적으로 작용하는 가운데 합리적으로 결정된다는 것을 생각할 때, 안이하게 일반 임금시세만을 중요시하는 추종주의에 빠지는 것은 피해야 한다. 임금은 위에서 살펴본 평균임금을 말하는 임금수준의 높고 낮음과 임금격차 및 임금체계가 문제가 된다.

(2) 우리나라의 임금수준의 특징

한국의 경우 한국경제의 이중구조를 반영하여 산업별 · 규모별 · 지역별 · 성별 · 연령별 · 학력별 · 직종별 · 경험연수 또는 근속연수별 · 고용형태별로 임금격차가 심하다. 임금격차를 해소하기 위하여 경영자측은 하후상박(下厚上薄)의 임금조정을 주장하고 노동자측은 최저임금제의 실시를 주장하고 있다. 임금체계를 보면 대체로 한 직장에 평생을 바친다는 종신고용적인 고용관행과 관련하여 나이가 많을수록 보다 많이 받는 연공서열형(年功序列型) 임금체계가 일반화되었다. 그러나 근래에는 이에 직무급 임금체계가 가미되고 있다. 기본적인 임금문제는 적정임금수준의 결정, 임금격차의 해소, 임금체계의 개선, 저임금지대의 해소로 요약된다.

제4절 임금체계

❶ 임금체계의 의의

임금체계란 임금의 구성내역을 의미하며 임금격차의 구조를 뜻한다. 협의의 임금체계란 표준적인 업무에 대한 임금으로서 임금의 기본적인 부분을 구성하는 기준내 임금에 국한하는데 반해, 광의의 임금체계란 한 개인이 받는 임금을 포괄적으로 해석하여 전체의 구성내용이 어떻게 되어 있는가를 말한다. 이를 관리하는 입장에서는 각 개인에게 제공할 수 있는 임금총액을 어떻게 배분하여 개인 간의 임금격차를 가장 공정하게 설정함으로써, 노동자들이 이를 이해하고 만족하며, 동기가 유발되도록 하는 것이 중요하다.

❷ 임금체계의 종류

1차

(1) 연공급

연공급이란 연령, 근속, 학력, 성별 등에 의해 결정되는 임금체계로서 일본에서 1920년대 중후반 이후 발달하였다. 일본은 서구와 달리 직종별 노동시장의 발달이 미약하고 노동력 공급과잉에 따라 저임금 노동력이 풍부했다. 이에 신규노동력을 싼값으로 채용한 후 장기근속을 통해 기업에서 필요로 하는 숙련노동력으로 양성하면서 근속년수의 상승에 따라 조금씩 임금을 올려주는 제도가 정착되었다. 연공서열형 임금체계의 설립배경을 보면 우선 생활급기준으로서 연령에 따른 생계비의 증가를 들 수 있다. 그리고 근속자 우대면에서 정기승급제도를 통한 근속년수의 연장과 함께 숙련도가 상승하고, 생산활동에 기여하는 바가 크다는 데 있다.

연령	연령급		근속급		본인급(기본급)
	피치	금액	년수	금액	
18			0		
			1		
			2		
			3		
22			4		
…			…		

注 피치란 초기임금에서 정상적으로 승급할 경우의 상승되는 임금의 폭(임금상승비율)을 말한다. 피치가 높을수록 생애곡선에 따른 생계비를 반영하는 임금체계라고 할 수 있다.

① **장점**

㉠ 정기승급에 의한 생활안정으로 높은 귀속 의식

㉡ 조직의 안정화에 따른 위계질서 확립이 용이

㉢ 배치 전환 등 인력관리 용이

㉣ 평가의 용이

② **단점**

㉠ 동일노동 · 동일임금의 원칙 실현 곤란

㉡ 직무 성과와 관련 없는 비합리적인 인건비 지출

㉢ 무사안일주의, 적당주의

(2) 직무급

직무급이란 노동자의 직무에 대한 분석과 평가에 의한 직무의 중요성과 난이도에 따라 노동자 각각의 임금을 개별적으로 결정하는 제도이다. 미국을 중심으로 발달하였는데 대량생산방식의 발전에 따라 직무가 계속해서 세분화되어 나간 반면, 직무에 따른 임금지급 기준은 제대로 마련되지 않았다. 이에 대해 노동자들의 불만이 늘어나면서 1940년대 이후 노동조합과 공동으로 직무분석과 직무평가를 통해 직무별 임금률을 결정하게 된 것이 직무급의 시작이다. 이 제도는 동일한 노동에 대해서는 동일한 임금을 지급한다는 원칙에 근거하였으므로, 적정한 임금수준의 측정과 더불어 직무 간에 공정한 임금격차를 유지할 수 있는 바탕이 된다. 채용, 승진, 배치가 직무중심의 능력평가에 따라 엄격하게 실시되어야만 직무급제도의 효과를 기대할 수 있고, 노동자가 수행하는 노동의 양과 질만 고려될 뿐 노동자의 생활임금을 규정짓는 다른 조건은 무시된다. 연령이 높아져 생활비가 늘어나도 낮은 직무등급에 속해있는 노동자는 계속 낮은 임금을 받을 수밖에 없어 생활보장이 불가능하다.

직무분석과 평가에 있어서 주로 자본측의 일방적인 분석을 그대로 따르기 때문에 노동조합의 인적, 물적 준비가 없는 상태에서 시행될 경우 자본의 일방적인 지배로 귀결된다.

▸ **직무급 임금률의 결정 예**

직무등급	가공	조립	용접1	용접2	금형	주조
1	100	100			100	
2	120	120	120		120	
3	140	140	140	140	140	
4	160	160	160	160	160	160

주 표 안의 수치는 실제 임금액수가 아니라 상대적인 수준을 예시한 것임

① **장점**

㉠ 직무에 상응하는 임금 지급(동일노동 · 동일임금 원칙)

㉡ 직무분석과 평가의 객관성 확보

㉢ 개인별 임금차 불만 해소

㉣ 노동 시장 변화에 탄력적인 대응 가능

㉤ 능력위주의 인사풍토

② **단점**

㉠ 직무 분석과 평가의 복잡성(→ 자본가의 일방적 지배가능성)

㉡ 배치 전환 등 인력관리의 융통성 결여

㉢ 유교 전통에서 오는 연공서열의식의 저항감

㉣ 직무평가 불신에 따른 노조의 저항

㉤ 생활의 안정이 어렵다.

(3) 직능급

직능급이란 승진체계와 별도로 운영되는 직능자격등급을 설정하고, 노동자의 직무수행능력을 평가하여 직능자격등급을 정하고 그에 따라 임금을 결정하는 제도이다. 연공서열형 임금체계에서와 같이 근속연수에 따라 승급은 되나 승급금액이 개인의 인사고과에 의한 점수와 직무의 가치에 따라 차이가 나는 것이다. 직능급은 직무급에 비해 근속년수나 각자의 능력평가요소를 가미한 것이 차이점이다. 1960년대 말 이후 일본에서 경제성장이 둔화되고, 노동자의 장기근속화에 따른 기업의 노무비 부담이 확대되고, 생산방식의 변화에 따라 기존의 숙련노동이 차지하고 있던 중요성이 낮아짐에 따라 '능력주의 관리'의 하나로 도입되었다.

▸ 능력급과 고과제의 연계 임금 사례

지급율 직급	1등급		2등급	
	7.5%(5%×1.5)		5%(5%×1.0)	
	월	연간	월	연간
부장	141,600	2,690,400	94,400	1,793,600
차장	122,900	2,335,100	81,900	1,556,100
과장	104,600	1,987,400	69,700	1,324,300
대리	83,100	1,578,900	55,400	1,052,600
4급 사원	57,500	1,092,500	38,400	729,600
5급 사원	41,900	796,100	27,900	530,100

① **장점**

㉠ 직무분석과 평가가 직무급만큼 복잡하지 않음

㉡ 직능과 처우의 연계로 장기근속화, 고학력에 대처

㉢ 학력 · 직종에 관계없이 능력에 따라 동일한 기회 보장

② **단점**

㉠ 직능부분, 직능평가, 능력개발, 적정배치가 전제 되어야 함

㉡ 연공급화의 가능성

㉢ 연령별 능력개발의 한계

❸ 임금체계의 결정기준

임금체계의 결정에는 기본적으로 고려해야 할 사고가 있는데, 이는 생계보장의 원칙과 노동대응의 원칙이 되며 그 내용에 따라 다음과 같은 4가지 기준으로 나누어 볼 수 있다.

(1) 필요기준(연공기준)

이는 종업원의 필요에 의해 결정하는 것이다. 여기에는 종업원의 필요생계비를 반영하는 것이 대표적인 경우이다. 필요기준에 의해서 고려해볼 수 있는 외형적인 요소는 연령, 근속, 연공 등이다.

(2) 직무기준

직무기준은 종업원의 능력에 관계없이 직무의 내용에 따라 결정되는 것이다.

이러한 직무기준에 있어서는 직무단위의 정의가 명확해야 하고 그에 따른 적격자의 적재적소의 배치가 전제되어야 하며, 동일직무 동일임금의 원칙이 지켜져야 한다.

(3) 능력기준

능력기준은 직무와 관련된 능력이며, 이는 당해 종업원이 현재 담당하고 있는 직무능력뿐만 아니라 앞으로 담당해야 할 직무와 관련되는 능력도 포함한다.

(4) 성과기준

성과기준은 종업원의 조직에 대한 기여도를 의미한다.

그런데 성과기준은 그 자체가 임금체계의 내용이 된다고 하기 보다는 직무급, 연공급, 직능급 등을 산출할 때 함께 고려되는 경우가 많다.

▸ **연공급, 직무급, 직능급 제도의 비교**

구분		연공급	직무급	직능급
성립 요건		• 신분적인 속성(학력, 근속년수, 연령 등)의 기준보다 더 개별적인 인사기준이 없을 때 • 성장이 비교적 지속적이고 • 장기근속자가 적은 경우	• 노동이 자유롭고 • 경기변동에 따른 인력의 유 · 출입이 용이하고 • 성장이 비교적 지속적이고 • 장기근속자가 적은 경우	• 능력위주의 인사질서를 확립하고 • 직위승진제를 극복하고 • 낡은 신분제도로 인한 차별감정을 해소하고 • 성장이 안정적으로 둔화되고 • 장기근속 경향이 많아질 경우
인사 제도의 개요	채용	학력별 · 성별채용	직무단위채용	학력별 · 성별+직종별(직군별) 직계별채용
	급여	연공급 : 직급별호봉제도	직무급	직능급
	승진	승진최우선사고(직위승진+직급승진의 미분리)	승진개념희박	승격과 승진의 분리 운영
	배치 전환	학력, 성별 특성에 따라 업무할당이 이루어지고 순환근무제가 적용	• 직무적성에 따라 배치가능 • 근속 중 직무전환이 곤란	직능자격요건에 따라 업무할당이 이루어지고 순환근무제가 활발하게 적용
	교육	인간 및 태도교육중심	직무교육 중심	능력(숙련도) 교육중심
	퇴직	정형화된 정년제도가 있으나 정년퇴직 적용	정형화된 정년퇴직제도 없음(수시로 이직, 해고, 채용 등이 이루어짐)	정년퇴직자가 다수를 형성할 정도로 고령화되면 신축적인 정년제도가 됨(예 출향제도, 명예퇴직제도, 계급정년제도 등)
	비교	직위(계장, 과장 등) 호칭이 인사처우 및 신분의 상징	담당직무가 인사처우 및 신분의 상징	직능자격 호칭이 인사처우와 신분의 상징

주 자료 : 최종태, "현대 임금관리론", 박영사, 1993, p 192.

제5절 ······ 임금형태

임금형태란 임금의 산정방법, 즉 임금의 지급방법을 말한다. 1차

❶ 시간급제

(1) 시간급제의 개념

시간급은 수행한 작업의 양이나 질과 관계없이 단순히 근로시간을 기준으로 임금을 산정지불하는 방법이므로 노동자의 입장에서 보면 일정액의 임금이 확정적으로 보장되고 임금산정이 간편하다는 장점이 있다. 반면 시간급제로 임금을 지급하면 근로자를 자극할 수 없어 작업능률이 오르지 않는다.

(2) 적합한 경우

사무직 또는 관리직의 정신적 노동과 생산 단위가 명확하지 않거나 측정될 수 없는 경우, 작업 중단이 빈번하고 작업자가 그것을 통제할 수 없는 경우, 감독자가 공정한 과업의 양을 잘 알고 있는 경우, 능률증진이 불가능한 경우 그리고 특히 품질을 중요시하는 작업 또는 기계적 대량생산작업 등의 경우에 합리적이다.

(3) 시간급제의 유형

① **단순시간급제** : 단위시간당 임률을 정해 놓고 여기에 실제의 노동시간을 곱하여 임금을 산정하는 방법으로 시간급제 중 가장 간단하고 기본이 되며 정확성을 기할 수 있다. 단순시간급제의 임금지급액은 조업도와 관계없이 발생하므로 제품단위당 노무비는 능률의 증진에 따라 체감한다. 그리고 절약임금과 낭비임금이 모두 회사에 귀속되는 특징이 있다.

임금액 = 실제작업시간수 × 시간당 임률

② **복률 시간급제 또는 능률시간급제** : 복률 시간급제는 단순시간급제의 장점을 살리며 동시에 능률을 자극하는 효과를 얻을 수 있도록 작업능률에 따라 다단계의 시간임률을 설정해 놓고 임금을 산정하는 방법이다.

- 표준 과업량 미만인 경우 : 임금액 = 실제작업시간수 × 낮은 시간당 임률
- 표준 과업량 이상인 경우 : 임금액 = 실제작업시간수 × 높은 시간당 임률

③ **계측일급제** : 수입의 안정이라는 시간급제의 장점을 동시에 살리고 작업능률을 자극하기 위하여 마련된 방법으로 기본급과 장려금을 조합하여 시간임률을 결정하고 이 임률을 실제작업시간에 곱하여 임금을 산정하는 방법이다.

(4) 장 · 단점

1차

① **장점** : 노동자측에서는 이해하기 쉽고, 일정액의 임금이 보장되어 생활의 안정을 유지할 수 있다. 기업측에서는 임금계산이 간단하여 관리비를 절약할 수 있으며 임금산정의 간편성과 공정성을 기할 수 있고, 제품생산에 시간적 제약을 받지 않으므로 품질의 저하를 방지할 수 있다. 노사 간의 협력을 유지할 수도 있다.

② **단점** : 근로자를 자극할 수 없어 작업 능률이 오르지 않으며 수동적 작업 태도를 갖게 한다, 또한 단위 시간당의 임금 계산이 용이하지 않다.

❷ 성과급제

(1) 성과급제의 개념

성과급제는 노동의 성과를 측정하여 그 결과에 따라 임금을 산정지급하는 방법이므로 근로자에게 합리성과 공평성을 주고 작업능률을 자극할 수 있으며 생산성 제고, 원가절감, 근로자의 소득증대효과가 있다. 또한 직접노무비가 일정하므로 시간급제보다 원가계산이 용이하다는 장점이 있다. 반면 성과급제의 표준원가의 결정과 정확한 작업량의 측정이 어려우며, 근로자가 임금액을 올리고자 무리하게 노동하게 되면 심신의 피로를 가져오기 쉽고 이는 고한(膏汗)제도로 오인되어 조직적 태업을 유발할 수도 있다. 또한 임금액이 확정적이지 못하므로 근로자의 수입이 불안정하며, 작업량에만 치중하여 품질이 조악할 우려가 있고 기계설비의 소모가 심하다.

(2) 적합한 경우

생산단위의 측정이 가능한 경우, 작업자의 노력과 생산량과의 관계가 명확할 경우 직무가 표준화되어 있고, 생산의 질이 일정한 경우, 종업원에 대한 감독을 철저히 할 수 있는 경우, 사전에 단위생산비 중 노무비가 결정되어 있을 경우에 적합하다.

(3) 성과급제의 종류

① **단순성과급제** : 제품 한 개당 임금단가나 작업 한 단위당 임금단가를 정하고 여기에 실제의 작업성과를 곱하여 임금액을 산정하는 방법이다.

- 단순성과급 : 임금액 = 작업성과 × 임금단가
- 시간성과급 : 임금액 = 표준작업시간수로 환산된 작업성과 × 시간당 임률

② **복률성과급제** : 근로자의 작업능률을 더욱 강력하게 자극하기 위하여 작업성과의 고저에 따라 적용임률을 달리하여 임금을 산정하는 방법이다.

- 작업성과가 낮은 경우 : 임금액 = 작업성과 × 낮은 임률
- 작업성과가 높은 경우 : 임금액 = 작업성과 × 높은 임률

㉠ 테일러식 차별성과급 : 테일러가 1895년에 고안한 것으로서 표준량까지는 일정한 성과급률을 적용하고 표준량을 초과하면 높은 성과급률을 적용하는 방법이다. 과학적으로 결정된 표준작업량을 토대로 고 · 저 두 종류의 임률을 적용하는데, 표준작업량의 설정이 어려울 뿐만 아니라 능력 있는 작업자에게는 동기부여가 가능하지만 초보자에게는 많이 불리하다는 한계점이 있다.

㉡ 메릭크식 성과급 : 메릭크가 창안한 방법으로 테일러식 성과급을 보완하여 초보자에게도 인센티브를 주려는 제도이다. 고 · 중 · 저의 3종류의 임률을 설정하여 초보 및 보통작업자에게 중간 정도의 작업수준에 대해 자극을 부여한다.

㉢ 맨체스터 플랜 : 미숙련노동자에게 예정된 성과를 올리지 못해도 최저생활을 보장하기 위해 작업성과의 표준과업량 미달일 때는 보장된 일급을 제공하는 일급보장제도이다.

㉣ 리틀식 성과급 : 테일러식 변형으로 4단계로 임률을 구분하여 메리크식에서 고능력자에게 더 큰 자극을 주도록 표준과업을 110% 이상 달성한 자에게 높은 임률을 제공하는 방식이다.

(4) 장 · 단점 1차

① 장점

㉠ 근로자에게 합리성과 공평감을 준다.

㉡ 작업 능률을 크게 자극할 수 있고, 생산성 제고, 원가 절감, 소득 증대에 효과가 있다.

㉢ 원가 계산이 용이하다.

② 단점

㉠ 표준 단가의 결정과 정확한 작업량의 측정이 어렵다.

㉡ 근로자의 심신의 과로를 가져오기 쉬워 고한제도 또는 조직적 태업을 유발할 위험성이 크다.

㉢ 근로자의 수입이 불안정하며 미숙련 및 여성 근로자에게는 불리하다.

㉣ 기계설비의 소모가 심하다.

㉤ 상품의 질이 떨어질 우려가 있다.

❸ 추가급제

(1) 추가급제의 개념

추가급제는 시간급제와 성과급제를 절충하여 보다 합리적인 임금형태를 마련하기 위한 방법으로 일정률의 추가급을 지급함으로서 근로자의 수입안정과 능률증진이라는 두 가지 목적을 동시에 달성하고자 하는 방법이다. 할증성과급제라고도 하며, 개인성과급의 일종으로 볼 수 있다.

(2) 추가급제의 종류

① **할증급제** : 할증급제는 시간급과 성과급을 절충한 형태로 일정한 표준을 넘는 노동능률이나 성과를 달성하는 경우 종업원에게 지급되는 추가급이 할증의 형태를 띠는 것으로 노동자의 능률에서 얻어지는 상대적 절약임금을 노사간에 일정한 비율로 분배하므로 절약임금분배제도, 분익임금제도로도 불린다.

② **비도우식 할증성과급** : 1919년에 미국의 비도우에 의해 고안된 것으로 과업달성을 기점으로 임금은 일정하게 증가한다. 즉, 표준작업량 이하의 생산량에 대하여는 보너스 없이 시간임률이 일정하고, 표준작업량 이상의 경우에는 절약시간에 대해 75%의 보상을 더 받는다.

③ **할시식 할증성과급** : 할시는 과거 경험에 의해 표준작업시간을 정해 두고 시간절약분에 해당하는 할증급을 소정의 시간급에 추가하여 지급하였다. 할증률은 보통 임금률보다 낮게 책정하므로 임금지급액의 증가를 막을 수 있고 근로자는 작업능률에 관계없이 어느 정도의 임금이 보장된다.

④ **로완식 할증성과급** : 1910년 로완이 고안한 것으로 과거 실적을 중심으로 표준시간을 정하고 표준시간 이하로 작업을 마치면 절약임금의 일부를 분배하되 분배율은 능률이 증진됨에 따라 감소한다. 할시식에 비해 처음에는 근로자에게 유리하지만 일정한 한계를 넘어서면 로완식 할증성과급은 체감하여 불리해질 수 있다.

❹ 특수임금제도

(1) 집단자극제

① **집단자극제의 의의** : 집단자극제는 작업자별로 임금을 산정 지급하는 개인임금제도에 대립되는 개념으로 일정한 근로자집단별로 임금을 산출하여 지급하는 제도이다. 동일제품을 대량생산하는 유동작업의 경우에는 근로자 상호 간의 긴밀한 연결이 필요하며 전체적인 조화와 팀웍이 잘 이루어져야 하기 때문에 작업전체 또는 공장전체의 능률을 올리는 데는 집단임금제도가 효율적이다.

② **장점과 단점** : 집단자극제를 실시하면 작업배치에 있어 작업의 난이도에 따른 불만이 감소되고 집단내의 팀웍과 협동심이 육성되면 집단 내 신입구성원에의 훈련이 적극적이며 작업요령을 개방하게 되는 장점이 있으나 임금이 개개인의 노력 또는 성과와는 직접적인 관련이 없다는 문제가 있다.

(2) 순응임금제(Sliding scale system)

순응임금제는 생계비지수, 판매가격, 이익 등의 제조건이 변할 때 그에 순응하여 임률을 자동적으로 변동 · 조정되도록 하는 제도이다. 순응임금제의 종류로는 생계비순응임금제, 판매가격순응임금제, 이익순응임금제가 있다. 생계비순응임금제는 인플레이션시 근로자의 실질임금의 저하를 방지하기 위하여 사용되며 판매가격순응임금제는 광업과 같이 임금이 제품원가의 큰 비중을 차지하는 업종에서 많이 사용한다.

(3) 이익분배제(Profit sharing plan)

① **이익분배제의 의의** : 이익분배제란 종업원에게 미리 정해진 기본적 보상 이외에 각 영업기간마다 결산이익의 일부를 부가적으로 지급하는 방법이다. 이윤분배제는 조직이윤과 관련되어 사전적으로 그 실시가 공표된 구성원의 이윤배당참여제도이다. 등장은 1842년으로 프랑스의 도장공 그 클레르가 처음 시도하였다. 협의로는 결산이익에 대한 것이고 광의로는 주식배분, 복지기금출연, 매출액일부지급 등을 의미한다.

② **이익분배제의 효과**

㉠ 기업측과 종업원의 협동정신을 강화하여 노사관계를 개선한다.

㉡ 종업원은 이익배당액을 증가시키기 위하여 작업에 열중하므로 능률증진에 효과가 있다.

㉢ 종업원의 이익배당참여권과 분배율을 근속년수와 관련시키는 경우 종업원의 장기근속을 유도할 수 있다.

③ **이익분배제의 문제점**

㉠ 수입의 안정성이 적고 분배가 결산기말에 확정되므로 자극이 부족하다.

㉡ 기업이익의 고저가 종업원보다 기업측의 능력이나 경영외적 조건에 의해 좌우될 수 있다.

㉢ 회계처리방법에 따라 결산이익을 어느 정도 자의적으로 조정할 수 있다.

(4) 집단성과배분제(Gain sharing)

집단구성원이 상호 간의 협력을 통하여 기업의 목표달성에 기여하도록 하기 위해 기업경영의 성과(원가절약, 생산성증가, 이익증가)를 근로자, 경영자 등의 이해관계집단 사이에 배분하는 제도이다. 집단성과배분제도는 단순한 경영자의 시혜가 아니라 보너스공식을 결정함에 있어서 또는 생산성 향상에 있어서 노사 간의 협조와 참여를 전제로 하고 있다. 이에 따라 이 제도를 참여형 성과배분제도라고 부르기도 한다. 참여적인 조직문화가 형성되어 있지 않으면 이 제도는 성공하기 어렵다.

① **스캔론 플랜(Scanlon Plan)** : MIT대학의 스캔론이 창안하여 1947년 이후 적용되고 있는 것으로서 노사공동의사결정을 통한 상호협조와 표준이상의 결과에 대한 이득분배제도로서 종업원참여와 조직전체수준의 인센티브의 두 가지 요소로 되어 있다. 이는 위원회를 통한 집단적 제안제도와 판매가치(매출액)를 기준으로 한 성과배분방식의 두 가지를 주요 골격으로 한다.

㉠ 집단제안제도 : 각 부서 단위별로 있는 생산위원회를 통해 창의적인 아이디어를 제안하고, 이 제안은 회사전체 수준의 심사위원회에서 채택 여부가 결정된다. 제안의 성공에 대한 보상은 전 종업원에게 배분된다.

㉡ 보너스분배제도 : 생산성 향상의 참가자에 합당한 성과의 배분정책으로서 보너스계획이 확립되어야 한다. 성과배분의 대상이 되는 절약노무비, 즉 상여자원의 25%는 사내유보, 75%는 기업 및 종업원에게 배분한다.

> 절약노무비 = 생산의 판매가치(특정시기 매출액) × 표준노무비율 − 실제노무비
> (표준노무비율 = 과거 수년간 매출액에서 차지하는 임금액의 비율)

㉢ 평가 : 노사협력에 본질적으로 공헌하지만, 표준노무비율이 과거를 반영하는 것이기 때문에 제품시장에서의 환경변화로 인해 비율의 변화가 요구될 경우 노사 간의 갈등이 생길 수 있다.

② **럭커 플랜(Rucker Plan)** : 1932년 미국의 럭커가 생산부가가치의 증대를 노사협동의 산물로 보고, 부가가치에서 인건비가 차지하는 비율을 기준으로 배분액을 결정하는 제도이다. 모든 결정은 노사협력관계를 유지하기 위하여 위원회를 통하여 이루어진다. 이것은 노동자들의 각각의 임금과 작업시간에 따라 다시 배분된다.

㉠ 노사협력 : 기업내의 각 부문별 대표로 위원회를 구성하여 계획과 실적검토 등 경영참가 및 노사협력을 통하여 종업원의 모티베이션을 향상시킨다.

㉡ 배분 : 부가가치에 대한 임금총액의 비율을 표준적인 임금 배분율로 정해 두고 이를 부가가치에 곱하여 배분액을 산정한다.

㉢ 평가 : 부가가치를 기준으로 하기 때문에 생산제품의 시장상황을 반영하는 합리적인 제도이다. 다만, 배분액의 계산시 표준생산성 내지 부가가치 노동분배율에 대한 과학적인 근거를 찾는데 한계가 있기 때문에 기업이 속한 해당산업의 부가가치 노동분배율의 변동에 따라 배분비율의 계속적인 수정이 요구된다.

③ **French System** : 스캔론 플랜과 럭커 플랜이 주로 노무비 절감 과거성과에 기초를 둔, 표준과 현재성과와의 비교방식, 참여의식 고취 등에 관심을 두는 반면 French System은 모든 비용의 절감에 초점을 둔다. 즉, 원가절감을 성과배분의 기준으로 한다.

> 비용절약분 = 기대 총 산출액 − 실제 산출액

④ **Winsharing** : 1세대의 락커 · 스캔론 플랜과 2세대의 improshare, profit sharing의 단점을 보완하고 생산성 향상이나 사업목표 달성 등을 목적으로 성과배분과 이익분배를 결합한 제3세대 방법이다. 이익 외에 품질, 생산성, 고객의 가치 등의 집단목표를 설정하고 목표가 달성되면 사업목표에 초과한 재무적 성과를 기초로 보너스를 산정 지급한다.

(5) 경영자 및 전문직 특별보상프로그램

최고경영자보상프로그램으로 주식옵션 플랜, 퇴직이연보상 등이 있으며 전문직 보상프로그램으로 자동차 이용, 주차시설, 세금면제 등이 제공된다.

(6) 연봉제

1차

연봉제는 기존 임금체계의 '연공서열'에 따른 방식이 아닌 1년을 단위로 매년 '개인의 업무성과'에 따라 보수를 계약하는 제도이다. 연봉제는 형식상으로는 단순히 임금을 연단위로 책정하여 차등 지급하는 임금형태의 한 종류일 뿐이지만 내용상으로는 '성과를 반영한 변동급', 즉 개인이 달성한 성과에 따라 임금을 차등 지급하는 임금체계를 의미하며 이는 자본의 입장에서는 임금을 보다 탄력적으로 관리, 통제하려는 의도에서 기인한 것이다.

종업원의 능력 및 실적을 평가하여 계약에 의하여 연간임금액을 결정하고 이를 매월 분할하여 지급하는 능력중시형 임금지급체계로서, 미국에서는 일반화된 형태이다. 종업원이 수행하는 직무의 특성에 따라 임금결정이 달라지는 직무급이나 종업원의 연령 · 성별 · 근속연수 등에 따라 이루어지는 연공급과 달리 종업원이 수행한 성과결과에 의하여 임금이 결정되는 성과급의 일종이며, 개인과 회사 간의 개별계약에 의한 개별성과급을 특징으로 한다.

생산량이나 판매액에 따라 급여가 결정되는 인센티브제도나 시급 · 일급 · 월급과도 구별되며, 직무급이나 연공급과 같이 일정한 기준에 따라 고정적으로 임금수준이 결정되는 것이 아닌, 노력한 만큼 대가가 따른다는 기대감을 제공하는 동기부여형 임금체계이다.

① **연봉제 도입 배경** : 일반적으로 임금을 생산성과 연계시킴으로써 시간당 노동력 지출을 강화시키는 자본의 '노동력 이용 극대화' 요구에서 출발하였다. 우리나라에서는 1991년 정부의 총액임금제 정책에 따라 당시 경제기획원의 정부산하 3개 연구기관에 연봉제가 도입되기 시작했다.

1990년대 들어 이른바 자본의 '신경영전략'에 따른 작업장 개편으로 30대 그룹의 경우 90% 이상이 팀제를 도입하고, 관리직의 경우 유연한 임금체계로서 성과급제와 연동된 연봉제 도입이 본격화되고 있다.

② **구분**

구분	기본급(기본연봉)	업적급(보너스)
성과가급(Merit Bonus)	직급 · 직능별 동일인상률 적용	비누적방식으로 개인별 지급
혼합형	현재의 기본급을 기준으로 업적, 성과를 반영한 개인별 인상률 적용	비누적방식으로 개인별 지급
순수성과급(Merit Pay)	기본급 · 업적급 구분없이 전체에 대하여 개인별 인상률 적용	
연수형	성과에 따른 개인별 차등없이 기존의 기본급, 수당, 상여금을 통합하여 단순화시킨 형태. 예를 들면 연봉액을 16등분 또는 18등분하여 월례급과 상여급으로 구분해서 지급하는 방식	

③ **장점**

㉠ 능력과 실적이 임금과 직결되므로 종업원에게 동기부여를 할 수 있다.

㉡ 인재를 과감하게 기용할 수 있다.

㉢ 경영감각을 키울 수 있다.

㉣ 임금관리가 쉽다.

㉤ 생산성 향상의 기대가 있다.

④ **단점**

㉠ 경쟁을 유발하여 개인주의로 흐르기 쉽다.

㉡ 연봉결정시 단기 업적과 결과가 중시되므로 장기적 안목과 관련된 부분이 소홀해 질 우려가 있다.

㉢ 평가의 불신을 초래할 수 있다.

㉣ 조직의 위계질서가 정립되지 않을 수 있다.

㉤ 장유유서 의식과 선임자 우대원칙의 고용문화에 익숙한 중간관리층 이상의 구성원들에게는 상당한 문화적 충격이 예상된다.

㉥ 연봉제 도입에서 노동조합의 협조 혹은 묵인이 필요조건이 되기 때문에 도입과정에서 기존 조합원에 대한 탈퇴기도, 신규채용의 경우 처음부터 임시/계약직 등 비조합원 방식으로 채용하는 사례가 늘고 있다. 노동조건에 대한 협상에서 노조를 상대하지 않고 개별 노동자를 상대하므로 노조가 무력화된다.

(7) 종업원 지주제(employee stock ownership plan) 1차

① **개념** : 기업경영방침으로서 특별한 조건으로 종업원에게 자사주의 일부를 분배하여 주는 제도이다. 특별한 조건이란 배당우선권, 주식가격의 할인, 최고 매입주식수의 제한, 자금의 보조, 구입자금의 대부, 의결권 및 양도권의 제한 등을 말한다.

② **효과** : 종업원지주제가 실시됨으로써 경영민주화와 증권민주화를 기대할 수 있다. 나아가 노사관계를 개선하고 노사협조, 종업원의 애사정신에 따르는 생산성 향상, 종업원의 인격적 경제적 지위의 존중과 향상 등을 기대할 수 있다. 그리고 기업재무구조의 건전화, 종업원에 의한 기업인수로 고용안정 도모, 공격적 기업 인수 및 합병에 대한 효과적 방어수단으로 활용될 수도 있다.

제6절 임금격차이론

임금격차란 남녀별 · 직종별 · 연령별 · 학력별 · 산업별 · 지역별로 지급되는 개개 노동자의 임금 차이를 의미한다. 이러한 격차가 나타나는 요인에 대한 견해는 아주 다양하게 전개되나 여기서는 노동시장이 기본적으로 완전경쟁적인 와중에서도 내부적인 요인에 의해 발생된다는 경쟁적 요인과, 노동시장 외부에서 그 요인을 찾는 비경쟁적 요인으로 구분하여 전개한다.

1 과목 2 과목 3 과목 4 과목 5 과목

❶ 경쟁적 요인(정당한 요인) 1차

(1) 근로자의 생산성 격차

임금 격차 요인은 노동자의 생산성 차이 때문이라는 의견이다. 노동시장이 완전경쟁일 때 임금이 노동의 한계생산성의 가치와 같을 때 결정된다는 이론을 근거로 하고 있다. 노동생산성 자체가 주로 근로자에 대한 인적 자본의 투자 차이로 인해 발생할 소지가 크므로 저임금 노동의 문제는 근로자의 생산성 향상을 위한 여러 정책이 뒷받침되어야 한다.

(2) 임금의 보상 격차(작업환경에 따른 임금격차 = 균등화 격차) 1차

어떤 직종에 존재하는 불리한 성격 또는 추가적인 부담 등에 대하여 보상해 줌으로써 그렇지 않은 직종과 균등한 상태로 유지해 주는 임금격차가 보상임금격차이다. 이러한 보상적 임금격차는 직종의 불리성이나 부담이 발생하는 원인에 따라 위신, 명성 등 비금전적 차이에서 비롯되는 것, 소득보장의 불안정성에서 비롯되는 것, 그리고 학교훈련의 차이에서 비롯되는 것이 있다. 이를 정리하면 다음과 같다.

① 고용의 안정성 여부 : 고용이 불안정한 직업에서는 고용의 불안정으로 인한 실업의 가능성이 높아지면 실업으로 인한 소득상실을 보상해 줄 정도로 높은 임금을 지급해야 한다.

② 작업의 쾌적성 여부 : 어떤 직업의 직무가 다른 직업에 비해 더 위험하고, 작업환경이 열악하다면, 더 높은 임금을 지급하여 직무에서의 비금전적 불이익을 보상해 주어야 한다.

③ 요구되는 교육 및 훈련비용의 차이 : 어떤 직업에 취업하기 위하여 교육 및 훈련비용이 들어간다면 이러한 직업에서는 보다 높은 임금이 지급되어야 한다.

④ 작업의 난이도 차이 : 어떤 직업에서 아주 어려운 업무수행이 요구된다면 그것을 보상하기 위해서 보다 높은 임금이 지급되어야 한다.

(3) 시장의 단기적 불균형

단기적으로는 노동 공급이 비탄력적이므로 특정부문의 일시적 노동의 초과수요가 발생하여 특정 직종에 대한 임금이 상승하게 된다. 물론 장기적으로는 노동공급의 증가로 인해 동일노동 · 동일임금이 성립될 것이다. 즉, 과도기적 임금 격차가 발생한다.

(4) 인적 자본의 차이 : 인적자본이론(human capital theory)

① 노동의 질의 차이를 강조한다.

② 왜 서로 다른 노동자가 서로 다른 생산성을 가지느냐는 문제에 초점을 맞춘다.

③ 그 이유는 미래의 더 많은 소득을 기대하여 현재의 이익을 어느 정도 희생하여 자기 자신의 개발에 투자하면 기계설비에 대한 투자와 같이 생산성의 향상을 가져오기 때문이다.

④ 즉, 이러한 인적자본에의 투자는 생산성의 향상을 가져온다.

⑤ 결국, 빈곤은 낮은 생산성의 결과이고 이것은 인적 자본에 대한 낮은 투자 때문이다. 여기에서 인적자본이란 개인의 생산성을 높이는 데 기여할 수 있는 투자로서 얻을 수 있는 모든 특성을 의미한다. 이러한 인적 자본에 대한 대표적인 투자는 학교교육, 취학 전 교육, 기술훈련, 건강, 취업 정보, 취업을 위한 이주 등을 들 수 있다.

(5) 보이지 않는 질적 차이

근로자의 경력, 학력, 근속연수 등이 보이는 질적 차이라면, 선천적 능력, 도덕성, 규율에의 복종성, 협동성 등 개인의 성향은 보이지 않는 질적 차이를 나타낸다. 이러한 보이지 않는 질적 차이로 인해 생산성의 차이를 발생시키고 나아가서 임금격차를 유발한다.

(6) 정당하고 합리적인 효율성 임금

실력다지기

헤도닉 임금이론 1차

헤도닉 임금은 시카고 대학 교수인 로젠이 1974년 처음 사용 후 노동경제학에서 일반적으로 사용하고 있다. 헤도닉 임금이란 고통스럽고 불유쾌한 직무에 대해서 노동자의 고통과 불유쾌한 직무특성에 대한 보상요구를 반영한 시장임금을 뜻하거나 또는 편하고 쾌적한 직무에 대해서는 노동자가 누리는 편함과 쾌적함이라는 직무특성에 대한 대가지불을 반영한 시장임금수준을 뜻한다.

헤도닉 임금이론이 현실에서 적용되는 가장 대표적인 사례가 산업재해의 위험이라는 직무특성이 고려되는 보상충족임금이다.

헤도닉 임금이론의 기본가정은 다음과 같다.

1) 직장의 특성은 산업재해의 위험도를 제외하고는 모두 동일하다.
2) 노동자는 효용을 극대화하며 노동자 간에는 산업안전에 관한 선호의 차이가 존재한다.
3) 기업은 이윤극대화를 추구하며 좋은 노동조건을 만들기 위해서 기업은 투자를 해야만 한다.
4) 노동자는 각종 기업들에 대해 정확한 정보를 가지고 있으며 직업 간 자유로이 이동할 수 있다.

❷ 경쟁외적 요인(비정당한 요인)

1차

(1) 기업주에 의한 임금과 고용의 사회관습적 차별화(성, 학력, 직업차별)

(2) 노동시장의 분단(경제의 이중구조)

노동자가 고임금의 1차 노동시장에 고용되었는가, 혹은 저임금의 2차 노동시장에 고용되었는가에 따른 차이

실력다지기

이중노동시장이론(일차적 노동시장과 이차적 노동시장)

1차 노동시장	2차 노동시장
• 고임금 • 양호한 근로조건 • 고용의 안정성 • 승진 및 승급의 기회 • 합리적인 노무관리 • 안정적 교육훈련 기회제공 • 근무태도의 복종성이 높음	• 저임금 • 열악한 근로조건 • 고용의 불안정성(높은 실업) • 승진기회의 결여 • 자의적인 노무관리 • 교육훈련 기회 희소 • 불안정한 근무태도(지각, 결근, 불복종)

(3) 시장지배력과 독점지대 배당

핵심적 대기업은 거의 독과점 기업이 대부분이다. 그러므로 완전경쟁의 기업보다 장기적으로 초과이윤을 누릴 수 있다. 이러한 독과점 기업에 취업하고 있는 근로자들도 그의 일부를 배당받음으로서 임금격차를 유발할 수 있다.

(4) 비정당하고 비합리적인 효율성 임금

심화학습

효율성 임금가설

1차 2차

효율성 임금(efficiency wages)이란 사용자들이 근로자들의 생산성을 증가시키기 위해 시장임금보다 높은 수준의 임금을 지급하는 것을 말한다. 근로자의 생산성에 따라 임금이 결정된다고 보는 전통적인 이론과 달리, 오히려 임금의 높낮이가 근로자의 생산성을 결정하는 요인이 된다고 주장하는 이론이다.

노동자와 사용자 간의 비대칭정보의 존재로 인해 사용자들이 근로자들의 성과를 완전히 감시할 수 없다고 가정하자. 이 근로자들이 자신의 임무를 게을리 하지 않도록 할 확률을 증가시키는 한 가지 방법은, 근로자들에게 시장임금보다 높은 수준의 임금을 지급하는 것이다.

논의를 단순화하기 위해서, 완전경쟁적 노동시장에서 근로자들은 동일한 생산성을 가지며 동일한 임금을 받는다고 가정하자. 일단 근로자들은 기업에 채용된 후에 생산적으로 업무에 임하거나 혹은 태만(shirking)할 수 있다. 사용자들이 근로자들의 생산성에 대한 제한된(비대칭적) 정보만을 가지고 있는 상황하에서, 사용자들은 임무에 태만한 근로자들을 적발하거나 이를 근거로 해고하기가 쉽지 않게 된다. 예를 들어, 사용자가 근로자들에게 시장임금수준인 균형임금을 지급하는 경우를 생각해보자. 근로자들은 자신의 태만한 근로태도가 적발되어서 이로 인해 해고를 당하게 되는 경우에도 노동시장에서 동일한 임금을 제공하는 다른 기업에서 일자리를 찾을 수 있다. 따라서 이

경우 근로자들은 해고로 인한 비용을 감수하지 않게 되기 때문에, 생산적으로 일할 유인이 적어지게 된다. 따라서 사용자가 근로자들에게 태만하지 않을 유인을 제공하기 위해서는 시장임금보다 더 높은 임금을 지급하여야 한다. 이러한 보다 더 높은 임금수준하에서 임무를 게을리 하여 해고된 근로자들의 경우, 다른 기업에 취직하여 시장임금수준인 균형임금을 받게 되면, 해고이전의 기업에서보다 더 낮은 수준의 임금을 지급받는 것이 된다. 이러한 임금격차가 크면 클수록 이는 근로자들이 보다 더 생산적으로 일할 유인을 제공하게 될 뿐만 아니라, 사용자들 측면에서는 근로자의 태만 및 근로감독(비용)의 문제를 줄일 수 있게 된다. 이렇듯 사용자가 근로자들에게 생산적으로 일할 유인을 제공해줄 수 있는 보다 더 높은 임금수준을 바로 효율성 임금이라 한다.

지금까지는 단지 하나의 개별 기업만을 예를 들어 살펴보았다. 그러나 위에서 제기한 근로자의 태만문제는 비단 개별 기업이 뿐만 아니라 모든 기업들에서 발생할 수 있다. 따라서 모든 기업들이 시장임금수준인 균형임금 이상의 임금인 효율성 임금을 제공한다고 가정해보자. 이 경우 최초 상황과 마찬가지로 태만으로 인해 해고된 근로자들은 다른 기업에 취직하더라도 해고 이전과 동일한 효율성 임금 수준의 임금을 받을 수 있다. 그렇다면 이 경우에도 근로자들이 태만할 유인이 존재하게 될까? 이는 그렇지 않다. 왜냐하면 모든 기업들이 균형임금 이상의 임금을 제시하는 경우, 분명히 노동공급이 노동수요를 초과하여 결과적으로 실업이 발생하게 된다. 따라서 새로운 효율성 임금 수준의 임금을 제공하는 일자리를 찾기 전에, 해고된 근로자들은 실업상태에 놓이게 된다.

근로자들의 태만을 억제하기 위해, 사용자들이 지급하여야 하는 효율성 임금의 임금프리미엄은 근로자들이 어떠한 대안을 가지고 있는가에 따라 좌우된다. 다른 조건이 동일하다면, 가까운 지역 내의 실업률이 높으면 높을수록, 근로자들이 취할 수 있는 다른 고용기회는 적어지며, 따라서 근로자들이 게으름을 피움으로써 자신들의 일자리를 상실할 위험을 무릅쓸 가능성은 더 적어진다. 그렇기 때문에 이 경우에는 사용자들은 고용기회가 보다 많을 때 고용인들에게 지급하는 만큼의 높은 수준의 임금프리미엄을 지급할 필요가 없다. 이러한 사실은 다른 요소들이 불변인 채로 유지될 때, 어떤 지역의 평균임금과 실업률 사이에는 부(−)의 관계가 존재한다는 예측을 가능하도록 한다. 이는 구조적 실업에 대한 효율성 임금에 의한 설명근거가 된다.

결론적으로 효율성 임금이란 노동자의 생산성을 극대화하는 실질임금이며 시장의 균형실질임금보다 높다. 효율성 임금가설이란 사용자가 이러한 효율성 임금을 지급한다는 것이다. 효율성 임금은 사용자의 정보가 부족하기 때문에 발생하는 도덕적 해이와 역선택을 줄이고 노동자의 건강상태도 좋아져서 노동자의 생산성이 높아지며, 교육훈련비용과 이직비용도 줄여서 기업에게 유리하다. 이러한 효율성 임금을 지급한다면 경제상황의 변화가 일어나도 당분간 실질임금은 경직적일 것이다. 효율성 임금은 시장의 균형실질임금보다 높기 때문에 비자발적 실업은 증가하고, 이직의 감소로 자발적 실업은 감소한다.

(5) 노동조합의 유무

노동조합이 조직되어 있는 기업의 임금이 일반적으로 높다. 노동조합을 통한 단체교섭력, 이직율 저감, 소속감 증대, 근로자 간의 협력 증진으로 생산성 향상을 가져오기 때문이다.

(6) 정보의 부족

(7) 이동성의 부족

(8) 연공서열형 임금구조

(9) 통계적 차별

1차

통계적 차별이란 사용자가 근로자의 생산성에 대해 불완전한 정보를 갖고 있어 평균적인 인식을 근거로 임금을 결정할 때 발생하는 차별이다.

제7절 우리나라의 임금격차의 실태와 대책

❶ 근로자 특성

(1) 연령별 분포

① 근로자의 평균연령은 '06년(37.5세)보다 0.3세 증가한 37.8세(남자 39.4세, 여자 34.4세)

▸ 표 1. 근로자의 평균연령

(단위 : 세)

구분	'07	'06	'05	'04	'03	'02	'01
평균	**37.8**	**37.5**	**37.7**	**37.5**	**37.1**	**36.5**	**36.5**
남자	39.4	39.0	39.2	38.9	38.6	38.0	38.2
여자	34.4	34.4	34.3	34.5	33.8	33.2	32.8

② 연령 계층별로는 50~59세 근로자의 비중은 '01년 이래 증가('01년 9.6% → '07년 11.7%)하고 있으나, 20~29세 근로자의 비중은 감소('01년 29.1% → '07년 25.7%)

▸ 표 2. 근로자의 연령계층별 비중

(단위 : %)

연령	'07	'06	'05	'04	'03	'02	'01
19세 이하	**0.4**	0.5	0.7	0.7	0.9	1.2	1.0
20~29세	**25.7**	26.4	26.2	26.8	28.0	29.2	29.1
30~39세	**34.4**	34.1	33.6	33.1	32.9	33.4	33.6
40~49세	**24.2**	24.5	24.4	24.4	24.0	23.2	23.6
50~59세	**11.7**	11.1	11.0	11.0	10.5	9.9	9.6
60세 이상	**3.6**	3.3	4.2	4.1	3.7	3.1	3.0

(2) 학력별 분포

① '06년과 비교하여 고졸이하 근로자의 비중은 2.0%p 감소('06년 49.4% → '07년 47.4%)하였으나 대졸이상 근로자의 비중은 1.2%p 증가('06년 32.9% → '07년 34.1%)

▸ 표 3. 근로자의 학력별 분포

(단위 : %)

구분	'07	'06	'05	'04	'03	'02	'01
중졸 이하	**7.0**	7.7	9.0	10.5	11.4	11.7	13.4
고졸	**40.4**	41.7	43.1	44.3	43.9	44.5	46.9
전문대졸	**18.5**	17.7	16.2	16.3	16.0	15.5	14.5
대졸 이상	**34.1**	32.9	31.7	28.9	28.7	28.3	25.2

② 학력별 성별 비중의 경우 전문대졸(남자 58.1%, 여자 41.9%)을 제외하고는 남자가 여자의 2~3배 수준(대졸 이상은 남성이 여성의 3배 수준)

▸ 표 4. 근로자의 학력별 성별 분포

(단위 : %)

구분	전체	중졸 이하	고졸	전문대졸	대졸 이상
전체	100.0	100.0	100.0	100.0	100.0
남자	68.3	63.9	67.8	58.1	75.3
여자	31.7	36.1	32.2	41.9	24.7

- 성별 학력별 비중의 경우 전문대졸 이상은 남자 53.2%, 여자 50.9%로 큰 차이가 없으나 대졸이상만 보면 남자(37.5%)가 여자(26.5%)보다11.0%p 큼

▸ 표 5. 근로자의 성별 학력별 분포

(단위 : %)

구분	전체	중졸 이하	고졸	전문대졸	대졸 이상
남자	100.0	6.6	40.2	15.7	37.5
여자	100.0	8.0	41.1	24.4	26.5

(3) 직종 및 사업체 규모별 성별 분포

① 직종별 성별 비중의 경우 관리자는 여자(8.1%)의 비중이 가장 낮으며, 서비스종사자는 여자(65.7%)가 남자보다 많음
   - 여성의 비중이 상대적으로 높은 직종은 판매종사자(42.8%), 사무종사자(42.4%), 전문가(41.9%) 등임

▸ 표 6. 근로자의 직종별 성별 분포

(단위 : %)

구분	관리자	전문가	준전문가	사무 종사자	서비스 종사자	판매 종사자	기능 종사자	조작조립 종사자	단순노무 종사자
계	100.0	100.0	100.0	100.0	100.0	100.0	100.0	100.0	100.0
남자	91.9	58.1	75.7	57.6	34.3	57.2	85.9	80.0	62.9
여자	8.1	41.9	24.3	42.4	65.7	42.8	14.1	20.0	37.1

② 전체 근로자 중 여자의 비중은 31.7%이나 5~9인 규모 사업체는 여자의 비중이 38.2%로 높음

▸ **표 7. 근로자의 사업체 규모별 성별 분포**

(단위 : %)

구분	전체	5~9인	10~29인	30~99인	100~299인	300~499인	500인 이상
남자	68.3	61.8	68.0	69.7	71.4	66.9	70.9
여자	31.7	38.2	32.0	30.3	28.6	33.1	29.1

(4) 근속년수

① '07년의 평균 근속년수는 '06년(5.8년)보다 0.1년 증가한 5.9년
남자는 '06년과 동일한 6.7년, 여자는 '06년(4.0년)보다 0.1년 증가한 4.1년

▸ **표 8. 근로자의 사업체 규모별 성별 분포**

(단위 : 년)

구분	'07	'06	'05	'04	'03	'02	'01
평균	**5.9**	**5.8**	**5.8**	**5.9**	**5.8**	**5.6**	**5.9**
남자	**6.7**	6.7	6.6	6.6	6.5	6.3	6.7
여자	**4.1**	4.0	4.0	4.1	4.1	4.0	4.1

❷ 월급여액(정액급여 + 초과급여)

(1) 총괄

① '07.6월 기준 상용근로자 5인 이상 사업체의 전체 상용근로자의 평균 월급여액은 2,127천 원으로 '06년(2,014천 원)보다 5.6% 상승

- 전년도 대비 월급여액 상승률은 '06년(6.7%)보다 1.1%p 감소, 남자(2,381천 원)는 여자(1,582천 원)의 1.5배 수준

※ 월급여액 : 정액급여 + 초과급여액(상여금 등 특별급여액은 제외됨)

▸ **표 9. 월급여액 현황**

(단위 : 천 원)

구분	'07	'06	'05	'04	'03	'02	'01
전체	2,127 (5.6%)	2,014 (6.7%)	1,888 (7.8%)	1,750 (6.0%)	1,651 (7.7%)	1,533 (10.0%)	1,393 (6.0%)
남자	2,381	2,249	2,109	1,958	1,850	1,716	1,559
여자	1,582	1,497	1,396	1,286	1,207	1,112	1,015

주 (　)는 전년도 대비 상승률

② 연령대별 월급여액은 45~49세(2,566천 원)가 가장 높으며, 월급여액이 최소인 연령대(20~24세)와 최고인 연령대(45~49세) 간의 차이는 '06년(87.0%)보다 6.8%p 증가한 93.8%

▸ **표 10. 연령**

(단위 : 천 원)

연령	'07	'06	'05	'04	'03	'02	'01
전체	**2,127**	**2,014**	**1,888**	**1,750**	**1,651**	**1,533**	**1,393**
20~24	1,324 (81.2)	1,285 (80.8)	1,200 (78.3)	1,112 (78.6)	1,047 (77.8)	978 (77.4)	877 (77.7)
25~29	1,632 (100.0)	1,590 (100.0)	1,532 (100.0)	1,414 (100.0)	1,345 (100.0)	1,263 (100.0)	1,130 (100.0)
30~34	2,062 (126.4)	1,968 (123.7)	1,922 (125.5)	1,786 (126.3)	1,699 (126.3)	1,598 (126.5)	1,415 (125.2)
35~39	2,384 (146.1)	2,272 (142.8)	2,156 (140.8)	2,027 (143.3)	1,920 (142.7)	1,793 (142.0)	1,627 (144.0)
40~44	2,516 (154.2)	2,379 (149.6)	2,224 (145.2)	2,087 (147.6)	1,976 (146.8)	1,828 (144.7)	1,659 (146.8)
45~49	2,567 (157.3)	2,403 (151.1)	2,222 (145.1)	2,057 (145.5)	1,946 (144.6)	1,819 (144.0)	1,665 (147.4)
50~54	2,557 (156.7)	2,360 (148.4)	2,143 (139.9)	1,943 (137.4)	1,826 (135.7)	1,694 (134.1)	1,586 (140.4)
55~59	2,265 (138.8)	2,096 (131.8)	1,856 (121.2)	1,729 (122.3)	1,658 (123.2)	1,480 (117.2)	1,394 (123.4)
60세 이상	1,753 (107.5)	1,645 (103.4)	1,477 (96.4)	1,393 (98.5)	1,332 (99.0)	1,217 (96.4)	1,209 (107.0)

주 ( )는 「25~29세」의 월급여액을 100으로 할 때의 연령대별 월급여액 수준

③ 월급여액 가장 높은 연령대는 남자 45~49세, 여자는 30~34세

- 남자는 연령대별 임금격차가 크나(45~49세는 25~29세의 1.71배) 여자는 작음(30~34세는 25~29세의 1.17배)

▸ 표 11. 연령대별 월급여액

(단위 : 천 원)

구분		20~24세	25~29세	30~34세	35~39세	40~44세	45~49세	50~54세	55~59세	60세 이상
남자	'07	**78.1**	**100.0 (1,695)**	**127.3**	**151.3**	**165.7**	**171.3**	**169.6**	**146.5**	**109.7**
	'06	78.1	100 (1,653)	124.3	147.7	160.3	164.4	162.4	141.9	105.3
	'05	75.7	100 (1,586)	126.5	146.5	156.6	159.2	154.1	129.7	99.3
	'04	76.1	100 (1,455)	127.5	149.8	160.9	162.4	153.9	133.8	102.5
	'03	75.8	100 (1,397)	126.3	147.4	157.2	158.9	151.0	132.5	102.0
	'02	76.5	100 (1,320)	125.6	145.5	154.2	157.2	146.7	125.0	98.9
	'01	75.0	100 (1,179)	124.2	146.2	155.5	160.7	152.3	130.3	108.1
여자	'07	**85.1**	**100.0 (1,556)**	**116.9**	**115.0**	**104.1**	**99.2**	**97.6**	**90.2**	**80.0**
	'06	85.1	100 (1,507)	114.1	111.1	101.2	98.0	93.7	84.7	79.6
	'05	82.2	100 (1,458)	114.2	105.6	95.5	93.1	86.1	80.1	70.8
	'04	82.2	100 (1,356)	115.2	105.8	95.1	90.4	85.8	78.6	73.9
	'03	82.1	100 (1,268)	115.5	107.0	96.8	92.6	85.1	82.8	74.2
	'02	82.4	100 (1,169)	116.5	107.3	97.5	92.7	86.6	80.5	71.8
	'01	82.8	100 (1,056)	114.6	110.0	98.3	95.1	90.3	85.8	84.9

주 ( )는 월급여액, 「25~29세」의 월급여액을 100으로 할 때의 월급여액 수준

(2) 성별, 연령계층별 월급여액 수준

① 여성의 월급여액은 158만 원으로 남성(238만 원)의 66.4% 수준
남성과 여성 간의 임금격차는 20대의 경우 여성이 남성의 90% 이상이나 40대와 50대는 60%에도 미치지 못함

▸ 표 12. 성별 연령대별 임금격차

(단위 : %)

	20~24세	25~29세	30~34세	34~39세	40~44세	45~49세	50~54세	55~59세	60세 이상	임금격차
'07	100.0	91.8	84.3	69.7	57.6	53.1	52.8	56.5	66.9	**66.4**
'06	99.2	91.1	83.6	68.5	57.5	54.3	52.6	54.4	68.9	**66.5**
'05	99.8	92.0	83.0	66.3	56.1	53.8	51.3	56.8	65.6	**66.2**
'04	100.6	93.2	84.2	65.8	55.1	51.9	51.9	54.7	67.2	**65.7**
'03	98.4	90.8	83.0	65.8	55.9	52.9	51.1	56.7	66.0	**65.2**
'02	95.3	88.5	82.1	65.3	56.0	52.2	52.3	57.0	64.2	**64.8**
'01	99.0	89.6	82.6	67.4	56.7	53.0	53.1	59.0	70.3	**65.1**
'00	95.6	88.8	83.3	65.3	56.9	53.0	52.4	56.9	67.2	**64.8**
'99	92.3	87.1	83.4	65.4	55.3	51.7	53.1	55.0	66.1	**63.8**

주 남성의 월급여액을 100으로 할 때 여성의 월급여액 수준

(3) 학력별 월급여액

① 고졸과 대졸 이상 간의 임금격차는 '06년(52.2%)보다 5.5%p 증가한 57.7%로 대졸 이상과 고졸 간의 월급여액의 차이(1,027천 원)가 1,000천 원을 초과

▸ 표 13. 학력별 월급여액

(단위 : 천 원)

학력	'07	'06	'05	'04	'03	'02	'01
중졸 이하	1,584	1,463	1,384	1,258	1,226	1,160	1,087
	(89.0)	(84.5)	(85.5)	(81.6)	(84.2)	(85.1)	(87.4)
고졸	1,780	1,731	1,618	1,542	1,456	1,363	1,244
	(100.0)	(100)	(100)	(100)	(100)	(100)	(100)
전문대졸	1,843	1,764	1,675	1,578	1,489	1,386	1,289
	(103.6)	(101.9)	(103.5)	(102.4)	(102.3)	(101.7)	(103.6)
대졸 이상	2,807	2,636	2,506	2,347	2,208	2,036	1,894
	(157.7)	(152.2)	(154.9)	(152.3)	(151.7)	(149.4)	(152.3)
전체	**2,127**	**2,014**	**1,888**	**1,750**	**1,651**	**1,533**	**1,393**

주 (　)는 고졸의 월급여액을 100으로 할 때 학력별 월급여액 수준

② 학력별 초임을 추측해 볼 수 있는 1년 미만 경력자의 월급여액 경우 「대졸 이상」 근로자와 「고졸」 근로자 간의 격차가 40%를 넘어서 47.0%

▸ **표 14. 학력별 초임 월급여액**

(단위 : 천 원)

학력	경력	'07	'06	'05	'04	'03	'02	'01	'00
고졸	1년 미만	1,290 (100)	1,268 (100)	1,195 (100)	1,096 (100)	1,065 (100)	1,004 (100)	782 (100)	783 (100)
전문대졸	1년 미만	1,339 (103.8)	1,313 (103.6)	1,233 (103.2)	1,175 (107.2)	1,095 (102.8)	986 (98.2)	881 (112.6)	843 (107.7)
대졸	1년 미만	1,896 (147.0)	1,733 (136.7)	1,614 (135.1)	1,508 (137.5)	1,454 (136.6)	1,312 (130.7)	910 (116.4)	880 (112.4)

주 (   )는 「고졸」 1년 미만 근로자의 평균 월급여액을 100으로 한 월급여액 수준

(4) 경력년수별 월급여액

① '06년보다 경력에 따른 임금격차는 감소하였으나 경력 10년 이상과의 임금격차는 '06년(1년 미만 경력자의 월급여액의 191.3%)보다 3.7%p 증가한 195.0%

▸ **표 15. 경력년수별 월급여액**

(단위 : 천 원)

경력년수	'07	'06	'05	'04	'03	'02	'01
1년 미만	1,477 (100)	1,421 (100)	1,316 (100)	1,219 (100)	1,165 (100)	1,075 (100)	965 (100)
1~2년	1,613 (109.3)	1,573 (110.7)	1,469 (111.6)	1,333 (109.4)	1,278 (109.7)	1,197 (111.3)	1,046 (108.5)
3~4년	1,788 (121.1)	1,739 (122.4)	1,663 (126.4)	1,521 (124.8)	1,449 (124.4)	1,352 (125.7)	1,181 (122.5)
5~9년	2,130 (144.3)	2,060 (145.0)	1,957 (148.8)	1,808 (148.4)	1,697 (145.7)	1,574 (146.3)	1,378 (142.8)
10년 이상	2,880 (195.0)	2,717 (191.3)	2,506 (190.5)	2,331 (191.3)	2,201 (189.0)	2,027 (188.5)	1,806 (187.2)

주 1년 미만 경력 근로자의 월급여액을 100으로 한 경력년수별 월급여액 수준

② 고졸('07년 1,780천 원)은 학력과 무관한 경력년수 3~4년('07년 1,788천 원), 대졸이상('07년 2,807천 원)은 학력과 무관한 경력년수 10년 이상('07년 2,880천 원)의 월급여액과 비슷한 수준임

▸ **표 16. 학력 및 경력년수의 월급여액 비교**

(단위 : 천 원)

구분	'07	'06	'05	'04	'03	'02	'01
고졸	1,780	1,731	1,618	1,542	1,456	1,363	1,244
경력 3~4년	1,788	1,739	1,663	1,521	1,449	1,352	1,181
대졸 이상	2,807	2,636	2,506	2,347	2,208	2,036	1,894

경력 10년 이상	2,880	2,717	2,506	2,331	2,201	2,027	1,806
전체	**2,127**	**2,014**	**1,888**	**1,750**	**1,651**	**1,533**	**1,393**

(5) 사업체 규모별 월급여액

① 5~9인 규모 사업체를 제외하고는 사업체 규모 간 임금격차는 늘어남
30~99인 규모 사업체와 500인 이상 규모 사업체 간의 격차는 '06년(125.6%)보다 1.2%p 증가한 126.8%

▸ 표 17. 사업체 규모별 월급여액

(단위 : 천 원)

사업체 규모	'07	'06	'05	'04	'03	'02	'01
5~9인	**1,760 (90.5)**	1,679 (88.0)	1,559 (87.7)	1,513 (91.8)	1,427 (91.8)	1,295 (91.5)	1,209 (94.4)
10~29인	**1,944 (100.0)**	1,907 (100)	1,778 (100)	1,649 (100)	1,554 (100)	1,414 (100)	1,281 (100)
30~99인	**2,130 (109.5)**	1,980 (103.8)	1,880 (105.7)	1,710 (103.7)	1,611 (103.7)	1,509 (106.7)	1,368 (106.8)
100~299인	**2,186 (112.4)**	2,065 (108.3)	1,955 (110.0)	1,808 (109.6)	1,712 (110.2)	1,572 (111.2)	1,455 (113.6)
300~499인	**2,353 (121.0)**	2,246 (117.8)	2,084 (117.2)	1,941 (117.7)	1,866 (120.1)	1,718 (121.5)	1,548 (120.8)
500인 이상	**2,700 (138.9)**	2,487 (130.4)	2,272 (127.8)	2,106 (127.7)	1,982 (127.5)	1,842 (130.3)	1,673 (130.6)

주 10~29인 규모 사업체 근로자의 평균 월급여액을 100으로 한 사업체 규모별 월급여액 수준

(6) 산업별 월급여액

① '06년 대비 월급여액이 많이 증가한 산업은 금융보험업(9.8%), 교육서비스업(8.3%) 등임
금융보험업(2,885천 원)은 숙박음식업(1,491천 원)은 1.93배이며, 운수업(1,922천 원), 보건사회복지사업(1,924천 원), 제조업(2,049천 원) 등은 전체 산업의 평균(2,127천 원)보다 적음

▸ 표 18. 산업별 월급여액

(단위 : 천 원)

산업(대분류)	'07	'06	'05	'04	'03	'02
전체	2,127(5.6%)	2,014	1,888	1,750	1,651	1,533
제조업	2,049(5.9%)	1,935	1,825	1,679	1,564	1,458
건설업	2,083(3.3%)	2,016	1,862	1,806	1,727	1,600

도소매업	2,113(2.1%)	2,069	1,915	1,765	1,679	1,549
숙박음식업	1,491(1.0%)	1,476	1,398	1,296	1,231	1,107
운수업	1,922(4.4%)	1,840	1,739	1,604	1,499	1,408
금융보험업	2,885(9.8%)	2,627	2,485	2,342	2,156	1,946
사업서비스업	2,289(6.8%)	2,142	2,023	1,841	1,770	1,639
교육서비스업	2,520(8.3%)	2,326	2,131	1,987	1,895	1,754
보건사회복지사업	1,924(1.2%)	1,901	1,808	1,654	1,568	1,454

❸ 직종별 근로실태

(1) 총괄

① **직종별 근로자 비중** : 「기능종사자」는 감소 추세('01년 10.7% → '07년 8.2%), 「사무종사자」는 증가 추세('01년 24.4% → '07년 28.1%)

▸ **표 19. 직종별 근로자 비중**

(단위 : 천 원)

직종(대분류)	'07	'06	'05	'04	'03	'02	'01
관리자	4.6	4.5	5.0	4.8	5.5	5.0	4.8
전문가	11.0	10.6	11.0	10.1	10.6	10.3	11.0
준전문가	15.6	14.6	13.9	15.6	15.7	15.6	15.8
사무 종사자	28.1	27.9	26.5	25.4	24.1	24.2	24.4
서비스 종사자	3.4	3.5	3.7	3.4	3.5	3.2	2.9
판매 종사자	2.9	2.2	2.8	2.1	2.4	2.8	2.3
농림어업 종사자	0.2	0.2	0.1	0.2	0.1	0.1	0.2
기능 종사자	8.2	8.7	8.6	9.3	9.7	10.4	10.7
조작 · 조립종사자	19.3	20.4	19.4	19.8	20.4	20.3	21.8
단순노무 종사자	6.8	7.5	9.1	9.3	7.9	8.1	6.0

② **직종별 연령 · 근로년수 · 근로시간**

㉠ 연령은 전직종 평균은 37.8세이며 단순 노무근로자(47.8세), 고위임직원 및 관리자(47.5세), 농업 · 임업 및 어업(43.0세) 순으로 높고, 판매근로자는 34.4세로 가장 연령이 낮음

㉡ 근속년수는 전직종 평균은 5.9년이며 고위임직원 및 관리자(9.5년), 기능원 및 관련 기능근로자(6.5년) 순으로 길고 서비스근로자는 3.6년으로 가장 짧음

㉢ 근로시간은 전직종 평균은 191.5시간이고 단순노무근로자(222.3시간), 장치 · 기계조작 및 조립근로자(214.3시간) 순으로 많으며, 전문가는 174.6시간으로 가장 적음

▸ **표 20. 직종별 연령·근속년수·근로시간**

(단위 : 세, 년, 시간)

직종	연령	근속년수	근로시간
전직종	**37.8**	**5.9**	**191.5**
고위임직원 및 관리자	47.5	9.5	179.2
전문가	35.6	6.0	174.5
기술공 및 준전문가	35.5	5.6	180.6
사무직원	34.7	6.0	177.5
서비스 근로자	37.9	3.6	204.5
판매 근로자	34.4	3.8	193.6
농업, 임업 및 어업숙련근로자	43.0	4.5	189.0
기능원 및 관련기능근로자	39.2	6.5	205.1
장치, 기계조작 및 조립근로자	39.5	6.1	214.3
단순노무 근로자	47.8	4.2	222.3

㉣ 근로시간의 경우 '05년 이래로 계속 하락하는 추세임('05년 201.4시간 → '06년 198.0시간 → '07년 191.5 시간)

▸ **표 21. 연도별 직종별 근로시간**

(단위 : 시간)

직종(대분류)	'07	'06	'05	'04	'03	'02	'01
전직종	**191.5**	198.0	201.4	209.5	201.8	201.8	204.9
고위임직원 및 관리자	**179.2**	185.4	188.6	194.7	186.3	186.0	191.1
전문가	**174.6**	181.4	181.7	190.6	181.2	179.0	185.6
기술공 및 준전문가	**180.6**	187.2	189.8	197.4	188.3	188.0	193.1
사무직원	**177.5**	185.4	187.3	194.9	186.8	185.4	192.6
서비스 근로자	**204.5**	211.7	208.2	219.8	216.3	217.8	199.0
판매 근로자	**193.6**	203.4	196.9	210.0	199.1	200.9	200.0
농업,임업 및 어업숙련근로자	**189.0**	197.4	208.2	211.8	209.1	189.9	204.5
기능원 및 관련기능근로자	**205.1**	208.8	213.9	220.4	212.9	215.2	217.3
장치, 기계조작 및 조립근로자	**214.3**	216.0	221.8	227.8	222.6	223.7	224.7
단순노무직근로자	**222.3**	226.8	234.0	243.8	239.5	237.7	244.1

③ 직종별 학력별 비중

㉠ 전체 근로자의 52.5%가 전문대졸 이상이며 34.1%는 대졸 이상임

㉡ 전문가는 97.9%가 전문대졸 이상이며 74.3%가 대졸 이상임

㉢ 전문가(97.9%), 고위임직원 및 관리자(75.5%), 기술공 및 준전문가(74.5%), 사무직원(68.6%)은 전문대졸 이상이 과반을 초과함

▸ 표 22. 직종별 근로자의 학력별 비중

(단위 : %)

직종	중졸 이하	고졸	전문대졸	대졸 이상
전직종	**7.0**	**40.4**	**18.5**	**34.1**
고위임직원 및 관리자	1.3	23.2	11.4	64.1
전문가	0.2	1.9	23.6	74.3
기술공 및 준전문가	1.2	24.3	25.9	48.6
사무직원	1.2	30.2	23.2	45.4
서비스 근로자	13.1	53.8	21.0	12.0
판매 근로자	2.4	58.4	21.2	17.9
농업,임업 및 어업숙련근로자	21.4	48.5	13.9	16.2
기능원 및 관련기능근로자	12.4	65.6	14.8	7.2
장치, 기계조작 및 조립근로자	14.6	71.5	9.5	4.4
단순노무 근로자	30.1	60.5	6.0	3.4

㉣ 서비스직의 경우 전문대졸 이상이 '06년(27.4%)보다 5.6%p 증가한 33.0%이며, 대졸은 1.9%p 증가한 12.0%

▸ 표 23. 연도별 직종별 학력별 근로자 비중

(단위 : %)

직종(대분류)	전문대졸 이상 근로자 비중						
	'07	'06	'05	'04	'03	'02	'01
전직종	**52.5** **(34.1)**	50.6 (32.9)	47.9 (31.7)	45.1 (28.9)	44.7 (28.7)	43.8 (28.3)	39.7 (25.2)
고위임직원 및 관리자	**75.5** **(64.1)**	75.4 (65.6)	71.9 (61.5)	71.2 (61.4)	68.5 (59.4)	68.5 (59.4)	65.7 (53.1)
전문가	**97.9** **(74.3)**	96.2 (74.5)	95.1 (75.5)	93.8 (71.7)	95.3 (75.5)	94.3 (73.9)	92.6 (70.9)
기술공 및 준전문가	**74.5** **(48.6)**	74.3 (49.1)	73.4 (50.1)	71.6 (46.1)	70.9 (46.2)	68.9 (45.6)	66.6 (42.8)
사무직원	**68.6** **(45.4)**	67.0 (44.2)	63.3 (41.1)	59.8 (37.9)	57.9 (35.6)	57.8 (35.9)	48.8 (28.7)
서비스 근로자	**33.0** **(12.0)**	27.4 (10.1)	31.7 (10.5)	26.6 (7.9)	25.9 (7.7)	22.7 (6.7)	19.1 (4.6)
판매 근로자	**39.2** **(17.9)**	43.9 (17.4)	40.8 (21.0)	37.4 (18.0)	39.5 (16.6)	39.5 (22.4)	21.6 (8.3)
농업, 임업 및 어업숙련근로자	**30.1** **(16.2)**	25.9 (10.9)	28.6 (17.3)	30.4 (18.4)	29.9 (16.6)	31.3 (16.4)	29.2 (14.1)

기능원 및 관련기능근로자	**22.0 (7.2)**	25.9 (8.7)	19.6 (6.9)	17.9 (5.4)	16.2 (4.4)	16.9 (5.2)	12.1 (3.0)
장치, 기계조작 및 조립근로자	**13.9 (4.4)**	13.0 (4.3)	11.1 (3.3)	9.3 (2.4)	9.2 (1.9)	8.9 (1.9)	5.7 (1.3)
단순노무직 근로자	**9.4 (3.4)**	8.8 (2.8)	8 (2.5)	6.5 (2.3)	5.2 (1.7)	5.6 (1.5)	3.7 (1.3)

주 ( )는「대졸 이상」근로자 비율

(2) 직종별 월급여액

① '06년 대비 월급여액이 가장 많이 상승한 직종은 판매종사자(14.4%), 고위임직원 및 관리자(9.3%)

② 관리자(4,172천 원)는 4백만 원을 넘어섰으며 단순노무종사자(1,246천 원)의 3.3배임

③ 판매종사자는 '06년(1,615천 원) 보다 14.4% 상승한 1,847천 원

▸ **표 24. 연도별 직종별 월급여액**

(단위 : 천 원, %)

직종(대분류)	'07	'06	'05	'04	'03	'02	'01
전직종	2,127 (5.6)	2,014	1,888	1,750	1,651	1,533	1,393
관리자	4,172 (9.3)	3,817	3,440	3,194	2,927	2,642	2,456
전문가	2,779 (4.0)	2,673	2,511	2,310	2,230	2,052	1,920
준전문가	2,258 (4.2)	2,167	2,072	2,028	1,892	1,767	1,598
사무 종사자	2,108 (5.5)	1,997	1,875	1,693	1,530	1,429	1,223
서비스 종사자	1,460 (3.2)	1,415	1,332	1,256	1,182	1,102	1,054
판매 종사자	1,847 (14.4)	1,615	1,483	1,420	1,388	1,311	1,028
농업, 임업 및 어업 숙련 근로자	1,685 (−4.6)	1,765	1,732	1,548	1,456	1,318	1,129
기능 종사자	1,906 (4.7)	1,820	1,691	1,565	1,477	1,398	1,280
조작 · 조립종사자	1,759 (2.0)	1,725	1,633	1,522	1,425	1,356	1,228
단순노무 종사자	1,246 (5.0)	1,187	1,108	1,022	970	918	819

주 ( )는 전년도 대비 월급여액 증가율

(3) 직종별 월급여액 격차

① 서비스근로자(1,460천 원), 기능원 및 관련 기능근로자(1,906천 원), 장치 · 기계조작 및 조립근로자(1,759천 원), 단순노무직(1,246천 원)은 사무종사자(2,108천 원)보다 적음
  - 이들 직종과 사무종사자와 격차는 증가 추세임

② 판매근로자(1,847천 원)의 경우 사무종사자 보다 월급여액은 적으나 양자의 격차는 '06년(판매근로자가 사무종사자의 80.9% 수준)보다 감소하여 사무종사자의 87.6% 수준임

▸ **표 25. 직종별 월급여액 격차**

(단위 : 천 원, 시간)

직종 (대분류)	'07		'06		'05		'04		'03		'02		'01	
	근로 시간	임금	근로 시간	임금	근로 시간	임금	근로 시간	임금	근로 시간	임금	근로 시간	임금	근로 시간	임금
전직종	107.9 (191.5)	100.9 (2,127)	106.8 (198.0)	100.9 (2,014)	107.5	100.7	107.5	103.4	108.0	107.9	108.8	107.3	106.4	113.9
고위임직원 및 관리자	100.9 (179.2)	197.9 (4,172)	100 (185.4)	191.1 (3,817)	100.7	183.5	99.9	188.7	99.7	191.3	100.3	184.9	99.2	200.8
전문가	98.3 (174.5)	131.8 (2,779)	97.8 (181.4)	133.9 (2,673)	97.0	133.9	97.8	136.4	97.0	145.8	96.5	143.6	96.4	157.0
기술공 및 준전문가	101.7 (180.6)	107.1 (2,258)	101.0 (187.2)	108.5 (2,167)	101.3	110.5	101.3	119.8	100.8	123.7	101.4	123.7	100.3	130.7
사무 종사자	100.0 (177.5)	100.0 (2,108)	100 (185.4)	100 (1,997)	100 (187.3)	100 (1,875)	100 (194.9)	100 (1,693)	100 (186.8)	100 (1,530)	100 (185.4)	100 (1,429)	100 (192.6)	100 (1,223)
서비스 근로자	115.2 (204.5)	69.3 (1,460)	114.2 (211.7)	70.9 (1,415)	111.2	71.0	112.8	74.2	115.8	77.3	117.5	77.1	103.3	86.2
판매 근로자	109.0 (193.6)	87.6 (1,847)	109.7 (203.4)	80.9 (1,615)	105.1	79.1	107.7	83.9	106.6	90.7	108.4	91.7	103.8	84.1
농업, 임업 및 어업숙련 종사자	106.4 (189.0)	79.9 (1,685)	106.5 (197.4)	88.4 (1,765)	111.2	92.4	108.7	91.4	111.9	95.2	102.4	92.2	106.2	92.3
기능원 및 관련 기능근로자	115.5 (205.1)	90.4 (1,906)	112.6 (208.8)	91.1 (1,820)	114.2	90.2	113.1	92.4	114.0	96.5	116.1	97.8	112.8	104.7
장치, 기계 조작 및 조립근로자	120.7 (214.3)	83.4 (1,759)	116.5 (216.0)	86.4 (1,725)	118.4	87.1	116.9	89.9	119.2	93.1	120.7	94.9	116.7	100.4
단순 노무직 근로자	125.2 (222.3)	59.1 (1,246)	122.3 (226.8)	59.4 (1,187)	124.9	59.1	125.1	60.4	128.2	63.4	128.2	64.2	126.7	67.0

주 ( )는 근로시간 및 월급여액이며, 사무직원의 근로시간 및 임금을 100으로 할 때의 월급여액 수준

③ 직종별 규모별 월급여액 격차

㉠ 사무직원 및 판매근로자는 상대적으로 사업체 규모별 월급여액 격차가 심하지 않음

㉡ 기능원 및 관련 기능근로자, 장치 · 기계조작 및 조립근로자, 단순노무근로자는 300인 이상 규모 사업체와 300인 미만 사업체 간의 격차가 상대적으로 큼

▸ 표 26. 직종별 규모별 월급여액

(단위 : 천 원)

직종	5~9인	10~29인	30~99인	100~299인	300~499인	500인 이상	전규모
전직종	**1,760 (90.5)**	**1,944 (100.0)**	**2,130 (109.5)**	**2,186 (112.4)**	**2,353 (121.0)**	**2,700 (138.9)**	**2,127 (109.4)**
고위임직원 및 관리자	3,306 (84.4)	3,916 (100.0)	4,689 (119.7)	5,169 (132.0)	4,838 (123.5)	5,478 (139.9)	4,172 (106.5)
전문가	1,900 (85.8)	2,214 (100.0)	2,932 (132.4)	3,098 (139.9)	3,195 (144.3)	3,357 (151.6)	2,779 (125.5)
기술공 및 준전문가	1,660 (80.9)	2,052 (100.0)	2,202 (107.3)	2,447 (119.2)	2,549 (124.2)	2,878 (140.2)	2,258 (110.0)
사무직원	1,810 (90.3)	2,006 (100.0)	2,173 (108.3)	2,163 (107.9)	1,999 (99.7)	2,677 (133.5)	2,108 (105.1)
서비스 근로자	1,330 (95.3)	1,396 (100.0)	1,458 (104.4)	1,601 (114.7)	1,675 (120.0)	1,883 (134.9)	1,460 (104.6)
판매 근로자	1,516 (78.5)	1,932 (100.0)	1,802 (93.3)	1,908 (98.7)	2,002 (103.6)	2,117 (109.6)	1,847 (95.6)
농업, 임업 및 어업숙련종사자	1,537 (106.5)	1,443 (100.0)	1,973 (136.7)	1,609 (111.5)	2,009 (139.3)	3,210 (222.5)	1,685 (116.8)
기능원 및 관련기능근로자	1,587 (98.2)	1,616 (100.0)	1,895 (117.2)	2,084 (128.9)	2,185 (135.2)	2,431 (150.4)	1,906 (117.9)
장치, 기계조작 및 조립근로자	1,532 (99.8)	1,535 (100.0)	1,598 (104.2)	1,748 (113.9)	2,172 (141.5)	2,346 (152.9)	1,759 (114.6)
단순노무근로자	1,075 (95.0)	1,132 (100.0)	1,212 (107.1)	1,314 (116.1)	1,482 (130.9)	1,779 (157.1)	1,246 (110.0)

주 ( )는 사무직원 「10~29인」의 임금을 100으로 할 때의 월급여액 수준

④ 직종별 연령별 월급여액 격차

㉠ 관리자, 전문가, 기술공 · 준전문가는 40~50대에서 월급여액이 높으나 서비스 종사자와 판매종사자는 30대의 월급여액이 상대적으로 많음

㉡ 전문가의 경우 55~59세(4,467천 원)의 월급여액이 가장 많으며 이는 전체 전문가 평균 월급여액 1.6배 수준임

▸ **표 27. 직종별 연령별 월급여액**

(단위 : 천 원)

직종	20~24세	25~29세	30~34세	35~39세	40~44세	45~49세	50~54세	55~59세	60세 이상	전체
관리자	1,399 (66.9)	2,092 (100.0)	2,754 (131.6)	3,323 (158.8)	4,120 (196.9)	4,348 (207.8)	**4,775 (228.2)**	4,697 (224.5)	4,249 (203.1)	4,172 (199.4)
전문가	1,447 (79.6)	1,818 (100.0)	2,523 (138.8)	3,194 (175.7)	3,501 (192.6)	3,830 (210.7)	4,309 (237.1)	**4,467 (245.7)**	3,964 (218.0)	2,779 (152.9)
기술공, 준전문가	1,318 (77.5)	1,699 (100.0)	2,219 (130.6)	2,606 (153.4)	2,820 (166.0)	2,772 (163.2)	**2,897 (170.5)**	2,647 (155.8)	2,097 (123.4)	2,258 (132.9)
사무 종사자	1,290 (81.8)	1,576 (100.0)	2,016 (127.9)	2,471 (156.8)	2,718 (172.5)	**2,858 (181.3)**	2,775 (176.1)	2,415 (153.2)	1,939 (123.0)	2,108 (133.7)
서비스 종사자	1,161 (80.2)	1,448 (100.0)	**1,726 (119.2)**	1,641 (113.3)	1,429 (98.7)	1,447 (99.9)	1,449 (100.1)	1,477 (102.0)	1,333 (92.1)	1,460 (100.8)
판매 종사자	1,411 (82.4)	1,713 (100.0)	2,005 (117.1)	**2,099 (122.5)**	2,002 (116.9)	1,897 (110.7)	1,852 (108.1)	1,525 (89.1)	1,140 (66.6)	1,847 (107.8)
농업, 임업 및 어업종사자	1,343 (91.8)	1,464 (100.0)	1,673 (114.3)	1,823 (124.6)	1,745 (119.3)	1,899 (129.7)	1,692 (115.6)	1,801 (123.1)	1,288 (88.0)	1,685 (115.1)
기능 종사자	1,291 (80.4)	1,606 (100.0)	1,864 (116.1)	1,994 (124.1)	2,061 (128.3)	2,152 (133.9)	**2,178 (135.6)**	1,958 (121.9)	1,353 (84.2)	1,906 (118.7)
기계조작 종사자	1,355 (86.7)	1,562 (100.0)	1,771 (113.3)	1,883 (120.5)	**1,895 (121.3)**	1,863 (119.3)	1,871 (119.7)	1,723 (110.3)	1,251 (80.1)	1,759 (112.6)
단순노무 종사자	1,283 (90.6)	1,415 (100.0)	**1,495 (105.7)**	1,489 (105.2)	1,394 (98.5)	1,356 (95.8)	1,310 (92.6)	1,136 (80.3)	915 (64.6)	1,246 (88.0)

주 (　)는 「25~29세」의 임금을 100으로 할 때의 월급여액 수준

⑤ **직종별 경력년수별 월급여액 격차**

㉠ 전체 직종의 경우 10년 이상(2,880천 원) 경력자의 월급여액은 1년 미만(1,477천 원) 경력자의 1.95배 수준임

㉡ 1년 미만의 경력자와 10년 이상의 경력자간의 월급여액 격차가 큰 직종은 사무직원, 전문가, 기술공 및 준전문가 등이며, 고위임직원 및 관리자, 단순노무직은 가장 격차가 작음

▸ **표 28. 직종별 연령별 월급여액**

(단위 : 천 원)

	1년 미만	1~2년	3~4년	5~9년	10년 이상
전직종	**1,477 (100.0)**	**1,613 (109.3)**	**1,788 (121.1)**	**2,130 (144.3)**	**2,880 (195.0)**
고위임직원 및 관리자	3,261 (100.0)	3,358 (103.0)	3,499 (107.3)	3,735 (114.5)	4,496 (137.9)

전문가	2,002 (100.0)	2,068 (103.3)	2,247 (112.2)	2,768 (138.2)	3,744 (187.0)
기술공 및 준전문가	1,583 (100.0)	1,745 (110.2)	1,917 (121.1)	2,369 (149.6)	2,889 (182.5)
사무직원	1,463 (100.0)	1,642 (112.3)	1,805 (123.4)	2,110 (144.2)	2,836 (193.9)
서비스 근로자	1,196 (100.0)	1,281 (107.1)	1,427 (119.3)	1,578 (132.0)	2,039 (170.5)
판매 근로자	1,521 (100.0)	1,701 (111.8)	1,787 (117.5)	1,991 (130.9)	2,528 (166.2)
기능원 및 관련기능근로자	1,423 (100.0)	1,557 (109.4)	1,650 (115.9)	1,888 (132.7)	2,319 (163.0)
장치, 기계조작 및 조립근로자	1,300 (100.0)	1,407 (108.2)	1,577 (121.3)	1,712 (131.7)	2,296 (176.6)
단순노무직 근로자	1,061 (100.0)	1,137 (107.1)	1,169 (110.1)	1,260 (118.8)	1,618 (152.5)

주 1) 월급여액은 「정액급여 + 초과급여」 기준으로 상여금이 제외됨
2) (　)내는 「1년 미만」 월급여액을 기준(100)으로 비교한 격차임

참고

1) 근로자 특성별 분포

(단위 : %)

구분		'07	'06	'05	'04	'03	'02	'01
연령	19세 이하	0.4	0.5	0.7	0.7	0.9	1.2	1.0
	20~29세	25.7	26.4	26.2	26.8	28.0	29.2	29.1
	30~39세	34.4	34.1	33.6	33.1	32.9	33.4	33.6
	40~49세	24.2	24.5	24.4	24.4	24.0	23.2	23.6
	50~59세	11.7	11.1	11.0	11.0	10.5	9.9	9.6
	60세 이상	3.6	3.3	4.2	4.1	3.7	3.1	3.0
학력	중졸 이하	7.0	7.7	9.0	10.5	11.4	11.7	13.4
	고졸	40.4	41.7	43.1	44.3	43.9	44.5	46.9
	전문대졸	18.5	17.7	16.2	16.3	16.0	15.5	14.5
	대졸 이상	34.0	32.9	31.7	28.9	28.7	28.3	25.2
경력 년수	1년 미만	12.1	13.6	12.6	12.1	13.4	12.9	10.3
	1~3년 미만	21.1	21.9	22.6	21.2	21.3	22.8	18.4
	3~5년 미만	15.2	15.6	15.3	15.9	14.7	12.3	13.4
	5~10년 미만	19.8	18.9	19.0	20.0	20.8	21.8	24.1
	10년 이상	31.7	30.1	30.4	30.7	29.9	30.1	33.8

직업	관리자	4.6	4.5	5.0	4.8	5.5	5.0	4.8
	전문가	11.0	10.6	11.0	10.1	10.6	10.3	11.0
	준전문가	15.6	14.6	13.9	15.6	15.7	15.6	15.8
	사무 종사자	28.1	27.9	26.5	25.4	24.1	24.2	24.4
	서비스 종사자	3.4	3.5	3.7	3.4	3.5	3.2	2.9
	판매 종사자	2.9	2.2	2.8	2.1	2.4	2.8	2.3
	농림어업 종사자	0.2	0.2	0.1	0.2	0.1	0.1	0.2
	기능 종사자	8.2	8.7	8.6	9.3	9.7	10.4	10.7
	조작 · 조립종사자	19.3	20.4	19.4	19.8	20.4	20.3	21.8
	단순노무 종사자	6.8	7.5	9.1	9.3	7.9	8.1	6.0

주 모든 통계자료는 세목과 총계가 각각 반올림되었으므로 세목의 합계가 100과 일치하지 않을 수도 있음

2) 성별 현황

(단위 : 세, 년, 시간, %, 천 원)

구분		'07	'06	'05	'04	'03	'02	'01
연령	평균	37.8	37.5	37.7	37.5	37.1	36.5	36.5
	남자	39.4	39.0	39.2	38.9	38.6	38.0	38.2
	여자	34.4	34.4	34.3	34.5	33.8	33.2	32.8
	(구성비)	(31.7)	(31.2)	(31.0)	(30.9)	(30.9)	(30.4)	(30.5)
근속년수	평균	5.9	5.8	5.8	5.9	5.8	5.6	5.9
	남자	6.7	6.7	6.6	6.6	6.5	6.3	6.7
	여자	4.1	4.0	4.0	4.1	4.1	4.0	4.1
주당 근로 시간	평균	44.1	45.6	46.4	48.2	46.5	46.5	47.2
	남자	44.7	46.1	47.0	48.8	47.1	47.0	47.9
	여자	42.9	44.4	44.9	46.9	44.9	45.1	45.7
월평균 급여액	평균	2,127	2,014	1,888	1,750	1,651	1,533	1,393
	남자	2,381	2,249	2,109	1,958	1,850	1,716	1,559
	여자	1,582	1,497	1,396	1,286	1,207	1,112	1,015

주 1) 월급여액 = 정액급여 + 초과급여, 즉 상여금 및 성과급 제외
2) 모든 통계자료는 세목과 총계가 각각 반올림되었으므로 세목의 합계가 100과 일치하지 않을 수도 있음

3) 임금격차

(단위 : 천 원)

	'07	'06	'05	'04	'03	'02	'01
월급여액(천 원)	2,127	2,014	1,888	1,750	1,651	1,533	1,393
남자[1)]	100 (2,381)	100 (2,249)	100 (2,109)	100 (1,958)	100 (1,850)	100 (1,716)	100 (1,559)
여자	66.4 (1,582)	66.5 (1,497)	66.2 (1,396)	65.7 (1,286)	65.2 (1,207)	64.8 (1,112)	65.1 (1,015)
전일제[1) 2)]	100	100	100	100	100	100	100
시간제	87.0	74.3	65.2	65.1	66.2	63.9	65.9
19세 이하	77.4	77.8	74.6	74.6	73.0	75.4	76.2
20~29세[1)]	100.0	100	100	100	100	100	100
30~39세	143.0	140.6	143.0	145.4	145.3	145.3	145.3
40~49세	164.1	159.3	156.7	159.0	158.8	157.3	159.9
50~59세	158.3	151.0	143.4	142.5	142.5	139.1	145.8
60세 이상	113.3	109.6	104.1	106.8	107.7	104.9	116.3
중졸 이하	89.0	84.5	85.5	81.6	84.2	85.1	87.4
고졸[1)]	100.0	100	100	100	100	100	100
전문대졸	103.6	101.9	103.5	102.4	102.3	101.7	103.6
대졸 이상	157.7	152.2	154.9	152.3	151.7	149.4	152.3
1년 미만[1) 3)]	100.0	100	100	100	100	100	100
1~3년 미만	109.3	110.7	111.6	109.4	109.7	111.3	108.5
3~5년 미만	121.1	122.4	126.4	124.8	124.4	125.7	122.5
5~10년 미만	144.3	145.0	148.8	148.4	145.7	146.3	142.8
10년 이상	195.0	191.3	190.5	191.3	189.0	188.5	187.2
관리자	197.9	191.1	183.4	188.6	191.3	184.9	197.1
전문가	131.8	133.8	133.9	136.4	145.8	143.6	157.0
준전문가	107.1	108.5	110.5	119.8	123.7	123.6	132.4
사무 종사자1)	100.0	100	100	100	100	100	100
서비스 종사자	69.3	70.8	71.0	74.2	77.3	77.1	86.1
판매 종사자	87.6	80.9	79.1	83.9	90.8	91.7	84.1
농림어업 종사자	79.9	88.4	92.4	91.4	95.2	92.2	92.3
기능 종사자	90.4	91.1	90.2	92.4	96.6	97.8	104.6
조작 · 조립종사자	83.4	86.4	87.1	89.9	93.2	94.9	100.4
단순노무 종사자	59.1	59.4	59.1	60.4	63.4	64.3	66.9

주 1) 기준 = 100(월급여액 = 정액급여 + 초과급여, 즉 상여금 및 성과급 제외)
2) 시간급(월급여액/총근로시간) 기준
3) 경력년수 기준
4) 모든 통계자료는 세목과 총계가 각각 반올림되었으므로 세목의 합계가 총계와 일치하지 않을 수도 있음

4) 직종별 근로실태 및 월급여액

(단위 : 세, 년, 시간, 천 원, %)

		연령	근속 년수	근로 시간	월 급여액	학력별 근로자 구성비			
						중졸 이하	고졸	전문 대졸	대졸 이상
'07	전직종	37.8	5.9	191.5	2,127	7.0	40.4	18.5	34.1
	고위임직원 및 관리자	47.5	9.5	179.2	4,172	1.3	23.2	11.4	64.1
	전문가	35.6	6.0	174.6	2,779	0.2	1.9	23.6	74.3
	기술공 및 준전문가	35.5	5.6	180.6	2,258	1.2	24.3	25.9	48.6
	사무직원	34.7	6.0	177.5	2,108	1.2	30.2	23.2	45.4
	서비스 근로자	37.9	3.6	204.5	1,460	13.1	53.8	21.0	12.0
	판매 근로자	34.4	3.8	193.6	1,847	2.4	58.4	21.2	17.9
	농업, 임업 및 어업숙련근로자	43.0	4.5	189.0	1,685	21.4	48.5	13.9	16.2
	기능원 및 관련기능근로자	39.2	6.5	205.1	1,906	12.4	65.6	14.8	7.2
	장치, 기계조작 및 조립근로자	39.5	6.1	214.3	1,759	14.6	71.5	9.5	4.4
	단순노무 근로자	47.8	4.2	222.3	1,246	30.1	60.5	6.0	3.4
'06	전직종	37.5	5.8	198.0	2,014	7.7	41.7	17.7	32.9
'05	〃	37.7	5.8	201.4	1,888	9.0	43.1	16.2	31.7
'04	〃	37.5	5.9	209.5	1,750	10.5	44.3	16.2	28.9
'03	〃	37.1	5.8	201.8	1,651	11.4	43.9	16.0	28.7
'02	〃	36.5	5.6	201.8	1,533	11.7	44.5	15.5	28.3
'01	〃	36.5	5.9	204.9	1,393	13.4	46.9	14.5	25.2

주 월급여액은 「정액급여+초과급여」 기준으로 상여금 및 성과급 등은 제외됨

5) 산업별 근로실태 및 월급여액

(단위 : 세, 년, 시간, 천 원, %)

		연령	근속 년수	근로 시간	월 급여액	학력별 근로자 구성비			
						중졸 이하	고졸	전문 대졸	대졸 이상
'07	전산업	37.8	5.9	191.5	2,127	7.0	40.4	18.5	34.1
	광업	45.7	9.3	197.1	2,374	30.6	49.6	9.0	10.8
	제조업	37.4	6.2	200.5	2,049	9.4	53.0	14.5	23.1
	전기 · 가스 및 수도사업	40.0	13.8	188.7	3,225	5.0	27.5	14.1	53.3

	건설업	39.4	4.2	184.1	2,083	3.3	34.2	21.7	40.8
	도매 및 소매업	35.6	5.0	183.1	2,113	1.8	38.9	20.5	38.9
	숙박 및 음식점업	37.2	3.5	210.7	1,491	9.4	53.0	22.0	15.5
	운수업	43.0	6.6	199.8	1,922	14.1	55.7	11.7	18.4
	통신업	38.1	10.6	170.2	2,941	2.9	25.4	20.7	51.1
	금융 및 보험업	36.0	9.6	165.3	2,885	0.7	26.7	18.2	54.5
	부동산 및 임대업	49.5	4.2	231.1	1,691	22.7	43.3	11.3	22.7
	사업서비스업	35.9	4.5	178.5	2,289	3.1	23.8	21.0	52.0
	교육서비스업	39.1	7.8	169.8	2,520	2.9	10.8	15.7	70.6
	보건 및 사회복지사업	34.2	4.5	189.5	1,924	3.9	21.6	43.4	31.1
	오락, 문화 및 운동관련서비스업	36.6	5.4	187.5	2,279	4.7	25.6	22.0	47.6
	기타공공, 수리및개인서비스업	39.7	5.0	193.2	1,871	9.2	49.6	16.5	24.6
'06	전산업	37.5	5.8	198.0	2,014	7.7	41.7	17.7	32.9
'05	〃	37.7	5.8	201.4	1,888	9.0	43.1	16.2	31.7
'04	〃	37.5	5.9	209.5	1,750	10.5	44.3	16.2	28.9
'03	〃	37.1	5.8	201.8	1,651	11.4	43.9	16.0	28.7
'02	〃	36.5	5.6	201.8	1,533	11.7	44.5	15.5	28.3
'01	〃	36.5	5.9	204.9	1,393	13.4	46.9	14.5	25.2

주 월급여액은 「정액급여＋초과급여」 기준으로 상여금 제외

❹ 우리나라의 임금격차의 대책 1차

(1) 개요

모든 임금격차를 해결해야 하는 것은 아니다. 근로자 간에는 연령, 학력, 경력, 근속년수, 지식 및 기술수준 등의 노동특성이 동일하지 않기 때문에 모든 근로자가 동일한 임금을 받을 수는 없다. 하지만 국민경제의 일반적인 임금지불능력 및 임금수준과 비교해 볼 때 임금근로자 내부에서 일부 계층은 상대적으로 지나치게 높은 임금을 받는 반면, 다른 일부는 지나치게 낮은 임금을 받는다면 사회가 공정성의 시비에 직면할 수 있다. 따라서 임금격차가 자본주의의 효율성과 사회의 활력을 높이지 못하고 사회의 갈등과 반목을 폭발시키는 역할을 해서는 안 된다는 입장에서 임금격차의 해결방안을 마련할 필요가 있다. 이러한 측면에서 볼 때 특히 기업규모의 차이에 따른 임금격차, 고용형태에 따른 임금격차 그리고 성별에 따른 임금격차 등 3대 임금격차 문제에 대해서는 정책적인 관심을 쏟을 필요가 있다.

(2) 기업규모 차이에 따른 임금격차 해소

기업규모 차이에 따른 임금격차를 해소하는 방안은 대기업 내부와 외부에서 각각 찾아볼 수 있다. 대기업을 중심한 노동운동이 조합원의 임금, 근로조건의 향상 등 제 몫 챙기기에만 치중함으로써 임금격차의 중요한 원인이 되고 있다. 실제로 대기업의 근로자수는 감소하는 추세이지만 이들에게 분배되는 임금인상 몫은 더욱 커지고 있다. 이런 문제는 대기업 내부에 국한되지 않고 중소협력업체의 마진을 감소시키거나 소비자의 부담을 높이는 결과를 초래한다. 즉 과다한 임금인상의 부담을 중소협력업체나 소비자에게 전가하게 되는 것이다.

기업 규모에 따른 임금격차를 완화시키기 위해서는 무엇보다 대기업 노동조합이 임금인상 요구를 자제할 필요가 있다. 임금인상 중심의 노동운동은 결국 고용안정을 저해하게 된다는 점을 노동계가 자각할 필요가 있다. 또한 대기업이 인건비 상승의 부담을 중소기업에게 전가하는 관행을 개선할 필요가 있다. 이를 위해서 정부는 제도개선에 나서야 한다. 대기업과 협력 중소시업의 불공정한 계약이나 거래관행을 시정하는 데 정부가 적극적으로 개입해야 한다. 뿐만 아니라 중소기업의 지불능력을 향상시키는데 적극 나서야 한다. 중소기업이 기술이나 영업 등의 경쟁력을 제고해 독립적인 중견기업으로 커갈 수 있도록 제도를 만들어 나가야 한다. 그 일환으로 중소기업의 근로자가 가진 기술이나 경험 등을 자본으로 인정할 수 있는 기업의 지배구조를 만들 필요가 있다.

(3) 고용형태에 따른 임금격차의 관리

고용형태에 따른 임금격차의 관리를 합리화해야 한다. 사회적으로 큰 반향을 일으키고 있는 것이 고용형태에 따른 임금 차별의 문제이다. 특히 정규직과 비정규직의 임금격차문제는 심각한 사회문제로 비화되어 있는 상황이다. 하나의 직장에서 동일한 노동을 하면서 동일한 생산성을 내고 있는데도 불구하고 비정규직이기 때문에 임금을 적게 받는다는 것은 불공정한 임금격차라고 할 수 있다. 이러한 문제를 해결하기 위해서는 <u>법제도와 임금 결정의 관행을 개선해야 한다.</u> 정규직에 대해서는 상대적으로 과보호하고 결과적으로 비정규직에게는 불리하게 작용하는 노동법을 개선해야 한다. 또한 <u>연공급 중심의 임금체계를 직무급 중심으로 전환</u>해 정규직과 비정규직이라는 고용형태가 아니라 직무능력이나 성과에 따라 임금이 결정될 수 있도록 관행을 개선해야 한다.

하지만 정규직과 비정규직의 임금격차가 모두 차별은 아니다. 새로운 고용형태의 문제를 전부다 정규직과 비정규직의 격차문제로 간주하는 것은 잘못된 것이다. 특히 새로운 고용형태는 서비스업은 물론 정보통신기술과 접목한 기존 산업에서도 필요에 따라 자연스럽게 등장하는 경우가 많다는 점에 주목해야 할 것이다. 또한 근로자가 자발적으로 선택한 비정규직문제에 대해서도 전통적인 정규직과 비정규직 간의 격차를 줄이기 위한 해법을 적용하면 오히려 근로자에게 불이익을 준다는 점에 유념해야 한다.

(4) 성별에 따른 임금격차의 해소

성별에 따른 임금격차를 과감하게 해소해야 한다. 여성 노동인력들이 종사할 수 있는 분야가 저임금에 속하는 단순 노무직이나 비숙련직에 몰려 있기 때문에 임금격차가 발생되고 있다. 뿐만 아니라 사회적으로 남성 중심적 기업문화와 성차별적인 인식이 임금 격차의 기반에 자리 잡고 있는 것이 사실이다. 따라서 능력이나 업적에 관계없이 여성이 높은 임금을 받을 수 있는 고위임 직원이나 관리직에 오르는 것을 막는 장벽인 보이지 않는 유리천장(Glass Ceiling)도 여전히 존재한다.

성별 임금격차를 해결하기 위해서는 우선 여성들이 다양한 직종에 진출할 수 있도록 여성의 인적 자원개발을 체계화해야 한다. 이를 통해서 정책적으로 여성들의 직업교육과 취업기회를 확대해야 한다. 또한 노동시장에 팽배해 있는 여성차별적인 인식을 변화시켜야 한다. 출산이나 육아의 부담을 개인이나 기업에 떠맡기기보다는 정부와 사회가 공유할 수 있도록 해야 한다. 그리고 일과 가정을 병행할 수 있도록 가족친화적인 직장 및 사회분위기를 만들어 나가야 한다. 노사와 정부는 출퇴근 시간을 비롯한 근무방법, 근무 장소 등의 문제에 대해서 기업은 생산성을 높이고 개인은 가정생활에 충실할 수 있는 방안을 개발해야 할 것이다.

실업의 제개념

제1절 실업의 개념과 형태

❶ 실업의 개념 1차 2차

우리나라에서는 경제활동이라는 측면에서 인구를 여러 가지 기준으로 분류하고 있다. 만 15세 이상의 인구에서 현역군인, 전투경찰, 교도소 수감자, 외국인을 제외한 인구를 생산가능인구라 하고 이 생산가능인구 중에서 노동할 의사와 능력을 가진 사람, 구체적으로 취업자와 실업자를 경제활동인구로 분류하고 그렇지 않은 사람을 비경제활동인구로 분류한다.

(1) 취업자

① 조사대상기간 1주일 동안 수입이 있는 일에 1시간 이상 일한 자

② 가족이 경영하는 기업이나 농장에서 수입을 높이는데 도움을 준 무급 가족종사자로서 18시간 이상 일한 자

③ 일시적인 질병, 일기불순, 휴가 또는 연가, 노동쟁의 등의 이유로 일하지 않고 있는 일시적인 휴직자

(2) 실업자

① 무직자로서

② 최근의 지정된 조사대상기간 4주일 동안 일자리를 찾는 구직활동을 하였으며

③ 즉시 취업이 가능한 자

④ $\text{실업률} = \frac{\text{실업자수}}{\text{경제활동인구}} \times 100 = \frac{\text{실업자수}}{\text{실업자수} + \text{취업자수}} \times 100$

(3) 비경제활동인구

① 조사대상기간 4주일 동안 무직자로서 구직활동을 하지 않은 자 및 즉시 취업을 할 수 없었던 자가 비경제활동인구이다.

② 비경제활동인구는 구체적으로 아르바이트 없이 학교만 다닌 학생, 가사 노동만 하는 가정주부, 일을 할 수 없는 노약자 및 장애인, 자발적으로 수입을 목적으로 하지 않고 자선사업 및 종교단체에 관여하는 자 등이다.

③ 실망 노동자란 조사대상 4주일 동안 일거리가 없을 것 같아 구직을 단념한 사람을 지칭하는데 실질적으로는 실업자이나 실업자에 대한 엄격한 기준을 채우지 못하여 비경제활동인구로 분류된다. 우리나라의 경우 최근 크게 증가하고 있고 실업자 통계의 과소평가의 주요 원인이 된다.

실력다지기

우리나라의 인구구성

<table>
<tr><td rowspan="4">총인구</td><td rowspan="3">생산가능연령인구
(15세 이상 인구)</td><td rowspan="2">경제활동인구</td><td>취업자</td></tr>
<tr><td>실업자</td></tr>
<tr><td colspan="2">비경제활동인구</td></tr>
<tr><td>15세 미만 인구</td><td colspan="2"></td></tr>
</table>

(4) 경제활동참가율

경제활동참가율이란 생산가능인구 중 노동공급에 기여한 사람(취업과 실업에 분류된 사람)의 비율을 말한다.

$$경제활동참가율 = \frac{경제활동인구}{생산가능연령인구(15세\ 이상\ 인구)} \times 100$$

$$= \frac{취업자 + 실업자}{생산가능연령인구} \times 100$$

(5) 고용률

고용률이란 생산가능인구 중 취업자의 비율을 말한다.

$$고용률 = \frac{취업자수}{생산가능인구} \times 100$$

❷ 우리나라 실업의 현황

지난 1월 우리나라의 실업자 수가 약 9년 만에 100만 명을 넘어섰다.

10일 통계청이 발표한 1월 고용동향에 따르면 실업자는 121만 6000명으로 작년 같은 기간보다 36만 8000명이 늘었다. 실업자가 100만 명을 넘어선 것은 2001년 3월 이후 8년 10개월 만에 처음이다.

여기에 주당 18시간 미만 취업자, 비경제활동인구 가운데 취업준비자, 구직단념자 등 사실상 실업자로 간주되는 인구를 모두 합하면 461만 9000명으로 집계됐다. 변변한 일자리를 구하지 못하는 사실상 실업자 461만 명은 외환위기 이후 가장 큰 규모다. 이에 따라 실업률도 5.0%를 기록했다. 3%대에 머물던 실업률이 지난 1월 1.4%포인트 급등하면서 2001년 3월 5.1% 이후 가장 높은 수치로 올라선 것이다.

이처럼 실업자가 급증한 것은 실직자 증가보다는 종래 실업자 통계에서 잡히지 않던 비경제활동인구 중 상당수가 구직활동에 나선 것에 더 큰 영향을 받은 것으로 풀이된다.

실제로 1월 취업자는 2286만 5000명으로 소폭이긴 하지만 전년 동월보다 5000명 증가해 3개월 만에 플러스로 반전했다.
은순현 통계청 고용통계과장은 "국가고용정책에 따라 정부 직접 일자리 사업 및 민간 일자리에 대한 관심이 증대하고 응모원서 제출로 비경제활동인구가 둔화되는 등 구직활동인구가 증가한 데 기인한다"고 설명했다. 특히 지난달 청년실업률은 9.3%를 기록하면서 전년 동기 대비 1.1%포인트 급등했다.
김명기 한국은행 경제통계국장은 "경제활동에 참가하는 인구와 실업률이 동시에 늘어나는 것은 그만큼 경기 회복에 대한 기대가 높아졌기 때문으로 풀이된다"며 "다만 졸업시즌인 2월에 실업률이 더 높아질 가능성은 상존한다"고 내다봤다.

(자료 : 매일경제, 2010. 2. 10.일자)

❸ 실업에 관련된 기타 개념

1차

(1) 부가노동자효과(additional worker effect)

부가노동자 효과란 경기후퇴시 주로 가구주 등의 실직이나 노동시간 감소를 보전하기 위하여 배우자나 자녀 등 부가적인 노동자들의 노동시장 참가의 증가로 경제활동참가율도 높이고, 실업이 더욱 증가하여 실업률이 실제보다 과대하게 평가된다는 효과를 말한다. 부가노동자효과는 경제활동참가가 자유로운 사람 혹은 경제활동의 기회비용보다 비경제활동의 기회비용이 낮은 사람들의 크기에 의해 영향을 받는다. 그 대표적인 예로 결혼한 여성을 들 수 있으며, 불황기에 기혼여성은 남편의 수입이 줄거나 실직했을 때 생활비를 조달하기 위하여 경제활동에 참가할 것이다. 이것은 기혼여성은 경제활동에 있어서 임시적이며 2차 노동자라는 가정하에서이다. 불황기에 기혼여성이 경제활동에 참가할 가능성은 1차 노동자의 예상치 않은 소득의 감소에 따라 변할 것이다. 만약 불황기에도 불구하고 주노동자의 소득이 예상보다 높게 유지되거나 소득의 감소가 예상했던 것보다 적다면 기혼여성의 경제활동참가 가능성은 상대적으로 작아질 수 있다. 또한 소득의 감소가 완전하게 예상되면 현재의 소득에 대한 불만은 줄어들 것이며 따라서 부가노동자효과를 가져오는 압력은 상대적으로 약해질 것이다. 부가노동자효과는 다음과 같은 가정하에서 성립한다. ① 다른 형태의 경제활동에 시간할당을 신축적으로 조정할 수 있는 2차 노동자가 존재하여야 한다. ② 비경제활동 상태에 있는 기혼여성은 노동시장에서 그들이 원하면 취업할 수 있는 것으로 기대한다. ③ 총부가노동자효과는 비경제활동 기혼여성의 사회경제적 구성에 따라 변화한다. 이는 미숙련노동자는 소득과 취업기회의 경기적 변동에 보다 쉽게 적응할 수 있기 때문이다.
부가노동자효과는 기혼여성의 경제활동시기에 영향을 미친다. 남편 혹은 가족의 소득이 줄어들 것으로 예상된다면 기혼여성은 아이를 갖기 위해 퇴직하는 것을 연기하게 될 것이다. 따라서 실직은 출산과 여성의 경제활동참가에 영향을 준다. 부가노동자효과는 기혼여성에게만 국한되는 것은 아니다. 가족소득이 감소하게 되면 노년근로자는 재취업을 하거나 퇴직을 연기할 것이고 연소자는 학업을 중단하거나 상급학교 진학을 포기할 것이다. 비경제활동의 기회비용이 증가함으로써 이들은 경제활동에 참가하게 될 것이다. 그럼으로 인해 경제활동참가율은 높아지고, 실업률도 상승시키는 효과를 가져온다.

(2) 실망노동자효과(discouraged worker effect)

실망노동자효과란 부가노동자효과에 반대되는 용어로 불황기에는 구인 수보다 구직자 수가 월등히 많게 되어 그들 중의 상당한 부분은 취업의 기회를 얻지 못하고 실망한 결과 더 이상 구직활동을 포기하고 비경제활동상태로 탈락해 버리는 효과를 말한다. 노동시장에서 상대적으로 낮은 기회소득과 상대적으로 높은 경제활동 기회비용을 갖는 기혼여성, 노년층, 연소자층이 실망노동자효과의 절대다수로 생각된다. 다시 말해서 실망노동자는 1차 노동자에 비해 노동력 참가가 적고 임시적이나 시간제 혹은 저임금으로 고용되는 2차 노동자로 구성된다는 것이다. 실망노동자효과가 발생하는 이유는 다음의 다섯가지이다. ① 실업의 증가에 따른 기회소득의 감소는 노동시장에 남아 있는 노동자를 실망하게 한다. 만약 구직활동 비용이 취업으로 얻을 수 있는 기대수입을 초과한다면 구직활동을 중단할 것이다. ② 노년근로자는 기대소득의 감소로 퇴직을 서두를 것이다. ③ 임시 혹은 시간제 근로자는 기대소득이 근로의 노력과 비용을 보상하기에 불충분하므로 노동시장에서 탈락할 것이다. ④ 노동시장에 진입하려 하던 사람은 비경제활동 상태에 머물러 있다. 기혼여성은 가사노동을 하고, 연소자는 학교에 계속 나가며 환자는 충분히 요양하기를 원할 것이다. ⑤ 실업의 증가는 기혼여성의 경제활동참가 시기를 연기하여 그간 아이를 갖게 할 것이다. 이러한 실망노동자효과는 부가노동자효과와는 달리 경제활동참가율을 낮추고 실업률도 감소시키는 효과를 발생시킨다.

실력다지기

우리나라의 실업률이 주요 선진국들에 비해 낮은 수준을 보여주고 있는 이유는 무엇일까? 2차

1) 농림어업의 비중 상대적으로 높기 때문

우리나라의 실업률 수준이 낮은 첫째 이유로는 농업부문의 취업자 비중을 들 수 있다. 일반적으로 농업부문은 비농업부문에 비해 실업발생 가능성이 낮은데, 우리나라의 경우 농업부문 취업자의 비중이 상대적으로 높기 때문에 전체 실업률이 낮아지는 것이다.

이처럼 실업발생 가능성이 낮은 농업부문의 취업자비중이 높다는 점은 전체 실업률을 낮추는 요인이지만, 동시에 일자리의 질을 악화시키는 요인이기도 하다. 현재 우리 농업부문의 상황이 기타의 비농업부문, 즉 제조업이나 서비스업에 비해 노동생산성 및 고부가가치화 측면에서 뒤떨어져 있기 때문에 농업부문 취업자비중이 높다는 것은 그만큼 전체 취업의 질이 취약하다는 것을 의미하는 것이다.

2) 자영업 등 비임금근로자의 비중 높아

실업률 수준의 나라별 격차에 영향을 끼치는 또다른 요인으로는 취업자의 종사상 지위별 비중의 차이를 들 수 있다. 우리나라 취업구조의 특징은 취업자 중에서 비임금근로자, 즉 자영업주와 무급가족종사자의 비중이 높다는 점이다. 자영업이나 무급가족종사자의 경우 경기가 악화되더라도 실업상태에 빠지는 경우가 드물기 때문에 이들의 취업자 비중이 높을수록 실업률이 낮아지는 경향이 있다. 즉 비임금근로자(자영업자 + 무급가족종사자)의 높은 비중은 실업률을 낮추는 요인으로 작용하는 것이다.

이러한 소규모 자영업의 경우 분명 취업상태임에도 불구하고 그 질은 취약한 경우가 많다. 또한 무급가족종사자의 경우 정규직 취업의 곤란함 때문에 가족 소유의 소규모 자영업종에 종사하는 것은 사실상의 불완전취업으로 볼 수 있다. 이처럼 현실적으로 불완전취업 상태임에도 불구하고 실업률 통계에서는 취업자로 간주되는 부문의 비중이 상대적으로 높다는 것이 우리 취업구조의 특수성이고, 이러한 취업구조가 체감 고용사정과 공식실업률 사이의 괴리를 확대시키고 고용불안을 심화시키는 또 다른 요인이다.
예를 들어 사회보장제도가 발달한 선진국에서는 임금근로자가 해고되면 실업보험 등에 의존하여 당분간 구직활동을 수행하기 때문에 실업률이 높아지는 경향이 있지만, 사회보장제도가 상대적으로 취약한 우리의 상황에서는 임금근로자로서의 재취업보다 소규모의 자영업 창업으로 이어지는 경우가 많다. 이것은 당장의 실업률을 하락시키는 요인이기는 하지만, 현실적으로 그 취업의 질은 취약한 경우가 많기 때문에 잠재적인 고용불안 심리를 자극하게 되며 체감실업률의 악화에 기여하게 된다.

3) 노동부 등 관련부처가 적극적인 대응을 모색하고 있는 비정규직 문제
우리 경제의 비정규직 비중이 단시일내에 급증하였을 뿐만 아니라 주요 선진국들과 비교해서도 높은 수준임이 자주 지적되고 있다. 실업률 조사는 대상기간(4주 동안)에 1주일에 1시간 이상 일한 사람을 취업자로 간주하기 때문에 비정규직은 당연히 취업자로 분류된다. 그러나 정규직에 비해 처우가 열악하고 고용의 안정성도 떨어지는 비정규직의 비중 증대는 고용불안 심리의 확산을 야기함으로써 피부로 느끼는 고용여건을 악화시키는 또 다른 요인이기도 하다.

4) 실망노동자, 취업준비자, 수험준비자, 군입대대기자들을 비경제활동인구로 분류하는 것도 또 하나의 이유이다.

1과목 2과목 3과목 4과목 5과목

❹ 실업의 형태

1차 2차

(1) 자발적 실업

직업을 바꾸는 과정에서 일시적으로 실업상태에 있거나 보다 나은 일자리를 찾으면서 당분간 실업의 상태에 있는 것이 자발적 실업의 대표적인 예다. 자발적 실업은 근로자 각자의 최적선택의 결과를 반영한 것으로 볼 수 있으므로 비효율성을 의미하지는 않으며 또한 정책적으로 이를 해소할 필요가 없어 경제적으로는 큰 문제가 되지 않는다. 평생직장의 개념이 사라져가고 취업과 퇴사, 이직가능성이 보편화되면서 자발적 실업자 수가 지속적으로 증가하고 있다.

① **마찰적 실업** : 마찰적 실업이란 산업 간 또는 지역적으로 노동자가 일자리를 바꾸거나 이사를 가고 경제적 활동을 재배치하는 등으로 노동력의 수요와 공급이 일시적으로 불균형상태를 이루는 정상적이고 회피 불가능한 실업을 말한다.
일정한 지역에서 대규모 사업체가 부도가 나서 그 지역 근로자들이 직장을 잃거나 직장을 옮기려는 사람이 일시적으로 실업자로 있는 경우가 대표적인 예이다. 따라서 마찰적 실업은 한 국가 내에서 전체 노동의 공급이 수요보다 많지 않더라도 발생하며 호황기에도 발생할 수 있다. 마찰적 실업은 경제구조가 특정 산업에 치우쳐 있어 다른 부문 근로자들이 직장을 잃는 구조적 실업과 구별되며 경기하강기나 계절에 따라 발생하는 경기적 실업, 계절적 실업과도 다르다. 한 경제가 완전고용상태라고 할 때 통상 2~3%의 실업률을 전제로 하는데 이때의 실업이 바로

마찰적 실업이다. 이에 대한 대책으로서는 노동시장 정보시스템의 효율적인 구축과 정보제공, 직업안정기관의 기능강화, 직업정보제공 시설의 확충, 구인구직 전산망 확충 등을 들 수 있다.

② **탐색적 실업** : 탐색적 실업은 더 좋은 직장을 얻기 위해 임시적으로 생기는 실업을 말한다. 어떤 학자는 넓은 의미로 마찰적 실업에 포함하기도 한다.

(2) 비자발적 실업

취업의 의사가 있고 그럴 만한 능력을 가졌으면서도 취업의 기회를 얻지 못하는 실업자들이 꾸준히 구직 활동을 함에도 불구하고 기술과 능력에 맞는 적당한 직장을 구하지 못해 발생하는 노동자의 의사와 무관한 실업이다. 경기적 실업, 구조적 실업, 계절적 실업 등이 대표적이다.

① **경기적 실업** : 경기변동 과정에서 생기는 실업형태로 침체기에 들어가면 실업이 급증하고 번영기가 되면 감소한다. 장기적인 성질을 띠고 있으므로 사회적인 피해가 크다. 이에 대한 대책으로는 총수요를 증가시키는 감세정책, 정부지출증가 등의 확대재정정책과 이자율인하, 지급준비율인하, 공개시장에서의 국공채매입등의 확대금융정책 등을 들 수 있다. 뿐만 아니라 교대근무제도와 연장근무와 휴일근무를 다른 사람으로 대체하는 근무제도의 변경방법도 고려할 만하다.

② **구조적 실업** : 자본주의 경제의 구조적 변화에 기인하는 실업의 형태이다.

경기회복 이후에도 장기적으로 해소되지 않기 때문에 '만성적 실업'이라 부르기도 한다. 실제로 그 구체적 내용에 대해서는 학자마다 다양한 견해를 보여 명확한 정의를 규정하기는 어렵다. 그러나 일반적으로 경제성장과 기술 및 산업구조의 발전을 거듭함에 따라 기존의 설비나 기술이 용도를 전환할 수 없는 낡은 것으로 되면서 발생하는 비(非)자발적 실업의 형태를 구조적 실업이라 한다.

만일 산업부문 간의 노동력 이동에 아무런 장애도 없다면, 공급이 초과된 부문의 노동력이 부족한 부문으로 자연스럽게 이동되어 구조적 실업은 발생하지 않을 것이다. 그러나 일반적으로 각 산업에는 직능별 특성이나 질적인 차이가 존재하기 때문에 실제 노동력의 이동은 쉽지 않다. 노동에 대한 수요 · 공급의 내부구조는 수시로 변화될 수 있기 때문에 국민경제 전체로 볼 때 노동수요가 충분히 만족할 만한 수준을 유지하는 경우에도 산업부문 간 노동력 수급의 불균형이 발생할 가능성은 언제나 있다고 보아야 한다. 결국 구조적 실업은 케인스의 유효수요 확대정책 등을 이용한 총수요의 증가만으로는 단기적으로 해결될 수 없고, 다만 노동의 질적 증가를 위한 직업훈련을 통한 인력정책이라든가, 직업전환 또는 교육훈련 프로그램의 원활한 공급, 이주에 대한 보조금지급 등 노동시장정책 등에 의해 어느 정도 완화될 수 있을 뿐이다. 구조적 실업을 근본적으로 해소하기 위해서는 궁극적인 산업구조의 변화가 필요하다.

③ **잠재적 실업** : 잠재적 실업이란 J. 로빈슨여사가 언급한 용어로 사실상 실업상태에 있지만 표면적으로는 실업자로 노출되지 않은 상태의 실업을 말한다. 일시적인 것과 구조적 · 만성적인 것이 있다. 전자는 경기 불황하에서 노동자가 소유하고 있는 능력이나 숙련도를 충분히 발휘할 수 있도록 업무가 주어지지 않기 때문에 부득이 노동생산성이 낮은 다른 업무에 종사하고 있는 상태를 의미한다. 그 형태는 실업하여 귀농한 영세농민, 도시의 영세영업 종사자 등을 들 수 있다. 후자는 후진국에서 볼 수 있듯이 노동의 한계생산력이 0일 정도로 과다한 노동인구가 취업을 하고 있어 일부 노동인구를 제거해도 총생산량에는 아무 변화가 일어나지 않는 상태를 의미한다. 이를 특히 위장실업, 가장실업이라고도 한다.

④ **계절적 실업** : 어떤 산업의 생산이 계절적으로 변동하기 때문에 일어나는 단기적인 실업을 말한다. 산출량에 영향을 미치는 두 개의 중요한 계절적 요인은 기후와 양식의 변화이다. 이러한 계절적 실업은 생산 뿐만 아니라 수요면의 사정에 따라 발생하기도 된다. 보통 농업, 건설업, 관광업 등 계절의 변화에 따라서 고용기회가 변동하는 산업에서 발생하는 실업으로 자연적 요인이나 수요의 계절적 영향에 따라 해마다 순환적 · 규칙적으로 나타나는 형태의 실업인데, 경제가 발전하고 생산방법이 진보함에 따라 점차 소멸한다. 계절성에 의해 예상할 수 있다는 점에서 경기적 실업과는 차이가 있다.

종류		원인	대책
자발	마찰적 실업 (탐색적 실업)	직장을 바꾸는 과정에서 생기는 일시적 실업	정보제공, 직업소개소 알선, 노동시장유연성제고, 실업보험제도의 개선 등
비자발	계절적 실업	계절변동(1차 산업 등)	부업알선, 계절에 따른 업종전환
	기술적 실업	기계화, 자동화로 기존 노동자 축출	교육훈련, 인력정책 등
	잠재적 실업	생산성=0인 취업자 (개도국의 농촌지역)	도시공업쪽에서 일자리마련 (Lewis의 이중경제발전론)
	경기적 실업 (단기적)	불황시에 유효수요 부족(케인즈)	유효수요 증대(확장재정, 금융)
	구조적 (장기, 만성적) 실업	노동시장의 모든 구조적 변화 (한 산업은 인력난, 타산업은 실업자 속출, 산업의 사양화, 요구되는 기술을 갖춘 노동자의 부재 등)	교육훈련, 직업훈련 등 인력정책

실력다지기

자연실업률가설(natural rate of unemployment hypothesis) 1차

구체적으로 어느 경제에서나 자연실업률이 존재하는데 정부가 실업률을 자연실업률 이하로 낮추기 위해 팽창정책인 금융확대정책을 시행하면 실업률은 감소되지 않고 인플레이션율만 높아진다는 가설이다. 일반적으로 자연실업률이라 함은 3% 미만의 실업률을 의미한다. 1976년 노벨 경제학상을 수상한 밀턴 프리드먼(Milton Friedman) 교수가 2006년 노벨 경제학상을 수상한 에드먼드 펠프스(Edmand Phelps) 교수와 함께 자연실업률가설을 처음으로 제시했다. 프리드먼은 1968년 발표한 〈화폐정책의 역할〉이라는 논문에서 사람들이 예상하는 인플레이션율과 현실의 인플레이션율이 같은 점을 장기균형이라 정하고 이에 대응하는 실업률을 자연실업률이라 하였다. 그가 말하는 장기란 예상 인플레이션율과 현실적 인플레이션율이 일치하고 실질임금에 의한 노동력수급조정이 완전히 달성되는 기간을 의미한다. 또한 그가 말하는 자연실업률이란 한 나라의 다양하고 매우 차별적인 노동시장들이 평균적으로 균형상태에 있는 경우의 실업률을 의미한다. 노동시장에서의 임금에 대한 압력이 균형이 되면 생산물시장에도 역시 균형이 되고, 물가에 대한 상승압력과 하락압력이 균형이 되는 상태가 되며, 따라서 물가는 변화하지 않고, 임금과 물가의 변화가 더 이상 빨라지지도 늦어지지도 않는 안정적인 상태를 유지하게 된다. 즉, 자연실업률은 인플레이션율이 더 빨라지지도 더 느려지지도 않는 인플레이션율이 안정적인 상태에서의 실업률이라는 것이다. 결국 자연실업률은 인플레이션을 더 이상 가속화시키지도 않고 감속화시키지도 않는 상태에서의 한 나라가 달성할 수 있는 가장 낮은 실업률, 즉 안정적 인플레이션을 유지하면서 달성 가능한 가장 낮은 실업률이라고 할 수 있다. 재정, 금융정책의 총수요관리정책으로는 이러한 자연실업률을 낮출 수가 없고, ① 직업훈련과 인력재배치에 대한 지원, ② 노동시장의 유연성 제고, ③ 실업보험제도의 축소, ④ 구직정보의 원활한 제공으로 인한 탐색비용을 낮출 수 있는 방안마련 등을 시행함으로써 자연실업률을 낮출 수 있다.

❺ 실업으로 인한 문제 2차

실업으로 인한 폐해는 개인적으로는 실의와 좌절에 빠질 뿐만 아니라 사회적으로도 여러 가지 불안을 야기한다.

(1) 가족해체와 가정파탄

실업이 장기화되면 근로자의 물질적 생존기반이 흔들릴 뿐만 아니라 나아가서는 가정파탄을 야기시키기도 한다. 특히 가장의 실업은 자녀들의 학업연장에도 지장을 주어 청소년 실업자를 양산시키기도 하여 가난이 대물림되는 심각한 사회적 병폐를 낳기도 한다.

(2) 사회불안고조

높은 실업으로 인해 생산에 기여할 인력자원을 활용하지 못하는 사회적 부가가치의 손실뿐만 아니라, 특히 청소년 실업은 사회로부터 소외되거나 비행을 초래하여 엄청난 사회적 불안을 일으키기도 한다.

(3) 심리적 충격에 의한 좌절

갑작스런 실업은 무력감을 불러오며, 심리적 공황상태를 경험하게 된다.

실력다지기

- 고통지수 = 실업률 + 물가상승률
- 희생비율 = $\frac{\text{국민소득감소율}}{\text{물가하락률}}$
- 오쿤의 법칙 : 실업률이 상승할 때 국민소득이 감소한다는 실업률과 국민소득의 역관계의 경험적 법칙

현대적 완전고용의 개념 1차

비자발적 실업이 0인 상태이며 노동과 자본을 정상적으로 가동할 때이다.

실업보험제도의 경제적 효과 1차

1) 자동안정장치 중의 하나이다.
2) 소득재분배효과를 가지고 있다.
   (1) 일단 실업자의 소득을 보장하는 제도이다.
   (2) 상대적으로 저소득자라고 볼 수 있는 고용이 불안정한 근로자들이 상대적으로 고소득자인 고용이 안정된 근로자들보다 혜택이 큰 제도이다. (단, 이것은 보험원리에는 역행되는 현상이다. 그래서 보험원리에 조금 충실해지려면 실업급여를 누적관리해서 실업급여를 많이 받는 근로자에게 보험료를 할증하는 차등보험료를 운영하면 된다.)
3) 가정주부나 고용이 불안정한 근로자들이 노동시장에 참가하게 한다.
4) 도덕적 해이에 의해 실업자가 적극적 구직활동을 게을리하여 노동공급의 저해를 초래한다.(또 이 현상은 자발적 실업이 늘어나는 이유이기도 하다.)
5) 고용이 불안정한 산업이 상대적으로 성장할 수 있다.

근로소득보전세제(earned income tax credit : EITC) 1차

미국을 비롯한 여러 나라에서는 근로소득보전세제(earned income tax credit : EITC)를 시행하고 있고 우리나라도 근로장려세제라 하여 2008년에 처음 이 제도를 도입하고 점차 확대해 나갈 방침이다. 이 근로보전세제는 일정소득 이하의 근로소득자에게 세금환급방식으로 소득을 보조해주는 제도로 근로소득에 보조해 주는 점과 또 근로를 더 많이 할수록 더 많은 보조금을 받을 수 있는 내용 등으로 다른 소득재분배 정책들과 달리 근로의욕을 많이 저해하지 않는다는 장점이 있다. 그러나 이 제도의 확대 시행에는 소득의 정확한 파악이나 재정자금의 확보 등이 여전히 문제로 지적될 수 있다.

직업탐색이론(자발적 노동이동) 1차

1) 직업탐색은 자기의 기준을 충족시켜주는 가장 좋은 조건의 일자리를 찾는 활동을 말한다.
2) 직업탐색은 한계기대수익과 한계비용이 같아질 때까지 계속된다.
3) 중년층에 비해 청년층은 평생소득의 관점에서 보면 직업탐색의 기대소득이 크다.
4) 직업탐색의 비용은 구직활동을 위해 투입한 교통비, 통신요금 등의 직접적 비용뿐만 아니라 탐색에 따른 시간의 가치나 상실소득, 심리적 비용 등도 포함되어야 한다.

베버리지 곡선(Beberidge Curve) 혹은 실업 - 결원곡선 1차

아래 그림처럼 베버리지 곡선(Beberidge Curve) 혹은 실업 - 결원곡선은 수요부족 실업인 경기적 실업과 비수요부족 실업인 구조적 실업 및 마찰적 실업의 규모를 파악하기 위한 곡선인데 베버리지곡선이 원점에서 멀어질수록 비수요부족 실업인 구조적 실업과 마찰적 실업이 더욱 커진다.

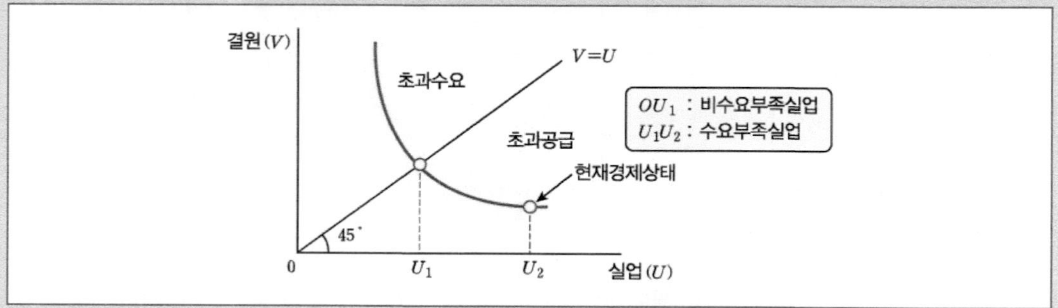

노동시장의 유연성(labor market flexibility) 1차 2차

노동시장의 유연성이란 외부환경변화에 인적자원이 신속하고 효율적으로 배분 및 재배분되는 노동시장의 능력을 지칭한다. 그 능력을 높이기 위해서는 노동자의 자유로운 직업선택과 이동을 보장하는 것뿐만 아니라, 기업에게도 해고 및 고용형태에 자유를 주어 경쟁노동시장의 기능을 회복해야 한다는 것이다.

그 유연성의 종류에는,

1) 외부적 수량적 유연성(external numerical flexibility)
   고용과 해고 등에 있어서 기존 법률과 규제의 수정, 단체교섭의 수정을 통해서 해고를 좀 더 자유스럽게 하고 종신고용을 지양하는 것을 의미한다. 근로기준법의 [경영상 이유에 의한 해고 규정]이 가장 대표적이다.
2) 외부화(externalization)
   작업을 하청이나 소사장제 형태, 파견근로자 고용을 통해 근로자를 간접 고용하는 것이다. 외부화의 주요한 목적은 생산과 인사노무의 불확실성을 다른 기업으로 전가시키는 것이다.
3) 내부적 수량적 유연성(internal numerical flexibility)
   사용자가 기업 내 근로자 수를 조정하지 않고 근로시간을 조정할 수 있는 능력을 말하는데 변형근로시간제, 변형근무일제, 탄력적 근로시간제, 근로시간 단축 등이 있다.
4) 기능적 유연성(functional flexibility)
   다기능공화, 배치전환, 작업장간 노동이동을 통해 생산과정 변화에 대한 근로자의 적응능력을 높이는 것을 의미한다. 즉, 인적자본투자를 통해 노동생산성을 향상시키는 것을 의미한다.
5) 임금유연성(wage flexibility)
   과거의 연공서열이나 단체협상에 의해 결정되었던 연공급과 같은 경직적 임금제도를 지양하고 직능급, 직무급, 지식급, 성과급의 임금체계로 쉽게 전환할 수 있는 것을 의미한다.

제2절 실업대책

정부의 종합실업대책 중 중점추진과제를 살펴보면 다음과 같다. 첫째, 장 · 단기 일자리창출 대책을 지속 추진하여 실업안정세 지속시킨다. 둘째, 지식기반사회에 대비한 인력양성체제를 구축하고, 실업대책 전달체계를 개선하여 실업대책 실효성과 수혜자의 만족도 제고시킨다. 셋째, 고용보험제 확충과 국민기초생활보장제 조기 정착 도모한다. 넷째, 일용직 증가, 청소년 실업 · 장기실업 문제에 적극 대응하는 등 특성별 실업대책 강화한다.

❶ 본원적 일자리창출과 고용유지

(1) 지속적인 일자리 창출 환경조성

4대 부문 구조개혁(금융 · 기업 · 공공 · 노동)을 내실화하여 근원적 일자리가 창출될 수 있는 기반을 마련

① 규제개혁을 통한 기업활동의 활성화

② 외자유치를 통한 고용창출 확대

③ 통계인프라 구축

(2) 중소 · 벤처기업 및 소상공인의 육성

① 중소 · 벤처기업의 창업인프라 및 투자기반 확충

　㉠ 첨단기술개발 결과를 바탕으로 벤처창업의 육성 지원

　㉡ 벤처기업에 대한 자금지원 확대

② 소상공인 · 여성의 창업지원

(3) 산업별 일자리 창출대책의 추진

① 정보통신산업의 육성

② 문화 · 관광의 육성

③ 환경산업의 육성

(4) 해외취업 활성화

① 해외취업전담 상담창구 운영, 해외취업 전용 Site 구축, 체계적인 구직등록 정보관리 등으로 One – stop 취업정보 제공

② 해외취업자의 출국 관련 비용을 지원(민간실업성금 활용)

③ 해외취업 구인 · 구직 만남의 장 개최(연2회)

(5) 고용유지 및 재취업 지원강화를 통한 실업예방

① 고용유지지원금의 운영 및 지원강화

② 채용장려금을 실업률이 높을 것으로 예상되는 상반기에 운영기간을 지정하여 집중 운영

❷ 단기 일자리 제공

(1) 공공근로사업에 의한 일자리 제공

① 저소득 장기실업자 등 수혜가 꼭 필요한 사람들을 중점 대상으로 사업비 1조 1,000억 원을 투입하여

② 실업률이 가장 높은 1/4분기에 재원을 집중 운영

③ 저소득 · 장기실업자에게 공공근로 참여의 우선권을 보장하고, 시간제(part - time) 공공근로의 도입

④ 민간단체의 사업참여를 확대하고(사업예산의 10% 범위 내 → 자치단체 자율 결정)

⑤ 공공근로 참여자를 대상으로 『실업대책 추천 서비스』를 적극 실시한다.

(2) 인턴제에 의한 청소년 단기 일자리 제공

① 청소년미취업자에게 근로경험의 기회를 제공하여 직업능력 배양을 통한 정규직 취업 제고

② 고졸 · 대졸 인턴제를 통합하여 학력 · 기업규모에 관계없이 1인당 50만 원을 기업에게 지원

③ 연수기간의 단축(6월 → 3월)을 통하여 인턴참여인원을 확대하고 정규직 채용을 유도

④ 인턴의 신분을 전환(연수생 → 계약직근로자)하여 산재보험 등 각종 사회보험의 혜택을 부여

⑤ 인턴 종료시까지 취업이 안된 사람에 대해서는 고용보험 전산망을 통해 지속 관리한다.

(3) 직업능력개발을 통한 취업능력 제고

① **지식기반사회에 대비한 인력양성체제 구축**

㉠ 21세기 직업능력개발의 비젼 제시

㉡ 산업인력공단 산하 직업전문학교, 기능대학 등 공공훈련기관의 훈련 직종을 지식기반산업 직종중심으로 개편

㉢ 첨단분야 고급직종 실업자훈련 확대

㉣ 국가기술자격 신설 및 훈련프로그램 개발

② **수요자 중심의 실업자 직업훈련 실시**

㉠ 2000년 실업자 훈련은 209천명 수준으로 축소하여 질적 수준의 내실화에 주력

㉡ 지역별/산업별 인력수요에 부응한 직업훈련 실시

㉢ 실업자 특성에 맞춘 직업능력개발 실시

③ **경쟁적 직업훈련시장 조성을 통한 훈련 내실화 추진**
㉠ 평가에 의한 인센티브 시스템 강화
㉡ 통합 모니터링 체제 구축
㉢ 훈련생 선택권 강화를 통한 시장기능 활성화
㉣ 『직업훈련정보종합전산망』 확충
㉤ 비교우위직종 중심으로 훈련기관 특성화 유도

④ **『직업 - 훈련 - 자격』의 연계강화**
㉠ 『훈련기준 - 자격』 제도 개선
㉡ 사무직근로자 『Business Career System』 도입
㉢ 『1인 2자격 갖기』 사업 지속 추진

(4) 사회안전망 확충 1차

① **실업급여 대상확대**
㉠ 고용보험 수혜범위 확대
㉡ 실업급여 수혜범위 확대
ⓐ 실업급여 수급요건 완화 및 소정급여일수 확대로 실업자 중 실업급여 수급자의 비중을 지속적으로 제고
ⓑ 실업급여 최저 지급수준 인상
ⓒ 실업급여 수급기간 연장
ⓓ 실업의 장기화에 대비 연장급여제도 적극 활용

② **일용근로자 고용보험 적용을 위한 법적 근거 마련**

③ **저소득층 생계지원**
㉠ 국민기초생활보장제도의 시행
㉡ 저소득 실직자 등 생계지원
㉢ 노숙자 지원
㉣ 귀향 실업자 대상 귀농자 지원

④ **사회안전망 확충의 문제점**
노동공급에 대한 동기유발이 저해되어 노동공급이 감소될 우려가 있다.

(5) 실업대책 전달체계 개선

① **취업주선 내실화 도모**
㉠ 구인 · 구직정보, 직업전망, 노동시장동향 등의 정보를 체계적으로 수집 · 분석하여 수요자에게 제공

ⓛ 시 · 군 · 구는 물론 읍 · 면 · 동에까지 고용안정정보망(Work - Net)을 보급

ⓒ 장기실업자 · 상시인력부족업체 등에 대한 전담관리제를 확충

ⓔ 일용직 근로자를 위한 『일일취업센터』의 취업알선기능 강화

ⓜ 직원 전문성 제고를 위한 체계적 교육 및 평가 실시

② **노동시장 정보체계의 구축**

㉠ 실업자 DB 활용도 제고 및 부정 · 중복수혜 방지를 위한 체계적 관리체계 확보

ⓛ 『실업대책추천서비스』를 PC · 통신망 등 지자체의 전산여건을 감안하여 점진적 확대실시

ⓒ 장기실업자 예측프로그램 개발을 통한 『실업자 프로파일링』 사업 본격 시행

ⓔ 실업자관리 DB와 보건복지 DB의 원활한 상호 연계체계 구축 및 생활보호대상자에 대한 직업지도 강화

③ **실업대책 내실화를 위한 모니터링 강화**

㉠ 모니터링 중점 방향을 실업대책사업 운영상의 문제점 위주에서 정책방향 제시 및 사업 간 연계를 통한 실업대책 실효성 제고로 전환

ⓛ 선진평가기법을 도입하여 재원투입의 효과를 철저히 분석하고, 실업대책 모니터링 활동에 대한 조사 · 연구를 강화하여 모니터링의 질적 수준을 제고

(자료 : 노동부, 종합실업대책 세부사업계획, 2000년)

실력다지기

필립스 곡선 1차 2차

영국 경제학자 필립스가 실증 조사한 곡선으로 물가(임금)상승률과 실업률이 상충(역)관계가 있음을 보여주는 그래프이다. 즉, 정부가 정부지출 증가, 조세감면, 통화량 증가책 등 경기확장정책을 쓰면 실업률은 감소하나 물가가 상승하며, 정부지출감소, 조세증가, 통화량감소책 등 물가안정책을 쓰면 물가는 진정되나 실업률이 증가할 수 있음을 보여준다.

그러나 1970년대 오일쇼크 이후, 오일쇼크, 자연재해, 흉작, 기계원자재 가격 상승, 자원고갈, 노조임금인상, 노동자의 여가선호 경향, 실업보험 등 사회보장확대, 노동자의 물가상승예측 등 부정적 공급충격이 발생했을 때는 실업률도 상승하고 물가도 상승하는 이른바 스태그플레이션이 발생하여 기존의 필립스 곡선 자체로는 설명을 할 수가 없고, 필립스 곡선 자체의 우측 이동으로 설명이 된다. 이런 부정적 공급충격이 있을 때는 기술 개발, 인력 정책, 소득 정책, 구조개선 정책 등을 실시해야 필립스 곡선을 좌측으로 이동시켜 물가와 실업 두 마리 토끼를 모두 잡을 수 있다고 한다.

제3절 청년실업과 대책

❶ 우리나라 청년실업률이 낮게 보고 되는 이유

전 세계적으로 청년실업률이 두 자릿수를 넘어섰지만 우리나라는 여전히 한 자릿수다.
지난해 말 기준 미국 청년실업률은 약 19%, 유럽도 20%를 넘어섰지만 우리나라의 청년실업률은 7%대에 머무르고 있다. 가장 큰 원인은 우리나라의 청년실업률 연령층이 다르기 때문이다.
국제노동기구(ILO)는 청년(youth)의 연령대를 15~24세로 규정해 취업할 의사와 능력이 있고, 조사 직전 4주간 적극적인 구직활동을 했는데도 고용되지 않은 사람을 '청년실업자'로 규정하고 있다.
이에 따라 유럽통계청(EuroStat), 호주, 일본 등은 청년실업률을 발표할 때 15~24세의 실업자 수를 추계해 사용하고 있고 미국 노동부는 16~24세 실업자를 청년실업자라 칭하고 있다. 하지만 우리나라 통계청에서는 15~29세까지를 청년층으로 칭하고 있다.
실질적으로 취업이 많은 25세 이상 30세 미만 인구가 모두 포함되는 셈이다. 특히 우리나라의 경우 '취업준비자'가 실업자에 포함돼 있지 않은 점이 청년실업률을 낮게 만드는 주범이다.
'취업준비자'들은 사실상 일자리를 구하기 위해 학원을 다니면서 기능을 익힌다든지, 시험공부를 하는 사람들을 모두 포함한 것이다. 이들 가운데 상당수는 사실상 실업자나 마찬가지다.
지난해 12월 말 우리나라의 청년실업률 7.6%에 취업준비자(55만6000명)를 더하면 실업률 수치는 두 자릿수 중반으로 뛰어오르는 셈이다.
취업준비자 중 절반이 30세 미만이라고 가정해도 사실상 청년실업자는 60만명으로 늘어나 청년실업률이 15%에 육박하는 셈이다.
취업준비자들은 우리나라 통계상 비경제활동인구에 포함돼 있기 때문에 취업 의사가 없거나 사실상 포기한 사람들로 간주된다.

❷ 청년실업의 원인

(1) 괜찮은 일자리(decent work) 감소
(2) 세계적인 경기 침체 : 취업기회 감소
(3) 대졸인력공급 급증
(4) 수요변화에 부응하지 못하는 교육제도
(5) 수시 고용관행과 경력직 선호경향
(6) 직업 탐색기간의 장기화

❸ 청년실업에 대한 대책

(1) 기업환경의 개선

(2) 직업훈련의 활성화

(3) 거시적인 경제 발전 필요

(4) 조세 · 관세제도, 행정규제 등 국내외 기업의 투자를 가로막는 요인들이 개선

(5) 비정규직의 증가

(6) 외국기업의 투자유치

직 업 상 담 사 2 급 이 론 서

5 과목

직 업 상 담 사 2 급 이 론 서

고용노동관계법규 (Ⅰ)

노동기본권의 이해

제1절 노동법

❶ 노동법의 생성

(1) 시민법의 원리와 한계

시민법 원리가 지배하는 상황 하에서 사용자는 근로자의 근로조건을 일방적으로 결정할 수 있었고, 근로자는 장시간의 근로와 열악한 노동환경을 감수할 수밖에 없었는데 특히 여성과 아동의 장시간 근로 등은 커다란 사회문제가 되었다. 노동법은 이와 같은 사회 · 경제적 현실을 배경으로 여성과 아동근로자를 위한 노동보호법에서 출발하여 그 적용범위가 확대되어 근로관계 전반을 규제하는 특별법으로의 성격을 가지게 되었다.

원리	한계
소유권 절대의 원칙	• **자본주의가 고도로 발전함에 따라 일부소수에게 재산권이 집중되는 등의 문제 발생**
계약자유의 원칙	• 사용자의 일방적인 계약결정에 따라 **저임금 · 장시간 근로 기타 근로조건의 악화로 근로자의 생활이 열악화** 됨 • **단결활동과 노동조합의 결성** 등은 계약자유의 원칙을 침해하는 것으로 **민 · 형사 책임의 대상이 됨**
과실 책임의 원칙	• 열악한 근로조건과 작업환경 등으로 **근무 중 재해를 당하더라도 근로자가 제대로 보상받지 못하는 문제 발생**

(2) 수정 원리(사회법의 원리의 대두)

시민법의 기본원리가 갖는 한계를 수정하여 실질적인 자유와 평등을 도모하기 위하여 대두된 원리로서 시기적으로는 산업혁명 이후에 노동착취의 대상이 되었던 근로자들을 보호하기 위하여 생성 · 발전되었다. 구체적 내용으로는 ① 열악한 근로조건 방지를 위하여 최저 근로조건의 기준을 정하고 벌칙과 행정감독 등을 통하여 강제하는 입법 ② 산업재해에 대하여 과실의 입증 없이 일정액을 보상받을 수 있는 산업재해보상제도 ③ 사용자의 해고권을 규제하고 근로자의 생활을 원조하기 위하여 실업보험제도가 생성 ④ 단결체를 형성하여 단결활동 허용하고 쟁의행위에 대한 면책 ⑤ 소유권에 대하여 권리남용금지나 공공복리에 의한 제한 등이 있다.

❷ 노동법의 의의

(1) 노동법의 개념

노동법이란 자본주의 경제체제하에서 노동관계의 종속성을 극복하여 당사자 대등을 실질적으로 실현하려는 법규의 총체를 말한다.

(2) 노동법의 이념

① **근로자의 보호**

사용자에 비하여 사회적 · 경제적 열위에 처할 수밖에 없으므로 근로자를 보호할 것을 기본이념으로 한다.

② **노사자치의 존중**

이해대립관계에 있는 노사 간의 문제는 당사자 스스로 해결하는 것이 가장 바람직하므로 노동법은 근로3권 보장을 근거로 하여 노사자치 존중을 기본이념으로 하면서 사적자치원리를 수정하는 법이다(**개인주의와 자유주의를 바탕으로 한 사적자치의 원리를 기본이념으로 하지는 않음**).

③ **공사회의 이익존중**

노동법이 근로자를 보호하는 법이라 하더라도 헌법상 명시적 규정은 없지만 공공의 이익에 배치되어서는 안 된다.

(3) 노동법의 특수성

① 노동의 비저장성

② 공법과 사법의 교차

③ 시민법질서에 대한 수정

④ 구체성과 다양성(구체적 인간을 대상으로 근로관계를 개별적이고 다양하게 규율 ○, 추상적 인격체간의 형식적 평등 ×)

⑤ 당사자간 실질적 대등성 확보를 통한 노사자치주의의 실현 등

(4) 노동법의 규율방식

① 근로조건에 대한 최저기준을 법으로 강제하는 방법(근기법 등)과 근로자 측에게 단결권, 단체교섭권, 단체행동권 등을 법적권리로 승인하여 보장하는 방법(노조법)이 있다.

② 개별적 근로관계법과 집단적 노사관계법은 시민법원리를 수정하고 노사대등성을 구현하여 근로자의 인간다운 삶의 확보를 목적으로 한다는 점에서 상호보완관계에 있다.

❸ 노동법의 법원과 적용순서

(1) 의의

노동법의 법원이란 법적 분쟁을 해결하기 위하여 법관이 기준으로 삼아야 할 재판규범의 존재형식을 말한다(주관적인 법도 법원성을 인정하는 견해).

(2) 법원의 적용순서

① 같은 순위 법원간의 관계

㉠ 특별법 우선의 원칙

근로기준법의 특별법으로 인정되기 위해서는 입법목적이나 규제대상 등이 근로자의 근로조건결정에 관한 것이어야 한다(예 건강보험법 ×, 선원법 ○).

cf 선원인 근로자에게는 선원법이 우선적용, 사립학교교원의 징계는 사립학교법이 우선적용

㉡ 신법우선의 원칙(해소의 원칙, 질서의 원칙)

두 개의 단체협약이 있는 경우 후에 성립된 단체협약이 설령 근로자에게 불리하다 하더라도 전에 성립했던 단체협약을 해소 내지 소멸시키게 된다.

② 다른 순위 법원간의 관계

㉠ 상위법 우선의 원칙(위계의 원칙)

모든 법률은 상위법이 하위법에 우선하므로, 헌법 > 법률 > 시행령 > 단체협약 > 취업규칙 > 근로계약의 관계가 성립한다.

㉡ 유리조건 우선의 원칙

유리조건 우선의 원칙이란 하위의 법원이 상위의 법원보다 근로자들에게 유리한 내용을 규정하고 있을 때에는 하위의 법원이 그대로 효력을 발생하고 상위의 법원은 적용되지 않는다는 원칙을 말한다. 따라서 유리조건 우선의 원칙은 상 · 하위 법원 간에 적용되어 법원적용의 일반원칙을 깨는 독특한 원칙에 해당한다(독일 단체협약법 제4조 제3항은 개별계약에 대하여 유리한 조건 우선의 원칙을 규정).

제2절 헌법상의 노동기본권

❶ 총설

(1) 노동기본권의 의의

노동기본권이란 원칙적으로 헌법상의 근로의 권리(**제32조**)와 근로 3권(**제33조**)을 통틀어 말한다. 다만 협의로 근로 3권만을 노동기본권이라 부르기도 한다(**최초보장 1919년 독일 바이마르헌법**).

(2) 노동기본권의 보장취지

노동기본권은 사용자와의 관계에서 사용종속관계에 있는 근로자의 생존권을 확보하기 위하여 보장된 권리이다.

❷ 근로의 권리

> 헌법 제32조
> ① 모든 국민은 근로의 권리를 가진다. 국가는 사회적 · 경제적 방법으로 **근로자의 고용의 증진과 적정임금의 보장에 노력**하여야 하며, **법률이 정하는 바에 의하여 최저임금제를 시행하여야 한다.**
> ② 모든 국민은 근로의 의무를 진다. **국가는 근로의 의무의 내용과 조건을 민주주의원칙에 따라 법률로 정한다.**
> ③ 근로조건의 기준은 **인간의 존엄성을 보장하도록 법률**로 정한다.
> ④ **여자의 근로**는 특별한 보호를 받으며, 고용 · 임금 및 근로조건에 있어서 부당한 차별을 받지 아니한다.
> ⑤ **연소자의 근로**는 특별한 보호를 받는다.
> ⑥ **국가유공자 · 상이군경 및 전몰군경의 유가족**은 법률이 정하는 바에 의하여 우선적으로 근로의 기회를 부여받는다.

(1) 근로의 권리의 의의

근로의 권리란 국가에 대하여 근로의 기회를 요구할 권리를 말한다.

(2) 근로의 권리의 본질

근로의 권리는 사회적 기본권으로서 국가에 대하여 직접 일자리를 청구하거나 일자리에 갈음하는 생계비의 지급청구권을 의미하는 것이 아니라, 고용증진을 위한 사회적경제적 정책을 요구할 수 있는 권리에 그친다. 따라서 건강한 작업환경 및 일에 대한 정당한 보수 등을 요구할 수 있는 권리도 근로의 권리에 포함된다.

(3) 근로의 권리의 주체

인간의 존엄성을 보장하기 위한 최소한의 근로조건을 요구할 수 있는 권리의 경우 외국인 근로자의 기본권 주체성이 인정되지만, 국가에 대하여 고용증진을 위한 사회적 · 경제적 정책을 요구할 수 있는 권리는 외국인 근로자에게 인정되지 않는다.

(4) 근로의 권리의 내용

① **국가의 고용증진의무**

헌법 제32조 제1항에서 국가에게 고용을 증진하고, 실업대책 등에 관한 정책 수립의무를 부여. 직업안정법, 고용보험법 등이 제정되었다.

② **적정임금의 보장**

헌법 제32조 제1항 제2문에서 적정임금의 보장과 최저임금제 시행을 규정. 최저임금법이 제정되었다.

③ **근로의 의무의 내용과 조건 법정**

국가는 민주주의 원칙에 따라 근로의 의무의 내용과 조건을 법률로 정한다.

④ **근로조건 법정주의**

헌법 제32조 제3항에서 인간의 존엄성을 보장하도록 법률에 위임하고 있다.

⑤ **여성과 연소근로자의 특별보호**

헌법 제32조 제4항 제5항에서 특별보호와 부당한 차별금지를 규정하고 있다.

⑥ **국가유공자 등 근로기회 우선보장**

헌법 제32조 제6항에서 특별보호를 규정하고 있다.

cf 실업자, 장애인은 근로의 권리의 특별보호 대상이 아님

❸ 근로3권

헌법 제33조

① **근로자**는 **근로조건의 향상을 위하여 자주적인 단결권 · 단체교섭권 및 단체행동권**을 가진다.

② **공무원인 근로자**는 **법률이 정하는 자에 한하여** 단결권 · 단체교섭권 및 단체행동권을 가진다.

③ 법률이 정하는 **주요방위산업체에 종사하는 근로자**의 **단체행동권**은 법률이 정하는 바에 의하여 이를 제한하거나 인정하지 아니할 수 있다.

(1) 의의

헌법 제33조 제1항에서는「근로자는 근로조건의 향상을 위하여 자주적인 단결권, 단체교섭권 및 단체행동권을 가진다.」라고 규정하고 있는바 이는 경제적 약자인 근로자로 하여금 단결을 통하여 사용자와 집단적으로 교섭하고, 나아가 단체행동이라는 실력행사를 보장함으로써 사용자와 실질적인 대등성을 확보하여 노사 자치주의의 실현을 도모하기 위한 것이다.

(2) 근로 3권의 법적성질

근로3권은 국가의 부당한 개입이나 간섭을 받지 않을 권리로서 자유권적 성질과 국가의 적극적인 개입과 보호를 요구할 수 있는 생존권(사회권)의 성질을 가진다. 즉 사회적 보호기능을 담당하는 자유권 또는 사회권적 성격을 띤 자유권(혼합권설)의 성질을 가진다.

(3) 근로 3권의 내용

① **단결권**

단결권이란 근로자들이 근로조건의 향상을 위하여 자주적으로 단체(노동조합)를 형성하거나 그에 가입하여 활동할 수 있는 권리와 근로자단체가 자주적으로 활동할 수 있는 권리를 의미한다. 이러한 단결권(생존권적 기본권)은 결사의 자유(자유권적기본권)에 대한 특별법적 지위에 있으며, 근로조건의 향상을 도모하기 위하여 근로자와 그 단체에게 부여된 단결체 조직 및 활동, 가입, 존립보호 등을 위한 포괄적 개념이다

② **단체교섭권**

단체교섭권이란 단결권에 의하여 이루어진 근로자 단체가 근로조건 기타 근로자의 대우에 관한 사항과 당사자간의 권리 · 의무에 관한 사항에 대하여 자주적이고 집단적으로 사용자와 교섭할 수 있는 권리로서 사실행위로서의 단체교섭행위 뿐 아니라 합의된 내용을 단체협약으로 체결할 권한까지 포함한다(사실행위+법률행위). 이러한 단체교섭권은 집단적 교섭이라는 점에서 근로자 개인이 아니라 노동조합이 주체가 된다.

③ **단체행동권**

단체행동권이란 근로자가 근로조건의 유지 · 개선 및 향상 등에 관한 자신의 요구를 관철하기 위하여 사용자에 대하여 집단적으로 실력행사를 할 수 있는 권리를 말한다. 단체행동권 행사는 민사상 채무불이행이나 형사상 업무방해죄를 구성할 수 있지만 그 정당성이 인정될 경우 민형사책임이 면책된다는 점(노동조합 및 노동관계조정법 제4조, 제5조)에서 단체행동권의 보장은 시민법 원리에 대한 중대한 수정에 해당한다.

(4) 근로 3권의 제한

① **일반적 법률유보(헌법 제37조 제2항)**

근로3권도 기본권의 일반적 제한기준인 "국가안전보장 · 질서유지 또는 공공복리"를 위하여 본질적 내용을 침해하지 않는 범위 내에서 제한이 가능(법률유보에 의하여 제한의 근거이며 한계)하다.

② **공무원의 근로3권 제한**

헌법 제33조 제2항은 「공무원인 근로자는 법률이 정하는 자에 한하여 단결권 · 단체교섭권 및 단체행동권을 가진다.」고 규정하고 있다. 다만, 공무원이라 하더라도 사실상 노무에 종사하는 공무원은 근로3권이 인정된다. '사실상 노무' 개념은 '육체노동을 통한 직무수행의 영역'으로서 공무원의 주된 직무를 정신활동으로 보고 이에 대비되는 신체활동에 종사하는 공무원으로 해석된다.

③ **교원의 근로3권 제한**

교원은 특별시 · 광역시 · 도 단위 또는 전국 단위로 노동조합을 설립하고 이에 가입할 수 있다(제4조). 또한 교원의 근로조건 향상 · 사회적 · 경제적 지위향상을 위해 단체교섭과 협약체결을 할 수 있다(제6조). 다만, 정치활동이 금지되고(제3조), 쟁의행위가 금지되는(제8조) 등 제한이 있다.

④ **사업의 성질에 의한 제한(주요 방위산업체 종사 근로자의 단체행동권 제한)**

헌법 제33조 제3항은 「법률이 정하는 주요방위산업체에 종사하는 근로자의 단체행동권은 법률이 정하는 바에 의하여 이를 제한하거나 인정하지 아니할 수 있다.」고 규정하고 있다. 동 규정은 우리나라 국방의 특수성을 고려하여 전시에 방산물자 공급에 방해가 되지 않도록 하자는데 입법취지가 있다.

개별근로관계법규

제1절 근로기준법

❶ 근로기준법의 의의와 적용관계

(1) 근로기준법의 의의

근로기준법이란 근로자의 근로조건의 최저기준을 정하고 행정관청으로 하여금 감독케 함으로써 근로자의 근로조건을 보호하려는 법이다. 헌법 제32조 제3항은 근로조건의 기준은 인간의 존엄성을 보장하도록 법률로 정한다고 규정함으로써 근로자의 근로조건에 관한 보호를 헌법적 차원에서 보장하고 있다.

(2) 근로기준법의 목적

근로기준법은 헌법에 따라 근로조건의 기준을 정함으로써 근로자의 기본적 생활을 보장, 향상시키며 균형 있는 국민경제의 발전을 꾀하는 것을 목적으로 한다(근기법 제1조).

(3) 근로기준법의 용어정리

① 근로자

"근로자"란 직업의 종류와 관계없이 임금을 목적으로 사업이나 사업장에 근로를 제공하는 사람을 말한다.

② 사용자

"사용자"란 사업주 또는 사업 경영 담당자, 그 밖에 근로자에 관한 사항에 대하여 사업주를 위하여 행위하는 자를 말한다.

③ 근로

"근로"란 정신노동과 육체노동을 말한다.

④ 근로계약

"근로계약"이란 근로자가 사용자에게 근로를 제공하고 사용자는 이에 대하여 임금을 지급하는 것을 목적으로 체결된 계약을 말한다.

⑤ 임금

"임금"이란 사용자가 근로의 대가로 근로자에게 임금, 봉급, 그 밖에 어떠한 명칭으로든지 지급하는 모든 금품을 말한다.

⑥ **평균임금**

"평균임금"이란 이를 산정하여야 할 사유가 발생한 날 이전 3개월 동안에 그 근로자에게 지급된 임금의 총액을 그 기간의 총일수로 나눈 금액을 말한다. 근로자가 취업한 후 3개월 미만인 경우도 이에 준한다.

⑦ **1주**

"1주"란 휴일을 포함한 7일을 말한다.

⑧ **소정근로시간**

"소정(所定)근로시간"이란 법정 근로시간의 범위에서 근로자와 사용자 사이에 정한 근로시간을 말한다.

⑨ **단시간근로자**

"단시간근로자"란 1주 동안의 소정근로시간이 그 사업장에서 같은 종류의 업무에 종사하는 통상 근로자의 1주 동안의 소정근로시간에 비하여 짧은 근로자를 말한다.

(4) 근로기준법의 적용관계

① **근로기준법의 적용범위**

㉠ 원칙

근로기준법은 상시 5명 이상의 근로자를 사용하는 모든 사업 또는 사업장에 적용한다.

㉡ 예외

ⓐ 동거하는 친족만을 사용하는 사업 또는 사업장과 가사(家事) 사용인에 대하여는 적용하지 아니한다.

ⓑ 상시 4명 이하의 근로자를 사용하는 사업 또는 사업장에 대하여는 대통령령으로 정하는 바에 따라 이 법의 일부 규정을 적용할 수 있다.

근로기준법	적용법 규정	※ 중요 적용제외 규정
제1장 총칙	제1조부터 제13조까지의 규정	
제2장 근로계약	제15조, 제17조, 제18조, 제19조 제1항, 제20조부터 제22조까지의 규정, 제23조 제2항, 제26조, 제35조부터 제42조까지의 규정	**제27조(해고사유 등의 서면통지)** **제28조(부당해고등의 구제신청)** **제34조(퇴직급여 제도)**
제3장 임금	제43조부터 제45조까지의 규정, 제47조부터 제49조까지의 규정	**제46조(휴업수당)**
제4장 근로시간과 휴식	제54조, 제55조 제1항, 제63조	**제50조(근로시간)** **제56조(연장 · 야간 및 휴일 근로)** **제60조(연차 유급휴가)**

제5장 여성과 소년	제64조, 제65조 제1항 · 제3항(임산부와 18세 미만인 자로 한정한다), 제66조부터 제69조까지의 규정, 제70조 제2항 · 제3항, 제71조, 제72조, 제74조	**제73조(생리휴가)** **제75조(육아 시간)**
제6장 안전과 보건	제76조	
제8장 재해보상	제78조부터 제92조까지의 규정	
제11장 근로감독관 등	제101조부터 제106조까지의 규정	
제12장 벌칙	제107조부터 제116조까지의 규정(제1장부터 제6장까지, 제8장, 제11장의 규정 중 상시 4명 이하 근로자를 사용하는 사업 또는 사업장에 적용되는 규정을 위반한 경우로 한정한다)	

② 근로기준법상의 근로자

㉠ "근로자"란 직업의 종류와 관계없이 임금을 목적으로 사업이나 사업장에 근로를 제공하는 자를 말한다.

㉡ 판례는 계약의 형식이 아니라 그 실질이 종속적인 관계에서 근로를 제공하였는지 여부에 따라 판단한다.

③ 근로기준법상의 사용자

㉠ "사용자"란 사업주 또는 사업 경영담당자, 그 밖에 근로자에 관한 사항에 대하여 사업주를 위하여 행위하는 자를 말한다.

㉡ 판례는 외형상 근로계약을 체결하지 않은 두 당사자 사이의 실질적인 관계(종속관계)에 따라 사용자 범위를 확장하여 판단하고 있다.

❷ 근로기준법의 기본원리

(1) 근로조건 최저보장 및 대등결정의 원칙

① 최저근로조건의 보장

> 근기법 제3조(근로조건의 기준)
> 이 법에서 정하는 **근로조건**은 **최저기준**이므로 근로관계 당사자는 **이 기준을 이유로** 근로조건을 낮출 수 없다(위반시 처벌규정 없음).

② 근로조건의 대등결정

> 근기법 제4조(근로조건의 결정)
> 근로조건은 **근로자와 사용자**가 **동등한 지위**에서 **자유의사에 따라 결정**하여야 한다.

(2) 근로조건의 준수

근기법 제5조(근로조건의 준수)
근로자와 사용자는 각자가 **단체협약, 취업규칙과 근로계약**을 지키고 성실하게 이행할 의무가 있다.

(3) 강제근로의 금지

근기법 제7조(강제 근로의 금지)
사용자는 폭행, 협박, 감금, 그 밖에 정신상 또는 신체상의 자유를 부당하게 구속하는 수단으로써 **근로자의 자유 의사에 어긋나는 근로를 강요하지 못한다.**

근기법 제107조(벌칙)
제7조 … 를 위반한 자는 5년 이하의 징역 또는 5천만 원 이하의 벌금에 처한다.

(4) 폭행의 금지

근기법 제8조(폭행의 금지)
사용자는 사고의 발생이나 그 밖의 **어떠한 이유로도** 근로자에게 폭행을 하지 못한다.

근기법 제107조(벌칙)
… 제8조 … 를 위반한자는 5년 이하의 징역 또는 5천만 원 이하의 벌금에 처한다.

(5) 중간착취의 배제

근기법 제9조(중간착취의 배제)
누구든지 **법률에 따르지 아니하고는 영리로** 다른 사람의 취업에 개입하거나 중간인으로서 이익을 취득하지 못한다.

근기법 제107조(벌칙)
… **제9조** … 를 위반한자는 5년 이하의 징역 또는 5천만 원 이하의 벌금에 처한다.

(6) 공민권행사의 보장

근기법 제10조(공민권 행사의 보장)
사용자는 근로자가 **근로시간 중**에 **선거권, 그 밖의 공민권(公民權)행사 또는 공(公)의 직무를 집행하기 위하여** 필요한 시간을 **청구하면** 거부하지 못한다. 다만, 그 권리 행사나 공(公)의 직무를 수행하는 데에 지장이 없으면 **청구한 시간을 변경**할 수 있다.

(7) 균등대우의 원칙(평등대우의 원칙)

헌법 제11조
① 모든 국민은 법 앞에 평등하다. 누구든지 **성별 · 종교 또는 사회적 신분**에 의하여 **정치적 · 경제적 · 사회적 · 문화적 생활의 모든 영역**에 있어서 차별을 받지 아니한다.

헌법 제32조
④ 여자의 근로는 특별한 보호를 받으며, 고용 · 임금 및 근로조건에 있어서 부당한 차별을 받지 아니한다.

근기법 제6조(균등한 처우)
사용자는 근로자에 대하여 남녀의 **성(性)**을 이유로 차별적 대우를 하지 못하고, **국적 · 신앙** 또는 **사회적 신분**을 이유로 근로조건(∴ 채용 ×)에 대한 차별적 처우를 하지 못한다.

1 과목
2 과목
3 과목
4 과목
5 과목

❸ 근로계약의 성립과 근로자 보호

(1) 근로계약

① 근로계약의 의의

근로계약이란 “근로자가 사용자에게 근로를 제공하고 사용자는 이에 대하여 임금을 지급하는 것을 목적으로 체결된 계약”을 말한다. 근로계약은 계약형식이나 명칭을 불문하므로, 명시적인 근로계약이 있을 필요도 없고 근로계약의 실질을 갖는 한 근로계약에 해당한다.

② 근로기준법과의 관계

근로기준법에서 정하는 기준에 미치지 못하는 근로조건을 정한 근로계약은 그 부분에 한정하여 무효로 한다(강행적 효력). 근로기준법에 따라 무효로 된 부분은 근로기준법에서 정한 기준에 따른다(보충적 효력).

(2) 근로계약 체결시 근로자 보호

① 근로조건의 명시의무

근기법 제17조(근로조건의 명시)
① 사용자는 **근로계약을 체결할 때**에 근로자에게 다음 각 호의 사항을 **명시하여야 한다.** 근로계약 체결 후 다음 각 호의 사항을 **변경하는 경우에도** 또한 같다.

1. **임금**
2. **소정근로시간**
3. 제55조에 따른 휴일(주휴일)
4. 제60조에 따른 **연차 유급휴가**
5. 그 밖에 대통령령으로 정하는 근로조건(시행령 제8조)

② 사용자는 제1항 제1호와 관련한 임금의 구성항목 · 계산방법 · 지급방법 및 제2호부터 제4호까지의 사항이 명시된 **서면(「전자문서 및 전자거래 기본법」 제2조 제1호에 따른 전자문서를 포함한다)**을 근로자에게 교부하여야 한다. 다만, 본문에 따른 사항이 단체협약 또는 취업규칙의 변경 등 대통령령으로 정하는 사유로 인하여 변경되는 경우에는 근로자의 요구가 있으면 그 근로자에게 교부하여야 한다.

근기법 제19조(근로조건의 위반)

① 제17조에 따라 명시된 근로조건이 **사실과 다를 경우**에 근로자는 근로조건 위반을 이유로 **손해의 배상을 청구**할 수 있으며 **즉시 근로계약을 해제**할 수 있다.

② 제1항에 따라 근로자가 **손해배상을 청구할 경우에는 노동위원회에 신청**할 수 있으며, 근로계약이 해제되었을 경우에는 사용자는 취업을 목적으로 거주를 변경하는 근로자에게 **귀향 여비를 지급**하여야 한다.

동 규정은 계약자유의 원칙 하에서 계약당사자인 근로자로 하여금 자신이 체결하고자 하는 근로계약의 내용을 충분히 알고서 근로계약을 체결하도록 하여 근로조건의 미확정상태에서 불리한 취업을 강제당할 위험을 방지하여 근로자의 인간다운 생활을 확보하기 위한 취지의 규정이다.

② 위약예정의 금지

근기법 제20조(위약 예정의 금지)

사용자는 **근로계약 불이행에 대한 위약금 또는 손해배상액을 예정하는 계약**을 체결하지 못한다.

㉠ 동 규정은 근로자의 근로계약 불이행을 이유로 사용자에게 어떤 손해가 어느 정도 발생하였는지를 묻지 않고 바로 일정 금액을 배상하도록 하는 약정을 미리 함으로써 근로자의 의사에 반하는 계속 근로를 강제하는 것을 방지하기 위함에 있다.

㉡ 손해배상액의 예정이 금지되는 것이지 손해배상의 청구 자체가 금지되는 것은 아니므로 근로자로 인하여 실제로 손해가 발생하였다면 그 손해배상을 청구할 수 있다.

③ 전차금상계의 금지

근기법 제21조(전차금 상계의 금지)

사용자는 **전차금**(前借金)이나 **그 밖에 근로할 것을 조건으로** 하는 전대채권과 임금을 상계하지 못한다.

전차금 등은 근로자를 사용자에게 신분적으로 장기간 구속되게 하여 근로자에게 사실상의 강제근로를 강요하는 폐단을 발생시킬 수 있으며 근로자에게 불리한 근로조건을 감수케 하는 수단으로 이용될 수 있기에 이를 금지하기 위한 취지의 규정이다.

④ 강제저금 및 저축금 관리의 금지

> 근기법 제22조(강제 저금의 금지)
> ① 사용자는 **근로계약에 덧붙여 강제 저축 또는 저축금의 관리를 규정하는 계약**을 **체결하지 못한다.**
> ② 사용자가 **근로자의 위탁으로 저축을 관리하는 경우**에는 다음 각 호의 사항을 지켜야 한다.
> 1. 저축의 종류 · 기간 및 금융기관을 근로자가 결정하고, **근로자 본인의 이름**으로 저축할 것
> 2. 근로자가 저축증서 등 관련 자료의 **열람 또는 반환을 요구**할 때에는 즉시 이에 따를 것

근로자의 임금을 강제로 저축하게 하고 그 반환을 어렵게 하는 경우 근로자는 자신의 의사에 반하여 사업장에 억류되는 폐단의 우려가 있고, 사용자가 근로자의 저축금을 운영자금으로 사용하다가 경영난으로 인하여 근로자의 저축금을 반환할 수 없게 되는 위험으로부터 근로자를 보호하기 위하여 명문으로 금지하고 있다.

(3) 단시간근로자의 근로조건

① 의의

"단시간근로자"란 1주 동안의 소정근로시간이 그 사업장에서 같은 종류의 업무에 종사하는 통상 근로자의 1주 동안의 소정근로시간에 비하여 짧은 근로자를 말한다.

② 단시간근로자의 근로조건

단시간근로자의 근로조건은 그 사업장의 같은 종류의 업무에 종사하는 통상 근로자의 근로시간을 기준으로 산정한 비율에 따라 결정되어야 한다.

③ 초단시간 근로자의 근로조건

4주 동안(4주 미만으로 근로하는 경우에는 그 기간)을 평균하여 1주 동안의 소정근로시간이 15시간 미만인 근로자에 대하여는 주휴일(제55조)과 연차유급휴가(제60조), 퇴직급여제도(근로자퇴직급여 보장법 제4조 제1항)를 적용하지 아니한다.

(4) 직장 내 괴롭힘 금지

① 직장 내 괴롭힘의 금지

> 근기법 제76조의2(직장 내 괴롭힘의 금지)
> 사용자 또는 근로자는 직장에서의 지위 또는 관계 등의 우위를 이용하여 업무상 적정범위를 넘어 다른 근로자에게 신체적 · 정신적 고통을 주거나 근무환경을 악화시키는 행위(이하 "직장 내 괴롭힘"이라 한다)를 하여서는 아니 된다.

② 직장 내 괴롭힘 발생 시 조치

> 근기법 제76조의3(직장 내 괴롭힘 발생 시 조치)
> ① 누구든지 직장 내 괴롭힘 발생 사실을 알게 된 경우 그 사실을 사용자에게 신고할 수 있다.

② 사용자는 제1항에 따른 신고를 접수하거나 직장 내 괴롭힘 발생 사실을 인지한 경우에는 지체 없이 당사자 등을 대상으로 그 사실 확인을 위하여 객관적으로 조사를 실시하여야 한다.
③ 사용자는 제2항에 따른 조사 기간 동안 직장 내 괴롭힘과 관련하여 피해를 입은 근로자 또는 피해를 입었다고 주장하는 근로자(이하 "피해근로자등"이라 한다)를 보호하기 위하여 필요한 경우 해당 피해근로자등에 대하여 근무장소의 변경, 유급휴가 명령 등 적절한 조치를 하여야 한다. 이 경우 사용자는 피해근로자등의 의사에 반하는 조치를 하여서는 아니 된다.
④ 사용자는 제2항에 따른 조사 결과 직장 내 괴롭힘 발생 사실이 확인된 때에는 피해근로자가 요청하면 근무장소의 변경, 배치전환, 유급휴가 명령 등 적절한 조치를 하여야 한다.
⑤ 사용자는 제2항에 따른 조사 결과 직장 내 괴롭힘 발생 사실이 확인된 때에는 지체 없이 행위자에 대하여 징계, 근무장소의 변경 등 필요한 조치를 하여야 한다. 이 경우 사용자는 징계 등의 조치를 하기 전에 그 조치에 대하여 피해근로자의 의견을 들어야 한다.
⑥ 사용자는 직장 내 괴롭힘 발생 사실을 신고한 근로자 및 피해근로자등에게 해고나 그 밖의 불리한 처우를 하여서는 아니 된다.
⑦ 제2항에 따라 직장 내 괴롭힘 발생 사실을 조사한 사람, 조사 내용을 보고받은 사람 및 그 밖에 조사 과정에 참여한 사람은 해당 조사 과정에서 알게 된 비밀을 피해근로자등의 의사에 반하여 다른 사람에게 누설하여서는 아니 된다. 다만, 조사와 관련된 내용을 사용자에게 보고하거나 관계 기관의 요청에 따라 필요한 정보를 제공하는 경우는 제외한다.

❹ 취업규칙

(1) 취업규칙의 의의

① 취업규칙이란 사용자가 다수의 개별적 근로관계를 효율적 · 통일적으로 처리하기 위하여 근로계약의 내용이 되는 사항을 일방적으로 정한 통일적이고 획일적인 규칙을 말한다.
② 복무규율과 임금 등 근로조건에 관한 준칙의 내용을 담고 있으면 인사규정, 복무규정 등 어떠한 명칭을 사용하더라도 근기법 소정의 취업규칙에 해당한다.

(2) 취업규칙의 작성과 신고

근기법 제93조(취업규칙의 작성 · 신고)
상시 10명 이상의 근로자를 사용하는 사용자는 다음 각 호의 사항에 관한 취업규칙을 **작성하여** 고용노동부장관에게 **신고**하여야 한다. 이를 **변경하는 경우에도** 또한 같다.
1. 업무의 시작과 종료 시각, 휴게시간, 휴일, 휴가 및 교대 근로에 관한 사항
2. 임금의 결정 · 계산 · 지급 방법, 임금의 산정기간 · 지급시기 및 승급(昇給)에 관한 사항
3. 가족수당의 계산 · 지급 방법에 관한 사항
4. **퇴직에 관한 사항**
5. 「근로자퇴직급여 보장법」 제4조에 따라 설정된 퇴직급여, 상여 및 최저임금에 관한 사항
6. 근로자의 식비, 작업 용품 등의 부담에 관한 사항

7. 근로자를 위한 교육시설에 관한 사항
8. **출산전후휴가 · 육아휴직 등 근로자의 모성 보호 및 일 · 가정 양립 지원에 관한 사항**
9. 안전과 보건에 관한 사항
9의2. **근로자의 성별 · 연령 또는 신체적 조건 등의 특성에 따른 사업장 환경의 개선에 관한 사항**
10. 업무상과 업무 외의 재해부조(災害扶助)에 관한 사항
11. 직장 내 괴롭힘의 예방 및 발생 시 조치 등에 관한 사항
12. 표창과 **제재에 관한 사항**
13. 그 밖에 해당 사업 또는 사업장의 근로자 전체에 적용될 사항

상시 10인 이상의 근로자를 사용하는 사용자는 필요적 사항을 기재한 취업규칙을 작성하여 고용노동부장관에게 신고하여야 한다.

(3) 취업규칙의 심사와 내용상의 제한

① 취업규칙의 심사

근기법 제96조(단체협약의 준수)
① **취업규칙은** 법령이나 해당 사업 또는 사업장에 대하여 적용되는 단체협약과 어긋나서는 아니 된다.
② **고용노동부장관**은 법령이나 단체협약에 어긋나는 **취업규칙의 변경**을 명할 수 있다.

근기법 제97조(위반의 효력)
취업규칙에서 정한 기준에 미달하는 근로조건을 정한 **근로계약**은 **그 부분에 관하여는 무효**로 한다. 이 경우 **무효로 된 부분은 취업규칙에 정한 기준**에 따른다.

② 내용의 제한

근기법 제95조(제재 규정의 제한)
취업규칙에서 근로자에 대하여 **감급(減給)의 제재**를 정할 경우에 그 감액은 **1회의 금액이 평균임금의 1일분의 2분의 1**을, **총액이 1임금지급기의 임금 총액의 10분의 1**을 초과하지 못한다.

(4) 취업규칙의 변경

근기법 제94조(규칙의 작성, 변경 절차)
① **사용자는 취업규칙의 작성 또는 변경에 관하여** 해당 사업 또는 사업장에 근로자의 과반수로 조직된 노동조합이 있는 경우에는 그 노동조합, 근로자의 과반수로 조직된 노동조합이 없는 경우에는 근로자의 과반수의 **의견을 들어야 한다. 다만, 취업규칙을 근로자에게 불리하게 변경하는 경우에는 그 동의를 받아야 한다.**

❺ 임금

(1) 임금의 의의

① "임금"이란 사용자가 근로의 대가로 근로자에게 임금, 봉급, 그 밖에 어떠한 명칭으로든지 지급하는 일체의 금품을 말한다.

② 임금은 근로계약 당사자로서 사용자가 근로자에게 지급하는 금품이어야 하므로, 산재보험 · 건강보험 · 국민연금 등 사용자부담 보험료는 임금이 아니다.

③ 임금이란 근로의 대가이어야 하므로 그 금품이 근로제공과 직접적으로 관련되거나 그것과 밀접하게 관련하여 사용자에게 지급의무가 발생된 것으로 볼 수 있는지 여부에 따라 판단하여야 한다.

④ 따라서 의례적, 호의적, 실비변상적 급여는 원칙적으로 임금에 해당하지 않는다.

(2) 평균임금

① 의의

㉠ "평균임금"이란 이를 산정하여야 할 사유가 발생한 날 이전 3개월 동안에 그 근로자에게 지급된 임금의 총액을 그 기간의 총일수로 나눈 금액을 말한다. 근로자가 취업한 후 3개월 미만인 경우도 이에 준한다.

$$\text{평균임금} = \frac{\text{산정사유 발생한 날 이전 3개월간의 임금총액}}{\text{산정사유 발생한 날 이전 3개월간의 총 일수}}$$

㉡ 산출된 (평균임금의) 금액이 그 근로자의 통상임금보다 적으면 그 통상임금액을 평균임금으로 한다.

② 취지

평균임금은 통상의 생활임금을 사실대로 산정하여 근로자의 평균소득을 기준으로 임금을 계산할 필요 있는 경우 사용하고자 만든 법상 도구개념이다. 원칙적으로 1일을 단위로 산정하고, 주로 근로제공이 중단된 경우에 근로자의 평상적인 생활을 종전과 같이 보장하기 위한 급여의 계산 기준으로 사용되는 사후적 도구개념에 해당한다.

③ 평균임금이 계산의 기초가 되는 경우

평균임금은 연차유급휴가수당, 휴업수당, 각종 재해보상금(근기법 제78조~제85조), 퇴직금(근퇴법 제8조), 제재로서의 감급액(근기법 제95조) 등의 산정 기준이 된다.

통상임금과 평균임금이 산출기초가 되는 경우	
평균임금	통상임금
• **연차휴가수당**(법 제60조) • 휴업수당(법 제46조 제1항 본문) • 재해보상(휴업보상, 장해보상, 유족보상, 장의비, 일시보상, 분할보상 등 각종 재해보상금, 법 제78조~제85조) • 퇴직금(근퇴법 제8조) • 감급의 제재(법 제95조)	• **연차휴가수당**(법 제60조) • 해고예고수당(법 제26조) • 연장 · 야간 · 휴일근로에 대한 가산임금(법 제56조) • 휴업수당(법 제46조 제1항 단서)

1 과목 2 과목 3 과목 4 과목 5 과목

④ **평균임금의 산정방법**

㉠ 평균임금의 산정기간

ⓐ 산정하여야 할 사유가 발생한 날

평균임금의 산정기간은 "이를 산정하여야 할 사유가 발생한 날 이전 3월 간"이다. 산정사유가 발생한 날, 즉 기산일은 실제로 연차유급휴가를 준 날, 휴업한 날, 퇴직한 날, 사상의 원인이 되는 사고가 발생한 날 또는 진단에 의해 질병의 발생이 확정된 날, 감급의 제한액에 관한 의사표시가 근로자에게 도달한 날을 말한다.

ⓑ 제외되는 기간

아래 기간은 대체로 근로자의 귀책사유와 관련 없이 근로를 제공하지 못한 경우들로서 산정기간에서 제외 하지 않을 경우 정상적인 근로의 제공을 전제로 이에 대하여 지급된 실제임금의 평균치를 산정하는 평균임금제도의 취지에 맞지 아니하고 평균임금이 부당하게 낮아질 염려가 있는 것을 고려한 규정이다.

평균임금의 계산에서 제외되는 기간과 임금

1. 근로계약을 체결하고 수습 중에 있는 근로자가 수습을 시작한 날부터 3개월 이내의 기간
2. **사용자의 귀책사유로 휴업한 기간**
3. **출산전후휴가 기간**
4. **업무상 부상 또는 질병으로 요양하기 위하여 휴업한 기간**
5. **육아휴직 기간**
6. (정당한) **쟁의행위기간**
7. **「병역법」, 「예비군법」 또는 「민방위기본법」에 따른 의무를 이행하기 위하여 휴직하거나 근로하지 못한 기간. 다만, 그 기간 중 임금을 지급받은 경우에는 그러하지 아니하다.**
8. **업무 외 부상이나 질병, 그 밖의 사유로 사용자의 승인을 받아 휴업한 기간**

㉡ 평균임금 산정의 기초가 되는 임금

평균임금 산정의 기초가 되는 임금은 산정사유가 발생한 날 이전 3월간에 지급된 임금 총액이다. 임금총액에는 그 기간 동안 실제로 지급한 임금액뿐만 아니라 아직 지급하지 않았더라도 임금채권으로 확정되어 있는 금액을 포함한다.

(3) 통상임금

① 의의

"통상임금"이란 근로자에게 정기적이고 일률적으로 소정(所定)근로 또는 총 근로에 대하여 지급하기로 정한 시간급 금액, 일급 금액, 주급 금액, 월급 금액 또는 도급 금액을 말한다.

② 통상임금이 계산의 기초가 되는 경우

연차유급휴가수당, 해고예고수당, 연장 · 야간 · 휴일근로의 가산임금 등의 계산 기초가 된다.

(4) 임금의 지급방법

① 전액지급의 원칙(전액불 원칙)

㉠ 사용자는 근로자에게 임금의 전액을 지급하여야 한다.

㉡ 전액지급의 원칙은 임금이 전액 지급되지 않음으로써 오는 근로자의 생활상의 곤란으로부터 근로자를 보호하고, 임금의 일부를 유보하여 퇴직의 자유를 부당하게 구속하는 인신구속의 폐단을 방지하기 위한 것이다.

㉢ 다만, 법령 또는 단체협약에 특별한 규정이 있는 경우에는 임금의 일부를 공제할 수 있다.

② 통화지급의 원칙(통화불 원칙)

㉠ 임금은 강제 통용력 있는 통화로 지급되어야 한다.

㉡ 통화불 원칙의 취지는 현물을 통화로 바꾸는 불편함과 그 가격의 불안정으로 인한 생활상의 불이익 또는 생산품의 사실상 강매행위 등으로부터 근로자 보호하기 위함이다.

㉢ 다만 법령 또는 단체협약에 특별한 규정이 있는 경우는 통화 이외의 것으로 지급할 수 있다.

③ 정기지급의 원칙(정기불 원칙)

㉠ 임금은 매월 1회 이상 일정한 기일(특정일)을 정하여 지급하여야 한다.

㉡ 이는 사용자로 하여금 매월 일정하게 정해진 기일에 근로자에게 근로의 대가 전부를 직접 지급하게 강제함으로써 근로자의 생활안정을 도모하려는 데에 입법 취지가 있다.

㉢ 다만 임시로 지급되는 임금, 수당, 이에 준하는 것 또는 대통령령으로써 정하는 임금에 대해서는 동 원칙이 적용 되지 않는다.

㉣ "임시로 지급되는 임금 등" 이란 ⅰ) 1월을 초과하는 기간의 출근성적에 의하여 지급하는 정근수당(출근성적), ⅱ) 1월을 초과하는 일정기간의 계속근무에 대하여 지급하는 근속수당(계속근무), ⅲ) 1월을 초과하는 기간에 걸친 사유에 의하여 산정되는 상여금, 능률수당 ⅳ) 그 밖에 부정기적으로 지급되는 모든 수당을 말한다.

④ 직접지급의 원칙(직접불 원칙)

㉠ 임금은 반드시 근로자 본인에게 직접 지급해야 한다.

㉡ 이는 직업중개인 · 친권자 · 후견인 등 제3자의 대리수령에 의한 중간착취나 임금채권을 양수하여 폭리를 취하는 것 배제하고 임금이 확실하게 근로자 본인의 수중에 들어가게 하여 그의 자유로운 처분에 맡김으로써 근로자의 생활을 보호하기 위한 취지이다.

(5) 도급사업에 있어서 임금채권의 보호

① 도급사업에 대한 임금지급

사업이 여러 차례의 도급에 따라 행하여지는 경우에 하수급인(下受給人)이 직상(直上) 수급인의 귀책사유로 근로자에게 임금을 지급하지 못한 경우에는 그 직상 수급인은 그 하수급인과 연대하여 책임을 진다. 다만, 직상 수급인의 귀책사유가 그 상위 수급인의 귀책사유에 의하여 발생한 경우에는 그 상위 수급인도 연대하여 책임을 진다.

② 건설업에서의 임금 지급 연대책임

㉠ 건설업에서 사업이 2차례 이상 「건설산업기본법」 제2조 제11호에 따른 도급(이하 "공사도급"이라 한다)이 이루어진 경우에 같은 법 제2조 제7호에 따른 건설업자가 아닌 하수급인이 그가 사용한 근로자에게 임금(해당 건설공사에서 발생한 임금으로 한정한다)을 지급하지 못한 경우에는 그 직상 수급인은 하수급인과 연대하여 하수급인이 사용한 근로자의 임금을 지급할 책임을 진다.

㉡ 제1항의 직상 수급인이 「건설산업기본법」 제2조 제7호에 따른 건설업자가 아닌 때에는 그 상위 수급인 중에서 최하위의 같은 호에 따른 건설업자를 직상 수급인으로 본다.

(6) 휴업수당

근기법 제46조(휴업수당)

① 사용자의 **귀책사유로 휴업하는 경우**에 사용자는 휴업기간 동안 그 근로자에게 **평균임금의 100분의 70 이상**의 수당을 지급하여야 한다. 다만, 평균임금의 100분의 70에 해당하는 금액이 통상임금을 초과하는 경우에는 통상임금을 휴업수당으로 지급할 수 있다.

② 제1항에도 불구하고 **부득이한 사유**로 사업을 계속하는 것이 불가능하여 **노동위원회의 승인**을 받은 경우에는 제1항의 기준에 못 미치는 휴업수당을 지급할 수 있다.

휴업수당은 근로자의 귀책사유도 없고 사용자에게는 불가항력적인 사유가 없음에도 불구하고 근로제공을 못함으로써 오는 임금상실의 위험으로부터 근로자를 보호하기 위한 취지의 규정이다.

(7) 임금의 비상시 지급

근기법 제45조(비상시 지급)

사용자는 근로자가 **출산, 질병, 재해, 그 밖에 대통령령으로 정하는 비상(非常)한 경우**의 비용에 충당하기 위하여 임금 지급을 **청구하면 지급기일 전이라도 이미 제공한 근로에 대한 임금을 지급**하여야 한다.

시행령 제25조(지급기일 전의 임금 지급)
법 제45조에서 "그 밖에 대통령령으로 정한 비상(非常)한 경우"란 **근로자나 그의 수입으로 생계를 유지하는 자**가 다음 각 호의 어느 하나에 해당하게 되는 경우를 말한다.
1. 출산하거나 질병에 걸리거나 재해를 당한 경우
2. 혼인 또는 사망한 경우
3. 부득이한 사유로 1주일 이상 귀향하게 되는 경우

동 규정은 근로자가 긴급히 자급을 필요로 하는 경우에 이미 제공한 근로에 대한 임금을 지급하도록 하여 근로자의 생활안정을 도모하기 위한 규정이다.

(8) 임금채권의 시효

근기법 제49조(임금의 시효)
이 법에 따른 임금채권은 **3년**간 행사하지 아니하면 시효로 소멸한다.

(9) 체불사업주의 명단공개

근기법 제43조의2(체불사업주 명단 공개)
① 고용노동부장관은 제36조, 제43조, **제51조의3, 제52조 제2항 제2호, 제56조**에 따른 임금, 보상금, 수당, 「근로자퇴직급여 보장법」 제12조 제1항에 따른 퇴직급여등, 그 밖의 모든 금품(이하 "임금등"이라 한다)을 지급하지 아니한 사업주(법인인 경우에는 그 대표자를 포함한다. 이하 "체불사업주"라 한다)가 명단 공개 기준일 이전 3년 이내 임금등을 체불하여 2회 이상 유죄가 확정된 자로서 명단 공개 기준일 이전 1년 이내 임금등의 체불총액이 3천만 원 이상인 경우에는 그 인적사항 등을 공개할 수 있다. 다만, 체불사업주의 사망 · 폐업으로 명단 공개의 실효성이 없는 경우 등 대통령령으로 정하는 사유가 있는 경우에는 그러하지 아니하다.
② 고용노동부장관은 제1항에 따라 명단 공개를 할 경우에 체불사업주에게 **3개월 이상의 기간을 정하여 소명 기회를 주어야 한다.**

(10) 임금 등 체불자료의 제공

근기법 제43조의3 (임금등 체불자료의 제공)
① 고용노동부장관은 「신용정보의 이용 및 보호에 관한 법률」 제25조 제2항 제1호에 따른 종합신용정보집중기관이 다음 각 호의 어느 하나에 해당하는 체불사업주의 인적사항과 체불액 등에 관한 자료(이하 "임금등 체불자료"라 한다)를 요구할 때에는 임금 등의 체불을 예방하기 위하여 필요하다고 인정하는 경우에 그 자료를 제공할 수 있다. 다만, 체불사업주의 사망 · 폐업으로 임금 등 체불자료 제공의 실효성이 없는 경우 등 **대통령령으로 정하는 사유가 있는 경우에는 그러하지 아니하다.**
1. 임금등 체불자료 제공일 이전 3년 이내 임금등을 체불하여 2회 이상 유죄가 확정된 자로서 임금등 체불자료 제공일 이전 1년 이내 임금등의 체불총액이 2천만 원 이상인 체불사업주
2. 제43조의4에 따른 상습체불사업주
② 제1항에 따라 임금등 체불자료를 받은 자는 이를 체불사업주의 신용도 · 신용거래능력 판단과 관련한 업무 외의 목적으로 이용하거나 누설하여서는 아니 된다.

(11) 상습체불사업주에 대한 보조 · 지원 제한 등

① 고용노동부장관은 위원회의 심의를 거쳐 다음 각 호의 어느 하나에 해당하는 자(법인인 경우에는 그 대표자를 포함한다)를 상습체불사업주(이하 "상습체불사업주"라 한다)로 정할 수 있다.

1. 임금등 체불자료 제공일이 속하는 연도의 직전 연도 1년간 근로자에게 임금등(「근로자퇴직급여 보장법」 제12조 제1항에 따른 퇴직급여등은 제외한다)을 3개월분 임금 이상 체불한 사업주
2. 임금등 체불자료 제공일이 속하는 연도의 직전 연도 1년간 근로자에게 5회 이상 임금등을 체불하고, 체불총액이 3천만 원 이상인 사업주

② 고용노동부장관은 제1항에 따라 상습체불사업주로 정할 경우에 해당 사업주에게 3개월 이상의 기간을 정하여 소명 기회를 주어야 한다.

(12) 업무위탁 등

① 고용노동부장관은 제43조의2부터 제43조의4까지에 관한 업무를 효율적으로 하기 위하여 대통령령으로 정하는 바에 따라 업무 중 일부를 「산업재해보상보험법」 제10조에 따른 근로복지공단(이하 "근로복지공단"이라 한다)이나 전문성을 갖춘 연구기관 · 법인 · 단체에 위탁할 수 있다.

② 제1항에 따라 위탁받은 기관의 임직원은 「형법」 제129조부터 제132조까지를 적용할 때에는 공무원으로 본다.

(13) 출국금지

① 고용노동부장관은 제43조의2에 따라 명단이 공개된 체불사업주에 대하여 법무부장관에게 「출입국관리법」 제4조 제3항에 따라 출국금지를 요청할 수 있다.

② 법무부장관은 제1항의 요청에 따라 출국금지를 한 경우 고용노동부장관에게 그 결과를 정보통신망 등을 통하여 통보하여야 한다.

③ 고용노동부장관은 체불임금의 지급 등으로 출국금지 사유가 없어진 경우 즉시 법무부장관에게 출국금지의 해제를 요청하여야 한다.

(14) 체불 임금등에 대한 손해배상청구

① 근로자는 사업주가 다음 각 호의 어느 하나에 해당하는 경우 법원에 사업주가 지급하여야 하는 임금등의 3배 이내의 금액을 지급할 것을 청구할 수 있다.

1. 명백한 고의로 임금등(「근로자퇴직급여 보장법」 제2조 제5호의 급여는 제외한다. 이하 이 조에서 같다)의 전부 또는 일부를 지급하지 아니한 경우
2. 1년 동안 임금등의 전부 또는 일부를 지급하지 아니한 개월 수가 총 3개월 이상인 경우
3. 지급하지 아니한 임금등의 총액이 3개월 이상의 통상임금에 해당하는 경우

❻ 근로시간

정리

근로시간제의 유형

기준근로		(8시간, 40시간)	간주근로		적용제외
〈기준〉	〈신축적 I〉 [탄력적 근로시간제] ⓐ 탄력 I -2주 이내, ⓑ 탄력 II -3개월 이내 ⓒ 탄력 III -6개월 이내	〈신축적 II〉 [선택적 근로시간제] ⓐ 1개월 이내 -취업규칙, 서면합의 ⓑ 1개월 초과 -연속 11시간 이상 휴식시간부여 -1개월 평균하여 가산임금 지급	〈간주 I〉 [외근근로시간제] ⓐ 소정 근로시간 ⓑ 통상 필요한 시간 ⓒ 서면합의 시간	〈간주 II〉 [재량근로시간제] -서면합의	〈근로시간, 휴식 휴게 휴일규정 적용제외〉 ⓐ 토지경작 등 ⓑ 동물사육 등 ⓒ 감시 · 단속적 근로(장관승인) ⓓ 관리 · 감독 · 기밀취급업무
(근기법 §50)	(근기법§51)	(근기법§52)			
연장근로 [합의연장]	[인가연장] -특별한 사정 (천재 · 사변 등)	[특례사업연장] (공중편의 · 업무특성상 근로시간 · 휴게 특례) -서면합의			
(근기법§53①②) (1주 12시간 제한)	(근기법§53③) (12시간 초과)	(근기법§59) (12시간 초과)	(근기법 §58①②)	(근기법 §58③)	(근기법§63)

(1) 법정근로시간

① 일반근로자

근기법 제50조(근로시간)

① 1주 간의 **근로시간은 휴게시간을 제외**하고 **40시간**을 초과할 수 없다.
② **1일의** 근로시간은 휴게시간을 제외하고 **8시간**을 초과할 수 없다.
③ 제1항 및 제2항에 따른 근로시간을 산정함에 있어 **작업을 위하여 근로자가 사용자의 지휘 · 감독 아래에 있는 대기시간** 등은 **근로시간으로 본다.**

일반근로자의 근로시간은 1주 40시간, 1일 8시간. 즉 원칙적인 기준 근로시간은 1주간 휴게시간을 제외하고 40시간을 초과 할 수 없고, 1일의 근로시간은 휴게시간을 제하고 8시간을 초과할 수 없다.

② 연소근로자

> 근기법 제69조(근로시간)
> **15세 이상 18세 미만인 자**의 근로시간은 **1일에 7시간, 1주에 35시간**을 초과하지 못한다. 다만, 당사자 사이의 합의에 따라 **1일에 1시간, 1주에 5시간**을 한도로 **연장**할 수 있다.

③ 유해 · 위험작업 종사자

유해 위험작업의 경우 근로시간은 1일 6시간, 1주 34시간을 초과할 수 없다. 이는 건강상 고도의 유해 · 위험성을 가지는 잠수작업 등에 종사하는 근로자의 생명과 건강을 보호하려는 것이다. 여기서 유해 또는 위험한 작업이란 "잠함 · 잠수작업 등 고기압 하에서 행하는 작업"을 말한다(산업안전보건법 제46조, 시행령 제32조의8).

(2) 간주근로시간제(근로시간계산의 특칙)

> 근기법 제58조(근로시간 계산의 특례)
> ① 근로자가 **출장이나 그 밖의 사유로 근로시간의 전부 또는 일부를 사업장 밖에서 근로**하여 **근로시간을 산정하기 어려운 경우**에는 **소정근로시간**을 근로한 것으로 본다. 다만, 그 업무를 수행하기 위하여 통상적으로 소정근로시간을 초과하여 근로할 필요가 있는 경우에는 그 업무의 수행에 **통상 필요한 시간**을 근로한 것으로 본다.
> → 외근 간주근로시간제
> ② 제1항 단서에도 불구하고 그 업무에 관하여 **근로자대표와의 서면 합의를 한 경우에는 그 합의에서 정하는 시간**을 그 업무의 수행에 통상 필요한 시간으로 본다.
> ③ **업무의 성질에 비추어** 업무 수행 방법을 근로자의 재량에 위임할 필요가 있는 업무로서 대통령령으로 정하는 업무는 사용자가 근로자대표와 서면 합의로 정한 시간을 근로한 것으로 본다. 이 경우 그 서면 합의에는 다음 각 호의 사항을 명시하여야 한다. → 재량근로 간주근로시간제
> 1. 대상 업무
> 2. 사용자가 업무의 수행 수단 및 시간 배분 등에 관하여 근로자에게 구체적인 지시를 하지 아니한다는 내용
> 3. 근로시간의 산정은 그 서면 합의로 정하는 바에 따른다는 내용
>
> 시행령 제31조(재량근로의 대상업무)
> 법 제58조 제3항 전단에서 "대통령령으로 정하는 업무"란 다음 각 호의 어느 하나에 해당하는 업무를 말한다.
> 1. **신상품 또는 신기술의 연구개발이나 인문사회과학 또는 자연과학분야의 연구 업무**
> 2. **정보처리시스템의 설계 또는 분석 업무**
> 3. **신문, 방송 또는 출판 사업에서의 기사의 취재, 편성 또는 편집 업무**
> 4. **의복 · 실내장식 · 공업제품 · 광고 등의 디자인 또는 고안 업무**
> 5. **방송 프로그램 · 영화 등의 제작 사업에서의 프로듀서나 감독 업무**
> 6. 그 밖에 고용노동부장관이 정하는 업무(행정규칙 : 회계 · 법률사건 · 납세 · 법무 · 노무관리 · 특허 · 감정평가 등)

근로장소가 사업장 밖이거나 업무의 성질상 근로자에게 상당한 재량이 허용되는 경우와 같이 업무수행에 있어 사용자의 구체적인 지휘감독이 미치지 않는 경우에는 근로시간의 길이를 객관적으로 계산하기가 곤란하다. 이러한 사정을 고려하여 근기법에서는 별도로 근로시간계산의 특칙을 규정하고 있다.

(3) 탄력적 근로시간제

근기법 제51조(탄력적 근로시간제)

① 사용자는 **취업규칙**(취업규칙에 준하는 것을 포함한다)에서 정하는 바에 따라 **2주 이내의 일정한 단위기간을 평균하여 1주 간의 근로시간이 제50조 제1항의 근로시간을 초과하지 아니하는 범위에서 특정한 주에 제50조 제1항의 근로시간을, 특정한 날에 제50조 제2항의 근로시간을 초과하여 근로**하게 할 수 있다. 다만, **특정한 주의 근로시간은 48시간을 초과할 수 없다.**

② 사용자는 **근로자대표와의 서면 합의**에 따라 다음 각 호의 사항을 정하면 **3개월 이내의 단위기간을 평균하여 1주 간의 근로시간이 제50조 제1항의 근로시간을 초과하지 아니하는 범위에서 특정한 주에 제50조 제1항의 근로시간을, 특정한 날에 제50조 제2항의 근로시간**을 초과하여 근로하게 할 수 있다. 다만, **특정한 주의 근로시간은 52시간**을, **특정한 날의 근로시간은 12시간**을 초과할 수 없다.

1. 대상 근로자의 범위
2. 단위기간(3개월 이내의 일정한 기간으로 정하여야 한다)
3. 단위기간의 근로일과 그 근로일별 근로시간
4. 그 밖에 대통령령으로 정하는 사항(서면합의의 유효기간)

③ 제1항과 제2항은 15세 이상 18세 미만의 근로자와 임신 중인 여성 근로자에 대하여는 적용하지 아니한다.

④ 사용자는 제1항 및 제2항에 따라 근로자를 근로시킬 경우에는 기존의 임금 수준이 낮아지지 아니하도록 임금보전방안(賃金補塡方案)을 강구하여야 한다.

근로기준법 제51조의2(3개월을 초과하는 탄력적 근로시간제)

① 사용자는 근로자대표와의 서면 합의에 따라 다음 각 호의 사항을 정하면 3개월을 초과하고 6개월 이내의 단위기간을 평균하여 1주간의 근로시간이 제50조 제1항의 근로시간을 초과하지 아니하는 범위에서 특정한 주에 제50조 제1항의 근로시간을, 특정한 날에 제50조 제2항의 근로시간을 초과하여 근로하게 할 수 있다. 다만, 특정한 주의 근로시간은 52시간을, 특정한 날의 근로시간은 12시간을 초과할 수 없다.

1. 대상 근로자의 범위
2. 단위기간(3개월을 초과하고 6개월 이내의 일정한 기간으로 정하여야 한다)
3. 단위기간의 주별 근로시간
4. 그 밖에 대통령령으로 정하는 사항(서면 합의의 유효기간)

② 사용자는 제1항에 따라 근로자를 근로시킬 경우에는 근로일 종료 후 다음 근로일 개시 전까지 근로자에게 연속하여 11시간 이상의 휴식 시간을 주어야 한다. 다만, 천재지변 등 대통령령으로 정하는 불가피한 경우에는 근로자대표와의 서면 합의가 있으면 이에 따른다.

③ 사용자는 제1항 제3호에 따른 각 주의 근로일이 시작되기 2주 전까지 근로자에게 해당 주의 근로일별 근로시간을 통보하여야 한다.

④ 사용자는 제1항에 따른 근로자대표와의 서면 합의 당시에는 예측하지 못한 천재지변, 기계 고장, 업무량 급증 등 불가피한 사유가 발생한 때에는 제1항 제2호에 따른 단위기간 내(3개월 초과 6개월 이내)에서 평균하여

1주간의 근로시간이 유지되는 범위에서 근로자대표와의 협의를 거쳐 제1항 제3호(단위기간의 주별 근로시간)의 사항을 변경할 수 있다. 이 경우 해당 근로자에게 변경된 근로일이 개시되기 전에 변경된 근로일별 근로시간을 통보하여야 한다.

⑤ 사용자는 제1항(3개월 초과 탄력적근로시간제)에 따라 근로자를 근로시킬 경우에는 기존의 임금 수준이 낮아지지 아니하도록 임금항목을 조정 또는 신설하거나 가산임금 지급 등의 임금보전방안(賃金補塡方案)을 마련하여 고용노동부장관에게 신고하여야 한다. 다만, 근로자대표와의 서면합의로 임금보전방안을 마련한 경우에는 그러하지 아니하다.

⑥ 제1항부터 제5항까지의 규정은 15세 이상 18세 미만의 근로자와 임신 중인 여성 근로자에 대해서는 적용하지 아니한다.

근기법 제51조의3(근로한 기간이 단위기간보다 짧은 경우의 임금 정산)
사용자는 제51조 및 제51조의2에 따른 단위기간 중 근로자가 근로한 기간이 그 단위기간보다 짧은 경우에는 그 단위기간 중 해당 근로자가 근로한 기간을 평균하여 1주 간에 40시간을 초과하여 근로한 시간 전부에 대하여는 제56조 제1항에 따른 가산임금을 지급하여야 한다.

동 규정의 취지는 경영환경의 다변화에 따라 경영전반의 유연화 요구, 계절적 사업 · 건설업 등 수요 · 공급의 증감이 격심한 사업에서 근로시간을 탄력적으로 운용하여 사업의 능률성을 제고하고 사회가치관의 변화에 따라 근로자들이 자신의 시간을 계획적으로 사용할 수 있도록 하여 효율적인 여가 활용이 가능하도록 하기 위함에 있다.

(4) 선택적 근로시간제

근기법 제52조(선택적 근로시간제)

① 사용자는 취업규칙(취업규칙에 준하는 것을 포함한다)에 따라 업무의 시작 및 종료 시각을 근로자의 결정에 맡기기로 한 근로자에 대하여 근로자대표와의 서면 합의에 따라 다음 각 호의 사항을 정하면 **1개월(신상품 또는 신기술의 연구개발 업무의 경우에는 3개월로 한다)** 이내의 정산기간을 평균하여 1주간의 근로시간이 제50조 제1항의 근로시간을 초과하지 아니하는 범위에서 1주 간에 제50조 제1항의 근로시간을, 1일에 제50조 제2항의 근로시간을 초과하여 근로하게 할 수 있다.
  1. **대상 근로자의 범위**(15세 이상 18세 미만의 근로자는 제외한다)
  2. **정산기간**(1개월 이내의 일정한 기간으로 정하여야 한다)
  3. **정산기간의 총 근로시간**
  4. 반드시 근로하여야 할 시간대를 정하는 경우에는 그 시작 및 종료 시각(의무근로시간대)
  5. 근로자가 그의 결정에 따라 근로할 수 있는 시간대를 정하는 경우에는 그 시작 및 종료 시각(선택적 근로시간대)
  6. 그 밖에 대통령령으로 정하는 사항(표준 근로시간)

② 사용자는 제1항에 따라 1개월을 초과하는 정산기간을 정하는 경우에는 다음 각 호의 조치를 하여야 한다.
  1. 근로일 종료 후 다음 근로일 시작 전까지 근로자에게 연속하여 11시간 이상의 휴식 시간을 줄 것. 다만, 천재지변 등 대통령령으로 정하는 불가피한 경우에는 근로자대표와의 서면합의가 있으면 이에 따른다.
  2. 매 1개월마다 평균하여 1주간의 근로시간이 제50조 제1항의 근로시간을 초과한 시간에 대하여는 통상임금의 100분의 50 이상을 가산하여 근로자에게 지급할 것. 이 경우 제56조 제1항은 적용하지 아니한다.

동 규정의 취지는 직무의 성질상 선택적 근로시간선택을 통해 업무능률을 향상시키고 출퇴근상의 편의를 도모하고자 하기 위함에 있다.

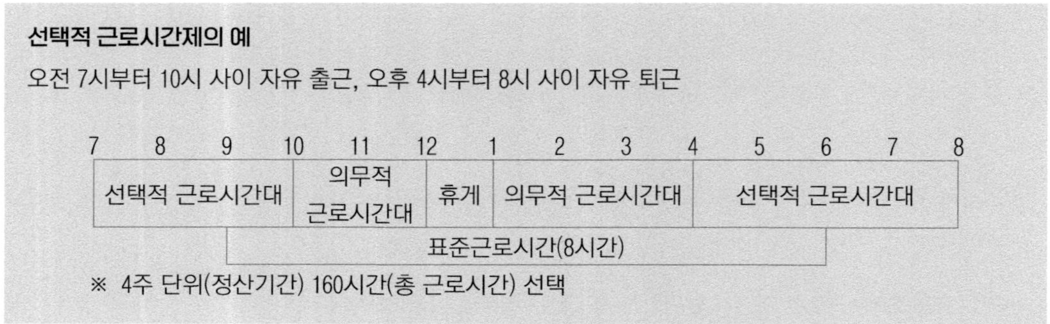

(5) 근로시간규정 등의 적용제외 사업(특수근로자에 대한 적용제외)

근기법 제63조(적용의 제외)

이 장(근로시간)과 제5장에서 정한 **근로시간, 휴게와 휴일에 관한 규정**은 다음 각 호의 어느 하나에 해당하는 근로자에 대하여는 적용하지 아니한다.

1. **토지의 경작 · 개간, 식물의 식재(植栽) · 재배 · 채취 사업, 그 밖의 농림 사업**
2. **동물의 사육, 수산 동식물의 채취 · 포획 · 양식 사업, 그 밖의 축산, 양잠, 수산 사업**
3. **감시(監視) 또는 단속적(斷續的)으로 근로에 종사하는 자**로서 사용자가 **고용노동부장관의 승인**을 받은 자
4. 대통령령으로 정하는 업무에 종사하는 근로자(사업의 종류에 관계없이 **관리 · 감독 업무** 또는 **기밀을 취급하는 업무**, 시행령 제34조)

동 규정의 취지는 사업의 성질 또는 업무의 특수성으로 인하여 근로기준법에서 정한 근로시간 · 휴게 · 휴일에 관한 규정을 적용하는 것이 오히려 불합리한 경우에 대비하기 위함에 있다.

❼ 연장근로(시간외 근로)

(1) 통상(합의)연장근로

① 당사자 간에 합의하면 1주 간에 12시간을 한도로 제50조의 근로시간을 연장할 수 있다.

② 사용자는 산후 1년이 지나지 아니한 여성(산부)에 대하여는 단체협약이 있는 경우라도 1일에 2시간, 1주에 6시간, 1년에 150시간을 초과하는 시간외근로를 시키지 못한다.

③ 사용자는 임신 중의 여성근로자(임부)에 대하여 시간외근로를 하게 하여서는 아니 되며, 당해 근로자의 요구가 있는 경우에는 쉬운 종류의 근로로 전환하여야 한다.

(2) 특별연장근로와 특례사업에서의 연장근로

① 특별한 사정에 의한 연장근로

근기법 제53조(연장 근로의 제한)

④ 사용자는 **특별한 사정이 있으면 고용노동부장관의 인가와 근로자의 동의**를 받아 **제1항과 제2항의 근로시간을 연장**할 수 있다. 다만, 사태가 급박하여 고용노동부장관의 인가를 받을 시간이 없는 경우에는 사후에 지체 없이 승인을 받아야 한다.

⑤ **고용노동부장관**은 제4항에 따른 근로시간의 **연장이 부적당**하다고 인정하면 그 후 연장시간에 상당하는 **휴게시간이나 휴일을 줄 것을 명**할 수 있다.

천재지변 기타 이에 준하는 재해와 긴급한 사고로서 사고에 대처하기 위하여 일정한 요건 하에서 기준근로시간 및 합의연장근로시간을 초과하여 근로할 수 있도록 한 것이다.

② 업종별(특례사업) 연장근로

근기법 제59조(근로시간 및 휴게시간의 특례)

① 「통계법」 제22조 제1항에 따라 통계청장이 고시하는 산업에 관한 표준의 중분류 또는 소분류 중 다음 각 호의 어느 하나에 해당하는 사업에 대하여 사용자가 **근로자대표와 서면으로 합의**한 경우에는 제53조 제1항에 따른 **주(週) 12시간을 초과하여 연장근로**를 하게 하거나 제54조에 따른 **휴게시간을 변경**할 수 있다.

1. 육상운송 및 파이프라인 운송업. 다만, 「여객자동차 운수사업법」 제3조 제1항 제1호에 따른 노선(路線) 여객자동차운송사업은 제외한다.
2. 수상운송업
3. 항공운송업
4. 기타 운송관련 서비스업
5. 보건업

② 제1항의 경우 사용자는 근로일 종료 후 다음 근로일 개시 전까지 근로자에게 연속하여 11시간 이상의 휴식 시간을 주어야 한다.

연장근로의 제한 및 휴게시간의 규제에 대한 예외로서 업무의 특성상 공중생활의 불편을 초래할 우려가 있는 사업에 한하여 연장근로시간의 규제를 완화한 것이다.

❽ 야간 및 휴일근로, 보상휴가제

(1) 야간 및 휴일근로 등의 제한

근기법 제56조(연장 · 야간 및 휴일 근로)

① 사용자는 연장근로(제53조 · 제59조 및 제69조 단서에 따라 연장된 시간의 근로를 말한다)에 대하여는 통상임금의 100분의 50 이상을 가산하여 근로자에게 지급하여야 한다.

② 제1항에도 불구하고 사용자는 휴일근로에 대하여는 다음 각 호의 기준에 따른 금액 이상을 가산하여 근로자에게 지급하여야 한다.

1. **8시간 이내의 휴일근로 : 통상임금의 100분의 50**
2. **8시간을 초과한 휴일근로 : 통상임금의 100분의 100**

③ 사용자는 **야간근로(오후 10시부터 다음 날 오전 6시 사이의 근로**를 말한다)에 대하여는 **통상임금의 100분의 50 이상을 가산**하여 근로자에게 지급하여야 한다.

근기법 제57조(보상 휴가제)

사용자는 **근로자대표와의 서면 합의**에 따라 제51조의3, 제52조 제2항 제2호 및 제56조에 따른 연장근로 · 야간근로 및 휴일근로에 대하여 **임금을 지급하는 것을 갈음하여 휴가**를 줄 수 있다.

(2) 여성의 경우

근기법 제70조(야간근로와 휴일근로의 제한)

① 사용자는 **18세 이상의 여성을** 오후 10시부터 오전 6시까지의 시간 및 휴일에 근로시키려면 그 **근로자의 동의**를 받아야 한다.

② 사용자는 **임산부**와 18세 미만자를 **오후 10시부터 오전 6시까지의 시간 및 휴일에 근로시키지 못한다.** 다만, 다음 각 호의 어느 하나에 해당하는 경우로서 고용노동부장관의 인가를 받으면 그러하지 아니하다.
1. 18세 미만자의 동의가 있는 경우
2. **산후 1년이 지나지 아니한 여성의 동의가 있는 경우**
3. **임신 중의 여성이 명시적으로 청구하는 경우**

③ 사용자는 제2항의 경우 고용노동부장관의 인가를 받기 전에 근로자의 건강 및 모성 보호를 위하여 그 시행 여부와 방법 등에 관하여 그 사업 또는 사업장의 **근로자대표와 성실하게 협의**하여야 한다.

정리

<table>
<tr><th colspan="3" rowspan="2">구분</th><th colspan="2">기준 근로시간</th><th colspan="2">초과 근로시간
(연장근로)</th><th colspan="2">야간 · 휴일근로</th></tr>
<tr><th>1일</th><th>1주간</th><th>1일</th><th>1주간</th><th>1일</th><th>1주간</th></tr>
<tr><td colspan="3">원칙
(18세 이상 남성 근로자)</td><td>8시간</td><td>40시간</td><td colspan="2">당사자 합의로
1주간 12시간</td><td colspan="2">(당사자 합의)</td></tr>
<tr><td colspan="3">연소 근로자
(18세 미만)</td><td>7시간</td><td>35시간</td><td>1시간</td><td>5시간</td><td colspan="2">원칙 : 금지
예외 : 장관의 인가+동의</td></tr>
<tr><td colspan="3">유해 · 위험작업 근로자</td><td>6시간</td><td>34시간</td><td colspan="2">금지</td><td colspan="2"></td></tr>
<tr><td rowspan="3">18세 이상</td><td colspan="2">임산부 아닌 여성</td><td>8시간</td><td>40시간</td><td colspan="2">당사자 합의로
1주간 12시간</td><td colspan="2">본인 동의</td></tr>
<tr><td rowspan="2">임산부</td><td>임부</td><td>8시간</td><td>40시간</td><td colspan="2">금지</td><td colspan="2">원칙 : 금지
예외 : 장관의 인가
+명시적 청구</td></tr>
<tr><td>산부</td><td>8시간</td><td>40시간</td><td colspan="2">단체협약 있어도 1일2,
1주6, 1년150시간
초과금지</td><td colspan="2">원칙 : 금지
예외 : 장관의 인가+동의</td></tr>
</table>

❾ 휴식(휴게, 휴일, 휴가)

(1) 휴게

제54조(휴게)
① 사용자는 근로시간이 **4시간인 경우에는 30분 이상, 8시간인 경우에는 1시간 이상**의 휴게시간을 근로시간 도중에 주어야 한다.
② 휴게시간은 근로자가 **자유롭게 이용**할 수 있다.

휴게시간이란 근로자가 근로시간 도중에 사용자의 지휘 · 명령으로부터 벗어나 자유로이 이용할 수 있는 시간을 의미한다. 휴게는 근로자의 누적되는 피로 방지 · 심신보호 · 생산성향상 · 업무상재해 · 질병예방 등을 취지로 한다.

(2) 휴일

근기법 제55조(휴일)
① 사용자는 근로자에게 **1주일에 평균 1회 이상의 유급휴일**을 주어야 한다.

시행령 제30조(휴일)
① 법 제55조 제1항에 따른 **유급휴일은 1주 동안의 소정근로일을 개근한 자**에게 주어야 한다.

② 사용자는 근로자에게 **대통령령으로 정하는 휴일을 유급으로 보장**하여야 한다. 다만, **근로자대표와 서면으로 합의한 경우 특정한 근로일로 대체**할 수 있다.

시행령 제30조(휴일)
② **법 제55조 제2항 본문에서 "대통령령으로 정하는 휴일"이란 「관공서의 공휴일에 관한 규정」 제2조 각 호(제1호는 제외한다)에 따른 공휴일 및 같은 영 제3조에 따른 대체공휴일을 말한다.**

관공서의 휴일에 관한 규정 제2조(공휴일)
관공서의 공휴일은 다음 각 호와 같다. 다만, 재외공관의 공휴일은 우리나라의 국경일 중 공휴일과 주재국의 공휴일로 한다.
1. 일요일
2. 국경일 중 3 · 1절, 광복절, 개천절 및 한글날
3. 1월 1일
4. 설날 전날, 설날, 설날 다음날(음력 12월 말일, 1월 1일, 2일)
5. 삭제 [2005. 6. 30]
6. 부처님오신날(음력 4월 8일)
7. 5월 5일(어린이날)
8. 6월 6일(현충일)
9. 추석 전날, 추석, 추석 다음날(음력 8월 14일, 15일, 16일)
10. 12월 25일(기독탄신일)
10의2. 「공직선거법」 제34조에 따른 임기만료에 의한 선거의 선거일11. 기타 정부에서 수시 지정하는 날

> [시행일] **제55조 제2항의 개정규정은 다음 각 호의 구분에 따른 날부터 시행한다.**
> 1. **상시 300명 이상**의 근로자를 사용하는 사업 또는 사업장, 「공공기관의 운영에 관한 법률」 제4조에 따른 공공기관, 「지방공기업법」 제49조 및 같은 법 제76조에 따른 지방공사 및 지방공단, 국가 · 지방자치단체 또는 정부투자기관이 자본금의 2분의 1 이상을 출자하거나 기본재산의 2분의 1 이상을 출연한 기관 · 단체와 그 기관 · 단체가 자본금의 2분의 1 이상을 출자하거나 기본재산의 2분의 1 이상을 출연한 기관 · 단체, 국가 및 지방자치단체의 기관 : **2020년 1월 1일**
> 2. **상시 30명 이상 300명 미만**의 근로자를 사용하는 사업 또는 사업장 : **2021년 1월 1일**
> 3. **상시 5인 이상 30명 미만**의 근로자를 사용하는 사업 또는 사업장 : **2022년 1월 1일**

휴일이란 근로자가 사용자의 지휘명령으로부터 완전히 벗어나 근로를 제공하지 아니하는 날을 의미한다. 이러한 주휴일은 1주간 계속된 근로로 인해 발생한 근로자의 신체적, 정신적 피로를 회복시킴과 동시에 근로자의 사회적 또는 시민적 활동에 필요한 시간을 확보해 주려는데 취지가 있다.

10 연차유급휴가

(1) 연차유급휴가의 발생

> 근기법 제60조(연차 유급휴가)
>
> ① 사용자는 1년간 80퍼센트 이상 출근한 근로자에게 15일의 유급휴가를 주어야 한다.
>
> ② 사용자는 계속하여 근로한 기간이 1년 미만인 근로자 또는 1년간 80퍼센트 미만 출근한 근로자에게 1개월 개근 시 1일의 유급휴가를 주어야 한다.
>
> ③ **삭제 [2017. 11. 28.]** [시행일 2018. 5. 29.]
>
> ④ 사용자는 3년 이상 계속하여 근로한 근로자에게는 제1항에 따른 휴가에 최초 1년을 초과하는 계속 근로 연수 매 2년에 대하여 1일을 가산한 유급휴가를 주어야 한다. 이 경우 가산휴가를 포함한 총 휴가 일수는 25일을 한도로 한다.
>
> ⑤ 사용자는 제1항부터 제4항까지의 규정에 따른 휴가를 근로자가 청구한 시기에 주어야 하고, 그 기간에 대하여는 취업규칙 등에서 정하는 통상임금 또는 평균임금을 지급하여야 한다. 다만, 근로자가 청구한 시기에 휴가를 주는 것이 사업 운영에 막대한 지장이 있는 경우에는 그 시기를 변경할 수 있다.
>
> ⑥ **제1항 및 제2항을 적용하는 경우 다음 각 호의 어느 하나에 해당하는 기간은 출근한 것으로 본다.**
> 1. 근로자가 업무상의 부상 또는 질병으로 휴업한 기간
> 2. 임신 중의 여성이 제74조 제1항부터 제3항까지의 규정에 따른 휴가로 휴업한 기간
> 3. 「남녀고용평등과 일 · 가정 양립 지원에 관한 법률」 제19조 제1항에 따른 **육아휴직으로 휴업한 기간**
> 4. 「남녀고용평등과 일 · 가정 양립 지원에 관한 법률」 제19조의2 제1항에 따른 육아기 근로시간 단축을 사용하여 단축된 근로시간
> 5. 제74조 제7항에 따른 임신기 근로시간 단축을 사용하여 단축된 근로시간
>
> ⑦ 제1항부터 제4항까지의 규정에 따른 휴가는 1년간 행사하지 아니하면 소멸된다. 다만, 사용자의 귀책사유로 사용하지 못한 경우에는 그러하지 아니하다.

(2) 연차유급휴가의 사용촉진

근기법 제61조(연차 유급휴가의 사용 촉진)
사용자가 제60조 **제1항 · 제2항 및 제4항**에 따른 유급휴가(계속하여 근로한 기간이 1년 미만인 근로자의 제60조 제2항에 따른 유급휴가는 제외한다)의 사용을 촉진하기 위하여 다음 각 호의 조치를 하였음에도 불구하고 근로자가 휴가를 사용하지 아니하여 제60조 제7항 본문에 따라 소멸된 경우에는 사용자는 그 사용하지 아니한 휴가에 대하여 보상할 의무가 없고, 제60조 제7항 단서에 따른 사용자의 귀책사유에 해당하지 아니하는 것으로 본다.

1. 제60조 제7항 본문에 따른 기간이 끝나기 6개월 전을 기준으로 10일 이내에 사용자가 근로자별로 사용하지 아니한 휴가 일수를 알려주고, 근로자가 그 사용 시기를 정하여 사용자에게 통보하도록 서면으로 촉구할 것
2. 제1호에 따른 촉구에도 불구하고 근로자가 촉구를 받은 때부터 10일 이내에 사용하지 아니한 휴가의 전부 또는 일부의 사용 시기를 정하여 사용자에게 통보하지 아니하면 제60조 제7항 본문에 따른 기간이 끝나기 2개월 전까지 사용자가 사용하지 아니한 휴가의 사용 시기를 정하여 근로자에게 서면으로 통보할 것

② 사용자가 계속하여 근로한 기간이 1년 미만인 근로자의 제60조 제2항에 따른 유급휴가의 사용을 촉진하기 위하여 다음 각 호의 조치를 하였음에도 불구하고 근로자가 휴가를 사용하지 아니하여 제60조 제7항 본문에 따라 소멸된 경우에는 사용자는 그 사용하지 아니한 휴가에 대하여 보상할 의무가 없고, 같은 항 단서에 따른 사용자의 귀책사유에 해당하지 아니하는 것으로 본다.

1. 최초 1년의 근로기간이 끝나기 3개월 전을 기준으로 10일 이내에 사용자가 근로자별로 사용하지 아니한 휴가 일수를 알려주고, 근로자가 그 사용 시기를 정하여 사용자에게 통보하도록 서면으로 촉구할 것. 다만, 사용자가 서면 촉구한 후 발생한 휴가에 대해서는 최초 1년의 근로기간이 끝나기 1개월 전을 기준으로 5일 이내에 촉구하여야 한다.
2. 제1호에 따른 촉구에도 불구하고 근로자가 촉구를 받은 때부터 10일 이내에 사용하지 아니한 휴가의 전부 또는 일부의 사용 시기를 정하여 사용자에게 통보하지 아니하면 최초 1년의 근로기간이 끝나기 1개월 전까지 사용자가 사용하지 아니한 휴가의 사용 시기를 정하여 근로자에게 서면으로 통보할 것. 다만, 제1호 단서에 따라 촉구한 휴가에 대해서는 최초 1년의 근로기간이 끝나기 10일 전까지 서면으로 통보하여야 한다.

(3) 연차유급휴가 대체

근기법 제62조(유급휴가의 대체)
사용자는 **근로자대표와의 서면 합의**에 따라 제60조에 따른 연차 유급휴가일을 갈음하여 특정한 근로일에 근로자를 휴무시킬 수 있다.

동 규정은 경영여건 · 징검다리 근로일 · 명절전후 등 특정 근로일에 상당수 근로자를 휴무하게 하는 대신 그 날을 연차휴가일로 처리할 수 있도록 특례를 인정한 것으로 낮은 조업 성과에도 불구하고 미사용휴가수당 등의 임금을 지급하는 사용자의 부담을 줄이고, 연속되는 휴일을 즐기려는 근로자의 편의를 도모하기 위한 제도이다.

11 근로관계의 종료

(1) 해고 등의 제한

근기법 제23조(해고 등의 제한)

① 사용자는 근로자에게 **정당한 이유** 없이 해고, 휴직, 정직, 전직, 감봉, 그 밖의 징벌(懲罰)(이하 "부당해고 등"이라 한다)을 하지 못한다.

② 사용자는 근로자가 업무상 부상 또는 질병의 요양을 위하여 휴업한 기간과 그 후 30일 동안 또는 산전(産前)·산후(産後)의 여성이 이 법에 따라 휴업한 기간과 그 후 30일 동안은 해고하지 못한다. 다만, 사용자가 제84조에 따라 일시보상을 하였을 경우 또는 사업을 계속할 수 없게 된 경우에는 그러하지 아니하다.

해고란 근로계약 내지 근로관계를 장래에 향하여 종료케 하는 사용자의 일방적인 의사표시를 말한다. 이러한 해고는 근로자의 직장상실을 가져옴으로써 근로자의 생존권을 위협하는 문제가 있어 근기법은 "정당한 이유"없는 해고의 제한을 비롯하여 많은 제한규정을 두고 있다(해고제한법규).

(2) 경영상 이유에 의한 해고의 제한

근기법 제24조(경영상 이유에 의한 해고의 제한)

① 사용자가 경영상 이유에 의하여 근로자를 해고하려면 **긴박한 경영상의 필요**가 있어야 한다. 이 경우 **경영 악화를 방지하기 위한 사업의 양도·인수·합병은 긴박한 경영상의 필요가 있는 것으로 본다.**

② 제1항의 경우에 사용자는 **해고를 피하기 위한 노력**을 다하여야 하며, **합리적이고 공정한 해고의 기준**을 정하고 이에 따라 그 대상자를 선정하여야 한다. 이 경우 남녀의 성을 이유로 차별하여서는 아니 된다.

③ 사용자는 제2항에 따른 해고를 피하기 위한 방법과 해고의 기준 등에 관하여 그 사업 또는 사업장에 근로자의 과반수로 조직된 노동조합이 있는 경우에는 그 노동조합(근로자의 과반수로 조직된 노동조합이 없는 경우에는 근로자의 과반수를 대표하는 자를 말한다. 이하 "근로자대표"라 한다)에 **해고를 하려는 날의 50일 전까지 통보하고 성실하게 협의**하여야 한다.

④ 사용자는 제1항에 따라 대통령령으로 정하는 일정한 규모 이상의 인원을 해고하려면 대통령령으로 정하는 바에 따라 고용노동부장관에게 **신고**하여야 한다.

> 1. 상시 근로자수가 **99명 이하**인 사업 또는 사업장 : **10명 이상**
> 2. 상시 근로자수가 **100명 이상 999명 이하**인 사업 또는 사업장 : 상시 근로자 수의 **10퍼센트 이상**
> 3. 상시 근로자수가 **1,000명 이상** 사업 또는 사업장 : **100명 이상**

⑤ 사용자가 **제1항부터 제3항까지의 규정에 따른 요건을 갖추어 근로자를 해고한 경우에는** 제23조 제1항에 따른 **정당한 이유가 있는 해고를 한 것으로 본다.**

근기법 제25조(우선 재고용 등)

① 제24조에 따라 근로자를 해고한 사용자는 근로자를 해고한 날부터 3년 이내에 해고된 근로자가 해고 당시 담당하였던 업무와 같은 업무를 할 근로자를 채용하려고 할 경우 제24조에 따라 해고된 근로자가 원하면 그 근로자를 우선적으로 고용하여야 한다.

② 정부는 제24조에 따라 해고된 근로자에 대하여 생계안정, 재취업, 직업훈련 등 필요한 조치를 우선적으로 취하여야 한다.

(3) 해고의 절차적 제한

① 해고의 예고

> 근기법 제26조(해고의 예고)
> 사용자는 근로자를 해고(경영상 이유에 의한 해고를 포함한다)하려면 적어도 **30일 전에 예고**를 하여야 하고, 30일 전에 예고를 하지 아니하였을 때에는 **30일분 이상의 통상임금을 지급하여야** 한다. 다만, 다음 각 호의 어느 하나에 해당하는 경우에는 그러하지 아니하다.
> 1. 근로자가 계속 근로한 기간이 3개월 미만인 경우
> 2. 천재 · 사변, 그 밖의 부득이한 사유로 사업을 계속하는 것이 불가능한 경우
> 3. 근로자가 고의로 사업에 막대한 지장을 초래하거나 재산상 손해를 끼친 경우로서 고용노동부령으로 정하는 사유에 해당하는 경우

근기법은 갑작스런 해고로 생활기반을 상실하는 위험을 덜어 주고, 재취업기회를 보장하기 위하여 적어도 30일 전에 해고예고를 하여야 하고, 하지 않았을 경우 30일분 이상의 통상임금 지급(해고예고수당)하도록 규정하고 있다.

② 해고사유 등의 서면통지

> 근기법 제27조(해고사유 등의 서면통지)
> ① 사용자는 근로자를 해고하려면 **해고사유와 해고시기를 서면으로 통지**하여야 한다.
> ② 근로자에 대한 해고는 제1항에 따라 **서면으로 통지하여야 효력이 있다.**
> ③ 사용자가 제26조에 따른 **해고의 예고를 해고사유와 해고시기를 명시하여 서면으로 한 경우에는 제1항에 따른 통지를 한 것으로 본다.**

해고사유 등의 서면통지를 통해 사용자로 하여금 근로자를 해고하는 데 신중을 기하게 함과 아울러, 해고의 존부 및 시기와 그 사유를 명확하게 하여 사후에 이를 둘러싼 분쟁이 적정하고 용이하게 해결될 수 있도록 하고, 근로자에게도 해고에 적절히 대응할 수 있게 하기 위한 취지의 규정이다.

(4) 부당해고 등의 구제

① 구제신청

> 근기법 제28조(부당해고 등의 구제신청)
> ① 사용자가 근로자에게 **부당해고 등**을 하면 **근로자는 노동위원회에 구제를 신청**할 수 있다.
> ② 제1항에 따른 구제신청은 **부당해고 등이 있었던 날부터 3개월 이내**에 하여야 한다.

노동위원회를 통한 부당해고 등의 구제신청제도는 사용자의 부당해고 등에 대한 사법적 구제(민사소송)가 시간, 경비, 엄격한 절차 등으로 근로자가 이용하기 어렵기 때문에 간이 · 신속하고 경비가 소요되지 않는 행정적 구제절차를 이용할 수 있도록 하자는 취지의 제도이다.

② 조사 등

근기법 제29조(조사 등)

① 노동위원회는 제28조에 따른 구제신청을 받으면 **지체 없이 필요한 조사**를 하여야 하며 **관계 당사자를 심문하여야 한다.**

② 노동위원회는 제1항에 따라 심문을 할 때에는 관계 당사자의 **신청이나 직권으로 증인을 출석**하게 하여 필요한 사항을 질문할 수 있다.

③ 노동위원회는 제1항에 따라 심문을 할 때에는 관계 당사자에게 증거 제출과 증인에 대한 반대심문을 할 수 있는 충분한 기회를 주어야 한다.

④ 제1항에 따른 노동위원회의 조사와 심문에 관한 **세부절차는 「노동위원회법」에 따른 중앙노동위원회(이하 "중앙노동위원회"라 한다)가 정하는 바에 따른다.**

노동위원회는 구제신청을 받은 때에는 지체 없이 필요한 조사와 관계당사자를 심문하여야 하고, 심문을 할 때에는 관계 당사자의 신청이나 직권으로 증인을 출석하게 하여 필요한 사항을 질문할 수 있으며, 당사자에게 증거제출과 증인에 대한 반대심문의 충분한 기회를 주어야 한다.

③ 판정

근기법 제30조(구제명령 등)

① 노동위원회는 제29조에 따른 심문을 끝내고 부당해고 등이 성립한다고 판정하면 사용자에게 구제명령을 하여야 하며, 부당해고 등이 성립하지 아니한다고 판정하면 구제신청을 기각하는 결정을 하여야 한다.

시행령 제11조(구제명령의 이행기한)

「노동위원회법」에 따른 노동위원회(이하 "노동위원회"라 한다)는 법 제30조 제1항에 따라 사용자에게 구제명령(이하 "구제명령"이라 한다)을 하는 때에는 이행기한을 정하여야 한다. 이 경우 **이행기한은 구제명령을 한 날부터 30일 이내**로 한다.

② 제1항에 따른 판정, 구제명령 및 기각결정은 **사용자와 근로자에게 각각 서면으로 통지**하여야 한다.

③ 노동위원회는 제1항에 따른 구제명령(해고에 대한 구제명령만을 말한다)을 할 때에 **근로자가 원직복직(原職復職)을 원하지 아니하면** 원직복직을 명하는 대신 **근로자가 해고기간 동안 근로를 제공하였더라면 받을 수 있었던 임금 상당액 이상의 금품을 근로자에게 지급하도록 명할 수 있다.**

④ 노동위원회는 근로계약기간의 만료, 정년의 도래 등으로 근로자가 원직복직(해고 이외의 경우는 원상회복을 말한다)이 불가능한 경우에도 제1항에 따른 구제명령이나 기각결정을 하여야 한다. 이 경우 노동위원회는 부당해고등이 성립한다고 판정하면 근로자가 해고기간 동안 근로를 제공하였더라면 받을 수 있었던 임금 상당액에 해당하는 금품(해고 이외의 경우에는 원상회복에 준하는 금품을 말한다)을 사업주가 근로자에게 지급하도록 명할 수 있다. 〈신설 2021. 5. 18.〉

근기법 제31조(구제명령 등의 확정)

① 「노동위원회법」에 따른 지방노동위원회의 구제명령이나 기각결정에 불복하는 사용자나 근로자는 구제명령서나 기각결정서를 통지받은 날부터 **10일 이내에 중앙노동위원회에 재심**을 신청할 수 있다.

> ② 제1항에 따른 중앙노동위원회의 재심판정에 대하여 사용자나 근로자는 재심판정서를 송달받은 날부터 **15일 이내에 「행정소송법」의 규정에 따라 소(訴)를 제기**할 수 있다.
> ③ 제1항과 제2항에 따른 기간 이내에 재심을 신청하지 아니하거나 행정소송을 제기하지 아니하면 그 구제명령, 기각결정 또는 재심판정은 확정된다.

㉠ 판정의 종류

노동위원회는 심문을 끝내고 부당해고 등이 성립한다고 판정하면 사용자에게 구제명령을 하여야 하며, 부당해고 등이 성립하지 아니한다고 판정하면 구제신청을 기각하는 결정을 하여야 한다.

㉡ 구제명령 등의 확정

지방노동위원회의 구제명령이나 기각결정에 불복하는 사용자나 근로자는 구제명령서나 기각결정서를 통지받은 날부터 10일 이내에 중앙노동위원회에 재심을 신청할 수 있고(근기법 제31조 제1항) 중앙노동위원회의 재심판정에 대하여 사용자나 근로자는 재심판정서를 송달받은 날부터 15일 이내에 「행정소송법」의 규정에 따라 소(訴)를 제기할 수 있다(동조 제2항). 그러나 이들 기간 이내에 재심을 신청하지 아니하거나 행정소송을 제기하지 아니하면 그 구제명령, 기각결정 또는 재심판정은 확정된다.

㉢ 금전보상명령

노동위원회는 부당해고에 대한 구제명령(부당해고 등 ×)을 할 때에 근로자가 원직복직(原職復職)을 원하지 아니하면 원직복직을 명하는 대신 근로자가 해고기간 동안 근로를 제공하였더라면 받을 수 있었던 임금 상당액 이상의 금품을 근로자에게 지급하도록 명할 수 있다.

㉣ 구제명령 등의 이행확보 수단

> **근기법 제33조(이행강제금)**
> ① 노동위원회는 구제명령(구제명령을 내용으로 하는 재심판정을 포함한다. 이하 이 조에서 같다)을 받은 후 이행기한까지 구제명령을 이행하지 아니한 사용자에게 3천만 원 이하의 이행강제금을 부과한다.
> ② 노동위원회는 제1항에 따른 이행강제금을 부과하기 30일 전까지 이행강제금을 부과 · 징수한다는 뜻을 사용자에게 미리 문서로써 알려 주어야 한다.
> ③ 제1항에 따른 이행강제금을 부과할 때에는 이행강제금의 액수, 부과 사유, 납부기한, 수납기관, 이의제기방법 및 이의제기기관 등을 명시한 문서로써 하여야 한다.
> ④ 제1항에 따라 이행강제금을 부과하는 위반행위의 종류와 위반 정도에 따른 금액, 부과 · 징수된 이행강제금의 반환절차, 그 밖에 필요한 사항은 대통령령으로 정한다.
> ⑤ 노동위원회는 최초의 구제명령을 한 날을 기준으로 매년 2회의 범위에서 구제명령이 이행될 때까지 반복하여 제1항에 따른 이행강제금을 부과 · 징수할 수 있다. 이 경우 이행강제금은 2년을 초과하여 부과 · 징수하지 못한다.

> ⑥ 노동위원회는 구제명령을 받은 자가 구제명령을 이행하면 새로운 이행강제금을 부과하지 아니하되, 구제명령을 이행하기 전에 이미 부과된 이행강제금은 징수하여야 한다.
> ⑦ 노동위원회는 이행강제금 납부의무자가 납부기한까지 이행강제금을 내지 아니하면 기간을 정하여 독촉을 하고 지정된 기간에 제1항에 따른 이행강제금을 내지 아니하면 국세 체납처분의 예에 따라 징수할 수 있다.
> ⑧ 근로자는 구제명령을 받은 사용자가 이행기한까지 구제명령을 이행하지 아니하면 이행기한이 지난 때부터 15일 이내에 그 사실을 노동위원회에 알려줄 수 있다.

이행강제금제도는 노동위원회의 구제명령을 받은 사용자가 이행기한까지 구제명령을 이행하지 않을 경우 소정의 이행강제금을 부과하여 근로자를 신속하게 구제하고 노동위원회가 발령한 구제명령의 실효성을 보장하기 위함에 그 취지가 있다.

(5) 근로관계 종료 후의 근로자 보호

① 금품청산

㉠ 사용자는 근로자가 사망 또는 퇴직한 경우에는 그 지급 사유가 발생한 때부터 14일 이내에 임금, 보상금, 그 밖에 일체의 금품을 지급하여야 한다.

㉡ 다만, 특별한 사정이 있을 경우에는 당사자 사이의 합의에 의하여 기일을 연장할 수 있다.

㉢ 사용자는 근로자의 사망 또는 퇴직에 따라 지급해야 하는 임금 및 퇴직급여(일시금만 해당)의 전부 또는 일부를 그 지급사유가 발생한 날부터 14일 이내에 지급하지 않는 경우, 그 다음 날부터 지급하는 날까지의 지연일수에 대하여 연 20% 이율에 따른 지연이자를 지급해야 한다.

② 사용증명서교부

㉠ 사용자는 근로자가 퇴직한 후라도 사용 기간, 업무 종류, 지위와 임금, 그 밖에 필요한 사항에 관한 증명서를 청구하면 사실대로 적은 증명서를 즉시 내주어야 한다.

㉡ 사용증명서를 청구할 수 있는 자는 계속하여 30일 이상 근무한 근로자로 하되, 청구할 수 있는 기한은 퇴직 후 3년 이내로 한다.

㉢ 증명서에는 근로자가 요구한 사항만을 적어야 한다.

③ 취업방해금지

누구든지 근로자의 취업을 방해할 목적으로 비밀 기호 또는 명부를 작성 · 사용하거나 통신을 하여서는 아니 된다.

12 여성과 소년의 특별보호

(1) 여성과 소년에 대한 공통된 보호

① 갱내근로의 규제

사용자는 여성과 18세 미만인 자를 갱내(坑內)에서 근로시키지 못한다. 다만, 보건 · 의료, 보도 · 취재 등 대통령령으로 정하는 업무를 수행하기 위하여 일시적으로 필요한 경우에는 그러하지 아니하다.

② 유해 · 위험작업에의 사용규제

㉠ 사용자는 임신 중이거나 산후 1년이 지나지 아니한 여성(이하 "임산부"라 한다)과 18세 미만자를 도덕상 또는 보건상 유해 · 위험한 사업에 사용하지 못한다.

㉡ 사용자는 임산부가 아닌 18세 이상의 여성을 보건상 유해 · 위험한 사업 중 임신 또는 출산에 관한 기능에 유해 · 위험한 사업에 사용하지 못한다.

(2) 소년에 대한 특별보호

① 최저 취업연령의 제한

> 근기법 제64조(최저 연령과 취직인허증)
>
> ① **15세 미만인 자**(「초 · 중등교육법」에 따른 중학교에 재학 중인 18세 미만인 자를 포함한다)는 **근로자로 사용하지 못한다.** 다만, 대통령령으로 정하는 기준에 따라 고용노동부장관이 발급한 **취직인허증(就職認許證)을 지닌 자는 근로자로 사용**할 수 있다.
>
> ② 제1항의 취직인허증은 본인의 신청에 따라 의무교육에 지장이 없는 경우에는 **직종(職種)을 지정하여서만 발행**할 수 있다.
>
> ③ **고용노동부장관**은 **거짓이나 그 밖의 부정한 방법**으로 제1항 단서의 취직인허증을 발급받은 자에게는 그 인허를 **취소하여야 한다.**
>
> 시행령 제35조(취직인허증의 발급 등)
>
> ① 법 제64조에 따라 취직인허증을 받을 수 있는 자는 13세 이상 15세 미만인 자로 한다. 다만, 예술공연 참가를 위한 경우에는 13세 미만인 자도 취직인허증을 받을 수 있다.

성장과정에 있는 연소자의 정상적인 성장과 정신적 성숙을 위하여 중학교 수준의 의무교육기회를 반드시 부여하기 위하여 15세 미만인 자(「초 · 중등교육법」에 따른 중학교에 재학 중인 18세 미만인 자를 포함한다)는 원칙적으로 근로자로 사용을 금지한다.

② 연소자증명서의 비치

> 근기법 제66조(연소자 증명서)
>
> 사용자는 18세 미만인 자에 대하여는 그 연령을 증명하는 **가족관계기록사항에 관한 증명서와 친권자 또는 후견인의 동의서**를 사업장에 갖추어 두어야 한다.

사용자로 하여금 연소자의 연령을 확인케 함으로써 연소자보호에 관한 특별규정의 실효를 거두려는 취지에서 18세 미만자에 대해 그 연령을 증명하는 가족관계기록사항에 관한 증명서와 친권자 · 후견인의 동의서를 사업장에 갖추어야 한다.

③ **근로계약상의 보호**

㉠ 근로계약 대리 금지와 해지 및 근로조건 명시의무

> **근기법 제67조(근로계약)**
> ① 친권자나 후견인은 미성년자의 **근로계약을 대리할 수 없다.**
> ② **친권자, 후견인 또는 고용노동부장관**은 근로계약이 미성년자에게 **불리하다고 인정하는 경우**에는 이를 **해지할 수 있다.**
> ③ 사용자는 18세 미만인 자와 근로계약을 체결하는 경우에는 제17조에 따른 **근로조건을 서면으로 명시하여 교부하여야** 한다.

㉡ 독자적 임금청구가능

> **근기법 제68조(임금의 청구)**
> 미성년자는 독자적으로 임금을 청구할 수 있다

㉢ 근로시간에 대한 보호

> **근기법 제69조(근로시간)**
> 15세 이상 18세 미만인 자의 근로시간은 **1일에 7시간, 1주에 35시간**을 초과하지 못한다. 다만, **당사자 사이의 합의**에 따라 **1일에 1시간, 1주에 5시간을 한도로 연장**할 수 있다.

(3) 여성근로자에 대한 특별보호

① **생리휴가**

> **근기법 제73조(생리휴가)**
> 사용자는 **여성 근로자가 청구하면** 월 1일의 생리휴가를 주어야 한다(무급).

② **산전 · 후 휴가 및 유 · 사산휴가 등**

> **근기법 제74조(임산부의 보호)**
> ① 사용자는 임신 중의 여성에게 **출산 전과 출산 후를 통하여 90일**(미숙아를 출산한 경우에는 100일, 한 번에 둘 이상 자녀를 임신한 경우에는 120일)의 출산전후휴가를 주어야 한다. 이 경우 **휴가 기간의 배정은 출산 후에 45일**(한 번에 둘 이상 자녀를 임신한 경우에는 60일) **이상**이 되어야 하고, 미숙아의 범위, 휴가 부여 절차 등에 필요한 사항은 고용노동부령으로 정한다.

② 사용자는 임신 중인 여성 근로자가 유산의 경험 등 대통령령으로 정하는 사유로 제1항의 휴가를 청구하는 경우 **출산 전 어느 때라도** 휴가를 나누어 사용할 수 있도록 하여야 한다. 이 경우 출산 후의 **휴가 기간은 연속하여 45일**(한 번에 둘 이상 자녀를 임신한 경우에는 60일) **이상**이 되어야 한다.

시행령 제43조(유산 · 사산휴가의 청구 등)

① 법 제74조 제2항 전단에서 "대통령령으로 정하는 사유"란 다음 각 호의 어느 하나에 해당하는 경우를 말한다.

1. **임신한 근로자에게 유산 · 사산의 경험이 있는 경우**
2. 임신한 근로자가 출산전후휴가를 청구할 당시 연령이 **만 40세 이상인 경우**
3. 임신한 근로자가 **유산 · 사산의 위험이 있다는 의료기관의 진단서를 제출한 경우**

② 법 제74조 제3항에 따라 유산 또는 사산한 근로자가 유산 · 사산휴가를 청구하는 경우에는 휴가 청구 사유, 유산 · 사산 발생일 및 임신기간 등을 적은 유산 · 사산휴가 신청서에 의료기관의 진단서를 첨부하여 사업주에게 제출하여야 한다.

③ 사업주는 제2항에 따라 유산 · 사산휴가를 청구한 근로자에게 다음 각 호의 기준에 따라 유산 · 사산휴가를 주어야 한다.

1. 유산 또는 사산한 근로자의 임신기간(이하 "임신기간"이라 한다)이 15주 이내인 경우 : 유산 또는 사산한 날부터 10일까지
2. 삭제 〈2025. 2. 18.〉
3. 임신기간이 16주 이상 21주 이내인 경우 : 유산 또는 사산한 날부터 30일까지
4. 임신기간이 22주 이상 27주 이내인 경우 : 유산 또는 사산한 날부터 60일까지
5. 임신기간이 28주 이상인 경우 : 유산 또는 사산한 날부터 90일까지

③ 사용자는 임신 중인 여성이 유산 또는 사산한 경우로서 그 근로자가 청구하면 대통령령으로 정하는 바에 따라 **유산 · 사산 휴가**를 주어야 한다. 다만, 인공 임신중절 수술(「모자보건법」 제14조 제1항에 따른 경우는 제외한다)에 따른 유산의 경우는 그러하지 아니하다.

④ 제1항부터 제3항까지의 규정에 따른 **휴가 중 최초 60일(한 번에 둘 이상 자녀를 임신한 경우에는 75일)은 유급**으로 한다. 다만, 「남녀고용평등과 일 · 가정 양립 지원에 관한 법률」 제18조에 따라 출산전후휴가급여 등이 지급된 경우에는 그 금액의 한도에서 지급의 책임을 면한다.

⑤ 사용자는 **임신 중의 여성 근로자**에게 **시간외근로를 하게 하여서는 아니 되며**, 그 근로자의 **요구가 있는 경우에는 쉬운 종류의 근로로 전환하여야** 한다.

⑥ 사업주는 제1항에 따른 **출산전후휴가 종료 후에는 휴가 전과 동일한 업무 또는 동등한 수준의 임금을 지급하는 직무에 복귀시켜야** 한다.

⑦ 사용자는 **임신 후 12주 이내 또는 32주 이후에 있는 여성 근로자(고용노동부령으로 정하는 유산, 조산 등 위험이 있는 여성 근로자의 경우 임신 전 기간)가 1일 2시간의 근로시간 단축을 신청하는 경우 이를 허용하여야** 한다. 다만, **1일 근로시간이 8시간 미만인 근로자에 대하여는 1일 근로시간이 6시간이 되도록 근로시간 단축을 허용**할 수 있다.

⑧ 사용자는 제7항에 따른 근로시간 단축을 이유로 **해당 근로자의 임금을 삭감하여서는 아니 된다.**

⑨ 사용자는 임신 중인 여성 근로자가 1일 소정근로시간을 유지하면서 업무의 시작 및 종료 시각의 변경을 신청하는 경우 이를 허용하여야 한다. 다만, 정상적인 사업 운영에 중대한 지장을 초래하는 경우 등 대통령령으로 정하는 경우에는 그러하지 아니하다.

⑩ 제7항에 따른 근로시간 단축의 신청방법 및 절차, 제9항에 따른 업무의 시작 및 종료 시각 변경의 신청방법 및 절차 등에 관하여 필요한 사항은 대통령령으로 정한다.

③ 태아검진 시간 및 육아시간

> 근기법 제74조의2 (태아검진 시간의 허용 등)
> ① 사용자는 임신한 여성근로자가 「모자보건법」 제10조에 따른 임산부 정기건강 진단을 받는데 필요한 시간을 청구하는 경우 이를 허용하여 주어야 한다.
> ② 사용자는 제1항에 따른 건강진단 시간을 이유로 그 근로자의 **임금을 삭감하여서는 아니 된다.**
>
> 근기법 제75조(육아 시간)
> **생후 1년 미만의 유아(乳兒)를 가진 여성 근로자**가 청구하면 **1일 2회 각각 30분 이상의 유급 수유 시간**을 주어야 한다.

13 재해보상

(1) 의의

원칙적으로 업무상 재해가 발생할 경우 산업재해보상법에 따라 보상을 받게 되지만, 산재보험의 적용사업이 아닐 경우 근로기준법상 재해보상에 따라 보상을 받을 수 있다.

(2) 재해보상의 종류와 내용

① **요양보상**

근로자가 업무상 부상 또는 질병에 걸리면 사용자는 그 비용으로 필요한 요양을 행하거나(현물급부) 필요한 요양비를 부담(현금급부)하여야 한다.

㉠ 발생요건

업무상 부상 또는 질병으로 요양이 필요한 경우

㉡ 보상내용

사용자가 그 비용으로 필요한 요양을 행하거나 필요한 요양비를 부담

㉢ 보상시기

매월 1회 이상

② **휴업보상**

사용자는 요양 중에 있는 근로자에게 그 근로자의 요양 중 평균임금의 100분의 60의 휴업보상을 하여야 한다.

㉠ 발생요건

업무상 부상 또는 질병으로 요양을 위해 휴업한 경우

㉡ 보상내용

평균임금의 100분의 60, 단 임금의 일부를 지급받은 경우 그 금액을 뺀 금액의 100분의 60

㉢ 보상예외

근로자의 중대한 과실 + 사용자가 근로자의 과실에 대하여 노동위원회의 인정을 받을 경우

㉣ 보상시기

매월 1회 이상

③ **장해보상**

근로자가 업무상 부상 또는 질병에 걸리고, 완치된 후 신체에 장해가 있으면 사용자는 그 장해 정도에 따라 평균임금에 별표에서 정한 일수를 곱한 금액의 장해보상을 하여야 한다.

㉠ 발생요건

부상 또는 질병의 완치 후 신체에 장해가 있는 경우

㉡ 보상내용

평균임금에 별표에서 정한 일수를 곱한 금액

㉢ 보상예외

근로자의 중대한 과실 + 노동위원회의 인정이 있을 경우

㉣ 지급시기

완치된 후 지체 없이

④ **유족보상**

근로자가 업무상 사망한 경우에는 사용자는 근로자가 사망한 후 지체 없이 그 유족에게 평균임금 1,000일분의 유족보상을 하여야 한다.

㉠ 발생요건

업무상 사망한 경우

㉡ 보상내용

유족에게 평균임금 1000일분 지급

㉢ 보상시기

사망한 후 지체 없이

⑤ **장례비**

근로자가 업무상 사망한 경우에는 사용자는 근로자가 사망한 후 지체 없이 평균임금 90일분의 장례비를 지급하여야 한다.

㉠ 발생요건

업무상 사망한 경우

㉡ 보상내용

평균임금 90일분

㉢ 보상시기

사망한 후 지체 없이

(3) 재해보상의 지급방법

① **일시보상**

보상을 받는 근로자가 요양을 시작한 지 2년이 지나도 부상 또는 질병이 완치되지 아니하는 경우에는 사용자는 그 근로자에게 평균임금 1,340일분의 일시보상을 하여 그 후의 이 법에 따른 모든 보상책임을 면할 수 있다.

㉠ 지급요건

요양보상의 경우 요양을 시작한 지 2년이 지나도 부상 또는 질병이 완치되지 않은 경우

㉡ 지급액

평균임금의 1,340일분

㉢ 일시보상의 효과

근로기준법에 따른 모든 보상책임 면함

② **분할보상**

사용자는 지급 능력이 있는 것을 증명하고 보상을 받는 자의 동의를 받으면 제80조(장해보상), 제82조(유족보상) 또는 제84조에 따른 보상금(일시보상금)을 1년에 걸쳐 분할보상을 할 수 있다.

㉠ 지급요건

사용자의 지급능력 있는 것이 증명 + 보상받을 자의 동의

㉡ 분할보상의 대상

장해보상, 유족보상, 일시보상에 따른 보상금

㉢ 분할방법

1년에 걸쳐 분할 보상 가능

(4) 보상청구권의 보호 및 다른 손해배상과의 관계

근기법 제86조(보상 청구권)
보상을 받을 권리는 **퇴직으로 인하여 변경되지 아니하고, 양도나 압류하지 못한다.**

근기법 제87조(다른 손해배상과의 관계)
보상을 받게 될 사람이 동일한 사유에 대하여 「민법」이나 그 밖의 법령에 따라 이 법의 재해보상에 상당한 금품을 받으면 그 가액(價額)의 한도에서 사용자는 보상의 책임을 면한다.

14 근로감독관

(1) 근로감독관의 설치

근기법 제101조(감독 기관)
① 근로조건의 기준을 확보하기 위하여 **고용노동부와 그 소속 기관**에 **근로감독관을 둔다.**
② 근로감독관의 자격, 임면(任免), 직무 배치에 관한 사항은 대통령령으로 정한다.

(2) 근로감독관의 권한

근기법 제102조(근로감독관의 권한)
① 근로감독관은 사업장, 기숙사, 그 밖의 부속 건물을 **현장조사하고 장부와 서류의 제출을 요구할 수 있으며 사용자와 근로자에 대하여 심문(尋問)**할 수 있다.
② **의사인 근로감독관이나 근로감독관의 위촉을 받은 의사**는 취업을 금지하여야 할 질병에 걸릴 의심이 있는 **근로자에 대하여 검진**할 수 있다.
③ 제1항 및 제2항의 경우에 근로감독관이나 그 위촉을 받은 의사는 그 신분증명서와 고용노동부장관의 **현장조사 또는 검진지령서(檢診指令書)를 제시**하여야 한다.
④ 제3항의 **현장조사 또는 검진지령서에는 그 일시, 장소 및 범위를 분명하게 적어야** 한다.
⑤ 근로감독관은 이 법이나 그 밖의 노동관계 법령 위반의 죄에 관하여「사법경찰관리의 직무를 행할 자와 그 직무범위에 관한 법률」에서 정하는 바에 따라 사법경찰관의 직무를 수행한다.

근기법 제105조(사법경찰권 행사자의 제한)
이 법이나 그 밖의 노동관계 법령에 따른 현장조사, 서류의 제출, 심문 등의 수사는 검사와 근로감독관이 전담하여 수행한다. 다만, **근로감독관의 직무에 관한 범죄의 수사는 그러하지 아니하다.**

(3) 근로감독관의 의무

근기법 제103조(근로감독관의 의무)
근로감독관은 **직무상 알게 된 비밀을 엄수**하여야 한다. 근로감독관을 **그만 둔 경우에도** 또한 같다.

제2절 최저임금법

❶ 총칙

구분		내용
정의		**"근로자", "사용자"** 및 **"임금"**은 근로기준법과 동일함
적용 범위	원칙	① **모든 사업 또는 사업장** ※ 주의 : 상시 1인 이상 (×) ② **외국인근로자**에게도 적용
	제외	① **동거하는 친족만을 사용하는 사업** ② **가사(家事) 사용인** ③ **선원법의 적용을 받는 선원과 선원을 사용하는 선박의 소유자** ④ **정신장애나 신체장애로 근로능력이 현저히 낮은 사람으로서 사용자가 고용노동부장관의 인가를 받은 사람** ※ 주의 : 감시 · 단속적 근로자는 적용됨

❷ 최저임금의 결정

구분		내용
결정 기준		**근로자의 생계비, 유사 근로자의 임금, 노동생산성 및 소득분배율** 등을 고려하여 정함
구분		① **사업의 종류별로 구분하여 정할 수 있음(지역별 ×)** ② 사업의 종류별 구분은 **최저임금위원회의 심의**를 거쳐 **고용노동부장관이 정함**
최저 임금액	표시	① 최저임금액은 **시간 · 일(日) · 주(週) 또는 월(月)을 단위로 하여 정함** ② 이 경우 **일 · 주 또는 월을 단위로 하여 최저임금액을 정할 때에는 시간급(時間給)으로도 표시하여야 함** ③ 임금이 **도급제**나 이와 비슷한 형태인 경우 해당근로자의 **생산고 또는 업적의 일정단위**에 의하여 최저임저임금액을 결정
	감액	③ **1년 이상의 기간을 정하여 근로계약을 체결**하고 수습 중에 있는 근로자로서 **수습을 시작한 날부터 3개월 이내인 사람 → 시간급 최저임금액에서 100분의 10을 뺀 금액** ④ 다만, **단순노무업무로 고용노동부장관이 정하여 고시한 직종에 종사하는 근로자는 제외**

❸ 최저임금의 효력

구분	내용
지급 의무	① 최저임금의 적용을 받는 근로자에게 **최저임금액 이상의 임금을 지급하여야 한다. → 위반시 3년 이하의 징역 또는 2천만 원 이하의 벌금 →** 징역과 벌금은 **병과**(倂科)가능 ② **반드시 실제 근무한 매시간에 대해 최저임금액 이상의 임금을 지급해야 하는 것은 아니고,** 근로자와 근로계약에서 정한 임금산정 기준기간 내에 평균적인 임금을 지급하면 됨 ③ 최저임금산입에 산입되지 않는 임금을 임금범위에 산입하여 **최저임금에 미달하는 부분을 보전하기로 한 약정은 무효**

저하 금지	사용자는 최저임금을 이유로 **종전의 임금수준을 낮추어서는 아니 된다.** → **위반시 3년 이하의 징역 또는 2천만 원 이하의 벌금** → 징역과 벌금은 **병과**(倂科)가능
미달부분 무효	① 근로계약 중 **최저임금액에 미치지 못하는 금액을 임금으로 정한 부분은 무효** ② **무효로 된 부분은 최저임금액과 동일한 임금을 지급하기로 한 것으로 봄**
최저임금 강제 예외	① **근로자**가 **자기의 사정**으로 소정근로시간 또는 소정의 근로일의 **근로를 하지 아니한 경우** ② **사용자**가 **정당한 이유**로 근로자에게 소정근로시간 또는 소정의 근로일의 **근로를 시키지 아니한 경우**
도급사업 특칙	① 도급사업에서 도급인이 책임져야 할 사유로 수급인이 근로자에게 최저임금액에 미치지 못하는 임금을 지급한 경우 **도급인은 해당 수급인과 연대(連帶)하여 책임**짐 ② 도급인이 책임져야 할 사유의 범위 - 도급인이 도급계약 체결 당시 **인건비 단가를 최저임금액에 미치지 못하는 금액으로 결정하는 행위** - 도급인이 도급계약 기간 중 **인건비 단가를 최저임금액에 미치지 못하는 금액으로 낮춘 행위**
판례	① 통상임금이 최저임금액보다 적은 경우에도 통상임금 자체가 최저임금액의 최하한으로 볼 수 없음 ② 통상임금이 최저임금액보다 적은 경우에는 최저임금법에서 정한 시급 최저임금액을 기준으로 연장근로수당 및 야간근로수당을 산정하여야 한다. (×)

❹ 최저임금의 결정절차

심의 요청	**고용노동부 장관은 매년 3월 31일까지** 최저임금위원회에 최저임금에 관한 심의를 요청하여야 함
제출	최저임금위원회는 심의 요청을 받은 날부터 90일 이내에 고용노동부장관에게 제출하여야 함(재적위원 과반수 출석과 출석위원 과반수 찬성)
고시/ 이의제기	① 장관은 제출받은 최저임금안을 지체없이 고시하여야 함 ② 근로자를 대표하는 자나 사용자를 대표하는 자는 고시한 날부터 **10일 이내**에 장관에게 이의제기 가능
재심의/ 재의결	① 장관은 제출한 안에 따라 최저임금을 **결정하기 어렵다고 인정**되거나, **이의제기가 이유 있다고 인정**되면 **20일** 이내에 **10일 이상**의 기간을 정하여 재심의 요청가능 ② 위원회는 기간 내 재심의 결과를 장관에게 제출하여야 함 ③ **재적위원 과반수의 출석과 출석위원 3분의 2 이상의 찬성**으로 당초의 최저임금안을 재의결한 경우에는 그에 따라 최저임금을 결정하여야 함
결정	① **고용노동부장관**은 **매년 8월 5일**까지 최저임금을 결정하여야 함 ② 최저임금을 결정한 때에는 **지체 없이 그 내용을 고시하여야 함**
효력 발생	① 고시된 최저임금은 **다음 연도 1월 1일부터 효력이 발생** ② 다만, 고용노동부장관은 사업의 종류별로 **효력발생 시기를 따로 정할 수 있음**
주지 의무	① 사용자는 **해당 최저임금을 그 사업의 근로자가 쉽게 볼 수 있는 장소에 게시하거나 그 외의 적당한 방법으로 근로자에게 널리 알려야 함** ② 주지내용 - 적용을 받는 근로자의 **최저임금액** - 최저임금에 **산입하지 아니하는 임금** - 최저임금의 **적용을 제외할 근로자의 범위**(정신장애나 신체장애) - 최저임금의 **효력발생 연월일**

❺ 최저임금위원회

설치	최저임금에 관한 중요사항을 심의하기 위하여 **고용노동부**에 둠 ※ 대통령 직속 (×)
구성	① **근로자위원, 사용자위원, 공익위원 각각 9명** ② **2명의 상임위원**을 두며, **상임위원은 공익위원이 됨**
임기	① 위원의 **임기는 3년**으로 하되, **연임**할 수 있음 ② 위원이 **궐위(闕位)되면 그 보궐위원의 임기는 전임자(前任者) 임기의 남은 기간** ③ 궐위된 날부터 **30일내** 후임자 위촉 · 임명 ④ **잔여임기가 1년 미만**인 경우는 위촉 · 임명 아니할 수 있음
위원장/ 부위원장	① 위원장과 부위원장 **각 1명을 둠** ② **공익위원 중에서 위원회가 선출** ③ 위원장은 위원회의 사무를 총괄하며 위원회를 대표 ④ 위원장이 직무를 수행할 수 없을 때에는 부위원장이 직무를 대행
위원 수당	위원회 및 전문위원회의 위원에게는 **수당과 여비 지급가능**

제3절 남녀고용평등과 일·가정 양립 지원에 관한 법률

❶ 총칙

<table>
<tr><td>목적</td><td colspan="2">「대한민국헌법」의 평등이념에 따라 ① 고용에서 남녀의 평등한 기회와 대우를 보장하고 ② 모성 보호와 여성 고용을 촉진하여 남녀고용평등을 실현함과 아울러 ③ 근로자의 일과 가정의 양립을 지원함으로써 ④ 모든 국민의 삶의 질 향상에 이바지하는 것을 목적으로 함</td></tr>
<tr><td>적용대상</td><td colspan="2">"근로자"란 사업주에게 고용된 자와 취업할 의사를 가진 자</td></tr>
<tr><td rowspan="2">적용범위</td><td>원칙</td><td>모든 사업 또는 사업장</td></tr>
<tr><td>적용제외</td><td>① 동거의 친족만을 사용하는 사업 또는 사업장
② 가사사용인</td></tr>
<tr><td>입증책임</td><td colspan="2">사업주가 부담</td></tr>
<tr><td rowspan="2">책무</td><td>국가 · 지자체</td><td>여성의 직업능력 개발 및 고용 촉진을 지원 등</td></tr>
<tr><td>근로자 · 사업주</td><td>① 근로자는 남녀가 동등하게 존중받는 직장문화 조성에 노력
② 사업주는 남녀고용평등 방해관행과 제도 개선 및 능력을 발휘할 수 있는 근로환경 조성 노력</td></tr>
<tr><td rowspan="4">기본계획 수립</td><td>주체</td><td>고용노동부장관은 남녀고용평등 실현과 일 · 가정의 양립에 관한 기본계획을 5년마다 수립하여야 함</td></tr>
<tr><td>포함내용</td><td>1. 여성취업의 촉진에 관한 사항
2. 남녀의 평등한 기회보장 및 대우에 관한 사항
3. 동일 가치 노동에 대한 동일 임금 지급의 정착에 관한 사항
4. 여성의 직업능력 개발에 관한 사항
5. 여성 근로자의 모성 보호에 관한 사항
6. 일 · 가정의 양립 지원에 관한 사항
7. 여성 근로자를 위한 복지시설의 설치 및 운영에 관한 사항
8. 직전 기본계획에 대한 평가
9. 그 밖에 남녀고용평등의 실현과 일 · 가정의 양립 지원을 위하여 고용노동부장관이 필요하다고 인정하는 사항</td></tr>
<tr><td>자료요청</td><td>고용노동부장관은 관계 행정기관 또는 공공기관의 장에게 기본계획 수립에 필요한 자료의 제출을 요청가능</td></tr>
<tr><td>보고</td><td>기본계획을 수립한 때에는 지체 없이 소관 상임위원회(환노위)에 보고하여야 함</td></tr>
<tr><td>실태 조사</td><td colspan="2">고용노동부장관은 사업 또는 사업장의 남녀차별개선, 모성보호, 일 · 가정의 양립 실태를 파악하기 위하여 5명 이상의 사업장을 대상으로 매년 1회 정기적으로 조사하여야 함</td></tr>
</table>

❷ 차별금지

정의	직접차별	**사업주가 근로자에게 성별, 혼인, 가족 안에서의 지위, 임신 또는 출산 등의 사유**로 **합리적인 이유 없이 채용 또는 근로의 조건을 다르게 하거나 그 밖의 불리한 조치를 하는 경우**
	간접차별	사업주가 채용조건이나 근로조건은 **동일하게 적용하더라도** 그 **조건을 충족할 수 있는 남성 또는 여성이 다른 한 성(性)에 비하여 현저히 적고 그에 따라 특정 성에게 불리한 결과를 초래**하며 그 조건이 **정당한 것임을 증명할 수 없는 경우**
	합리적 이유 유(有)	① 직무의 성격에 비추어 **특정 성이 불가피하게 요구되는 경우** ② 여성 근로자의 임신 · 출산 · 수유 등 **모성보호를 위한 조치**를 하는 경우 ③ **적극적 고용개선조치**를 하는 경우(현존하는 차별을 해소하기 위한 잠정적 조치)
차별 금지 영역	모집 · 채용	① **사업주는 근로자를 모집하거나 채용할 때** 남녀를 차별하여서는 아니 된다. ② 사업주는 근로자에 대해 그 **직무의 수행에 필요하지 아니한** 용모 · 키 · 체중 등의 신체적 조건, 미혼 조건 등을 제시하거나 요구하여서는 아니 된다.
	임금	① **동일한 사업 내의 동일 가치 노동에 대하여는 동일한 임금을 지급하여야 한다.** ② 동일 가치 노동의 기준은 **기술, 노력, 책임 및 작업 조건** 등으로 하고, 그 기준을 정할 때에는 노사협의회의 근로자를 대표하는 위원의 의견을 들어야 한다. ③ **임금차별을 목적**으로 설립한 **별개의 사업은 동일한 사업**으로 본다.
	임금 외 금품	사업주는 임금 외에 **근로자의 생활을 보조하기 위한 금품의 지급 또는 자금의 융자 등 복리후생**에서 남녀를 차별하여서는 아니 된다.
	교육 · 배치 및 승진	근로자의 **교육 · 배치 및 승진**에서 남녀 차별금지
	정년 · 퇴직 및 해고	① 근로자의 **정년 · 퇴직 및 해고에서 남녀 차별금지** ② 여성 근로자의 **혼인, 임신 또는 출산을 퇴직 사유로 예정하는 근로계약을 체결금지**
시정 신청	신청 시기	① 근로자는 사업주로부터 차별적 처우 등을 받은 경우 「노동위원회법」 제1조에 따른 노동위원회에 그 시정을 신청할 수 있다. ② 다만, 차별적 처우 등을 받은 날(제1호 및 제3호에 따른 차별적 처우 등이 계속되는 경우에는 그 종료일)부터 6개월이 지난 때에는 그러하지 아니하다.
	차별적 처우 등	① 모집과 채용에서의 차별(제7조부터 제11조까지) ② 사업주는 직장내 성희롱 신고에 따른 조사 결과 직장 내 성희롱 발생 사실이 확인되었음에도 피해근로자의 요청에도 불구하고 근무장소의 변경, 배치전환, 유급휴가 명령 등 적절한 조치를 하지 않은 경우(제14조 제4항) ③ 사업주가 고객 등 업무와 밀접한 관련이 있는 사람이 업무수행 과정에서 성적인 언동 등을 통하여 근로자에게 성적 굴욕감 또는 혐오감 등을 느끼게 하여 해당 근로자가 그로 인한 고충 해소를 요청하였음에도 근무 장소 변경, 배치전환, 유급휴가의 명령 등 적절한 조치를 하지 아니한 경우(제14조의2 제1항) ④ 사업주가 성희롱 발생 사실을 신고한 근로자 및 피해근로자등에게 해고 등의 불리한 처우를 한 경우(제14조 제6항) ⑤ 근로자가 성적인 피해를 주장하거나 고객 등으로부터의 성적 요구 등에 따르지 아니하였다는 것을 이유로 사업주가 해고나 그 밖의 불이익한 조치를 한 경우(제14조의2 제2항)
	신청방법	근로자가 시정신청을 하는 경우에는 차별적 처우 등의 내용을 구체적으로 명시하여야 한다.

조사/심문	① 노동위원회는 시정신청을 받은 때에는 지체 없이 필요한 조사와 관계 당사자에 대한 심문을 하여야 한다. ② 노동위원회는 심문을 하는 때에는 관계 당사자의 신청 또는 직권으로 증인을 출석하게 하여 필요한 사항을 질문할 수 있다. ③ 노동위원회는 심문을 할 때에는 관계 당사자에게 증거의 제출과 증인에 대한 반대심문을 할 수 있는 충분한 기회를 주어야 한다.
조정/중재	① 노동위원회는 심문 과정에서 관계 당사자 쌍방 또는 일방의 신청이나 직권으로 조정(調停)절차를 개시할 수 있고, 관계 당사자가 미리 노동위원회의 중재(仲裁)결정에 따르기로 합의하여 중재를 신청한 경우에는 중재를 할 수 있다. ② 조정 또는 중재의 신청은 시정신청을 한 날부터 14일 이내에 하여야 한다. 다만, 노동위원회가 정당한 사유로 그 기간에 신청할 수 없었다고 인정하는 경우에는 14일 후에도 신청할 수 있다. ③ 노동위원회는 조정 또는 중재를 하는 경우 관계 당사자의 의견을 충분히 들어야 한다. ④ 노동위원회는 특별한 사유가 없으면 조정절차를 개시하거나 중재신청을 받은 날부터 60일 이내에 조정안을 제시하거나 중재결정을 하여야 한다. ⑤ 노동위원회는 관계 당사자 쌍방이 조정안을 받아들이기로 한 경우에는 조정조서를 작성하여야 하고, 중재결정을 한 경우에는 중재결정서를 작성하여야 한다. ⑥ 조정조서에는 관계 당사자와 조정에 관여한 위원 전원이 서명 또는 날인을 하여야 하고, 중재결정서에는 관여한 위원 전원이 서명 또는 날인을 하여야 한다. ⑦ 조정 또는 중재결정은 「민사소송법」에 따른 재판상 화해와 동일한 효력을 갖는다.
시정명령 등	① 노동위원회는 조사 · 심문을 끝내고 차별적 처우등에 해당된다고 판정한 때에는 해당 사업주에게 시정명령을 하여야 하고, 차별적 처우등에 해당하지 아니한다고 판정한 때에는 그 시정신청을 기각하는 결정을 하여야 한다. ② 판정, 시정명령 또는 기각결정은 서면으로 하되, 그 이유를 구체적으로 명시하여 관계 당사자에게 각각 통보하여야 한다. 이 경우 시정명령을 하는 때에는 시정명령의 내용 및 이행기한 등을 구체적으로 적어야 한다.
불복/확정	① 「노동위원회법」에 따른 지방노동위원회의 시정명령 또는 기각결정에 불복하는 관계 당사자는 시정명령서 또는 기각결정서를 송달받은 날부터 10일 이내에 중앙노동위원회에 재심을 신청할 수 있다. ② 중앙노동위원회의 재심결정에 불복하는 관계 당사자는 재심결정서를 송달받은 날부터 15일 이내에 행정소송을 제기할 수 있다. ③ 10일 이내에 재심을 신청하지 아니하거나 15일내에 행정소송을 제기하지 아니한 때에는 그 시정명령, 기각결정 또는 재심결정은 확정된다.
합리적 이유 유(有)	① 직무의 성격에 비추어 **특정 성이 불가피하게 요구되는 경우** ② 여성 근로자의 임신 · 출산 · 수유 등 **모성보호를 위한 조치**를 하는 경우 ③ **적극적 고용개선조치**를 하는 경우(현존하는 차별을 해소하기 위한 잠정적 조치)

❸ 직장 내 성희롱의 금지 및 예방

정의	직장 내 성희롱	**사업주 · 상급자 또는 근로자**가 **직장 내의 지위를 이용**하거나 **업무와 관련**하여 다른 근로자에게 **성적 언동 등으로 성적 굴욕감 또는 혐오감**을 느끼게 하거나 **성적 언동 또는 그 밖의 요구 등에 따르지 아니하였다는 이유로 근로조건 및 고용에서 불이익**을 주는 것
	성적 동기	반드시 **성적동기나 의도**가 있어야 하는 것은 아니고, 일반적이고도 평균적인 사람이 성적 굴욕감이나 혐오감을 느꼈음이 인정되면 그것으로 충분
주체	규제 대상	① **사업주 · 상급자 또는 근로자**(동료, 하급자 포함) ② 거래처 직원이나 고객 등 외부인 ×
	보호 대상	① 사업장내의 모든 근로자 ② 모집 · 채용과정에 있는 구직자도 포함
예방 교육	교육 주체	① 사업주가 매년 실시하여야 함 ② **파견근로자의 경우 사용사업주가 사업주** ③ 교육내용 게시 및 주지의무 ④ 직장 내 성희롱 예방을 위한 교육을 **연 1회 이상** 실시
	교육 대상	**사업주 및 근로자**는 성희롱 예방 교육을 받아야 한다.
	교육 내용	① **예방 교육**에는 다음 각 호의 **내용이 포함되어야** 한다. 1. **직장 내 성희롱에 관한 법령** 2. **해당 사업장의 직장 내 성희롱 발생 시의 처리 절차와 조치 기준** 3. **해당 사업장의 직장 내 성희롱 피해 근로자의 고충상담 및 구제 절차** 4. **그 밖에 직장 내 성희롱 예방에 필요한 사항** ② 사업주는 **성희롱 예방 교육의 내용**을 근로자가 자유롭게 열람할 수 있는 장소에 **항상 게시**하거나 **갖추어 두어** 근로자에게 **널리 알려야** 한다.
	사이버 교육	① 사업규모나 특성을 고려하여 **직원연수 · 조회 · 회의, 인터넷 등 정보통신망**을 이용한 **사이버 교육** 등을 실시할 수 있다. ② 다만, **단순히 교육자료 등을 배포 · 게시하거나 전자우편을 보내거나 게시판에 공지하는 데 그치는 등** 근로자에게 교육 내용이 제대로 전달되었는지 **확인하기 곤란한 경우**에는 예방 교육을 한 것으로 보지 아니한다.
	홍보물 게시 배포	다음의 어느 하나에 해당하는 사업의 사업주는 교육내용을 근로자가 알 수 있도록 **교육자료 또는 홍보물을 게시하거나 배포하는 방법으로 직장 내 성희롱 예방 교육을 할 수** 있다. 1. **상시 10명 미만**의 근로자를 고용하는 사업 2. 사업주 및 근로자 모두가 남성 또는 여성 중 **어느 한 성(性)으로 구성된 사업**
	위탁 교육	① 고용노동부**장관이 지정하는 기관**에 위탁교육 가능 ② 성희롱 예방 교육기관은 고용노동부령으로 정하는 기관 중에서 지정하되, 고용노동부령으로 정하는 강사를 1명 이상 두어야 한다. ③ 고용노동부장관은 **성희롱 예방 교육기관**이 다음 각 호의 어느 하나에 해당하면 그 **지정을 취소할 수 있다.** 1. **거짓이나 그 밖의 부정한 방법**으로 지정을 받은 경우 2. 정당한 사유 없이 **강사를 3개월 이상** 계속하여 두지 아니한 경우 3. **2년 동안** 직장 내 성희롱 예방 교육 실적이 없는 경우

<table>
<tr><td rowspan="3">발생시 조치</td><td>신고</td><td>누구든지 직장 내 성희롱 발생 사실을 알게 된 경우 해당 사업주에게 신고할 수 있다.</td></tr>
<tr><td>보호</td><td>① 사업주는 신고를 받거나 직장 내 성희롱 발생 사실을 알게 된 경우에는 지체 없이 그 사실 확인을 위한 조사를 하여야 한다.
② 이 경우 사업주는 직장 내 성희롱과 관련하여 피해를 입은 근로자 또는 피해를 입었다고 주장하는 근로자가 조사 과정에서 성적 수치심 등을 느끼지 아니하도록 하여야 한다.
③ 사업주는 조사 기간 동안 피해근로자등을 보호하기 위하여 필요한 경우 해당 피해근로자등에 대하여 근무장소의 변경, 유급휴가 명령 등 적절한 조치를 하여야 한다. 이 경우 사업주는 피해근로자등의 의사에 반하는 조치를 하여서는 아니 된다.</td></tr>
<tr><td>조치</td><td>① 사업주는 조사결과 직장 내 성희롱 발생 사실이 확인된 때에는 피해근로자가 요청하면 근무장소의 변경, 배치전환, 유급휴가 명령 등 적절한 조치를 하여야 한다.
② 사업주는 조사 결과 직장 내 성희롱 발생 사실이 확인된 때에는 지체 없이 직장 내 성희롱 행위를 한 사람에 대하여 징계, 근무장소의 변경 등 필요한 조치를 하여야 한다. 이 경우 사업주는 징계 등의 조치를 하기 전에 그 조치에 대하여 직장 내 성희롱 피해를 입은 근로자의 의견을 들어야 한다.</td></tr>
<tr><td>발생시 조치</td><td>고객 등의 성희롱</td><td>① 사업주는 고객 등 업무와 밀접한 관련이 있는 사람이 업무수행 과정에서 성적인 언동 등을 통하여 근로자에게 성적 굴욕감 또는 혐오감 등을 느끼게 하여 해당 근로자가 그로 인한 고충 해소를 요청할 경우 근무 장소 변경, 배치전환, 유급휴가의 명령 등 적절한 조치를 하여야 한다.
② 사업주는 근로자가 피해를 주장하거나 고객 등으로부터의 성적 요구 등에 따르지 아니하였다는 것을 이유로 해고나 그 밖의 불이익한 조치를 하여서는 아니 된다.</td></tr>
</table>

❹ 여성의 직업능력 개발 및 고용 촉진

직업지도	직업안정기관은 여성이 적성, 능력 등에 따라 직업을 선택할 수 있도록 직업지도에 필요한 조치를 하여야 함
직업능력개발	**국가, 지방자치단체 및 사업주**는 여성의 **직업능력 개발** 등을 위하여 **평등한 기회 보장**하여야 함
여성고용촉진	**고용노동부장관**은 여성의 고용촉진을 위한 시설 설치 등을 위해 비영리법인과 단체 사업주에게 필요한 비용 지원가능
경력단절여성	**고용노동부장관은 경력단절여성을 위하여 특화된 훈련과 고용촉진프로그램을 개발하여야 하고, 직업정보 직업훈련 정보 등을 제공하여야 함**

❺ 적극적 고용개선조치

정의	**현존**하는 남녀 간의 고용**차별**을 없애거나 고용평등을 촉진하기 위하여 **잠정적으로 특정 성을 우대하는 조치**
개선조치 계획	① 고용노동부장관은 다음의 사업주에게 고용하고 있는 직종별 여성 근로자의 비율이 고용노동부령으로 정하는 고용 기준에 미달하는 사업주에 대하여 **적극적 고용개선조치 시행계획을 수립**하여 제출할 것을 요구할 수 있음 - **공공기관 · 단체의 장** - 독점규제법 **공시대상기업은 상시 근로자 300명 이상** 고용하는 사업 - **그 외는 상시 500명 이상** 고용하는 사업 ② 해당 사업주는 시행계획을 **제출**하여야 함 ③ 해당 사업주는 **직종별 · 직급별 남녀 근로자 현황**과 **남녀 근로자 임금 현황**을 고용노동부장관에게 제출하여야 함 ④ 장관은 제출된 시행계획을 심사하여 그 **내용이 명확하지 아니**하거나 차별적 고용관행을 개선하려는 **노력이 부족**할 경우 **보완** 요구 가능
실적평가 · 지원	① 시행계획을 제출한 자는 그 **이행실적**을 고용노동부장관에게 제출하여야 함 ② 장관은 제출된 이행실적을 **평가**하고, 그 결과를 사업주에게 **통보** ③ 국가와 지방자치단체는 적극적 고용개선조치 우수기업에 **행정적 · 재정적 지원**가능 ④ 장관은 이행실적이 부진한 사업주에게 **이행촉구 가능**
미이행 사업주 명단공표	① 장관은 명단 공개 기준일 이전에 **3회 연속하여 기준에 미달**한 사업주로서 **이행촉구**를 받고 이에 따르지 아니한 경우 그 명단을 공표할 수 있음 ② 다만, 사업주의 **사망 · 기업의 소멸** 등의 경우는 그러하지 않음
게시	시행계획을 제출한 사업주는 이행실적을 **근로자가 열람**할 수 있도록 게시하는 등 필요한 조치를 하여야 함
협조요청	① 장관은 적극적 고용개선조치의 효율적 시행을 위하여 필요하다고 인정하면 **관계 행정기관의 장**에게 필요한 조치 요청가능 ② 관계 행정기관의 장은 특별한 사유가 없으면 **요청에 따라야** 함
고용정책 심의회의	적극적 고용개선조치에 관한 다음 사항은 고용정책심의회의 심의를 거쳐야 한다. - **여성 근로자 고용기준에 관한 사항** - **시행계획의 심사에 관한 사항** - **적극적 고용개선조치 이행실적의 평가에 관한 사항** - **적극적 고용개선조치 우수기업의 표창 및 지원에 관한 사항** - **명단공표 여부에 관한 사항** - 그 밖에 **적극적 고용개선조치에 관하여 고용정책심의회의 위원장이 회의에 부치는 사항**
조사 · 연구	① 장관은 업무를 효율적으로 수행하기 위하여 조사 · 연구 · 교육 · 홍보 등의 사업을 할 수 있음 ② 장관은 필요하다고 인정하면 업무의 일부를 위탁할 수 있음

❻ 모성보호

출산 전후휴가	① 국가는 배우자 출산휴가, 난임치료휴가, 출산전후휴가 또는 유산 · 사산 휴가를 사용한 근로자 중 일정한 요건에 해당하는 자에게 그 휴가기간에 대하여 **통상임금에 상당하는 금액**을 지급할 수 있다. ② 지급된 출산전후휴가급여 등은 그 금액의 한도에서 **사업주가 지급한 것으로 본다.** ③ 출산전후휴가급여등을 지급하기 위하여 필요한 비용은 **국가재정이나 사회보험에서 분담**할 수 있다. ④ 근로자가 출산전후휴가급여등을 받으려는 경우 사업주는 관계 서류의 작성 · 확인 등 모든 절차에 **적극 협력**하여야 한다. ⑤ 출산전후휴가급여등의 **지급요건, 지급기간 및 절차 등에 관하여 필요한 사항은 따로 법률**로 정한다.
배우자 출산휴가	① 사업주는 근로자가 배우자의 출산을 이유로 휴가(이하 "배우자 출산휴가"라 한다)를 고지하는 경우에 **20일의 휴가**를 주어야 한다. 이 경우 사용한 휴가기간은 **유급**으로 한다. ② 사업주는 출산전후휴가급여 등이 지급된 경우에는 그 금액의 한도에서 지급의 책임을 면한다. ③ 배우자 출산휴가는 근로자의 배우자가 **출산한 날부터 120일이 지나면 사용할 수 없다.** ④ 배우자 출산휴가는 **3회에 한정하여 나누어 사용**할 수 있다. ⑤ 배우자 출산휴가를 이유로 근로자를 해고하거나 그 밖의 **불리한 처우 금지**
난임 치료휴가	① 인공수정 또는 체외수정 등 난임치료를 받기 위하여 휴가를 청구하는 경우에 연간 6일 이내의 휴가를 주어야 함(시작 3일 전까지 사업주에게 신청, 사업주는 증명서류 요구가능) ② 최초 1일은 유급 ③ 다만, 정상적인 사업 운영에 중대한 지장을 초래하는 경우에는 근로자와 협의하여 그 시기를 변경가능 ④ 난임치료휴가를 이유로 한 해고, 징계 등 불리한 처우 금지

❼ 육아휴직

신청권자	① **만 8세 이하** 또는 **초등학교 2학년 이하**의 자녀(**입양자 포함**)를 양육하는 근로자 ② 사업주는 **허용의무 유(有)** ③ 임신 중인 여성 근로자의 모성보호가 필요한 경우 ※ 사업운영에 중대한 지장 초래시 불허가능 (×)
적용제외	계속 근로한 기간이 **6개월 미만인 근로자**
신청	① 휴직개시예정일의 **30일 전**까지 신청서 제출 ② 단 다음의 경우는 **7일 전**까지 육아휴직 신청가능 - 출산 **예정일 이전에 자녀가 출생**한 경우 - **배우자의 사망, 부상, 질병** 또는 신체적 · 정신적 장애나 **배우자와의 이혼 등**으로 해당 영유아를 양육하기 곤란한 경우 ③ 사업주는 신청일부터 30일 이내 허용의무(단서는 7일 이내) ④ 사업주는 **육아휴직을 신청한 근로자**에게 **해당 자녀의 출생 등을 증명할 수 있는 서류의 제출을 요구**할 수 있다.
휴직기간	① 육아휴직의 기간은 1년 이내. 다만, 다음 각 호의 어느 하나에 해당하는 근로자의 경우 6개월 이내에서 추가로 육아휴직을 사용가능 1. 같은 자녀를 대상으로 부모가 모두 육아휴직을 각각 3개월 이상 사용한 경우의 부 또는 모 2. 「한부모가족지원법」 제4조 제1호의 부 또는 모 3. 고용노동부령으로 정하는 장애아동의 부 또는 모 ② 3회에 한하여 분할 사용가능, 단 모성보호를 위하여 육아휴직을 사용한 횟수는 포함되지 않음

휴직급여	원칙 **무급**(단 고용보험법에서 지급)
해당근로자 보호	① 육아휴직을 이유로 한 해고나 그 밖의 **불리한 처우금지** ② 육아휴직 기간에는 그 근로자를 **해고금지**(단, 사업을 계속할 수 없는 경우는 가능) ③ 기단법상 사용기간과 파견법상 파견기간에 **불산입** ④ 육아휴직을 마친 후에는 휴직 전과 **같은 업무 또는 같은 수준의 임금을 지급**하는 직무에 복귀시켜야 함 ⑤ 육아휴직 기간은 **근속기간에 포함**
육아휴직의 변경신청	근로자는 **휴직종료예정일을 연기하려는 경우에는 한 번만 연기**할 수 있다.

❽ 육아기 근로시간 단축

신청	**육아휴직을 신청할 수 있는 근로자**가 육아기 근로시간 단축을 신청하는 경우에 이를 **허용하여야 한다.**
	① 다음의 경우는 거부가능 - **대체인력 채용이 불가능**한 경우(직업안정기관에 구인 신청 후 14일 이상 노력, 단 직업소개를 정당한 이유 없이 2회 이상 채용을 거부한 경우는 제외) - 계속 근로한 기간이 **6개월 미만**인 근로자 - 업무성격상 근로시간을 분할하여 수행하기 곤란한 경우와 근로시간 단축이 정상적인 사업운영에 중대한 지장을 초래하는 경우로서 사업주가 이를 증명한 경우 ② 거부시 그 사유를 서면으로 통보하고 그 밖의 조치를 통하여 지원할 수 있는지를 해당 근로자와 협의하여야 한다.
근로시간	① 사업주가 해당 근로자에게 육아기 근로시간 단축을 허용하는 경우 단축 후 근로시간은 **주당 15시간 이상이어야 하고 35시간**을 넘어서는 아니 된다. ② 단축의 기간은 **1년 이내로 한다,** 다만 **육아휴직**을 신청할 수 있는 근로자가 육아휴직 기간 중 **사용하지 아니한 기간**이 있으면 그 기간을 가산한 기간 이내로 한다.
단축 중 근로조건	① 근로시간에 비례하여 적용하는 경우 외 불리조건 금지 ② 근로조건은 사업주와 그 근로자간 서면으로 정함 ③ **연장근로 요구금지**, 단 **근로자가 명시적으로 청구**한 경우 **12시간** 이내 연장근로 가능 ④ **평균임금 산정기간에서 제외**
사용형태	① 육아기 근로시간 단축을 나누어 사용 가능 ② 나누어 사용하는 1회의 기간은 **1개월 이상** 이어야 됨(계약기간 만료로 1개월 이상 단축사용을 할 수 있는 기간제 근로자는 남은 근로계약 기간) → 예 ① 근로시간 단축 1년 & 육아휴직 1년, ② 근로시간 단축 1년 6개월 & 육아휴직 5개월, ③ 근로시간 단축 2년 & 육아휴직 미사용, ④ 근로시간 단축 2개월 & 근로시간 단축 10개월 & 육아휴직 1년
해당근로자 보호	① 근로시간 단축을 이유로 한 해고나 그 밖의 **불리한 처우금지** ② 근로시간 단축기간이 끝난 후 전과 **같은 업무 또는 같은 수준의 임금을 지급**하는 직무에 복귀시켜야 함

❾ 일 · 가정 양립 지원을 위한 그 밖의 조치

<table>
<tr><td>노력</td><td colspan="2">① 사업주는 만 8세 이하 또는 초등학교 2학년 이하의 자녀(입양자 포함)를 양육하는 근로자의 육아를 지원하기 위하여 다음 다음 조치를 하도록 노력
- 업무를 시작하고 마치는 시간 조정
- 연장근로의 제한
- 근로시간의 단축, 탄력적 운영 등 근로시간 조정
- 그 밖에 소속 근로자의 육아를 지원하기 위하여 필요한 조치
② 사업주는 육아휴직 중인 근로자에 대한 직업능력 개발 및 향상을 위하여 노력 및 직장복귀 쉽게 지원</td></tr>
<tr><td>국가 · 사업주</td><td colspan="2">국가는 사업주가 근로자에게 육아휴직이나 육아기 근로시간 단축을 허용한 경우 근로자의 생계비용과 사업주의 고용유지비용의 일부를 지원가능</td></tr>
<tr><td>직장
어린이집</td><td colspan="2">사업주는 영유아보육법(상시 여성근로자 300명 이상 또는 상시근로자 500명 이상을 고용하는 사업장)에 따라 직장 어린이집을 설치하여야 함</td></tr>
<tr><td rowspan="3">가족돌봄
휴직</td><td>신청</td><td>① 근로자가 부모, 배우자, 자녀 또는 배우자의 부모의 질병, 사고, 노령으로 인하여 가족돌봄휴직을 신청하는 경우 이를 허용하여야 함
② 단 다음의 경우는 거부가능
- 계속 근로한 기간이 6개월 미만인 근로자
- 대체인력 채용이 불가능한 경우
- 정상적인 사업운영에 중대한 지장을 초래하는 경우
- 본인 외에도 조부모의 직계비속 또는 손자녀의 직계존속이 있는 경우</td></tr>
<tr><td>사용</td><td>① 연간 최장 90일
② 분할사용가능
③ 분할사용시 사용하는 1회의 기간은 30일 이상</td></tr>
<tr><td>근로조건</td><td>① 근속기간에 포함
② 평균임금 산정기간에서는 제외
③ 해고 등의 불리한 처우 금지</td></tr>
<tr><td rowspan="3">가족돌봄
휴가</td><td>신청</td><td>① 근로자가 가족(조부모 또는 손자녀의 경우 근로자 본인 외에도 직계비속 또는 직계존속이 있는 등 대통령령으로 정하는 경우는 제외한다)의 질병, 사고, 노령 또는 자녀의 양육으로 인하여 긴급하게 그 가족을 돌보기 위한 휴가를 신청하는 경우 이를 허용하여야 함
② 단 다음의 경우는 시기변경 가능
- 청구한 시기에 휴가를 주는 것이 정상적인 사업운영에 중대한 지장을 초래하는 경우
- 근로자와 협의하여 시기변경 가능</td></tr>
<tr><td>사용</td><td>① 연간 최장 10일(감염병의 확산 등의 경우 연간 10일 연장가능, 한 부모 가정의 경우 15일 연장가능)
② 일단위로 사용가능
③ 가족돌봄휴가 기간은 가족돌봄휴직 기간에 포함됨</td></tr>
<tr><td>근로조건</td><td>① 근속기간에 포함
② 평균임금 산정기간에서는 제외
③ 해고 등의 불리한 처우 금지</td></tr>
</table>

10 분쟁의 예방과 해결

<table>
<tr><td colspan="2">상담지원</td><td>고용노동부장관은 차별, 직장 내 성희롱, 모성보호 및 일 · 가정 양립 등에 관한 상담을 실시하는 민간단체에 필요한 비용의 일부를 예산의 범위에서 지원할 수 있다.</td></tr>
<tr><td rowspan="6">명예
고용평등
감독관</td><td>위촉 · 해촉</td><td>① 고용노동부장관은 사업장의 남녀고용평등 이행을 촉진하기 위하여 그 사업장 소속 근로자 중 노사가 추천하는 사람을 명예고용평등감독관(이하 “명예감독관”이라 한다)으로 위촉할 수 있다.
② 고용노동부장관은 명예고용평등감독관의 위촉 및 해촉의 권한을 지방고용노동관서의 장에게 위임한다.</td></tr>
<tr><td>해촉사유</td><td>고용노동부장관은 명예감독관이 다음의 어느 하나에 해당하는 경우 그 명예감독관을 해촉할 수 있다.
1. 근로자인 명예감독관이 퇴직 등의 사유로 해당 사업의 근로자 지위를 상실한 경우
2. 명예감독관이 업무 수행 중에 알게 된 비밀을 누설하거나 그 밖에 업무와 관련하여 부정한 행위를 한 경우
3. 사업의 폐지 등으로 명예감독관을 둘 필요가 없게 된 경우
4. 그 밖에 명예감독관으로 활동하기에 부적합한 사유가 있어 해당 사업의 노사 대표가 공동으로 해촉을 요청한 경우</td></tr>
<tr><td>업무</td><td>명예감독관은 다음 각 호의 업무를 수행한다.
1. 해당 사업장의 차별 및 직장 내 성희롱 발생 시 피해 근로자에 대한 상담 · 조언
2. 해당 사업장의 고용평등 이행상태 자율점검 및 지도 시 참여
3. 법령위반 사실이 있는 사항에 대하여 사업주에 대한 개선 건의 및 감독기관에 대한 신고
4. 남녀고용평등 제도에 대한 홍보 · 계몽
5. 그 밖에 남녀고용평등의 실현을 위하여 고용노동부장관이 정하는 업무</td></tr>
<tr><td>임기</td><td>① 명예감독관의 임기는 3년으로 하되, 연임가능.
② 비상근, 무보수로 함을 원칙</td></tr>
<tr><td>불이익 조치금지</td><td>사업주는 명예감독관으로서 정당한 임무 수행을 한 것을 이유로 해당 근로자에게 인사상 불이익 등의 불리한 조치를 하여서는 아니 된다.</td></tr>
</table>

11 관계 서류의 보존

<table>
<tr><td>보존
의무</td><td>사업주는 다음의 서류를 3년간 보존하여야 한다.
1. 모집과 채용, 임금, 임금 외의 금품 등, 교육 · 배치 및 승진, 정년 · 퇴직 및 해고에 관한 서류
2. 직장 내 성희롱 예방 교육을 하였음을 확인할 수 있는 서류
3. 직장 내 성희롱 행위자에 대한 징계 등 조치에 관한 서류
4. 배우자 출산휴가의 청구 및 허용에 관한 서류
5. 육아휴직의 신청 및 허용에 관한 서류
6. 육아기 근로시간 단축의 신청 및 허용에 관한 서류, 허용하지 아니한 경우 그 사유의 통보 및 협의 서류, 육아기 근로시간 단축 중의 근로조건에 관한 서류</td></tr>
</table>

고용관련법규

제1절 직업안정법

❶ 총칙

<table>
<tr><td>목적</td><td colspan="2">① 모든 근로자가 각자의 능력을 계발 · 발휘할 수 있는 직업에 취업할 기회를 제공
② 각 산업에서 필요한 노동력이 원활하게 수급되도록 지원
③ 근로자의 직업안정을 도모하고 국민경제의 균형있는 발전에 이바지</td></tr>
<tr><td rowspan="7">정의</td><td>직업안정기관</td><td>직업소개, 직업지도 등 직업안정업무를 수행하는 지방고용노동행정기관</td></tr>
<tr><td>무료직업소개사업</td><td>수수료, 회비 또는 그 밖의 어떠한 금품도 받지 아니하고 하는 직업소개사업</td></tr>
<tr><td>유료직업소개사업</td><td>무료직업소개사업이 아닌 직업소개사업</td></tr>
<tr><td>모집</td><td>근로자를 고용하려는 자가 취업하려는 사람에게 피고용인이 되도록 권유하거나 다른 사람으로 하여금 권유하게 하는 것</td></tr>
<tr><td>근로자공급사업</td><td>① 공급계약에 따라 근로자를 타인에게 사용하게 하는 사업
② 다만, 「파견근로자보호 등에 관한 법률」 제2조 제2호에 따른 근로자파견사업은 제외</td></tr>
<tr><td>직업정보제공사업</td><td>신문, 잡지, 그 밖의 간행물 또는 유선 · 무선방송이나 컴퓨터통신 등으로 구인 · 구직 정보 등 직업정보를 제공하는 사업</td></tr>
<tr><td>고용서비스</td><td>구인자 또는 구직자에 대한 고용정보의 제공, 직업소개, 직업지도 또는 직업능력개발 등 고용을 지원하는 서비스</td></tr>
<tr><td>균등처우</td><td colspan="2">누구든지 성별, 연령, 종교, 신체적 조건, 사회적 신분 또는 혼인 여부 등을 이유로 직업소개 또는 직업지도를 받거나 고용관계를 결정할 때 차별대우를 받지 않음</td></tr>
<tr><td>정부의 업무</td><td colspan="2">정부는 이 법의 목적을 달성하기 위하여 다음 각 호의 업무를 수행한다.
1. 노동력의 수요와 공급을 적절히 조절하는 업무
2. 구인자, 구직자에게 국내외의 직업을 소개하는 업무
3. 구직자에 대한 직업지도 업무
4. 고용정보를 수집 · 정리 또는 제공하는 업무
5. 구직자에 대한 직업훈련 또는 재취업을 지원하는 업무
6. 직업소개사업, 직업정보제공사업, 근로자 모집 또는 근로자공급사업의 지도 · 감독에 관한 업무
7. 노동시장에서 취업이 특히 곤란한 사람에 대한 고용을 촉진하는 업무
8. 직업안정기관, 지방자치단체 및 민간 고용서비스 제공기관과의 업무 연계 · 협력과 고용서비스 시장의 육성에 관한 업무</td></tr>
<tr><td>지방 자치단체의 국내 직업소개 업무 등</td><td colspan="2">① 지방자치단체의 장은 필요한 경우 구인자 · 구직자에 대한 국내 직업소개, 직업지도, 직업정보제공 업무를 할 수 있다.
② 지방자치단체의 장은 제1항에 따른 업무를 수행하는 데에 필요한 전문인력을 둘 수 있다.
③ 고용노동부장관은 업무를 원활하게 수행하기 위하여 필요하다고 인정하면 지방자치단체의 장과 공동으로 구인자 · 구직자에 대한 국내 직업소개, 직업지도, 직업정보제공 업무를 할 수 있다.</td></tr>
</table>

고용서비스 우수기관 인증	① 고용노동부장관은 **무료직업소개사업을 하는 자, 유료직업소개사업을 하는 자, 직업정보제공사업을 하는 자, 전문기관으로서 대통령령으로 정하는 기관에 해당하는 자**로서 구인자 · 구직자가 편리하게 이용할 수 있는 시설과 장비를 갖추고 직업소개 또는 취업정보 제공 등의 방법으로 구인자 · 구직자에 대한 고용서비스 향상에 기여하는 기관을 고용서비스 우수기관으로 인증할 수 있다. ② 고용노동부장관은 고용서비스 우수기관 인증업무를 **한국고용정보원**과 그 밖에 고용서비스 우수기관 인증업무를 수행할 능력이 있다고 고용노동부장관이 정하여 고시하는 조직 및 인력 기준을 갖춘 **법인 또는 단체**에 **위탁**할 수 있다. ③ 고용노동부장관은 고용서비스 우수기관으로 인증을 받은 기관에 대하여는 공동사업을 하거나 위탁할 수 있는 사업에 우선적으로 참여하게 하는 등 필요한 지원을 할 수 있다. ④ 고용노동부장관은 고용서비스 우수기관으로 인증을 받은 자가 다음 각 호의 어느 하나에 해당하면 **인증을 취소**할 수 있다. 1. 거짓이나 그 밖의 부정한 방법으로 인증을 받은 경우 2. 정당한 사유 없이 **1년 이상 계속 사업 실적이 없는 경우** 3. 인증기준을 충족하지 못하게 된 경우 4. 고용서비스 우수기관으로 인증을 받은 자가 폐업한 경우 ⑤ 고용서비스 우수기관 **인증의 유효기간**은 인증일부터 **3년**으로 한다. ⑥ 고용서비스 우수기관으로 인증을 받은 자가 인증의 유효기간이 지나기 전에 다시 인증을 받으려면 유효기간 만료 **60일 전**까지 **고용노동부장관에게 재인증을 신청**하여야 한다.

❷ 직업안정기관장의 직업소개

직업소개	의의	구인 또는 구직의 신청을 받아 구직자 또는 구인자(求人者)를 탐색하거나 구직자를 모집하여 구인자와 구직자 간에 고용계약이 성립되도록 알선하는 것
	원칙	① 구직자에게는 그 **능력에 알맞은 직업을 소개**하고, 구인자에게는 **구인조건에 적합한 구직자를 소개**하도록 노력하여야 함 ② 가능하면 구직자가 **통근할 수 있는 지역**에서 직업을 소개하도록 노력 → 구직자에게 희망과 능력에 알맞은 직업을 소개할 수 없을 경우 또는 구인자가 희망하는 구직자나 구인 인원을 채울 수 없을 경우에는 광범위한 지역에 걸쳐 직업소개 가능 ③ 구직자와 구인자의 이익이 충돌하는 경우 구인자 또는 구직자 **어느 한쪽의 이익에 치우치지 아니할 것** ④ 구직자가 쉽게 적응할 수 있도록 종사하게 될 업무의 내용, 임금, 근로시간, 그 밖의 근로조건에 대하여 상세히 설명할 것
	소개 절차	① 구인 · 구직에 필요한 기초적인 사항의 확인 ② 구인 · 구직 신청의 수리 ③ 구인 · 구직의 상담 ④ 직업 또는 구직자의 알선 ⑤ 취업 또는 채용 여부의 확인
	민간직업 상담원	고용노동부장관은 직업안정기관에 직업소개, 직업지도 및 고용정보 제공 등의 업무를 담당하는 민간직업상담원을 배치가능

구인신청	신청 기관	구인자의 사업장소재지를 관할하는 **직업안정기관**에 신청
	근로조건 명시	구인신청을 할 때에는 **구직자가 취업할 업무의 내용과 근로조건**을 구체적으로 밝혀야 하며, 직업안정기관의 장은 이를 구직자에게 알려 주어야 함
	정보 요구	구인신청을 접수한 때에는 **신청자의 신원**과 **구인자의 사업자등록내용 등의 확인**을 요구가능
	수리	원칙
		직업안정기관의 장은 **구인신청의 수리(受理)를 거부금지**
		예외
		① 구인신청의 내용이 **법령을 위반**한 경우 ② 구인신청의 내용 중 임금, 근로시간, 그 밖의 근로조건이 통상적인 근로조건에 비하여 **현저하게 부적당**하다고 인정되는 경우 ③ 구인자가 **구인조건을 밝히기를 거부**하는 경우
	이유 설명	직업안정기관의 장이 구인신청을 수리하지 아니하는 경우에는 구인자에게 그 이유를 설명하여야 함
구직신청	신원 확인	구인자의 사업장소재지를 관할하는 **직업안정기관**에 신청
	수리	원칙
		직업안정기관의 장은 **구직신청의 수리(受理)를 거부금지**
		예외
		구직신청 **내용이 법령을 위반**한 경우에는 구직신청의 수리거부 가능
	이유 설명	직업안정기관의 장이 구직신청의 수리를 거부하는 경우에는 구직자에게 그 이유를 설명하여야 함
	조치	① 구직수리시 해당 구직자가 **고용보험법에 따른 구직급여의 수급자격이 있는지를 확인**하여 구직급여지급을 위하여 필요한 조치를 취하여야 함 ② 구직자의 요청이 있거나 필요할 경우 **구직자의 동의**를 받은 경우에는 **직업상담 또는 직업적성검사** 가능 ③ 국민 평생 직업능력 개발법에 **따른 직업능력개발훈련시설 등에서** 직업능력개발훈련을 받도록 알선가능

❸ 직업안정기관장의 직업지도

의의	취업하려는 사람이 그 능력과 소질에 알맞은 직업을 쉽게 선택할 수 있도록 하기 위한 직업적성검사, 직업정보의 제공, 직업상담, 실습, 권유 또는 조언, 그 밖에 직업에 관한 지도
대상	① **새로 취업하려는 사람** ② **신체 또는 정신에 장애가 있는 사람** ③ 그 밖에 취업을 위하여 **특별한 지도가 필요한 사람**
협력 요청	① 직업안정기관의 장은 필요하다고 인정하는 경우에는 각급학교의 장이나 공공직업훈련시설의 장이 실시하는 무료직업소개사업에 협력하여야 함 ② 이들이 요청하는 경우에는 학생 또는 직업훈련생에게 직업지도가능

❹ 고용정보의 제공

고용정보의 수집 · 제공 등	① 직업안정기관의 장은 관할 지역의 각종 **고용정보를 수시로 또는 정기적으로 수집**하고 **정리**하여 구인자, 구직자, 그 밖에 고용정보를 필요로 하는 자에게 적극적으로 제공하여야 한다. ② 직업안정기관의 장이 수집 · 제공하여야 할 고용정보는 다음 각 호와 같다. 1. 경제 및 산업동향 2. 노동시장, 고용 · 실업동향 3. 임금, 근로시간등 근로조건 4. 직업에 관한 정보 5. 채용 · 승진등 고용관리에 관한 정보 6. 직업능력개발훈련에 관한 정보 7. 고용관련 각종지원 및 보조제도 8. 구인 · 구직에 관한 정보 ③ 직업안정기관의 장은 고용정보를 수집하여 분석한 결과 관할 지역에서 노동력의 수요와 공급에 급격한 변동이 있거나 현저한 불균형이 발생하였다고 판단되는 경우에는 적절한 대책을 수립하여 추진하여야 한다.
구인구직의 개척	**직업안정기관의 장**은 구직자의 취업 기회를 확대하고 산업에 부족한 인력의 수급을 지원하기 위하여 구인 · 구직의 개척에 노력하여야 한다.

❺ 직업안정기관의 장 외의 자가 하는 직업소개사업, 직업정보제공사업

무료직업 소개사업	의의	수수료, 회비 또는 그 밖의 어떠한 금품도 받지 아니하고 하는 직업소개사업
	주체	무료직업소개사업을 하려는 자는 **비영리법인** 또는 **공익단체**
	구분	**근로자가 취업하려는 장소를 기준**으로 하여 **국내** 무료직업소개사업과 **국외** 무료직업소개사업으로 구분
	신고	① 국내 무료직업소개사업 → 주된 사업소의 소재지를 관할하는 **특별자치도지사 · 시장 · 군수 및 구청장**에게 **신고(신고사항 변경시에도)** ② 국외 무료직업소개사업 → **고용노동부장관**에게 **신고(신고사항 변경시에도)**
	신고 예외	① **한국산업인력공단**이 하는 직업소개 ② **한국장애인고용공단**이 장애인을 대상으로 하는 직업소개 ③ 교육관계법에 따른 **각급 학교의 장, 공공직업훈련시설의 장**이 재학생 · 졸업생 또는 훈련생 · 수료생을 대상으로 하는 직업소개 ④ **근로복지공단**이 업무상 재해를 입은 근로자를 대상으로 하는 직업소개
	직업소개 금지	**구인자**가 구인신청 당시 근로기준법에 따라 **명단이 공개 중인 체불사업주인 경우** 그 사업주에게 직업소개를 하지 아니함

<table>
<tr><td rowspan="8">유료직업
소개사업</td><td>의의</td><td>무료직업소개사업이 아닌 직업소개사업</td></tr>
<tr><td>종류</td><td>① 국내 유료직업소개사업 → 주된 사업소의 소재지를 관할하는 특별자치도지사 · 시장 · 군수 및 구청장에게 등록
※ 허가 (×)
② 국외 유료직업소개사업 → 고용노동부장관에게 등록
③ 등록을 하고 유료직업소개사업을 하려는 자는 둘 이상의 사업소를 둘 수 없음</td></tr>
<tr><td>금품수령
금지</td><td>① 등록을 하고 유료직업소개사업을 하는 자는 고용노동부장관이 결정 · 고시한 요금 외의 금품을 받아서는 안됨
② 고급 · 전문인력을 소개하는 경우에는 당사자 사이에 정한 요금을 구인자로부터 받을 수 있음
③ 고용노동부장관이 요금을 결정하려는 경우에는 고용정책심의회의 심의를 거쳐야 함</td></tr>
<tr><td>준수사항</td><td>① 구인자가 구인신청 당시 근로기준법에 따라 명단이 공개 중인 체불사업주인 경우 구직자에게 그 사실을 고지할 것
② 구인자의 사업이 행정관청의 허가 · 신고 · 등록 등을 필요로 하는 사업인 경우에는 그 허가 · 신고 · 등록 등의 여부를 확인할 것
③ 직업소개사업자는 사업소에 근무하면서 종사자를 직접 관리 · 감독하여 직업소개행위와 관련된 비위사실이 발생하지 아니하도록 할 것
④ 직업소개사업의 광고를 할 때에는 직업소개소의 명칭 · 전화번호 · 위치 및 등록번호를 기재할 것
⑤ 유료직업소개사업을 하는 자는 고용노동부장관이 결정 · 고시한 요금 외의 금품을 받아서는 아니 된다. 다만, 고용노동부령으로 정하는 고급 · 전문인력을 소개하는 경우에는 당사자 사이에 정한 요금을 구인자로부터 받을 수 있음
⑥ 구인자 또는 구직자 어느 한쪽의 이익에 치우치지 아니할 것
⑦ 구직자가 취업할 직업에 쉽게 적응할 수 있도록 종사하게 될 업무의 내용, 임금, 근로시간, 그 밖의 근로조건에 대하여 상세히 설명할 것
⑧ 기타 사업소의 부착물 등 고용노동부령이 정하는 사항</td></tr>
<tr><td>명의대여
금지</td><td>유료직업소개사업을 등록한 자는 타인에게 자기의 성명 또는 상호를 사용하여 직업소개사업을 하게 하거나 그 등록증을 대여금지</td></tr>
<tr><td>선급금
금지</td><td>유료직업소개사업을 하는 자 및 그 종사자는 구직자에게 제공하기 위하여 구인자로부터 선급금을 받아서는 안됨</td></tr>
<tr><td>유료직업
소개사업의
종사자</td><td>① 등록을 하고 유료직업소개사업을 하는 자는 미성년자, 피성년후견인 및 피한정후견인, 파산선고를 받고 복권되지 아니한 자, 해당 사업의 등록이나 허가가 취소된 후 5년이 지나지 아니한 자 등을 고용하여서는 아니 된다.
② 등록을 하고 유료직업소개사업을 하는 자는 사업소별로 고용노동부령으로 정하는 자격을 갖춘 직업상담원을 1명 이상 고용하여야 한다. 다만, 유료직업소개사업을 하는 사람과 동거하는 가족이 본문에 따른 직업상담원의 자격을 갖추고 특정 사업소에서 상시 근무하는 경우에 해당 사업소에 직업상담원을 고용한 것으로 보며, 유료직업소개사업을 하는 자가 직업상담원 자격을 갖추고 특정 사업소에서 상시 근무하는 경우에 해당 사업소에는 직업상담원을 고용하지 아니할 수 있다.
③ 유료직업소개사업의 종사자 중 직업상담원이 아닌 사람은 직업소개에 관한 사무를 담당하여서는 아니 된다.</td></tr>
</table>

<table>
<tr><td rowspan="2">공통된 제한사항</td><td>겸업금지</td><td>직업소개사업자(법인의 임원도 포함한다) 또는 그 종사자는 다음 각 호의 어느 하나에 해당하는 사업을 경영할 수 없다.
1. 결혼중개업
2. 숙박업
3. 「식품위생법」의 식품접객업 중 주로 다류(茶類)를 조리 · 판매하는 영업(영업자 또는 종업원이 영업장을 벗어나 다류를 배달 · 판매하면서 소요 시간에 따라 대가를 받는 형태로 운영하는 경우로 한정한다)
4. 「식품위생법 시행령」의 단란주점영업
5. 「식품위생법 시행령」의 유흥주점영업</td></tr>
<tr><td>연소자 제한</td><td>① 무료직업소개사업 또는 유료직업소개사업을 하는 자와 그 종사자는 구직자의 연령을 확인하여야 하며, 18세 미만의 구직자를 소개하는 경우에는 친권자나 후견인의 취업 동의서를 받아야 한다.
② 직업소개사업자등은 18세 미만의 구직자를 근로기준법에 따라 18세 미만자의 사용이 금지되는 직종의 업소에 소개하여서는 아니 된다.
③ 직업소개사업자등은 청소년 보호법에 따른 청소년인 구직자를 청소년유해업소에 소개하여서는 아니 된다.</td></tr>
</table>

❻ 직업정보제공사업

<table>
<tr><td>의의</td><td>신문, 잡지, 그 밖의 간행물 또는 유선 · 무선방송이나 컴퓨터통신 등으로 구인 · 구직 정보 등 직업정보를 제공하는 사업을 말한다.</td></tr>
<tr><td>신고</td><td>① 직업정보제공사업을 하려는 자는 고용노동부장관에게 신고하여야 한다.
② 단, 무료직업소개사업을 하는 자와 유료직업소개사업을 하는 자는 신고의무가 없다.</td></tr>
<tr><td>직업정보 제공 사업자의 준수 사항</td><td>직업정보제공사업을 하는 자 및 그 종사자가 준수하여야 할 사항은 다음 각 호와 같다.
1. 구인자의 업체명(또는 성명)이 표시되어 있지 아니하거나 구인자의 연락처가 사서함등으로 표시되어 구인자의 신원이 확실하지 아니한 구인광고를 게재하지 아니할 것
2. 직업정보제공매체의 구인 · 구직의 광고에는 구인 · 구직자의 주소 또는 전화번호를 기재하고, 직업정보제공사업자의 주소 또는 전화번호는 기재하지 아니할 것
3. 직업정보제공매체 또는 직업정보제공사업의 광고문에 "(무료)취업상담" · "취업추천" · "취업지원" 등의 표현을 사용하지 아니할 것
4. 구직자의 이력서 발송을 대행하거나 구직자에게 취업추천서를 발부하지 아니할 것
5. 직업정보제공매체에 정보이용자들이 알아보기 쉽게 법 제23조에 따른 신고로 부여받은 신고번호를 표시할 것
6. 「최저임금법」 제10조에 따라 결정 고시된 최저임금에 미달되는 구인정보, 「성매매알선 등 행위의 처벌에 관한 법률」 제4조에 따른 금지행위가 행하여지는 업소에 대한 구인광고를 게재하지 아니할 것
7. 구인자가 구인신청 당시 「근로기준법」 제43조의2에 따라 명단이 공개 중인 체불사업주인 경우 그 사실을 구직자가 알 수 있도록 게재할 것</td></tr>
</table>

❼ 근로자 모집

의의	① 모집이란 근로자를 고용하려는 자가 취업하려는 사람에게 피고용인이 되도록 권유하거나 다른 사람으로 하여금 권유하게 하는 것을 말한다. ② **근로자를 고용하려는 자**는 광고, 문서 또는 정보통신망 등 다양한 매체를 활용하여 **자유롭게 근로자를 모집할 수 있다.**
국외취업자 모집	누구든지 국외에 취업할 근로자를 모집한 경우에는 **모집한 후 15일 이내에 고용노동부장관에게 신고**하여야 한다.
모집방법 개선권고	① **고용노동부장관**은 건전한 모집질서를 확립하기 위하여 필요하다고 인정하는 경우에는 근로자 모집 방법 등의 개선을 권고할 수 있다 ② **고용노동부장관**이 권고를 하려는 경우에는 **고용정책심의회의 심의**를 거쳐야 한다. ③ **고용노동부장관**이 모집방법 등의 개선을 권고할 때에는 권고사항, 개선기한 등을 명시하여 **서면**으로 하여야 한다.
금품 수령금지	① 근로자를 모집하려는 자와 그 모집업무에 종사하는 자는 어떠한 명목으로든 응모자로부터 그 모집과 관련하여 **금품을 받거나 그 밖의 이익을 취하여서는** 아니 된다. ② 예외 : **유료직업소개사업**을 하는 자가 구인자의 의뢰를 받아 구인자가 제시한 조건에 맞는 자를 모집하여 직업소개한 경우

❽ 근로자공급사업

의의	① 공급계약에 따라 근로자를 타인에게 사용하게 하는 사업을 말한다. ② **근로자파견사업은 제외**	
허가	원칙	누구든지 **고용노동부장관의 허가**를 받지 아니하고는 근로자공급사업을 하지 못한다.
	유효 기간	근로자공급사업 허가의 **유효기간은 3년**으로 하되, 유효기간이 끝난 후 계속하여 근로자공급사업을 하려는 자는 고용노동부령으로 정하는 바에 따라 연장허가를 받아야 한다. 이 경우 **연장허가의 유효기간은 연장 전 허가의 유효기간이 끝나는 날부터 3년**으로 한다.
	허가 제한	① 국내 근로자공급사업 → 노동조합 및 노동관계조정법에 따른 **노동조합** ② 국외 근로자공급사업 → 국내에서 제조업 · 건설업 · **용역업**, 그 밖의 서비스업을 하고 있는 자 ③ **연예인**을 대상으로 하는 국외 근로자공급사업의 허가를 받을 수 있는 자는 민법에 따른 **비영리법인**
	결격 사유	① 미성년자, 피성년후견인 및 피한정후견인 ② 파산선고를 받고 복권되지 아니한 자 ③ **금고 이상의 실형**을 선고받고 그 집행이 끝나거나 집행을 하지 아니하기로 확정된 날부터 **2년**이 지나지 아니한 자 ④ 이 법, 「성매매알선 등 행위의 처벌에 관한 법률」, 「풍속영업의 규제에 관한 법률」 또는 「청소년 보호법」을 위반하거나 직업소개사업과 관련된 행위로 「선원법」을 위반한 자로서 다음 각 목의 어느 하나에 해당하는 자 ⅰ) 금고 이상의 실형을 선고받고 그 집행이 끝나거나 집행을 하지 아니하기로 확정된 날부터 3년이 지나지 아니한 자

		ⅱ) 금고 이상의 형의 집행유예를 선고받고 그 유예기간이 끝난 날부터 3년이 지나지 아니한 자 ⅲ) 벌금형이 확정된 후 2년이 지나지 아니한 자 ⑤ 금고 이상의 **형의 집행유예**를 선고받고 그 **유예기간 중에 있는 자** ⑥ 제36조에 따라 해당 사업의 등록이나 허가가 취소된 후 5년이 지나지 아니한 자 ⑦ 임원 중에 제1호부터 제6호까지의 어느 하나에 해당하는 자가 있는 법인

❾ 보칙

거짓광고 금지	직업소개사업, 근로자 모집 또는 근로자공급사업을 하는 자나 이에 종사하는 사람은 거짓 구인광고를 하거나 거짓 구인조건을 제시하여서는 안됨
손배책임	① 유료직업소개사업을 하는 자 또는 국외 근로자공급사업을 하는 자는 직업소개, 근로자 공급을 할 때 **고의 또는 과실**로 근로자 또는 근로자를 소개 · 공급받은 자에게 손해를 발생하게 한 경우에는 그 손해를 배상할 책임이 있음 ② 손해배상책임을 보장하기 위하여 유료직업소개사업자등은 보증보험 또는 제3항에 따른 공제에 가입하거나 예치금을 금융기관에 예치하여야 함 ③ 사업자협회는 손해배상책임을 보장하기 위하여 공제사업을 할 수 있음
폐업신고	무료직업소개사업, 유료직업소개사업, 직업정보제공사업, 근로자공급사업을 하는 자가 그 **사업을 폐업한 경우**에는 **폐업한 날부터 7일 이내**에 고용노동부장관 또는 특별자치도지사 · 시장 · 군수 · 구청장에게 **신고**하여야 함
비밀보장 의무	직업소개사업, 직업정보제공사업, 근로자 모집 또는 근로자공급사업에 관여하였거나 관여하고 있는 자는 업무상 알게 된 근로자 또는 사용자에 관한 비밀을 누설하여서는 안됨

제2절 고용보험법

❶ 총칙

구분	내용
목적	이 법은 고용보험의 시행을 통하여 실업의 예방, 고용의 촉진 및 근로자의 직업능력의 개발과 향상을 꾀하고, 국가의 직업지도와 직업소개 기능을 강화하며, 근로자가 실업한 경우에 생활에 필요한 급여를 실시하여 근로자의 생활안정과 구직 활동을 촉진함으로써 경제 · 사회 발전에 이바지하는 것을 목적으로 한다.
정의	이 법에서 사용하는 용어의 뜻은 다음과 같다. 1. "피보험자"란 다음 각 목에 해당하는 사람을 말한다. 가. 「고용보험 및 산업재해보상보험의 보험료징수 등에 관한 법률」(이하 "고용산재보험료징수법"이라 한다) 제5조 제1항 · 제2항, 제6조 제1항, 제8조 제1항 · 제2항, 제48조의2 제1항 및 제48조의3 제1항에 따라 보험에 가입되거나 가입된 것으로 보는 근로자, 예술인 또는 노무제공자 나. 고용산재보험료징수법제49조의2 제1항 · 제2항에 따라 고용보험에 가입하거나 가입된 것으로 보는 자영업자(이하 "자영업자인 피보험자"라 한다) 2. **"이직(離職)"이란** 피보험자와 사업주 사이의 고용관계가 끝나게 되는 것(제77조의2 제1항에 따른 예술인 및 제77조의6 제1항에 따른 노무제공자의 경우에는 문화예술용역 관련 계약 또는 노무제공계약이 끝나는 것을 말한다)을 말한다. 3. **"실업"이란 근로의 의사와 능력이 있음에도 불구하고 취업하지 못한 상태에 있는 것**을 말한다. 4. **"실업의 인정"이란 직업안정기관의 장이 제43조에 따른 수급자격자가 실업한 상태에서 적극적으로 직업을 구하기 위하여 노력하고 있다고 인정하는 것**을 말한다. 5. "보수"란 「소득세법」 제20조에 따른 근로소득에서 대통령령으로 정하는 금품을 뺀 금액을 말한다. 다만, 휴직이나 그 밖에 이와 비슷한 상태에 있는 기간 중에 사업주 외의 자로부터 지급받는 금품 중 고용노동부장관이 정하여 고시하는 금품은 보수로 본다. 6. **"일용근로자"란 1개월 미만 동안 고용되는 사람**을 말한다.
보험의 관장	고용보험은 고용노동부장관이 관장한다.
고용보험 사업	① 보험은 법의 목적을 이루기 위하여 고용보험사업으로 **고용안정 · 직업능력개발 사업, 실업급여, 육아휴직 급여 및 출산전후휴가 급여 등**을 실시한다. ② 보험사업의 보험연도는 정부의 회계연도에 따른다.
국고부담	① 국가는 매년 보험사업에 드는 비용의 일부를 일반회계에서 부담하여야 한다. ② 국가는 매년 예산의 범위에서 보험사업의 관리 · 운영에 드는 비용을 부담할 수 있다.
적용범위	① 이 법은 근로자를 사용하는 모든 사업 또는 사업장(이하 "사업"이라 한다)에 적용한다. 다만, 산업별 특성 및 규모 등을 고려하여 대통령령으로 정하는 사업에 대하여는 적용하지 아니한다. ② 다음 각 호의 어느 하나에 해당하는 사람에게는 **이 법을 적용하지 아니한다.** 1. 해당사업에서 **1개월간 소정근로시간이 60시간 미만이거나 1주간의 소정근로시간이 15시간 미만인 근로자**. 다만, **3개월 이상 계속하여 근로를 제공하는 자**와 법 제2조 제6호에 따른 **일용근로자는 제외**한다. 2. 「국가공무원법」과 「지방공무원법」에 따른 **공무원. 다만**, 대통령령으로 정하는 바에 따라 별정직 공무원, 「국가공무원법」 제26조의5 및 「지방공무원법」 제25조의5에 따른 임기제공무원의 경우는 **본인의 의사**에 따라 고용보험(제4장에 한정한다)에 가입할 수 있다. 3. 「**사립학교교직원 연금법」의 적용을 받는 사람** 4. 「별정우체국법」에 따른 **별정우체국 직원**

	③ 65세 이후에 고용(65세 전부터 피보험 자격을 유지하던 사람이 65세 이후에 계속하여 고용된 경우는 제외한다)되거나 자영업을 개시한 사람에게는 제4장(실업급여) 및 제5장(육아휴직급여 등)을 적용하지 아니한다.

❷ 피보험자의 권리

피보험자격의 취득일	피보험자는 이 법이 적용되는 사업에 **고용된 날에 피보험자격을 취득**한다. 다만, 다음 각 호의 경우에는 각각 그 해당되는 날에 피보험자격을 취득한 것으로 본다. 1. 제10조 및 제10조의2에 따른 **적용 제외 근로자였던 사람이 이 법의 적용을 받게 된 경우**에는 **그 적용을 받게 된 날** 2. 고용산재보험료징수법 **제7조에 따른 보험관계 성립일 전에 고용된 근로자의 경우**에는 **그 보험관계가 성립한 날**
피보험자격의 상실일	피보험자는 다음 각 호의 어느 하나에 해당하는 날에 각각 그 **피보험자격을 상실**한다. 1. 근로자인 **피보험자**가 제10조 및 제10조의2에 따른 **적용 제외 근로자에 해당하게 된 경우에는 그 적용 제외 대상자가 된 날** 2. 고용산재보험료징수법 제10조에 따라 **보험관계가 소멸한 경우에는 그 보험관계가 소멸한 날** 3. 근로자인 **피보험자가 이직한 경우에는 이직한 날의 다음 날** 4. 근로자인 **피보험자가 사망한 경우에는 사망한 날의 다음 날**
피보험자격의 확인	① 피보험자 또는 피보험자였던 사람은 **언제든지 고용노동부장관**에게 피보험자격의 취득 또는 상실에 관한 **확인을 청구**할 수 있다. ② 고용노동부장관은 제1항에 따른 청구에 따르거나 직권으로 피보험자격의 취득 또는 상실에 관하여 확인을 한다
피보험자격 이중 취득의 제한	① 근로자가 보험관계가 성립되어 있는 둘 이상의 사업에 동시에 고용되어 있는 경우에는 대통령령으로 정하는 바에 따라 그 중 한 사업의 피보험자격을 취득한다. ② 보험관계가 성립되어 있는 둘 이상의 사업에 동시에 고용되어 있는 근로자는 다음 각 호의 순서에 따라 피보험자격을 취득한다. 다만, 일용근로자와 일용근로자가 아닌 자로 동시에 고용되어 있는 경우에는 일용근로자가 아닌 자로 고용된 사업에서 우선적으로 피보험자격을 취득한다. 1. 「고용보험 및 산업재해보상보험의 보험료징수 등에 관한 법률」 제16조의3 제2항에 따른 **월평균 보수가 많은 사업** 2. **월 소정근로시간이 많은 사업** 3. **근로자가 선택한 사업**

❸ 고용안정 · 직업능력개발 사업

<table>
<tr><td>고용안정
사업</td><td>① 고용노동부장관은 피보험자 및 피보험자였던 사람, 그 밖에 취업할 의사를 가진 사람(이하 "피보험자등"이라 한다)에 대한 실업의 예방, 취업의 촉진, 고용기회의 확대, 직업능력개발 · 향상의 기회 제공 및 지원, 그 밖에 고용안정과 사업주에 대한 인력 확보를 지원하기 위하여 고용안정 · 직업능력개발 사업을 실시한다.
② 고용창출의 지원 : 고용노동부장관은 고용환경 개선, 근무형태 변경 등으로 고용의 기회를 확대한 사업주에게 대통령령으로 정하는 바에 따라 필요한 지원을 할 수 있다.
③ 지역 고용의 촉진 : 고용노동부장관은 고용기회가 뚜렷이 부족하거나 산업구조의 변화 등으로 고용사정이 급속하게 악화되고 있는 지역으로 사업을 이전하거나 그러한 지역에서 사업을 신설 또는 증설하여 그 지역의 실업 예방과 재취업 촉진에 기여한 사업주, 그 밖에 그 지역의 고용기회 확대에 필요한 조치를 한 사업주에게 대통령령으로 정하는 바에 따라 필요한 지원을 할 수 있다.
④ 고령자등 고용촉진의 지원 : 고용노동부장관은 고령자 등 노동시장의 통상적인 조건에서는 취업이 특히 곤란한 사람(이하 "고령자등"이라 한다)의 고용을 촉진하기 위하여 고령자등을 새로 고용하거나 이들의 고용안정에 필요한 조치를 하는 사업주 또는 사업주가 실시하는 고용안정 조치에 해당된 근로자에게 대통령령으로 정하는 바에 따라 필요한 지원을 할 수 있다.</td></tr>
<tr><td>직업능력
개발사업</td><td>① 고용노동부장관은 피보험자등의 직업능력을 개발 · 향상시키기 위하여 대통령령으로 정하는 직업능력개발 훈련을 실시하는 사업주에게 대통령령으로 정하는 바에 따라 그 훈련에 필요한 비용을 지원할 수 있다.
② 고용노동부장관은 사업주가 다음 각 호의 어느 하나에 해당하는 사람에게 제1항에 따라 직업능력개발 훈련을 실시하는 경우에는 대통령령으로 정하는 바에 따라 우대 지원할 수 있다.

1. 「기간제 및 단시간근로자 보호 등에 관한 법률」 제2조 제1호의 기간제근로자
2. 「근로기준법」 제2조 제1항 제8호의 단시간근로자
3. 「파견근로자 보호 등에 관한 법률」 제2조 제5호의 파견근로자
4. 일용근로자
5. 「고용상 연령차별금지 및 고령자고용촉진에 관한 법률」 제2조 제1호 또는 제2호의 고령자 또는 준고령자
6. 그 밖에 대통령령으로 정하는 사람</td></tr>
</table>

❹ 실업급여

(1) 통칙

<table>
<tr><td>실업급여의
종료</td><td>① 실업급여는 구직급여와 취업촉진 수당으로 구분한다.
② 취업촉진 수당의 종류는 다음 각 호와 같다.

1. 조기(早期)재취업 수당
2. 직업능력개발 수당
3. 광역 구직활동비
4. 이주비</td></tr>
</table>

실업급여수급 계좌	① 직업안정기관의 장은 제43조에 따른 수급자격자의 신청이 있는 경우에는 실업급여를 수급자격자 명의의 지정된 계좌(이하 "실업급여수급계좌"라 한다)로 입금하여야 한다. 다만, 정보통신장애나 그 밖에 대통령령으로 정하는 불가피한 사유로 실업급여를 실업급여수급계좌로 이체할 수 없을 때에는 현금 지급 등 대통령령으로 정하는 바에 따라 실업급여를 지급할 수 있다. ② 실업급여수급계좌의 **해당 금융기관**은 이 법에 따른 실업급여만이 **실업급여수급계좌에 입금되도록 관리**하여야 한다.
수급권의 보호 등	① 실업급여를 받을 권리는 **양도 또는 압류하거나 담보로 제공할 수 없다.** ② 실업급여로서 지급된 금품에 대하여는 국가나 지방자치단체의 공과금을 부과하지 아니한다.

(2) 구직급여

수급 요건	① **구직급여는 이직한 피보험자가 다음 각 호의 요건을 모두 갖춘 경우에 지급**한다. 다만, 제5호와 제6호는 최종 이직 당시 일용근로자였던 사람만 해당한다. 1. 제2항에 따른 기준기간(이하 "기준기간"이라 한다) 동안의 피보험 단위기간(제41조에 따른 피보험 단위기간을 말한다. 이하 같다)이 합산하여 **180일 이상**일 것 2. **근로의 의사와 능력이 있음에도 불구하고 취업**(영리를 목적으로 사업을 영위하는 경우를 포함한다. 이하 이 장 및 제5장에서 같다)**하지 못한 상태에 있을 것** 3. **이직사유가 제58조에 따른 수급자격의 제한 사유에 해당하지 아니할 것** 4. **재취업을 위한 노력을 적극적으로 할 것** 5. 다음 각 목의 어느 하나에 해당할 것 가. 제43조에 따른 수급자격 인정신청일 이전 1개월 동안의 근로일수가 10일 미만일 것 나. **건설일용근로자**(일용근로자로서 이직 당시에 「통계법」 제22조 제1항에 따라 통계청장이 고시하는 한국표준산업분류의 대분류상 건설업에 종사한 사람을 말한다. 이하 같다)**로서 수급자격 인정신청일 이전 14일간 연속하여 근로내역이 없을 것** 6. 최종 이직 당시의 기준기간 동안의 피보험 단위기간 중 다른 사업에서 제58조에 따른 수급자격의 제한 사유에 해당하는 사유로 이직한 사실이 있는 경우에는 그 피보험 단위기간 중 90일 이상을 일용근로자로 근로하였을 것 ② 기준기간은 **이직일 이전 18개월**로 하되, 피보험자가 다음 각 호의 어느 하나에 해당하는 경우에는 다음 각 호의 구분에 따른 기간을 기준기간으로 한다. 1. 이직일 이전 18개월 동안에 질병 · 부상, 그 밖에 대통령령으로 정하는 사유로 계속하여 30일 이상 보수의 지급을 받을 수 없었던 경우 : 18개월에 그 사유로 보수를 지급 받을 수 없었던 일수를 가산한 기간(3년을 초과할 때에는 3년으로 한다) 2. 다음 각 목의 요건에 모두 해당하는 경우 : 이직일 이전 24개월 가. 이직 당시 1주 소정근로시간이 15시간 미만이고, 1주 소정근로일수가 2일 이하인 근로자로 근로하였을 것 나. 이직일 이전 24개월 동안의 피보험 단위기간 중 90일 이상을 가목의 요건에 해당하는 근로자로 근로하였을 것

실업의 신고	① 구직급여를 지급받으려는 사람은 이직 후 **지체 없이** 직업안정기관에 출석하여 실업을 신고하여야 한다. ② 실업의 신고에는 구직 신청과 제43조에 따른 수급자격의 인정신청을 포함하여야 한다. ③ 구직급여를 지급받기 위하여 실업을 신고하려는 사람은 이직하기 전 사업의 사업주에게 피보험 단위기간, 이직 전 1일 소정근로시간 등을 확인할 수 있는 자료(이하 "이직확인서"라 한다)의 발급을 요청할 수 있다. 이 경우 요청을 받은 사업주는 고용노동부령으로 정하는 바에 따라 이직확인서를 발급하여 주어야 한다.
수급자격의 인정	구직급여를 지급받으려는 사람은 직업안정기관의 장에게 제40조 제1항 제1호부터 제3호까지 · 제5호 및 제6호에 따른 구직급여의 수급 요건을 갖추었다는 사실(이하 "수급자격"이라 한다)을 인정하여 줄 것을 신청하여야 한다.
실업의 인정	① 구직급여는 수급자격자가 실업한 상태에 있는 날 중에서 직업안정기관의 장으로부터 실업의 인정을 받은 날에 대하여 지급한다. ② 실업의 인정을 받으려는 수급자격자는 제42조에 따라 실업의 신고를 한 날부터 계산하기 시작하여 1주부터 4주의 범위에서 직업안정기관의 장이 지정한 날(이하 "실업인정일"이라 한다)에 출석하여 재취업을 위한 노력을 하였음을 신고하여야 하고, 직업안정기관의 장은 직전 실업인정일의 다음 날부터 그 실업인정일까지의 각각의 날에 대하여 실업의 인정을 한다.
급여의 기초가 되는 임금일액	① **구직급여의 산정 기초가 되는 임금일액[이하 "기초일액(基礎日額)"이라 한다]은 제43조 제1항에 따른 수급자격의 인정과 관련된 마지막 이직 당시 「근로기준법」 제2조 제1항 제6호에 따라 산정된 평균임금으로 한다.** 다만, 마지막 이직일 이전 3개월 이내에 피보험자격을 취득한 사실이 2회 이상인 경우에는 마지막 이직일 이전 3개월간(일용근로자의 경우에는 마지막 이직일 이전 4개월 중 최종 1개월을 제외한 기간)에 그 근로자에게 지급된 임금 총액을 그 산정의 기준이 되는 3개월의 총 일수로 나눈 금액을 기초일액으로 한다. ② 제1항에 따라 산정된 금액이 「근로기준법」에 따른 그 근로자의 **통상임금보다 적을 경우**에는 **그 통상임금액을 기초일액**으로 한다. 다만, 마지막 사업에서 이직 **당시 일용근로자였던 사람의 경우**에는 그러하지 아니하다. ③ 제1항과 제2항에 따라 **기초일액을 산정하는 것이 곤란한 경**우와 **보험료를 고용산재보험료징수법 제3조에 따른 기준보수(이하 "기준보수"라 한다)를 기준으로 낸 경우에는 기준보수를 기초일액**으로 한다. 다만, 보험료를 기준보수로 낸 경우에도 제1항과 제2항에 따라 산정한 기초일액이 기준보수보다 많은 경우에는 그러하지 아니하다. ④ 제1항부터 제3항까지의 규정에도 불구하고 이들 규정에 따라 **산정된 기초일액이 그 수급자격자의 이직 전 1일 소정근로시간에 이직일 당시 적용되던 「최저임금법」에 따른 시간 단위에 해당하는 최저임금액을 곱한 금액(이하 "최저기초일액"이라 한다)보다 낮은 경우**에는 **최저기초일액을 기초일액**으로 한다. 이 경우 이직 전 1일 소정근로시간은 고용노동부령으로 정하는 방법에 따라 산정한다.
수급기간 및 수급일수/ 수급기간의 연장사유	① 구직급여는 이 법에 따로 규정이 있는 경우 외에는 그 구직급여의 수급자격과 관련된 이직일의 다음 날부터 계산하기 시작하여 12개월 내에 제50조 제1항에 따른 소정급여일수를 한도로 하여 지급한다. ② 제1항에 따른 12개월의 기간 중 **임신 · 출산 · 육아, 그 밖에 대통령령으로 정하는 사유로 취업할 수 없는 사람**이 그 사실을 수급기간에 직업안정기관에 신고한 경우에는 12개월의 기간에 그 취업할 수 없는 기간을 가산한 기간(4년을 넘을 때에는 4년)에 제50조 제1항에 따른 소정급여일수를 한도로 하여 구직급여를 지급한다.

<table>
<tr><td></td><td>1. 본인의 질병이나 부상(법 제63조에 따라 상병급여를 받은 경우의 질병이나 부상은 제외한다)
2. 배우자의 질병이나 부상
3. 본인과 배우자의 직계존속 및 직계비속의 질병이나 부상
4. 배우자의 국외발령 등에 따른 동거 목적의 거소 이전
5. 「병역법」에 따른 의무복무
6. 범죄혐의로 인한 구속이나 형의 집행(법 제58조 제1호 가목에 따라 수급자격이 없는 자는 제외한다)
7. 제1호부터 제6호까지의 규정에 준하는 경우로서 고용노동부령으로 정하는 사유</td></tr>
<tr><td>구직급여의 소정 급여일수</td><td>
<table>
<tr><th colspan="2" rowspan="2">구분</th><th colspan="5">피보험기간</th></tr>
<tr><th>1년 미만</th><th>1년 이상 3년 미만</th><th>3년 이상 5년 미만</th><th>5년 이상 10년 미만</th><th>10년 이상</th></tr>
<tr><td rowspan="2">이직일 현재 연령</td><td>50세 미만</td><td>120일</td><td>150일</td><td>180일</td><td>210일</td><td>240일</td></tr>
<tr><td>50세 이상 및 장애인</td><td>120일</td><td>180일</td><td>210일</td><td>240일</td><td>270일</td></tr>
</table>
</td></tr>
<tr><td>지급제한</td><td>① 이직 사유에 따른 수급자격의 제한
- 중대한 귀책사유(歸責事由)로 해고된 피보험자로서 다음 각 목의 어느 하나에 해당하는 경우
가. 「형법」 또는 직무와 관련된 법률을 위반하여 금고 이상의 형을 선고받은 경우
나. 사업에 막대한 지장을 초래하거나 재산상 손해를 끼친 경우로서 고용노동부령으로 정하는 기준에 해당하는 경우
다. 정당한 사유 없이 근로계약 또는 취업규칙 등을 위반하여 장기간 무단 결근한 경우
- 자기 사정으로 이직한 피보험자로서 다음 각 목의 어느 하나에 해당하는 경우
가. 전직 또는 자영업을 하기 위하여 이직한 경우
나. 제1호의 중대한 귀책사유가 있는 사람이 해고되지 아니하고 사업주의 권고로 이직한 경우
다. 그 밖에 고용노동부령으로 정하는 정당한 사유에 해당하지 아니하는 사유로 이직한 경우
② 훈련 거부 등에 따른 급여의 지급 제한
수급자격자가 직업안정기관의 장이 소개하는 직업에 취직하는 것을 거부하거나 직업안정기관의 장이 지시한 직업능력개발 훈련 등을 거부하면 대통령령으로 정하는 바에 따라 구직급여의 지급을 정지한다. 다만, 다음 각 호의 어느 하나에 해당하는 정당한 사유가 있는 경우에는 그러하지 아니하다.
1. 소개된 직업 또는 직업능력개발 훈련 등을 받도록 지시된 직종이 수급자격자의 능력에 맞지 아니하는 경우
2. 취직하거나 직업능력개발 훈련 등을 받기 위하여 주거의 이전이 필요하나 그 이전이 곤란한 경우
3. 소개된 직업의 임금 수준이 같은 지역의 같은 종류의 업무 또는 같은 정도의 기능에 대한 통상의 임금 수준에 비하여 100분의 20 이상 낮은 경우 등 고용노동부장관이 정하는 기준에 해당하는 경우
4. 그 밖에 정당한 사유가 있는 경우
③ 부정행위에 따른 급여의 지급 제한
거짓이나 그 밖의 부정한 방법으로 실업급여를 받았거나 받으려 한 사람에게는 그 급여를 받은 날 또는 받으려 한 날부터의 구직급여를 지급하지 아니한다. 다만, 그 급여와 관련된 이직 이후에 새로 수급자격을 취득한 경우 그 새로운 수급자격에 따른 구직급여에 대하여는 그러하지 아니하다.</td></tr>
</table>

(3) 취업촉진 수당

조기재취업 수당	조기재취업 수당은 수급자격자(「외국인근로자의 고용 등에 관한 법률」 제2조에 따른 외국인 근로자는 제외한다)가 안정된 직업에 재취직하거나 스스로 영리를 목적으로 하는 사업을 영위하는 경우로서 대통령령으로 정하는 기준에 해당하면 지급한다.
직업능력개발 수당	직업능력개발 수당은 수급자격자가 직업안정기관의 장이 지시한 직업능력개발 훈련 등을 받는 경우에 그 직업능력개발 훈련 등을 받는 기간에 대하여 지급한다.
광역 구직활동비	광역 구직활동비는 수급자격자가 직업안정기관의 소개에 따라 광범위한 지역에 걸쳐 구직 활동을 하는 경우로서 대통령령으로 정하는 기준에 따라 직업안정기관의 장이 필요하다고 인정하면 지급할 수 있다.
이주비	이주비는 수급자격자가 취업하거나 직업안정기관의 장이 지시한 직업능력개발 훈련 등을 받기 위하여 그 주거를 이전하는 경우로서 대통령령으로 정하는 기준에 따라 직업안정기관의 장이 필요하다고 인정하면 지급할 수 있다.

(4) 자영업자인 피보험자에 대한 실업급여 적용의 특례

실업급여의 종류	① 자영업자인 피보험자의 **실업급여의 종류는 구직급여와 취업촉진 수당으로 한다.** ② 다만, **제51조부터 제55조까지의 규정에 따른 연장급여(훈련연장급여, 개별연장급여, 특별연장급여)와 제64조에 따른 조기재취업 수당은 제외**한다.
구직급여의 수급 요건	구직급여는 폐업한 자영업자인 피보험자가 다음 각 호의 요건을 모두 갖춘 경우에 지급한다. 1. 폐업일 이전 24개월간 제41조 제1항 단서에 따라 자영업자인 피보험자로서 갖춘 피보험 단위기간이 합산하여 1년 이상일 것 2. 근로의 의사와 능력이 있음에도 불구하고 취업을 하지 못한 상태에 있을 것 3. 폐업사유가 제69조의7에 따른 수급자격의 제한 사유에 해당하지 아니할 것 4. 재취업을 위한 노력을 적극적으로 할 것
기초일액	① 자영업자인 피보험자이었던 수급자격자에 대한 기초일액은 다음 각 호의 구분에 따른 기간 동안 본인이 납부한 보험료의 산정기초가 되는 고용산재보험료징수법 제49조의2 제3항에 따라 고시된 보수액을 전부 합산한 후에 그 기간의 총일수로 나눈 금액으로 한다. 1. 수급자격과 관련된 피보험기간이 3년 이상인 경우 : 마지막 폐업일 이전 3년의 피보험기간 2. 수급자격과 관련된 피보험기간이 3년 미만인 경우 : 수급자격과 관련된 그 피보험기간 ② 제1항에도 불구하고 자영업자인 피보험자이었던 수급자격자가 제50조 제4항에 따라 피보험기간을 합산하게 됨에 따라 제69조의6에서 정한 소정급여일수가 추가로 늘어나는 경우에는 그 늘어난 일수분에 대한 기초일액은 제1항에 따라 산정된 기초일액으로 하되, 그 기초일액이 다음 각 호에 해당하는 경우에는 각각 해당 호에 따른 금액으로 한다. 1. 기초일액이 최저기초일액에 미치지 못하는 경우에는 최저기초일액 2. 기초일액이 제45조 제5항에 따라 대통령령으로 정하는 금액을 초과하는 경우에는 그 대통령령으로 정하는 금액

❺ 육아휴직 급여 등

<table>
<tr><td>의의</td><td>
① 고용노동부장관은 「남녀고용평등과 일 · 가정 양립 지원에 관한 법률」 제19조에 따른 육아휴직을 30일(「근로기준법」 제74조에 따른 출산전후휴가기간과 중복되는 기간은 제외한다) 이상 부여받은 피보험자 중 육아휴직을 시작한 날 이전에 제41조에 따른 피보험 단위기간이 합산하여 180일 이상인 피보험자에게 육아휴직 급여를 지급한다.
② 제1항에 따른 육아휴직 급여를 지급받으려는 사람은 육아휴직을 시작한 날 이후 1개월부터 육아휴직이 끝난 날 이후 12개월 이내에 신청하여야 한다. 다만, 해당 기간에 대통령령으로 정하는 사유로 육아휴직 급여를 신청할 수 없었던 사람은 그 사유가 끝난 후 30일 이내에 신청하여야 한다.

신청기간 연장사유
1. 천재지변
2. 본인이나 배우자의 질병 · 부상
3. 본인이나 배우자의 직계존속 및 직계비속의 질병 · 부상
4. 「병역법」에 따른 의무복무
5. 범죄혐의로 인한 구속이나 형의 집행

③ 피보험자가 제2항에 따라 육아휴직 급여 지급신청을 하는 경우 육아휴직 기간 중에 이직하거나 고용노동부령으로 정하는 기준에 해당하는 취업을 한 사실이 있는 경우에는 해당 신청서에 그 사실을 기재하여야 한다.
</td></tr>
<tr><td>육아휴직 급여</td><td>
① 법 제70조 제1항에 따른 육아휴직 급여는 다음 각 호의 구분에 따라 산정한 금액을 월별 지급액으로 한다.
1. 육아휴직 시작일부터 3개월까지 : 육아휴직 시작일을 기준으로 한 월 통상임금의 100분의 80에 해당하는 금액. 다만, 해당 금액이 150만 원을 넘는 경우에는 150만 원으로 하고, 해당 금액이 70만 원보다 적은 경우에는 70만 원으로 한다.
2. 육아휴직 4개월째부터 육아휴직 종료일까지 : 육아휴직 시작일을 기준으로 한 월 통상임금의 100분의 50에 해당하는 금액. 다만, 해당 금액이 120만 원을 넘는 경우에는 120만 원으로 하고, 해당 금액이 70만 원보다 적은 경우에는 70만 원으로 한다.
② 「남녀고용평등과 일 · 가정 양립 지원에 관한 법률」 제19조의4 제1항에 따라 육아휴직을 분할하여 사용하는 경우에는 각각의 육아휴직 사용기간을 합산한 기간을 제1항에 따른 육아휴직 급여의 지급대상 기간으로 본다.
③ 육아휴직 급여의 지급대상 기간이 1개월을 채우지 못하는 경우에는 제1항 각 호에 따른 월별 지급액을 해당 월에 휴직한 일수에 따라 일할계산(日割計算)한 금액(이하 “일할계산액”이라 한다)을 지급액으로 한다.
④ 제1항 및 제3항에 따른 육아휴직 급여의 100분의 75에 해당하는 금액(다음 각 호의 어느 하나에 해당하는 경우에는 각 호의 구분에 따른 금액을 말한다)은 매월 지급하고, 그 나머지 금액은 육아휴직 종료 후 해당 사업장에 복직하여 6개월 이상 계속 근무한 경우에 합산하여 일시불로 지급한다. 다만, 법 제58조 제2호 다목에 따른 고용노동부령으로 정하는 정당한 사유로 6개월 이상 계속 근무하지 못한 경우에도 그 나머지 금액을 지급한다.
1. 제1항에 따라 육아휴직 급여를 지급하는 경우로서 육아휴직 급여의 100분의 75에 해당하는 금액이 제1항 각 호에 따른 최소 지급액보다 적은 경우 : 제1항 각 호에 따른 최소 지급액
2. 제3항에 따라 육아휴직 급여를 지급하는 경우로서 육아휴직 급여의 100분의 75에 해당하는 금액이 제1항 각 호에 따른 최소 지급액의 일할계산액보다 적은 경우 : 제1항 각 호에 따른 최소 지급액의 일할계산액
</td></tr>
</table>

지급제한	① 피보험자가 육아휴직 기간 중에 그 사업에서 이직한 경우에는 그 이직하였을 때부터 육아휴직 급여를 지급하지 아니한다. ② 피보험자가 육아휴직 기간 중에 제70조 제3항에 따른 취업을 한 경우에는 그 취업한 기간에 대해서는 육아휴직 급여를 지급하지 아니한다. ④ 거짓이나 그 밖의 부정한 방법으로 육아휴직 급여를 받았거나 받으려 한 사람에게는 그 급여를 받은 날 또는 받으려 한 날부터의 육아휴직 급여를 지급하지 아니한다. 다만, 그 급여와 관련된 육아휴직 이후에 새로 육아휴직 급여 요건을 갖춘 경우 그 새로운 요건에 따른 육아휴직 급여는 그러하지 아니하다. ⑤ 제4항 본문에도 불구하고 제70조 제3항을 위반하여 육아휴직 기간 중 취업한 사실을 기재하지 아니하거나 거짓으로 기재하여 육아휴직 급여를 받았거나 받으려 한 사람에 대해서는 위반횟수 등을 고려하여 고용노동부령으로 정하는 바에 따라 지급이 제한되는 육아휴직 급여의 범위를 달리 정할 수 있다.
육아기 근로시간 단축 급여	① 고용노동부장관은 「남녀고용평등과 일 · 가정 양립 지원에 관한 법률」 제19조의2에 따른 육아기 근로시간 단축(이하 "육아기 근로시간 단축"이라 한다)을 30일(「근로기준법」 제74조에 따른 출산전후휴가기간과 중복되는 기간은 제외한다) 이상 실시한 피보험자 중 육아기 근로시간 단축을 시작한 날 이전에 제41조에 따른 피보험 단위기간이 합산하여 180일 이상인 피보험자에게 육아기 근로시간 단축 급여를 지급한다. ② 제1항에 따른 육아기 근로시간 단축 급여를 지급받으려는 사람은 육아기 근로시간 단축을 시작한 날 이후 1개월부터 끝난 날 이후 12개월 이내에 신청하여야 한다. 다만, 해당 기간에 대통령령으로 정하는 사유로 육아기 근로시간 단축 급여를 신청할 수 없었던 사람은 그 사유가 끝난 후 30일 이내에 신청하여야 한다.
출산전후휴가 급여 등	고용노동부장관은 「남녀고용평등과 일 · 가정 양립 지원에 관한 법률」 제18조에 따라 피보험자가 「근로기준법」 제74조에 따른 출산전후휴가 또는 유산 · 사산휴가를 받은 경우와 「남녀고용평등과 일 · 가정 양립 지원에 관한 법률」 제18조의2에 따른 배우자 출산휴가 또는 같은 법 제18조의3에 따른 난임치료휴가를 받은 경우로서 다음 각 호의 요건을 모두 갖춘 경우에 출산전후휴가 급여 등(이하 "출산전후휴가 급여등"이라 한다)을 지급한다. 1. 휴가가 끝난 날 이전에 제41조에 따른 피보험 단위기간이 합산하여 180일 이상일 것 2. 휴가를 시작한 날[출산전후휴가 또는 유산 · 사산휴가를 받은 피보험자가 속한 사업장이 우선 지원 대상기업이 아닌 경우에는 휴가 시작 후 60일(한 번에 둘 이상의 자녀를 임신한 경우에는 75일)이 지난 날로 본다] 이후 1개월부터 휴가가 끝난 날 이후 12개월 이내에 신청할 것. 다만, 그 기간에 대통령령으로 정하는 사유로 출산전후휴가 급여등을 신청할 수 없었던 사람은 그 사유가 끝난 후 30일 이내에 신청하여야 한다.

❻ 고용보험기금

기금의 설치 및 조성	① 고용노동부장관은 보험사업에 필요한 재원에 충당하기 위하여 고용보험기금(이하 “기금”이라 한다)을 설치한다. ② 기금은 보험료와 이 법에 따른 징수금 · 적립금 · 기금운용 수익금과 그 밖의 수입으로 조성한다.
기금의 관리 · 운용	① 기금은 고용노동부장관이 관리 · 운용한다. ② 기금의 관리 · 운용에 관한 세부 사항은 「국가재정법」의 규정에 따른다. ③ 고용노동부장관은 다음 각 호의 방법에 따라 기금을 관리 · 운용한다. 1. 금융기관에의 예탁 2. 재정자금에의 예탁 3. 국가 · 지방자치단체 또는 금융기관에서 직접 발행하거나 채무이행을 보증하는 유가증권의 매입 4. 보험사업의 수행 또는 기금 증식을 위한 부동산의 취득 및 처분 5. 그 밖에 대통령령으로 정하는 기금 증식 방법 ④ 고용노동부장관은 제1항에 따라 기금을 관리 · 운용할 때에는 그 수익이 대통령령으로 정하는 수준 이상 되도록 하여야 한다.
기금의 용도	① 기금은 다음 각 호의 용도에 사용하여야 한다. 1. **고용안정 · 직업능력개발 사업에 필요한 경비** 2. 실업급여의 지급 2의2. 제55조의2에 따른 국민연금 보험료의 지원 3. **육아휴직 급여 및 출산전후휴가 급여등의 지급** 4. 보험료의 반환 5. **일시 차입금의 상환금과 이자** 6. 이 법과 고용산재보험료징수에 따른 업무를 대행하거나 위탁받은 자에 대한 출연금 7. 그 밖에 이 법의 시행을 위하여 필요한 경비로서 대통령령으로 정하는 경비와 제1호 및 제2호에 따른 사업의 수행에 딸린 경비 ② 제1항 제6호에 따라 기금으로부터 「국민건강보험법」 제13조에 따른 국민건강보험공단에 출연하는 금액은 징수업무(고지 · 수납 · 체납 업무를 말한다)가 차지하는 비율 등을 기준으로 산정한다.

❼ 심사 및 재심사청구

심사와 재심사	① 제17조에 따른 피보험자격의 취득 · 상실에 대한 확인, 제4장의 규정에 따른 실업급여 및 제5장에 따른 육아휴직 급여와 출산전후휴가 급여등에 관한 처분[이하 **"원처분(原處分)등"**이라 한다]에 이의가 있는 자는 제89조에 따른 **심사관에게 심사를 청구**할 수 있고, 그 결정에 이의가 있는 자는 제99조에 따른 심사위원회에 재심사를 청구할 수 있다. ② 제1항에 따른 심사의 청구는 같은 항의 확인 또는 처분이 있음을 안 날부터 90일 이내에, 재심사의 청구는 심사청구에 대한 결정이 있음을 안 날부터 90일 이내에 각각 제기하여야 한다. ③ 제1항에 따른 **심사 및 재심사의 청구**는 **시효중단에 관하여 재판상의 청구**로 본다.
대리인의 선임	심사청구인 또는 재심사청구인은 **법정대리인 외에 다음 각 호의 어느 하나에 해당하는 자를 대리인으로 선임**할 수 있다. 1. **청구인의 배우자, 직계존속 · 비속 또는 형제자매** 2. **청구인인 법인의 임원 또는 직원** 3. **변호사나 공인노무사** 4. 제99조에 따른 **심사위원회의 허가를 받은 자**
원처분등의 집행 정지	① 심사의 청구는 원처분등의 집행을 정지시키지 아니한다. 다만, 심사관은 원처분등의 집행에 의하여 발생하는 중대한 위해(危害)를 피하기 위하여 긴급한 필요가 있다고 인정하면 **직권으로 그 집행을 정지**시킬 수 있다. ② 심사관은 제1항 단서에 따라 집행을 정지시키려고 할 때에는 그 이유를 적은 문서로 그 사실을 직업안정기관의 장 또는 근로복지공단에 알려야 한다. ③ 직업안정기관의 장 또는 근로복지공단은 제2항에 따른 통지를 받으면 지체 없이 그 집행을 정지하여야 한다. ④ 심사관은 제2항에 따라 집행을 정지시킨 경우에는 지체 없이 심사청구인에게 그 사실을 문서로 알려야 한다.
결정	심사관은 심사의 청구에 대한 **심리(審理)를 마쳤을 때**에는 원처분등의 **전부 또는 일부를 취소**하거나 **심사청구의 전부 또는 일부를 기각**한다.
결정의 방법	① 제89조에 따른 결정은 대통령령으로 정하는 바에 따라 문서로 하여야 한다. ② 심사관은 결정을 하면 심사청구인 및 원처분등을 한 직업안정기관의 장 또는 근로복지공단에 각각 결정서의 정본(正本)을 보내야 한다.
결정의 효력	① 결정은 심사청구인 및 직업안정기관의 장 또는 근로복지공단에 결정서의 **정본을 보낸 날부터 효력이 발생**한다. ② 결정은 **원처분등을 행한 직업안정기관의 장 또는 근로복지공단을 기속(羈束)**한다.

❽ 보칙

불이익 처우의 금지	사업주는 근로자가 제17조에 따른 확인의 청구를 한 것을 이유로 그 근로자에게 해고나 그 밖의 불이익한 처우를 하여서는 아니 된다.
소멸시효	① 다음 각 호의 어느 하나에 해당하는 권리는 **3년간** 행사하지 아니하면 시효로 소멸한다. 1. 제3장에 따른 지원금을 지급받거나 반환받을 권리 2. 제4장에 따른 **취업촉진 수당을 지급받거나 반환받을 권리** 3. 제4장에 따른 구직급여를 반환받을 권리 4. 제5장에 따른 육아휴직 급여, 육아기 근로시간 단축 급여 및 출산전후휴가 급여등을 반환받을 권리 ② 소멸시효의 중단에 관하여는 「산업재해보상보험법」 제113조를 준용한다.

제3절 국민 평생 직업능력 개발법

❶ 총칙

<table>
<tr><td>목적</td><td>이 법은 모든 국민의 평생에 걸친 직업능력개발을 촉진·지원하고 산업현장에서 필요한 기술·기능 인력을 양성하며 산학협력 등에 관한 사업을 수행함으로써 국민의 고용촉진·고용안정 및 사회·경제적 지위 향상과 기업의 생산성 향상을 도모하고 능력중심사회의 구현 및 사회·경제의 발전에 이바지함을 목적으로 한다.</td></tr>
<tr><td>정의</td><td>이 법에서 사용하는 용어의 뜻은 다음과 같다.
1. "직업능력개발훈련"이란 모든 국민에게 직업에 필요한 직무수행능력을 습득·향상시키기 위하여 실시하는 훈련을 말한다.
2. "직업능력개발사업"이란 직업능력개발훈련, 직업능력개발훈련 과정·매체의 개발 및 직업능력개발에 관한 조사·연구 등을 하는 사업을 말한다.
3. "직업능력개발훈련시설"이란 다음 각 목의 시설을 말한다.
가. 공공직업훈련시설 : 국가·지방자치단체 및 대통령령으로 정하는 공공단체가 직업능력개발훈련을 위하여 설치한 시설로서 제27조에 따라 고용노동부장관과 협의하거나 고용노동부장관의 승인을 받아 설치한 시설

1. 「한국산업인력공단법」에 따른 한국산업인력공단(한국산업인력공단이 출연하여 설립한 학교법인을 포함한다)
2. 「장애인고용촉진 및 직업재활법」에 따른 한국장애인고용공단
3. 「산업재해보상보험법」에 따른 근로복지공단

나. 지정직업훈련시설 : 직업능력개발훈련을 위하여 설립·설치된 직업전문학교·실용전문학교 등의 시설로서 제28조에 따라 고용노동부장관이 지정한 시설
4. "근로자"란 사업주에게 고용된 사람과 취업할 의사가 있는 사람을 말한다.
5. "기능대학"이란 「고등교육법」 제2조 제4호에 따른 전문대학으로서 학위과정인 제40조에 따른 다기능기술자과정 또는 학위전공심화과정을 운영하면서 직업훈련과정을 병설운영하는 교육·훈련기관을 말한다.</td></tr>
<tr><td>직업능력
개발훈련의
기본원칙</td><td>① 직업능력개발훈련은 국민 개개인의 희망·적성·능력에 맞게 근로자의 생애에 걸쳐 체계적으로 실시되어야 한다.
② 직업능력개발훈련은 민간의 자율과 창의성이 존중되도록 하여야 하며, 노사의 참여와 협력을 바탕으로 실시되어야 한다.
③ 직업능력개발훈련은 성별, 연령, 신체적 조건, 고용형태, 신앙 또는 사회적 신분 등에 따라 차별하여 실시되어서는 아니 되며, 모든 국민에게 균등한 기회가 보장되도록 노력하여야 한다.
④ 다음 각 호의 사람을 대상으로 하는 직업능력개발훈련은 중요시되어야 한다.
1. 고령자·장애인
2. 「국민기초생활 보장법」에 따른 수급권자
3. 「국가유공자 등 예우 및 지원에 관한 법률」에 따른 국가유공자와 그 유족 또는 가족이나 「보훈보상대상자 지원에 관한 법률」에 따른 보훈보상대상자와 그 유족 또는 가족
4. 「5·18민주유공자예우 및 단체설립에 관한 법률」에 따른 5·18민주유공자와 그 유족 또는 가족
5. 「제대군인지원에 관한 법률」에 따른 제대군인 및 전역예정자
6. 여성근로자</td></tr>
</table>

<table>
<tr><td></td><td>7. 「중소기업기본법」에 따른 **중소기업**(이하 "중소기업"이라 한다)**의 근로자**
8. **일용근로자, 단시간근로자**, 기간을 정하여 근로계약을 체결한 근로자, 일시적 사업에 고용된 근로자
9. 「파견근로자 보호 등에 관한 법률」에 따른 **파견근로자**
10. 「학교 밖 청소년 지원에 관한 법률」에 따른 학교 밖 청소년
⑤ 직업능력개발훈련은 **교육 관계법에 따른 학교교육 및 산업현장과 긴밀하게 연계**될 수 있도록 하여야 한다.
⑥ 직업능력개발훈련은 근로자의 **직무능력과 고용가능성을 높일 수 있도록 지역 · 산업현장의 수요가 반영**되어야 한다.
⑦ 직업능력개발훈련은 직업에 필요한 직무능력뿐만 아니라 지능정보화 및 포괄적 직업 · 직무기초능력 등 직무 수행과 관련되는 직무기초역량을 함께 지원하여야 한다.
⑧ 직업능력개발훈련은 「고용정책 기본법」 제6조에 따른 직업소개, 직업지도 및 경력개발 등과 긴밀하게 연계될 수 있도록 하여야 한다.</td></tr>
<tr><td>국가 및 사업주 등의 책무</td><td>① **국가와 지방자치단체**는 근로자의 생애에 걸친 직업능력개발을 위하여 사업주 · 사업주단체 및 근로자단체 등이 하는 직업능력개발사업과 근로자가 자율적으로 수강하는 **직업능력개발훈련 등을 촉진 · 지원하기 위하여 필요한 시책을 마련**하여야 한다. 이 경우 국가는 지방자치단체가 마련한 시책을 시행하는 데에 필요한 지원을 할 수 있다.
② **사업주**는 근로자를 대상으로 직업능력개발훈련을 실시하고, 직업능력개발훈련에 많은 근로자가 참여하도록 하며, 근로자에게 직업능력개발을 위한 휴가를 주거나 인력개발담당자(직업능력개발훈련시설 및 기업 등에서 직업능력개발사업의 기획 · 운영 · 평가 등을 하는 사람을 말한다. 이하 같다)를 선임하는 등 **직업능력개발훈련 여건을 조성하기 위한 노력**을 하여야 한다.
③ **근로자**는 자신의 적성과 능력에 따른 직업능력개발을 위하여 노력하여야 하고, 국가 · 지방자치단체 또는 사업주 등이 하는 직업능력개발사업에 **협조**하여야 한다.
④ **사업주단체, 근로자단체**, 제22조의2에 따른 **지역인적자원개발위원회** 및 「산업발전법」 제12조 제2항에 따른 산업부문별 인적자원개발협의체(이하 "산업부문별 인적자원개발협의체"라 한다) 등은 직업능력개발훈련이 산업현장의 수요에 맞추어 이루어지도록 **지역별 · 산업부문별 직업능력개발훈련 수요조사 등 필요한 노력**을 하여야 한다.
⑤ **직업능력개발훈련을 실시하는 자**는 직업능력개발훈련에 관한 상담 · 취업지도, 선발기준 마련 등을 함으로써 근로자가 **자신의 적성과 능력에 맞는 직업능력개발훈련을 받을 수 있도록 노력**하여야 한다.</td></tr>
</table>

❷ 직업능력개발

(1) 개발훈련의 표준과 훈련계약

직업능력 개발훈련의 표준	① **고용노동부장관**은 직업능력개발훈련의 상호호환 · 인정 · 교류가 가능하도록 직업능력개발훈련과 관련된 기술 · 자원 · 운영 등에 관한 **표준(이하 "직업능력개발훈련의 표준"이라 한다)을 정할 수 있다.** ② 고용노동부장관은 직업능력개발훈련의 표준을 정하려는 경우에는 사업주단체 및 근로자단체 등 관련 기관 · 단체 등의 의견을 수렴하여야 한다.
훈련계약과 권리 · 의무	① 사업주와 직업능력개발훈련을 받으려는 근로자는 직업능력개발훈련에 따른 권리 · 의무 등에 관하여 **훈련계약을 체결할 수 있다.** ② 사업주는 제1항에 따른 **훈련계약을 체결할 때**에는 해당 직업능력개발훈련을 받는 사람이 직업능력개발훈련을 이수한 후에 사업주가 지정하는 업무에 일정 기간 종사하도록 할 수 있다. 이 경우 그 기간은 **5년 이내**로 하되, **직업능력개발훈련기간의 3배를 초과할 수 없다.** ③ 제1항에 따른 **훈련계약을 체결하지 아니한 경우**에 고용근로자가 받은 직업능력개발훈련에 대하여는 그 **근로자가 근로를 제공한 것으로 본다.** ④ 제1항에 따른 훈련계약을 체결하지 아니한 사업주는 직업능력개발훈련을 「근로기준법」 제50조에 따른 근로시간(이하 "기준근로시간"이라 한다) 내에 실시하되, 해당 근로자와 합의한 경우에는 **기준근로시간 외의 시간에 직업능력개발훈련을 실시할 수 있다.** ⑤ **기준근로시간 외의 훈련시간**에 대하여는 생산시설을 이용하거나 근무장소에서 하는 직업능력개발훈련의 경우를 제외하고는 **연장근로와 야간근로에 해당하는 임금을 지급하지 아니할 수 있다.**

(2) 직업능력개발훈련의 구분

훈련목적에 따른 구분	① **양성(養成)훈련** : 근로자에게 작업에 필요한 기초적 직무수행능력을 습득시키기 위하여 실시하는 직업능력개발훈련 ② **향상훈련** : 양성훈련을 받은 사람이나 직업에 필요한 기초적 직무수행능력을 가지고 있는 사람에게 더 높은 직무수행능력을 습득시키거나 기술발전에 맞추어 지식 · 기능을 보충하게 하기 위하여 실시하는 직업능력개발훈련 ③ **전직(轉職)훈련** : 근로자에게 종전의 직업과 유사하거나 새로운 직업에 필요한 직무수행능력을 습득시키기 위하여 실시하는 직업능력개발훈련
훈련방법	① **집체(集體)훈련** : 직업능력개발훈련을 실시하기 위하여 설치한 훈련전용시설이나 그 밖에 훈련을 실시하기에 적합한 시설(산업체의 생산시설 및 근무장소는 제외한다)에서 실시하는 방법 ② **현장훈련** : 산업체의 생산시설 또는 근무장소에서 실시하는 방법 ③ **원격훈련** : 먼 곳에 있는 사람에게 정보통신매체 등을 이용하여 실시하는 방법 ④ **혼합훈련** : ①부터 ③까지의 훈련방법을 2개 이상 병행하여 실시하는 방법
훈련대상 연령 등	직업능력개발훈련은 **15세 이상인 사람에게 실시**하되, 직업능력개발훈련시설의 장은 훈련의 직종 및 내용에 따라 15세 이상으로서 훈련대상자의 연령 범위를 따로 정하거나 필요한 학력, 경력 또는 자격을 정할 수 있다.

(3) 훈련수당과 재해위로금

훈련수당	직업능력개발훈련을 실시하는 자는 직업능력개발훈련을 받는 훈련생에게 훈련수당을 지급할 수 있다.
재해 위로금	① **직업능력개발훈련을 실시하는 자**는 해당 훈련시설에서 **직업능력개발훈련을 받는 근로자**(「**산업재해보상보험법**」**을 적용받는 사람은 제외**한다)가 직업능력개발훈련 중에 그 직업능력개발훈련으로 인하여 **재해를 입은 경우에는 재해 위로금을 지급**하여야 한다. ② 이 경우 **위탁에 의한 직업능력개발훈련을 받는 근로자**에 대하여는 **그 위탁자가 재해 위로금을 부담**하되, **위탁받은 자의 훈련시설의 결함이나 그 밖에 위탁받은 자에게 책임이 있는 사유**로 인하여 재해가 발생한 경우에는 **위탁받은 자가 재해 위로금을 지급**하여야 한다. ③ **재해 위로금의 지급**에 관하여는 「근로기준법」 제8장(제79조는 제외한다)을 준용한다. 이 경우 재해 **위로금의 산정기준이 되는 평균임금**은 「산업재해보상보험법」 제36조 제7항 및 제8항에 따라 **고용노동부장관이 매년 정하여 고시하는 최고 보상기준 금액 및 최저 보상기준 금액을 각각 그 상한 및 하한**으로 한다.

(4) 근로자의 자율적인 직업능력개발 지원 등

실업자등	국가와 지방자치단체는 다음 각 호의 어느 하나에 해당하는 사람(이하 "실업자등"이라 한다)의 고용촉진 및 고용안정을 위하여 **직업능력개발훈련을 실시**하거나 직업능력개발훈련을 받는 사람에게 비용을 지원할 수 있다. 1. 실업자 2. 「국민기초생활 보장법」에 따른 수급권자, 　1. 「국민기초생활 보장법」 제9조 제5항에 따라 생계급여를 받는 사람 중 「국민기초생활 보장법 시행령」 제11조 제2항에 따른 취업대상자 　2. 「국민기초생활 보장법」 제15조에 따른 자활급여를 받는 사람 중 같은 조 제1항 제2호에 따른 기능습득의 지원대상자 　3. 그 밖에 「국민기초생활 보장법」 제9조 제5항에 따른 생계급여를 받거나 같은 법 제15조에 따른 자활급여를 받는 사람 중 직업능력개발훈련이 필요한 사람으로서 고용노동부장관이 정하여 고시하는 사람 3. 여성가장 또는 청소년으로서 대통령령으로 정하는 요건에 해당하는 사람 　1. 이혼, 사별(死別) 등의 사유로 배우자가 없는 사람 　2. 미혼여성으로 부모가 모두 없거나 부모가 모두 부양능력이 없는 사람 　3. 본인과 주민등록표상 세대(世帶)를 같이하는 배우자, 본인 또는 배우자의 직계혈족 및 형제 · 자매로서 60세 이상 또는 18세 미만이거나 장애, 질병, 군복무 및 재학(在學) 등의 사유로 근로능력이 없다고 인정되는 사람을 부양하는 사람 　4. 그 밖에 취업 촉진을 위한 직업능력개발훈련이 필요한 여성가장으로서 고용노동부장관이 정하여 고시하는 사람 4. 그 밖에 대통령령으로 정하는 사람 　1. 「한부모가족지원법」 제5조에 따른 지원대상자 　2. 자영업자 중 직업능력개발훈련이 필요한 사람으로서 고용노동부장관이 정하여 고시하는 사람

	3. 「고용상 연령차별금지 및 고령자고용촉진에 관한 법률」 제2조 제1호에 따른 고령자 및 같은 조 제2호에 따른 준고령자 4. 「장애인고용촉진 및 직업재활법」 제2조 제1호에 따른 장애인 5. 「국가유공자 등 예우 및 지원에 관한 법률」 제4조에 따른 국가유공자와 그 유족 또는 가족 6. 「5 · 18민주유공자예우에 관한 법률」 제4조에 따른 5 · 18민주유공자와 그 유족 또는 가족 7. 「특수임무유공자 예우 및 단체설립에 관한 법률」 제3조에 따른 특수임무유공자로서 같은 법 제6조에 따라 등록된 자와 그 유족 또는 가족 8. 「제대군인지원에 관한 법률」 제7조에 따른 제대군인(전역예정자를 포함한다) 9. 「농업 · 농촌 및 식품산업 기본법」 제3조 제2호에 따른 농업인 또는 「수산업 · 어촌 발전 기본법」 제3조 제3호에 따른 어업인으로서 농어업 이외의 직업에 취업하려는 사람과 그 가족 10. 「북한이탈주민의 보호 및 정착지원에 관한 법률」 제2조 제1호에 따른 북한이탈주민 11. 「다문화가족지원법」 제2조 제1호에 따른 다문화가족의 구성원 12. 「난민법」 제2조 제2호에 따른 난민인정자로서 법무부장관이 직업능력개발훈련이 필요하다고 인정하여 고용노동부장관에게 추천하는 사람 13. 「고등교육법」 제2조에 따른 학교의 재학생으로서 졸업이 예정된 사람 14. 그 밖에 고용노동부장관이 고용촉진 및 고용안정을 위하여 직업능력개발훈련의 실시 등이 필요하다고 인정하여 고시하는 사람

(5) 사업주 등의 직업능력개발사업 지원 등

① 사업주 및 사업주단체등에 대한 직업능력개발 지원

지원내용	**고용노동부장관**은 다음 각 호의 어느 하나에 해당하는 직업능력개발사업을 하는 사업주나 사업주단체 · 근로자단체 또는 그 연합체(이하 "사업주단체등"이라 한다)에게 그 **사업에 필요한 비용을 지원하거나 융자**할 수 있다. 1. 근로자 직업능력개발훈련(위탁하여 실시하는 경우를 포함한다) 2. **근로자를 대상으로 하는 자격검정사업** 3. 「고용보험법」 제19조 제2항에 따른 기업(이하 "우선지원대상기업"이라 한다) 또는 중소기업과 공동으로 우선지원대상기업 또는 중소기업에서 근무하는 근로자 등을 위하여 실시하는 직업능력개발사업 4. **직업능력개발훈련을 위하여 필요한 시설**(기숙사를 포함한다) **및 장비 · 기자재를 설치 · 보수하는 등의 사업** 5. 직업능력개발에 대한 조사 · 연구, 직업능력개발훈련 과정 및 매체의 개발 · 보급 등의 사업 6. 기업의 학습조직 · 인적자원 개발체제를 구축하기 위하여 실시하는 사업 7. **근로자의 경력개발관리를 위하여 실시하는 사업** 8. 근로자의 직업능력개발을 위한 정보망 구축사업 9. 직업능력개발사업에 관한 교육 및 홍보 사업 10. 건설근로자의 직업능력개발 지원사업 11. 「고용보험법」 제2조 제1호에 따른 피보험자에 해당하지 않는 사람의 직업능력개발 지원사업 12. 법 제33조 제2항에 따른 직업능력개발훈련교사(이하 "직업능력개발훈련교사"라 한다) 및 인력개발담당자(직업능력개발훈련시설 및 기업 등에서 직업능력개발사업의 기획 · 운영 · 평가 등을 하는 사람을 말한다. 이하 같다)의 능력개발사업 13. 그 밖에 근로자의 직업능력개발을 촉진하기 위하여 실시하는 사업으로서 고용노동부장관이 정하여 고시하는 사업

② 산업부문별 직업능력개발사업 지원

지원내용	고용노동부장관은 산업부문별 직업능력개발사업을 촉진하기 위하여 산업부문별 인적자원개발협의체, 근로자단체 및 사업주단체등이 다음 각 호의 어느 하나에 해당하는 사업을 실시하는 경우 필요한 비용을 지원하거나 융자할 수 있다. 1. 산업부문별 인력수급 및 직업능력개발훈련 수요에 대한 조사 · 분석 2. 자격 및 직업능력개발훈련 기준의 개발 · 보급 3. 직업능력개발훈련 과정 및 매체 등의 개발 · 보완 · 보급사업 4. 직업능력개발훈련교사 및 인력개발담당자의 능력개발사업 5. 직업능력개발사업에 관한 조사 · 연구 · 교육 및 홍보 사업 6. 그 밖에 산업부문별 직업능력개발을 촉진하기 위한 사업으로서 고용노동부장관이 정하여 고시하는 사업

(6) 직업능력개발훈련법인, 직업능력개발훈련시설 및 직업능력개발훈련교사 등

① 직업능력개발훈련법인

공공직업 훈련시설의 설치 등	① 국가, 지방자치단체 또는 공공단체는 공공직업훈련시설을 설치 · 운영할 수 있다. 이 경우 국가 또는 지방자치단체가 공공직업훈련시설을 설치하려는 때에는 고용노동부장관과 협의하여야 하며, 공공단체가 공공직업훈련시설을 설치하려는 때에는 고용노동부장관의 승인을 받아야 한다. ② 고용노동부장관은 제1항에 따라 승인을 받은 공공직업훈련시설이 다음 각 호의 어느 하나에 해당되면 그 승인을 취소할 수 있다. 다만, 제1호에 해당되는 경우에는 그 승인을 취소하여야 한다. 1. 거짓이나 그 밖의 부정한 방법으로 승인을 받은 경우 2. 정당한 사유 없이 계속하여 1년 이상 직업능력개발훈련을 실시하지 아니한 경우 3. 그 밖에 이 법 또는 이 법에 따른 명령을 위반한 경우 ③ 고용노동부장관은 국가, 지방자치단체 또는 공공단체가 설치한 공공직업훈련시설의 운영과 관련하여 해당 기관에 필요한 자료의 제출을 요청할 수 있다.
지정직업 훈련시설	① 지정직업훈련시설을 설립 · 설치하여 운영하려는 자는 다음 각 호의 요건을 갖추어 고용노동부장관의 지정을 받아야 한다. 다만, 소속 근로자 등의 직업능력개발훈련을 위한 전용시설을 운영하는 사업주 또는 사업주단체등이 지정을 받으려는 경우에는 제2호 및 제3호의 요건을 갖추지 아니할 수 있고, 위탁받아 직업능력개발훈련을 실시하려는 자가 지정을 받으려는 경우에는 제3호의 요건을 갖추지 아니할 수 있다. 1. 해당 훈련시설을 적절하게 운영할 수 있는 인력 · 시설 및 장비 등을 갖추고 있을 것 2. 해당 훈련시설을 적절하게 운영할 수 있는 교육훈련 실시 경력을 갖추고 있을 것 3. 직업능력개발훈련을 실시하려는 훈련 직종별로 해당 직종과 관련된 제33조에 따른 직업능력개발훈련교사 1명 이상을 둘 것. 다만, 그 훈련 직종에 관련된 직업능력개발훈련교사가 정하여지지 아니한 경우에는 그러하지 아니하다. 4. 그 밖에 직업능력개발훈련시설의 운영에 필요하다고 대통령령으로 정하는 요건을 갖출 것 ② 제1항에 따라 지정받은 내용 중 대통령령으로 정하는 사항을 변경하려는 경우에는 고용노동부장관으로부터 변경지정을 받아야 한다. ③ 제1항에 따라 지정을 받은 자가 해당 시설에서 3개월 이상 직업능력개발훈련을 실시하지 아니하거나 폐업을 하려는 경우 또는 제2항에 따라 대통령령으로 정한 사항 외의 지정 내용을 변경하려는 경우에는 고용노동부장관에게 신고하여야 한다.

<table>
<tr><td>훈련비</td><td>① 지정직업훈련시설을 운영하는 자는 근로자로부터 훈련비를 받을 수 있다.
② 지정직업훈련시설을 운영하는 자는 근로자가 직업능력개발훈련을 계속 받을 수 없는 경우 또는 지정취소 · 폐업 등으로 직업능력개발훈련을 계속할 수 없는 경우에는 훈련비 반환 등 근로자 보호를 위하여 필요한 조치를 하여야 한다.
③ 제2항에 따른 훈련비의 반환 사유, 반환금액 등에 관하여 필요한 사항은 대통령령으로 정한다.
1. 법 제31조에 따라 직업능력개발훈련시설의 지정이 취소되거나 직업능력개발훈련의 정지명령을 받은 경우
2. 직업개발능력훈련시설의 지정을 받은 자가 폐업 · 휴업 등의 사유로 직업능력개발훈련을 실시할 수 없게 된 경우
3. 근로자가 스스로 직업능력개발훈련의 수강을 포기한 경우</td></tr>
<tr><td>지정취소 등</td><td>① 고용노동부장관은 제28조에 따른 지정직업훈련시설이 다음 각 호의 어느 하나에 해당하면 그 시정을 명하거나 그 지정의 취소 또는 1년 이내의 기간을 정하여 직업능력개발훈련의 정지를 명할 수 있다. 다만, 제1호 또는 제3호(제29조 제1호부터 제8호까지의 규정 중 어느 하나에 해당하는 경우로 한정한다)에 해당하는 경우에는 그 지정을 취소하여야 한다.
1. 거짓이나 그 밖의 부정한 방법으로 제28조에 따른 지정을 받은 경우
2. 제28조에 따른 지정 요건을 갖추지 못한 경우(「건축법」 등 법령 위반에 따른 행정처분으로 해당 시설을 직업훈련 용도에 사용할 수 없게 된 경우를 포함한다)
3. 제29조 각 호의 어느 하나에 해당하게 된 경우
4. 정당한 사유 없이 계속하여 1년 이상 직업능력개발훈련을 실시하지 아니한 경우
5. 변경지정을 받지 아니하고 지정 내용을 변경하는 등 부정한 방법으로 지정직업훈련시설을 운영한 경우
6. 훈련생을 모집할 때 과대 광고 또는 거짓 광고를 한 경우
7. 시정명령에 따르지 아니한 경우
8. 그 밖에 이 법 또는 이 법에 따른 명령을 위반한 경우
② 제1항에 따른 시정명령 · 지정취소 및 정지처분의 세부 기준은 그 처분 사유와 위반 정도 등을 고려하여 대통령령으로 정한다.</td></tr>
</table>

② 직업능력개발훈련교사

<table>
<tr><td>의의</td><td>① 직업능력개발훈련교사나 그 밖에 해당 분야에 전문지식이 있는 사람 등으로서 대통령령으로 정하는 사람은 직업능력개발훈련을 위하여 근로자를 가르칠 수 있다.
② 직업능력개발훈련교사는 1급 · 2급 및 3급으로 구분한다.

직업능력개발훈련교사 자격기준
<table>
<tr><th>구분</th><th>자격기준</th></tr>
<tr><td>1급</td><td>직업능력개발훈련교사 2급의 자격을 취득한 후 고용노동부장관이 정하여 고시하는 직종에서 3년 이상의 교육훈련 경력이 있는 사람으로서 향상훈련을 받은 사람</td></tr>
<tr><td>2급</td><td>1. 직업능력개발훈련교사 3급의 자격을 취득한 후 고용노동부장관이 정하여 고시하는 직종에서 3년 이상의 교육훈련 경력이 있는 사람으로서 향상훈련을 받은 사람
2. 고용노동부장관이 정하여 고시하는 직종에서 요구하는 기술사 또는 기능장 자격을 취득하고 고용노동부령으로 정하는 훈련을 받은 사람
3. 전문대학 · 기능대학 및 대학의 조교수 이상으로 재직한 후 고용노동부장관이 정하여 고시하는 직종에서 2년 이상의 교육훈련 경력이 있는 사람</td></tr>
</table>
</td></tr>
</table>

<table>
<tr>
<td rowspan="2"></td>
<td>3급</td>
<td>1. 법 제52조의2에 따라 설립된 기술교육대학에서 고용노동부장관이 정하여 고시하는 직종에 관한 학사학위를 취득한 사람
2. 고용노동부장관이 정하여 고시하는 직종에 관한 학사 이상의 학위를 취득한 후 해당 직종에서 2년 이상의 교육훈련 경력 또는 실무경력이 있는 사람으로서 고용노동부령으로 정하는 훈련을 받은 사람
3. 고용노동부장관이 정하여 고시하는 직종에 관한 학사 이상의 학위를 취득한 후 해당 직종에서 요구하는 중등학교 정교사 1급 또는 2급의 자격을 취득한 사람
4. 고용노동부장관이 정하여 고시하는 직종에서 요구하는 기술 · 기능 분야의 기사 자격증을 취득한 후 해당 직종에서 1년 이상의 교육훈련 경력 또는 실무경력이 있는 사람으로서 고용노동부령으로 정하는 훈련을 받은 사람
5. 고용노동부장관이 정하여 고시하는 직종에서 요구하는 기술 · 기능 분야의 산업기사 · 기능사 자격증, 서비스 분야의 국가기술자격증 또는 그 밖의 법령에 따라 국가가 신설하여 관리 · 운영하는 자격증을 취득한 후 해당 직종에서 2년 이상의 교육훈련 경력 또는 실무경력이 있는 사람으로서 고용노동부령으로 정하는 훈련을 받은 사람
6. 고용노동부장관이 정하여 고시하는 직종에서 5년 이상의 교육훈련 경력 또는 실무경력이 있는 사람으로서 고용노동부령으로 정하는 훈련을 받은 사람
7. 그 밖에 고용노동부장관이 정하여 고시하는 기준에 적합한 사람으로서 고용노동부령으로 정하는 훈련을 받은 사람</td>
</tr>
<tr>
<td colspan="2">② 직업능력개발훈련교사가 되려는 사람은 제36조에 따른 직업능력개발훈련교사 양성을 위한 훈련과정을 수료하는 등 대통령령으로 정하는 기준을 갖추어 고용노동부장관으로부터 직업능력개발훈련교사 자격증을 발급받아야 한다.
③ 제2항에 따라 직업능력개발훈련교사 자격증을 발급받으려는 사람은 고용노동부령으로 정하는 바에 따라 수수료를 내야 한다.</td>
</tr>
<tr>
<td>결격사유</td>
<td colspan="2">① 다음의 어느 하나에 해당하는 사람은 제33조에 따른 직업능력개발훈련교사가 될 수 없다.
1. 피성년후견인 · 피한정후견인
2. 금고 이상의 실형을 선고받고 그 집행이 끝나거나(집행이 끝난 것으로 보는 경우를 포함한다) 집행이 면제된 날부터 2년이 지나지 아니한 사람
3. 금고 이상의 형의 집행유예를 선고받고 그 유예기간 중에 있는 사람
4. 법원의 판결에 따라 자격이 상실되거나 정지된 사람
5. 「성폭력범죄의 처벌 등에 관한 특례법」 제2조에 따른 성폭력범죄로 100만 원 이상의 벌금형을 선고받고 그 형이 확정된 후 2년이 지나지 아니한 사람
6. 제35조 제1항 제1호 · 제3호 또는 제4호에 따라 자격이 취소된 후 3년이 지나지 아니한 사람
② 고용노동부장관은 제34조에 따른 결격사유에 해당하는지 여부를 확인하기 위하여 관계 기관에 자료를 요청할 수 있고, 「형의 실효 등에 관한 법률」 제6조에 따른 범죄경력조회를 할 수 있다. 이 경우 관계 기관은 특별한 사정이 없으면 그 자료를 제공하고 조회 결과를 회신하여야 한다.</td>
</tr>
<tr>
<td>훈련교사
양성</td>
<td colspan="2">① 국가, 지방자치단체, 공공단체 또는 고용노동부장관이 고시하는 법인 · 단체는 직업능력개발훈련교사 양성을 위한 훈련과정을 설치 · 운영할 수 있다. 이 경우 국가 및 지방자치단체가 아닌 자가 훈련과정을 설치 · 운영하려면 고용노동부장관의 승인을 받아야 한다.
② 직업능력개발훈련교사의 양성을 위한 훈련과정은 양성훈련과정, 향상훈련과정 및 교직훈련과정으로 구분한다.</td>
</tr>
</table>

(7) 기능대학

설립	① **국가, 지방자치단체** 또는 「**사립학교법」에 따른 학교법인**(이하 "학교법인"이라 한다)은 산업현장에서 필요한 인력을 양성하고 근로자의 직업능력개발을 지원하기 위하여 **기능대학을 설립 · 경영할 수 있다.** ② 국가가 기능대학을 설립 · 경영하려면 **관계 중앙행정기관의 장은 교육부장관 및 고용노동부장관과 각각 협의**하여야 하며, **지방자치단체**가 기능대학을 설립 · 경영하려면 **해당 지방자치단체의 장은 고용노동부장관과 협의**를 한 후 **교육부장관의 인가**를 받아야 한다. ③ 학교법인이 기능대학을 설립 · 경영하려면 고용노동부장관의 추천을 거쳐 교육부장관의 인가를 받아야 한다. ④ 기능대학을 설립 · 경영하려는 자는 시설 · 설비 등 대통령령으로 정하는 설립기준을 갖추어야 한다. ⑤ 제2항 또는 제3항에 따라 교육부장관의 인가를 받은 기능대학은 직업능력개발훈련시설로 보며, **기능대학은 그 특성을 고려하여 다른 명칭을 사용할 수 있다.**
과정의 구분 등	① 기능대학의 교육 · 훈련과정은 다음 각 호의 과정으로 구분한다. 1. 다기능기술자과정 : 둘 이상의 직종에 관한 기능과 지식을 고르게 보유함으로써 제품의 개발로부터 제작에 이르는 전 공정에서 생산성 향상과 기술적 문제의 해결에 기여할 수 있는 인력을 양성하기 위한 교육 · 훈련과정 1의2. 학위전공심화과정 : 기능대학 또는 전문대학을 졸업한 사람의 계속교육을 촉진 · 지원하고 학사학위를 수여하는 전공심화과정 2. 직업훈련과정 가. 기능장과정 : 전공분야의 최상급 숙련기능 및 생산관리기법에 관한 지식을 보유함으로써 작업관리 및 소속 기능인의 지도 · 감독 등의 업무를 수행하는 생산현장의 중간관리자를 양성하기 위한 직업훈련과정 나. 직업능력개발훈련의 과정 다. 그 밖에 다기능기술자과정 및 학위전공심화과정 외의 교육 · 훈련과정 ② 기능대학의 장(이하 "학장"이라 한다)은 다기능기술자과정과 직업훈련과정이 균형을 이루도록 노력하여야 한다. ③ 기능대학은 제1항에 따른 교육 · 훈련과정 외에 다음 각 호의 사업을 수행할 수 있다. 1. 직업능력개발사업(직업능력개발훈련은 제외한다) 2. 중소기업기술지도 및 창업보육센터 운영 등 산학협력사업 3. 고용노동부장관, 다른 중앙행정기관의 장, 지방자치단체의 장 또는 사업주 등이 위탁하는 사업 4. 교육 · 훈련생의 직업상담 및 고용촉진사업 5. 그 밖에 지역주민의 평생능력개발 등 지역발전에 기여할 수 있는 사업 ④ 다기능기술자과정, 학위전공심화과정 및 직업훈련과정의 설치 · 운영에 관한 사항은 대통령령으로 정한다.

제4절 구직자 취업촉진 및 생활안정지원에 관한 법률

❶ 총칙

(1) 목적과 정의

목적	이 법은 근로능력과 구직의사가 있음에도 불구하고 취업에 어려움을 겪고 있는 국민에게 통합적인 취업지원서비스를 제공하고 생계를 지원함으로써 이들의 구직활동 및 생활안정에 이바지함을 목적으로 한다.
정의	1. "취업지원"이란 수급자의 취업활동에 도움이 될 수 있는 제12조부터 제15조까지의 규정에 따른 지원(이하 "취업지원서비스"라 한다) 및 제18조에 따른 구직촉진수당(이하 "구직촉진수당"이라 한다)을 지급하는 것을 말한다. 2. "수급자격자"란 제6조 또는 제7조에 따른 취업지원서비스 또는 구직촉진수당의 수급 요건을 갖추어 제10조에 따라 수급자격이 인정된 사람을 말한다. 3. "수급자"란 수급자격자로서 취업지원서비스 또는 구직촉진수당을 받는 사람을 말한다.

(2) 구직자 취업지원 기본계획의 수립 · 시행 등

수립 · 시행	고용노동부장관은 관계 중앙행정기관의 장과 협의하여 구직자의 취업을 지원하기 위한 구직자 취업지원 기본계획을 5년마다 수립하고 시행하여야 한다.
기본계획 포함사항	1. 구직자 취업지원의 기본목표 및 추진방향 2. 구직자 취업지원에 관한 사업계획 및 추진방법 3. 구직자 취업지원 체계의 구축 및 운영 4. 구직자 취업지원의 성과분석 및 개선방안 5. 구직자 취업지원을 위한 재원조달 6. 그 밖에 구직자 취업지원을 위하여 필요한 사항

❷ 취업지원 수급자격의 인정 등

(1) 수급요건

취업지원서비스 수급요건	1. 근로능력과 구직의사가 있음에도 취업하지 못한 상태일 것 2. 제8조에 따라 취업지원을 신청할 당시 15세 이상 64세 이하일 것 3. 가구단위의 월평균 총소득이 「국민기초생활 보장법」 제2조 제11호에 따른 기준 중위소득(이하 "기준 중위소득"이라 한다)의 100분의 100 이하일 것. 다만, 15세 이상 34세 이하(「병역법」 제3조에 따른 병역의무를 이행한 경우 대통령령으로 정하는 바에 따라 병역의무 이행기간을 가산한다)인 사람은 가구단위의 월평균 총소득이 기준 중위소득의 100분의 120 이하이어야 한다.
구직촉진수당의 수급 요건	1. 취업지원서비스의 수급 요건을 갖출 것 2. 취업지원서비스 수급요건 중 가구단위의 월평균 총소득이 기준 중위소득의 100분의 60 이내의 범위에서 최저 생계비 및 구직활동에 드는 비용 등을 고려하여 대통령령으로 정하는 수준 이하일 것 3. 가구원이 소유하고 있는 토지 · 건물 · 자동차 등 재산의 합계액이 6억 원 이내의 범위에서 대통령령으로 정하는 금액 이하일 것 4. 취업지원 신청일 이전 2년 이내의 범위에서 대통령령으로 정하는 기간 이상 취업한 사실이 있을 것

(2) 취업지원의 유예

구분	내용
지원유예신청	수급자격자 또는 수급자는 다음 각 호의 어느 하나에 해당하여 취업지원서비스에 참여하기 어려운 경우에는 제10조 제1항에 따라 수급자격의 인정 통지를 받은 날부터 2년 이내의 범위에서 해당 사유가 해소되는 데 필요한 기간 동안 취업지원의 유예를 신청할 수 있다. 1. 본인이 임신하거나 출산 후 90일이 지나지 아니한 경우 2. 본인 또는 배우자가 질병에 걸렸거나 부상을 당한 경우 3. 본인 또는 배우자의 직계존비속이 질병에 걸렸거나 부상을 당한 경우 4. 「병역법」에 따른 의무복무를 하는 경우 5. 6개월 미만 동안 국외에 머무는 경우 6. 그 밖에 취업지원서비스에 참여하기 어려운 경우로서 고용노동부령으로 정하는 경우
유예기간	1. 고용노동부장관은 수급자격자 또는 수급자가 취업지원의 유예를 신청한 경우에는 같은 항 각 호의 어느 하나에 해당하는지를 확인하여 취업지원의 유예 여부를 결정하고 그 결과를 수급자격자 또는 수급자에게 서면으로 통지하여야 한다. 2. 취업지원의 유예 기간은 유예사유가 장관에 의해 결정된 취업지원의 유예 기간이 만료하기 전에 해소된 경우에는 결정된 유예 기간에도 불구하고 해당 사유가 해소된 날 종료된다. 3. 수급자격자 또는 수급자는 제2항에 따라 결정된 취업지원의 유예 기간이 만료되거나 취업지원의 유예 사유가 해소된 날의 다음 경우에는 그 기간이 만료된 날의 다음 날 또는 그 유예 사유가 해소된 날의 다음 날부터 30일 이내에 취업지원서비스에 다시 참여하여야 한다.

1 과목
2 과목
3 과목
4 과목
5 과목

❸ 취업지원서비스 등

구분	내용
취업활동계획	① 고용노동부장관은 수급자격자와 협의하여 해당 수급자격자에게 필요한 제13조에 따른 취업지원 프로그램 또는 구직활동지원 프로그램 등에 관한 사항을 포함하여 개인별 취업활동계획을 수립하여야 한다. ② 고용노동부장관은 취업활동계획을 수립하기 위하여 수급자격자에게 「직업안정법」 제2조의2 제1호의 직업안정기관 방문, 진로상담 및 직업심리검사 등의 참여, 상담에 필요한 자료 제공 등의 의무를 부과할 수 있다. ③ 고용노동부장관은 제10조 제1항에 따라 수급자격의 인정 통지를 한 날의 다음 날부터 1개월 이내에 취업활동계획 수립을 완료하여야 한다. 다만, 수급자격자의 취업역량 등에 따라 필요한 경우에는 7일의 범위에서 그 기간을 연장할 수 있다. ④ 고용노동부장관은 수급자격자가 제2항에 따른 의무를 정당한 사유 없이 이행하지 아니하는 경우에는 제10조 제1항에 따른 수급자격의 인정을 철회할 수 있다. 이 경우 수급자격자에게 그 사실을 서면으로 통지하여야 한다. ⑤ 수급자는 정당한 사유가 없으면 수립된 취업활동계획에 따라야 한다. ⑥ 고용노동부장관은 수립된 취업활동계획의 내용을 변경할 필요가 있거나 수급자가 요청한 경우 해당 수급자와 협의하여 그 내용을 변경할 수 있다.
취업지원 프로그램의 제공	① 고용노동부장관은 취업활동계획에 따라 수급자가 취업의욕과 직업 적응능력을 높이고 구직활동에 필요한 기술을 익힐 수 있도록 다음 각 호의 사항(이하 "취업지원 프로그램"이라 한다)을 제공할 수 있다. 1. 취업의욕 고취를 위한 각종 심리상담 및 취업진로상담 2. 직업능력개발을 위한 직업훈련 · 창업지원 · 해외취업지원 또는 일경험 프로그램

	3. 빈곤 · 양육 등 취업장애요인 해소를 위한 각종 복지 및 금융 지원과의 연계 4. 그 밖에 제1호부터 제3호까지의 규정에 준하는 지원으로서 고용노동부장관이 정하는 사항 ② 고용노동부장관은 취업지원 프로그램을 효과적으로 운영하기 위하여 국가, 지방자치단체 또는 민간기관에서 운영하는 고용 및 복지서비스 등과 연계할 수 있다. ③ 고용노동부장관은 제1항 제3호에 따라 각종 복지 및 금융 지원과 연계할 때 보건복지부장관 및 지방자치단체의 장 등에게 협조를 요청할 수 있다. 이 경우 요청을 받은 보건복지부장관 및 지방자치단체의 장 등은 특별한 사유가 없으면 그 요청에 따라야 한다.

❹ 구직촉진수당의 지원 등

구직촉진수당의 지급	① 고용노동부장관은 구직촉진수당 수급자격을 인정받은 사람이 취업활동계획 수립에 참여하여 그 계획 수립이 완료되거나 취업지원 프로그램 또는 구직활동지원 프로그램(이하 "취업지원 · 구직활동지원 프로그램"이라 한다)을 이행하는 경우에는 구직활동 및 생활안정에 소요되는 비용을 지원하기 위한 구직촉진수당을 지급한다. ② 구직촉진수당은 금전으로 지급한다.
지급수준 결정	① 고용노동부장관은 고용정책심의회의 심의를 거쳐 구직촉진수당의 지급액을 결정한다. ② 구직촉진수당의 지급액은 월(月) 단위로 정한다. ③ 고용노동부장관은 제1항에 따른 고용정책심의회의 심의 전에 전문가, 이해관계자 등이 참여하는 전문위원회를 구성하여 의견을 들을 수 있다.
압류 금지	① 구직촉진수당등을 지급받을 권리는 양도 또는 압류하거나 담보로 제공할 수 없다. ② 수당수급계좌의 예금에 관한 채권은 압류할 수 없다.
공과금의 면제	구직촉진수당등으로 지급된 금전에 대해서는 국가나 지방자치단체의 공과금(「국세기본법」 제2조 제8호 또는 「지방세기본법」 제2조 제1항 제26호에 따른 공과금을 말한다)을 부과하지 아니한다.

❺ 취업지원의 종료 및 보칙

취업지원 종료 등	① 고용노동부장관은 다음 각 호의 구분에 따른 시점부터 수급자에 대한 해당 취업지원서비스의 제공 또는 구직촉진수당의 지급을 하지 아니한다. 1. 취업지원서비스기간(제15조 제2항에 따라 연장된 기간과 같은 조 제4항에 따라 사후관리를 한 경우에는 그 기간을 포함한다. 이하 이 조에서 같다)이 만료된 경우 : 해당 기간이 만료된 날의 다음 날 2. 취업지원서비스기간 중 취업 또는 창업한 경우 : 고용노동부령으로 정하는 기준 이상의 일자리에 취업한 날 또는 영리 목적으로 사업을 하기 시작한 날 3. 제7조 제3항 제4호에 따른 사업의 참여자로 선정된 경우 : 사업 참여자로 선정된 날 4. 「국민기초생활 보장법」 제7조 제1항 제1호의 생계급여 수급자로 선정된 경우 : 생계급여 수급자로 선정된 날 5. 제11조 제4항에 따라 취업지원서비스에 다시 참여하지 아니하는 경우 : 취업지원의 유예기간이 만료된 날의 다음 날 또는 그 유예 사유가 해소된 날의 다음 날부터 30일이 지난 날 6. 제12조 제4항에 따라 수급자격의 인정을 철회한 경우 : 철회한 날

	7. 구직촉진수당의 지급기간이 최종 회차인 경우 : 제20조 제1항부터 제4항까지의 규정에 따른 최종 회차 지급기간의 마지막 날의 다음 날 8. 제26조 제3항에 따른 마지막 지급중단 결정을 받은 경우 : 마지막 지급중단 결정이 있은 날 9. 그 밖에 제1호부터 제8호까지의 규정에 준하는 경우로서 고용노동부령으로 정하는 경우 : 해당 경우에 따라 고용노동부령으로 정하는 날 ② 고용노동부장관은 제1항 제4호에도 불구하고 「국민기초생활 보장법」 제9조 제5항에 따른 근로능력이 있는 수급자 중 고용노동부령으로 정하는 사람에 대해서는 취업지원서비스기간의 범위에서 취업지원서비스를 계속 제공할 수 있다. ③ 제1항에 따라 취업지원을 하지 아니하게 된 경우에는 그 날부터 3년 이내의 범위에서 대통령령으로 정하는 기간이 지나야 제8조에 따른 취업지원 신청을 할 수 있다. ④ 고용노동부장관은 제1항에 따라 취업지원을 하지 아니하게 된 경우에는 수급자격자 또는 수급자에게 서면으로 그 사실과 이유를 명시하여 통지하여야 한다.
보칙	① 시범사업의 실시 : 고용노동부장관은 취업지원서비스를 효과적으로 시행하기 위하여 전면적인 시행에 어려움이 예상되거나 수행방식 등을 미리 검증할 필요가 있는 경우에는 고용노동부령으로 정하는 바에 따라 시범사업을 할 수 있다. ② 취업지원 전산망의 구축 · 운영 : 고용노동부장관은 수급자격자 결정, 취업지원서비스 제공, 구직촉진수당등의 지급 및 환수 등 운영 · 관리에 필요한 각종 자료 또는 정보의 효율적 처리와 기록 · 관리 업무를 전자적 방법으로 처리하기 위한 정보시스템(이하 "취업지원 전산망"이라 한다)을 구축 · 운영할 수 있다. ③ 전자문서를 이용한 신청 · 통지 등 : 이 법에 따른 신청 · 통지 등은 대통령령으로 정하는 바에 따라 전자문서(전산망 또는 전산처리설비를 이용한 자료의 제출을 포함한다. 이하 이 조에서 같다)로 할 수 있다.

기타 직업상담관련법규

제1절 채용절차의 공정화에 관한 법률

❶ 목적과 정의, 적용범위

구분	내용
목적	이 법은 채용과정에서 구직자가 제출하는 채용서류의 반환 등 채용절차에서의 최소한의 공정성을 확보하기 위한 사항을 정함으로써 구직자의 부담을 줄이고 권익을 보호하는 것을 목적으로 한다.
정의	1. "구인자"란 구직자를 채용하려는 자를 말한다. 2. "구직자"란 직업을 구하기 위하여 구인자의 채용광고에 응시하는 사람을 말한다. 3. **"기초심사자료"란 구직자의 응시원서, 이력서 및 자기소개서를 말한다.** 4. "입증자료"란 학위증명서, 경력증명서, 자격증명서 등 기초심사자료에 기재한 사항을 증명하는 모든 자료를 말한다. 5. "심층심사자료"란 작품집, 연구실적물 등 구직자의 실력을 알아볼 수 있는 모든 물건 및 자료를 말한다. 6. "채용서류"란 기초심사자료, 입증자료, 심층심사자료를 말한다.
적용범위	① 이 법은 상시 30명 이상의 근로자를 사용하는 사업 또는 사업장의 채용절차에 적용한다. ② 다만, **국가 및 지방자치단체가 공무원을 채용**하는 경우에는 **적용하지 아니한다.**

❷ 금지사항

구분	내용
거짓 채용광고 등의 금지	① 구인자는 채용을 가장하여 아이디어를 수집하거나 사업장을 홍보하기 위한 목적 등으로 거짓의 채용광고를 내서는 아니 된다. ② 구인자는 정당한 사유 없이 채용광고의 내용을 구직자에게 불리하게 변경하여서는 아니 된다. ③ 구인자는 구직자를 채용한 후에 정당한 사유 없이 채용광고에서 제시한 근로조건을 구직자에게 불리하게 변경하여서는 아니 된다. ④ 구인자는 구직자에게 채용서류 및 이와 관련한 저작권 등의 지식재산권을 자신에게 귀속하도록 강요하여서는 아니 된다.
채용강요 등의 금지	누구든지 채용의 공정성을 침해하는 다음 각 호의 어느 하나에 해당하는 행위를 할 수 없다. 1. 법령을 위반하여 채용에 관한 부당한 청탁, 압력, 강요 등을 하는 행위 2. 채용과 관련하여 금전, 물품, 향응 또는 재산상의 이익을 제공하거나 수수하는 행위
출신지역 등 개인정보 요구 금지	구인자는 구직자에 대하여 그 **직무의 수행에 필요하지 아니한 다음 각 호의 정보**를 기초심사자료에 기재하도록 요구하거나 입증자료로 수집하여서는 아니 된다. 1. 구직자 본인의 용모 · 키 · 체중 등의 신체적 조건 2. 구직자 본인의 출신지역 · 혼인여부 · 재산 3. **구직자 본인의 직계 존비속 및 형제자매의 학력 · 직업 · 재산**

❸ 기초심사자료 표준양식의 사용 권장

고용노동부장관은 기초심사자료의 표준양식을 정하여 구인자에게 그 사용을 권장할 수 있다.

❹ 채용서류의 거짓 작성 금지

구직자는 구인자에게 제출하는 채용서류를 거짓으로 작성하여서는 아니 된다.

❺ 전자우편 등을 통한 채용서류의 접수

① 구인자는 구직자의 채용서류를 사업장 또는 구인자로부터 위탁받아 채용업무에 종사하는 자의 홈페이지 또는 전자우편으로 받도록 노력하여야 한다.
② 구인자는 채용서류를 전자우편 등으로 받은 경우에는 지체 없이 구직자에게 접수된 사실을 제1항에 따른 홈페이지 게시, 휴대전화에 의한 문자전송, 전자우편, 팩스, 전화 등으로 알려야 한다.

❻ 채용일정 및 채용과정의 고지

① 구인자는 구직자에게 채용일정, 채용심사 지연의 사실, 채용과정의 변경 등 채용과정을 알려야 한다.
② 이 경우 고지방법은 홈페이지 게시, 휴대전화에 의한 문자전송, 전자우편, 팩스, 전화 등으로 하여야 한다.

❼ 채용심사비용의 부담금지

① 구인자는 채용심사를 목적으로 구직자에게 채용서류 제출에 드는 비용 이외의 어떠한 금전적 비용(이하 "채용심사비용"이라고 한다)도 부담시키지 못한다.
② 다만, **사업장 및 직종의 특수성으로 인하여 불가피한 사정이 있는 경우 고용노동부장관의 승인을 받아 구직자에게 채용심사비용의 일부를 부담하게 할 수 있다.**

❽ 채용 여부의 고지

① 구인자는 채용대상자를 확정한 경우에는 지체 없이 구직자에게 채용 여부를 알려야 한다.
② 이 경우 고지방법은 홈페이지 게시, 휴대전화에 의한 문자전송, 전자우편, 팩스, 전화 등으로 하여야 한다.

❾ 채용서류의 반환 등

① 구인자는 구직자의 채용 여부가 확정된 이후 구직자(확정된 채용대상자는 제외한다)가 채용서류의 반환을 청구하는 경우에는 본인임을 확인한 후 대통령령으로 정하는 바에 따라 반환하여야 한다. 다만, 제7조 제1항에 따라 홈페이지 또는 전자우편으로 제출된 경우나 구직자가 구인자의 요구 없이 자발적으로 제출한 경우에는 그러하지 아니하다.
② 제1항에 따른 구직자의 채용서류 반환 청구는 서면 또는 전자적 방법 등 고용노동부령으로 정하는 바에 따라 하여야 한다.
③ 구인자는 제1항에 따른 구직자의 반환 청구에 대비하여 대통령령으로 정하는 기간 동안 채용서류를 보관하여야 한다. 다만, 천재지변이나 그 밖에 구인자에게 책임 없는 사유로 채용서류가 멸실된 경우 구인자는 제1항에 따른 채용서류의 반환 의무를 이행한 것으로 본다.
④ 구인자는 대통령령으로 정한 반환의 청구기간이 지난 경우 및 채용서류를 반환하지 아니한 경우에는 「개인정보 보호법」에 따라 채용서류를 파기하여야 한다.
⑤ 제1항에 따른 채용서류의 반환에 소요되는 비용은 원칙적으로 구인자가 부담한다. 다만, 구인자는 대통령령으로 정하는 범위에서 채용서류의 반환에 소요되는 비용을 구직자에게 부담하게 할 수 있다.
⑥ 구인자는 제1항부터 제5항까지의 규정을 채용 여부가 확정되기 전까지 구직자에게 알려야 한다.

❿ 벌칙 및 과태료

구분	내용
벌칙	**거짓의 채용광고를 낸 구인자**는 5년 이하의 징역 또는 2천만 원 이하의 벌금에 처한다.
과태료	다음 각 호의 어느 하나에 해당하는 자에게는 500만 원 이하의 과태료를 부과한다. 1. 제4조 제2항 또는 제3항을 위반하여 **채용광고의 내용 또는 근로조건을 변경한 구인자** 2. 제4조 제4항을 위반하여 **지식재산권을 자신에게 귀속하도록 강요한 구인자** 3. 제4조의3을 위반하여 **그 직무의 수행에 필요하지 아니한 개인정보를 기초심사자료에 기재하도록 요구하거나 입증자료로 수집한 구인자**

제2절 개인정보 보호법

❶ 총칙

목적	이 법은 개인정보의 처리 및 보호에 관한 사항을 정함으로써 개인의 자유와 권리를 보호하고, 나아가 개인의 존엄과 가치를 구현함을 목적으로 한다.
정의	1. "개인정보"란 살아 있는 개인에 관한 정보로서 다음 각 목의 어느 하나에 해당하는 정보를 말한다. 가. 성명, 주민등록번호 및 영상 등을 통하여 개인을 알아볼 수 있는 정보 나. 해당 정보만으로는 특정 개인을 알아볼 수 없더라도 다른 정보와 쉽게 결합하여 알아볼 수 있는 정보. 이 경우 쉽게 결합할 수 있는지 여부는 다른 정보의 입수 가능성 등 개인을 알아보는 데 소요되는 시간, 비용, 기술 등을 합리적으로 고려하여야 한다. 다. 가목 또는 나목을 제1호의2에 따라 가명처리함으로써 원래의 상태로 복원하기 위한 추가 정보의 사용 · 결합 없이는 특정 개인을 알아볼 수 없는 정보(이하 "가명정보"라 한다) 1의2. "가명처리"란 개인정보의 일부를 삭제하거나 일부 또는 전부를 대체하는 등의 방법으로 추가 정보가 없이는 특정 개인을 알아볼 수 없도록 처리하는 것을 말한다. 2. "처리"란 개인정보의 수집, 생성, 연계, 연동, 기록, 저장, 보유, 가공, 편집, 검색, 출력, 정정(訂正), 복구, 이용, 제공, 공개, 파기(破棄), 그 밖에 이와 유사한 행위를 말한다. 3. "정보주체"란 처리되는 정보에 의하여 알아볼 수 있는 사람으로서 그 정보의 주체가 되는 사람을 말한다. 4. "개인정보파일"이란 개인정보를 쉽게 검색할 수 있도록 일정한 규칙에 따라 체계적으로 배열하거나 구성한 개인정보의 집합물(集合物)을 말한다. 5. "개인정보처리자"란 업무를 목적으로 개인정보파일을 운용하기 위하여 스스로 또는 다른 사람을 통하여 개인정보를 처리하는 공공기관, 법인, 단체 및 개인 등을 말한다. 6. "공공기관"이란 다음 각 목의 기관을 말한다. 가. 국회, 법원, 헌법재판소, 중앙선거관리위원회의 행정사무를 처리하는 기관, 중앙행정기관(대통령 소속 기관과 국무총리 소속 기관을 포함한다) 및 그 소속 기관, 지방자치단체 나. 그 밖의 국가기관 및 공공단체 중 대통령령으로 정하는 기관 7. "고정형 영상정보처리기기"란 일정한 공간에 설치되어 지속적 또는 주기적으로 사람 또는 사물의 영상 등을 촬영하거나 이를 유 · 무선망을 통하여 전송하는 장치로서 대통령령으로 정하는 장치를 말한다. 7의2. "이동형 영상정보처리기기"란 사람이 신체에 착용 또는 휴대하거나 이동 가능한 물체에 부착 또는 거치(据置)하여 사람 또는 사물의 영상 등을 촬영하거나 이를 유 · 무선망을 통하여 전송하는 장치로서 대통령령으로 정하는 장치를 말한다. 8. "과학적 연구"란 기술의 개발과 실증, 기초연구, 응용연구 및 민간 투자 연구 등 과학적 방법을 적용하는 연구를 말한다.
개인정보 보호 원칙	① 개인정보처리자는 개인정보의 처리 목적을 명확하게 하여야 하고 그 목적에 필요한 범위에서 최소한의 개인정보만을 적법하고 정당하게 수집하여야 한다. ② 개인정보처리자는 개인정보의 처리 목적에 필요한 범위에서 적합하게 개인정보를 처리하여야 하며, 그 목적 외의 용도로 활용하여서는 아니 된다. ③ 개인정보처리자는 개인정보의 처리 목적에 필요한 범위에서 개인정보의 정확성, 완전성 및 최신성이 보장되도록 하여야 한다.

	④ 개인정보처리자는 개인정보의 처리 방법 및 종류 등에 따라 정보주체의 권리가 침해받을 가능성과 그 위험 정도를 고려하여 개인정보를 안전하게 관리하여야 한다. ⑤ 개인정보처리자는 개인정보 처리방침 등 개인정보의 처리에 관한 사항을 공개하여야 하며, 열람청구권 등 정보주체의 권리를 보장하여야 한다. ⑥ 개인정보처리자는 정보주체의 사생활 침해를 최소화하는 방법으로 개인정보를 처리하여야 한다. ⑦ 개인정보처리자는 개인정보를 익명 또는 가명으로 처리하여도 개인정보 수집목적을 달성할 수 있는 경우 익명처리가 가능한 경우에는 익명에 의하여, 익명처리로 목적을 달성할 수 없는 경우에는 가명에 의하여 처리될 수 있도록 하여야 한다. ⑧ 개인정보처리자는 이 법 및 관계 법령에서 규정하고 있는 책임과 의무를 준수하고 실천함으로써 정보주체의 신뢰를 얻기 위하여 노력하여야 한다.
정보주체의 권리	정보주체는 자신의 개인정보 처리와 관련하여 다음 각 호의 권리를 가진다. 1. 개인정보의 처리에 관한 정보를 제공받을 권리 2. 개인정보의 처리에 관한 동의 여부, 동의 범위 등을 선택하고 결정할 권리 3. 개인정보의 처리 여부를 확인하고 개인정보에 대한 열람(사본의 발급을 포함한다. 이하 같다) 및 전송을 요구할 권리 4. 개인정보의 처리 정지, 정정 · 삭제 및 파기를 요구할 권리 5. 개인정보의 처리로 인하여 발생한 피해를 신속하고 공정한 절차에 따라 구제받을 권리 6. 완전히 자동화된 개인정보 처리에 따른 결정을 거부하거나 그에 대한 설명 등을 요구할 권리
국가 등의 책무	① 국가와 지방자치단체는 개인정보의 목적 외 수집, 오용 · 남용 및 무분별한 감시 · 추적 등에 따른 폐해를 방지하여 인간의 존엄과 개인의 사생활 보호를 도모하기 위한 시책을 강구하여야 한다. ② 국가와 지방자치단체는 정보주체의 권리를 보호하기 위하여 법령의 개선 등 필요한 시책을 마련하여야 한다. ③ 국가와 지방자치단체는 만 14세 미만 아동이 개인정보 처리가 미치는 영향과 정보주체의 권리 등을 명확하게 알 수 있도록 만 14세 미만 아동의 개인정보 보호에 필요한 시책을 마련하여야 한다. ④ 국가와 지방자치단체는 개인정보의 처리에 관한 불합리한 사회적 관행을 개선하기 위하여 개인정보처리자의 자율적인 개인정보 보호활동을 존중하고 촉진 · 지원하여야 한다. ⑤ 국가와 지방자치단체는 개인정보의 처리에 관한 법령 또는 조례를 적용할 때에는 정보주체의 권리가 보장될 수 있도록 개인정보 보호 원칙에 맞게 적용하여야 한다.

❷ 개인정보 보호정책의 수립 등

(1) 개인정보보호위원회

설치	① 개인정보 보호에 관한 사무를 독립적으로 수행하기 위하여 국무총리 소속으로 개인정보 보호위원회(이하 "보호위원회"라 한다)를 둔다. ② 보호위원회는 「정부조직법」 제2조에 따른 중앙행정기관으로 본다.
구성	① 보호위원회는 **상임위원 2명(위원장 1명, 부위원장 1명)을 포함한 9명의 위원으로 구성**한다. ② 위원장과 부위원장은 정무직 공무원으로 임명한다.

위원장	① 위원장은 보호위원회를 대표하고, 보호위원회의 회의를 주재하며, 소관 사무를 총괄한다. ② 위원장이 부득이한 사유로 직무를 수행할 수 없을 때에는 부위원장이 그 직무를 대행하고, 위원장 · 부위원장이 모두 부득이한 사유로 직무를 수행할 수 없을 때에는 위원회가 미리 정하는 위원이 위원장의 직무를 대행한다. ③ 위원장은 국회에 출석하여 보호위원회의 소관 사무에 관하여 의견을 진술할 수 있으며, 국회에서 요구하면 출석하여 보고하거나 답변하여야 한다. ④ 위원장은 국무회의에 출석하여 발언할 수 있으며, 그 소관 사무에 관하여 국무총리에게 의안 제출을 건의할 수 있다.
위원의 임기	① 위원의 임기는 **3년으로** 하되, **한 차례만 연임**할 수 있다. ② 위원이 궐위된 때에는 지체 없이 새로운 위원을 임명 또는 위촉하여야 한다. 이 경우 후임으로 임명 또는 위촉된 위원의 임기는 새로이 개시된다.
위원의 신분보장	① 위원은 다음 각 호의 어느 하나에 해당하는 경우를 제외하고는 그 의사에 반하여 면직 또는 해촉되지 아니한다. 1. 장기간 심신장애로 인하여 직무를 수행할 수 없게 된 경우 2. 결격사유에 해당하는 경우 3. 이 법 또는 그 밖의 다른 법률에 따른 직무상의 의무를 위반한 경우 ② 위원은 법률과 양심에 따라 독립적으로 직무를 수행한다.
겸직금지 등	① 위원은 재직 중 다음 각 호의 직(職)을 겸하거나 직무와 관련된 영리업무에 종사하여서는 아니 된다. 1. 국회의원 또는 지방의회의원 2. 국가공무원 또는 지방공무원 3. 그 밖에 대통령령으로 정하는 직 ② 위원은 정치활동에 관여할 수 없다.
소관사무	보호위원회는 다음 각 호의 소관 사무를 수행한다. 1. 개인정보의 보호와 관련된 법령의 개선에 관한 사항 2. 개인정보 보호와 관련된 정책 · 제도 · 계획 수립 · 집행에 관한 사항 3. 정보주체의 권리침해에 대한 조사 및 이에 따른 처분에 관한 사항 4. 개인정보의 처리와 관련한 고충처리 · 권리구제 및 개인정보에 관한 분쟁의 조정 5. 개인정보 보호를 위한 국제기구 및 외국의 개인정보 보호기구와의 교류 · 협력 6. 개인정보 보호에 관한 법령 · 정책 · 제도 · 실태 등의 조사 · 연구, 교육 및 홍보에 관한 사항 7. 개인정보 보호에 관한 기술개발의 지원 · 보급, 기술의 표준화 및 전문인력의 양성에 관한 사항 8. 이 법 및 다른 법령에 따라 보호위원회의 사무로 규정된 사항
심의 · 의결 사항 등	① 보호위원회는 다음 각 호의 사항을 심의 · 의결한다. 1. 개인정보 침해요인 평가에 관한 사항 2. 기본계획 및 시행계획에 관한 사항 3. 개인정보 보호와 관련된 정책, 제도 및 법령의 개선에 관한 사항 4. 개인정보의 처리에 관한 공공기관 간의 의견조정에 관한 사항 5. 개인정보 보호에 관한 법령의 해석 · 운용에 관한 사항 6. 개인정보의 이용 · 제공에 관한 사항 6의2. 개인정보의 국외 이전 중지 명령에 관한 사항 7. 영향평가 결과에 관한 사항 8. 과징금 부과에 관한 사항 9. 의견제시 및 개선권고에 관한 사항

	9의2. 시정권고에 관한 사항 10. 시정조치 등에 관한 사항 11. 고발 및 징계권고에 관한 사항 12. 제66조에 따른 처리 결과의 공표 및 공표명령에 관한 사항 13. 과태료 부과에 관한 사항 14. 소관 법령 및 보호위원회 규칙의 제정 · 개정 및 폐지에 관한 사항 15. 개인정보 보호와 관련하여 보호위원회의 위원장 또는 위원 2명 이상이 회의에 부치는 사항 16. 그 밖에 이 법 또는 다른 법령에 따라 보호위원회가 심의 · 의결하는 사항 ② 보호위원회는 심의 · 의결하기 위하여 필요한 경우 다음 각 호의 조치를 할 수 있다. 1. 관계 공무원, 개인정보 보호에 관한 전문 지식이 있는 사람이나 시민사회단체 및 관련 사업자로부터의 의견 청취 2. 관계 기관 등에 대한 자료제출이나 사실조회 요구
회의	① 보호위원회의 회의는 **위원장이 필요하다고 인정**하거나 **재적위원 4분의 1 이상의 요구**가 있는 경우에 위원장이 소집한다. ② 위원장 또는 2명 이상의 위원은 보호위원회에 의안을 제의할 수 있다. ③ 보호위원회의 회의는 **재적위원 과반수의 출석으로 개의**하고, **출석위원 과반수의 찬성으로 의결**한다.
소위원회	① 보호위원회는 효율적인 업무 수행을 위하여 개인정보 침해 정도가 경미하거나 유사 · 반복되는 사항 등을 심의 · 의결할 소위원회를 둘 수 있다. ② 소위원회는 3명의 위원으로 구성한다. ③ 소위원회가 제1항에 따라 심의 · 의결한 것은 보호위원회가 심의 · 의결한 것으로 본다. ④ 소위원회의 회의는 구성위원 전원의 출석과 출석위원 전원의 찬성으로 의결한다.
사무처	보호위원회의 사무를 처리하기 위하여 보호위원회에 사무처를 두며, 이 법에 규정된 것 외에 보호위원회의 조직에 관한 사항은 대통령령으로 정한다.

(2) 개인정보 보호정책

개인정보 침해요인 평가	① 중앙행정기관의 장은 소관 법령의 제정 또는 개정을 통하여 개인정보 처리를 수반하는 정책이나 제도를 도입 · 변경하는 경우에는 보호위원회에 개인정보 침해요인 평가를 요청하여야 한다. ② 보호위원회가 제1항에 따른 요청을 받은 때에는 해당 법령의 개인정보 침해요인을 분석 · 검토하여 그 법령의 소관기관의 장에게 그 개선을 위하여 필요한 사항을 권고할 수 있다.
기본계획	① 보호위원회는 개인정보의 보호와 정보주체의 권익 보장을 위하여 3년마다 개인정보 보호 기본계획(이하 "기본계획"이라 한다)을 관계 중앙행정기관의 장과 협의하여 수립한다. ② 기본계획에는 다음 각 호의 사항이 포함되어야 한다. 1. 개인정보 보호의 기본목표와 추진방향 2. 개인정보 보호와 관련된 제도 및 법령의 개선 3. 개인정보 침해 방지를 위한 대책 4. 개인정보 보호 자율규제의 활성화 5. 개인정보 보호 교육 · 홍보의 활성화 6. 개인정보 보호를 위한 전문인력의 양성 7. 그 밖에 개인정보 보호를 위하여 필요한 사항 ③ 국회, 법원, 헌법재판소, 중앙선거관리위원회는 해당 기관(그 소속 기관을 포함한다)의 개인정보 보호를 위한 기본계획을 수립 · 시행할 수 있다.

시행계획	중앙행정기관의 장은 기본계획에 따라 매년 개인정보 보호를 위한 시행계획을 작성하여 보호위원회에 제출하고, 보호위원회의 심의 · 의결을 거쳐 시행하여야 한다.
보호수준 평가	① 보호위원회는 공공기관 중 중앙행정기관 및 그 소속기관, 지방자치단체, 그 밖에 대통령령으로 정하는 기관을 대상으로 매년 개인정보 보호 정책 · 업무의 수행 및 이 법에 따른 의무의 준수 여부 등을 평가하여야 한다. ② 보호위원회는 개인정보 보호수준 평가에 필요한 경우 해당 공공기관의 장에게 관련 자료를 제출하게 할 수 있다. ③ 보호위원회는 개인정보 보호수준 평가의 결과를 인터넷 홈페이지 등을 통하여 공개할 수 있다. ④ 보호위원회는 개인정보 보호수준 평가의 결과에 따라 우수기관 및 그 소속 직원에 대하여 포상할 수 있고, 개인정보 보호를 위하여 필요하다고 인정하면 해당 공공기관의 장에게 개선을 권고할 수 있다. 이 경우 권고를 받은 공공기관의 장은 이를 이행하기 위하여 성실하게 노력하여야 하며, 그 조치 결과를 보호위원회에 알려야 한다.
개인정보 보호의 날	① 개인정보의 보호 및 처리의 중요성을 국민에게 알리기 위하여 매년 9월 30일을 개인정보 보호의 날로 지정한다. ② 국가와 지방자치단체는 개인정보 보호의 날이 포함된 주간에 개인정보 보호 문화 확산을 위한 각종 행사를 실시할 수 있다.
개인정보 보호지침	① 보호위원회는 개인정보의 처리에 관한 기준, 개인정보 침해의 유형 및 예방조치 등에 관한 표준 개인정보 보호지침(이하 "표준지침"이라 한다)을 정하여 개인정보처리자에게 그 준수를 권장할 수 있다. ② 중앙행정기관의 장은 표준지침에 따라 소관 분야의 개인정보 처리와 관련한 개인정보 보호지침을 정하여 개인정보처리자에게 그 준수를 권장할 수 있다. ③ 국회, 법원, 헌법재판소 및 중앙선거관리위원회는 해당 기관(그 소속 기관을 포함한다)의 개인정보 보호지침을 정하여 시행할 수 있다.
자율규제의 촉진 및 지원	보호위원회는 개인정보처리자의 자율적인 개인정보 보호활동을 촉진하고 지원하기 위하여 다음 각 호의 필요한 시책을 마련하여야 한다. 1. 개인정보 보호에 관한 교육 · 홍보 2. 개인정보 보호와 관련된 기관 · 단체의 육성 및 지원 3. 개인정보 보호 인증마크의 도입 · 시행 지원 4. 개인정보처리자의 자율적인 규약의 제정 · 시행 지원 5. 그 밖에 개인정보처리자의 자율적 개인정보 보호활동을 지원하기 위하여 필요한 사항

❸ 개인정보의 처리

(1) 개인정보의 수집, 이용, 제공 등

개인정보의 수집 · 이용	① 개인정보처리자는 다음 각 호의 어느 하나에 해당하는 경우에는 개인정보를 수집할 수 있으며 그 수집 목적의 범위에서 이용할 수 있다. 1. 정보주체의 동의를 받은 경우 2. 법률에 특별한 규정이 있거나 법령상 의무를 준수하기 위하여 불가피한 경우 3. 공공기관이 법령 등에서 정하는 소관 업무의 수행을 위하여 불가피한 경우 4. 정보주체와 체결한 계약을 이행하거나 계약을 체결하는 과정에서 정보주체의 요청에 따른 조치를 이행하기 위하여 필요한 경우

<table>
<tr><td></td><td>5. 명백히 정보주체 또는 제3자의 급박한 생명, 신체, 재산의 이익을 위하여 필요하다고 인정되는 경우
6. 개인정보처리자의 정당한 이익을 달성하기 위하여 필요한 경우로서 명백하게 정보주체의 권리보다 우선하는 경우. 이 경우 개인정보처리자의 정당한 이익과 상당한 관련이 있고 합리적인 범위를 초과하지 아니하는 경우에 한한다.
7. 공중위생 등 공공의 안전과 안녕을 위하여 긴급히 필요한 경우
② 개인정보처리자는 제1항 제1호에 따른 동의를 받을 때에는 다음 각 호의 사항을 정보주체에게 알려야 한다. 다음 각 호의 어느 하나의 사항을 변경하는 경우에도 이를 알리고 동의를 받아야 한다.
1. 개인정보의 수집 · 이용 목적
2. 수집하려는 개인정보의 항목
3. 개인정보의 보유 및 이용 기간
4. 동의를 거부할 권리가 있다는 사실 및 동의 거부에 따른 불이익이 있는 경우에는 그 불이익의 내용
③ 개인정보처리자는 당초 수집 목적과 합리적으로 관련된 범위에서 정보주체에게 불이익이 발생하는지 여부, 암호화 등 안전성 확보에 필요한 조치를 하였는지 여부 등을 고려하여 대통령령으로 정하는 바에 따라 정보주체의 동의 없이 개인정보를 이용할 수 있다.</td></tr>
<tr><td>개인정보의 수집 제한</td><td>① 개인정보처리자는 제15조 제1항 각 호의 어느 하나에 해당하여 개인정보를 수집하는 경우에는 그 목적에 필요한 최소한의 개인정보를 수집하여야 한다. 이 경우 최소한의 개인정보 수집이라는 입증책임은 개인정보처리자가 부담한다.
② 개인정보처리자는 정보주체의 동의를 받아 개인정보를 수집하는 경우 필요한 최소한의 정보 외의 개인정보 수집에는 동의하지 아니할 수 있다는 사실을 구체적으로 알리고 개인정보를 수집하여야 한다.
③ 개인정보처리자는 정보주체가 필요한 최소한의 정보 외의 개인정보 수집에 동의하지 아니한다는 이유로 정보주체에게 재화 또는 서비스의 제공을 거부하여서는 아니 된다.</td></tr>
<tr><td>개인정보의 제공</td><td>① 개인정보처리자는 다음 각 호의 어느 하나에 해당되는 경우에는 정보주체의 개인정보를 제3자에게 제공(공유를 포함한다. 이하 같다)할 수 있다.
1. 정보주체의 동의를 받은 경우
2. 제15조 제1항 제2호 · 제3호 · 제5호 및 제39조의3 제2항 제2호 · 제3호에 따라 개인정보를 수집한 목적 범위에서 개인정보를 제공하는 경우
② 개인정보처리자는 제1항 제1호에 따른 동의를 받을 때에는 다음 각 호의 사항을 정보주체에게 알려야 한다. 다음 각 호의 어느 하나의 사항을 변경하는 경우에도 이를 알리고 동의를 받아야 한다.
1. 개인정보를 제공받는 자
2. 개인정보를 제공받는 자의 개인정보 이용 목적
3. 제공하는 개인정보의 항목
4. 개인정보를 제공받는 자의 개인정보 보유 및 이용 기간
5. 동의를 거부할 권리가 있다는 사실 및 동의 거부에 따른 불이익이 있는 경우에는 그 불이익의 내용
③ 삭제 〈2023. 3. 14.〉
④ 개인정보처리자는 당초 수집 목적과 합리적으로 관련된 범위에서 정보주체에게 불이익이 발생하는지 여부, 암호화 등 안전성 확보에 필요한 조치를 하였는지 여부 등을 고려하여 대통령령으로 정하는 바에 따라 정보주체의 동의 없이 개인정보를 제공할 수 있다.</td></tr>
</table>

<table>
<tr><td>개인정보의 목적 외 이용 · 제공 제한</td><td>① 개인정보처리자는 개인정보를 수집 목적의 범위를 초과하여 이용하거나 정보주체의 동의를 받은 범위를 초과하여 제3자에게 제공하여서는 아니 된다.
② 다만, 개인정보처리자는 다음 각 호의 어느 하나에 해당하는 경우에는 정보주체 또는 제3자의 이익을 부당하게 침해할 우려가 있을 때를 제외하고는 개인정보를 목적 외의 용도로 이용하거나 이를 제3자에게 제공할 수 있다. 다만, 제5호부터 제9호까지에 따른 경우는 공공기관의 경우로 한정한다.
1. 정보주체로부터 별도의 동의를 받은 경우
2. 다른 법률에 특별한 규정이 있는 경우
3. 명백히 정보주체 또는 제3자의 급박한 생명, 신체, 재산의 이익을 위하여 필요하다고 인정되는 경우
4. 삭제 〈2020. 2. 4.〉
5. 개인정보를 목적 외의 용도로 이용하거나 이를 제3자에게 제공하지 아니하면 다른 법률에서 정하는 소관 업무를 수행할 수 없는 경우로서 보호위원회의 심의 · 의결을 거친 경우
6. 조약, 그 밖의 국제협정의 이행을 위하여 외국정부 또는 국제기구에 제공하기 위하여 필요한 경우
7. 범죄의 수사와 공소의 제기 및 유지를 위하여 필요한 경우
8. 법원의 재판업무 수행을 위하여 필요한 경우
9. 형(刑) 및 감호, 보호처분의 집행을 위하여 필요한 경우
10. 공중위생 등 공공의 안전과 안녕을 위하여 긴급히 필요한 경우
③ 개인정보처리자는 제2항 제1호에 따른 동의를 받을 때에는 다음 각 호의 사항을 정보주체에게 알려야 한다. 다음 각 호의 어느 하나의 사항을 변경하는 경우에도 이를 알리고 동의를 받아야 한다.
1. 개인정보를 제공받는 자
2. 개인정보의 이용 목적(제공 시에는 제공받는 자의 이용 목적을 말한다)
3. 이용 또는 제공하는 개인정보의 항목
4. 개인정보의 보유 및 이용 기간(제공 시에는 제공받는 자의 보유 및 이용 기간을 말한다)
5. 동의를 거부할 권리가 있다는 사실 및 동의 거부에 따른 불이익이 있는 경우에는 그 불이익의 내용
④ 공공기관은 제2항 제2호부터 제6호까지, 제8호 및 제9호에 따라 개인정보를 목적 외의 용도로 이용하거나 이를 제3자에게 제공하는 경우에는 그 이용 또는 제공의 법적 근거, 목적 및 범위 등에 관하여 필요한 사항을 보호위원회가 고시로 정하는 바에 따라 관보 또는 인터넷 홈페이지 등에 게재하여야 한다.
⑤ 개인정보처리자는 제2항 각 호의 어느 하나의 경우에 해당하여 개인정보를 목적 외의 용도로 제3자에게 제공하는 경우에는 개인정보를 제공받는 자에게 이용 목적, 이용 방법, 그 밖에 필요한 사항에 대하여 제한을 하거나, 개인정보의 안전성 확보를 위하여 필요한 조치를 마련하도록 요청하여야 한다. 이 경우 요청을 받은 자는 개인정보의 안전성 확보를 위하여 필요한 조치를 하여야 한다.</td></tr>
<tr><td>개인정보를 제공받은 자의 이용 · 제공 제한</td><td>개인정보처리자로부터 개인정보를 제공받은 자는 다음 각 호의 어느 하나에 해당하는 경우를 제외하고는 개인정보를 제공받은 목적 외의 용도로 이용하거나 이를 제3자에게 제공하여서는 아니 된다.
1. 정보주체로부터 별도의 동의를 받은 경우
2. 다른 법률에 특별한 규정이 있는 경우</td></tr>
</table>

개인정보의 파기	① 개인정보처리자는 보유기간의 경과, 개인정보의 처리 목적 달성, 가명정보의 처리 기간 경과 등 그 개인정보가 불필요하게 되었을 때에는 지체 없이 그 개인정보를 파기하여야 한다. 다만, 다른 법령에 따라 보존하여야 하는 경우에는 그러하지 아니하다. ② 개인정보처리자가 제1항에 따라 개인정보를 파기할 때에는 복구 또는 재생되지 아니하도록 조치하여야 한다. ③ 개인정보처리자가 제1항 단서에 따라 개인정보를 파기하지 아니하고 보존하여야 하는 경우에는 해당 개인정보 또는 개인정보파일을 다른 개인정보와 분리하여서 저장 · 관리하여야 한다.

(2) 개인정보의 처리 제한

민감정보의 처리 제한	① 개인정보처리자는 사상 · 신념, 노동조합 · 정당의 가입 · 탈퇴, 정치적 견해, 건강, 성생활 등에 관한 정보, 그 밖에 정보주체의 사생활을 현저히 침해할 우려가 있는 개인정보로서 대통령령으로 정하는 정보(이하 "민감정보"라 한다)를 처리하여서는 아니 된다. 다만, 다음 각 호의 어느 하나에 해당하는 경우에는 그러하지 아니하다. 1. 정보주체에게 개인정보의 수집 · 이용 또는 개인정보의 제공에 따라 알려야 하는 각 사항을 알리고 다른 개인정보의 처리에 대한 동의와 별도로 동의를 받은 경우 2. 법령에서 민감정보의 처리를 요구하거나 허용하는 경우 ② 개인정보처리자가 민감정보를 처리하는 경우에는 그 민감정보가 분실 · 도난 · 유출 · 위조 · 변조 또는 훼손되지 아니하도록 안전성 확보에 필요한 조치를 하여야 한다. ③ 개인정보처리자는 재화 또는 서비스를 제공하는 과정에서 공개되는 정보에 정보주체의 민감정보가 포함됨으로써 사생활 침해의 위험성이 있다고 판단하는 때에는 재화 또는 서비스의 제공 전에 민감정보의 공개 가능성 및 비공개를 선택하는 방법을 정보주체가 알아보기 쉽게 알려야 한다.
고유식별정보의 처리 제한	① 개인정보처리자는 다음 각 호의 경우를 제외하고는 법령에 따라 개인을 고유하게 구별하기 위하여 부여된 식별정보로서 대통령령으로 정하는 정보(이하 "고유식별정보"라 한다)를 처리할 수 없다. 1. 정보주체에게 개인정보의 수집 · 이용 또는 개인정보의 제공에 따라 알려야 하는 각 사항을 알리고 다른 개인정보의 처리에 대한 동의와 별도로 동의를 받은 경우 2. 법령에서 구체적으로 고유식별정보의 처리를 요구하거나 허용하는 경우 ③ 개인정보처리자가 제1항 각 호에 따라 고유식별정보를 처리하는 경우에는 그 고유식별정보가 분실 · 도난 · 유출 · 위조 · 변조 또는 훼손되지 아니하도록 대통령령으로 정하는 바에 따라 암호화 등 안전성 확보에 필요한 조치를 하여야 한다. ④ 보호위원회는 처리하는 개인정보의 종류 · 규모, 종업원 수 및 매출액 규모 등을 고려하여 대통령령으로 정하는 기준에 해당하는 개인정보처리자가 안전성 확보에 필요한 조치를 하였는지에 관하여 대통령령으로 정하는 바에 따라 정기적으로 조사하여야 한다.
주민등록번호 처리의 제한	① 고유식별정보를 처리할 수 있는 경우임에도 불구하고 개인정보처리자는 다음 각 호의 어느 하나에 해당하는 경우를 제외하고는 주민등록번호를 처리할 수 없다. 1. 법률 · 대통령령 · 국회규칙 · 대법원규칙 · 헌법재판소규칙 · 중앙선거관리위원회규칙 및 감사원규칙에서 구체적으로 주민등록번호의 처리를 요구하거나 허용한 경우 2. 정보주체 또는 제3자의 급박한 생명, 신체, 재산의 이익을 위하여 명백히 필요하다고 인정되는 경우 3. 제1호 및 제2호에 준하여 주민등록번호 처리가 불가피한 경우로서 보호위원회가 고시로 정하는 경우

	② 개인정보처리자는 주민등록번호가 분실 · 도난 · 유출 · 위조 · 변조 또는 훼손되지 아니하도록 암호화 조치를 통하여 안전하게 보관하여야 한다. 이 경우 암호화 적용 대상 및 대상별 적용 시기 등에 관하여 필요한 사항은 개인정보의 처리 규모와 유출 시 영향 등을 고려하여 대통령령으로 정한다. ③ 개인정보처리자는 주민등록번호를 처리하는 경우에도 정보주체가 인터넷 홈페이지를 통하여 회원으로 가입하는 단계에서는 주민등록번호를 사용하지 아니하고도 회원으로 가입할 수 있는 방법을 제공하여야 한다.
고정형 영상정보처리 기기의 설치 · 운영 제한	① 누구든지 다음 각 호의 경우를 제외하고는 공개된 장소에 영상정보처리기기를 설치 · 운영하여서는 아니 된다. 1. 법령에서 구체적으로 허용하고 있는 경우 2. 범죄의 예방 및 수사를 위하여 필요한 경우 3. 시설의 안전 및 관리, 화재 예방을 위하여 정당한 권한을 가진 자가 설치 · 운영하는 경우 4. 교통단속을 위하여 정당한 권한을 가진 자가 설치 · 운영하는 경우 5. 교통정보의 수집 · 분석 및 제공을 위하여 정당한 권한을 가진 자가 설치 · 운영하는 경우 6. 촬영된 영상정보를 저장하지 아니하는 경우로서 대통령령으로 정하는 경우 ② 누구든지 불특정 다수가 이용하는 목욕실, 화장실, 발한실(發汗室), 탈의실 등 개인의 사생활을 현저히 침해할 우려가 있는 장소의 내부를 볼 수 있도록 고정형 영상정보처리기기를 설치 · 운영하여서는 아니 된다. 다만, 교도소, 정신보건 시설 등 법령에 근거하여 사람을 구금하거나 보호하는 시설로서 대통령령으로 정하는 시설에 대하여는 그러하지 아니하다. ③ 제1항 각 호에 따라 고정형 영상정보처리기기를 설치 · 운영하려는 공공기관의 장과 제2항 단서에 따라 고정형 영상정보처리기기를 설치 · 운영하려는 자는 공청회 · 설명회의 개최 등 대통령령으로 정하는 절차를 거쳐 관계 전문가 및 이해관계인의 의견을 수렴하여야 한다. ④ 제1항 각 호에 따라 고정형 영상정보처리기기를 설치 · 운영하는 자(이하 "고정형영상정보처리기기운영자"라 한다)는 정보주체가 쉽게 인식할 수 있도록 다음 각 호의 사항이 포함된 안내판을 설치하는 등 필요한 조치를 하여야 한다. 다만, 「군사기지 및 군사시설 보호법」 제2조 제2호에 따른 군사시설, 「통합방위법」 제2조 제13호에 따른 국가중요시설, 그 밖에 대통령령으로 정하는 시설의 경우에는 그러하지 아니하다. 1. 설치 목적 및 장소 2. 촬영 범위 및 시간 3. 관리책임자의 연락처 4. 그 밖에 대통령령으로 정하는 사항 ⑤ 고정형 영상정보처리기기운영자는 고정형 영상정보처리기기의 설치 목적과 다른 목적으로 고정형 영상정보처리기기를 임의로 조작하거나 다른 곳을 비춰서는 아니 되며, 녹음기능은 사용할 수 없다. ⑥ 고정형 영상정보처리기기운영자는 개인정보가 분실 · 도난 · 유출 · 위조 · 변조 또는 훼손되지 아니하도록 제29조에 따라 안전성 확보에 필요한 조치를 하여야 한다. ⑦ 고정형 영상정보처리기기운영자는 대통령령으로 정하는 바에 따라 고정형 영상정보처리기기 운영 · 관리 방침을 마련하여야 한다. 다만, 제30조에 따른 개인정보 처리방침을 정할 때 고정형 영상정보처리기기 운영 · 관리에 관한 사항을 포함시킨 경우에는 고정형 영상정보처리기기 운영 · 관리 방침을 마련하지 아니할 수 있다. ⑧ 고정형 영상정보처리기기운영자는 고정형 영상정보처리기기의 설치 · 운영에 관한 사무를 위탁할 수 있다. 다만, 공공기관이 고정형 영상정보처리기기 설치 · 운영에 관한 사무를 위탁하는 경우에는 대통령령으로 정하는 절차 및 요건에 따라야 한다.

(3) 가명정보의 처리에 관한 특례

구분	내용
가명정보의 처리 등	① 개인정보처리자는 통계작성, 과학적 연구, 공익적 기록보존 등을 위하여 정보주체의 동의 없이 가명정보를 처리할 수 있다. ② 개인정보처리자는 제1항에 따라 가명정보를 제3자에게 제공하는 경우에는 특정 개인을 알아보기 위하여 사용될 수 있는 정보를 포함해서는 아니 된다.
가명정보의 결합 제한	① 가명정보처리자의 가명정보 처리에도 불구하고 통계작성, 과학적 연구, 공익적 기록보존 등을 위한 서로 다른 개인정보처리자 간의 가명정보의 결합은 보호위원회 또는 관계 중앙행정기관의 장이 지정하는 전문기관이 수행한다. ② 결합을 수행한 기관 외부로 결합된 정보를 반출하려는 개인정보처리자는 가명정보 또는 제58조의2에 해당하는 정보로 처리한 뒤 전문기관의 장의 승인을 받아야 한다.
가명정보 처리 시 금지의무 등	① 누구든지 특정 개인을 알아보기 위한 목적으로 가명정보를 처리해서는 아니 된다. ② 개인정보처리자는 가명정보를 처리하는 과정에서 특정 개인을 알아볼 수 있는 정보가 생성된 경우에는 즉시 해당 정보의 처리를 중지하고, 지체 없이 회수 · 파기하여야 한다.

(4) 개인정보의 안전한 관리

구분	내용
안전조치 의무	개인정보처리자는 개인정보가 분실 · 도난 · 유출 · 위조 · 변조 또는 훼손되지 아니하도록 내부 관리계획 수립, 접속기록 보관 등 대통령령으로 정하는 바에 따라 안전성 확보에 필요한 기술적 · 관리적 및 물리적 조치를 하여야 한다.
개인정보 처리방침의 수립 및 공개	① 개인정보처리자는 다음 각 호의 사항이 포함된 개인정보의 처리 방침(이하 "개인정보 처리방침"이라 한다)을 정하여야 한다. 이 경우 공공기관은 제32조에 따라 등록대상이 되는 개인정보파일에 대하여 개인정보 처리방침을 정한다. 1. 개인정보의 처리 목적 2. 개인정보의 처리 및 보유 기간 3. 개인정보의 제3자 제공에 관한 사항(해당되는 경우에만 정한다) 3의2. 개인정보의 파기절차 및 파기방법(제21조 제1항 단서에 따라 개인정보를 보존하여야 하는 경우에는 그 보존근거와 보존하는 개인정보 항목을 포함한다) 4. 개인정보처리의 위탁에 관한 사항(해당되는 경우에만 정한다) 5. 정보주체와 법정대리인의 권리 · 의무 및 그 행사방법에 관한 사항 6. 제31조에 따른 개인정보 보호책임자의 성명 또는 개인정보 보호업무 및 관련 고충사항을 처리하는 부서의 명칭과 전화번호 등 연락처 7. 인터넷 접속정보파일 등 개인정보를 자동으로 수집하는 장치의 설치 · 운영 및 그 거부에 관한 사항(해당하는 경우에만 정한다) 8. 그 밖에 개인정보의 처리에 관하여 대통령령으로 정한 사항 ② 개인정보처리자가 개인정보 처리방침을 수립하거나 변경하는 경우에는 정보주체가 쉽게 확인할 수 있도록 대통령령으로 정하는 방법에 따라 공개하여야 한다. ③ 개인정보 처리방침의 내용과 개인정보처리자와 정보주체 간에 체결한 계약의 내용이 다른 경우에는 정보주체에게 유리한 것을 적용한다. ④ 보호위원회는 개인정보 처리방침의 작성지침을 정하여 개인정보처리자에게 그 준수를 권장할 수 있다.

개인정보 보호책임자의 지정	① 개인정보처리자는 개인정보의 처리에 관한 업무를 총괄해서 책임질 개인정보 보호책임자를 지정하여야 한다. 다만, 종업원 수, 매출액 등이 대통령령으로 정하는 기준에 해당하는 개인정보처리자의 경우에는 지정하지 아니할 수 있다. ② 제1항 단서에 따라 개인정보 보호책임자를 지정하지 아니하는 경우에는 개인정보처리자의 사업주 또는 대표자가 개인정보 보호책임자가 된다. ③ 개인정보 보호책임자는 다음 각 호의 업무를 수행한다. 1. 개인정보 보호 계획의 수립 및 시행 2. 개인정보 처리 실태 및 관행의 정기적인 조사 및 개선 3. 개인정보 처리와 관련한 불만의 처리 및 피해 구제 4. 개인정보 유출 및 오용 · 남용 방지를 위한 내부통제시스템의 구축 5. 개인정보 보호 교육 계획의 수립 및 시행 6. 개인정보파일의 보호 및 관리 · 감독 7. 그 밖에 개인정보의 적절한 처리를 위하여 대통령령으로 정한 업무 ④ 개인정보 보호책임자는 제3항 각 호의 업무를 수행함에 있어서 필요한 경우 개인정보의 처리 현황, 처리 체계 등에 대하여 수시로 조사하거나 관계 당사자로부터 보고를 받을 수 있다. ⑤ 개인정보 보호책임자는 개인정보 보호와 관련하여 이 법 및 다른 관계 법령의 위반 사실을 알게 된 경우에는 즉시 개선조치를 하여야 하며, 필요하면 소속 기관 또는 단체의 장에게 개선조치를 보고하여야 한다. ⑥ 개인정보처리자는 개인정보 보호책임자가 제3항 각 호의 업무를 수행함에 있어서 정당한 이유 없이 불이익을 주거나 받게 하여서는 아니 되며, 개인정보 보호책임자가 업무를 독립적으로 수행할 수 있도록 보장하여야 한다. ⑦ 개인정보처리자는 개인정보의 안전한 처리 및 보호, 정보의 교류, 그 밖에 대통령령으로 정하는 공동의 사업을 수행하기 위하여 제1항에 따른 개인정보 보호책임자를 구성원으로 하는 개인정보 보호책임자 협의회를 구성 · 운영할 수 있다.
개인정보파일의 등록 및 공개	① 공공기관의 장이 개인정보파일을 운용하는 경우에는 다음 각 호의 사항을 보호위원회에 등록하여야 한다. 등록한 사항이 변경된 경우에도 또한 같다. 1. 개인정보파일의 명칭 2. 개인정보파일의 운영 근거 및 목적 3. 개인정보파일에 기록되는 개인정보의 항목 4. 개인정보의 처리방법 5. 개인정보의 보유기간 6. 개인정보를 통상적 또는 반복적으로 제공하는 경우에는 그 제공받는 자 7. 그 밖에 대통령령으로 정하는 사항 ② 다음 각 호의 어느 하나에 해당하는 개인정보파일에 대하여는 제1항을 적용하지 아니한다. 1. 국가 안전, 외교상 비밀, 그 밖에 국가의 중대한 이익에 관한 사항을 기록한 개인정보파일 2. 범죄의 수사, 공소의 제기 및 유지, 형 및 감호의 집행, 교정처분, 보호처분, 보안관찰처분과 출입국관리에 관한 사항을 기록한 개인정보파일 3. 「조세범처벌법」에 따른 범칙행위 조사 및 「관세법」에 따른 범칙행위 조사에 관한 사항을 기록한 개인정보파일 4. 일회적으로 운영되는 파일 등 지속적으로 관리할 필요성이 낮다고 인정되어 대통령령으로 정하는 개인정보파일 5. 다른 법령에 따라 비밀로 분류된 개인정보파일

	③ 보호위원회는 필요하면 제1항에 따른 개인정보파일의 등록여부와 그 내용을 검토하여 해당 공공기관의 장에게 개선을 권고할 수 있다. ④ 보호위원회는 정보주체의 권리 보장 등을 위하여 필요한 경우 제1항에 따른 개인정보파일의 등록 현황을 누구든지 쉽게 열람할 수 있도록 공개할 수 있다. ⑤ 제1항에 따른 등록과 제4항에 따른 공개의 방법, 범위 및 절차에 관하여 필요한 사항은 대통령령으로 정한다. ⑥ 국회, 법원, 헌법재판소, 중앙선거관리위원회(그 소속 기관을 포함한다)의 개인정보파일 등록 및 공개에 관하여는 국회규칙, 대법원규칙, 헌법재판소규칙 및 중앙선거관리위원회규칙으로 정한다.
개인정보 보호 인증	① 보호위원회는 개인정보처리자의 개인정보 처리 및 보호와 관련한 일련의 조치가 이 법에 부합하는지 등에 관하여 인증할 수 있다. ② 제1항에 따른 인증의 유효기간은 3년으로 한다. ③ 보호위원회는 다음 각 호의 어느 하나에 해당하는 경우에는 대통령령으로 정하는 바에 따라 제1항에 따른 인증을 취소할 수 있다. 다만, 제1호에 해당하는 경우에는 취소하여야 한다. 1. 거짓이나 그 밖의 부정한 방법으로 개인정보 보호 인증을 받은 경우 2. 제4항에 따른 사후관리를 거부 또는 방해한 경우 3. 제8항에 따른 인증기준에 미달하게 된 경우 4. 개인정보 보호 관련 법령을 위반하고 그 위반사유가 중대한 경우 ④ 보호위원회는 개인정보 보호 인증의 실효성 유지를 위하여 연 1회 이상 사후관리를 실시하여야 한다. ⑤ 보호위원회는 대통령령으로 정하는 전문기관으로 하여금 제1항에 따른 인증, 제3항에 따른 인증 취소, 제4항에 따른 사후관리 및 제7항에 따른 인증 심사원 관리 업무를 수행하게 할 수 있다. ⑥ 제1항에 따른 인증을 받은 자는 대통령령으로 정하는 바에 따라 인증의 내용을 표시하거나 홍보할 수 있다. ⑦ 제1항에 따른 인증을 위하여 필요한 심사를 수행할 심사원의 자격 및 자격 취소 요건 등에 관하여는 전문성과 경력 및 그 밖에 필요한 사항을 고려하여 대통령령으로 정한다. ⑧ 그 밖에 개인정보 관리체계, 정보주체 권리보장, 안전성 확보조치가 이 법에 부합하는지 여부 등 제1항에 따른 인증의 기준 · 방법 · 절차 등 필요한 사항은 대통령령으로 정한다.
개인정보 영향평가	① 공공기관의 장은 대통령령으로 정하는 기준에 해당하는 개인정보파일의 운용으로 인하여 정보주체의 개인정보 침해가 우려되는 경우에는 그 위험요인의 분석과 개선 사항 도출을 위한 평가(이하 "영향평가"라 한다)를 하고 그 결과를 보호위원회에 제출하여야 한다. ② 보호위원회는 대통령령으로 정하는 인력 · 설비 및 그 밖에 필요한 요건을 갖춘 자를 영향평가를 수행하는 기관으로 지정할 수 있으며, 공공기관의 장은 영향평가를 평가기관에 의뢰하여야 한다. ③ 영향평가를 하는 경우에는 다음 각 호의 사항을 고려하여야 한다. 1. 처리하는 개인정보의 수 2. 개인정보의 제3자 제공 여부 3. 정보주체의 권리를 해할 가능성 및 그 위험 정도 4. 그 밖에 대통령령으로 정한 사항 ④ 보호위원회는 제1항에 따라 제출받은 영향평가 결과에 대하여 의견을 제시할 수 있다. ⑤ 공공기관의 장은 제1항에 따라 영향평가를 한 개인정보파일을 제32조 제1항에 따라 등록할 때에는 영향평가 결과를 함께 첨부하여야 한다.

	⑥ 보호위원회는 영향평가의 활성화를 위하여 관계 전문가의 육성, 영향평가 기준의 개발 · 보급 등 필요한 조치를 마련하여야 한다. ⑦ 보호위원회는 제2항에 따라 지정된 평가기관이 다음 각 호의 어느 하나에 해당하는 경우에는 평가기관의 지정을 취소할 수 있다. 다만, 제1호 또는 제2호에 해당하는 경우에는 평가기관의 지정을 취소하여야 한다. 1. 거짓이나 그 밖의 부정한 방법으로 지정을 받은 경우 2. 지정된 평가기관 스스로 지정취소를 원하거나 폐업한 경우 3. 제2항에 따른 지정요건을 충족하지 못하게 된 경우 4. 고의 또는 중대한 과실로 영향평가업무를 부실하게 수행하여 그 업무를 적정하게 수행할 수 없다고 인정되는 경우 5. 그 밖에 대통령령으로 정하는 사유에 해당하는 경우 ⑧ 보호위원회는 제7항에 따라 지정을 취소하는 경우에는 「행정절차법」에 따른 청문을 실시하여야 한다. ⑨ 제1항에 따른 영향평가의 기준 · 방법 · 절차 등에 관하여 필요한 사항은 대통령령으로 정한다. ⑩ 국회, 법원, 헌법재판소, 중앙선거관리위원회(그 소속 기관을 포함한다)의 영향평가에 관한 사항은 국회규칙, 대법원규칙, 헌법재판소규칙 및 중앙선거관리위원회규칙으로 정하는 바에 따른다. ⑪ 공공기관 외의 개인정보처리자는 개인정보파일 운용으로 인하여 정보주체의 개인정보 침해가 우려되는 경우에는 영향평가를 하기 위하여 적극 노력하여야 한다.
개인정보 유출 통지 등	① 개인정보처리자는 개인정보가 분실 · 도난 · 유출되었음을 알게 되었을 때에는 지체 없이 해당 정보주체에게 다음 각 호의 사항을 알려야 한다. 다만, 정보주체의 연락처를 알 수 없는 경우 등 정당한 사유가 있는 경우에는 대통령령으로 정하는 바에 따라 통지를 갈음하는 조치를 취할 수 있다. 1. 유출등이 된 개인정보의 항목 2. 유출등이 된 시점과 그 경위 3. 유출등으로 인하여 발생할 수 있는 피해를 최소화하기 위하여 정보주체가 할 수 있는 방법 등에 관한 정보 4. 개인정보처리자의 대응조치 및 피해 구제절차 5. 정보주체에게 피해가 발생한 경우 신고 등을 접수할 수 있는 담당부서 및 연락처 ② 개인정보처리자는 개인정보가 유출등이 된 경우 그 피해를 최소화하기 위한 대책을 마련하고 필요한 조치를 하여야 한다. ③ 개인정보처리자는 개인정보의 유출등이 있음을 알게 되었을 때에는 개인정보의 유형, 유출등의 경로 및 규모 등을 고려하여 대통령령으로 정하는 바에 따라 제1항 각 호의 사항을 지체 없이 보호위원회 또는 대통령령으로 정하는 전문기관에 신고하여야 한다. 이 경우 보호위원회 또는 대통령령으로 정하는 전문기관은 피해 확산방지, 피해 복구 등을 위한 기술을 지원할 수 있다.

(5) 정보주체의 권리보장

개인정보의 열람	① 정보주체는 개인정보처리자가 처리하는 자신의 개인정보에 대한 열람을 해당 개인정보처리자에게 요구할 수 있다. ② 제1항에도 불구하고 정보주체가 자신의 개인정보에 대한 열람을 공공기관에 요구하고자 할 때에는 공공기관에 직접 열람을 요구하거나 대통령령으로 정하는 바에 따라 보호위원회를 통하여 열람을 요구할 수 있다. ③ 개인정보처리자는 제1항 및 제2항에 따른 열람을 요구받았을 때에는 대통령령으로 정하는 기간 내에 정보주체가 해당 개인정보를 열람할 수 있도록 하여야 한다. 이 경우 해당 기간 내에 열람할 수 없는 정당한 사유가 있을 때에는 정보주체에게 그 사유를 알리고 열람을 연기할 수 있으며, 그 사유가 소멸하면 지체 없이 열람하게 하여야 한다. ④ 개인정보처리자는 다음 각 호의 어느 하나에 해당하는 경우에는 정보주체에게 그 사유를 알리고 열람을 제한하거나 거절할 수 있다. 1. 법률에 따라 열람이 금지되거나 제한되는 경우 2. 다른 사람의 생명 · 신체를 해할 우려가 있거나 다른 사람의 재산과 그 밖의 이익을 부당하게 침해할 우려가 있는 경우 3. 공공기관이 다음 각 목의 어느 하나에 해당하는 업무를 수행할 때 중대한 지장을 초래하는 경우 가. 조세의 부과 · 징수 또는 환급에 관한 업무 나. 「초 · 중등교육법」 및 「고등교육법」에 따른 각급 학교, 「평생교육법」에 따른 평생교육시설, 그 밖의 다른 법률에 따라 설치된 고등교육기관에서의 성적 평가 또는 입학자 선발에 관한 업무 다. 학력 · 기능 및 채용에 관한 시험, 자격 심사에 관한 업무 라. 보상금 · 급부금 산정 등에 대하여 진행 중인 평가 또는 판단에 관한 업무 마. 다른 법률에 따라 진행 중인 감사 및 조사에 관한 업무 ⑤ 제1항부터 제4항까지의 규정에 따른 열람 요구, 열람 제한, 통지 등의 방법 및 절차에 관하여 필요한 사항은 대통령령으로 정한다.
개인정보의 정정 · 삭제	① 자신의 개인정보를 열람한 정보주체는 개인정보처리자에게 그 개인정보의 정정 또는 삭제를 요구할 수 있다. 다만, 다른 법령에서 그 개인정보가 수집 대상으로 명시되어 있는 경우에는 그 삭제를 요구할 수 없다. ② 개인정보처리자는 제1항에 따른 정보주체의 요구를 받았을 때에는 개인정보의 정정 또는 삭제에 관하여 다른 법령에 특별한 절차가 규정되어 있는 경우를 제외하고는 지체 없이 그 개인정보를 조사하여 정보주체의 요구에 따라 정정 · 삭제 등 필요한 조치를 한 후 그 결과를 정보주체에게 알려야 한다. ③ 개인정보처리자가 제2항에 따라 개인정보를 삭제할 때에는 복구 또는 재생되지 아니하도록 조치하여야 한다. ④ 개인정보처리자는 정보주체의 요구가 제1항 단서에 해당될 때에는 지체 없이 그 내용을 정보주체에게 알려야 한다. ⑤ 개인정보처리자는 제2항에 따른 조사를 할 때 필요하면 해당 정보주체에게 정정 · 삭제 요구사항의 확인에 필요한 증거자료를 제출하게 할 수 있다. ⑥ 제1항 · 제2항 및 제4항에 따른 정정 또는 삭제 요구, 통지 방법 및 절차 등에 필요한 사항은 대통령령으로 정한다.

<table>
<tr><td>개인정보의
처리정지 등</td><td>① 정보주체는 개인정보처리자에 대하여 자신의 개인정보 처리의 정지를 요구할 수 있다. 이 경우 공공기관에 대하여는 제32조에 따라 등록 대상이 되는 개인정보파일 중 자신의 개인정보에 대한 처리의 정지를 요구할 수 있다.
② 개인정보처리자는 제1항에 따른 요구를 받았을 때에는 지체 없이 정보주체의 요구에 따라 개인정보 처리의 전부를 정지하거나 일부를 정지하여야 한다. 다만, 다음 각 호의 어느 하나에 해당하는 경우에는 정보주체의 처리정지 요구를 거절할 수 있다.
1. 법률에 특별한 규정이 있거나 법령상 의무를 준수하기 위하여 불가피한 경우
2. 다른 사람의 생명 · 신체를 해할 우려가 있거나 다른 사람의 재산과 그 밖의 이익을 부당하게 침해할 우려가 있는 경우
3. 공공기관이 개인정보를 처리하지 아니하면 다른 법률에서 정하는 소관 업무를 수행할 수 없는 경우
4. 개인정보를 처리하지 아니하면 정보주체와 약정한 서비스를 제공하지 못하는 등 계약의 이행이 곤란한 경우로서 정보주체가 그 계약의 해지 의사를 명확하게 밝히지 아니한 경우
③ 개인정보처리자는 제2항 단서에 따라 처리정지 요구를 거절하였을 때에는 정보주체에게 지체 없이 그 사유를 알려야 한다.
④ 개인정보처리자는 정보주체의 요구에 따라 처리가 정지된 개인정보에 대하여 지체 없이 해당 개인정보의 파기 등 필요한 조치를 하여야 한다.
⑤ 제1항부터 제3항까지의 규정에 따른 처리정지의 요구, 처리정지의 거절, 통지 등의 방법 및 절차에 필요한 사항은 대통령령으로 정한다.</td></tr>
<tr><td>손해배상
책임</td><td>① 정보주체는 개인정보처리자가 이 법을 위반한 행위로 손해를 입으면 개인정보처리자에게 손해배상을 청구할 수 있다. 이 경우 그 개인정보처리자는 고의 또는 과실이 없음을 입증하지 아니하면 책임을 면할 수 없다.
② 삭제 〈2015. 7. 24.〉
③ 개인정보처리자의 고의 또는 중대한 과실로 인하여 개인정보가 분실 · 도난 · 유출 · 위조 · 변조 또는 훼손된 경우로서 정보주체에게 손해가 발생한 때에는 법원은 그 손해액의 5배를 넘지 아니하는 범위에서 손해배상액을 정할 수 있다. 다만, 개인정보처리자가 고의 또는 중대한 과실이 없음을 증명한 경우에는 그러하지 아니하다.
④ 법원은 제3항의 배상액을 정할 때에는 다음 각 호의 사항을 고려하여야 한다.
1. 고의 또는 손해 발생의 우려를 인식한 정도
2. 위반행위로 인하여 입은 피해 규모
3. 위법행위로 인하여 개인정보처리자가 취득한 경제적 이익
4. 위반행위에 따른 벌금 및 과징금
5. 위반행위의 기간 · 횟수 등
6. 개인정보처리자의 재산상태
7. 개인정보처리자가 정보주체의 개인정보 분실 · 도난 · 유출 후 해당 개인정보를 회수하기 위하여 노력한 정도
8. 개인정보처리자가 정보주체의 피해구제를 위하여 노력한 정도</td></tr>
</table>

(6) 자료의 제출 등

자료의 제출	① 법원은 이 법을 위반한 행위로 인한 손해배상청구소송에서 당사자의 신청에 따라 상대방 당사자에게 해당 손해의 증명 또는 손해액의 산정에 필요한 자료의 제출을 명할 수 있다. 다만, 제출명령을 받은 자가 그 자료의 제출을 거부할 정당한 이유가 있으면 그러하지 아니하다. ② 법원은 제1항에 따른 제출명령을 받은 자가 그 자료의 제출을 거부할 정당한 이유가 있다고 주장하는 경우에는 그 주장의 당부(當否)를 판단하기 위하여 자료의 제시를 명할 수 있다. 이 경우 법원은 그 자료를 다른 사람이 보게 하여서는 아니 된다. ③ 제1항에 따라 제출되어야 할 자료가 「부정경쟁방지 및 영업비밀보호에 관한 법률」 제2조 제2호에 따른 영업비밀(이하 "영업비밀"이라 한다)에 해당하나 손해의 증명 또는 손해액의 산정에 반드시 필요한 경우에는 제1항 단서에 따른 정당한 이유로 보지 아니한다. 이 경우 법원은 제출명령의 목적 내에서 열람할 수 있는 범위 또는 열람할 수 있는 사람을 지정하여야 한다. ④ 법원은 제1항에 따른 제출명령을 받은 자가 정당한 이유 없이 그 명령에 따르지 아니한 경우에는 자료의 기재에 대한 신청인의 주장을 진실한 것으로 인정할 수 있다. ⑤ 법원은 제4항에 해당하는 경우 신청인이 자료의 기재에 관하여 구체적으로 주장하기에 현저히 곤란한 사정이 있고 자료로 증명할 사실을 다른 증거로 증명하는 것을 기대하기도 어려운 경우에는 신청인이 자료의 기재로 증명하려는 사실에 관한 주장을 진실한 것으로 인정할 수 있다.
비밀 유지명령	① 법원은 이 법을 위반한 행위로 인한 손해배상청구소송에서 당사자의 신청에 따른 결정으로 다음 각 호의 자에게 그 당사자가 보유한 영업비밀을 해당 소송의 계속적인 수행 외의 목적으로 사용하거나 그 영업비밀에 관계된 이 항에 따른 명령을 받은 자 외의 자에게 공개하지 아니할 것을 명할 수 있다. 다만, 그 신청 시점까지 다음 각 호의 자가 준비서면의 열람이나 증거조사 외의 방법으로 그 영업비밀을 이미 취득하고 있는 경우에는 그러하지 아니하다. 1. 다른 당사자(법인인 경우에는 그 대표자를 말한다) 2. 당사자를 위하여 해당 소송을 대리하는 자 3. 그 밖에 해당 소송으로 영업비밀을 알게 된 자 ② 제1항에 따른 명령(이하 "비밀유지명령"이라 한다)을 신청하는 자는 다음 각 호의 사유를 모두 소명하여야 한다. 1. 이미 제출하였거나 제출하여야 할 준비서면, 이미 조사하였거나 조사하여야 할 증거 또는 제39조의3 제1항에 따라 제출하였거나 제출하여야 할 자료에 영업비밀이 포함되어 있다는 것 2. 제1호의 영업비밀이 해당 소송 수행 외의 목적으로 사용되거나 공개되면 당사자의 영업에 지장을 줄 우려가 있어 이를 방지하기 위하여 영업비밀의 사용 또는 공개를 제한할 필요가 있다는 것 ③ 비밀유지명령의 신청은 다음 각 호의 사항을 적은 서면으로 하여야 한다. 1. 비밀유지명령을 받을 자 2. 비밀유지명령의 대상이 될 영업비밀을 특정하기에 충분한 사실 3. 제2항 각 호의 사유에 해당하는 사실 ④ 법원은 비밀유지명령이 결정된 경우에는 그 결정서를 비밀유지명령을 받을 자에게 송달하여야 한다. ⑤ 비밀유지명령은 제4항의 결정서가 비밀유지명령을 받을 자에게 송달된 때부터 효력이 발생한다. ⑥ 비밀유지명령의 신청을 기각하거나 각하한 재판에 대해서는 즉시항고를 할 수 있다.

(7) 개인정보 분쟁조정위원회

설치 및 구성	① 개인정보에 관한 분쟁의 조정(調停)을 위하여 개인정보 분쟁조정위원회(이하 "분쟁조정위원회"라 한다)를 둔다. ② 분쟁조정위원회는 위원장 1명을 포함한 30명 이내의 위원으로 구성하며, 위원은 당연직위원과 위촉위원으로 구성한다. ③ 위촉위원은 다음 각 호의 어느 하나에 해당하는 사람 중에서 보호위원회 위원장이 위촉하고, 대통령령으로 정하는 국가기관 소속 공무원은 당연직위원이 된다. 1. 개인정보 보호업무를 관장하는 중앙행정기관의 고위공무원단에 속하는 공무원으로 재직하였던 사람 또는 이에 상당하는 공공부문 및 관련 단체의 직에 재직하고 있거나 재직하였던 사람으로서 개인정보 보호업무의 경험이 있는 사람 2. 대학이나 공인된 연구기관에서 부교수 이상 또는 이에 상당하는 직에 재직하고 있거나 재직하였던 사람 3. 판사 · 검사 또는 변호사로 재직하고 있거나 재직하였던 사람 4. 개인정보 보호와 관련된 시민사회단체 또는 소비자단체로부터 추천을 받은 사람 5. 개인정보처리자로 구성된 사업자단체의 임원으로 재직하고 있거나 재직하였던 사람 ④ 위원장은 위원 중에서 공무원이 아닌 사람으로 보호위원회 위원장이 위촉한다. ⑤ 위원장과 위촉위원의 임기는 2년으로 하되, 1차에 한하여 연임할 수 있다. ⑥ 분쟁조정위원회는 분쟁조정 업무를 효율적으로 수행하기 위하여 필요하면 대통령령으로 정하는 바에 따라 조정사건의 분야별로 5명 이내의 위원으로 구성되는 조정부를 둘 수 있다. 이 경우 조정부가 분쟁조정위원회에서 위임받아 의결한 사항은 분쟁조정위원회에서 의결한 것으로 본다. ⑦ 분쟁조정위원회 또는 조정부는 재적위원 과반수의 출석으로 개의하며 출석위원 과반수의 찬성으로 의결한다. ⑧ 보호위원회는 분쟁조정 접수, 사실 확인 등 분쟁조정에 필요한 사무를 처리할 수 있다.
위원의 신분보장	위원은 자격정지 이상의 형을 선고받거나 심신상의 장애로 직무를 수행할 수 없는 경우를 제외하고는 그의 의사에 반하여 면직되거나 해촉되지 아니한다.
조정의 신청 등	① 개인정보와 관련한 분쟁의 조정을 원하는 자는 분쟁조정위원회에 분쟁조정을 신청할 수 있다. ② 분쟁조정위원회는 당사자 일방으로부터 분쟁조정 신청을 받았을 때에는 그 신청내용을 상대방에게 알려야 한다. ③ 개인정보처리자가 제2항에 따른 분쟁조정의 통지를 받은 경우에는 특별한 사유가 없으면 분쟁조정에 응하여야 한다.
처리기간	① 분쟁조정위원회는 제43조 제1항에 따른 분쟁조정 신청을 받은 날부터 60일 이내에 이를 심사하여 조정안을 작성하여야 한다. 다만, 부득이한 사정이 있는 경우에는 분쟁조정위원회의 의결로 처리기간을 연장할 수 있다. ② 분쟁조정위원회는 제1항 단서에 따라 처리기간을 연장한 경우에는 기간연장의 사유와 그 밖의 기간연장에 관한 사항을 신청인에게 알려야 한다.
조정 전 합의 권고	분쟁조정위원회는 제43조 제1항에 따라 분쟁조정 신청을 받았을 때에는 당사자에게 그 내용을 제시하고 조정 전 합의를 권고할 수 있다.

(8) 개인정보 단체소송

단체소송의 대상 등	다음 각 호의 어느 하나에 해당하는 단체는 개인정보처리자가 제49조에 따른 집단분쟁조정을 거부하거나 집단분쟁조정의 결과를 수락하지 아니한 경우에는 법원에 권리침해 행위의 금지·중지를 구하는 소송(이하 "단체소송"이라 한다)을 제기할 수 있다. 1. 「소비자기본법」 제29조에 따라 공정거래위원회에 등록한 소비자단체로서 다음 각 목의 요건을 모두 갖춘 단체 가. 정관에 따라 상시적으로 정보주체의 권익증진을 주된 목적으로 하는 단체일 것 나. 단체의 정회원수가 1천명 이상일 것 다. 「소비자기본법」 제29조에 따른 등록 후 3년이 경과하였을 것 2. 「비영리민간단체 지원법」 제2조에 따른 비영리민간단체로서 다음 각 목의 요건을 모두 갖춘 단체 가. 법률상 또는 사실상 동일한 침해를 입은 100명 이상의 정보주체로부터 단체소송의 제기를 요청받을 것 나. 정관에 개인정보 보호를 단체의 목적으로 명시한 후 최근 3년 이상 이를 위한 활동실적이 있을 것 다. 단체의 상시 구성원수가 5천명 이상일 것 라. 중앙행정기관에 등록되어 있을 것
전속관할	① 단체소송의 소는 피고의 주된 사무소 또는 영업소가 있는 곳, 주된 사무소나 영업소가 없는 경우에는 주된 업무담당자의 주소가 있는 곳의 지방법원 본원 합의부의 관할에 전속한다. ② 제1항을 외국사업자에 적용하는 경우 대한민국에 있는 이들의 주된 사무소·영업소 또는 업무담당자의 주소에 따라 정한다.
소송대리인의 선임	단체소송의 원고는 변호사를 소송대리인으로 선임하여야 한다.
소송허가 신청	① 단체소송을 제기하는 단체는 소장과 함께 다음 각 호의 사항을 기재한 소송허가신청서를 법원에 제출하여야 한다. 1. 원고 및 그 소송대리인 2. 피고 3. 정보주체의 침해된 권리의 내용 ② 제1항에 따른 소송허가신청서에는 다음 각 호의 자료를 첨부하여야 한다. 1. 소제기단체가 제51조 각 호의 어느 하나에 해당하는 요건을 갖추고 있음을 소명하는 자료 2. 개인정보처리자가 조정을 거부하였거나 조정결과를 수락하지 아니하였음을 증명하는 서류
소송허가 요건 등	① 법원은 다음 각 호의 요건을 모두 갖춘 경우에 한하여 결정으로 단체소송을 허가한다. 1. 개인정보처리자가 분쟁조정위원회의 조정을 거부하거나 조정결과를 수락하지 아니하였을 것 2. 제54조에 따른 소송허가신청서의 기재사항에 흠결이 없을 것 ② 단체소송을 허가하거나 불허가하는 결정에 대하여는 즉시항고할 수 있다.
확정판결의 효력	원고의 청구를 기각하는 판결이 확정된 경우 이와 동일한 사안에 관하여는 제51조에 따른 다른 단체는 단체소송을 제기할 수 없다. 다만, 다음 각 호의 어느 하나에 해당하는 경우에는 그러하지 아니하다. 1. 판결이 확정된 후 그 사안과 관련하여 국가·지방자치단체 또는 국가·지방자치단체가 설립한 기관에 의하여 새로운 증거가 나타난 경우 2. 기각판결이 원고의 고의로 인한 것임이 밝혀진 경우
「민사소송법」의 적용 등	① 단체소송에 관하여 이 법에 특별한 규정이 없는 경우에는 「민사소송법」을 적용한다. ② 제55조에 따른 단체소송의 허가결정이 있는 경우에는 「민사집행법」 제4편에 따른 보전처분을 할 수 있다. ③ 단체소송의 절차에 관하여 필요한 사항은 대법원규칙으로 정한다.

직업상담사 2급 이론서

이 책의 글쓴이

김형준

약력

사회복지학 박사 / 교육학 박사 / 심리학 박사

현) 오산대학교 사회복지상담과 겸임교수
노량진 메가공무원학원 직업상담심리학 전임교수
서울복지상담협동조합 이사장
나눔복지교육원, 나눔book 대표
에이치알디이러닝(주) 대표이사

고병갑

약력

정치학 박사

전) 전북대학교 공공인재학부 강의 전담교수
한양대학교 대학원 사회복지학과 외래교수
서경대학교 공공인적자원학부 외래교수
현) 중앙경영연구원 교육본부장
이패스코리아, 서대문구 여성인력개발센터 사회복지사1급 전임교수
에이치알디이러닝(주) 직업상담사2급 전임교수(직업정보론)
에이치알디이러닝(주) 직업상담사1급 전임교수(고급직업정보론)
가톨릭관동대학교 사회복지학과 초빙교수

박태천

약력

부산대학교 경제학과
부산대학교 대학원 경제학과

전) 삼성그룹 국제경영연구소 공인노무사전문과정 경제학 초빙교수
LG인화원 공인노무사과정 경제학 초빙교수
국토해양개발원 부동산가치분석과정 초빙교수
현) 하우패스 감정평가사 경제학교수
윌비스 한림법학원 7급 공무원 경제학 교수
에이치알디이러닝(주) 직업상담사2급 전임교수(노동시장론)
에이치알디이러닝(주) 직업상담사1급 전임교수(고급노동시장론)

이윤탁

약력

전) 고려대학교 법학과 졸업, 동대학원 법학과
합격의 법학원 노동법 대표강사
현) 공단기 노동법/형사소송법 전임교수
공단기 공인노무사 전임교수(노동법)
에이치알디이러닝(주) 직업상담사2급 전임교수(노동관계법규)
에이치알디이러닝(주) 직업상담사1급 전임교수(고급노동관계법규)

유상현

약력

상담학 박사
전문상담사 1급(No• 847)
전) 천안보호관찰소 상담위원
현) 제페토상담센터 센터장
한국법무보호복지공단 충남지부 상담위원
에이치알디이러닝(주) 직업상담사2급 전임교수(직업상담학)
에이치알디이러닝(주) 직업상담사1급 전임교수(고급직업상담학)
단국대학교 보건복지대학원 강사

2026 최신판

직업상담사 2급 이론서

펴낸날 2025년 10월 2일

공 저 김형준, 고병갑, 박태천, 이윤탁, 유상현
펴낸이 김형준
펴낸곳 나눔book
주 소 서울시 강서구 공항대로 426 VIP빌딩 609호
전 화 02) 6092-1200
팩 스 02) 6092-1201

ISBN 979-11-91871-67-8(13330)
정 가 33,000원